国家社科基金后期资助项目
出版说明

后期资助项目是国家社科基金设立的一类重要项目，旨在鼓励广大社科研究者潜心治学，支持基础研究多出优秀成果。它是经过严格评审，从接近完成的科研成果中遴选立项的。为扩大后期资助项目的影响，更好地推动学术发展，促进成果转化，全国哲学社会科学工作办公室按照“统一设计、统一标识、统一版式、形成系列”的总体要求，组织出版国家社科基金后期资助项目成果。

全国哲学社会科学工作办公室

国家社科基金
GUOJIA SHEKE JIJIN HOUQI ZIZHU XIANGMU
后期资助项目

国际投资条约中的国家安全条款研究

The Research on National Security Provisions in International Investment Treaties

黄世席　著

法律出版社
LAW PRESS·CHINA
——北 京——

图书在版编目（CIP）数据

国际投资条约中的国家安全条款研究 / 黄世席著. 北京：法律出版社，2025. -- ISBN 978-7-5244-0194-0

Ⅰ. D996.4

中国国家版本馆 CIP 数据核字第 20252R6Z07 号

国际投资条约中的国家安全条款研究
GUOJI TOUZI TIAOYUE ZHONG DE GUOJIA ANQUAN TIAOKUAN YANJIU

黄世席 著

策划编辑 徐 菲 李捷琳
责任编辑 李捷琳
装帧设计 李 瞻

出版发行 法律出版社
编辑统筹 法律出版社
责任校对 王语童
责任印制 胡晓雅
经　　销 新华书店

开本 710 毫米×1000 毫米 1/16
印张 26.5 **字数** 453 千
版本 2025 年 8 月第 1 版
印次 2025 年 8 月第 1 次印刷
印刷 河北虎彩印刷有限公司

地址：北京市丰台区莲花池西里 7 号（100073）
网址：www.lawpress.com.cn
投稿邮箱：info@lawpress.com.cn
举报盗版邮箱：jbwq@lawpress.com.cn
销售电话：010-83938349
客服电话：010-83938350
咨询电话：010-63939796

书号：ISBN 978-7-5244-0194-0　**定价**：108.00 元
凡购买本社图书，如有印装错误，我社负责退换。电话：010-83938349

基金项目
国家社会科学基金后期资助项目，项目批准号：20FFXA006

目录 Contents

导　言

2020年春暴发的2019冠状病毒病(coronavirus disease - 2019,COVID - 19)一度被世界卫生组织认为是“全球性大流行”,并促使各国为应对这一突发公共卫生紧急事件而采取了一系列相关控制措施,譬如国际检验检疫加强以及医疗物资的进出口限制等,试图控制、阻止和减轻该疾病的传播。许多国家根据其国内法律宣布进入紧急状态,甚至有些国家还援引本国国防生产法等法律,为其在疫情期间作出的可能有违外国投资者权益和相关投资条约的行为进行辩护。这些措施不仅需要大量的人力物力,而且给经济利益带来了负面影响。各行各业的业务暂停甚至关闭,包括外国投资者经营的在内的企业被迫停止交易和经营,尤其是与医疗有关的产业被征用,或者被国有化。在这种情况下,关键的问题是,根据国际投资条约,国家是否会对因实施COVID - 19应对措施而给外国投资者造成的损害进行赔偿?如果投资者认为与COVID - 19有关的措施违反了国际投资条约的实体待遇规定,譬如公平公正待遇、国民待遇或间接征收等,国家除了可以采用习惯国际法中的危急情况抗辩,能否以国际投资条约中的例外尤其是国家安全例外进行抗辩?国家安全条款可能是国家避免承担赔偿责任的最佳理由,因此,它的含义范围和适用范围至关重要,无论是对于实施相关政策的国家,还是对于可能被剥夺条约优惠的任何外国投资者而言都是如此。

当前,国际投资法治不仅是一个涉及法学、经济学、政治学、国际关系、环境和人权等要素的行业部门,也是一个日益受到各国政府、政治人物、新闻媒体和普通公民严格审查的领域,其正处于从促进和保护投资的范式转向促进和实施某些国家公共政策的过程中,需要在投资保护与国家权益之间实现一种平衡。国际直接投资的形式也在发生变化,发展中国家和新兴经济体在发达国家进行了大量投资,发达的出口资本国与发展中的进口资本国之间的区别已经模糊,此类事实直接影响到发达国家对自由贸易和外国直接投资自由流通的评估。同时,新的国际投资参与者的出现给建立在双边主义基础上的国际投资体制带来了冲击,这些都表明国际经济和国际投资关系的形势正在发生变化。

近年来,外国直接投资流量不断增加,跨国公司,尤其是由多国家参与的跨国公司实际上引导着大多数外国直接投资业务。同时,新兴经济体在吸引外国直接投资流量和执行外国直接投资项目方面起着主要的积极作用,主要是因为,其中的许多新兴国家在历史上一直致力于外国直接投资的自由化。同样,发达国家也已成为外国投资的东道国,并且对其经济领域可能受到属于新兴经济体的外国公司控制的担忧与日俱增。尽管如此,发达国家仍然在继续影响内向和外向的外国直接投资方式。但无论是对发达国家还是发展中国家而言,加强对外国投资的监管似乎都是大势所趋。

需要指出的是,国家为应对经济、社会或人道主义危机而采取的一些监管措施一直以来都是外国投资者提起诉讼并要求赔偿的理由之一。譬如,针对各国应对 COVID－19 而采取的措施,外国投资者如果认为其对自己的投资有负面影响,有可能会以此类措施违反国际投资条约为由而对东道国申请仲裁。① 虽然国际法规定了在危急情况或不可抗力的情况下排除不法行为以保护国家的情况,例如,双边投资条约(bilateral investment treaty,BIT)在采取措施保护公共卫生时允许对投资保护进行例外处理,包括国家基本安全例外。但是,各国针对 COVID－19 大流行采取的措施差异为外国投资者提供了利用该机制的绝佳机会。不同的国家以不同的方式应对这一大流行的事实意味着,各国将不得不证明其所采取的措施确实是必要的,而外国投资者将不必证明这些措施的必要性。

对外国直接投资的准入限制一直存在,这导致一些国家开始考虑在签署国际投资条约时是否放弃了过多的"政策空间",而国际投资仲裁裁决也可能会对各国制定必要的国内政策空间产生"寒蝉效应",即不仅包括经济领域,而且在健康与卫生、国家安全、人权或环境保护等其他领域,均要实现合法的投资政策目标。② 尤其是各国能否接受关键性的经济行业或战略行业由外国投资者控制(包括那些主权国家控制的投资者所控制)的事实,以至于当前,对某些关键经济领域的控制成为与外国直接投资有密切联系的政治问题。③ 此外,不断变化的全球地缘战略和安全化氛围也引起了国际社会对外国直接投资的关注,并改变了某些国家对外国直接投

---

① See Girish Deepak, *Highway Concessionaire Initiates ICSID Arbitration Against Peru*, IA Reporter News (Jan. 13, 2023), https://www.iareporter.com/articles/highway-concessionaire-initiates-icsid-arbitration-against-peru/.

② See Suzanne A. Spears, *The Quest for Policy Space in a New Generation of International Investment Agreements*, 13(4) Journal of International Economic Law 1037 (2010).

③ See OECD, *International Investment Perspectives: Freedom of Investment in a Changing World*, OECD, 2007, p. 54.

资实行管制的方式,加大了国家对外资的安全审查力度和筛选程度,尤其是后者,使外国直接投资项目在接受评估后必须经过东道国政府的正式批准。此类筛选机制较早出现于一些发展中国家的投资立法中,现在已经被许多西方国家所采纳,而且往往只限于国家安全、国家基本安全利益或其他类似理由。

但是,无论对外国直接投资的态度如何,有关国家确实正在对非对称性的外国直接投资保护机制进行重新评估,其中的表现之一就是越来越多地通过一般例外或国家基本安全利益之类的安全例外预防、限制或阻碍外国投资,此类变化将影响外国直接投资的现状及其在未来的监管,给本就复杂的国际投资保护机制增加更多的不确定性。这与国际社会固有的国际投资条约只保护投资者利益的"偏见"有关,其部分结果是国际投资条约会对东道国在敏感行业的监管政策空间产生不利影响。同时,国际社会对国际投资条约在促进投资流动方面的效力仍存有疑问,认为其不是确保国家监管能力的便捷方法,这当然也在一定程度上限制了各国制定保护国家安全或基本安全利益政策的权力。

国家安全审查不仅体现在各国国内对外国直接投资的审查过程中,还体现在相关国际投资条约中规定的安全条款对相关投资的规制,以及国际性裁判机构对于与国家安全有关的争端解决的裁判和法理分析之中。鉴于20世纪末国际贸易领域的国家安全条款就已经出现在世界贸易组织(World Trade Organization,WTO)的相关案例中,并且活跃于国际投资仲裁的裁决中,加上各国国内进一步强化对外国投资的安全审查的力度,我们有必要对国际投资领域的安全审查问题进行法律分析,并结合中国海外投资和引进外资的相关情况提出建议。本书正是在此背景下进行设计和研究的。

事实上,近年来西方各国尤其是一些发达国家,开始针对中国海外投资,包括高科技、稀有金属、关键基础设施以及某些供应链行业的相关投资实施各种审查措施,甚至以国家安全为由禁止中国投资者投资,或者在投资后强令要求中国投资者撤资等。此类禁止中国投资者投资的国家安全抗辩虽似乎和COVID-19下某些国家实施的不公正投资待遇政策不一致,但都是利用近些年更加猖獗、泛化的"国家安全"概念为自己辩护。因此,利用国内的投资和安全政策以及国际投资条约中的安全例外条款为自己抗辩也是各国近年关注的焦点之一。在中国成为双向投资大国的背景下,尤其需要研究中国投资条约中的相关安全例外条款,对其发展和更新提出建设性的意见,以维护中国当事人的合法权益。

鉴于此，从学术价值角度来讲，本书希望就如下方面进行研究：对国际投资法治的主体内容进行概述，导出国际投资中的国家安全问题；在对国家安全概念进行初步探讨的基础上，分析非传统安全概念对人类社会的要求，并对国家安全的含义和维度进行全面阐述；对一些典型国家尤其是发达国家的外国直接投资安全审查的政策和实践以及加强国家安全管制的事实进行实证分析，避免相关研究的主观性和片面性；结合国际经贸发展历史，探讨国际投资条约中国家安全条款的发展脉络，寻求一种能够合理平衡东道国国家安全利益和外国投资者权益的路径；全面系统梳理国际法院、国际投资仲裁庭以及 WTO 专家组处理安全例外条款的实践和裁决法理，为中国在国际投资法治中建构话语权提供借鉴和参考；强化人类命运共同体下的普遍安全理念，提出国际投资条约改革的中国方案，以使国际投资法治能够更好地服务于人类命运共同体。

第一章 国际投资的法律规制概述

在对国际投资条约中的安全条款进行充分阐述之前，需要了解国际投资的发展及其法律规制问题产生的大背景，即国际投资的发展、国际投资的法律规制框架以及未来的挑战。

第一节 国际投资与相关政策的发展

近年来，国际投资相关法律问题引起的争议得到了国际社会越来越多的关注，这不仅仅是因为国际投资流量数额的一度剧增以及 COVID－19 下的大幅回落，还因为国际地缘政治变化带来的全球供应链和产业链动荡，导致国际投资的领域超越了传统的国际经济和法律的范畴，从而引起更多的政治学、社会学、国家安全以及其他相关领域的关注。其中，许多现有问题的解决方法往往是矛盾的，譬如外国投资者利益保护和受投资负面影响的第三方当事人权益之间的冲突。另外，各国政府、政治活动家、媒体、非政府组织以及公民等日益关注审查标准越发严格的外国投资行业，而且审查的范式也在逐步发生转变，即从越来越多地以促进和保护投资者及其投资为主要目标的传统需求，转向必须有助于各国促进和实施某些公共政策和公共利益的权利需求的承诺，通过投资目标的转型实现资本输入国的社会利益。

国际投资的流向也在发生改变，一些新兴的发展中经济体开始向传统的资本输出国进行投资，改变了传统的国际投资由发达经济体流向发展中或欠发达经济体的趋势，也直接且深刻地影响一些国家政府对外国直接投资的处理方式和态度。尤其是发达的资本出口国和发展中的资本进口国之间的区别已经模糊，那些 20 世纪 70 年代以来支持自由贸易和投资自由流动的发达国家，出现了反对外国直接投资的高涨情绪，甚至引发了对外国直接投资进行评估的要求，导致投资保护和自由化的重新实施。① 同时，国际关系和经济形势的不断变化导致一些发达国家开始对其几十年来

① See Karl P. Sauvant, *Driving and Countervailing Forces: A Rebalancing of National FDI Policies*, in Karl P. Sauvant ed., Yearbook on International Investment Law and Policy (2008－09), Oxford University Press, 2009, p. 244.

帮助建立的基于双边主义的全球外国直接投资保护机制感到不安，因为各种新兴的参与者也在不断运用该机制实现自己的投资利益。或者说，发达国家一直渴望建立一种普遍性制度的外国投资保护机制，现在却受到了那些尚未从中受益的发展中国家的内部挑战，其带来的直接后果就是一些发达国家开始对自己参与的投资保护机制进行改革，譬如欧盟提出了改革投资争端解决机制的常设投资法院制度，①美国和加拿大也通过《美国－墨西哥－加拿大协定》(United States-Mexico-Canada Agreement, USMCA)废除了两国之间的投资者—国家争端解决(Investor-State Dispute Settlement, ISDS)机制，并以国家—国家争端解决机制代之。

各国不断推出的经济新政策以及对全球化的排斥也开始对外国直接投资产生负面影响，加上世界经济领导地位的地理转移、有关国家地缘战略的转折、全球共同关注的气候变化以及寻求可持续发展等问题推动国际投资一度出现某些反常的迹象，使许多国家的外国直接投资范式发生了快速变化，其中最主要的表现就是，来自发展中国家和新兴国家的外国直接投资越来越多地流入发达经济体，同时外国主权投资和国有企业投资也在不断增加。各国不断变化的国家安全环境、安全筛选机制，以及为保护被认为对东道国及其主权至关重要的某些高科技和战略部门所作的努力都会对外国直接投资产生影响，这也导致国际投资的法律规制不再局限于传统的以国际投资条约和各国投资法为主要内容的范畴，各国开始综合考虑国际社会的整体利益、各自的公共利益尤其是资本输入国的国家安全政策，甚至一些国家开始在对外投资的审查过程中考虑对母国的安全风险问题。②

一、外国直接投资的发展

近数年，外国直接投资既经历了全球化时期国际投资的自由化发展所带来的大幅增长，也因为大流行病引发的一股逆全球化和供应链中断的态势而出现短期下降。而在过去几十年里，外国直接投资稳步发展和增长，一方面是因为相关的经济条件、监管框架和投资促进与便利要素的合理结

① 参见黄世席：《欧盟投资协定中的投资者—国家争端解决机制——兼论中欧双边投资协定中的相关问题》，载《环球法律评论》2015 年第 5 期。

② See U. S. Department of the Treasury, *FACT SHEET: President Biden Issues Executive Order Addressing United States Investments in Certain National Security Technologies and Products in Countries of Concern; Treasury Department Issues Advance Notice of Proposed Rulemaking to Enhance Transparency and Clarity and Solicit Comments on Scope of New Program*, U. S. Department of the Treasury (Aug. 9, 2023), https://home.treasury.gov/system/files/206/Outbound-Fact-Sheet.pdf.

合，另一方面是各国高科技发展、外商投资政策的日益自由化、放松监管以及加速地区一体化进程等共同推动的结果。

自20世纪80年代以来，外国直接投资流入量持续增加。经过近20年的持续发展，到2000年外国直接投资的流量达到1.3万亿美元的峰值，远远超过了当时世界贸易的发展幅度，这主要是由6万多家跨国公司拥有的分布在全球各地的82万家子公司推动的结果，并且发达国家仍然是主要的外资目的地，占到了全球外资流动的3/4以上，而流入发展中国家的外资仅占21%左右。① 随后外国直接投资经历了小幅下降，直至2007年达到一个新的峰值，即1.833万亿美元，而在当年晚期，一些国家已经遭受了经济和债务危机，给随后的外国直接投资带来了一定程度的不确定性。发达国家、发展中国家以及东南欧转型和独立国家联合体的外资流动都在持续增长，其主要原因是世界上很多地区都保持着相对较高的经济增长以及强劲的经济业绩。②

2007年以后，欧洲等地区的发达国家经历了经济危机，外国直接投资流量连续两年都在迅速下滑，直到2010年才开始复苏上升，到2015年又达到另一个峰值。2015年外国直接投资流量上升了38%，达到1.76万亿美元，这是自2008年经济危机以来的最高水准。外国直接投资增长的部分原因是跨国公司并购和重新配置的需要，其中通常涉及大规模的平衡资金流动。至于资金流向，约55%的资本流向发达国家。在很大程度上，这种趋势也是当时全球宏观经济形势的反映。③

近两年，由于COVID－19以及国际贸易冲突和区域性地缘政治冲突等不确定性情况的发生，外国直接投资的流动小幅回落，2021年才开始有所增加。2021年全球外国直接投资流量达到1.58万亿美元，比前一年不到1万亿美元的总量增加了64%。外国直接投资流动似乎展示出很大的势头，这主要可归结于并购市场的蓬勃发展，宽松的融资条件和重大的基础设施刺激计划所导致国际项目融资的迅速增长，同时跨国公司的外国子公司利润的回流投资占据2021年外国直接投资流量增长的主要部分。④

---

① See UNCTAD, *World Investment Report* 2001: *Reforming International Investment Governance*, United Nations, 2001, p. 9.

② See UNCTAD, *World Investment Report* 2008: *Transnational Corporations and the Infrastructure Challenge*, United Nations, 2008, pp. 3 – 4.

③ See UNCTAD, *World Investment Report* 2008: *Investor Nationality-Policy Challenges*, United Nations, 2016, p. 2.

④ See UNCTAD, *World Investment Report* 2022: *International Tax Reforms and Sustainable Investment*, United Nations, 2022, p. 2.

其中,2021 年流向发达国家的外国直接投资总量为 7460 亿美元,而发展中国家得到的外国直接投资为 8370 亿美元,超越了发达国家。① 然而,2022 年俄乌冲突、美国和欧盟等实施的国际制裁、较高的能源和食品价格以及某些国家的经济衰退和债务风险又导致国际商事交易和跨国投资流动发生急剧变化,事实上,2022 年全球外国直接投资流量锐减了 12%,减至 1.3 万亿美元。②

二、外国投资政策的转型

当前,发展中国家在吸收外国直接投资方面,基本上能够处于和发达国家“齐头并进”的地步,甚至在近几年偶尔超越了发达国家而吸引了一半以上的外国直接投资流量。③ 但是,无论是发达国家还是发展中国家,都在通过国家参与程度不同的跨国企业进行国际投资,因此出现的问题是,作为已成为外国投资的东道国的发达国家,现在也必须解决可能属于某个发展中国家的跨国公司控制其国内某项经济领域的新问题,以“五眼联盟”为代表的发达国家因对来自中国的华为等公司的 5G 技术控制的担忧进而禁止中国投资的事例就是典型。④ 此类情形促使发达国家改变某些领域的外国投资政策,更多地颁布相关选择性的投资政策,并进行安全或垄断方面的筛选审查。⑤

全球化进程中,跨国公司是国际经济交易的最重要工具,也是引导大多数外国直接投资业务的主要实体。国际投资为跨国公司提供了创建遍布全球的供应链或产业链所需的财务和资产资源,但跨国公司特殊的组织结构、远程控制子公司的能力以及巨大的财政资源也可能会使接受跨国公司投资的东道国承受压力。尤其是其中一些跨国公司是国有或国有控股公司,甚至可能获得了母国政府的支持,给东道国带来了额外的担忧,越来越多地影响外国直接投资的地位以及许多东道国处理外国直接投资的方式。当然,这也在一定程度上直接改变了东道国对外国投资的态度,其带来的直接后果就是东道国不断地修改或颁布更加严格的外资审查政策,不仅包括安全审查,还

---

① See UNCTAD, *World Investment Report* 2022: *International Tax Reforms and Sustainable Investment*, United Nations, 2022, p. 6.

② See UNCTAD, *World Investment Report* 2023: *Investing in Sustainable Energy for All*, United Nations, 2023, p. 2.

③ 2022 年全球外国直接投资的 2/3 以上流入发展中国家,超过了 2021 年的 60%。Id., p. 5.

④ 参见龙春生、袁征:《大国竞争时代美国对华科技战略探析》,载《美国研究》2023 年第 4 期。

⑤ 参见高华:《新时代中国外商投资安全审查制度的完善——基于对欧盟安全审查制度变革的考察与借鉴》,载《法学论坛》2022 年第 5 期。

有更广泛的环境、社会、人权以及劳工等审查要求。以劳工为例，通过外包，外国直接投资可能会对许多发达经济体的劳动力市场产生影响，导致某些行业的大量工作岗位流失，这可能会助长保护主义，并对外国直接投资自由造成压力。① 而在环境方面，尽管2021年顶级能源跨国公司剥离化石燃料资产的趋势有所放缓，但通过并购重塑其投资组合和能源结构，此类跨国公司将继续促使人们呼吁建立一种与气候相关的新交易模式，譬如壳牌(Shell)、英国石油(BP)和雪佛龙(Chevron)等顶级卖家，通过设计要求买家披露排放和减排目标的合同，已经做好了试点转让气候相关资产的准备。② 此类情形不仅影响国家对引进外资的态度，也可能影响对外直接投资。在某些情况下，出于国家利益或国家安全的考虑，人们不仅认为某些经济领域应该禁止外国投资，甚至在某些市场领域，还应该阻止本国尤其是国有企业在国外投资，因为这可能会导致国内市场工作岗位流失和融资困难等。

过去几十年中，外国直接投资的自由化政策虽然已经被很多国家广泛接受，但是近些年因为外资政策的复杂性，自由和便利外国投资的政策似乎也受到了某些冲击。另外，可持续发展和气候变化减排政策的考虑使外资政策更加具有挑战性和多样性，也因为更多的国家干涉而更具复杂性和不确定性。一些国家对那些在东道国具有战略重要性或影响国家安全的目标公司的收购采取了更加严格的立场，譬如加拿大、日本、意大利、斯洛伐克、新西兰以及澳大利亚等。③ 在投资地点和保留措施方面，企业面临政治压力，这阻碍了它们在海外投资。譬如，在2021年，53个经济体实施了109个影响外国投资的政策，其中不利投资的政策有40个，主要是一些国家实施了外资筛选政策或者延长了COVID-19应急措施，其目的是继续强化全球经济危机以来的控制投资准入和经营政策。同时，有利投资的政策数目为55个，几乎达到了有记录以来的最低值，其中的大多数措施都是由发展中经济体实施的，投资吸引政策仍然被认为是这些国家经济复苏战略的关键。④

同时，对外国投资的积极态度以及近些年的审慎意图也反映在世界各地签订的新国际投资条约的数量和内容上。截至2023年年中，包括BIT和纳入外国直接投资规则在内的其他国际条约的国际投资条约总数虽然

---

① See Carlos Esplugues, *Foreign Investment, Strategic Assets and National Security*, Cambridge University Press, 2018, p. 7.

② See UNCTAD, *World Investment Report* 2023: *Investing in Sustainable Energy for All*, United Nations, 2023, p. 49.

③ Id., pp. 65-66.

④ See UNCTAD, *World Investment Report* 2022: *International Tax Reforms and Sustainable Investment*, United Nations, 2022, pp. 56-57.

已经达到 3265 个,[①]在一定程度上强化和体现了投资自由化的目的,但是近年来因为各种情况纳入投资条约的例外条款或社会利益条款等也极大地限制了投资条约的适用范围。

2021 年和 2022 年,国际投资条约机制的改革出现了几个典型的发展,比如新一代巨型区域贸易协定的缔结,[②]某些 BIT 的终止,ISDS 机制改革的多边谈判,以及通过加大对投资便利化、气候变化和人权的政策关注而重新调整的国际治理政策。具体而言,在 2021 年,各国缔结了至少 13 个新的国际投资条约,而同时终止了 86 个,国际投资条约的总数是 3288 个(其中 2021 年年底生效的至少有 2558 个)。[③] 到 2022 年,各国缔结了 15 个新的国际投资条约,至少有 17 个在当年生效,使得到 2022 年年底,至少有 2584 个生效的国际投资条约。[④] 此外,国际投资条约的内容发生了某些变化,不再局限于传统的重点保护外国直接投资的条款。也即从 1959 年第一个《德国 - 巴基斯坦 BIT》开始直至 21 世纪早期的老一代国际投资条约[⑤]通常不大关注东道国对环境保护和气候变化等问题的监管权,而 2010 年开始的新一代国际投资条约在维护国家监管权和纳入保护环境、气候变化与可持续发展的特定条款方面做得相对较好。譬如,截至 2022 年年底,1959 ~ 2009 年缔结的国际投资条约占比为 85%,其中的 2300 多个国际投资条约仍然继续有效,这些老一代的国际投资条约并不包括明确的维护缔约方保护环境或气候行动的监管空间的条款,其主要特点是以宽泛模糊的实体待遇标准条款为主,几乎没有规定例外或保障措施,而且是当前 ISDS 诉求的主要条约根据。[⑥] 鉴于老一代国际投资条约的数目远远

① See UNCTAD, *World Investment Report 2023: Investing in Sustainable Energy for All*, United Nations, 2023, p. 71.

② 譬如,2018 年 3 月由日本、加拿大、澳大利亚、智利、新西兰、新加坡、文莱、马来西亚、越南、墨西哥和秘鲁签订并于同年年底生效的《全面与进步跨太平洋伙伴关系协定》(CPTPP),以及 2020 年年底由中国、日本、韩国、澳大利亚、新西兰和东盟十国共 15 方成员制定并签署的《区域全面经济伙伴关系协定》(RCEP)。

③ See UNCTAD, *World Investment Report 2022: International Tax Reforms and Sustainable Investment*, United Nations, 2022, pp. 65 - 66.

④ See UNCTAD, *World Investment Report 2023: Investing in Sustainable Energy for All*, United Nations, 2023, p. 71.

⑤ 根据联合国贸易和发展会议的观点,老一代条约的定义是 1959 年至 2011 年缔结的条约,在 2012 年启动联合国贸易和发展会议《可持续发展投资政策框架》(WIR12)之前。一些 2012 年前的条约已经包含了新一代条约的内容。同样,2012 年之后谈判缔结的一些条约也没有纳入改革内容。

⑥ See UNCTAD, *International Investment in Climate Change Mitigation and Adaptation: Trends and Policy Developments*, UNCTAD (Nov. 8, 2022), https://unctad.org/system/files/official-document/diaeinf2022d2_en.pdf, p. 15.

超过新一代国际投资条约，至关重要的是解决此类老一代国际投资条约带来的问题，这就需要对国际投资条约的条款内容进行深层次的改革。

仅以ISDS的改革为例，虽然较早提出投资仲裁诉求的绝大多数投资者母国都是发达经济体，而被诉求的对象基本上是发展中经济体，但是近些年这种趋势有了很大改变，即越来越多的发达经济体作为被诉求的仲裁对象出现在ISDS机制中，并且来自发展中经济体的投资申请方也频繁把ISDS机制作为维护自己海外投资权益的一种主要工具。① 不过，如前文所述，提出诉求根据的国际投资条约基本上都是老一代的国际投资条约，这会对东道国实施国家政策的改革产生不利影响，因此也就有必要修改、改革或废除老一代国际投资条约，同时纳入缔约方为合法公共政策目标所需的必要监管和政策权限。

三、外国直接投资筛选政策的强化

盛行数十年的国际投资保护机制尤其是ISDS机制给东道国制定国内相关政策带来了“监管寒蝉”效应，一些经济体开始考虑它们是否在签署国际投资条约时放弃了太多的“政策空间”。鉴于对外国投资者的限制一直存在，为实现合法的非经济方面的投资政策目标，譬如健康和安全、国家安全、人权及环境保护等非经济领域，近些年的国际投资条约开始逐步纳入允许缔约方监管权和保留公共政策空间的例外条款或者类似条款，以便在国际投资保护义务与缔约方的其他义务发生冲突时可以排除投资条约的适用。与此同时，各国国内也开始逐步制定外国直接投资的筛选政策，对那些可能危及本国关键能源、稀缺原材料、国家安全或者对国家主权和竞争力至关重要的技术和关键基础设施的投资规定严格的准入条件，尤其是对一些关键经济领域的控制，现在已成为与外国直接投资密切相关的政治问题。② 此外，不断变化的全球地缘战略氛围、随时可能发生的恐怖主义袭击以及当前泛滥扩大的安全化问题也引起了各方对外国直接投资的

---

① 譬如在2022年，在根据国际投资条约针对32个国家提起的46个新的ISDS诉求中，墨西哥、罗马尼亚、斯洛文尼亚和委内瑞拉被诉的次数都是3次，瑞典和葡萄牙首次成为被诉方，而在以往，每年被诉的新国家中的绝大多数国家都是发展中国家（约占65%）。提起诉求的投资者中，65%来自发达国家，排名前3的分别来自美国（8个）、荷兰（5个）和英国（4个）。事实上，自1987年到2022年，来自美国、荷兰、英国、德国和西班牙的投资者提起的投资仲裁诉求占到总数的45%。See UNCTAD, *World Investment Report* 2023: *Investing in Sustainable Energy for All*, United Nations, 2023, p. 78.

② See Karl P. Sauvant, *Driving and Countervailing Forces: A Rebalancing of National FDI Policies*, in Karl P. Sauvant ed., Yearbook on International Investment Law and Policy (2008 - 09), Oxford University Press, 2009, p. 233.

担忧,促使某些国家改变了外国直接投资的监管方式。对这些国家而言,此类外资监管和筛选政策不仅可以阻碍外国公司控制战略性行业、公司或关键基础设施,而且可以避免关键研发部门被转移到国外、国家资源由外国投资者控制以及知识产权保护不足等问题,同时还可以保护国家文化认同与国家安全。

一方面,当外国直接投资是来自新兴经济体的跨国企业尤其是国有企业时,对于关键技术、行业或基础设施被外国投资者控制、危及国家安全的担忧会进一步加剧,主要的担忧是其中一些发展中国家的政府可能会高度参与跨国公司对其最终投资目标的控制和治理,而且来自某些国家的针对具体某些经济领域的外国直接投资也可能会与东道国保护和维护的价值观或政策和目标产生冲突。此类情形导致一些国家开始对外国直接投资实行筛选审查,不断根据国内产业需求、国际关系变化或者地缘政治冲突等更改和完善外资的筛选政策。另一方面,外国直接投资立法反映了东道国对外资潜在风险的控制与投资者母国期望从外国资本获得利益之间的平衡问题,这也导致外资监管面临越来越大的压力。同时,对一些国家来说,对外资的筛选政策可以阻止那些本国不欢迎的外国直接投资进入东道国,或者在某些特定行业或地区对引进的外资施加某些特殊条件,以把对本国产生的潜在负面影响降至最低。① 其结果是,外国直接投资的国家法律框架规定了筛选外国直接投资的不同方式和理由,其通常表现为把国家安全、基本安全利益、关键矿业、关键技术或关键基础设施等类似理由作为限制甚至禁止某些外国直接投资的理由。

与国际投资条约纳入一般例外、安全例外或者非排除措施条款等保护国家一些基本合法利益和安全利益的条款相比,此类外国直接投资的筛选政策更加关注投资准入前或实际执行阶段的潜在影响,以提前控制外国直接投资进入其经济部门。而且,需要明确的是,各国通过投资筛选政策保护国民经济的某些行业或公司不受外国投资者控制的目标并不与投资自由相矛盾,也不是禁止外国直接投资进入本国国内更广泛的领域,而是试图通过投资筛选建立一种保护机制,即以国家安全或国家利益为由控制外国投资进入某些领域或限制来自某些特定国家的外国投资。其结果是,国

① 譬如2022年10月26日,德国政府批准中远海运港口有条件收购汉堡港口与物流股份公司集装箱福地码头24.9%的少数股权,没有达到25%,那么中远航运港口则不会获得董事会的否决权,无法影响码头的战略决策。根据德国联邦经济部的说法,如果没有通过新的投资审查评估程序,未来也不能超过24.9%的门槛。参见青木、辛斌、高荸:《中远海运获准入股汉堡港,汉堡港官方讲述“中远入股”:长期关系的结果》,载《环球时报》2022年10月29日。

家拥有越来越多的筛选和监管某些外国直接投资提案的权力，至少是那些可能威胁敏感产业或国家安全问题的投资提案，可能会受到潜在的审查而被终止。

当前，发达的“资本输出国”和发展中的“资本输入国”之间的传统区别变得模糊，新兴经济体在继续成为外国直接投资的接受者的同时，也在大量输出对外投资并成为资本输出国的主要参与者，并在外国直接投资领域发挥着主导作用。然而，一些发达国家仍然无法接受这一现实，其所采取的主要方法就是在国内法律政策中越来越多地规定控制外国投资流动的筛选规范和系统，使外国直接投资项目必须经过国内评估后才能得到政府的正式批准。譬如，2021 年，发达国家将对战略公司的保护扩展到禁止外国兼并，有 4 个国家通过了外资筛选机制，导致进行外国直接投资筛选的国家占全球外国直接投资流入的 63% 和外资存量的 70%，而这一比例在 2020 年分别是 52% 和 67%。①

四、外国投资的国家安全审查

在前述外国直接投资筛选的国内法律政策中，最为直接和明确的拒绝理由就是威胁国家安全。虽然外国投资筛选可能由不同的国内立法组成，但是有些国家专门建立外国直接投资的安全审查机构，譬如美国外国投资审查委员会（The Committee on Foreign Investment in the United States，CFIUS），对希望进入或者已经进入其国家的外国投资进行安全审查，借以保护本国的基本安全利益。外资安全审查可以保护国家的经济，免受一些外国直接投资提案构成的潜在威胁，尤其是主权驱动的外国直接投资构成的干扰或威胁。

根据联合国贸易和发展会议（United Nations Conference on Trade and Development，UNCTAD）统计，2020 年对外国投资实施监管性或限制性政策的数目增加到 50 个，其主要是由发达国家实施的，其中一个主要的推动因素是对敏感行业的外国直接投资产生的国家安全担忧。2020 年实施外资安全审查机制的国家达到 34 个，譬如，澳大利亚将触发国家安全筛查的货币门槛暂时降至 0 澳元；加拿大降低了外资进入加拿大企业所需获得政府批准的最低门槛，并于 2021 年 3 月加强了对敏感个人数据、特定敏感技术领域、关键矿业和国有外国投资者投资的安全审查力度；法国将生物技

---

① See UNCTAD, *World Investment Report* 2022: *International Tax Reforms and Sustainable Investment*, United Nations, 2017, Abstract, p. xiii.

术纳入审查清单，并将政府批准外国兼并的控制门槛由25%降低至10%；德国通过修改立法将政府批准外资获得某些医疗行业股份的最低标准降至10%，并将外资收购对公共秩序或安全的审查范围由以前的“实际风险”标准扩大到“潜在损害”标准；等等。① 而到了2021年，此类安全审查的趋势得到了进一步加强，当年通过的约2/3的不利外国直接投资的政策都是由发达国家颁布的强化国家安全监管的政策，导致以国家安全为由对外国直接投资实施筛选的国家数目达到36个，分别占外国直接投资流入的63%和外资存量的70%。譬如，澳大利亚将所有涉及国家安全的土地或商业投资的强制审查永久性地降低至0澳元；法国将可再生能源有关的技术纳入审查机制；德国增加了需要进行外资审查的16项高技术活动清单，使其总数达到43个，并调整了某些行业的外资审查门槛；日本要求34种稀有矿业的外资进入需要事先获得政府许可；等等。② 截至2022年年底，对外国投资进行安全审查的国家达到37个，并且越来越多的国家逐渐把安全要素纳入筛查外国投资的标准中，其中22个为欧洲的发达国家。③

此类外资审查尤其是安全审查政策的实施可能会在一定程度上阻碍全球跨境投资流动，但是需要明确的是，外国直接投资的自由化流动不应排除各国政府在该领域追求其合法国家目标和基本安全的权利，关键是各国投资法制度的改革或转型到多大程度上才能更好地平衡投资者权利和东道国权利之间的关系。毕竟，早期以发达国家为主的资本输出国在20世纪90年代起草的大量BIT都是基于经济自由主义的版本，其所追求的投资自由流动和保护投资者利益的目的已经不适应当前新贸易保护主义下的国际和国内经济发展需求，④东道国需要为维护自己本国的国家安全和公共利益而对外资进行限制，这不仅要体现在国家之间缔结的投资条约中，也要在国内的外资政策中有所体现。

此类国家筛选外资政策的扩展也导致各国政府拥有广泛的权力来决定实施什么样的筛选政策以及作出是否允许外资进入的决定，甚至可以随

---

① See UNCTAD, *World Investment Report* 2021: *Investing in Sustainable Recovery*, United Nations, 2021, pp. 111 – 112.

② See UNCTAD, *World Investment Report* 2022: *International Tax Reforms and Sustainable Investment*, United Nations, 2022, pp. 59 – 60.

③ See UNCTAD, *World Investment Report* 2023: *Investing in Sustainable Energy for All*, United Nations, 2023, pp. 63 – 64.

④ See Carlos Esplugues, *Foreign Investment, Strategic Assets and National Security*, Cambridge University Press, 2018, p. 19.

时因为情势所需而修改或实施不同的保护性政策。虽然这些目标是通过国家自身制定的不同机制和政策确保和实现的，但也容易导致各国政府更加关注某些相互竞争的领域，例如，维护特殊的国家利益或基本安全利益，保护国内关键产业，提升关键原材料的供应能力，以及保护某些关键技术或基础设施等，这无疑扩大了对国家安全或国家基本安全利益概念的广泛理解，导致安全含义产生不可预测性、缺乏透明度和扩大化趋势等问题，也增加了外国投资者潜在的风险合规成本，从而损害投资者的权利和期望。

当前现状是，外国直接投资的格局正在因为发展中国家的加入而变化，某些国家基于国家安全或其他原因而对外国直接投资采取的一些新的审慎态度，最终可能会影响国际投资政策的发展以及外国投资者未来的地位和权利。同时，与外国直接投资相关的国家赋权最终可能导致外国直接投资自由化的理念不稳定。当东道国基于不同理由支持控制或限制外国直接投资的某些立场变得更加普遍时，新的经济民族主义浪潮可能就会席卷而来。① 因此，有必要在外国直接投资自由的需求、国家确保在其领土内维护某些政策或实现某些目标的权利、外国投资者享有明确稳定的法律框架以及对其投资的最低保护水平之间取得新的平衡。② 无疑，这需要拓宽对国家安全概念的理解以及国际投资条约中国家基本安全例外标准的认识，同时也要明确，即使承认国家安全概念的扩展化，也无法完全解决东道国采取的措施是国家安全保障措施还是纯粹的针对外国直接投资的保护主义措施的判断问题，毕竟国家安全含义的模糊和扩大化会加大滥用保护主义目的的风险。

第二节　国际投资的法律规制框架

国际投资法调整的是跨国投资活动产生的法律关系，一方面，投资者受到投资者母国以及其投资的东道国国内立法的约束，同时也要遵守东道国与母国两国签订的或者共同参加的国际投资条约的规定。另一方面，如果有关投资项目是以投资者与东道国签订的投资合同为依据，有关投资关系也要遵守相关的投资合同的规定。同时，跨国投资也易受到东道国国内

---

① See UNCTAD, *Investment Policy Developments in G20 Countries: Division on Investment and Enterprise*, United Nations, 2009, p. 7.

② See Carlos Esplugues, *Foreign Investment, Strategic Assets and National Security*, Cambridge University Press, 2018, p. 20.

潜在不稳定的政治环境所产生的政治情绪波动的影响,尤其是当有关投资是由大型跨国公司投资于经济或政治脆弱的发展中国家时,这一影响十分明显。国际投资法以及国际合同,通常要求注册为东道国公司的外国投资者在东道国国内法律制度之外享有额外的法律权利和保护。要强调的是,在缺少额外的国际投资法提供的法律保护的情况下,通过适用国内法,跨国投资者就享有和国内投资者在法律上的同等权利和责任。

过去半个多世纪以来,国际投资法促进了外国投资的保护,其主要特点就是允许由一个中立的裁判机构对国家有关政策或决策的合法性进行审查。简单来说,国际投资法规定了国家为吸引外国投资而自愿限制自己主权的必要结果。吸引外国投资的承诺是以降低国家的监管空间为代价的,而同时投资者获得了越来越多的预期期望以及至少与国内投资者同等待遇的法律保障。国际投资法通常授权国际投资仲裁庭享有解决东道国与外国投资者之间争端的广泛的自由裁量权,而仲裁庭权力的不断扩大、对相关投资条约规定的广义解释以及对根据类似条约和案情作出的前后不一致的仲裁裁决也成为国际投资机制备受批评的焦点。① 因此,国际投资法的法律保护框架亟须改革。

一、国际投资条约的主流地位

国际投资条约是由两个或两个以上国家签订的、每一缔约方承诺给予来自另一缔约方的外国投资者享有条约规定的某些特殊保护的专门条约。当前国际投资条约的主要特点就是通常仅规定外国投资者而非东道国等利益攸关方的权益保护问题,因此可以认为,国际投资条约是专门集中于保护外国投资者权益的制度,是外国投资者享有东道国法律制度之外的一种额外的权利保护。

截至2020年,国际投资条约的组织结构已经远远超过其初期形式,而绝大多数国际投资条约都是以BIT形式存在的。BIT是国际投资法中最重要的表现形式。根据2023年7月UNCTAD报告,截至2022年年底,国际社会共有2830个BIT以及435个含有投资条款的条约,其中生效的国际投资条约数目是2584个。② 虽然双边投资关系是比较成功的,但是多边投资条约因为各种各样的利益关系而一直未获得成功,尤其是发展中国

① 参见余劲松:《国际投资条约仲裁中投资者与东道国权益保护平衡问题研究》,载《中国法学》2011年第2期。

② See UNCTAD, *World Investment Report* 2023: *Investing in Sustainable Energy for All*, United Nations, 2023, p. 71.

家和发达国家之间以及发达国家之间的分歧导致这种努力创制多边投资条约规范的尝试常常无功而返。① 可以说,跨境投资的国际法律规制被认为是一段"多边失败和双边成功"的历史,即虽然签订多边条约的持续努力最终以失败而告终,但是在双边和区域性层面投资保护的谈判获得了成功,并且越来越多的区域性经贸合作协定纳入了 BIT 范式的投资保护章。②

国际投资条约还可以在投资进入或设立后,向受保护的外国投资者授予权利。当国际投资条约规定的投资者权利仅限于设立后阶段时,东道国保留设定具体准入条件的权利,包括进行投资设立前的国家安全审查。国内相关的外商投资立法可能会规定与外国投资准入有关的歧视性规则。然而,外国投资一旦被接纳,无论其原籍国如何,原则上都不应受到歧视。随着 20 世纪 90 年代自由贸易协定中的投资章节的出现,越来越多的国际投资条约在准入阶段允许资本流动自由化后,向外国投资者授予权利,譬如《北美自由贸易协定》(North American Free Trade Agreement, NAFTA)第 1103 条以及随后有关国家的 BIT 范本,《欧盟 – 加拿大全面经济贸易协定》(EU-Canada Comprehensive Economic Trade Agreement, 以下简称《欧盟 – 加拿大 CETA》)和《中国 – 澳大利亚自由贸易协定》(China-Australia Free Trade Agreement, 以下简称《中国 – 澳大利亚 FTA》)也作出了相同的安排。③ 将 BIT 利益扩展到成立前阶段,各国放弃接受外国投资的任何歧视性措施,也放弃未来采取新的歧视性措施的权利,这在一定程度上是对国家主权的重要限制。不过,对于投资者母国与东道国没有签订国际投资条约的情况,投资的保护还主要依赖东道国国内的有关法律。

国际投资条约的最初目的是确保外国的投资受到保护,而其主要目标是通过制定一些激励措施实现的。在这种意义上,国际投资法主要是通过集中阐述东道国实施的监管措施可能对投资者财产权造成的潜在影响来保护外国投资,投资仲裁庭裁决的很大一部分涉及私有化、征收以及人权的侵犯等就是很好的证明。另外,国际投资条约中关于"投资"的定义主要基于"资产"的定义方式,其他一些类型的定义都是在基于资产的定义

---

① See Jeswald W. Salacuse, *The Law of Investment Treaties*, Oxford University Press, 2015, pp. 98 – 99.

② See Valentina Vadi, *Analogies in International Investment Law and Arbitration*, Cambridge University Press, 2016, pp. 47 – 51.

③ See North American Free Trade Agreement (1992), Article 1103; U. S. Model BIT (2012), Article 4; EU-Canada CETA (2016), Article 8. 7. 1; China-Australia FTA (2015), Arts. 9. 3. 1, 9. 4. 1.

基础上予以的一定修正，有些只是将一些具有投机性质的资产剔除出条约的保护范围。而且，“投资”定义中包含的资产相对广泛，几乎涵盖了私人拥有的所有资产，只要这些资产用于投资就属于国际投资条约的“投资”。[①] 无论如何，外国直接投资可以被认为从一个国家到另外一个国家转移的有形或无形资产，其目的是财产所有人在另外一个国家使用这些财产可以产生收益。

国际投资条约主要由序言、国民待遇、最惠国待遇、公平公正待遇、征收与赔偿、例外条款以及争端解决条款等内容构成，具体条约内容可能因为谈判对象的不同而不同。关于国际投资法规定的投资保护，相关条约中都规定了投资的定义以及仲裁机构行使管辖权的要件。因此，缔约国有权自由规定“投资”的定义，并且很多条约规定了解决争端的仲裁机制，这意味着缔约国将解决相关定义的权限授予了仲裁庭。

根据国际投资条约，原则上投资者获得的保护是无条件的。即使投资者发现获利将会侵犯人权，而且即使东道国从法律上承诺将保护该利润，投资者仍然可以根据国际投资法中的合理期待获得利润。但是，这种传统的国际投资法解决方法已经出现了不少问题。国际投资法的实质就是将跨国投资的期待利润限制在一个法律框架内（国际投资法），并且将因可能发生的政治、经济和社会不稳定问题而未能获得的利润由东道国赔偿，而这通常是通过向本国国民征收的税收或者其他财政收入支付的，因此对所有的利益相关者尤其是可能受到投资负面影响的弱势群体是既不公平也不公正的。还有，不应当忽视的一个事实是，缔约国之间签订的保障社会、经济和政治稳定性的投资条约通常都有一定的生效期间和终止条款，因为遵守投资条约而对东道国产生的负面影响已经促使一些国家采取了终止或退出投资条约的政策。[②] 因此，值得思考的问题是，为维持此类投资条约承诺而对缔约国带来负面影响的国际投资法是否公平。

以阿根廷为例，在20世纪90年代的私有化改革中，很多公用事业的私有化过程得到了外国投资者的投资，而且投资者通常都与阿根廷政府签订了允许投资者用美元而不是阿根廷货币比索支付相关费用的合同。但

---

① 参见张庆麟：《论国际投资协定中“投资”的性质与扩大化的意义》，载《法学家》2011年第6期。

② 譬如厄瓜多尔、印度、南非等国家。参见黄世席：《可持续发展视角下国际投资争端解决机制的革新》，载《当代法学》2016年第2期；魏艳茹：《国际投资协议日落条款研究》，载《法商研究》2022年第3期。

在21世纪早期的阿根廷经济危机后,政府为缓和对经济的进一步限制以及避免社会、政治和经济不稳定性而降低了本地货币比率,加重了以美元为结算单位的、群体的负担,因为低收入群体的薪水并没有和美元相挂钩,其要支付远比本地货币更多的费用。政府单方面修改了原始合同的相关条款,降低了关税,使水和天然气仍然能够维持在低收入群体可以购买的能力之内。一些外国投资者以阿根廷政府违反相关投资条约的规定提起仲裁诉求。① 虽然阿根廷政府也提出了包括水权在内的人权抗辩,但相关仲裁庭认为阿根廷政府在处理有关法律保障措施时违反了相关投资条约中的公平公正待遇标准,要求阿根廷政府对于所有的因为其行为而引发的投资者的商业损失予以赔偿。② 但仲裁庭并没有从第三方利益相关者的角度对什么是公平和公正进行解释,也没有权衡遵守投资条约和保障人权义务的必要性之间的关系。

当前国际投资条约的一个主要特点就是大多数国际投资条约都规定投资者可以将所有的投资争端提交有约束力的国际仲裁,通过利用投资条约就排除了投资者母国因为保护其国民而可能行使外交保护权带来的政治不便,同时将东道国是否存在过错的行为交由一个中立的裁判机构进行仲裁,而不用考虑外国投资者在提交仲裁请求前是否用尽或使用了东道国国内救济。③ 这种程序性权利能够使外国投资者迅速有效地从违反投资条约实体条款的东道国处获得赔偿。当然,这种争端解决程序忽略了可能受到投资者活动不利影响的利益攸关方的权益,并且除了可以根据相关规则规定提交法庭之友④的意见,此类利益攸关方通常不能参加解决投资争端的争端程序。

---

① See *CMS Gas Transmission Company v. Argentine Republic*, ICSD Case No. ARB/01/8, Award, 12 May 2005; *Enron Corporation and Ponderosa Assets, L. P. v. Argentine Republic*, ICSID Case No. ARB/01/3, LG Award, 22 May 2007; *LG & E International, Inc. v. Argentine Republic*, ICSID Case No. ARB/02/1, Award, 25 Jul. 2007; *Sempra Energy International v. Argentine Republic*, ICSID Case No. ARB/02/16, Award, 28 Sept. 2007.

② See *Azurix Corp. v. Argentine Republic*, ICSID Case No. ARB/01/12, Award, 24 Jul. 2006, para. 442; *Urbaser S. A. and Consorcio de Aguas Bilbao Bizkaia, Bilbao Biskaia Ur Partzuergoa v. Argentine Republic*, ICSID Case No. ARB/07/26, Award, 8 Dec. 2016, paras. 1193 - 1210.

③ 即使相关的投资条约有要求投资者用尽东道国国内救济的规定,但在仲裁裁决中,仍然有一些仲裁庭认为该程序性要件是可有可无的。

④ 国际投资仲裁程序中,作为利益攸关方的第三方,譬如受外国投资活动影响的本地社区、投资者母国,以及利益不直接相关但是请求以法庭之友身份参与仲裁的非政府民间社团或组织等,可以根据有关仲裁规则的规定提交第三方陈述意见(通常称为"法庭之友陈述")。参见黄世席:《国际投资争端中投资规则与人权规则适用的冲突与挑战》,载《当代法学》2018年第4期。

虽然仲裁庭的裁决可能意味着外国投资者根据投资合同中的稳定条款对管理措施的稳定性享有合法的期待，即东道国管理政策框架的改变等同于违反了投资条约中的公平和公正待遇，①然而投资者因为东道国违反投资条约标准而申请仲裁的赔偿请求并不需要有投资合同作为根据。投资者可以根据东道国实施新的管理措施、政府部门的不作为以及拒绝公正司法等提起赔偿请求，事实上，所有的可能影响外国投资者权益的东道国行为都可以作为投资者提起诉求的根据，譬如不同政府部门作出的目的可能在于解决社会、经济和政治不稳定性影响的决定，改善本地居民生活条件或遵守人权标准的政策等。

从投资者的角度来讲，国际投资仲裁的一个主要吸引力是救济机制的实用性。仲裁裁决是有约束力的终局裁决。得到裁决支持的申请人通常会获得金钱赔偿，其中可能包括未来利润的损失。通常情况下，仲裁裁决的金额可能超过 1 亿美元，某些案件中当事人的诉求甚至达到数十亿美元，②如果作出对申请人有利的仲裁裁决，如此巨大的数额对东道国的经济状况会带来沉重的压力，进一步加重其财政负担，并最终会减少东道国用来维持社会进步和发展的能力（譬如教育和健康）。这种情形导致的一个不幸结果就是，如果维持国家对外国民间投资者潜在经济收益承担责任的义务，该国的社会开支就会减少。对于社会预算非常有限的发展中国家以及不发达国家来说，这会进一步给其制定公共利益政策的监管能力带来负面影响。

二、一般国际法的补充作用

国际法在解决国际投资法面对的稳定性与复杂性窘境以及增加和谐性方面可以发挥重要的作用，国际投资争端的解决可以援引一般国际法原则。当前，一般国际法规范已经成为国际投资法机制的重要组成部分之

---

① See *e. g.*, *PSEG Global et al. v. Republic of Turkey*, ICSID Case No. ARB/02/5, Award, 19 Jan. 2007, para. 241.

② 据统计，在从 1981 年到 2020 年 3 月总数为 241 个的投资仲裁裁决中，申请人平均提起的诉求为 9.106 亿美元，获得的平均仲裁裁决数额为 2.983 亿美元，约占提起诉求的 32.8%。排除 3 个数额较大的仲裁裁决（*Yukos* 案裁决数额为 500 亿美元，*Conoco Phillips* 案裁决数额为 87.3 亿美元，*Generation Ukraine* 案申请人提出 94.46 亿美元的赔偿诉求，但被驳回），平均裁定的赔偿额为 5520 万美元，提起的平均诉求额为 2.753 亿美元。See Credibility International, *Study of Damages Awards in Investor-State Cases*, 2nd ed., Credibility International (Jan. 2021) https://www.credibilityinternational.com/wp-content/uploads/2021/02/Study-Damages-Awards-2.pdf.

一。许多国际投资条约都包括一般国际法规范的明确规定，把其作为准据法的一部分加以适用。譬如《美国BIT范本》规定，"仲裁庭在裁决案件时可以根据本条约以及应当适用的国际法规则解决争端"。① 实践中，一些国家在签订的国际投资条约中也明确规定了援引国际法规范的条款，譬如2012年《中国－加拿大BIT》规定，"依据本部分设立的仲裁庭应根据本协定、可适用的国际法规则处理争端涉及的问题，在适当时，仲裁庭应考虑东道国缔约方的法律"。②

美国签订的投资条约大多把一般国际法与外国投资者的最低待遇标准连接在一起，譬如《美国－乌拉圭BIT》规定，"缔约国应当根据习惯国际法包括公平公正待遇、充分保护和安全待遇对待涵盖投资"。③ 同时在"法律适用"部分，该条约作了和《美国BIT范本》同样的规定，即"仲裁庭在裁决案件时可以根据本条约以及应当适用的国际法规则解决争端"。④ 这种规定把国际法与最低待遇标准联系在一起。此外，还有一种类似规定是不得减损缔约国国际义务，譬如《美国－波兰BIT》规定，"条约不得克减缔约国承担的国际法律义务"。⑤ 这是一种较广泛的限制，可能涵盖所有种类的国际义务，包括从一般国际法到其他特殊的法律部门，譬如人权法等的义务。

国际投资条约规定解决争端适用一般国际法的方式有很多种，只是在很多情况下与公平公正待遇⑥或最低待遇标准联系在一起。即使那些没有明确规定适用一般国际法的国际投资条约，一般国际法也应当适用，尤其是在那些涉及条约解释的争端中。任何国际投资条约中的同意都不能脱离一般国际法而独立存在，譬如《维也纳条约法公约》中有关条约解释的一般原则或习惯规范可以直接适用于国际投资争端。

另外，国际投资仲裁实践中也经常把一般国际法作为解释国际投资条约的依据。国际投资仲裁庭通常都会援引《维也纳条约法公约》，并把其作为解释国际投资条约的根据。1969年通过的《维也纳条约法公约》于1980年生效，虽然根据其第4条规定仅仅适用于该条约生效后缔结

① U.S. Model BIT (2012), Article 30.1.

② 《中国－加拿大BIT》(2012)第30.1条。

③ U.S. - Uruguay BIT (2005), Article 5.1.

④ U.S. - Uruguay BIT (2005), Article 30.1.

⑤ U.S. - Poland BIT (1990), Article XII (1)(b).

⑥ 关于公平公正待遇在国际投资法中的地位，参见徐崇利：《公平与公正待遇标准：国际投资法中的"帝王条款"?》，载《现代法学》2008年第5期。

的国际条约,①但是鉴于其大部分内容都是习惯国际法规范,《维也纳条约法公约》规定的原则从技术上也可以作为习惯规范而适用于1980年之前签订的国际投资条约,或缔约国不是《维也纳条约法公约》成员国之间签订的国际投资条约。② 因此,如果国际投资条约自身没有明确规定,仲裁庭也可以援引包括条约解释规则在内的一般国际法来解释相关投资条约的条款。

一般国际法在条约解释中有着不同的作用,其中的一个关键作用就是用来填补条约规定的漏洞,因此,在有关国际投资条约没有对特定问题进行规定的情况下,可以适用一般国际法原则。另外,在对有关条约的解释出现两个或两个以上相互冲突的意见时,可以用一般国际法进行解释。如同解释其他条约一样,国际投资条约解释的出发点也是《维也纳条约法公约》。对于解决投资争端国际中心(International Centre for Settlement of Investment Disputes,ICSID)诉求,虽然《ICSID公约》规定了解决投资争端的程序,但其并没有对国际投资条约的解释作出规定。在一个根据国际投资条约提起的ICSID诉求中,根据条约规定应当适用的法律规范通常是提起诉求所依据的国际投资条约和其他一般国际法原则,其他解释规则的作用是次要的。在国内法的解释和国际法解释规则不一致的情况下,优先适用国际法解释规则。国际投资条约解释规则的缺乏导致《维也纳条约法公约》的重要性进一步提高。③ 因此,《维也纳条约法公约》对于国际投资条约的解释至关重要,但其不适用于私人投资者与国家签订的投资合同的解释,除非当事人同意适用。

三、软法对国际投资活动的影响

软法通常被认为是可以影响某些特定团体行为的承诺、规范、标准以及指导规则等,④也是有助于国家之间通过职能合作实现国际目标且不具有法律约束力的文件。尽管国际法中的软法还没有一个公认的定义,⑤但

---

① 《维也纳条约法公约》第4条规定:"以不妨碍本公约所载任何规则之依国际法而毋须基于本公约原应适用于条约者之适用为限,本公约仅对各国于本公约对各该国生效后所缔约之条约适用之"。

② See Romesh Weeramantry, *Treaty Interpretation in Investment Arbitration*, Oxford University Press, 2012, p. 6.

③ Id., p. 26.

④ See Kenneth W. Abbott & Duncan Snidal, *Hard and Soft Law in International Governance*, 54(3) International Organization 421 (2000).

⑤ See Melaku Geboye Desta, *Soft Law in International Law: An overview*, in Andrea K. Bjorklund & August Reinisch eds., International Investment Law and Soft Law, Edwar Elgar, 2012, pp. 39 – 50.

是国际投资活动受到了国际软法的影响是显而易见的。虽然这些规定并不完全是法律或社会性规范,但其确实能够影响国际行为体的行为。作为国际法渊源之一的软法,其优点是低成本的谈判和优先顺序,可能包括国际组织的决议组成的规范、行为规划、宣言以及条约解释规范等,其公开的很多重要信息能够预测到特定当事人签署软法文件的行为后果。无论如何,软法可能会有助于新的习惯国际法的生成,①或有助于在条约谈判时弥补现有条约的漏洞,或有助于解释条约的嗣后国家习惯,并可以在没有国际义务的情形下为国家提供指导规则。

软法可以影响某些特定行为体的行为,包括国际银行、投资基金、非政府组织或政府。至于国际投资,在消除某些行业发展产生的负面影响方面,软法可能是发展最为快速的机制。在制定新的行业行为准则方面,软法能够更为轻松地将不同的经济行业融合在一起。譬如,联合国粮食及农业组织、联合国贸易和发展会议以及世界银行集团等在《尊重权利、生计和资源的负责任农业投资原则》(以下简称《负责任农业投资原则》)的制定过程中,就借鉴了软法的有关规定。② 虽然不能确定遵守软法的倡议能否减轻外来大规模投资对当地人民人权的负面影响,但毫无疑问的是,对那些投资行为可能会涉及接受国不稳定人权现状的投资者而言,软法确实会影响其声誉。

软法的文件有很多,不同类别的产业投资有不同的软法政策,这些政策包括政府准则、多边利益攸关者联合制定的准则、行业准则、公司准则以及遵守认证准则等。③ 以土地投资为例,具体来讲,与国际投资活动有关的软法文件主要包括欧盟《支持发展中国家的土地政策指导原则》、世界银行集团等《负责任农业投资原则》、联合国粮食及农业组织和世界食品

① 参见何志鹏、申天娇:《国际软法在全球治理中的效力探究》,载《学术月刊》2021 年第 1 期。

② See FAO et al. , *Principles for Responsible Agricultural Investment that Respects Rights*, Livehoods and Resources, FAO Publication (Feb. 22, 2010), https://www.fao.org/fileadmin/templates/est/INTERNATIONAL-TRADE/FDIs/RAI_Principles_Synoptic.pdf.

③ 有学者认为,目前存在至少有 1000 多份软法性质的行为准则,涉及 6 个主要类型:①政府间机构制定的示范准则(如联合国的《全球契约》);②政府之间执行的政府间准则(如经济合作与发展组织《跨国企业准则》);③多边利益相关者准则,经常是由有关的公司、劳工代表、非政府组织和政府经谈判达成的协定(如英国政府的《伦理贸易项目基本准则》);④行业准则(如银行业的《赤道准则》);⑤公司准则,现在许多公司(而且当然是所有的大公司)都有此类准则,可能涉及有关公司的社会责任价值观、战略方向、与雇员及社会的关系、投资守则、申诉处理以及供应链管理等;⑥遵守与认证准则,这些准则的制定是为了帮助公司评估其遵守企业社会责任的情况(如 2010 年《ISO 26000 社会责任的指南》)。参见[澳]戴维·金利:《全球化走向文明:人权和全球经济》,孙世彦译,中国政法大学出版社 2013 年版,第 166 ~ 167 页。

安全委员会的《自愿指导原则》以及非洲《土地政策框架和指导原则》等。

对国际投资与人权关系起指导作用的软法文件主要是联合国人权理事会2011年6月通过的《工商企业和人权:实施联合国"保护、尊重和补救"框架指导原则》(以下简称《指导原则》),其明确规定了国际投资和贸易中的人权问题,指出国家有充分履行保护人权、尊重人权以及救济人权侵权危害的义务,警告国家为此要保留和维持充分的政策空间和监管能力。尤其是《指导原则》第9条指出,"国家应保持适当的国内政策余地,以在与其他国家或工商企业一道追求与企业相关的政策目标时,例如,通过投资《条约》或合同。"该条的评论指出,《指导原则》第9条不仅适用于投资《条约》和合同,而且适用于自由贸易协定。"国家与其他国家或工商企业缔结的经济协议,例如双边投资协定、自由贸易区协议或投资项目合同,为国家创造了经济机会。但它们也会影响到政府的国内政策空间。例如,国际投资协议的条款可能限制国家充分执行新的人权立法,或使它们面临可能的约束性国际仲裁风险。因此,国家应确保自己保持适当的政策和监管能力,以根据此类协议条款保护人权,同时提供必要的投资保护。"①

另外,《指导原则》第4条涉及国家与企业的关联关系,其规定"国家应采取额外步骤,保护人权不受国家拥有或控制的工商企业,或接受国家机构,例如出口信贷机构和官方投资保险或担保机构实质性支持和服务的企业侵犯,包括在适当时,要求人权尽责"。该条的评论指出,"如果这些机构对受益企业的实际或潜在负面人权影响不作明确考虑,它们就有可能为支持此类伤害承担声誉、财务、政治乃至法律风险,它们还可能加剧受援国面临的人权挑战"。②

虽然《指导原则》已经成为工商企业和人权领域的主要参考规则,但2014年人权理事会通过了设立一个政府间工作组的第26/9号决议,其任务是从国际人权法的角度制定监管跨国公司和其他工商业活动的有约束力的国际性法律文件,并且呼吁要求在条约内容中确保人权的优先地位。工作组在2015年和2016年举行了两次信息量丰富的会议,并在2017年开始进行实际谈判工作。2022年10月28日,工作组进行了第8次会议谈判,对报告草案进行了投票并决定授权首席报告员向人权理事会第52次会议提交最终的报告。

---

① 联合国人权理事会:《工商企业和人权:实施联合国"保护、尊重和补救"框架指导原则》,联合国2012年版,第11页。

② 联合国人权理事会:《工商企业和人权:实施联合国"保护、尊重和补救"框架指导原则》,联合国2012年版,第7页。

四、国际投资争端中国内法的适用

很多国际投资条约都明确规定，仲裁庭在解决相关投资争端时，应当优先适用投资所在地的东道国国内法。尤其是在投资和投资者的定义方面，很多投资条约明确要求有关投资或投资者要遵守东道国适用的相关法律规定。① 此外，在投资者的待遇、征收、救济以及解决投资争端的过程中，有很多问题都需要借助东道国的国内法才能加以解决。同时，一些投资机构的仲裁规则也明确规定当事人可以通过意思自治选择东道国国内法。② 故适用东道国国内法的原因主要是国际投资条约和一些仲裁规则的规定，东道国国内法和国际投资条约共同构成了国际投资法的主要法律渊源。

同时，根据投资者与东道国政府签订的投资合同，基于双方当事人意思自治原则的基础，投资合同通常也把东道国国内法作为解决争端所适用的准据法之一。国际投资争端适用此类国内法的主要原因在于国际投资仲裁设立的法律基础是合同性质的投资协定，外国投资者和东道国之间的很多合同都明确规定适用国内法。除了要明确体现东道国欲根据其国内法规制在本国境内的投资关系，选择国内法还可以为双方当事人的投资关系提供一种稳定性和确定性，并且国际投资仲裁实践也认可根据当事人意思自治选择国内法的做法。③

在解决国际投资争端的过程中适用东道国国内法在某种程度上也是国际投资的法律保障机制改革的一种体现。尤其是，国际投资仲裁的合宪性危机促使某些国家开始质疑国际投资的法律制度，甚至把通过国内宪法程序作出的裁决作为不执行或者退出国际投资条约的根据，或者拒绝承担国家责任的理由，④从而为更多地适用国内法打开方便之门。国际投资法治的不断改革、国家加大对本国境内外国直接投资的监管力度以及诸如公共利益和国家安全之类的例外规定为越来越多地适用国内法提供了合法

① 参见联合国人权理事会：《工商企业和人权：实施联合国“保护、尊重和补救”框架指导原则》，联合国2012年版，第7页。

② 譬如，《ICSID公约》第42(1)条规定：仲裁庭应依照双方可能同意的法律规则对争端作出裁决。如无此种协议，仲裁庭应适用作为争端一方的缔约国的法律（包括其冲突法规则）以及可能适用的国际法规则。

③ See Hege Elisabeth Kjos, *Applicable Law in Investor-State Arbitration: The Interplay between National and International Law*, Oxford University Press, 2013, pp. 158 – 159.

④ See Alejandro Linares-Cantillo, *The Intervention of Constitutional Courts in International Investment Law: The Case of Colombia*, 54 Cornell International Law Journal 47 (2021).

根据。

第三节　国际投资条约的发展趋势

一些国家针对国际投资条约机制的失衡、国际投资仲裁裁决的前后不一①以及缺乏可预测性等问题提出了修改国际投资条约的一些建议，尤其是在近些年签订的国际投资条约中出现了一些新的发展趋势，譬如强调可持续发展原则，公共健康、环境、劳工等权益保护以及改革投资仲裁机制等。

一、可持续发展

国际投资法治的目的之一是促进经济增长。然而，过去数年，诸如保护环境和促进社会福利等非经济利益的追求已经越来越多地与外国投资联系在一起。经济和非经济目标之间似乎有更多的关联，这表明这些权益在本质上并不是对立的。最初在《布伦特兰报告》中出现的可持续发展原则的目标是“满足当代人需要的同时又不损害后代人满足需要的能力的发展”，②因此，可持续发展概念至少建立在三个主要的内容基础之上，即经济发展、社会发展和环境保护，③因此这对国际投资法治的统一化是有益的。

当前，可持续发展原则已经得到了国际司法实践的确认。1997 年国际法院在匈牙利诉斯洛伐克加布奇科沃 - 大毛罗斯项目案判决中承认可持续发展、环境保护对经济发展的重要性，即由于新的科学见解和越来越多的人认识到人类不加考虑和有增无减的干预自然的措施会给今世后代的人类带来危险，在过去 20 年中各国制定了许多含有新的规范和标准的文书，在考虑新的活动和继续过去开始的活动时都必须考虑到这种新的规范和标准并给予适当的重视，而可持续发展的概念恰当地表达了这种协调

---

① 譬如，针对印度政府以国家安全为由强行征收外国投资者享有特许权的电信频谱的事实，属于同一投资公司股东的德国电信和毛里求斯 Devas 公司，基于该同一案件事实提起了仲裁诉求，而印度政府引用不同投资条约中规定几乎完全相同的安全例外条款进行抗辩，两个不同仲裁员组成的仲裁庭却作出了完全不一致的裁决。See *CC/Devas (Mauritius) Ltd.*, *Devas Employees Mauritius Private Limited and Telecom Devas Mauritius Limited v. India*, PCA Case No. 2013 - 09, Award on Jurisdiction and Merits, 25 Jul. 2016; *Deutsche Telekom AG v. India*, PCA Case No. 2014 - 10, Interim Award, 13 Dec. 2017.

② *Report of the World Commission on Environment and Development: Our Common Future (Brundtland Report)*, 1987.

③ See UNCTAD, *World Investment Report* 2012: *Towards a New Generation of Investment Policies*, *United Nations*, 2012, pp. 89 - 105.

经济发展与环境保护的需要。① 需要指出的是,该判决仅仅承认可持续发展是国家的一项义务,而没有具体指出该项义务的规范内容。不过,时任国际法院副院长韦拉曼特里法官在其不同意见中认为,可持续发展因其不可避免的逻辑必要性和国际社会广泛普遍的接受而被认为是现代国际法的一项原则,其主要要素如人权、国家责任和领土主权等源自国际法的一些成熟领域,并被明确纳入一些有约束力的国际文件中。该原则确认国际法领域必须同时重视发展和环境保护,不能忽视任何一方。同时,国际社会的普遍支持当然并不意味着国际社会的每一个成员都明确和具体地支持这一原则。② 该法官承认可持续发展权是一项习惯法上的权利,不需要每一个成员都明确表达支持该原则,其对于可持续发展的法律地位进行了回应。

传统国际投资条约中并没有规定可持续发展问题,但当前外国投资的可持续发展问题被认为是关键性的。③ 2005 年加拿大国际可持续发展研究院发布的投资条约范本把可持续发展作为投资协定的主要原则。④ 而 2012 年 UNCTAD 发布的《可持续发展投资政策框架》是对国际投资条约转型的一种应对政策,包括国际投资决定的可持续发展问题的探讨。⑤ 其不是一个条约范本,而是作为国家制订国内外投资政策的一个指导工具。各国可以选择一个适合自己发展的投资政策框架,该框架只是列举了可能会促进可持续发展目标的一种选择。鉴于此,其可以作为未来国际投资条约谈判的范本,而且越来越多的新一代投资条约明确包含尊重可持续发展的条款。譬如 2018 年 6 月公布的《世界投资报告》指出,2017 年签订的国际投资条约中的很多条款明确援引了可持续发展政策(包括保留缔约国执行可持续发展政策方向的监管权)。⑥

---

① See *Gabčíkovo-Nagymaros Project* (*Hungary/Slovakia*), Judgment, International Court of Justice Reports 1997, para. 140, p. 75.

② See *Gabčíkovo-Nagymaros Project* (*Hungary/Slovakia*), Separate Opinion of Vice-President Weeramantry, International Court of Justice Reports 1997, p. 95.

③ See Rainer Geiger, *Multilateral Approaches to Investment*: *The Way Forward*, in Jose E. Alvarez and Karl P. Sauvant eds., The Evolving International Investment Regime: Expectations, Realities, Options, Oxford University Press, 2011, p. 155.

④ See Howard Mann, Konrad von Moltke, Luke Eric Peterson & Aaron Cosbey, *IISD Model International Agreement on Investment for Sustainable Development*, IISD (Apr. 26, 2005), https://www.iisd.org/pdf/2005/investment_model_int_agreement.pdf.

⑤ See UNCTAD, *World Investment Report* 2012: *Towards a New Generation of Investment Policies*, United Nations, 2012, pp. 97 - 164.

⑥ See UNCTAD, *World Investment Report* 2018: *Investment and New Industrial Policies*, United Nations, 2018, p. 96.

受限于谈判和签订国际投资条约的现实条件,将“可持续发展”纳入有约束力的条约正文中可能会有所困难,缔约国可以在条约的序言或政策目标中规定可持续发展等社会和环境目标,以平衡投资条约中的权利和义务。① 一些国家最近签订的国际投资条约便采纳了这种方法。通过对2000年以来国际投资条约序言的观察可以发现,在传统的保护和促进投资的政策目标外,序言增加了一些其他的政策考量要素,因为经济目标的发展不能以牺牲其他的公共利益,比如健康、安保、环境和劳工等为代价。这方面的一个典型代表就是2012年《美国BIT范本》。② 这种趋势表明,签订的投资条约采取了一种更加平衡的或者非传统的序言的方法来平衡投资者与国家之间的关系。

较新的例子是2019年颁布的《荷兰BIT范本》,其重点强调保护环境和人权,在名为“可持续发展”的第6条中规定缔约方承诺以促进可持续发展目标的方式促进国际投资的发展,确保各国投资法律和政策规定并鼓励“高标准的环境和劳工保护”,强调妇女在参与经济活动包括国际投资中的作用,并且不得在这些领域为吸引投资而降低保护标准,同时缔约国必须确保其作为环境、劳工和人权条约成员国而应当履行的义务。③ 而在2022年颁布的《意大利BIT范本》中,除了序言中强调缔约方承认和尊重可持续发展原则的承诺,其还把缔约方企业社会责任和负责任工商业行为、环境、气候变化、劳工以及可持续发展投资的对话与合作等纳入可持续发展规制的范畴。④ 这比前述《荷兰BIT范本》的规定更前进了一步,对投资者提出了更加严格的监管要求。

有些国际投资条约在“可持续发展”或者下述的“企业社会责任”中加入了“负责任投资”的义务。所谓负责任投资是投资者将环保、社会与公司管理这三项因素纳入投资考量,以实现他们对客户的信托责任并获取利益。⑤ 对可持续发展目标的关注也导致国际投资界开始关注新类型的投资,比如越来越多地强调“社会责任投资”,“低碳投资”或“可持续投资”

---

① 譬如《中国-加拿大BIT》(2012)在序言中规定,中华人民共和国政府和加拿大政府,“进一步认识到需要依据可持续发展的原则促进投资”。2021年《加拿大BIT范本》也作了类似的规定。See Canada Model BIT (2021), Preamble.

② 2012年《美国BIT范本》序言指出:缔约国“渴望以一种与保护健康、安全和环境以及促进国际公认的劳工权相一致的方式实现这些目标”。See U. S. Model BIT (2012), Preamble.

③ See Netherlands Model BIT (2019), Article 6.

④ See Italy Model BIT (2022), Arts. 19 – 23.

⑤ 参见[美]卡里·克劳辛斯基、尼克·罗宾斯:《绿色金融:可持续投资的国际经验》,于雅鑫、李鉴墨译,东北财经大学出版社2017年版,第2页。

等。尽管“负责任投资”术语的定义非常宽泛并且有时可能会有争议，但是负责任的投资者在投资决策过程中要遵守一些共同的标准。除了要考虑经济或者财政风险以及社会责任，投资者还会将其焦点置于综合性的道德、宗教、社会和环境等问题。① 也即社会责任投资是一种负责任的投资方法，即明确承认投资者和环境、社会和治理要素以及长期的健康和市场稳定性之间的关联。这方面的一个共同的政策就是排除那些武器生产、烟草、酒水以及博彩业的公司投资。投资者可以通过自愿承诺遵守2006年在纽约证交所通过的《负责任投资原则》而表达其对环境、社会和治理目标的承诺。如果投资者已经承诺遵守《负责任投资原则》，那么其对于经济、社会和治理问题的非歧视性监管措施应当推定为不予赔偿的抗辩，可能会得到支持。

二、企业社会责任

当前，尽管企业社会责任自身是一个有争议的概念，②但是对投资者应当承担社会责任的呼声日渐高涨。由20世纪90年代的慈善社会政策发展而来的企业社会责任，到21世纪初已经发展成为一项经济政策，即把企业社会责任作为公司竞争战略的一部分。企业社会责任的概念在很大程度上被认为是公司在不同行业承担社会责任的一种自愿承诺，其要考虑到从事工商业的国家、雇员的选拔和雇佣、承包商和供应商的选拔以及生产方式和销售渠道的选择等方面。从严格的法律意义上来讲，企业社会责任强调的是有关公司的“责任”而非“义务”，而对公司来讲，以一种社会上负责任的方式作出工商业决策的代价可能有点昂贵。

关于企业社会责任的讨论，国际上曾经尝试将人权责任纳入其中。联合国促进和保护人权小组委员会于2003年起草了《经济、社会和文化权利：跨国公司和其他工商企业在人权方面的责任准则》草案，③但是，该准则被认为太不成熟而没有得到国际工商业的必要支持。因此，该准则主要是以一种草案的形式存在，并不具有法律上的约束力。然而该准则表明，

---

① See Andrew Crane, Dirk Matten, Abagail McWilliams, Jeremy Moon & Donald S. Siegel, *The Oxford Handbook of Corporate Social Responsibility*, Oxford University Press, 2008, p. 250.

② 有关文献指出，在企业社会责任问题上，并没有达成共识，或者，在如何界定企业社会责任的概念上有一个广义的一致意见。See Jeanette Brejning, *Corporate Social Responsibility and the Welfare State: The Historical and Contemporary Role of CSR in the Mixed Economy of Welfare*, Ashgate Publishing, 2012, p. 30.

③ 参见联合国经济及社会理事会：《经济、社会和文化权利：跨国公司和其他工商企业在人权方面的责任准则》(E/CN. 4/Sub. 2/2003/12/Rev. 2)，2003年8月13日第22次会议通过。

在是否有必要制定一个公司社会行为规范的问题上,国际社会已经达成了共识。随后,把公司与人权联系在一起的讨论也以其他方式得到了阐述,譬如一些公司发布了其行为准则,要求在公司的经营过程中要尊重人权。

公司制定行为准则的目的是规范公司内部的工商业活动以及沟通与外部的企业社会责任承诺。比较典型的行为准则通常都不具有法律约束力,但与以自愿为基础的公司经营指导原则联系在一起,而且一些国际组织和非政府组织也颁布自己的行为准则。联合国颁布了《全球契约》,这是一个承诺将其经营和战略与十项全球公认的人权、劳工、环境和反腐败基本原则连在一起的工商业倡议。① 许多的国际投资合作项目都试图增加公司尊重联合国《全球契约》的承诺。譬如 2012 年 3 月,来自 12 个国家、掌控超过 3 万亿美元的全球投资者呼吁增加公司环境、社会和公司治理活动的报告制度。② 《全球契约》随后被联合国人权理事会 2011 年通过的《指导原则》所取代。《指导原则》是经过 6 年的研究并在咨询包括政府、工商业、非政府组织和国际政府组织等众多利益攸关方的基础上完成的,其规定了三项核心原则,即国家有义务提供保护防止第三方包括工商业侵犯人权;公司有责任尊重人权;必须提供更加有效的救济机会。其中的第二项核心原则规定公司有尊重人权的责任,包括减少有可能导致或造成人权侵权的风险。《指导原则》已经成为评估公司尊重人权的一个基准,并被经济合作与发展组织通过的《跨国企业准则》所采纳。后者是一个负责任工商业行为的自愿遵守的准则,涉及公司与雇员、人权、环境、信息公开、反腐败、消费者权益、科学技术、竞争和税收等的联系。③ 还有一些主题更加特殊的国际文件值得关注,譬如国际劳工组织关于在劳工权问题上发布的《关于跨国企业和社会政策的三方原则宣言》。

需要提及的是,要求投资者承担社会责任的根据主要是软法性质的文件,国际社会缺乏一种有法律约束力的直接规定投资者社会责任的“硬法”规范。然而,在某些情况下可能正是因为软法所具有的非约束力性质,利益攸关方包括政府有时才会参与到这种文件的谈判中。而大量包容性

① 参加《全球契约》的公司要承诺每年发布一项年度进展报告(Communication on Progress, COP),公开披露利益攸关方(譬如投资者、消费者、民间社团和政府)实施联合国《全球契约》规定的十项基本原则的进展状况,以及促进广义的联合国发展目标。

② See UN Global Compact, *Investors Representing US $3 Trillion Show Support for the Global Compact, While Stepping up Pressure on Corporate Responsibility Reporting*, UN Global Compact News (15 Mar. 2012), https://www.unglobalcompact.org/news/198-03-15-2012.

③ See OECD, *OECD Guidelines for Multinational Enterprises on Responsible Business Conduct*, OECD (2023), https://doi.org/10.1787/81f92357-en.

的利益攸关方的参与又促进了国际社会对这种软法文件的积极应对,最后达成国际共识,联合国人权理事会 2011 年 6 月通过的《指导原则》就是这方面的一个例证。软法在一定程度上可以为新的投资立法提供指导作用,因此促进了国际投资法的发展。此外,软法还可能会在没有法律约束力的情况下严重影响决策者的行为,进而影响正在形成中的"硬法"或习惯国际法的发展,譬如条约起草。① 但是事实上,国际投资条约很少规定投资者承担的义务,包括软法义务。换句话说,国际投资条约中规定负责任的公司行为的条款是罕见的,即使有若干条约规定了公司的义务,但也大多是不具法律约束力的承诺。比如 2010 年签订的《奥地利 - 塔吉克斯坦 BIT》的序言中规定了负责任的公司经营行为、反腐败、保护环境、人权和劳工权等问题。② 这种遵循奥地利投资条约范本的规定多是精心设计的,但是又似乎仅仅从道德角度上强调社会和环境责任的重要性而已。企业社会责任是一个自愿性的概念,政府有义务鼓励投资者履行企业社会责任指导规则以及遵守社会报告机制。毕竟在序言中规定的指导公司责任的软法文件仍然是指导性的,不对投资者有约束力。

当然,国家可以选择在国际投资条约中的正文中纳入企业社会责任条款,而且截至 2024 年 6 月,已经有 41 个(总数 2592 个)国际投资条约中纳入了企业社会责任条款,以加拿大和巴西签订的条约为主。③ 这样做当然可以强化软法文件的约束力。即使有关的国际投资条约没有把软法性质的企业社会责任文件纳入为实体条款,鉴于外国投资所具有的社会、政治和环境效果,投资者也可能会自愿承诺遵守各种不同性质的涉及公司行为和社会责任的法律文件。因此,在增加国际投资法律政策的趋同化问题上,软法性质的文件可能会具有很大的促进作用。

三、透明度

透明度是民主社会的一个基本价值,是一种增加公共机制和决策过程

---

① See Andrea K. Bjorklund, *Assessing the Effectiveness of Soft Law Instruments in International Investment Law*, in Andrea K. Bjorklund and August Reinisch eds., International Investment Law and Soft Law, Edwar Elgar, 2012, pp. 77 - 79.

② 譬如,2010 年《奥地利 - 塔吉克斯坦 BIT》在序言中规定:"……承认投资协定和保护环境、人权或劳工权的多边协定的目的是培育全球可持续发展,任何潜在的冲突的解决都不得放松此保护标准……" See Austria-Kazakhstan BIT (2010), Preamble.

③ See UNCTAD, *International Investment Agreements Navigator: Mapping of IIA Content*, *UNCTAD Investment Policy Hub* (Jun. 1, 2024), https://investmentpolicy.unctad.org/international-investment-agreements/iia-mapping.

可信性的机制。透明度可以确保法律得到遵守以及以非歧视的方式得到执行。尽管在国际投资法中越来越多的人呼吁增加透明度,但透明度并不是国际投资政策中的一个新问题。早在1976年经济合作与发展组织《国际投资和跨国工商业宣言》中,成员国就承诺"提供一种公开和透明的国际投资环境"以及"积极支持跨国工商业促进经济和社会发展"。①

国际投资法中的透明度首先涉及国家制定国际投资政策的公开性问题,譬如缔约方及时公开与投资协定有关或影响其实施的各种国内法律政策、法院判决以及国际协定等,以及应缔约另一方就前述信息的疑问进行快速应对等。② 投资者通过透明度可以制造一种更加有预见性的投资环境,也可以明确评估要投资的环境和适用的规范,因此,透明度与投资者合理期待的保护有密切的关系。另外,透明度也与投资争端的解决机制有关系,其中主要就是国际投资政策的信息公开和保密问题。根据有关国际投资条约和合同规定所适用的仲裁规则,保密的程度是有很大不同的。最经常引用的两种仲裁规则就是ICSID仲裁规则和联合国国际贸易法委员会(United Nations Commission on International Trade Law,UNCITRAL)仲裁规则。ICSID仲裁规则通过修改后规定了允许公众查阅相关信息和参与争端解决程序的范围,③而且ICSID仲裁裁决可以在其网站上公开。虽然UNCITRAL仲裁规则没有规定公开有关争端裁决的条款,但UNCITRAL通过的《关于解决国家与他国国民间投资争端的透明度规则》以及随后由联合国通过的《投资人与国家间基于条约仲裁透明度公约》表明越来越多的仲裁裁决将会得到公开。事实上,缺乏透明度和公众参与制度使投资仲裁得到了越来越多的担忧。虽然仲裁是以当事人之间的保密协议为基础的,但是在仲裁涉及国家和公共利益的情况下,再严格执行保密制度似乎不太可取。实践中,大多数国际投资条约并没有规定透明度问题。④ 越来越多的透明度需求可能会积极促进国际投资法的统一化,因为当事人的权利和义务变得更加明确,而且可以被充分理解。

---

① 1976年6月21日,经济合作与发展组织成员国政府通过《国际投资和跨国工商业宣言》(Declaration on International Investment and Multinational Enterprises),后在1979年、1984年、1991年、2000年和2011年分别予以修改,目前是2011年颁布的版本。

② See Israel-Japan BIT (2017), Article 9; PACER Plus (2017), Article 15; Japan-Uruguay BIT (2015), Article 11; etc.

③ See ICSID Arbitration Rules, Article 37(2).

④ 在UNCTAD统计的2592个投资条约中,有78个规定了投资者的透明度问题,375个规定了国家的透明度。See UNCTAD, *International Investment Agreements Navigator: Mapping of IIA Content*, UNCTAD Investment Policy Hub (Jun. 1, 2024), https://investmentpolicy.unctad.org/international-investment-agreements/iia-mapping.

还有一种不太显著的趋势是,国家在国际投资中的重要作用也促使国际投资仲裁逐步增加透明度。国家在国际经济发展尤其是涉外投资的过程中发挥着越来越重要的作用。各国政府越来越多地从不干涉经济发展和增长,转变为更多的指导和监督。① 另外,国有企业和国家主权财富基金已经成为国际投资制度中的重要当事人。尤其是主权财富基金投资迅猛增长,很大程度上是自然资源开采业利润增加的结果。但是因为国家安全或外交豁免问题,主权财富基金的投资引起了一些国家的担忧。随着国家在海外投资中的作用越来越明显,外国国家可以承担一些关键的公共职能,譬如履行人权义务,以此强化企业社会责任的影响。

四、ISDS 机制的改革

近些年,由于国际投资条约中规定的 ISDS 机制赋予投资者在东道国违反或作出不利于自己投资权益的情况下到相关的国际投资仲裁机构起诉东道国的权利,而东道国自己则不能在投资者违反相关国内法律或公共利益的情况下起诉投资者,此类机制导致国际投资争端解决机制的显著失衡,投资者似乎在国际投资关系中享有了超越东道国的权利,从而使数十年的国际投资机制的发展遇到了麻烦。尤其是很多发展中国家为了维护本国的自然资源所有权以及公共利益方面的监管权,可能会制定不利于投资者的相关法律政策,但投资者动辄提起仲裁诉求的威胁也会对东道国产生某种程度的寒蝉效应,阻碍东道国维护自己权益的行动或措施。为此,一些发展中国家,譬如印度、南非和厄瓜多尔等开始退出或终止含有 ISDS 条款的投资条约,甚至诸如意大利、法国和澳大利亚这样的发达国家也准备或已经退出含有 ISDS 机制的《能源宪章条约》。②

此外,应对 ISDS 机制的另外一种选择就是对其进行改革。欧盟、北美和 UNCITRAL 在这方面都做了很多的努力。欧盟近些年签订的国际投资条约规定了国际投资法院制度,即设立包含上诉机制的常设仲裁法院和固定仲裁员名录的争端解决机制,以维持国际投资仲裁的合法性、可预测性和稳定性。③ 修改 NAFTA 后生效的 USMCA 废除了美国和加拿

---

① See UNCTAD, *World Investment Report* 2012: *Towards a New Generation of Investment Policies*, United Nations, 2012, p. 100.

② 参见黄世席:《投资者—国家争端解决机制的发展与应对》,法律出版社 2021 年版,第 42～63 页。

③ See EU-Canada CETA (2016), Arts. 8.27 – 29; EU-Viet Nam Investment Protection Agreement (2019), Article 3.11.

大之间的 ISDS 机制，并大大压缩了美国和墨西哥间的投资争端解决机制的范围。UNCTAD 也一直在进行国际争端解决机制的改革，设立了专门的第三工作组负责该项工作，在 2022 年 10 月结束的维也纳会议上，相关报告就 ISDS 改革的多边文件、损害和赔偿的评估、程序改革、第三方资助、投资争端法庭成员的甄选和任命、投资调解以及仲裁员行为准则等方面的工作进行了阐述。2023 年的相关会议主要集中解决国际投资仲裁的调解、仲裁员行为守则和建立咨询中心等任务，同时对国际投资仲裁中的投资争端的预防和缓解以及程序性和跨领域问题提出说明和解决建议。

第四节　国际投资监管的法律挑战

当前，国际投资法的发展受到了一些挑战，主要原因还是传统国际投资保护机制的非对称性以及当前保护人权等社会价值目标的追求等。

一、国际投资法的“合法性”危机

国际投资法主要是由 3300 多个国际投资条约和一些国家的国内投资立法组成的一个复杂性的保护机制，其中国际投资条约占据着最重要的位置。但问题是，这些国际投资条约的数量太多导致国家难以控制，结构太复杂导致当事人难以获益、利益攸关方难以监督。从实体保护的角度来讲，国际投资条约规定的一些保护标准太过宽泛和模糊，譬如公平公正待遇、充分保护和安全待遇以及间接征收的补偿等，仲裁庭根据同一标准作出的解释和裁决往往缺乏一致性。而这种对当事人义务范围和内容解释的不确定性又导致国际投资法在合法性上产生问题。① 另外，投资争端解决机制也增加了国际投资法的合法性危机，尤其在仲裁员的选择、法律适用和相关规则的解释方面，国际投资条约赋予了当事人和仲裁庭过多的自由裁量权，仲裁机制的公正性、仲裁裁决的确定性以及可预测性等都面临合法性挑战。

关于投资仲裁机制的公正性，只有投资者才能提起投资仲裁诉求，这足以使仲裁庭作出有利于投资者的裁决，因为是否提起诉请以及组成仲裁庭都取决于投资者的行为。虽然仲裁庭的组成是以具体案例为基础的，但

① See Susan D. Franck, *The Legitimacy Crisis in Investment Treaty Arbitration: Privatizing Public International Law Through Inconsistent Decisions*, 73 Fordham Law Review 1521 (2005).

其对同一个标准的解释经常出现前后不一致的情形，譬如对“保护伞”条款、间接征收以及最惠国条款①等的解释经常出现前后不一致的裁决。仲裁过程缺乏透明度，裁决不能上诉，而且没有纠正错误的机制，这些无疑都放大了该机制缺乏责任感的弱点。

国际投资条约数量众多的结果是没有一个统一的或者是固定的投资保护机制，譬如根据有关投资条约组成的投资仲裁庭基本上是临时性的。国际投资条约彼此之间差异很大，投资仲裁实践也因为仲裁的特殊性而缺乏一致性，而且尽管有很多的理由可以把国际投资仲裁视为一种制度，但存在数以千计的国际投资条约的另外一个结果就是国际投资保护机制的“碎片化”，这反过来似乎又削弱了国际投资仲裁的合法性。

二、国际投资条约的非对称性

国际投资法的合法性危机主要集中于投资条约对于投资者和东道国权利义务规定的非对称性。这种非对称性是双重的，体现在实体和程序方面。一方面，国际投资法规定了投资者为保护其投资而对东道国提起诉求的根据，然而，其并没有规定东道国对投资者的诉求根据，并且国家针对投资者提起的反诉通常都被驳回。② 另一方面，国际投资法也没有规定投资者的实体义务，相反却规定了其享有的实体权利。③ 换句话说，国际投资法是建立在投资者根据习惯国际法不承担任何权利的基础之上的。④ 为弥补此空缺，国际投资法给予了投资者过多的程序性和实体性权利，而没有规定其承担的任何义务。如同 ICSID 仲裁庭在 *Spyridon Roussalis v. Romania* 案中所言，仲裁庭认为投资者根据投资条约提起的仲裁诉求的管辖权涉及东道国的义务，“争端”的含义是东道国遵守投资条约的问题，而

---

① 参见黄世席：《国际投资仲裁中最惠国条款的适用和管辖权的新发展》，载《法律科学（西北政法大学学报）》2013 年第 2 期。

② See *e. g.*, *Saluka Investments B. V. v. The Czech Republic*, UNCITRAL, Decision on Jurisdiction, 7 May 2004, para. 83; *Antoine Goetz et consorts v. République du Burundi*, ICSID Case No. ARB/95/3, Award, 10 Feb. 1999, para. 281; *Occidental Petroleum Corp. v. Ecuador*, ICSID Case No. ARB/06/11, Award, 5 Oct. 2012, paras. 854 – 869; *RSM Prod. Corp. v. Grenada*, ICSID Case No. ARB/05/14, Award, 13 Mar. 2009, para. 266. 只有 2016 年 *Urbaser* 案的仲裁庭接受东道国提出的反诉的管辖权。See *Urbaser SA and Consorcio de Aguas Bilbao Bizkaia v. Argentine Republic*, ICSID Case No. ARB/07/26, Award, 8 Dec. 2016, paras. 1143 – 1156.

③ See Anthea Roberts, *Triangular Treaties: The Extent and Limits of Investment Treaty Rights*, 56 Harvard International Law Journal 353 (2015).

④ See Susan D. Franck, *The Legitimacy Crisis in Investment Treaty Arbitration: Privatizing Public International Law Through Inconsistent Decisions*, 73 Fordham Law Review 1521 (2005).

投资条约并不对投资者施加任何义务，只规定了东道国的义务。[①]

作为一种非对称性的应对措施，改革的呼声促使国家在投资条约中纳入新的反诉求条款，[②]规定投资者承担的某些义务，至少需要遵守投资条约规定的承诺。另外，国际投资仲裁庭对国家的实体地位也有一定的误解，仲裁庭对相关条款的解释原则是经济利益优于非经济利益，也导致仲裁庭在裁决中优先考虑投资者的经济利益而不是国家的公共利益。而且，国家根据国际法也要承担其他的义务，包括遵守一般国际法的原则和实践，但是以往根据投资条约组成的仲裁庭在作出裁决时往往会忽略其他国际法问题。这种“目光短浅”的做法确实使得国际投资法充斥着非对称性的争论，甚至导致某些案件的当事人把此类非对称性作为自己的辩护根据。譬如在 *Urbaser* 案中，该案申请人指出 BIT 的非对称性质一方面阻止缔约国根据有关条约提出任何诉求甚至反诉求，另一方面也暗示投资条约并没有规定投资者的任何义务，[③]并认为投资者和东道国之间的不公正对待方式得到了广泛承认。[④] 申请人认为《阿根廷－西班牙 BIT》采取的是传统的非对称性的 BIT 模式。[⑤] 然而，仲裁庭认为，不能从 BIT 中的任何条款推断出东道国不能享有此类权利，[⑥]BIT 的解释和适用不能在真空中进行，其解释必须与包含其一部分的国际法规则和人权规则的解释相一致。[⑦] 这是投资仲裁庭第一次作出类似的声明，[⑧]虽然其不能克服国际投资仲裁程序上的非对称性问题，但通过承认国家根据国际法享有的权利和承担的其他义务，至少在国际投资法的实体非对称性方面，打开了加以平衡的可能性之门。

国际投资条约的非对称性或结构失衡进一步强化了投资条约对监管自治的有限影响。投资条约通常仅仅规定外国投资者享有的权利，但是并

---

① See *Spyridon Roussalis v. Romania*, ICSID Case No. ARB/06/1, Award, 7 Dec. 2011, paras. 869 – 871.

② See Tomolo Ishikawa, *Counterclaims and the Rule of Law in Investment Arbitration*, 113 AJIL Unbound 33(2019).

③ See *Urbaser SA and Consorcio de Aguas Bilbao Bizkaia v. Argentine Republic*, ICSID Case No. ARB/07/26, Award, 8 Dec. 2016, para. 1131.

④ Id., para. 1120.

⑤ Id., para. 1167.

⑥ Id., para. 1183.

⑦ Id., para. 1192.

⑧ See Kevin Crow & Lina Lorenzoni Escobar, *International Corporate Obligations, Human Rights, and the Urbaser Standard: Breaking New Ground*, 36 Boston University International Law Journal 87(2018).

没有规定其在人权、社会和劳工标准或环境保护等方面承担的相应义务。其结果是,政府制定的公共政策措施往往被认为是侵犯投资者主观商业权利的代表性措施,应当对此加以修改或合法化。在这种机制下,政府是在为一公共产品辩护,而投资者却在为其权利提起诉求。以人权为例,政府应当保护人权,而投资者声称需要对这种权利加以限制。因此,投资条约所具有的经济和社会方面的影响也可能会限制人权的享有。譬如,允许外国投资者在某一行业投资通常也会带有劳工方面的问题,而东道国通常会在此方面规定外国投资者必须雇佣一定比例的本地劳工。

国际投资条约中缺少人权等社会责任条款规定意味着,虽然这些条约限制了缔约国对待外国投资者的待遇,但其实际上也几乎没有规定外国投资者应承担的人权义务和社会责任。以往,国际投资条约的唯一目的就是通过诸如国民待遇、最惠国待遇、公平公正待遇以及征收等实体条款保护外国投资者和其投资免受东道国的伤害。然而,这些国际投资条约并没有提及外国投资者在其经营的东道国应当承担的尊重人权的义务。另外,虽然国际投资机制允许外国投资者可以提起针对东道国的争端诉求,但是其并不允许国家可以同样提起针对投资者的诉求。相反,国际社会也没有充分保护人权和环境免受跨国公司活动的干扰的机制。除了有限的几个例外,那些遭受跨国公司行为伤害的当事人不能诉诸国际法院或仲裁机构。国际上的一些机制,譬如联合国,也主要是自愿性的,或者主要是为国家而不是公司服务的。换句话说,对于不遵守条约标准的公司而言,并不存在任何真正的、可以强制执行的措施机制。

三、国际投资法的监管权危机

当前国际投资法发展中的一个关键问题就是,如何创立一种约束国家履行其国际投资条约承诺,但同时又不过度伤害其主权或监管国内公共政策的机制。该问题本质上与主权国家在其领土内自由行使监管的权利有关。国际投资仲裁的一些实践表明,国家政策空间受到很大程度的限制并引起了越来越多的关注,国际投资条约可能会干涉国家可持续发展、保护人权等公共利益空间,阻碍国家履行有关投资的环境或社会影响评估政策的实施。这可以被认为是国际投资法的主权危机,也可以被认为是对国际投资法的一种公法挑战,因为投资条约仲裁被认为是对公法价值的一种威胁,比如民主和法治。其中主要的争论是,将公共利益政策合法性的争端从国内法院转移到由 3 个仲裁员组成的封闭的仲裁庭进行裁判的做法是否民主。为此国际社会认为,需要加大国际投资仲裁的透明度和第三方当事人参与机制。

根据一般国际法,监管权是主权国家的一种固有的权利。但是因为国家之间主权平等,这种权利的行使要受到一些限制。作为主权者,国家有权在其管辖范围内行使主权权利,并不受任何其他国家的控制或者干涉,其是国家作为国际法主体所固有的不可缺的属性。① 主权概念的基本要素就是"领土主权"或"主权管辖权",前者指的是国家有权自由地利用和处置自己的土地并不受其他国家的干涉和入侵,后者通常指的是立法管辖权(制定法律法规的权力)、司法管辖权(解决法律争端的权力)以及执法管辖权(确保通过强制力量遵守法律要求的权力)。② 这意味着主权允许国家可以自由地决定自己的政治、经济、社会和文化制度以及外交政策。③ 国家也有权自由决定自己对外经济交往的形式,包括缔结双边和多边经贸协定。④ 另外,国家也有权利选择自己的发展模式。⑤ 因此,国家可以在其主权范围内实施自己认为对其发展必要的活动,包括采取政治决策、分配经济资源的政策等。同时,尊重本国人民的生存权和财产权也被认为是国家主权不可分割的一部分。因此可以认为,国家主权的概念原则上也包括监管权以及投资保护的权利。

从国内的角度来讲,国家有权决定是否保护投资以及对其进行监管。譬如,1974 年《各国经济权利和义务宪章》第 2(2)(a)条规定,"每个国家有权按照其法律和规章并依照其国家目标和优先次序,对在其国家管辖范围内的外国投资加以管理和行使权力。任何国家不得被迫对国外投资给予优惠待遇"。而且根据该宪章第 2(2)(b)条规定,国家有权"管理和监督其国家管辖范围内的跨国公司的活动,并采取措施保证这些活动遵守其法律、规章和条例及符合其经济和社会政策。跨国公司不得干涉所在国的内政。每个国家在行使本项内所规定的权利时,应在充分顾到本国主权权利的前提下,与其他国家合作"。⑥ 故该宪章强调了国家可以自由决定是否允许外国投资以及根据本国经济发展目标对外国投资进行监管。因此,监管权是国家主权的一种表达方式。

但是,国家监管主权的行使并不是无限制的,在国家共存的国际社会

---

① 参见周鲠生:《国际法》,商务印书馆 2018 年版,第 192 页。
② See Antonio Cassese, *International Law*, Oxford University Press, 2005, pp. 49 – 53.
③ 参见《各国经济权利和义务宪章》(1974)第 1 条。
④ 参见《各国经济权利和义务宪章》(1974)第 4 条。
⑤ 参见《各国经济权利和义务宪章》(1974)第 7 条。
⑥ 参见《各国经济权利和义务宪章》(1974)第 2 条。

以及与其他国家进行合作的时候，这种权利的行使要受到一些限制，譬如在国家义务的解释方面，监管权并不意味着国家就有无限的自由裁量权。国家当然可以通过自愿接受某些承诺而限制自己的主权，包括监管权。此类承诺可以明确规定在诸如条约等协定中，而且国家必须根据有约必守(*pacta sunt servanda*)的原则，遵守这些承诺。① 国家作出此类承诺的动机可能会是政治方面的，譬如保护本国的人权或环境等。

如果国家违背了对于其他国家和国际社会的承诺和义务，无论这种承诺和义务是基于成文的条约，还是诸如习惯国际法和一般法律原则等不成文的规范，都会产生国家责任问题。其可能涉及小规模的侵权行为，也可能包括严重的违反国际法中强行性规则的行为。② 具体到投资领域，国际投资条约就是国家作出的保护外国投资的承诺。

四、ISDS 机制的"寒蝉效应"

投资者—国家仲裁庭对国际投资条约中不同实体条款进行的颇有分歧的解释产生了不确定性，此外仲裁庭裁定的大数额的经济赔偿也导致国家政策和管制权出现寒蝉效应，③这已经对许多国家制定管制性的政策和立法过程产生了负面影响。譬如 20 世纪 90 年代中期，针对集中游说政府通过简单烟草包装法案的问题，烟草行业获得了 NAFTA 前首席谈判官卡拉·希尔斯(Carla Hills)的法律意见，即此类立法有可能会违反 NAFTA 的知识产权规则并构成 NAFTA 投资章规定的征收。跨国烟草行业威胁要对加拿大政府提起"投资者—国家"仲裁诉求，加拿大政府因此废除了简单包装立法的建议，转而采纳了在已经淡化的外包装中增加健康标识的建议。④ 通过强迫加拿大政府淡化拟议中的烟草政策，ISDS 因此也削弱了加拿大政府促进其公民逐渐实现健康权的尝试。

2015 年 3 月 NAFTA 仲裁庭作出的另一个案件是 *Bilcon v. Canada* 案，其是一个对加拿大环境保护产生负面效应的裁决。美国 Bilcon 公司曾经申请续展其采石场的许可证，加拿大一个联合环境审查小组对其请求进行研究后指出，其将会对当地环境和社区带来不可接受的风险。Bilcon 公

---

① 参见《维也纳条约法公约》第 26 条。

② 联合国国际法委员会 2001 年通过的《国家对国际不法行为的责任条款草案》第 12 ~ 19 条规定了违反国家义务的责任问题。

③ 参见黄世席：《投资者—国家争端解决机制的发展与应对》，法律出版社 2021 年版，第 35 页。

④ See Canadian Centre for Policy Alternatives, *NAFTA Chapter* 11 *Investor-State Dispute*, CCPA (Jan. 1, 2015), https://policyalternatives.ca/sites/default/files/uploads/publications/National%20Office/2015/01/NAFTA_Chapter11_Investor_State_Disputes_2015.pdf.

司指出对其进行的环境审查要比其他同行更为严格,审查小组还考虑到了环境法以外的其他要素,譬如当地居民的反对意见。仲裁庭作出了有利于申请人的裁决,指出加拿大审查小组违反了 NAFTA 中的公平公正待遇和国民待遇原则。① 仲裁庭成员中的不同意见指出,“多数仲裁员的裁决将会严重侵犯加拿大国内的管辖权并且会对环境监督产生寒蝉效应”。② 该仲裁裁决可能会激励其他的投资者在未来就加拿大的环境管理提出诉求,因此会削弱该国的环境保护政策。鉴于“安全、洁净、健康和可持续的环境对于充分享受各种人权,包括生命权、健康权、食物权、水权和卫生设施权至关重要”,在实现人权方面,该裁决可能是一种后退。无论如何,该案表明,投资者权利的保护可能与健康权相冲突,国际投资仲裁机制可能会对东道国实施某些监管公共利益的政策空间带来寒蝉效应。

本章小结

在第二次世界大战后发展起来的国际投资法治,最初是作为调整发达国家的资本输出国和发展中国家以及欠发达国家的资本输入国之间的法律关系的规范性文件,其保护的主要是发达国家的资本投资者,东道国承担的更多的是保护外国投资的义务,其结果是,国际投资条约所具有的主要保护外国投资者的特点使国际投资条约具有一些内在的缺陷,即其规定投资者权益保护和东道国承担义务的结构导致自身具有结构失衡和非对称性的缺陷,因此在面临当前国际投资双向流动以及发展中国家越来越强大的公共利益保护的趋势下,国际投资法的保护机制需要改革。近年来,国际投资法治的发展不仅要保护投资者,而且要加大东道国保护公共利益尤其是国家安全利益的法律规制。但是由于国家安全条款的特殊性,各国都倾向于在国家安全问题上保留自己的酌处权,以维护自己的权益。

---

① See *Bilcon of Delaware et al. v. Government of Canada*, PCA Case No. 2009 – 04, Award on Jurisdiction and Liability, 17 Mar. 2015, para. 742.

② See *Bilcon of Delaware et al. v. Government of Canada*, PCA Case No. 2009 – 04, Dissenting Opinion of Professor Donald McRae, 10 Mar. 2015, paras. 48 – 51.

第二章　国际投资中的国家安全

当前，国家安全问题已经越来越多地渗透到全球经济事务中，以至于国家安全的概念已与全球经济秩序深深交织在一起，难以分离。如今，国家安全已发展为应对各种威胁，包括非国家行为者、非军事或非人类威胁等的重要工具之一，如气候变化、经济危机、传染病、网络安全、跨国犯罪和腐败等一度都被认为可能会威胁国家安全。这些威胁通常不受国际竞争或国际关系的影响，且不被时间和空间左右，并且其存在和发展也不受任何大国或国际冲突的束缚。

许多国家已经加强了对外国直接投资的控制，以更好地防范国家安全风险，尤其是近数年，在敏感技术、关键数据和关键基础设施的使用和控制方面，若干国家已经加强了相关的外资引进的安全审查，甚至扩大至对对外投资进行安全审查的趋势。① 新的国家安全政策对国际经济机构和国际经济治理提出了严峻的挑战，其不仅为偏离常规贸易和投资规则提供了深层的潜在理由，而且也为国家援引这些新的安全理由提供了动力，譬如特朗普政府有关钢铝税的辩论集中在涉嫌滥用国家安全的问题，但善意且新颖的国家安全主张可能会对该体制带来重大且永久性的威胁。② 无论如何，随着国家安全含义的泛化，越来越多的问题变得“安全化”，各国为逃避投资和贸易承诺而实施国家安全政策的动机也在增加。

第一节　国家安全政策的发展演变

当前国际投资条约中国家安全条款的含义及其发展，与传统国际法以及国内法律和政策中关于国家安全含义的发展演变密切相关，尤其是在经历了两次世界大战、冷战结束以及数次经济危机后，国家安全由传统的领土和军事安全已经扩展到经贸和社会领域，从而导致“安全化”的滥用和

---

① See Martin Chorzempa, *New Rules Curbing US Investment in China Will Be Tricky to Implement*, PIIE Blog (May 3, 2023), https://www.piie.com/blogs/realtime-economics/new-rules-curbing-us-investment-china-will-be-tricky-implement.

② See J. Benton Heath, *The New National Security Challenge to the Economic Order*, 129 Yale Law Journal 1020 (2020).

国家安全至上的盛行。

一、冷战期间国家安全与经贸事务的相对分离

第二次世界大战促使人类社会将安全问题与军事和领土相结合,冷战结束后,各国开始将国家安全的重点转移到非军事领域,尤其是各国共有的一些社会问题和整个人类社会的共同关注领域,譬如军事武器的运输和贸易、核材料的使用、维持国际和平与安全的行动以及至关重要的国家安全信息等。但是,仍然需要指出的是,“安全的含义是模棱两可和弹性的”①。因此,国家安全可以是不同方法和解释的主题,从而具有不同的含义。

第二次世界大战前期,安全只是在国防政策中作为应对外部军事威胁的概念而出现。这是可以理解的,虽然国家安全受到外国军事威胁的程度以及是否采取相关行动是各国自由裁量的事情,但很显然,经历过战争、帝国主义和殖民化的国家会理所当然地将军事安全放在首位而无须识别什么样的威胁类型。

冷战期间,美国发展出一种新的“国家安全”学说,“以解释美国与世界其他地区的关系”。② 譬如20世纪五六十年代,核武器的出现过分强调了安全的军事背景,从而使其他安全问题变得无足轻重。这与当时美国和苏联之间的紧张关系有关,而这一时期的主要关注点是“如何使用大规模杀伤性武器作为政策工具”。③ 冷战期间,国家内部和国家联盟以及国家安全的概念被用于双极国际秩序中,国家安全的重点是竞争对手系统构成的军事和政治威胁,威慑理论在防止核战争方面发挥了重要作用。④

冷战后期国家安全政策的另一个趋势是,国家安全开始将各种非军事问题考虑在内,尤其是20世纪七八十年代,安全研究的重点开始转向经济问题,主要原因是美苏停战以及1973年的石油危机,这表明国家安全也可能会受到经济制裁的影响。⑤ 尽管如此,国际经济秩序长期以来一直处

---

① See R. Art, *Security*, in Joel Krieger ed., The Oxford Companion to Politics of the World, Oxford University Press, 1993, p. 820.

② See Hans Gunter Brauch, *Environment and Human Security Towards Freedom from Hazard Impacts*, United Nations University Publication (Mar. 24, 2025), https://collections.unu.edu/eserv/UNU:1856/pdf4031.pdf.

③ See Stephen M. Walt, *The Renaissance of Security Studies*, 35(2) International Studies Quarterly 211 (1991).

④ 参见杨原:《超越“确保摧毁”:核武器数量、承诺可信度与核威慑原理》,载《国际安全研究》2021年第5期。

⑤ 参见刘合波、王黎:《生存资源与国际危机:第一次石油危机探析》,载《国际论坛》2012年第4期。

于国家安全政策与一般经济事务相对稳定的分离状态，其在国际贸易和投资条约中的反映就是，有关条约经常使用广泛且灵活的安全例外条款来使国家安全政策不受普通经济规则的约束和影响，而其可能产生的结果就是，这些条约中的实质性规定可以解决大多数国家关注的问题。但是，此类贸易条约的运作逻辑是国家安全例外主义，其基本原理是促进国际和平或巩固战略联盟而不是国际经济合作或保护，因此在有限的国家安全例外情况下的运作会影响贸易措施的实施。不过较之于各国在贸易和投资方面的决定，国家安全例外的决策和政策可能相对普通而不突出。譬如，一些国家可能采取歧视性抵制或制裁措施，以纠正他们认为其他国家或非国家行为者的非法或不道德行为（如 2022 年年初俄罗斯与乌克兰冲突引发的美欧等西方国家对俄罗斯和白俄罗斯的制裁①）；有选择地限制武器或敏感产品的进出口以保护战略性或重要产业（如美国特朗普政府对钢铝进口施加的关税限制，以及对芯片出口的管制等）；或因为国家安全而限制或禁止外国投资（如各国对邻近军事基础或海港附近的不动产投资的限制）；等等。此外，国家安全甚至可能会支持东道国征收外国投资，譬如 1999 年刚果战争期间政府对外国投资者实施的免遭军事干涉的措施被仲裁庭认为是征收。②

另外，第二次世界大战结束后到 20 世纪 80 年代末期，各国频繁使用紧急状态立法，③或者越来越多地使用诸如对外贸易制裁和禁运等可自由裁量的经济工具来影响国际冲突，国家安全问题则从军事领域扩展到商业和基础设施等国内法律规范的领域。然而，在冷战时期，即使是最广泛的国家安全概念也往往被政治上的对抗加以滤除。譬如对于美国，与苏联的冲突成为影响所有其他问题的压倒一切的安全考虑。④

① 参见李建民：《俄乌冲突下西方对俄罗斯能源制裁及其应对：实施路径与阶段性效果评估》，载《俄罗斯学刊》2024 年第 2 期。

② See *e. g.*, *Patrick Mitchell v. Congo*, ICSID Case No. ARB/99/7, Decision on the Application for Annulment of the Award, 1 Nov. 2006, para. 57.

③ 譬如，1976 年美国颁布《国家紧急状态法》，规定当国家受到外国威胁而宣布进入紧急状态时，总统可以根据该法，对于与外国或外国人有利害关系的外汇管制，国际支付以及货币、证券和财产的转让或转移行使特别权力。1990 年 8 月，美国总统老布什发布 12722 号行政命令，宣布全国紧急状态令，以应对“伊拉克的威胁”。“9·11”事件后，美国就紧急状态应对预案和法规作了更具操作性、实战性的修订。

④ See J. Benton Heath, *The New National Security Challenge to the Economic Order*, 129 Yale Law Journal 1020 (2020).

二、冷战后国家安全适用的扩展

自冷战结束后的20世纪90年代开始,国际经贸规则开始深入国家内部,并得到了更强大的国际争端解决机制的支持。譬如,贸易法将其重点从减少关税壁垒和配额转移到在国内法规中严格规定各种贸易政策,同时WTO的建立带来了一个强大的争端解决系统,能够作出约束各成员的可执行的判决。在国际投资法方面,随着投资者开始频繁使用投资条约中的仲裁条款以赢得针对各国政府征收或滥用投资的可执行裁决支持,国际投资法也日益与国内政治息息相关,东道国实施的包括国家安全在内的各项政策都有可能成为投资者申请仲裁的潜在异议“对象”,而投资仲裁庭的裁决将模糊的条约条款(如公平公正待遇)转型为全球化的治理形式,①在一定程度上影响各国的投资政策和国家安全规范的起草和制定,也导致国家安全政策与普通贸易和投资规则之间的重叠范围越来越大。因此,国家安全已经从冷战时对抗性的国际范式转变为与国内执法、人权、环境保护、公共卫生和经济全球化等交织在一起的多方面概念,②国际经贸规则与国家安全之间的冲突有了新的特征。

首先,冷战的结束使各国面临的安全威胁的性质发生了深刻的变化。以往在很大程度上取决于国家间竞争的国家安全已经被越来越多的跨越国界的开放式安全概念所取代,诸如恐怖主义、跨国犯罪、传染病、网络威胁、环境恶化和气候变化等国际关注事项已经开始对国家安全造成威胁,而许多国家纷纷在2020年春夏的COVID-19大流行期间宣布进入“紧急状态”就是典型的例证。③ 这种转变的原因是多方面的,涉及各国政府内外的一系列参与者,并已经体现在世界各国的国内政策中。尤其是,美国为应对恐怖主义、国际毒品、人口贩运、侵犯人权、腐败、跨国犯罪和恶意网络活动等威胁而不断实施的制裁反映了这一新的广度。④ 因此,可以认为,国家安全是一个动态的、不断发展演变的概念。⑤ 譬如,有关阿根廷的

---

① See Kenneth J. Vandevelde, *A Unified Theory of Fair and Equitable Treatment*, 43 (1) NYU Journal of International Law and Politics 43 (2010).

② See J. Benton Heath, *The New National Security Challenge to the Economic Order*, 129 Yale Law Journal 1020 (2020).

③ 参见网易新闻:《五大洲20国宣布紧急状态　意大利捷克西班牙“封国”》,载网易网2020年3月16日,https://news.163.com/20/0316/21/F7SDALD300019B3E.html。

④ See J. Benton Heath, *The New National Security Challenge to the Economic Order*, 129 Yale Law Journal 1020 (2020).

⑤ See OECD, *Security-Related Terms in International Investment Law and in National Security Strategies*, OECD, 2009, p. 11.

一系列投资争端仲裁案涉及非军事威胁，并可能牵涉经贸协定下的国家安全利益问题。在2001年和2002年，阿根廷针对严重的金融危机采取了一系列经济紧急措施，投资者随后根据双边投资条约向仲裁庭申请仲裁。虽然阿根廷在某些案件中提出了"保护其基本安全利益所必需的"的条约例外措施抗辩，①但六个仲裁庭中只有两个接受了阿根廷的意见，而且几乎所有仲裁庭都同意，即使没有军事方面的威胁，经济危机也可能牵涉到一个国家的"基本安全利益"。② 这些裁决通过使用宽泛的语言明确表明，除了与冲突或使用武力有关，经济、社会和政治威胁也可以构成安全措施的单独基础。无论如何，将基本安全范围扩大到军事威胁之外是一项重要的进展。③

其次，新的国家安全涉及更多可能被视为安全威胁的非国家行为体的参与，公认的安全威胁来自恐怖分子、毒品贩子、跨国犯罪组织、腐败个人以及网络犯罪分子等。譬如，恐怖主义已经"有效地"将国家安全从以国家为中心转变为以个人为中心的范式，为维护国家安全而打击恐怖主义的重点是打击恐怖分子个人或集团而非国家。自20世纪90年代后期开始，联合国安理会开始将目标锁定在单个嫌疑恐怖分子、恐怖分子资助者，以及化学、生物和核武器扩散者，依靠联合国力量来维护和恢复国际和平与安全。④ 此类转变有可能改变国际经济治理与安全措施之间的关系，相关制裁实践也从基于国家的制裁转向以个人为中心的"点对点"制裁和威慑。

最后，随着国家安全威胁范围的扩大，被视为对国家安全敏感的产品和行业的范围也不断扩大，一些国家正在实施的"投资筛选"机制的扩散

---

① See *El Paso Energy Int'l Corp. v. Argentine Republic*, ICSID Case No. ARB/03/15, Award, 31 Aug. 2011, paras. 563 – 73; *Continental Casualty Company v. Argentine Republic*, ICSID Case No. ARB/03/9, Award, 5 Sept. 2008, paras. 84 – 89; *Sempra Energy Int'l v. Argentine Republic*, ICSID Case No. ARB/02/16, Award, 28 Sept. 2007, para. 367; *Enron Corporation and Ponderosa Assets, L. P. v. Argentine Republic*, Award, 22 May 2007, paras. 324 – 26; *LG & E Energy Corp. v. Argentine Republic*, ICSID Case No. ARB/02/1, Decision on Liability, 3 Oct. 2006, paras. 217 – 219; *CMS Gas Transmission Company v. Argentine Republic*, ICSID Case No. ARB/01/8, Award, 12 May 2005, paras. 344 – 52.

② See *El Paso Energy Int'l Corp. v. Argentine Republic*, ICSID Case No. ARB/03/15, Award, 31 Aug. 2011, para. 588.

③ See *e. g.*, *Continental Casualty Company v. Argentine Republic*, ICSID Case No. ARB/03/9, Award, 5 Sept. 2008, paras. 180 – 181.

④ See Fiona B. Adamson, *The Changing Geography of Global Security*, in Alexandra Gheciu & William C. Wohlforth eds., Oxford Handbook of International Security, Oxford University Press, 2018, pp. 321 – 323.

和扩展正是在这种背景下产生的。此类法律政策通常没有定义“国家安全”,并且安全审查可以涵盖军事和国防工业之外的多个领域,包括电信、交通运输、能源、粮食供应、教育、卫生服务和媒体等行业的投资。譬如自1989年以来,CFIUS负责审查外国投资者在美国的合并、收购和接管等可能对国家安全产生影响的投资行为,其他国家也有类似的“投资筛选”机制。此类法律实施时的灵活决策标准以及外部有限的审查机会助长了对投资安全筛选影响的担忧,也导致各国不断努力地去修改投资筛选机制的设计方式和相关投资协定的规范范式,以确保本国的国家安全不被外国投资所影响。尤其是,近些年对网络安全的日益关注强化了这些风险,从而提高了更大的贸易和投资纠纷产生的可能性。① 譬如,美国、澳大利亚和捷克等为限制中国电信和华为的投资以及与中国的贸易往来,在WTO和国际投资仲裁中引发了相关措施是否合法的辩论。② 美国2019年更新的国家安全审查立法《外国投资风险评估现代化法案》(Foreign Investment Risk Review Modernization Act,FIRRMA)将CFIUS国家安全审查的管辖范围扩大到了涉及“关键技术”、“关键基础设施”或“敏感个人数据”的交易。这些发展引起了人们的关注,可能导致每一项在线业务、数据传输或新兴技术都具有潜在的安全隐患。

总之,国家最初将国家安全与物理军事威胁联系在一起,将一个国家的领土保护起来以免受外部军事威胁和攻击。但是,当前国家安全的概念已经演变成一个更加复杂和全面的概念,而不仅限于军事威胁。国家安全的审查范围扩大到国内战略性行业和关键基础设施领域的外国投资,例如能源生产和供应、供水、运输、电信、矿产资源以及媒体等,并且越来越多地扩展到外国人对国内技术和专有技术的收购,例如人工智能、机器人技术、半导体、云计算、5G、量子技术、计算硬件、纳米技术、生物技术、卫星和航空航天,以及国内居民的敏感数据等。③ 此类发展的主要原因是,一方面,当前各国纷纷认为高精尖技术和专有技术(如对5G技术的追求和预防)

---

① 参见石静霞、张舵:《跨境数据流动规制的国家安全问题》,载《广西社会科学》2018年第8期。

② See Jill C. Gallagher, *U. S. Restrictions on Huawei Technologies: National Security, Foreign Policy, and Economic Interests*, Congressional Research Service Report (Jan. 5, 2022), https://crsreports.congress.gov/product/pdf/R/R47012/2; *Huawei v. Sweden*, ICSID Case No. ARB/22/2, pending; *United States-Measures on Certain Semiconductor and Other Products, and Related Services and Technologies-Communication from the United States*, WT/DS615, pending.

③ See UNCTAD, *Investment Policy Monitor: Special Issue-National Security-Related Screening Mechanisms for Foreign Investment: An Analysis of Recent Policy Developments*, United Nations (5 Dec. 2019), https://unctad.org/system/files/official-document/diaepcbinf2019d7_en.pdf.

已成为国际竞争力的关键因素,确保对此类技术的控制并将其保留在国内对本国国家安全至关重要;另一方面,许多国家可能认为有必要规范国内具有战略重要性和关键基础设施的公司不受外国直接投资所控制,尤其是需要甄别外国国有或控股企业和主权财富基金的投资对国家安全可能产生的风险,并作出反应。国家安全已成为一个多方面的基于风险的概念,涵盖了非国家行为者和非人类带来的威胁,这无疑增加了国家安全措施与经济规则之间的潜在联系,包括需要确定新的必须受到保护而不受外国投资影响的敏感安全领域,使越来越多的新兴技术和关键行业处于安全保护范围。

第二节　国家安全概念的特质研究

东道国可通过各种政策手段规范外国投资的国家安全问题以行使其主权,包括外国投资在其领土上的进入和设立的商业登记与批准要求,或者在某些经济领域完全或部分禁止外国投资等,或者越来越多地借鉴对军事或国防部门投资的审查机制而设立对单个投资可能带来的国家安全风险进行审查的制度。这些专门的外国直接投资审查机制仅仅针对外国投资进行审查,通常有普遍适用的法律文件,并且着眼于国家安全、公共秩序、国家利益或相关的评估标准等。但有一个前提是,安全审查的范围也即国家安全的含义并不是一个确定性的概念,有许多不同的概念被用来涵盖相同或非常相似的目标,即保护东道国的根本利益免受某些威胁。①这些概念具有不同的措辞和缘由,譬如国家安全、国家基本安全利益、公共政策和相关术语等,并且在具体情况下可能都不清楚应保护哪种受到潜在威胁的特定利益。另外,国内外相关案件对国家安全及其相关概念的理解和解释也可能不同。所有提及国家安全的术语都构成了具有弹性的、上下文高度相关的概念,可以根据多种因素以不同的方式来理解,这些因素包括对威胁的感知、要保护的价值观的集合以及这些价值观受到保护所通过的手段。② 因此,界定国家安全的含义对于外国投资的安全审查非常重要。

① 关于国家安全的概念界定,参见李文良:《国家安全:问题、逻辑及其学科建设》,载《国家安全研究》2020 年第 4 期。

② See Hitoshi Nasu, *The Expanded Conception of Security and International Law: Challenges to the UN Collective Security System*, 3(3) Amsterdam Law Forum 15(2011).

一、国家安全术语的多样性

很少有词语像国家安全一样强大和敏感。“国家安全”的吁求带有警告,不要询问,不要追问,也不要怀疑。① 当前,“国家安全”的含义是广义的,并且已经摆脱了传统的军事安全威胁。传统上的国家安全,与保护一国人民和国家机构的安全免受军事、恐怖主义或间谍活动威胁有关。但是,它们都是与社会并行发展的观念,因此,它们现在不仅与网络间谍活动有关,关系到一国的政治、金融或经济体系,还涉及社会文化基础、基本基础设施、环境以及其他潜在影响领域。② 同时,当某些基本的战略基础设施或经济领域受到外国投资者的控制时,国家安全和国家的根本利益也可能受到威胁。③

在对外国直接投资领域的国家安全评估中,国防工业领域一直被认为是非常重要的。因此,习惯上,该领域的外国投资都会受到限制。但是,有关概念现已扩展到其他领域。譬如,对外国直接投资而言,由于新兴国家对发达经济体的外国直接投资流量增加,以及由此可能对发达经济体及其经济造成的威胁,这些经济安全已得到广泛的理解并被纳入国家安全范畴,尽管其传统上并未被包括在国家安全概念中。在全球化时代,国家安全不仅会受到来自经济方面的影响,经济利益因素本身也成为国家安全概念的组成部分。④ 同时,考虑到将要实施的外国直接投资项目对特定部门可能造成的潜在危害,包括对经济福祉、能源独立性、对某些关键经济战略部门的控制以及对某些关键基础设施的必要保护等方面的影响,都应当对此类领域外国直接投资的来源、投资人的性质和投资目标区域等有关问题进行严格的安全审查。因此,国际投资条约中体现的与国家安全有关的条款被广泛理解为超越了传统的军事威胁,⑤其宽泛的措辞有利于各国对其

① See Sebastián Mantilla Blanco and Alexander Pehl, *National Security Exceptions in International Trade and Investment Agreements: Justiciability and Standards of Review*, Springer Nature Switzerland AG, 2020, p. 1.

② See UNCTAD, *The Protection of National Security in IIAs*, United Nations, 2009, p. 7.

③ See Michele Barbieri, *Sovereign Wealth Funds as Protected Investors under BITs and the Safeguard of the National Security of Host States*, in Giorgio Sacerdoti, Pia Acconci, Mara Valenti and Anna De Luca eds., General Interests of Host States in International Investment Law, Cambridge University Press, 2014, p. 132.

④ 参见余劲松:《国际投资条约仲裁中投资者与东道国权益保护平衡问题研究》,载《中国法学》2011 年第 2 期。

⑤ See William W. Burke-White & Andreas von Staden, *Investment Protection in Extraordinary Times: The Interpretation and Application of Non-Precluded Measures Provisions in Bilateral Investment Treaties*, 48 Virginia Journal of International Law 307 (2008).

进行广义解释。

除了国家基本安全利益或国家安全的思想,很明显,旨在涵盖类似意思的其他概念(保护东道国免受某些外国直接投资引起的某些威胁)也用于处理可能引起潜在威胁的外国直接投资。譬如公共政策以及公共安全与秩序等概念,①这些概念的措辞和来源不同,在某些情况下它们的解释也可能不同。譬如在法国、意大利和瑞士等欧洲大陆国家的宪法中,公共秩序被广泛用作国家法律的法律术语,但对该概念的解释受具体国家的国内法理学约束。② 公共秩序通常被理解为社区中人们有秩序地生活,一般与公共安全、公共卫生或公共道德等词语一起使用。而在某些情况下,它与国家安全或国民经济的健康发展一起出现。③ 因此,公共秩序的概念在不同国家有不同的作用,其在国际法中的归类和性质同样是模糊多样的。因此,在国内和国际案例中对它的理解可能有所不同。譬如在欧盟法中,公共政策的含义得到了欧洲法院的关注。尽管欧洲法院承认公共政策的内容取决于每个国家的定义,④并试图通过将公共政策利益定义为仅"对保护成员国的政治、社会或经济秩序至关重要"的利益而最大限度地减少欧盟成员国逃避其义务的可能性。⑤ 欧洲法院认为,如果存在压倒性的公共利益,成员国可以援引公共秩序和安全。⑥

国家安全、基本安全利益、公共秩序和实践中使用的其他相关术语如今都已引起人们对保护一个国家的安全、公民安全以及关键生活方式方面的普遍关注。但是,它们并非完全相同,可以用许多不同的方式来理解它们。它们的确切内容由不同的因素决定,并且可能会根据特定区域或进行评估的特定国家而有所不同。在任何情况下,国际投资条约都倾向于不对这些术语中的任何一个进行明确定义,以免造成确定性,并给条约当事方

---

① See US-Guatemala BIT (2005) (not in force), Article 3(1); German Model BIT (2019), Article 3.2.

② See OECD, *Security-Related Terms in International Investment Law and in National Security Strategies*, OECD, 2009, p. 3.

③ 参见《中国－日本 BIT》第3条。该条规定:"关于协定第三条第二款的规定,缔约任何一方,根据有关法律和法规,为了公共秩序、国家安全或国民经济的正常发展,在实际需要时,给予缔约另一方国民和公司的差别待遇,不应视为低于该缔约一方国民和公司所享受的待遇。"

④ See Case C－54/99, *Eglise de Scientologie v. France* [2000] ECR Ⅰ－01335, Case 153/78; *Commission of the European Communities v. Germany* [1979] ECR 02555, Case 36/75, Rutili [1975] ECR 1219.

⑤ See Case C－369/96, *Arblade* [1999] ECR Ⅰ－08453, para 30.

⑥ Id., para 60.

留下了广泛的解释权。

国家安全以及与之相关的所有术语不再是一成不变的,在外国直接投资方面,当前各国国内立法多关注与关键基础设施、关键矿业资源、关键技术或关键性所有权的转移所产生的潜在影响。但是,各国对所有这些情势的安全审查不再仅仅基于纯粹的传统安全理由。无论如何,各国可能会因国家的经济发展或国家利益的严格要求而通过立法为其国民作出某些规定。例如,2015 年 7 月 1 日,我国通过了《国家安全法》,该法广义地定义了“国家安全”。根据《国家安全法》第 2 条的规定,“国家安全”是指国家政权、主权、统一和领土完整、人民福祉、经济社会可持续发展和国家其他重大利益相对处于没有危险和不受内外威胁的状态,以及保障持续安全状态的能力。一些国家在其法规中未定义“国家安全”一词;相反,它被广义地解释为包括所有可能对国家安全产生影响的情况。例如,在美国,国家安全的概念被广义地解释为包括对关键基础设施的潜在影响。① 加拿大立法机关也没有定义“国家安全”,而是在《国家安全投资审查指南》中规定了在评估任何拟议投资对加拿大国家安全的潜在威胁时应该考虑到的因素。② 阿根廷在其投资仲裁的抗辩中曾经指出,国家“基本安全利益”不仅包括经济和政治利益,而且还有国家军事防卫利益,应当对其作广义的解释。③

二、国家安全含义的多重性

国家安全是一个非常灵活和模糊多变的概念,没有明确的含义,并且很难用具体的术语加以定义。④ 对国家安全进行定义不仅有其自身的客观困难,因为国家安全的含义可能会随时间发展而不断变化,还在于各国实际上希望拥有一个相当广泛和灵活的概念,以随时调整自己的国家安全政策。虽然国家安全概念的模糊状态为国家提供了高度的灵活性,但是其产生的不确定性最终可能会使国家制定的所有政策或措施都归为国家安

---

① See 50 U. S. C. App. § 2170(a)(5) (2007); see also FIRRMA(2018), H. R. 5515, 115th Cong. § 1703 (2018). 根据 FIRRMA,“关键技术”已更新为包括“在国防,情报或其他国家安全领域方面,相对于特别关注的国家而言,对于维护或增加美国武器装备至关重要的具有技术优势的新兴技术,或者在目前尚不具备此类优势的国家中,相对于这些国家而言具有的优势”。

② See Investment Canada Act, 28 R. S. C. 1985, § 38 (1985).

③ See *LG &E Energy Corp. et al. v. Argentine Republic*, ICSID Case No. ARB/02/1, Decision on Liability, 3 Oct. 2006, para. 217.

④ See William J. Moon, *Essential Security Interests in International Investment Agreements*, 15(2) Journal of International Economic Law 481(2012).

全。譬如，在投资领域中，一些国家对外国直接投资引起的国家安全隐患通常与对关键基础设施的控制有关，当潜在投资者的总部位于外国尤其是意识形态或政治制度不同的国家时，无论是竞争对手还是其他国家都可能会认为其会对东道国国家安全产生潜在威胁。此外，在那些受恐怖主义影响或受到恐怖主义长期威胁的国家中，国家安全与外国直接投资之间的关系具有重大的军事和战略意义。

在过去几十年中，国际社会对国家安全威胁的认识又发生了变化，这既影响了国家安全概念及其目标的具体内容，又影响了应对这些潜在威胁的方式。日益严重的环境问题、自然资源的匮乏、关键基础设施供应以及网络空间重要性意识的日益提高等某些维持现代社会正常运转的基本要素占据了国内外冲突的主要内容，也在对国家安全的广泛理解中扮演重要角色。而在2001年"9·11"事件后的全球化世界中，国家安全扩展到了控制恐怖主义的威胁，而因为埃博拉和COVID－19等带来的全球公共卫生问题也被一些国家列入国家安全的范畴。譬如，美国认为的国家安全通常被理解为"对人民、领土和生活方式的保护"，"包括对国家持续存在和活动所必需的基本价值观和核心利益的保护"。[①] 而且，国家安全被描述为"一个预防性的概念，涉及潜在的危险，即'无形、不确定性和很有可能性，而不是容易预见和容易掌握的具体威胁'"。[②] 最终结果是，国家安全问题已经扩展到了迄今尚未出现或极低可能危及安全的领域，并且这些领域因被认为与维护一个国家的国家安全相关而需要对其重新进行解释。

外国直接投资的国家安全层面因国家或地区而有所差异，具体取决于国家安全审查要针对的特定领域，包括关键基础设施、能源安全、食品安全以及水安全等。而且，国家安全还意味着同一威胁可能在不同的时间和地点有不同的理解。[③] 尽管如此，在国际法上"国家安全"一词仍然被认为具有连贯且能够普遍接受的可以理解的含义，即"保护国家及其公民免受各种威胁"。[④] 然而，它仍是一个非常宽泛的术语，在逐案考虑的情况下允许

---

① See Michael J. Meese, Suzanne C. Nielsen & Rachel M. Sondheimer, *American National Security*, seventh ed., Baltimore, USA: Johns Hopkins University Press, 2018, pp. 3-4.

② See Charles L. Schultze, *The Economic Content of National Security Policy*, 51 Foreign Affair 522 (1973).

③ See Hitoshi Nasu, *State Secrets Law and National Security*, 64 (2) International & Comparative Law Quarterly 365 (2015).

④ See UNCTAD, *The Protection of National Security in IIAs*, United Nations, 2009, p. 12.

有不同的结果，在将其用于外国直接投资领域时可能会引起理解上的困难。①

确定需要受保护的威胁是构建任何安全理念特别是国家安全理念的核心要素。就外国直接投资而言，目前缺乏对国家安全或任何类似术语的明确定义，若干现有的国家和国际投资条约安全条款中所采用的模糊概念，为各国提供了广阔的升值空间，并允许他们应对意外的国家安全威胁。② UNCTAD《可持续发展的投资政策框架》规定的核心原则指出，出于国家安全的原因或在其国家发展战略的背景下，各国有其合理的理由限制外国投资，这是一个更为广泛和模糊的术语。③ 但是这种模糊性也可能促使人们从保护国家及其基本安全利益的观念转向一些模糊界定的威胁，进而转向国家保护某些国内经济行业和国内顶尖公司免受外国竞争或控制，并因此导致国家隐藏限制对外国直接投资实施某些政策的目标。

某些国际投资仲裁庭对国家安全或基本安全利益也有广泛的了解，认为在许多基本安全例外条款中的这一概念不仅涵盖了军事危机，而且还涵盖了经济危机。在 *LG & E Energy Corp. v. Argentina*（以下简称 *LG & E* 案）案中，仲裁庭考虑了 1991 年《美国－阿根廷 BIT》第 11 条中“基本安全利益”一词的广义解释，明确拒绝了基本安全仅指军事行动和战争的观点，并指出此类严重的经济危机威胁着基本安全利益，当一个国家的经济基础受到围困时，问题的严重性可以等同于任何军事入侵的严重性。④

在 *Continental Casualty Company v. Argentina* 案（以下简称 Continental Casualty 案）中，仲裁庭指出，关于“基本安全利益”，国际法并不是盲目要求各国应为人民免受国内外安全威胁和维护和平的国内秩序利益方面行使主权，关键是，众所周知，第二次世界大战后国际秩序中的国际安全概念不仅要涵盖政治和军事安全，而且还应涵盖国家及其人民的经济安全。《联合国宪章》序言以及与本案更为相关的国际货币基金组织序言都支持这种做法。正如国际法委员会所指出的，各国已经援引危急情况以保护各种利益，包括维护环境，在公共紧急情况下维护国家及其人民的生存，或确保平

---

① See Carlos Esplugues, *Foreign Investment*, *Strategic Assets and National Security*, Cambridge, Intersentia, 2018, p. 85.

② See William J. Moon, *Essential Security Interests in International Investment Agreements*, 15(2) Journal of International Economic Law 481(2012).

③ See UNCTAD, *Investment Policy Framework for Sustainable Development*, United Nations, 2015, p. 34.

④ See *LG & E Energy Corp.*, *LG & E Capital Corp.*, *and LG & E International*, *Inc. v. Argentine Republic*, ICSID Case No. ARB/02/1, Decision on Liability, 3 Oct. 2006, para. 238.

民的安全。①

此外,“国家安全”和“根本安全”可以互换。大多数国际投资条约通过“国家安全”、“国家安全利益”或“基本安全利益”等术语表达例外保护的核心。UNCTAD 认为这些字面的差异实际上并不是要在相关术语和它们所代表的范围之间进行区分;②但是,国际投资条约的起草历史也证明了这些表述之间的实质性差异。

国家安全具有共同的、广泛的含义,因此各国采取了两种策略来保护其在国际投资方面的国家安全。第一,各国以国家安全为基础建立审查制度,以审查在投资设立前阶段外国投资的适当性。第二,各国在国际投资条约中制定一般性基本安全例外条款,例如《美国 - 阿根廷 BIT》的第 11 条,保留采取与安全相关的措施的能力。但是,“国家基本安全利益”仍然没有最终的全面含义,该术语的理解方式依旧取决于在特定国家的理解范式以及在特定的国际投资条约中对该术语的界定和解释。

三、国家安全含义的扩展性

至少从对国际投资法的挑战的角度来讲,国家安全的含义已经超越过去的贸易和投资领域,必须采纳更广泛的范围。尤其是自 20 世纪 90 年代以来,国家安全政策已显著扩大,包括各种威胁,既有一些可能看起来是良性的,甚至是可以规制的安全风险,也有另一些几乎可以肯定是令人不安的模糊性风险,其发展都导致国家安全要求与个人自由之间的冲突日益加剧,与一般监管之间的重叠日益增加,同时也要求决策部门具备作出决定的安全专业知识。譬如 2016 年 7 月裁定的 *CC/Devas v. India* 案,有关争端涉及 2011 年印度政府取消申请人享有的使用 S 波段专有权的卫星租赁协议,该 S 波段可供军事和民商事所用。仲裁庭多数仲裁员裁定在印度政府取消有关协议的决定中有多种因素在起作用,包括对政治丑闻的恐惧、军事需要以及对其他网络供应商的关切等。简言之,仲裁庭认为,尽管 2011 年的印度政府决定似乎部分是保护其“基本安全利益”,但该决定中还包括了其他一些对国家安全没有任何意义的目标。尽管印度政府充分享有重新分配非商业用途的 S 波段的权力,但那些没有被保留为军事或准

---

① See *Continental Casualty Company v. Argentine Republic*, ICSID Case No. ARB/03/9, Award, 5 Sept. 2008, para. 175. 该裁决补充说,“援引该条款并不意味着情况已经恶化为要求中止宪法保障和基本自由的情况。如果没有什么可以保护的,则没有这样的保护”。Id., para. 180.

② See UNCTAD, *The Protection of National Security in IIAs*, United Nations, 2009, p. 73.

军事目的的波段仍然可以适用于条约中关于征收的第6条规定。因此，仲裁员得出结论，“为保护印度的基本安全利益而合理分配的频谱，不得超过分配给申请人的S波段的60%。其余的40%被分配用于其他公共利益目的，并受条约第6条规定的征收条件的约束”。① 也即，S波段既可供军用也可供民用，部分维护了印度政府以“基本安全理由”为由取消外国投资者特许合同的合法性。

当然，“国家安全”始终是一个宽泛和可塑的概念。在法律和政治理论中，国家安全、重大利益或公共安全的概念可以涉及广泛的问题，从狭隘地关注军事威胁到对公民生活各个方面的安全更广泛的关切。② 尤其是近年来在美国，新的特征不是国家安全的不确定性，而是安全概念的爆炸性，这可以从美国国家安全政策的变化中看到。自1987年以来，白宫定期发布国家安全战略，也即“关于美国国家安全战略的全面报告”，其中包括美国利益和目标、外交政策、国防能力以及为实现这些目标而建议使用的美国国家的政治、经济、军事和其他力量。譬如，美国1987年公布的第一个正式《国家安全战略》，主要表现为美国和苏联之间的对抗战，重点是军事威胁、核威慑和权力平衡。③ 与此相反，奥巴马政府的2015年《国家安全战略》除列举军事攻击、恐怖主义和扩散之外，还将传染病、气候变化、能源市场混乱和跨国有组织犯罪列为美国的“首要战略风险”，在这些不同的目标中没有考虑优先问题。④ 而2017年年底，特朗普政府的《国家安全战略》突出强调国家经济安全，把保护美国国土、美国人民和美国生活方式，促进美国繁荣，通过力量维护和平，以及促进美国影响力作为政府承诺的四个核心国家利益，更加聚焦于美国国土安全和边境问题，着重提出保护美国科技创新生态系统等。⑤ 无可否认，此类文件揭示的是，从过去到现在日益多极的国家安全含义之间存在一定的连续性，同时也似乎存在一些戏剧性的演变。

这种现象并不仅限于美国。2009年经济合作与发展组织报告显示，

---

① See *CC/Devas v. India*, PCA Case No. 2013 - 09, Award on Jurisdiction and Merits, 25 Jul. 2016, paras. 371 - 373.

② See Jeremy Waldron, *Safety and Security*, 85 Nebraska Law Review 455 (2006).

③ See White House, *National Security Strategy of the United States* (Jan. 1987), National Security Strategy Archive (Sept. 2002), https://nssarchive.us/wp-content/uploads/2020/04/1987.pdf.

④ See James Goldgeier & Jeremi Suri, *Revitalizing the U. S. National Security Strategy*, 38(4) The Washington Quarterly 35 (2016).

⑤ See The White House, *National Security Strategy* 2, Trump Whitehouse (Dec. 2017), https://trumpwhitehouse.archives.gov/wp-content/uploads/2017/12/NSS-Final-12-18-2017-0905.pdf.

其成员正在应对安全政策中的各种风险,包括恐怖主义、流行病、自然灾害、有组织犯罪、网络威胁、人口和贩毒、移民和气候变化等。① 经济合作与发展组织的另一份工作文件认为,在 2009 年至 2016 年,各国显著扩大了对安全敏感的外国投资行业范围,包括保护电信、教育、卫生服务和媒体等领域。② 我国 2015 年通过的《国家安全法》将安全视为一个多层面的概念,涉及军事、政治、经济、技术和文化层面。

同一国家的不同历史时期对国家安全也可能有不同的理解。例如,关于气候变化问题,奥巴马政府 2016 年在《大西洋月刊》宣称气候变化构成对美国的生存威胁。③ 相反,特朗普政府从安全问题清单中消除了气候变化,退出《巴黎协定》,转向"美国优先"的国家安全战略。与特朗普政府不同,随后的拜登政府将应对气候危机全面嵌入内政外交之中,通过多种路径推行气候安全战略,以实施"国家安全至上"的全球气候安全拓展路径。④

随着国家安全政策逐渐包含气候变化等分散的、不确定性的风险,它也越来越针对非国家行为者而不是国家政府。从 20 世纪 90 年代开始,尤其是在 2001 年"9 · 11"事件的恐怖袭击之后,国家安全政策开始从国家到国家的对抗性竞赛转向针对恐怖分子、人权侵犯者以及其他非国家行为者的斗争。这种转变反映在经济制裁政策中就是,虽然传统上经济制裁是在国与国之间的冲突中采用的,但各国和联合国安理会从 20 世纪 90 年代开始对指认的个别恐怖分子及其支持者实施"针对性"制裁,再其后是美国和欧洲国家等针对古巴、伊朗、朝鲜和俄罗斯等意识形态或共同利益不同的国家或其个人实施的制裁,以至于实施制裁的目的之一也是维护国家安全。国家安全的这种具体化和个性化引起了对有关裁决机构在国家安全定性的酌处权方面是否遵守正当程序问题的广泛关注,这一点将对国际经济法的适用产生重大影响。

---

① See OECD, *Security-Related Terms in International Investment Law and in National Security Strategies*, OECD, 2009, p. 11.

② See Frédéric Wehrlé & Joachim Pohl, *Investment Policies Related to National Security: A Survey of Country Practices*, OECD, 2016, p. 22.

③ See Jeffrey Goldberg, *The Obama Doctrine*, The Atlantic Monthly (Apr. 2016), https://www.theatlantic.com/press-releases/archive/2016/03/the-obama-doctrine-the-atlantics-exclusive-report-on-presidents-hardest-foreign-policy-decisions/473151/.

④ 参见李昕蕾:《气候安全与霸权护持:美国气候安全战略的全球推进》,载《国际安全研究》2023 年第 2 期。

四、国家安全理念的趋同性

当前，安全的多维性、多面性和复杂性已经得到公认。① 并且，传统上国家安全与军事层面联系在一起，一直被解释为保护国家的合法利益免受其他国家武力威胁。② 其重点是军事国家安全，其核心一直是保护一个国家的领土免受外部军事威胁和攻击。然而，这个概念演变至今已经更加复杂和全面，也影响到社会的许多民用领域包括关键基础设施。

现在，世界上大多数国家都对国家安全作了广义的解读，其不再是一个限制于军事或安全威胁的概念，而是强调了除军事和武装袭击，还应包括恐怖主义、达到一定程度的严重经济危机，以及其他可能危及受影响国家的存在和完整的威胁。在这方面，*LG & E* 案裁决明确指出，"得出这样一个严重的经济危机不能构成基本安全利益的结论是为了减少经济对全体人民的生活和政府领导能力造成的破坏。当一个国家的经济基础受到围困时，问题的严重性可以与任何军事入侵相提并论"。③ 同样，*Continental Casualty* 案裁决也强调，"关于'基本安全利益'，有必要回顾一下的是国际法并没有忽视这样的要求，即各国应能够行使主权，以为本国人民的利益不受其安全和维护国内和平秩序的内部和外部威胁。众所周知，第二次世界大战后国际秩序中的国家国际安全概念不仅包括政治和军事安全，还包括国家及其人民的经济安全"。④ 值得注意的是，这两个案例都与阿根廷在 20 世纪 90 年代遭受的严重金融危机有关，强调了经济危机在评估其对国家安全影响方面的不同结果。同时也表明，安全不再仅仅与维护各个国家及其国民免受外国军事攻击的领土完整有关，还应当包括更广泛的经济安全、技术安全、网络安全、气候安全以及其他新的安全形式。因此，国家安全的概念已经扩大诸多新的不稳定和非传统因素对和平与安全的威胁。简言之，非传统威胁已经出现，它们涵盖了经济安全、能源和资源安全、环境安全、粮食安全、生物安全和健康安全等领域。⑤

---

① See Hitoshi Nasu, *The Expanded Conception of Security and International Law: Challenges to the UN Collective Security System*, 3(3) Amsterdam Law Forum 15(2011).

② See Hans Kelsen, *Collective Security and Collective Self-Defense under the Charter of the United Nations*, 42(4) American Journal of International Law 783 (1948).

③ See *LG & E Energy Corp., LG & E Capital Corp., and LG & E International, Inc. v. Argentine Republic*, ICSID Case No. ARB/02/1, Award, 25 Jul. 2007, para. 238.

④ See *Continental Casualty Company v. Argentine Republic*, ICSID Case No. ARB/03/9, 5 Sept. 2008, para. 175.

⑤ See Hitoshi Nasu, *The Expanded Conception of Security and International Law: Challenges to the UN Collective Security System*, 3(3) Amsterdam Law Forum 15(2011).

对某些大国的国家安全战略或国防战略的分析表明,“国家安全”的概念已经超越了传统的军事威胁。同时,有些规定缺乏明确的定义,甚至根本没有规定定义。例如,英国 2015 年《国家安全战略》首先指出,“我们的愿景是建立一个安全、繁荣、具有全球影响力的联合王国。我们在英国和世界各地所做的一切都是为了保护我们的人民和我们的价值观,确保我们国家的繁荣”。① 其认为,“经济安全与国家安全密不可分。自 2010 年以来,我们已经恢复了经济安全,能够量入为出”。② 在此基础上,国家安全目标首先是“在国内、在我们的海外领土和国外保护我们的人民,并保护我们的领土、经济安全、基础设施和生活方式”。③ 可见,英国没有对国家安全下定义。

又如,2015 年奥巴马政府发布的《国家安全战略》指出,美国必须追求的是一种综合性的国家安全战略,并将优先处理下述对美国利益带来的高级战略风险,包括对美国本土或基础设施的大规模攻击,对美国海外公民或其盟友的威胁或攻击,全球经济危机或普遍性的经济衰退,大规模毁灭性武器的泛滥和/或使用,全球严重传染病暴发,气候变化,重大能源市场中断以及与弱国或衰败国家相关的重大安全后果(包括大规模暴行、区域溢出和跨国有组织犯罪)等。④ 该战略同时指出,“保护美国人民是美国政府最大的责任。美国的义务并不限于美国边境。美国承担维护国际安全的责任,因为这符合我们的利益,维护我们对盟友和伙伴的承诺,并应对真正全球性的威胁……一支强大的军队是我们国家安全的基石”;⑤“气候变化对我们的国家安全是一个紧迫且日益严重的威胁”;⑥同时,该战略强调强化国家防卫、本土安全、打击恐怖主义威胁、制止武装冲突、防止大规模毁灭性武器传播、共享空间以及增加全球健康安全的重要性。由此看来,该战略也没有对国家安全概念进行定义,但国家安全已经远远超出了军事和领土范畴。

同样,2017 年特朗普政府的《国家安全战略》首先强调“美国优先”,将保卫美国国家、美国社会和美国人民的安全放在第一位,同时指出强化美国边境和移民政策、打击圣战恐怖主义、消除跨国刑事犯罪以及保护美国

---

① See HM Government, *National Security Strategy and Strategic Defence and Security Review* 2015: *A Secure and Prosperous United Kingdom*, HSO, London, 2015, para. 1.1, p. 9.

② Id., para. 1.2, p. 9.

③ Id., para. 1.10, p. 11.

④ See The White House, *US National Security Strategy* 2015 (Feb. 2015), Washington, 2015, p. 3.

⑤ Id., p. 7.

⑥ Id., p. 12.

网络空间也是优先防卫的国家安全。①

至于2022年10月拜登政府发布的《国家安全战略》,其首要任务是,加强与亚洲、中东和欧洲的主要盟友和伙伴的安全和经济联系;对被称为“综合威慑”的常规和核力量进行现代化改造,超越中国并约束俄罗斯;在全球共同挑战的问题上进行合作(包括气候和能源安全、流行病和生物防御、粮食安全、武器管制和不扩散以及恐怖主义),并在技术、网络空间安全和贸易经济等领域制定发展规则。② 具体来讲,美国的国家安全战略植根于美国国家利益,即保护美国人民的安全、扩大经济繁荣以及实现和捍卫美国生活方式核心的民主价值观;③美国的联盟和伙伴关系在美国国家安全政策中发挥了关键作用,美国要与美国盟友和合作伙伴一起要求国家对侵犯和践踏人权的行为负责,打击腐败和跨国镇压;④将气候变化纳入美国规划和政策,承认长久的能源安全取决于清洁的能源,美国将与其合作伙伴和盟友合作确保能源安全和可负担性以及确保关键矿产供应链的准入;⑤等等。

当然,也有一些对国家安全作了明确定义的个案。例如,西班牙《国家安全战略》将国家安全定义为“受国家行动约束的公共服务,旨在保护公民的自由、权利和福祉,确保捍卫西班牙及其宪法原则和价值观,遵守商定的承诺,共同促进与西班牙的合作伙伴和盟国的国际安全”。⑥ 俄罗斯2009年《国家安全战略》中有一个更广泛的定义,国家安全被定义为“保护个人、社会和国家免受国内外威胁,进而确保宪法权利和自由,公民适当的生活质量,俄罗斯联邦的主权、领土完整和稳定发展,国家的国防和安全”。⑦ 而俄罗斯2021年的《国家安全战略》,在对国家安全战略的定义和目标进行阐述后,指出一个对国家安全的主要威胁就是跨国公司,包括跨

---

① See The White House, *National Security Strategy of United States of American* (Sept. 2017), Washington, 2017, p. V.

② See The White House, *US National Security Strategy* 2022 (Oct. 26, 2022), Washington, 2022, p. 23.

③ Id., p. 7.

④ Id., pp. 17 – 18.

⑤ Id., pp. 27 – 28.

⑥ See Presidencia Del Gobierno, *The National Security Strategy* 2017: *A Shared Project*, By All and For All, Madrid, 2017, p. 13.

⑦ See Presidency of the Russian Federation, *Russia's National Security Strategy to* 2020 (*Approved by Decree of the President of the Russian Federation of* 12.05.2009, *No.* 537, *No.* 6), MepoForum (May 2, 2024), http://mepoforum.sk/wp-content/uploads/2015/08/NDS-RF-2009-en.pdf.

国公司限制国家的作用，对互联网信息的垄断控制，以及对俄罗斯的传统道德价值和文化历史伤害等。此外，该战略分析了现有国际关系背景下威胁俄罗斯国家安全及其传统盟友关系的军事问题，强调主要通过经济主权保护经济安全，包括对战略性行业的外国投资的控制。因此，俄罗斯新的国家安全战略的关键要点是不断增加国家主权的重要性，利用诸如主权国家、经济主权、金融体系主权和文化主权等词语，同时强调独立的内政外交政策的重要性。①

五、国家安全范围的多维性

从前述有关国家的《国家安全战略》的报告中可以看到，国家安全的概念变得越来越复杂，传统安全与非传统安全、一般性的国家安全与特定个别领域的行业安全并存。同时，国家安全是一个模糊定义的术语，其内容可能因不同国家、不同时代甚至不同行业而有所不同，甚至国家安全可能会针对某些特定的公司或基础设施而设定。一个规范国家安全的定义可能包括在国内外保护和预防在经济、科学、技术和政治领域直接损害和/或危及国家利益的行动、活动或事件，同时不损害军队保卫国家和负责"国土安全"的职能。然而，这样的提议是否可行并不是一个简单的问题，政治现实可能会要求考虑其他因素。② 因此，从社会、经济或环境的角度来看，国家安全具有不同的理解，并且在与外国投资一起考虑时可能会有所不同。这种难以捉摸的多维理解直接影响了以国家安全为由控制外国直接投资的现状。

近年来，国家安全的一个明显特点就是出现了一些强调独立于全球安全观念和某个国家的国家安全理解之外的行业安全，包括经济安全、能源安全、网络安全、粮食安全、关键基础设施安全以及健康安全等，也就产生了新的部门安全概念，以响应某些经济部门的特殊性和政策需求。前已述及，诸如国家能源安全、国家经济安全、粮食安全之类的概念不仅是美国这样的发达国家所关注的，也是俄罗斯这样的发展中经济体所考虑的安全范围之一。所有这些都与维护各国在特定领域适用特定政策和保护需求的国家安全的基本理念相关联，同时要求与国家安全的全球性理解相一致。需要明白的是，特定行业部门安全概念的缺乏导致很难达到最终的效果，

---

① See Shahin Jafarli, *Russia's New National Security Strategy*, Baku Research Institute (Aug. 2, 2021), https://bakuresearchinstitute.org/en/russias-new-national-security-strategy/.

② See Andrea Monti & Raymond Wacks, *National Security in the New World Order: Government and the Technology of Information*, Routledge, 2021, p. 155.

不过同时,国家因此享有更大的自由裁量权,可以以国家安全为由"任意"制定相关措施以应对可能危及某些特定行业的外国投资者。

国家安全的多维性以及正常市场经济的固有风险导致很难区分某一风险到底属于国家的经济安全威胁还是经济正常运作的结果,尤其是,当迫在眉睫的经济危机使各国面临要确定哪些经济领域不接受外国直接投资或不得由外国直接投资控制的艰巨任务时,各国就需要对外国直接投资进行严格的审查和筛选,其中与以国家安全为由控制外国投资相关的某些经济领域尤为特殊,譬如电信和技术、能源和关键基础设施。同时,对国家安全的含义缺乏清晰的认识以及来自舆论和媒体的压力,在某些情况下可能会诱使某些国家的政客寻求控制一些外国直接投资的流入,虽然相关原因可能主要是国家安全问题,譬如美国为首的"五眼联盟"针对中国华为等的5G投资的限制。① 问题是,很难确定此类控制是出于保护国家经济安全的目的,还是仅仅是保护主义经济态度的反映。

这些安全部门子类别中的每一个都说明了安全问题中的一个焦点,但何种安全优先的问题则由各国根据本国国情自主确定,毕竟不同安全问题之间可能存在强大的链接网络。例如,能源、气候和安全之间的关系就是一个很好的例子;军事安全对经济安全的依赖也是如此,因为它最终取决于预算限制。在许多情况下,这些因素的组合提供了一种新的安全方法,与安全的弹性理念密切相关。例如,网络安全或粮食安全,就涉及不同领域的安全组合。又如,在不同国家安全的整合中,能源安全是一个与其他部门密切相关的安全问题,国家关键基础设施、气候变化、供应链以及产业链安全等的联系,推动能源安全成为各国在其特定经济领域控制外国投资有关的许多问题的检验平台。

第三节　国际投资与国家安全的关系

进入21世纪以来,各国不断强化的对外国投资的安全审查以及对国际投资条约中"安全例外"条款的谈判和内容的重视,导致国际社会不断加强国际投资与国家安全之间的关系,而WTO近数年发布的若干个与国家安全抗辩相关的裁决也强化了国际经贸领域中国家安全的重要性,因此,国际投资与国家安全之间存在很密切的联系,国际投资中的国家安全监管将会随着全球外国直接投资的继续活跃而成为重中之重。同时,还有

① 参见吴心伯:《美国压力与盟国的对华经贸政策》,载《世界经济与政治》2022年第1期。

各种原因,包括武装冲突、生活成本危机和气候变化等,可能会限制外国直接投资流量。

一、外国投资的国家安全监管继续强化

近数年,虽然外国直接投资的跨境流动因为 COVID－19 大流行而出现一定的回落,但 COVID－19 后外国直接投资可能会大幅反弹。同时,各国政府加强了现有的或建立了新的外国直接投资审查制度,要求对可能引起国家安全风险担忧的交易进行备案,并扩大了外国投资安全审查的管辖范围,为监管机构提供更多的权力和自由裁量权。

欧洲尤其是欧盟主要关注的是外国对在敏感行业经营的公司的投资,包括关键基础设施、关键技术(包括人工智能、量子计算和生物技术等),以及收集敏感数据和信息。① 尽管许多审查在 COVID－19 大流行之前就已开始,但有些审查是由于大流行带来的战略考虑而加速发展的,如需要保护重要的医疗保健相关的供应链和其他供应链。

同样明显的是,为了应对国家安全的潜在威胁,许多国家甚至出现了更广泛的担忧,促使全球外国直接投资审查已经达到了一个新的高度。譬如,英国 2021 年《国家安全和投资法》在十几个关键部门引入强制申报义务;欧盟颁布了《关于进入欧盟的外国直接投资审查框架条例》(以下简称《欧盟 FDI 审查条例》),导致几乎所有欧盟成员都实施了审查机制;②美国通过立法也在不断扩大外资安全审查的范围;等等。这预示着加强安全审查的全球趋势,即使绝大多数交易不太可能引起安全担忧,政府仍希望进行审查。在更广泛的层面上,美国和欧洲普遍存在政策和政治共识,即外国投资安全审查是新宏观环境中各国治国方略的重要工具之一。

另外,外国投资的含义也在宽泛化,甚至越来越多的国家故意不对外国投资进行定义,以方便从多个国家利益的角度对“外国”投资进行安全审查。譬如,2022 年 7 月,英国政府根据 2021 年《国家安全和投资法》采取了第一个重大行动,阻止了一家中国公司获得曼彻斯特大学开发的视觉

---

① See Jay Modrall, *EU Regulation on Foreign Direct Investment Screening*, Norton Rose Fulbright (Jan. 21, 2022), https://www.nortonrosefulbright.com/en/knowledge/publications/fe64bdfd/eu-regulation-on-foreign-direct-investment-screening.

② See Regulation (EU) 2019/452 of the European Parliament and of the Council of 19 March 2019 establishing a framework for the screening of foreign direct investments into the Union, PE/72/2018/REV/1, OJ L 79I, 21.3.2019, p. 1－14.

传感技术的许可，其中所涉交易方式是拟议的许可协议，①而在很多国家的国内法以及国际投资条约中已经明确把其列为投资的一种形式。归根结底，外国投资问题的数量以及国家安全审查中"投资"的含义都远远超出了历史认知。而且，许多外国直接投资审查制度侧重于引起国家安全或国家利益相关问题的类似交易，但是不同司法管辖区对这些概念没有统一的定义。现有的定义范围有的非常具体，有的并不透明。例如，一些外国直接投资审查制度特别关注传统的国家安全领域，譬如与国防、情报和执法有关的活动，而另一些外国直接投资审查制度则在其受保护的定义中纳入与媒体、教育、农业或文化活动有关的"国家利益"活动。

外国投资的安全审查范围也在不断扩大。譬如，除传统的投资行业外，外国投资继续流向一系列高科技和关键基础设施行业，包括电信、生命科学和关键基础设施，尤其是在一些较发达的经济体中，最近对半导体和信息、通信技术、电动汽车电池和自动运输软件等高科技领域的安全审查较为关注，这在七国集团（G7）对其外国直接投资审查制度进行的不断修正中得到了印证。例如，在法国，与可再生能源生产相关的技术和关键技术都已在安全审查范围内；德国在其外资监管制度中增加了 16 项高科技活动；英国新的投资审查制度涵盖了一系列高科技领域，包括人工智能、先进机器人技术和先进材料等。② 随着高科技继续渗透到日常生活中，这些领域的投资量和审查的增加凸显了对技术不断扩大的需求，而此类领域的投资和政府审查几乎没有减弱的迹象。同时，投资者也对开发或设计包括电动汽车或可再生能源基础设施在内的绿色技术目标非常感兴趣，部分原因是这些可以获得许多政府补贴和融资选择，同时也与许多私募股权发起人对环境、社会和治理指标在国际投资中的重要性的认识高度一致，当然，近年来东道国相关可持续发展政策的变化引起了若干国际投资争端，尤其值得关注的是因气候变化减缓政策引发的投资仲裁诉求。③ 但具体到国家安全风险，很难说有哪个行业对外国投资者普遍具有最大的吸引力或者

① See BBC News, *UK Blocks University of Manchester Sensor Deal with Chinese Company*, BBC News (23 Jul. 2022), https://www.bbc.com/news/technology-62243424.

② See Michael Wasling et al., *FDI Screening Alert: Challenges for Sensitive Technology Deals in Germany and United Kingdom*, Morgan Lewis (Mar. 1, 2022), https://www.morganlewis.com/pubs/2022/03/fdi-screening-alert-challenges-for-sensitive-technology-deals-in-germany-and-united-kingdom.

③ See UNCTAD, *Treaty-based Investor-State Dispute Settlement Cases and Climate Action*, UNCTAD IIA Issue Note (5 Sept. 2022), https://unctad.org/system/files/official-document/diaepcbinf2022d7_en.pdf.

可能会引起安全风险，这要取决于具体的投资者和投资机会，还有至关重要的东道国各项政策。

二、外国投资审查中的地缘政治因素继续加强

首先，中国的投资继续受到高度关注和审查，包括从半导体、关键矿业、房地产到供应链安全等各个领域。美国 CFIUS 与其非美国同行之间正在不断加强信息共享和协调，包括英国、欧盟成员、加拿大以及澳大利亚等，而且非常关注可能看起来交易额太小而无法进行审查的交易，换句话说，投资交易额的价值大小并不是安全审查的决定性要素。

其次，由于俄罗斯与乌克兰冲突，来自俄罗斯和俄罗斯国民的直接和间接投资受到打击，许多国家颁布了对俄罗斯投资加强审查的规范。就此而言，欧盟委员会 2022 年发布了有关俄罗斯和白俄罗斯投资可能带来的潜在风险的指南。① 然而，一般而言，大多数经济体对不会对国家安全或公共秩序构成风险的入境投资持相当开放的态度。

最后，很明显，随着针对俄罗斯的经济制裁和出口限制继续增加，俄乌冲突将继续对跨境投资产生影响。在美国，潜在的境外投资审查制度可能会对跨境投资产生重大影响，因为它要求美国人及其投资组合公司在被视为“令人担忧”的国家/地区进行的许多投资进行申报。同时，CFIUS 对涉及微量股权但要求从美国向中国各方转让技术的小型风险资本交易非常感兴趣，包括几年前对初创企业的投资，这些初创企业现在已成长为规模更大、更成熟的公司，这种审查可能会对美国的技术相关投资产生更大的影响。

总的来说，与气候变化有关的能源危机和供应链危机以及地缘战略竞争，也带来了经贸方面的冲突，包括对“敌对”国家或意识形态对立国家的投资进行的安全筛选等，这些都加大了国际投资中的安全审查问题。

三、国际投资中国家安全审查的自我裁判标准

传统上，自我裁判的基本安全条款在国际投资仲裁庭的判例中只占很小的位置，但此类条款在国际投资法律制度的重新定位和改革过程中经常出现。自 1959 年德国和巴基斯坦签署第一份 BIT 以来，国际投资法律制

① *See Communication from the Commission, Guidance to the Member States Concerning Foreign Direct Investment from Russia and Belarus in View of the Military Aggression against Ukraine and the Restrictive Measures laid down in Recent Council Regulations on Sanctions* (2022/C 151 I/01), OJ C 151I, 6. 4. 2022, pp. 1 – 12.

度经历了“幼年期,二分法时代,扩散时代和重新定位时代”。[①] 尤其是自2008年以来的重新定位时代,以发展中国家为代表的国际投资领域的新兴势力提出了一些改革国际投资法律制度的建议,旨在保护国家监管主权。[②] 譬如,2016年《印度BIT范本》规定了更多保护东道国权益的示范条款,其通过第17条“安全例外”条款之类的规定,以保护国家主权。印度在随后根据该范本与白俄罗斯、哈萨克斯坦和巴西签订的BIT中也将国家安全利益作为例外处理,[③]重新确立了国家对于国家安全事务的监管主权。发达国家也不甘落后,譬如2018年美国与加拿大在USMCA中就废除了缔约一方的投资者与缔约另一方之间的投资争端的仲裁机制,加强了缔约国的监管主权;欧盟签订的一些新的含有投资章的自贸协定也纷纷规定加强缔约国的监管权和对国家安全问题的控制权。[④] 同样,这种保护东道国主权的趋势为各国提供了规范基本安全以加强缔约国主权的机会。

另外,在涉及《美国-阿根廷BIT》第11条“国家安全条款”性质的一系列案件之后,各国对国家危急情况和基本安全问题的主权有所警惕,也倾向于从非自我裁判条款转为自我裁判条款。[⑤] 如果说发展中国家最初签署双边投资协定的目的是吸引外国投资并促进经济增长,然而,有关研究表明外国直接投资不再是促进发展中国家经济发展的主要因素,[⑥]同时国际投资仲裁的主要被诉方中也出现了一些发达国家(如西班牙和美国),因此,各国已开始评估国际投资条约的成本和收益,并且正在试图改变甚至退出其现有的国际投资条约规则,以使条款更符合自身利益。譬如,以国际投资条约对缔约国健康政策的管制为例,从国家失去的监管自主权和公民的整体健康来看,获得国际投资条约带来的经济增长和外国直接投资的潜在成本超过了缔约国主权的减让;国际投资条约通过规定

---

① See UNCTAD, *World Investment Report* 2015: *Reforming International Investment Governance*, United Nations, 2015, p. 121.

② See Nikesh Patel, *An Emerging Trend in International Trade: A Shift to Safeguard against ISDS Abuses and Protect Host-State Sovereignty*, 26 Minnesota Journal of International Law 273 (2017).

③ See Indian Model BIT (2016), Article 17; Belarus-India BIT (2018), Article 33; India-Kyrgyzstan BIT (2019), Article 33; India-Brazil BIT (2020), Article 24.

④ See EU-Canada CETA (2016), Article 8.9 and Article 29.6.

⑤ See Karl P. Sauvant et al., *The Rise of Self-Judging Essential Security Interest Clauses in International Investment Agreements*, SSRN (Dec. 5, 2016), https://ssrn.com/abstract=28817033.

⑥ See Jeswald W. Salacuse & Nicholas P. Sullivan, *Do BITs Really Work: An Evaluation of Bilateral Investment Treaties and Their Grand Bargain*, 46 Harvard International Law Journal 67 (2005).

ISDS 机制而使投资者对其的依赖和适用超越了缔约国保护投资的最初承诺，产生了一种监管性寒蝉效应，即强加给许多国家的社会成本要比最初的期望大很多。①

国际投资条约的重新定位对国家安全问题的体现就是国际投资条约中不断增加的自我裁判条款。1992 年《美国 - 俄罗斯 BIT》中率先引入自我裁判安全条款。② 如今，美国、加拿大和日本是签订含有自我裁判性质的国家安全条款的国际条约的前三名国家，并且越来越多的亚洲和拉丁美洲国家正在尽力跟随这一趋势。有研究指出，2016 年年初之前 90 个国家缔结的 1861 个国际投资条约中有 222 个包含自我裁判安全条款，具有自我裁判安全条款的条约已从 2000 年的微不足道的数字增加到 2015 年缔结的国际投资条约的 60% 以上。③ 基于各国保护基本安全利益尤其是国家主权的需要，自我裁判的安全条款可能会在全球范围内传播。自我裁判安全条款的增加助长各国为逃避条约义务而实施滥用权力的行为，同时也使国际投资保护变得更加困难。

四、国家安全审查的异议申诉

投资设立前和设立后的国家安全审查异议申诉稍微有些不同。

在投资设立前阶段的国家安全审查方面，如果没有国际投资条约框架的约束，一个国家通常可以出于国家安全的考虑而采取任何措施来规范外国投资。但是，任何与投资有关的维护国家安全的措施都应遵循某些基本原则，如不歧视原则、透明原则和比例原则。为了保护国家安全，在没有国际投资条约的情况下，国家针对外国投资的歧视性措施应与国际法相适应。④ 而且，基于“合理的经济和政治理由”而歧视外国投资可能被认为是合法的，除非是“赤裸裸的种族理由”。⑤

国际投资仲裁庭认为，习惯国际法不存在应将所有外国人与国民平等地或同等地对待的任何义务，也即国家对于外国投资或投资者予以歧视并

---

① See Jennifer L. Tobin, *The Social Cost of International Investment Agreements: The Case of Cigarette Packaging*, 32(2) Ethics & International Affairs 153 (2018).

② See U. S. -Russia BIT (1992), Article 6.

③ See Karl P. Sauvant et al., *The Rise of Self-Judging Essential Security Interest Clauses in International Investment Agreements*, SSRN (Dec. 5, 2016), https://ssrn.com/abstract = 2881703.

④ See M. Sornarajan, *The International Law on Foreign Investment* (3rd ed.), Cambridge Univ. Press, 2004, pp. 105 - 106.

⑤ Id., p. 137.

不违反国际法。在 *Genin v. Estonia* 案中，仲裁庭指出，习惯国际法不要求国家平等对待“所有外国人（和外国财产），也不应要求外国人像国民一样受到对待”，并且“不合理的区别对待也不能予以起诉”。① 在 *Grand River Enterprises Six Nations Ltd. v. United States* 案中，仲裁庭承认国家可以多种方式歧视外国投资，不能要求国家对“违反习惯最低保护标准”的行为负责。②

此外，在 WTO 框架内，国家对外国投资的歧视性措施符合《关税与贸易总协定》（General Agreement on Tariffs and Trade，GATT）的义务。在加拿大《外国投资管理法案》中，加拿大要求其接受的外国投资者要承担出口一定量或部分产量的产品的义务。GATT 专家组坚持认为，加拿大的制度与 GATT 兼容。③

但是，2009 年经济合作与发展组织建议强调，为保障国家安全而采取的任何与投资有关的前瞻性措施均应遵循某些基本原则。经济合作与发展组织建议承认，每个国家的主权权威意味着各国有权制定适用于其领土的政策以及基于国家安全原因而控制外国投资。但经济合作与发展组织建议同时强调，任何预期措施都应是非歧视性的、透明的、可预期的和成比例的，并要求执行当局负责。除了这些原则，它还建议根本安全问题应具有自我裁判的性质。④

至于投资设立后阶段的国家安全审查，一般应满足国内法和习惯国际法两种法律的要求。国内法（通常是国家的宪法）要求政府机关采取适当的程序行事，而习惯国际法规定，国家应按照“国际最低标准”行事，国际最低标准是国际社会共有的标准。以美国为例，自 2001 年 9 月 11 日以来，美国联邦法院已裁定了多起涉及国家安全问题的案件。⑤ 譬如 2005 年的 *Schneider v. Kissinger* 案中，一名美国支持的智利军事政变的幸存者，根据《联邦侵权索赔法》起诉美国前国家安全顾问亨利·基辛格，称

---

① See *Alex Genin, Eastern Credit Limited, Inc. and A. S. Baltoil v. The Republic of Estonia*, ICSID Case No. ARB/99/2, Award, 25 Jun. 2001, para. 368.

② See *Grand River Enterprises Six Nations Ltd. et al.*, *v. U. S.*, ICSID Case No. ARB/10/5, Award, 12 Jan. 2011, paras. 208 – 209.

③ See Canada-Administration of the Foreign Investment Act, Article 3. 1, L/5540 – 30S/140, GATT BISD, Report of the Panel, 7 Feb. 1984, para. 6. 2.

④ See OECD, *Guidelines for Recipient Country Investment Policies Relating to National Security*, OECD, 2009, at Article Ⅰ-Ⅲ, p. 2.

⑤ See *Hamdi v. Rumsfeld*, 542 U. S. 507, 507 (2004); *Rumsfeld v. Padilla*, 542 U. S. 426, 426 (2004); *Coalition of Clergy v. Bush*, 310 F. 3d 1153, 1153 (9th Cir. 2003); *Mahorner v. Bush*, 224 F. Supp. 2d 48, 48 (D. D. C. 2002).

其“因为过失未能阻止即决处决、任意拘留、残忍、不人道或有辱人格的待遇、酷刑、错误死亡、殴打，以及……故意造成情绪困扰。”哥伦比亚特区巡回上诉法院确认了地方法院裁定，认为法院缺乏对该案的管辖权，“毫无疑问，外交政策和国家安全领域的决策从文本上要尊重顺从政府的政治部门。”①

但是，国内法院可以裁定对因国家安全措施造成的投资者损害进行赔偿。*Ralls v. CFIUS* 案的判决是 CFIUS 审查历史上的一个里程碑式的案例。2012 年 3 月，由两名中国公民拥有的特拉华州罗尔斯(Ralls)公司从一家美国所有者手中收购了俄勒冈州的四家风电场项目公司，并向美国风能行业展示其质量和可靠性。收购完成后，CFIUS 裁定涉及国家安全审查，CFIUS 实际上更关心的是罗尔斯公司在军事基地附近的位置，而不是外国所有权。时任美国总统奥巴马随后命令罗尔斯公司放弃其收购俄勒冈州的四家风电场项目公司，因为它们靠近美国海军武器测试和培训设施。罗尔斯公司在美国地方法院针对哥伦比亚特区的 CFIUS 和总统令提起诉讼。② 地方法院作出了对罗尔斯公司不利的判决，理由是罗尔斯公司未能向 CFIUS 提交有关该交易的事先通知，以及总体行为的不可审查性。③ 而联邦上诉法院作出对罗尔斯公司有利的裁决，允许对总统令中的正当程序问题进行司法审查，指出在交易结束后的外国投资者的确拥有宪法保护的国家财产权，如果没有正当程序，不得剥夺该权利。④

哥伦比亚特区巡回法院未就剥夺罗尔斯公司财产的合宪性作出决定，因为该案最终得到了和解。当然，如果美国出于国家安全措施中的原因导致了美国的这一潜在诉讼，则本案也为美国潜在的赔偿责任提供了可能。此外，罗尔斯公司声称，当成百上千个其他类似位置的涡轮机位于受限空域区域内时，CFIUS 命令对其进行了单方面和不公平的对待，因此 CFIUS 和总统令违反了《美国宪法第五修正案》规定的平等保护权的规定。⑤ 对这一问题的实体裁决将导致 CFIUS 裁定进行前所未有的审查。无论如何，该案所提起的法律挑战标志着外国公司和法院首次正式认为 CFIUS 的判决可以公开接受司法审查。此外，法院的判决对外国公司的财产权和

---

① See *Schneider v. Kissinger*, 412 F. 3d 190, 192 – 194 (D. C. Cir. 2005).

② See *Ralls Corp. v. Comm. on Foreign Inv. in the U. S.*, 926 F. Supp. 2d 71, 76 (D. D. C. 2013).

③ Id., pp. 71, 86 – 92.

④ See *Ralls Corp. v. Comm. on Foreign Inv. in the U. S.*, 758 F. 3d 296, 36 ITRD 400, 411 U. S. App. D. C. 105.

⑤ Id., pp. 161 – 163.

正当程序中的保护给予了空前的承认，其是一项令人信服的对国家安全审查中的正当程序予以复审的裁决。

另外，关于习惯国际法，欧美尤其是美国安全审查的过程规定的是要符合“国际最低标准”。在要求“国际最低标准”的同时，对国内法提出了附加要求。美国历史上 *Neer* 案裁决指出，最低待遇标准要求有关待遇等同于“恶意、故意疏忽职守或政府行动不力，远远低于国际标准，以至于每一个合理和公正的人都会乐意承认其不足性”，违反了对待外国人的最低标准。[①] 其他一些历史案例在对待外国人方面也采用了这一国际最低标准或类似措辞的标准。[②] 此外，最低待遇标准也在不断发展，今天的最低标准比 *Neer* 案判例及其后代中定义的标准更为广泛。[③]

本章小结

国家安全含义的日益扩大化，导致国家安全范围除了包括国民安全、政治安全、国土安全以及军事安全，还涉及经济安全、科技安全、信息安全、生态安全、资源安全以及核安全等。[④] 我国 2015 年《国家安全法》还提到了粮食、金融、海外利益、外层空间、国际海底区域和极地等安全类别。事实上，国家安全问题具有较强的政治性和敏感性，加之各国宽泛和抽象的国家安全概念及其语焉不详的判定标准和缺乏透明度的审查程序，使得国家安全审查很容易成为一国变相限制外资进入的工具。[⑤]

当然，国家安全含义的拓展，导致国家安全不再限于政府管制，而是国家和私营行业共同关注的问题。[⑥] 因此，国家安全可能会由于私营行业的扩展而拓展，甚至会带来国家安全含义的泛化和滥用。作为一种主要的跨国经营活动，外国直接投资不可避免地要对东道国的国家安全问题产生一定程度的影响，尤其是当前随着科技和地缘政治的发展，国家安全已经从传统安全发展到诸如关键基础设施、关键矿业、关键技术以及供应链产业

① See LFH Neer & Pauline Neer (*U. S. v. Mex.*), 4 R. I. A. A. 60, 61 - 62 (1926).

② See Jan Paulsson & Georgios Petrochilos, *Neer-ly Misled?*, 22 ICSID Review-Foreign Investment Law Journal 242 (2007).

③ See *Merrill & Ring Forestry L. P. v. Canada*, ICSID Case No. UNCT/07/1, Award, 31 Mar. 2010, para. 213.

④ 参见李文良：《国家安全：问题、逻辑及其学科建设》，载《国家安全研究》2020 年第 4 期。

⑤ 参见张光：《国家安全审查的国际投资仲裁救济探析》，载《国际商务研究》2019 年第 5 期。

⑥ See Andrea Monti & Raymond Wacks, *National Security in the New World Order: Government and the Technology of Information*, Routledge, 2021, p. 153.

链等非传统安全领域,也对类似领域的外国投资产生或多或少的负面影响。当然,各国可以采取的对外国直接投资进行安全审查和筛选的机制可能会因为各国或地区的法律制度和政治制度的不同而有所不同,具体的安全筛选将在第三章进行分析。

第三章　外资国家安全审查的国内法考察

流入东道国的外国投资通常经历两个阶段，即设立前阶段和设立后阶段。这两个阶段都可能涉及根本安全问题。国际投资条约中的国家安全条款主要适用于投资设立后缔约国一方给予另一方投资者待遇时所遇到的审查问题，而投资设立前的国家安全审查主要依据有关国家国内法的规定。近数年，跨境投资增长迅速，几乎影响到每个国家和所有经济部门，尤其是从发展中国家和新兴国家流向发达经济体的外国直接投资流量增加，导致后者通常以国家安全为由对外国直接投资进行筛选。另外，国有企业和主权财富基金的投资、不断变化的国家安全环境、保护核心高新技术或关键基础设施、战略部门或行业的需求以及对国内公司并购的社会经济影响的担忧，使对外国直接投资的安全审核不断被纳入各国的政策之中，导致更加严格的国家安全审查制度。而且，国家安全虽然是一个流行词，但在国际投资法中仍缺乏明确的含义。因此，可能是出于保护主义的目的，或作为追求其他经济或战略目标的工具，国家安全含义不断拓展，导致投资设立前安全审查的泛滥和异化，某些国家甚至扩展至已经设立的投资的审查问题。同时，国家安全和安全相关理由的不断变化、模棱两可的安全术语含义以及特定背景的性质等，导致外国直接投资审查系统的审查范围变得更广。如果没有专门的政策、法律规则和制度结构，这个问题会更加严重。而且，在全球资本流动和日益增加的地缘紧张情势下，外资审查已经成为各国政府议程中的一项关键政策，尤其是在发达经济体内。为此，需要对若干国家和地区组织尤其是美国和欧盟不同外国直接投资筛查系统中不断演变的国家安全的意义、应用和影响等进行专门分析。

第一节　外国直接投资国家安全审查发展的新趋势

世界各地的国家安全和外国直接投资审查形势正在迅速发展，各国积极审查外国直接投资的趋势逐渐流行，并导致新的外国直接投资审查制度的出现。不仅新的外国直接投资审查制度激增，现有制度也在收紧，越来越多的市场部门被视为具有战略重要性，因此受到更严格的审查。这些与全球交易的激增趋于一致，增加了监管的复杂性，并导致需要应对潜在外国直接投资和国家安全问题的交易清单越来越多,外资安全审查逐渐成为一个新的展示国家力量和意识的工具。

一、外资安全审查的发展背景

过去十来年各国投资政策中最引人瞩目的趋势之一是投资安全审查作为政策工具的使用增加,特别表现在发达经济体中。譬如 2020 年 10 月 11 日生效的欧盟新的投资审查框架,该框架设想了一个由每个欧盟成员国的国家投资筛选机制组成的网络,包括规定成员国之间的协调和信息共享框架,以及欧盟委员会和其他成员国可以对在成员国进行筛选的投资提供评论的过程。① 捷克、丹麦、荷兰、沙特阿拉伯和斯洛伐克等国家首次实施了审查计划。此外,脱欧后的英国颁布的《国家安全与投资法案》(National Security and Investment Act,NSIA)于 2022 年 1 月全面生效。此类外国投资筛选的目的是在外国投资者的兼并或投资可能会对东道国的国家安全或公共秩序带来威胁的情况下,阻碍外国投资者获得或控制国内的相关企业。此类外国投资筛选机制已经实际上存在了数十年,只是由于各种原因尤其是国家安全的问题以及对发展中国家的投资的歧视,其重要性更加凸显。

需要指出的是,发展中国家和发达国家投资政策的发展重点稍微不同。以 2021 年为例,几乎 2/3 的发展中国家实施的投资保护措施,包括亚洲、非洲、拉丁美洲和加勒比地区,主要是促进或便利投资的措施。相反,绝大多数的发达国家实施的投资保护措施都是纳入或强制实施的投资限制措施,而且都与外国投资者对关键基础设施、核心技术或其他敏感国内财产的所有权或控制权有关,这些措施通常是 COVID－19 大流行期间被纳入的,并且因为保护国内敏感工商业免受外国兼并而得到进一步延伸。② 而在 2022 年,以国家安全为由进行投资审查的国家增加到 37 个。在不利于投资的政策措施中,引入或收紧涉及外资的国家安全措施几乎占了一半,而且这些措施主要由发达国家推出。③ 具体来讲,近年来所观察到的推行或收紧影响战略工业的外国直接投资的国家安全条例的趋势在

① See Regulation (EU) 2019/452 of the European Parliament and of the Council of 19 March 2019 Establishing a Framework for the Screening of Foreign Direct Investments into the Union, PE/72/2018/REV/1, OJ L 79I, 21. 3. 2019, pp. 1－14.

② See UNCTAD, *World Investment Report* 2022: *International Tax Reforms and Sustainable Investment*, United Nations, 2022, pp. 57－58.

③ See UNCTAD, *World Investment Report* 2023: *Investing in Sustainable Energy for All*, United Nations, 2023, p. 60, 63.

2022年继续并扩大。拥有外国直接投资审查制度的国家占全球外国直接投资流量的71%，占外国直接投资存量的68%。同时，审查外国直接投资的方法因国而异，导致出现不同制度的拼凑。① 尤其是，发达国家作出的不利于外国投资的政策中，直接或间接涉及国家安全担忧的领域主要集中在外国对关键基础设施、关键技术或其他敏感国内资产的所有权方面。②而包括印度、墨西哥和菲律宾等在内的一些发展中国家，将国内投资政策的重点也放在保护战略产业和国家安全问题上。③

主要经济体更加注重通过维护经济和技术主权来维护国家安全，特别是通过保护尖端技术免遭盗窃和防止外国控制战略基础设施资产的需要解释政策转变。这导致现有国家安全审查制度的权力扩大，需要审查的部门名单也不断增加。CFIUS在多个领域扩大了其已经广泛的审查权限，包括涉及美国尖端技术、个人数据和基础设施的交易。澳大利亚等国家也正在采取措施扩大其审查程序。在全球范围内，外国直接投资制度越来越多地审查半导体等敏感行业，并密切关注供应链的脆弱性。在这种环境下，譬如，受美国的影响，欧盟许多成员国已经制定或加强了筛选外国直接投资的方法。鉴于乌克兰的局势，俄罗斯改变了其对外国直接投资的态度，以应对针对俄罗斯实施的经济制裁和出口管制限制。

投资安全审查是指东道国法律要求外国投资者在进行新投资之前或同时或在获准投资后，要获得相关审查部门"国家安全"或"国家利益"批准的要求，例如欧盟新的投资审查框架规定以"安全或公共秩序"为由进行筛选，并在序言和第1条中多次重申"安全"和"公共秩序"两个术语。④在20世纪90年代之前，投资筛选在发展中国家被广泛视作一种政策工具。在20世纪90年代投资自由化的风潮之后，作为向外国投资更开放的总体政策转变的一部分，许多发展中国家纷纷取消了对外资筛选和批准的要求。而进入21世纪后，从监管角度来看，外国直接投资制度的兴起以及近期外国直接投资量的反弹意味着跨境交易越来越复杂。随着筛选制度的激增，外国直接投资正面临日益复杂的监管环境。各国监管权的不断扩

---

① See UNCTAD, *World Investment Report* 2023: *Investing in Sustainable Energy for All*, United Nations, 2023, p. 56.

② Id., p. 59.

③ Id., p. 63.

④ See European Union, Consolidated Text: Regulation (EU) 2019/452 of the European Parliament and of the Council of 19 March 2019 Establishing a Framework for the Screening of Foreign Direct Investments into the Union (Document 02019R0452 - 20211223), EUR-Lex (Dec. 23, 2021), https://eur-lex.europa.eu/eli/reg/2019/452/2021-12-23.

大意味着即使是相对较小的交易以及涉及有限治理和控制权的投资也可能会受到审查，这就需要交易双方都要在交易前尽可能进行尽职调查，以评估拟议交易涉及的潜在国家安全制度，并自愿采取措施降低潜在风险。此类步骤可以帮助各方尽可能早地获得监管部门的批准和许可，并降低其交易风险。

投资筛选机制的政治性提供了一个特别丰富的机会，可以调查商业利益在决策中的表现方式、时间和程度，因为地缘经济竞争正在挑战传统以自由秩序为关键特征的国际投资环境。其中的一个典型表现就是，以国家安全为导向的投资筛选与大多数新兴技术或关键领域的双重用途相冲突，并且随着国防技术和商业技术之间的界限越来越模糊，越来越多的政府致力于规范国家安全问题。

二、外国直接投资政策中国家安全含义的演进

前已述及，近年来外国直接投资中国家安全审查的趋势越来越“泛滥”并且有越发紧张的趋势，其中的一个关键问题是国家安全审查的行业范围以前所未有的速度在发展，并且安全审查的对象不再仅仅局限于外国直接投资，而且在很多国家也适用于外国间接投资(譬如，收购在有关国家或地区拥有子公司的外国母公司)。同时，各国新近颁布的投资安全审查规范也在不断扩大安全审查的概念，使其不但包括传统的国防和关键基础设施的安全威胁，而且还扩展到人工智能、医疗保健、纳米技术、传媒投资等领域，并延伸至通信和先进技术领域，以及食品安全和稀有原材料等新领域。显然，国家安全的概念已经开始融入国家利益，而且随着时间的推移可能会更加模糊。尤其是通过对现有外资安全审查制度的立法改革和全新的国家审查制度的创建，一些国家外国直接投资制度的数量和范围在过去几年中发生了显著变化，明显改变了国家安全的概念。

东道国可以使用各种政策工具来行使主权，以规范其领土内外国投资的进入和设立，包括商业登记和批准要求，以及完全或部分禁止外国投资进入某些经济领域，其中限制的部分原因可能是东道国对国家安全的担忧。另外，近年来，针对可能对国家安全或其他公共问题构成风险的单个外国投资的不同筛选机制得到了重视，其最初被视为监督外来投资控制军事和国防部门的工具，但多年来类似筛选机制的使用已经发生了明显变化，导致此类投资筛选程序的范围和内容逐渐扩大。审查范围扩大到对国内战略产业和关键基础设施的外国投资，如能源生产和供应、供水、交通、电信、矿产资源、媒体技术、人工智能、机器人、半导体、云计算、5G、量子技

术、计算硬件、纳米技术、生物技术及卫星和航空航天等,甚至开始限制或控制外国投资者访问国内公民的敏感数据。无论如何,作为监管外国投资进入的主权权利的一部分,各国可以出于国家安全原因阻止外国投资或对其准入施加某些条件。以下以美国、欧盟、英国和澳大利亚为例进行分析,主要原因是这些国家或地区组织仍然是全球外国投资的主要目的地,①并且对国家安全的理解一直存在泛化和扩大化的趋势。

(一)美国 CFIUS 制度的转型

"国家安全"概念的演变尤其着重强调经济安全,导致美国政府的外国投资安全审查制度发生了重大转变,同时 CFIUS 在外资安全审查中的作用也在不断发展、扩大和转变,以反映美国国家安全重点的变化。从 CFIUS 的发展来看,其基本结构是于 1975 年根据第 11858 号行政命令成立的跨政府间机构,并且最早是作为美国政府行政部门内部监督外国投资对美国国家安全影响的机制而设计的。1988 年,CFIUS 通过了对 1950 年《国防生产法》(Defense Production Act)进行修正的《埃克森 - 弗洛里奥修正案》(Exon-Florio Amendment),增加了第 721 节规定,即授予总统在阻止威胁国家安全的外国合并、收购方面的权力。当时美国国家安全的重点是应对国防活动的潜在影响,评估外国投资者对国家安全的影响以及美国企业的"脆弱性",这一评估框架到现在基本上仍在使用。《伯德修正案》(Byrd Amendment)进一步扩大了 CFIUS 的审查范围,特别关注外国政府投资的威胁,包括国有和控股实体。

继 2006 年迪拜港口世界(DP World)试图收购美国某些商业港口业务之后,CFIUS 制度又经历了一次重大改革和扩张。迪拜港口世界作为阿联酋的国有企业,其收购尝试遭到美国国会以及公众的强烈反对,部分原因是当时国家安全环境加剧恶化。② 尽管迪拜港口世界最终将其业务出售给了一家美国所有者,但该事件的后果以及对外国在美国投资的国家安全担忧的明确迹象导致美国政府于 2007 年修改第 721 节规定,重新命名为《外国投资和国家安全法》(Foreign Investment and National Security Act, FINSA)。FINSA 明确将与 CFIUS 审查相关的国家安全问题清单扩大到传统的国防和军事活动之外,包括潜在的外国政府控制、防扩散、反恐合作、转运或转移风险以及能源安全。FINSA 彻底改革了 CFIUS 制度,扩大

---

① See UNCTAD, *World Investment Report* 2023: *Investing in Sustainable Energy for All*, UN Pubication, 2023, p. 6.

② See Jonathan Weisman & Bradley Graham, *Dubai Firm to Sell U. S. Port Operations*, The Washington Post, Mar. 10, 2006, at A1.

了 CFIUS 的权威和影响力,特别是提高了 CFIUS 的报告要求,加强了国会的监督,并实施强制性的缓解协议①以确保持续合规。

FINSA 颁布后,鉴于我国在国际经济关系中不断上升的实力展示以及不断加强的话语权要求,美国国家安全话语的焦点逐渐转移到我国,特别是包括“技术转让”在内的知识产权等问题不断成为中美对话的焦点之一。此外,在此期间,CFIUS 程序的强度开始发生变化,CFIUS 似乎对涉及我国投资者的交易进行了更严格的审查,譬如总统在 2012 年、2016 年和 2017 年②先后颁布行政命令阻止了涉及我国投资者的交易,证明针对我国投资安全审查案件的增加,并最终导致 2018 年 FIRRMA 的通过,再一次扩大了 CFIUS 的权限,并对监管程序本身进行了重大改变。FIRRMA 正式扩大了 CFIUS 的管辖范围并实施了强制申报要求以及对未申报的处罚规定,并且新规定的强制性备案要求极大地偏离了传统的 CFIUS 的自愿通知程序。FIRRMA 的实施进一步反映了在外国投资美国背景下国家安全范围的演变和扩大。具体而言,FIRRMA 包括一个临时试点计划,专门用于审查外国投资,包括进入关键技术实体的非控制性投资。该试点计划包括 27 个特别列举的被视为“关键技术”的行业,并要求外国投资进入这些行业时必须向 CFIUS 申报。③ 尽管“关键技术”被重新定义为以出口管制许可要求为基础,但试点计划及其强制性申报要求已于 2020 年纳入 CFIUS 的主要规范。

---

① 在实践中,在 CFIUS 宣告交易是否存在国家安全问题前,如果其他法律条款没有提供足够的授权来解决风险,CFIUS 有权与任何一方谈判、签订或实施和执行任何协议或条件,以减轻因适用交易或适用房地产交易而产生的任何国家安全风险。这包括一方自愿选择放弃交易的情况,但需要采取缓解措施来实现这种放弃,并解决因交易而产生的任何附带风险。CFIUS 在确定该协议或条件将解决交易产生的国家安全风险,并经合理计算为长期有效、可核查和可监控后,可签订缓解协议或施加条件。相关交易方为了避免日后此交易被禁止或撤销,往往会事先签订缓和协议。See U. S. Department of Treasury, *CFIUS Monitoring and Enforcement*, U. S. Department of the Treasury Policy Issues (May 1, 2024), https://home.treasury.gov/policy-issues/international/the-committee-on-foreign-investment-in-the-united-states-cfius/cfius-monitoring-and-enforcement.

② See U. S. Department of the Treasury, *Statement from the U. S. Treasury Department on the President's Decision Regarding Ralls Corporation*, U. S. Department of the Treasury Press Release (28 Sept. 2012), https://home.treasury.gov/news/press-releases/tg1724; U. S. Department of the Treasury, *Statement on the President's Decision Regarding the U. S. Business of Aixtron SE*, U. S. Department of the Treasury Press Release (2 Dec. 2016), https://home.treasury.gov/news/press-releases/jl0679; U. S. Department of the Treasury, *Statement on the President's Decision Regarding Lattice Semiconductor Corporation*, U. S. Department of the Treasury Press Release (13 Sept. 2017), https://home.treasury.gov/news/press-releases/sm0157.

③ See 31 CFR. § 800. 401.

前已述及,美国保持着强有力的外国投资审查程序,以识别和应对外国人士在美国的某些投资,特别是来自竞争对手或敌对国家的可能会对美国国家安全构成风险的投资。因此,随着国家安全环境的演变,CFIUS 的审查程序也必须演变。2022 年 9 月 15 日,美国拜登总统颁布第 14083 号行政命令,即“确保美国 CFIUS 充分考虑不断演变的国家安全风险”,①对 CFIUS 进一步的外资安全审查作了指示。该行政命令是自 1975 年美国 CFIUS 成立以来的第一个行政命令,旨在就 CFIUS 在审查涵盖交易时应考虑的风险提供正式的总统指示。该行政命令明确承认,一些国家利用外国投资获取敏感数据和技术的目的有损于美国国家安全,并试图确保 CFIUS 现在和未来仍然是应对这些威胁的有效工具。更广泛地说,该行政命令明确将美国 CFIUS 的作用、行动和能力与政府的总体国家安全优先事项联系起来,包括保持美国的技术领先地位、保护美国人的敏感数据,以及增强美国供应链的弹性,以确保美国的国家安全工具和目标是一致和相辅相成的。

2023 年 5 月 5 日,美国财政部发布了一份拟议规则制定通知,②将八个军事设施添加到美国 CFIUS 有权审查的房地产交易的地点名单中。③这是美国 CFIUS 房地产管理部门自 2020 年生效以来的首次扩张。虽然 2018 年 FIRRMA 已经将 CFIUS 的管辖权扩展至某些外国人从事的不动产交易,但是 2023 年的修改提案扩展的管辖权解决了长期以来的担忧,即 CFIUS 将解决外国人士在港口和军事设施内或周围购买房地产所产生的国家安全风险,以便能够对外国投资者在这些地点收集情报或进行的国家安全活动进行监视。通过涵盖这些敏感领域的房地产交易,CFIUS 的房地

---

① See Presidential Document, Executive Order 14083 of September 15, 2022: Ensuring Robust Consideration of Evolving National Security Risks by the Committee on Foreign Investment in the United States, U. S. Government Information (Sept. 20, 2022), https://www. govinfo. gov/content/pkg/FR-2022-09-20/pdf/2022-20450. pdf.

② See Office of Investment Security, Department of the Treasury, Proposed Rule: Provisions Pertaining to Certain Transactions by Foreign Persons Involving Real Estate in the United States, U. S. Government Information (May 5, 2023), https://www. govinfo. gov/content/pkg/FR-2023-05-05/pdf/2023-09259. pdf.

③ 值得注意的是,这些设施包括北达科他州的大福克斯空军基地(Grand Forks Air Force Base);位于加利福尼亚州帕姆代尔的空军 42 号工厂(Air Force Plant 42);位于得克萨斯州阿比林的戴斯空军基地(Dyess Air Force Base);位于南达科他州博克斯埃尔德的埃尔斯沃思空军基地(Ellsworth Air Force Base);位于艾奥瓦州得梅因的国民警卫队联合部队总部(National Guard Joint Force Headquarters);位于得克萨斯州圣安东尼奥的拉克兰空军基地(Lackland Air Force Base);位于得克萨斯州德尔里奥的劳克林空军基地(Laughlin Air Force Base);以及位于亚利桑那州格伦代尔的卢克空军基地(Luke Air Force Base)。

产规则涵盖了某些绿地交易,否则这些交易将不受对现有美国企业投资交易进行审查的 CFIUS 管辖权的约束。

(二)欧盟国家安全审查的协调

《欧盟 FDI 审查条例》①已于 2020 年 10 月 11 日全面实施,但它不能替代欧盟成员国的国家审查制度,各国保留对其领土内外国直接投资的最终控制权。相反,它通过引入成员国之间的合作机制,作为对国家制度的重要补充。它还允许欧盟委员会审查②可能影响多个成员国的安全或公共秩序或可能破坏整个联盟的利益攸关的投资项目并发表意见。同时,成员国必须向欧盟委员会和其他成员国提供对在其领土内进行的投资的某些审查信息(如投资者的详细信息、投资工具、投资者或投资工具开展的业务,以及那些安全或公共秩序被认为可能受到影响的成员国名单等)。此外,欧盟委员会和成员国可以要求提供信息并就相关成员国未进行投资筛选但欧盟委员会或其他成员国认为可能影响安全或公共秩序的投资提供意见。

在适用范围方面,《欧盟 FDI 审查条例》第 4 条仅列出了欧盟成员国或欧盟委员会在确定投资是否可能影响安全或公共秩序时可以适用的非详尽因素清单,包括投资对关键基础设施、关键技术和两用物品、关键电子的供应、能源或原材料和粮食安全,以及访问敏感信息和媒体的自由和多元化的影响等。从该清单中可以明显看出,很多行业都属于欧盟成员国国家安全问题的范围,并且未来还有进一步扩展的空间。譬如,受 COVID - 19 的影响,欧盟成员国对越来越多的关键部门(如医疗保健、能源和运输)进行国内保护,并且一些国家正在重新审视和加强投资筛选制度。许多政府将此次 COVID - 19 大流行视为保护战略产业免受外国投资者机会主义影响的机会,从而使国家安全的概念得到更广泛的解释。③

在引入外国直接投资审查条例之前,欧盟成员国外国投资审查的主要机制掌握在成员国国家当局,《欧盟 FDI 审查条例》虽然规定成员国国家

① See European Union, Regulation (EU) 2019/452 of the European Parliament and of the Council of 19 March 2019 Establishing a Framework for the Screening of Foreign Direct Investments into the Union (PE/72/2018/REV/1), OJ L 79I, 21. 3. 2019, pp. 1 - 14.

② 欧盟委员会本身不能禁止交易或实施补救措施,但对于某些投资,欧盟成员国必须"最大限度地考虑"委员会的意见。

③ See European Union, Communication from the Commission Guidance to the Member States Concerning Foreign Direct Investment and Free Movement of Capital from Third Countries, and the Protection of Europe's Strategic Assets, ahead of the Application of Regulation (EU) 2019/452 (FDI Screening Regulation) 2020/C 99 I/01 (C/2020/1981), OJ C 99I, 26. 3. 2020, pp. 1 - 5.

安全审查制度继续优先并在决定允许或阻止外国直接投资方面拥有最终发言权，但欧盟委员会和其他成员国的建议以及对成员国的信息实行安全审查表明欧盟在不断扩大自己的影响范围，并且所有成员国都将在《欧盟FDI审查条例》的指示下参与欧盟范围内的某种程度的投资审查。一些欧盟成员国，如法国、意大利、德国和西班牙，在COVID－19大流行之后对外国投资实施了更严格的控制，其中许多最初是作为临时措施。在法国，政府将非欧盟投资在法国上市公司的筛选门槛降低至10%，而意大利对敏感行业的欧盟投资者和收购10%或以上的战略实体的非欧盟投资者引入了新的通知要求。德国将16个行业和某些类型的交易纳入国家FDI筛选制度的范围，并将其作为更永久修正案的一部分。①

关键是，在区域层面，欧盟委员会扩大了"欧盟利益"的项目和计划清单，包括与空间计划、数字欧洲计划和欧洲国防基金以及Europe 4 Health计划相关的投资。因此，欧盟委员会如果认为此类投资对多个成员国或整个欧盟的安全和公共秩序构成威胁，可以发表意见。

（三）追随美国范式的英国安全审查机制

与许多其他国家一样，脱欧后的英国一直将外资安全审查的重点放在对关键行业和关键基础设施投资的感知风险上。近年来，甚至在NSIA②生效之前，国家安全的概念在英国已经显著扩大，从专注于国防部门交易扩大到投资具有各种技术的目标，例如民用卫星、无线电设备、计算机处理单元和稀有矿产品等。此外，英国还审查了一系列国际投资者，其中包括来自中国、美国和加拿大的投资者。譬如，2022年5月25日，针对安世半导体公司（Nexperia，由中国闻泰集团控制）2021年7月并购英国最大的微芯片工厂纽波特晶圆厂（Newport Wafer Fab）问题，英国商业和能源部部长指出要进行充分的国家安全评估，以确保不威胁英国的国家安全。③ 政府在获得国家安全的理由后有权进行干涉并有30个工作日的审查期，而这一期限在政府自我裁量和与当事人达成协议后可分别请求延长至45日，同时这种审查具有追溯力。该案对于英国政府保护战略产业是一个真正的检验，而此前5月12日，英国竞争和市场部宣布因为中国上海金顿科

---

① See Emily Xueref-Poviac, Jennifer Storey, Mark Currell & Renée Latour, *The Evolving Concept of National Security*, Clifford Chance News (10 Dec. 2021), https://www.cliffordchance.com/content/dam/cliffordchance/briefings/2022/02/the-evolving-concept-of-national-security.pdf.

② See UK Legislation, National Security and Investment Act 2021, UK Legislation (2021), https://www.legislation.gov.uk/ukpga/2021/25/contents/enacted.

③ 参见环球网：《遭英国逼迫剥离股权，中企回应》，载《环球时报》2022年11月18日。

技公司放弃对威尔士先进材料生产商(Perpetuus)的控制权交易,所以取消对该交易进行的深入的国家安全审查。①

2022 年 1 月 4 日生效的 NSIA 赋予政府以国家安全为由审查某些外国投资的广泛权力,其中包括召集和审查投资,并实施其认为必要的任何补救措施。如果投资者不寻求国家政府的批准,政府可以以国家安全为由进行干预并采取补救措施,如解除交易,除非有关交易符合合并控制制度下的门槛或涉及国防部门的承包商。根据 NSIA 规定,对于在 2022 年 1 月 4 日当日或之后完成的交易,该法案将对在所列举的 17 个敏感行业中的任何一个目标公司的合格投资施加强制性申报义务,②所有其他符合条件的投资都将受到自愿申报制度的约束。任何行业的交易都可以在自愿制度下进行审查,但如果目标公司在所列举的 17 个敏感行业之一开展活动或与之密切相关,受到国家安全干预的风险更高。用于敏感活动或靠近此类地点的房地产投资也具有更高的政府调查风险。

以法国电信公司阿尔提斯(Altice)并购英国电信(British Telecom)为例,2022 年 5 月 26 日,英国能源和工业部部长就其获得 18% 的股份进行国家安全调查。该公司最初于 2021 年 6 月获得英国电信 12.1% 的股份,后在 2021 年 12 月提高至 18%。对于英国电信来讲,少数股东不需要获得强制性的事前审批(该程序只适用于并购某些高风险行业的 25%、50% 或 70% 的股份交易),但政府认为其是一个有"重要影响"的并购,如果涉及国家安全问题,足以触发政府进行干预审查的权力。重要影响是一个源于英国并购管理制度的针对少数股东的概念,其触发条件是股份的所有者有干涉公司商业政策的能力,如在阻碍战略决策或者股东拥有行业地位的情况下都可能会触发重要影响。不过,该案是 NSIA 生效前的旧的公司法规定的公共利益干涉机制进行的审查。③

---

① See Marie-Claire Strawbridge, *Several UK Government National Security Interventions Confirm Heightened Deal Risk for UK Investments*, Jdsupra News (May 31, 2022), https://www.jdsupra.com/legalnews/several-uk-government-national-security-8962989/.

② 即先进材料、高级机器人技术、人工智能、民用核电、通信、计算硬件、政府关键供应商、加密身份验证、数据基础设施、防御、能源、军事和军民两用、量子技术、卫星和空间技术、紧急服务供应商、合成生物学以及运输。See Guidance: *National Security and Investment Act: Details of the* 17 *Types of Notifiable Acquisitions*. (6 Feb. 2024), https://www.gov.uk/government/publications/national-security-and-investment-act-guidance-on-notifiable-acquisitions/national-security-and-investment-act-guidance-on-notifiable-acquisitions.

③ See Marie-Claire Strawbridge, *Several UK Government National Security Interventions Confirm Heightened Deal Risk for UK Investments*, Jdsupra News (May 31, 2022), https://www.jdsupra.com/legalnews/several-uk-government-national-security-8962989/.

(四)澳大利亚纳入独立的国家安全审查

在2021年1月1日《1975年外国收购与接管法》(Foreign Acquisitions and Takeovers Act 1975,FATA)的重大修订生效之前,①澳大利亚政府不对国家安全问题进行评估,只有在基础交易本身被视为应当通报或重大行动时才会进行考虑。根据这些交易的评估制度,国家安全考虑是确定交易是否符合国家利益的一个因素。随着时间的推移,这些政策的基本重点从国防和关键基础设施扩展到更广泛的行业部门和活动,譬如涉及存储或访问敏感个人信息等。因此,在澳大利亚政府评估过程中,涉及医疗保健行业、数据中心或其他信息技术提供商以及建筑和商业房地产行业的交易受到了更严格的审查。

2021年FATA修正案引入了应申报的国家安全行动的独立概念,并且其不受任何货币门槛或其他限制的约束。外国投资者进行的交易或其他活动如果涉及国家安全业务、收购在国家安全业务中从事实体的"直接权益"(10%或更多),或收购"国家安全土地"的权益,都将构成"应申报的国家安全行动"。

应申报的国家安全行动的交易评估由外国投资审查委员会负责,其根据国家利益标准评估交易。当满足国家利益标准时,财政部部长或其代表将发出一封信函,确认对基础交易没有异议。当目标经营所在的行业部门被认为存在敏感或安全问题时,通常会有条件授予无异议函。财政部部长在"应申报的国家安全行动"方面被授予广泛的召集权,当此类行动被认为涉及国家安全问题时,财政部部长享有一系列权力。这一概念的引入最终导致外国投资者在澳大利亚进行的任何并购交易中的潜在国家安全问题都要进行评估,因为应申报的国家安全行动无论规模大小,几乎涵盖了任何交易,包括此类交易导致外国投资者收购或获得10%或更多的澳大利亚实体股权,允许投资者影响或参与澳大利亚实体的中央管理或控制的职位,以及允许投资者影响、参与或决定澳大利亚实体政策的职位。

此外,2021年FATA修正案的另一个重大变化是,将强制筛查敏感国家安全项目的货币门槛永久降低至0美元。因此,无论投资金额如何,外

---

① See Federal Register of Legislation (Australian Government), Foreign Acquisitions and Takeovers Act 1975 (No. 92, 1975).

国投资者在对国家安全敏感的土地或企业的所有投资都需要获得批准。①

当前，外资安全审查的复兴在很大程度上是由被定性为投资开放的发达国家引起的，而发展中国家的外资审查是在朝向更加开放的投资和贸易转型过程中出现的。许多发展中国家不仅废除了外资审查和许可的要求，而且把外国直接投资视为经济增长和发展所必不可少的推动力，但是其对外资的开放程度仍然在很大程度上落后于发达国家。

三、外国投资安全审查法律规范的发展演变

在习惯国际法中，基于国家主权的原则，东道国对外国投资的进入和设立以及整个过程拥有不受条约影响的绝对控制权，各国控制外商投资进入的权力是无限的，从另外一个角度来讲也就意味着，任何外国投资的进入都可以因为各种监管包括国家安全审查而被东道国禁止。特别是随着2008年全球经济危机和自由化衰退，外国投资监管正在升级，其典型特点包括以国家安全等为手段实施的投资保护主义盛行，即对外国投资准入的控制。这种投资控制可能存在于发达国家，也可能存在于发展中国家。因此，毫无疑问，以国家安全为由对外国投资进行限制是东道国的主权权利。而且，确定外国投资是否对国家安全构成威胁并据此作出决定是有关国家更广泛的自由裁量权。②

前述以美国和欧盟等发达国家和地区的外国投资国家安全审查为代表的规定，在南非和印度等发展中国家内有所体现，我国也作了类似的规定。但是综观近些年外资安全审查的发展，其主要是用于保护战略产业、关键基础设施、高科技和国家至关重要的自然资源，且某些安全审查条例具有追溯效力。

（一）越来越多的新兴技术、敏感或战略部门名单

现在越来越多的政府认识到新兴技术在国家安全和国防中的重要作用。随着最近半导体和其他行业的供应链中断，技术主权被视为一个特别重要的问题。另外，近年来，特别是自COVID-19大流行以来，一些国家已经创建或扩大了敏感或战略部门的清单，这些部门现在需要接受或加强对入境投资的筛选。越来越多的国家正在扩大对被认为对国家安全至关重要的部门的定义，并通过外国直接投资筛选机制保护这些部门，

---

① See Kazuo Tsuiki, Peter Bungate & Keiko Matsuzaki, *Amendment of the Australian Foreign Acquisitions and Takeovers Act and Security of Critical Infrastructure Act*, NO&T Corporate Legal Update (Dec. 19, 2022), https://www.noandt.com/en/publications/publication20221115-1/.

② See UNCTAD, *The Protection of National Security in IIAs*, United Nations, 2009, pp. 3-15.

譬如将外商投资安全审查的领域扩大到靠近军事设施和军事工业设施的投资，而不仅仅是靠近关键或敏感军事设施的投资、互联网或在线产品和服务、重要的金融服务和其他重要领域等。前已述及，2022 年 1 月全面生效的 NSIA 明显扩大了英国政府审查和干预可能威胁国家安全的外国投资的权力，并规定涉及 17 个敏感行业的投资者需要事先获得政府批准。①

近年来，随着竞相减少碳排放，各国对金、锂、钴和镍等关键金属的需求猛增。例如，2021 年 11 月，日本政府出台了一项针对稀土行业的新规范，即《外汇和对外贸易法》(Foreign Exchange and Foreign Trade Act, FEFTA)修正案。根据 FEFTA 修正案，为确保 34 种稀土金属(如锂、钴和稀土元素)的稳定供应，与该 34 种稀土金属相关的行业(如采矿和矿产相关行业)被添加到指定行业和核心行业清单中，因此外商投资该类行业须经政府批准。而且，根据该修正案，外国投资者购买从事任何指定业务领域的日本上市公司 1% 或以上的股份，或者从事任何指定业务领域的未上市日本公司的一股或多股股份时，必须向日本银行提前备案。② 又如，2022 年 10 月 29 日，加拿大联邦政府宣布将根据《加拿大投资法》增加对外国国有企业或国家影响的投资者对加拿大关键矿业行业的投资的安全审查，并在 11 月 2 日要求三家中国企业撤出其在加拿大矿业行业的少数投资。③

外国直接投资的安全审查越来越集中在某些比较明显的领域，主要是因为这些领域是全球外国直接投资的主要目的对象，更容易受到外国投资者的兼并。另外，许多国家已经在某些关键行业和基础设施领域实施了高标准的对外开放，外国直接投资的安全审查也就成为外资进入这些行业的

① See UK Cabinet Office, *National Security and Investment Act: Details of the 17 Types of Notifiable Acquisitions*, UK Government (27 Apr. 2023), https://www.gov.uk/government/publications/national-security-and-investment-act-guidance-on-notifiable-acquisitions/national-security-and-investment-act-guidance-on-notifiable-acquisitions.

② See UNCTAD, *Japan: Foreign Investment in Activities Related to 34 Rare-earth Metals Now Subject to Screening*, UNCTAD Investment Policy Monitor (5 Oct. 2021), https://investmentpolicy.unctad.org/investment-policy-monitor/measures/3760/japan-foreign-investment-in-activities-related-to-34-rare-earth-metals-now-subject-to-screening.

③ See Government of Canada, *Government of Canada Orders the Divestiture of Investments by Foreign Companies in Canadian Critical Minerals Companies*, Canada Government (Nov. 2, 2022), https://www.canada.ca/en/innovation-science-economic-development/news/2022/10/government-of-canada-orders-the-divestiture-of-investments-by-foreign-companies-in-canadian-critical-mineral-companies.html.

"安全阀"。

（二）国家安全审查法律法规的追溯效力

前述若干国家建立的安全审查制度规定对已在东道国建立的投资可以进行追溯审查，即使在没有相关新交易的情况下也是如此。追溯筛选是指对已经合法设立的投资进行审查，其增加了与国际投资条约发生冲突以及发生 ISDS 诉求的可能性，因为较之于已建立的投资，国际投资条约下的保护范围要大得多。但是一些国际投资条约规定的保护范围不涵盖设立前的投资，因此原则上不保护潜在的投资/投资者。如果外国投资设立时其国内还没有相关的筛选措施，那么国内安全审查立法追溯规定的潜在后果就是国际投资条约下的风险更大。

例如在欧盟，尽管 2019 年《欧盟 FDI 审查条例》本身并未规定追溯性筛选，但它提供了一种机制，欧盟成员国可以在该机制中提供意见，或者欧盟委员会可以在未经过筛选的投资完成后长达 15 个月内发表意见，而该投资的东道成员国将对此类评论或意见"给予适当考虑"，并可能采取后续措施，如必要的缓解措施。①

又如根据美国 FIRRMA 修订案，总统或 CFIUS 可以单方面启动对涵盖交易的审查，前提是该交易之前未经审查，并且总统之前未宣布不进行此类审查的决定。如果交易的一方向 CFIUS 提交虚假或误导性的重要信息或遗漏重要信息，或发生重大违反缓解协议的行为，②则根据某些要求，"总统可以在总统认为适当的时间内采取此类行动，以暂停或禁止任何可能损害美国国家安全的涵盖交易"。③ 而且，此类行动是不受司法审查的。④

（三）安全审查扩大到投资以外的非商业威胁

许多传统上接受外国直接投资的政府都对来自非市场经济体的国家支持投资者的意图表示担忧。例如，欧盟委员会于 2021 年 11 月发布的第一份外国直接投资审查年度报告指出，投资者概况和投资模式发生了明显变化，即越来越多的非经济合作与发展组织投资者，偶尔有政府的支持或指导，他们的动机因为一项特定的投资可能并不总是完全是商业性的。⑤

---

① See EU Regulation, Art 7(7) - (8).

② See Defense Production Act 1950 (US) s 721(b)(1) [50 USC §4565(b)(1)(D),(E)].

③ See Defense Production Act 1950 (US) s 721(d)(1) [50 USC §4565(d)(1)].

④ See Defense Production Act 1950 (US) s 721(e)(1) [50 USC §4565(e)(1)].

⑤ See European Commission, *First Annual Report on the Screening of Foreign Direct Investments into the Union (COM/2021/714 final)*, EUR-Lex Law (Nov. 23, 2021), https://eur-lex.europa.eu/legal-content/EN/TXT/PDF/?uri=CELEX:52021DC0714.

此类问题的出现可能主要有以下几个原因。

首先,当前国际社会仍然存在的一些局部或区域性冲突以及恐怖袭击大大加深了对全球威胁的共同认知,而外国投资政策不能忽视这一进展,并开始调查投资者是否来自被标记为对手或者不同意识形态的国家,或者投资者本身是否被视为潜在的国家安全威胁。

其次,一些国家实施的私有化浪潮导致其意识到自己比以往任何时候都更容易受到安全风险的影响,尤其是外国投资对能源、电信、交通或水等关键基础设施或重要国内行业的控制可能对国家安全产生影响。而且,在许多工业私有化的国家,外国收购的可能性成为现实,政府可以考虑将早期外国直接投资筛选作为平衡国有公司和基础设施私有化博弈的必要手段之一。

再次,某些关键技术、关键矿业或关键基础设施的国内所有权已成为各国国际竞争力的关键因素,而拥有此类资产的国家可能认为有必要确保这些资产仍掌握在本国手中或者不受外国控制,否则竞争力下降会产生严重的金融和社会危机。①

最后,扩大筛选范围也是对外国国有或控股企业和主权财富基金投资活动增加的反应。东道国主要是担心此类投资可能导致外国政府控制关键公司或关键基础设施。譬如,2021 年 1 月,加拿大政府在根据《加拿大投资法》进行安全审查后,阻止了中国国有的山东黄金以 1.44 亿美元收购 TMAC 拥有的全部股份,导致山东黄金退出了最终的协议。②

安全审查含义的扩展,导致各国外资安全审查政策的一些趋同化,其体现为,一方面,外资安全审查机构越来越组织化,除了以美国为代表的专门组织审查,在其他国家,甚至各国议会或内阁也越来越多地涉足外资安全审查工作。另一方面,对外国国有企业针对本国战略性行业或公司的收购实施更严格的安全审查,要求外国国有企业进行投资前后要遵守广泛的披露义务以及获得政府同意,或者需要获得批准,或者禁止外国国有企业

---

① 在这个问题上备受关注的案例之一是中国海洋石油总公司(CNOOC)于 2005 年试图收购美国第九大石油公司优尼科(Unocal)的案例。收购提议的投标被美国国会以涉嫌不公平竞争和技术泄露风险为由取消。最后,中国海洋石油总公司的收购尝试无效,优尼科与美国雪佛龙公司合并。See UNCTAD, *World Investment Report* 2006: *FDI from Developing and Transition Economies: Implications for Development*, United Nations, 2006, p. 223.

② See UNCTAD, *World Investment Report* 2022: *International Tax Reforms and Sustainable Investment*, United Nations, 2022, p. 63. 山东黄金于 2020 年 5 月与总部位于多伦多的 TMAC 达成协议,将以 2.3 亿加拿大元收购该公司的所有股份,但加拿大政府在 2020 年 12 月 21 日否决了山东黄金收购 TMAC 的提议,据 TMAC 的声明,该公司与山东黄金之间的交易将不会推进,并就终止行动磋商。2020 年 12 月 22 日,山东黄金收到加方作出的决定,后者称出于保护国家安全的目的,叫停有关投资收购案。

控股等。此类外资安全审查政策的趋同化，主要是通过扩大需要审查的外国投资的定义扩大审查范围，增加需要审查的新行业或活动以降低触发投资审查的门槛，扩大外国投资者在筛选程序中的披露义务。

（四）外国直接投资的国家安全审查政策仍然存在重大区别

虽然前述外国直接投资安全审查政策的国别发展在某种程度上存在一定的共性，但是各国之间仍然存在一些安全审查政策的差别，主要体现为两点。

第一，各国对外资安全审查的程度不一，可以分为跨行业、特殊行业以及特殊实体的投资审查机制。很多国家实行的是针对特定行业的外资安全审查政策，国家立法规定了被认为对国家利益敏感的外资进入的行业或活动类别。此类明确规定对外国投资者来说增加了更多的可预见性，外国实体对不在有关行业名录上进行的投资原则上不会受到审查。至于跨行业的审查标准通常较为宽泛，其更多关注的是外国直接投资带来的特定安全风险而不是行业风险，这在不同国家之间的差别很大。尽管跨行业的审查机制很普遍，但仍然有很多国家规定某些特定的行业或活动可能会因投资目标而受到审查。而至于对特殊实体的投资审查，主要表现为两种：或者外国投资者是某外国的国有企业或主权财富基金；或者被投资对象是国内敏感行业的公司。

第二，国家评估的与外国直接投资有关的安全审查的范围不一致，大多数是“国家安全”“国家利益”“公共秩序”等词语的用法。关键是，国家安全审查的范围已经超出了“国家安全”的原始概念，加入了某些额外的安全审查标准。譬如，我国国务院办公厅 2011 年发布的《关于建立外国投资者并购境内企业安全审查制度的通知》规定，并购安全审查的内容包括相关并购交易对国防安全、国家经济稳定运行、社会基本生活秩序以及国家安全关键技术研发能力的影响等要素。而根据 2020 年 12 月 19 日由国家发展改革委和商务部联合发布的《外商投资安全审查办法》第 4 条规定，那些投资关系国家安全的重要农产品、重要能源和资源、重大装备制造、重要基础设施、重要运输服务、重要文化产品与服务、重要信息技术和互联网产品与服务、重要金融服务、关键技术以及其他重要领域并取得所投资企业的实际控制权的（包括外国投资者持有企业 50% 以上股权；或者虽然股权不足 50%，但其所享有的表决权能够对董事会、股东会或者股东大会的决议产生重大影响；或者其他导致外国投资者能够对企业的经营决策、人事、财务、技术等产生重大影响的情形），外国投资者或者境内相关当事人应当在实施投资前主动向工作机制办公室申报，同时工作机制办公室也有权要求当事人申报。

（五）投资安全审查的关键因素

尽管不同国家的投资安全审查机制的设计和运作存在重要差异，但还是有可能确定大多数投资安全审查机制共有的两个关键要素。

第一个关键要素是定义投资安全审查机制操作范围的触发标准，符合特定触发条件的拟议投资必须经过安全审查过程；不符合任何触发条件的拟议投资通常无须通过筛选过程进行评估或批准即可继续进行。不同的投资安全筛选机制有不同的触发要素，这些触发条件通常相互结合。一般认为，外资安全审查的触发因素可能与拟议投资的价值、行业种类、投资来源国、投资者的特征（特别是投资者是否为国有企业或者私营企业）、被收购资产的类型（如购买土地与购买企业股份）、投资类型（收购现有企业或建立新企业的绿地投资）、被收购企业的所有权/控制权的程度以及由拟议投资企业控制的产品/服务市场份额等相关。这些触发因素反映了与外国投资相关的假设的潜在国家安全威胁。一般来说，与某国所依赖的核心基础设施的投资、关键技术的投资、外国国有企业的投资以及敏感个人信息有关的行业，更有可能触发安全审查筛选机制的运行。

第二个关键要素是安全审查标准的规范，根据这些标准，对属于安全审查机制范围内的拟议外国投资进行评估。各国对国家安全或其相关术语的理解不同，在政策制定方面也有不同的标准，譬如，美国仅关注外资的国家安全审查问题，欧盟国家则把国家安全和公共秩序结合在一起，而澳大利亚使用的“国家利益”标准和加拿大使用的“净利益”标准则是广泛关注的综合性标准。然而，近年来，由于某些国家采用了越来越广泛的国家安全概念，这种区别变得模糊。例如，2018 年 8 月美国 FIRRMA 虽然以与早期立法相同的方式定义 CFIUS 的基本职责，即“应继续审查交易以保护国家安全，不应考虑与国家安全无关的国家利益问题”，①但 FIRRMA 连同其实施条例对关键技术、关键基础设施以及敏感个人信息等方面投资的安全审查则明显改变了 CFIUS 传统的安全审查运作方式，其综合效果是大大扩展了国家安全领域，超越了与投资于美国国防部门和关键基础设施等传统行业有关的问题。

四、国家外资安全审查与国际投资条约的关系

当前，各国纷纷颁布相关外资安全审查的法律法规或政策指南，不仅

---

① FIRRMA § 1702 (9).

加强源自外国投资者对本国高新科技、关键基础设施、敏感个人信息以及传统的国防工业等领域的外资安全审查,还在本国谈判和缔结国际投资条约方面不断努力。这里将会出现的问题是,在外国直接投资因为国内的安全审查而被禁的情况下,特别是在因歧视性或滥用授予东道国的审查权而被排除在外的情况下,外国投资者能否根据其母国与东道国政府签订的国际投资条约而提起诉求保护?

当前外国投资保护的法律渊源主要是国内外国投资保护的法律法规、一般国际法以及国家之间缔结的国际条约。从外资安全审查的角度来讲,一方面,各国一直在努力恢复将外国投资的准入和设立前阶段规定为仅仅受国内法约束的权利,另一方面,国际投资条约对设立后的外国投资阶段规定了超国民待遇,因此不仅排除了国家法院的管辖权,还规定了国际公法的适用,并排除了东道国的国内法。由此产生的问题是,外国投资的设立前阶段是否被排除在国际投资条约的范围之外?仲裁庭能否因此对外国投资者和东道国双方之间产生的任何争议具有管辖权?或者说,国际投资条约的适用范围是否可以延伸到投资的设立前阶段,从而与国家的外资筛选机制产生潜在冲突?

(一)国际投资条约中规定外国直接投资安全审查的方式

为了评估国际投资条约对外国投资的准入和设立前阶段的适用性以及仲裁庭的后续管辖权,本部分以几十年来签订的国际投资条约和相关BIT范本为例,归纳出以下几种不同的方法。

1. 不规定投资设立前的安全审查问题

一些早期的国际投资条约并不规范投资设立前阶段的国家义务,而只是要求东道国遵守与其单方面决定接纳的外国投资有关的投资保护标准和保证。在这种模式下,审查外国直接投资准入的国内法规不会受到东道国遵守的条约义务的禁止或限制,东道国有权自行决定接纳哪些外国投资。因此,根据此类条约,如果东道国在设立前阶段采取歧视性或滥用性措施,外国投资者将无权针对此类措施触发投资条约仲裁条款。相反,它将只能获得东道国提供的国内补救措施。

2. 投资者定义包括潜在投资者

以美国主导的投资条约范本倾向于对投资者进行宽泛的定义,这一做法也被其他国家所效仿。① 2012年《美国BIT范本》将“缔约方的投资者”

① See India-Singapore CECA (2005), art 6.1; EU-Canada CETA (2016), art 8.1; CPTPP (2018), art 1.1; Italy Model BIT (2020), art 1(4); Canadian Model Foreign Investment Promotion and Protection Agreement (2021), Article 1.

定义为"试图、正在或已经在另一方领土内进行投资的缔约方,或其国有企业,或国民或企业"。① 这种宽泛的语言为筛选尚未在东道国完成的投资提供了范围,并具体取决于投资的定义和实质性义务中使用的语言。

相比之下,其他一些国际投资条约将投资者的定义限制为已进行投资的人。例如,根据2015年《印度BIT范本》,投资者被定义为"在另一方领土内进行投资的一方的自然人或法人,但其分支机构或代表处除外"。② 遵循这种方法的国际投资条约③不太可能涵盖设立前的投资,至少实质性义务是通过参考投资者定义的。

3. 规定外国投资满足的国内法要求条款

这种方法是大多数欧盟成员国采用的方法,即国际投资条约通常要求缔约方一方面互惠促进另一缔约方的投资,另一方面要求此类投资的准入受国内法监管。④ 此类规定并未对投资的准入施加任何条约义务,而是符合东道国为促进另一缔约方的外国投资而作出的"尽可能"的承诺。同时,尊重东道国监管要求排除了将国际投资条约适用于非法投资的范围,只有满足东道国入境投资审查程序并获得批准的投资才符合该国法律法规的投资定义,并获得条约保护。在通过强制性筛选审查程序之前,该投资交易将不是此类国际投资条约意义上的投资。因此,按照这种模式,东道国在设立投资之前根据其国内法规采取的任何保护主义措施都不会违反国际投资条约。更重要的是,此类规定潜在排除了投资者诉诸投资条约仲裁的可能性。

4. 国际投资法向投资设立阶段的拓展

一些国际投资条约中,投资保护隐含或明确延伸至投资的设立前阶段,这意味着即使尚未进行的投资,也可能涉及外国投资的筛选审查。这种设立权通常是在"国民待遇"保护标准下提供的,东道国同意在同等情况下给予外国投资者在设立阶段不低于其给予国内投资者的待遇。⑤ 此外,这些条约经常将投资准入置于"最惠国待遇"标准之下。因此,条约缔

① See U. S. Model BIT (2012), Article 1.

② See India Model BIT (2015), Article 1. 5.

③ See Brazil Model BIT (2015), Article 3 (1. 4); Colombia-United Arab Emirates BIT (2017), Article 2. 1; Hong Kong-Mexico BIT (2020), Article 1.

④ 例如,2008年《德国BIT范本》第2. 1条规定,"缔约国一方应在其领土内尽可能促进缔约国另一方投资者的投资,并根据其立法接纳此类投资"。See German Model BIT (2008), Article 2. 1.

⑤ 例如,2012年《美国BIT范本》第3. 1条规定,"在投资的设立、收购、扩张、管理、进行、经营和出售或其他处置方面,每一方应给予另一方投资者不低于其在类似情况下给予在其领土内的本国投资者的待遇"。See U. S. Model BIT (2012), Article 2. 1.

约方同意给予另一缔约方投资者的待遇不低于他们根据其他国际投资条约给予第三方投资者的待遇。包括美国、澳大利亚、加拿大和欧盟以及发展中国家在内的投资条约都延伸到投资的“设立”和“收购”,①这反映的是对外投资利益而不是对内投资利益。此类非歧视义务延伸至设立前阶段的结论在保护“投资者”的情况下得到加强,而该术语被定义为包括寻求或尝试进行投资的人,提出了设立前阶段的国际投资保护与东道国采用的国家外资筛选程序之间的关系问题。

但是,也有一些国际投资条约确实排除了国民待遇和最惠国待遇适用于投资设立前的阶段,例如,仅涵盖“一旦建立”的投资。② 而且,国际投资条约中的征收禁令和给予公平公正待遇的要求通常适用于“投资”而不是“投资者”,③这意味着它们不适用于尚未确定的投资。因此,征收保护和公平公正义务通常不适用于对内投资筛选,但对已设立投资的追溯筛选或由新的相关交易触发的后续审查除外。

（二）作为潜在抗辩的国家安全例外

如果适用的国际投资条约明确规定了设立前的待遇(如将其纳入“国民待遇”标准),并且相关投资条约规定了 ISDS 机制,那么任何根据国内外国直接投资筛选规定被拒绝投资的外国投资者都可能触发条约仲裁条款。根据此类条约,投资者可以对东道国申请仲裁,声称后者违反了其在投资条约下的国际义务。然而,在这种情况下,东道国可能会基于可能的投资条约例外条款将特定经济部门排除在条约范围之外,或者更一般地说,基于国家安全例外或非排除措施条款来提出抗辩。对例外条款的分析最终有助于阐明东道国的国际义务与国内外国直接投资审查法规之间的关系。特别是,根据“国家安全利益”限制条约,东道国可以援引许多国际投资条约中规定的安全除外(carve-out)规定,或者“安全例外”条款中所载的国家安全抗辩,尽管这对外国投资者可能会造成不利。譬如在 *Global Telecom v. Canada* 案中,申请人通过与加拿大某经营商建立合营企业进入了加拿大电讯市场,而当时加拿大国内电讯行业的规则是限制外国投资者所有或控制的。仲裁庭对加拿大国内的投资筛选程序是否违反实体性

① See U. S. Model BIT (2012), Article 3; Japan-Malaysia EPA (2005), Article 75; ASEAN Comprehensive Investment Agreement (2009), Article 5; Australia-China FTA (2015), arts. 9. 4. 1, 9. 3. 1, and 9. 3. 3; EU-Canada CETA, Article 8. 6; etc.

② See Turkey-South Africa BIT (2000), Article Ⅱ (3); Turkey-Indonesia BIT (1997), art Ⅱ (2).

③ See United States-Canada-Mexico Agreement (2018), arts. 14. 6. 1, and 14. 8. 1.

的投资保护标准享有管辖权。在规则放宽后,根据《加拿大投资法》,要对申请人拟通过转换合资企业的股份获得控制权的计划进行审查。除了根据投资的“净收益”进行审查,《加拿大投资法》还允许考虑安全影响。尽管加拿大明确排除了服务业的国民待遇,但仲裁庭仍然认为,其对根据公平公正标准审查投资筛选程序的争端本身仍然享有管辖权。但仲裁庭多数意见裁定驳回了申请人提出的加拿大国内的有关投资筛选违反国民待遇标准的诉求,因为不存在激活保留的额外要求,并且该规定涵盖电信行业。①

如果东道国提出国家安全例外抗辩,仲裁庭将首先被要求评估相关条款是否为“自我判断”条款,也即赋予东道国单方面决定国家安全利益是否存在的权力。这种评估应根据条约的措辞进行。“自我判断”条款通常被认为是“其认为有必要”,而“非自我判断”条款仅表示措施是“必要的”。譬如在国际法院处理的尼加拉瓜案中,国际法院以此推理确认了 1956 年美国和尼加拉瓜之间的《友好、通商和航海条约》(Treaties of Friendship, Commerce and Navigation, FCN)中的安全例外条款的“非自我判断”性质。国际法院强调,该条款“仅涉及‘必要’措施,而不是一方认为的那些措施”。② 在 ICSID 背景下,尽管争端涉及在严重经济危机背景下违反东道国成立后义务的行为,但 *CMS v. Argentine* 案中仲裁庭采取了同样的立场,即仲裁庭通过与 GATT 第 21(b)条等措辞不同的条款进行比较,推断出 1991 年《美国 – 阿根廷 BIT》中安全例外条款的“非自我判断”性质。③ 换言之,仲裁庭可以参考该措施所依据的事实情况,以评估其是否符合国家安全利益。

此外,“自我判断”条款可能会阻止或限制仲裁庭对已实施措施的审查。在 WTO 的背景下,俄罗斯 – 过境运输案(*Russia-Traffic in Transit*)专家组报告根据善意原则为国家自由裁量权寻找外部限制。④ 随后专家组裁定对援引例外的成员是否充分阐述了其安全利益享有管辖权,而有关措施似乎可以保护此类利益。

总而言之,国际投资条约保护与外国投资的设立前阶段之间的国内

---

① See *Global Telecom Holding S. A. E. v. Canada*, ICSID Case No. ARB/16/16, Award, 30 Mar. 2020, paras. 363 – 380.

② See *Military and Paramilitary Activities in and against Nicaragua* (*Nicaragua v. United States of America*), Merits, Judgment on the Merits, International Court of Justice Reports 14 (1986).

③ See *CMS Gas Transmission Company v. Argentine Republic*, ICSID Case No. ARB/01/8, Award, 12 May 2005, para. 370.

④ See *Russia-Measures Concerning Traffic in Transit*, WT/DS/512, Report of the Panel, 5 Apr. 2019, paras. 7,132 – 133.

法规制似乎存在某种冲突，但是在国内层面采用的外国直接投资审查法规仅在有限的情况下才能适用。当适用的国际投资条约授予外国投资者设立权并拒绝给予东道国充分援引国家安全例外的酌处权（尽管有善意限制）时，就会出现此问题。只有在这种情况下，外国投资者才能针对任何滥用或歧视性使用东道国筛选权的行为诉诸国际投资仲裁。在其他情况下，东道国在根据其国内法单方面拒绝外国直接投资准入，或在评估一项投资是否对其国家安全构成威胁方面保留充分的自由裁量权。

（三）外国直接投资审查措施与投资自由化承诺之间的冲突

对外国直接投资审查采取更严格的国内措施会在这些措施与包括此类承诺的国际投资条约下的国际投资自由化承诺之间产生紧张关系。虽然严格审查和自由化之间可能存在的不一致主要涉及投资设立前阶段，但争议是否可以提交 ISDS 机构则取决于相关国际投资条约的措辞和案件事实。即使争议不在投资争议解决的范围内，缔约方也可以在相关投资条约规定的国家与国家间争端解决机制内对投资条约的解释和适用提出异议。在国家与国家间和投资者与国家间的争端中，都出现了涉及有关筛选措施和投资自由化承诺的一致性问题。

首先，自由化范式的国际投资条约通常通过规定不合规措施和例外条款的“保留”避免国内限制性措施与国际自由化承诺之间的冲突。越来越多的国际投资条约，包括《全面与进步跨太平洋伙伴关系协定》（Comprehensive and Progressive Agreement for Trans-Pacific Partnership，CPTPP），开始采用“负面清单”方法确定需要排除在投资自由化义务之外的不合格措施、业务部门和活动。即使列出了相关的不合规措施，如果与修改前的此类措施相比，这些措施未降低相符程度，①缔约方今后也不得采取比清单所列措施更新的或更具限制性的措施。根据这一规定，修订任何不符合规定的措施时，不得降低该措施与修订前相关义务的符合性。

其次，自由化范式的投资条约在安全例外条款的规范方面基本上都使用了“自我判断”的措辞，尤其是关于是否需要采取措施来保护基本安

① 参见 CPTPP 第 9.12 条（不符措施）。根据该条规定，“第 9.4 条（国民待遇）、第 9.5 条（最惠国待遇）、第 9.10 条（业绩要求）和第 9.11 条（高级管理人员和董事会）不得适用于：（a）一缔约方在下列政府层级维持的任何现行不符措施……（c）对（a）项所指的任何不符措施的修正，只要与该修正措施紧接修正前的情况相比，该修正未降低该措施与第 9.4 条（国民待遇）、第 9.5 条（最惠国待遇）、第 9.10 条（业绩要求）或第 9.11 条（高级管理人员和董事会）的相符程度”。

全利益的问题，譬如 CPTPP 第 29.2 条的规定。[①] 此类规定与已在投资仲裁案件中广泛讨论的《美国 – 阿根廷 BIT》(第 11 条)、《毛里求斯 – 印度 BIT》[第 11(3)条]以及《德国 – 印度 BIT》(第 12 条)中必要性例外条款的“非自我判断”措辞形成鲜明对比。[②] 自我判断的安全例外条款是否以及在多大程度上允许裁决机构进行实质性审查是一个有争议的问题。

最后，在现行国际法框架下，援引国家安全概念是各国应对新出现的安全威胁的唯一手段，这会强化外国直接投资审查和投资自由化承诺之间的紧张关系，因此也存在被滥用的风险，可能导致国家与国家之间和投资者与国家之间的争端，凸显了建立国际合作机制以应对新出现的超越国界的安全威胁的迫切需要。鉴于安全问题的高度政治性和内在敏感性，此呼吁无疑具有挑战性。然而，由于经济全球化与安全之间的紧张关系在 COVID – 19 危机之后仍然在加剧而不是减弱，的确需要采取某种形式的举措以在政治、商业和学术界建立对话与合作机制。

五、小结

以国家安全为由审查外国投资的概念是近数十年的一种趋势。随着越来越多的经济体采用与安全相关的投资审查制度，以及“国家安全”概念和覆盖范围的扩大，政策制定者仍在试图找到一种平衡的方法，既能保持一个国家对投资的吸引力，又能加强国家应对外国和本国投资对战略部门构成的潜在国家安全威胁的能力。[③] 具体做法根据各国具体情况有所不同。一些国家在其投资法中使用关于国家安全的一般保障条款，为拒绝不受欢迎的外国投资提供了充分的法律依据。其他方法包括针对特定部门的限制，其中外国投资超过某些限制将被视为危害国家安全。而近年来出现了一种新的趋势，即采用专门用于以国家安全为由进行投资审查的复杂程序。立法上的这种转变可以解释为各国打算统一或编纂关于外国直

---

① 该条规定：“本协议中的任何内容均不得解释为：(a)要求一方提供或允许访问其认为披露违反其基本安全利益的任何信息；(b)阻止一方采取其认为必要的措施，以履行其在维护或恢复国际和平或安全方面的义务，或保护其自身的基本安全利益。”

② See *LG & E Capital Corp, and LG & E International, Inc. v. Argentine Republic*, ICSID Case No. ARB/02/1, Award, 25 Jul. 2007; *CC/Devas (Mauritius) Ltd., Devas Employees Mauritius Private Ltd and Telecom Devas Mauritius Ltd. v. India*, PCA Case No. 2013 – 09, Award on Jurisdiction and Merits, 25 Jul. 2016; *Deutsche Telekom v. India*, PCA Case No. 2014 – 10, Interim Award, 13 Dec. 2017.

③ See UNCTAD, *The Evolution of FDI Screening Mechanisms: Key Trends and Features*, UNCTAD (21 Feb. 2023), https://unctad.org/system/files/official-document/diaepcbinf2023d2_en.pdf.

接投资准入的现有分散的规定,并确保与安全有关的投资审查制度的充分宣传和可见性。同时,外资安全审查范围的扩展表明,各国政府部门正在越来越多地关注外国投资者对新的诸如战略性行业以及其他诸如敏感个人信息或公共利益方面的投资,而以国家安全为由进行审查也是平衡外国投资者权益与国家安全监管空间关系的一种重要工具。

从前述对各国国内外资安全审查制度的简单分析可以得出,国际社会普遍存在一种制度导向下的国家安全观,其体现就是欧盟、英国和澳大利亚等在颁布相关的外资安全审查条例后,又纷纷颁布了相关的政策指导性文件。例如,欧盟委员会于 2020 年 3 月通过了《成员国外国直接投资指南》,①简化对外国直接投资监测的反应,保护基本资本、技术和资产免受来自第三国的公司的任何潜在敌意收购,同时委员会建议通过广泛的国家外国直接投资审查立法。而在美国,非控制性投资现在属于 CFIUS 的管辖范围,甚至可以触发强制审查。随着国家安全问题的进一步发展,CFIUS 的作用及其权力可能只会继续增长。

越来越多的共识是,并非所有外国投资都可以从东道国的外资政策中受益,投资政策不应着眼于最大限度地增加外商投资的数量,而应着眼于最大限度地提高外商投资的收益,同时保护国家安全。不过,各国国内维持必要的政策空间以允许投资安全审查机制运作的政策可能会与各国根据国际投资条约承担的保护外国投资的义务相冲突,从而给安全审查机制的运作带来法律上的复杂性,譬如投资条约中的禁止履行业绩要求以及征收条款等。

通过投资筛选解决的许多问题往往都是在制定投资政策时未能加以预见的新问题,同时全球范围内对国家安全的理解发生了重大变化,尤其是一些基于气候变化和地缘政治的问题引发了人们对基本商品和服务有关的供应链和产业链安全的担忧,这些都应当是在未来的投资条约谈判时给予国家更大程度监管权的考量要素。此外,对于可能出现的国家投资安全审查与国际投资条约规定之间的冲突,一些国际投资条约中存在解决此类冲突的机制,但是这些机制有局限性,可能不足以涵盖正在进行的国家安全含义的变化。理想情况下,各国需要在制定、修改或实施投资审查政策和法律以及起草或修改国际投资条约时考虑到这些困难。可以理解的

---

① See European Commission, Guidance to the Member States Concerning Foreign Direct Investment and Free Movement of Capital from Third Countries, and the Protection of Europe's Strategic Assets, ahead of the Application of Regulation (EU) 2019/452 (FDI Screening Regulation) (2020/C 99 I/01).

是,各国会为自己保留足够的空间来筛选可能会引起某种形式的外资国家安全担忧,但各国应该在其国内和国际承诺中保持连贯性,确保任何此类筛选都与其国际投资条约一致地进行。

第二节　美国外资安全审查制度

美国的外国直接投资审查机制是由作为政府间实体的 CFIUS 负责的。近数年,美国政府愈加重视经济安全在国家安全的关键作用,政府对外国直接投资交易的审查显著增加。[①] 2017 年 12 月,特朗普总统发布国家安全战略,强调经济安全是国家安全中的一项关键组成部分,尤其对国际贸易和外国投资的管制以及保护美国军事和技术优势而言是至关重要的。2018 年 3 月,特朗普总统以国家安全为由发布了一项行政命令,禁止在新加坡注册成立的全球第八大芯片制造商博通(Broadcom)公司收购美国 5G 技术开发的领导者高通(Qualcomm)公司,这在 CFIUS 的历史上是美国总统发布的第五次禁止外国投资者收购美国公司的总统令。该案的史无前例性还在于其是第一次在签订并购协议之前就阻止交易的案例,[②] 表明美国政府已经将经贸领域的问题放置在国家安全政策的最前沿,跨境交易比以往任何时候都更需要认真和早期的尽职调查和分析,以充分了解 CFIUS 是如何看待国家安全问题。而且,CFIUS 在对博通—高通并购案评估中提到的关注点之一是中国成为 5G 空间的主导者可能带来的国家安全风险,[③]而 2018 年 8 月 FIRRMA 直接解决了美国对外国投资的担忧,更加凸显了国家安全审查的重要性。

一、CFIUS 的发展历史

CFIUS 是美国政府部门内的一个机构间执行委员会,由福特总统于 1975 年通过行政命令设立,当时石油输出国组织国家增加,国会中很多人担心这会威胁到美国证券资产(股票、债券、美国国债)投资,这是出于政

---

① See Joe D. Whitley & Lynne K. Zusman, *Homeland Security: Legal and Policy Issues*, American Bar Association, 2009, p. 235.

② See The White House, *National Security Strategy of the United States of America* (Dec. 2017), TRUMP White House Archives (May 2, 2024), https://trumpwhitehouse.archives.gov/wp-content/uploads/2017/12/NSS-Final-12-18-2017-0905.pdf.

③ 参见李娜:《CFIUS 拿华为"说事",博通为收购高通承诺帮美国领跑 5G》,载第一财经网 2018 年 3 月 8 日,https://www.yicai.com/news/5404982.html。

治而非财务的动机。[①] 到21世纪，CFIUS已经成为负责监督在美国的外国直接投资对国家安全影响的专门机构，其由财政部部长主持，成员包括司法部、商务部、国防部、国务院、能源部、美国贸易代表办公室和科学技术政策办公室等部门的负责人。其职权和管辖范围已经经过美国总统和国会得到了数次扩展。[②] 实质上，CFIUS审查涉及联邦机构对交易的集体审查，从国家安全的角度衡量评估被收购的美国企业所呈现的敏感程度，权衡其产品和服务对美国国防、高科技和基础设施的使用和经营带来的安全风险等。如果CFIUS认为外国投资可能会有潜在的国家安全威胁，它可以迫使投资者采取措施降低风险，或建议总统禁止或剥离过去的投资交易。在CFIUS命令或建议下，总统命令只受有限的司法审查，并由政府对其国家安全建议或撤资提供足够的说明理由。自成立以来，CFIUS一直是国家安全政策的中心。

（一）早期创立阶段

CFIUS是根据1975年5月福特总统第11858号行政命令成立的机构，该行政命令规定总统和CFIUS有权审查可能对美国企业进行控制的外国投资者进行投资的任何交易，[③]因此，其最初是作为美国政府行政部门内部监督外国投资对美国国家安全影响的机制而设计的。建立CFIUS的行政命令指出，CFIUS主要和持续的责任就是监督外国投资对美国的直接影响，并协调美国投资政策的实施。CFIUS提供在美国的外国投资的趋势和发展的分析，与外国政府就其在美国的重大投资进行磋商并提供指导或安排，审查可能对美国利益有重大影响的在美投资，以及提供其他与外国投资有关的新的法律政策的建议等。[④]

CFIUS最初是旨在缓解国会对外国石油组织不断增加的担忧而设立的，此类情绪大部分源于1973年的石油危机，即1973年10月19日，在尼克松总统要求国会向以色列提供22亿美元的紧急援助以应对被称为“赎罪日战争”的冲突之后，阿拉伯石油输出国组织对美国实施了石油禁运，禁止成员向美国出口石油，同时减产石油，大大提高了世界石油价格。1974

---

① See James K. Jackson, *The Committee on Foreign Investment in the U. S.* (*CFIUS*) (Updated Feb. 14, 2020), CRS Reports (Feb. 26, 2020), https://crsreports.congress.gov/product/pdf/RL/RL33388.

② See Philip Land, Katie Busbee & Ashley Long, *FDI Oversight: Dawn of a New Era?*, 10 National Security Law Journal 1 (2023).

③ See Guidance Concerning the National Security Review Conducted by the Committee on Foreign Investment in the United States, 73 Fed. Reg. 74567 (Dec. 8, 2008).

④ See 50 U. S. C. app. § 2170.

年 3 月,因石油输出国组织内部存在分歧,该封锁被正式解除。此后,美国国会担心“石油输出国组织的大部分投资是出于政治动机,而不是出于经济动机”,进而增加了对国家安全的关切。因此,自成立以来,CFIUS 一直监视外国投资及其对美国国家安全的潜在影响。此外,CFIUS 还参与了许多其他更具体的行动,包括获取和分析在美国的有关外国投资的信息,密切观察在美国的外国投资,编制有关投资的适当类别的趋势和重大发展的报告分析,整理数据并准备重大交易的评估,以及提交保持最新外国投资信息的适当报告和建议等。①

尽管有此类指导原则的总体规定,并且国会希望建立一个能够审查国际投资的委员会,但 CFIUS 成立后一个几乎立刻就产生的问题是,其能否在法律上收集第 11858 号行政命令所规定的信息?② 为此,福特总统于 1976 年签署了《国际投资调查法》,该法赋予总统以搜集国际投资信息的明确权力,即“明确收集和使用由外国政府或个人直接或间接拥有或控制的国际投资信息的权力,并向国会、执行机构和公众提供对此类信息的分析”。③ 不过,CFIUS 成立后,在最初的若干年仅仅关注外国投资的政治影响而不是整体经济利益。作为回应,CFIUS 在接下来的几年中应美国国防部要求调查了几笔外国投资。譬如,从 1980 年至 1987 年,CFIUS 应国防部要求审查了许多涉及美国盟国如法国和日本的公司收购为美国军方提供生产材料的公司或子公司的交易,其中只有一家试图并购生产军用飞机所用钢材的外国公司撤回了报价,其他交易在应国防部要求修改条款以符合 CFIUS 规定的某些规定之后仍继续进行。④

1983 年里根总统发布声明,欢迎外国投资者进入美国并给予其国民待遇,使美国的外国投资在其后的 30 多年得到持续增加,但是美国对待外国投资的政策不间断地受到了政治方面的压力,尤其是涉及国家安全,其结果就是 1988 年美国开始进行投资审查方面的立法,即 1950 年《国防生

① See CRS Reports (Feb. 26, 2020), https://crsreports.congress.gov/product/pdf/RL/RL33388.

② Id.

③ See International Investment Survey Act of 1976, Pub. L. No. 94 – 472, § 4, 90 Stat. 2059 (codified as amended at 22 U.S.C. § 3101 – 3108).

④ See Jason Jacobs, *Tiptoeing the Line between National Security and Protectionism: A Comparative Approach to Foreign Direct Investment Screening in the United States and European Union*, 47(2) International Journal of Legal Information 105 (2019).

产法》的修正案——《埃克森－弗洛里奥修正案》。[①] 该修正案是国会对《国防生产法》第721节的修改，授予总统有权阻止可能进行的威胁国家安全的"任何可能导致外国控制在美国从事州际贸易的合并或收购"。[②] 但在使用这种权力之前，总统必须有可靠的证据证明该交易将损害国家安全以及得出其他美国法律不足以保护国家安全的结论，同时，总统的调查结果不受司法审查。根据该法令，当时里根总统将其权力授予CFIUS，这大大扩大了CFIUS的权力和职权范围，以便向总统提供对外国投资交易的分析，并确定是否应阻止这些交易。[③] 该修正案适用于拟议和完成的交易，除非交易的一方寻求交易前的CFIUS审查，否则总统对交易进行调查的权力没有时间限制。如果交易被提交给CFIUS自愿审查并由CFIUS批准，则该交易就被认为是安全的，免受交易完成后的审查和挑战，除非有关证明表明当事方在通知交易时作出重大虚假陈述或违反了CFIUS批准的条件。[④] 但是，鉴于"国家安全"从未被明确定义，其解释的方式通常是广义的。

《伯德修正案》更新了《埃克森－弗洛里奥修正案》，进一步扩展了CFIUS的权力和管辖权，要求CFIUS在满足以下两个条件时必须审查拟议的合并、收购或兼并，即收购方受外国政府控制或代表外国政府行事，并且有关收购导致对在美国从事州际商业活动的人的控制可能会影响美国的国家安全。[⑤] 满足这些因素后，便触发了总统对合格投资进行审查的义务，即命令进行强制调查。因此，自成立以来，CFIUS经历了第一次明显的权力转移，即从行政部门转移到立法机关。这一转变不是通过明确地从行政部门中取消任何权力，而是通过明确的立法确定何时需要进行CFIUS的调查和审查，而不是考虑总统认为是否有此必要。

（二）2007年FINSA的作用

在21世纪初，发生了一系列备受瞩目的广泛涉及国家安全问题的争议，其中最为典型的是阻止阿联酋公司迪拜港口世界收购六个美国港口的

---

① See Edward M. Graham & David M. Marchick , *U. S. National Security and Foreign Direct Investment*, The Peterson Institute for International Economics, 2006, p. 33.《埃克森－弗洛里奥修正案》在2007年更名为《外国投资和国家安全法》(FINSA)。

② See Pub. L. No. 100－418, Title V, Section 5021, Aug. 23, 1988; 50 U. S. C. Appendix § 2170.

③ See Pub. L. No. 110－49, 121 Stat. 246 (2007).

④ See 50 U. S. C. app § 2170(b)(1)(D)(iii).

⑤ See National Defense Authorization Act for Fiscal Year 1993, § 837(a), P. L. 102－484, Oct. 23, 1992.

行为。[1] 迪拜港口世界以全球主要港口运营商的身份运营，于 2005 年由迪拜港口管理局和迪拜国际港口公司合并而成。2005 年 10 月，迪拜港口世界欲收购英国拥有的英国铁行港口公司（P & O Ports）。CFIUS 批准了迪拜港口世界以 68 亿美元的价格竞购 P & O 资产，包括巴尔的摩、迈阿密、新奥尔良、纽约－新泽西和费城的集装箱码头。鉴于从 20 世纪 90 年代末开始，迪拜一直是世界上最大的非法核技术网络运送的核心组件的转运站，一些参议员警告称，恐怖分子可能会利用港口的开放性，将迪拜的所有权“渗透”到恐怖分子手中。再加上外国政府自然而然地对美国重要港口的安全利益的影响，使美国对迪拜港口世界与 P & O 合并的忧虑进一步加剧。但是，此类关切却为 CFIUS 所忽视，而正是这些关切为立法机关提供了进行反击所需的动力。结果是，由于涉及国家安全，迪拜港口世界交易在公众眼中变得越来越不受欢迎并引起争议，两党国会内支持 CFIUS 进行调查的呼声越来越多。但布什总统仍坚持认为合并不会对美国国家安全构成威胁，并指出，“如果这项交易有可能危及美国的安全，它将不会继续进行”。[2] 无论白宫是否支持这笔交易，迪拜港口世界的投资机会仍然吸引了国际社会对其的关注，一些国会议员对 CFIUS 不对类似迪拜港口世界这样的由外国政府所有或控制的涉事公司的交易进行为期 45 日的完整调查表示怀疑，而 CFIUS 则认为调查是自由裁量的，而不是强制性的。[3] 因此迪拜港口世界要求 CFIUS 进行为期 45 日的调查，以平息任何有关国家安全问题的疑虑并正式使交易合法化。[4] 然而，议员们仍然坚持要求将 CFIUS 的报告提交给国会，由国会而非白宫最终裁定是否批准迪拜港口世界收购 P & O。[5] 随着抵制持续增加，2006 年 12 月，迪拜港口世界将其在美国的股份出售给了一家美国保险公司。

迪拜港口世界并购案的最重要后果就是对收购美国六个港口的商业

---

① See UNCTAD, *The Protection of National Security in IIAs*, United Nations, 2009, pp. 11－13.

② See The White House, *Fact Sheet: The CFIUS Process and the DP World Transaction*, The White House (Feb. 22, 2006), https://georgewbush-whitehouse.archives.gov/news/releases/2006/02/20060222-11.html.

③ See Edward M. Graham & David M. Marchick, *U. S. National Security and Foreign Direct Investment*, The Peterson Institute for International Economics, 2006, p. 37.

④ See U. S. Dep't of the Treasury, *Press Release: CFIUS Welcomes Dubai Ports Worlds Announcement to Submit to New Review*, U. S. Dep't of the Treasury (Feb. 26, 2006), https://www.treasury.gov/press-center/press-releases/Pages/js4072.aspx.

⑤ See David E. Sanger, *Review of Port Deal Will Leave Decision to Bush*, N. Y. Times (Feb. 27, 2006), https://www.nytimes.com/2006/02/27/politics/review-of-port-deal-will-leave-decision-to-bush.html.

港口业务的担忧引发了对《伯德修正案》的讨论，突显了国会成员与CFIUS对修正案的理解之间的脱节。国会与CFIUS之间明显的分歧引发了关于CFIUS及其运作方式的公众批评，譬如缺乏透明度和监督。公众指出自2001年"9·11"恐怖袭击以来，国家安全的概念已发生变化，其更加强调国家经济安全和关键基础设施安全。同时，该争议引发了乔治·W.布什政府对CFIUS审查程序的重要行政更改。

因此，国会试图对CFIUS监督和审核范围进行重组以平衡国会与总统之间在外国投资监督方面的权限，即2007年通过的FINSA，布什总统以第13456号行政命令实施了该法案，并在美国法典中确认CFIUS的成员资格。① 针对国会的担忧，FINSA规定CFIUS在完成审查和调查期间或之后要提供更多有关行动的报告，同时从根本上改变了《埃克森－弗洛里奥修正案》中国家安全的含义，将关键基础设施和国土安全纳入了与国家安全相当的关注领域。虽然这两项规定反映了FINSA的最显著变化，但它们并不是唯一变化。如果CFIUS确定涵盖的交易是外国政府控制的交易，FINSA则要求其调查所有交易。具体讲，根据FINSA，财政部部长仍担任CFIUS主席，但根据该交易的性质，也可以任命其他机构领导调查，同时国家情报局局长要评估每笔交易对国家安全的影响。FINSA还要求CFIUS在最初的30日审查期内对尚不清楚的任何交易都要进行额外45日的调查。任何威胁国家安全的交易，由外国政府控制的交易，或导致对关键基础设施的外国控制的交易都会自动触发CFIUS为期45日的调查。根据FINSA，CFIUS具有广泛的自由裁量权来确定交易是否对国家安全构成威胁，有权对可能导致外国控制美国业务的交易进行国家安全审查和调查。尤其是，FINSA将国家安全的概念扩展到包括与"国土安全"有关的那些问题，譬如，电信和运输基础设施以及能源资产通常都被认为是关键基础设施，但FINSA关键基础设施定义所涵盖的可能资产范围是无限的。

FINSA规定总统拥有中止或终止合并、收购和接管的唯一权力。在为期45日的国家安全审查期间，如果CFIUS确定交易对国家安全构成威胁并且在国家安全审查期间并未减轻威胁，或者外国实体由外国政府控制，或交易将导致国外对关键基础设施的控制，总统可以采取"必要"行动。同时，国家情报局局长要应邀进行一次彻底的分析，以确定任何涵盖交易可能产生的国家安全威胁。如果财政部部长以及其他某些特定的官员认为有关涵盖交易不会影响国家安全，就可以排除国家安全审查。在为期

① See Pub. L. No. 110－49,121 Stat. 246 (2007), and Exec. Order 13,456.

45 日的调查结束后,CFIUS 可以选择是否向总统提供建议。

总统在国家安全调查结束后有 15 日的时间作出决定,且无须遵循 CFIUS 是否暂停或阻止某项投资的决定。同时,如果总统得出美国法律不足以或不适当保护国家安全并且有可信证据表明投资威胁国家安全的结论,①他几乎可以无限制地采取任何他认为适当的行动,以延迟或阻止任何威胁国家安全的涵盖交易。总统的决定不受司法审查。② 但是,确定交易处置的过程受到司法审查,美国哥伦比亚特区地方法院在罗尔斯案的判决中强调了这一点,③该判决将在后面进行分析。

(三)FIRRMA 对 CFIUS 权力的强化

罗尔斯案是美国加大以中国为代表的外国投资带来的潜在国家安全威胁审查力度的直接反应。2010 年后,中国对外投资的增加也加大了东道国对中国投资的安全审查呼声。譬如 2012 年 10 月 8 日,美国众议院常设情报局特选委员会发布了一份报告,专门针对中国电信巨头,尤其是中国政府拥有的华为和中兴通讯对美国公司的收购或合并产生的潜在威胁进行了分析。④ 此外,以私人资本为主的中国投资者对美国人工智能、自动驾驶汽车、虚拟现实、机器人技术和区块链技术等高科技领域的投资通常被认为针对的是政府优先考虑的战略性行业,甚至在 2015 年至 2017 年,中国一度成为美国公司最大的外国股权投资来源。⑤ 但是对中国投资者的误解仍然存在,譬如技术的使用、由国有企业支持的中国公司选择基于战略而非基于市场的考虑进行投资的可能性,以及由于国家的慷慨补贴而不受市场力量的约束等。⑥ 尽管在此期间中国的投资仍然被认为是最棘手的问题,但源自俄罗斯航天局的俄罗斯航天国家集团公司(Roscosmos)对在美国各地建立六个全球定位系统监测站的绿地投资的利

---

① See 50 U. S. C. app § 2170(e).

② See 50 U. S. C. app § 2170(e).

③ See James K. Jackson, Cong. Research Serv., RL33388, *The Committee on Foreign Investment in the U. S. (CFIUS)* 7 (2018), at 14; *Ralls Corp. v. Comm. on Foreign Inv.*, 411 U. S. App. D. C. 105 (2014).

④ See The Committee on Foreign Investment in the U. S. (CFIUS) (Updated Feb. 14, 2020), CRS Report (Feb. 26, 2020), https://crsreports.congress.gov/product/pdf/RL/RL33388, p. 31.

⑤ See J. Russell Blakey, *The Foreign Investment Risk Review Modernization Act: The Double-Edged Sword of U. S. Foreign Investment Regulations*, 53 Loyola of Los Angeles Law Review 981 (2020).

⑥ See James K. Jackson, *The Committee on Foreign Investment in the U. S. (CFIUS)* (Updated Feb. 14, 2020), CRS Report (Feb. 26, 2020), https://crsreports.congress.gov/product/pdf/RL/RL33388.

益也备受关注，导致 CFIUS 开始进行一些规则的修改以扩大其评估和审查潜在安全风险的范围，并于 2018 年出台 FIRRMA。该法案于 2018 年 8 月 1 日在参议院获得通过，并由特朗普总统于 2018 年 8 月 13 日签署成为法律，成为 CFIUS 运营十年来的第一次重大改革，且可能是最具革命性的扩展，标志着监管外国的新纪元。

FIRRMA 通过明确添加四种新的涵盖交易扩大 CFIUS 的范围，即任何购买、租赁或特许经营或靠近政府敏感设施的外国不动产人；对某些美国企业的“其他投资”，这些投资可以使外国人拥有美国企业董事会成员的资格或其他决策权，而不是通过有表决权的股份拥有的重要非公开技术信息；因为外国对某一美国企业或某些美国工商业的“其他投资”的控制而导致外国投资者权益的任何变更；以及旨在规避 CFIUS 管辖权的任何其他交易、转让、协议或安排。① 它扩大了 CFIUS 的管辖范围，以解决因外国对某些投资结构的利用而引起传统上不属于 CFIUS 管辖范围的国家安全问题。②

在 FIRRMA 颁布之前，CFIUS 对某些外国投资的审查权仍取决于买方在交易后对实体的控制水平，如果投资导致投资者获得了对美国实体或企业的充分控制权，则 CFIUS 可以审查交易，反之，CFIUS 无权干预拟议的收购、合并或接管。然而，FIRRMA 之后，博弈规则发生了深刻的变化，并扩大了交易范围，CFIUS 的监管审查权限涵盖控股和非控股投资。根据 FIRRMA 第 1703 条的规定，“涵盖交易”一词包括任何外国人士对涉及关键基础设施、关键技术生产或维护敏感个人数据的任何美国企业的非被动投资，如果被利用，可能威胁国家安全；外国投资者对美国企业权利的任何变更；外国人士购买、租赁或特许经营军事或其他敏感国家安全设施附近的某些不动产，以及旨在避免或规避 CFIUS 的任何其他交易、转让、协议或安排。③ 受 CFIUS 审查的“涵盖交易”扩大到包括控制和非控制外国投资，这点引发了对该法的普遍歧义的争论，涉及 CFIUS 的监管审查范围扩展至何处的问题，其中争议的焦点集中在外国人投资于美国的房地产交易、关键基础设施、关键技术以及敏感个人信息的控制或非控制交易似乎扩大了 CFIUS 的管辖权。

首先，关于“不动产交易”，强调近距离标准。FIRRMA 还特别授权

---

① See Financial Risk Review Modernization Act of 2018, 50 U. S. C. A. § 4565 (2018), § 1703, 50 U. S. C. § 4565(a).

② See H. R. 5515, 115th Cong. § 1706 (2018).

③ See FIRRMA § 1703(a)(4).

CFIUS 审查外国公司购买或租赁位于空港或海港内或靠近美国军事设施或其他敏感设施的美国不动产,这些设施可能因涉及国家安全而具备提供外国人收集情报或以其他方式揭露国家安全活动的能力。不动产交易没有强制性备案要求。各方可以提交通知或一份简短声明,而通知 CFIUS 涉及的不动产交易可能有资格获得“安全港”信函,该信函通常会阻止 CFIUS 稍后启动对交易的审查。同时,为协助各方确定拟议的实际交易是否受 CFIUS 管辖,CFIUS 在其网站上提供了“地理参考工具”。① 开发此在线工具的目的是“帮助公众了解第 802 节 31C. F. R. 规定的与特定房地产位置相关的某些问题”。该工具的主要功能是识别美国人口普查局指定的城市地区和城市群,以及与国防部财产的位置和用途有关的公开信息,其中包括相关条例附录确定的军事设施地点。

在 FIRRMA 之前,CFIUS 对涉及“美国业务”(持续经营)的交易具有管辖权,但仅仅是对土地的收购,并不构成 CFIUS 管辖权的保证,也被明确排除在 CFIUS 的管辖范围之外。不过在过去十来年,CFIUS 制定并应用了位置标准或近距离标准,并对涉及收购紧邻敏感美国政府设施的美国企业的交易进行了权衡。② 通常,如果某不动产交易可能涉及国家安全,相关交易当事人应当自动向 CFIUS 提出申请,以减少潜在的安全隐患。③

---

① See Kenneth J. Nunnenkamp et al., *The New CFIUS "Geographic Reference Tool"-Handle with Care*, Morgan Lewis Lawflash (Apr. 6, 2020), https://www.morganlewis.com/pubs/2020/04/the-new-cfius-geographic-reference-tool-handle-with-care.

② 该标准首先在罗尔斯案中适用。2012 年,当时 CFIUS 审查了中国拥有的罗尔斯公司对俄勒冈州一座风力发电场的收购,后将该案提交给美国总统巴拉克·奥巴马,并提出了剥离建议。令人担忧的是,该风力发电场距离海军训练设施很近,并在那里进行了无人机实验操作。这是 CFIUS 在评估美国国家安全的潜在威胁时首次使用“近距离”标准的公开案例。此后,该标准已应用于多项交易,CFIUS 未公开的做法已发生变化,以扩大对政府设施近距离的质疑范围。See *Ralls Corp. v. Committee on Foreign Investment in the United States*, 758 F. 3d 296 (D. C. Cir. 2014).

③ 例如,2015 年,美国希尔顿环球控股有限公司以 19.5 亿美元的价格将纽约华尔道夫酒店出售给中国保险公司安邦保险集团有限公司。该酒店是一家持续经营的企业,即美国不动产行业的企业。尽管希尔顿将在未来 100 年内继续运营,但安邦保险计划对该酒店进行的重大翻修增加了网络间谍和窃听的可能性,这是美国政府特别关注的问题。因为几十年来,这家酒店一直是美国驻联合国代表的住所,也是美国外交官每年出席联合国大会的住所。许多外国国家元首和政府官员也经常光顾该酒店。在公告发布后不久,美国 CFIUS 将注意力转向该交易,以确定是否存在任何国家安全问题。交易当事方自愿向 CFIUS 提交了申请,2015 年 2 月,在宣布交易四个月后,CFIUS 批准了该交易。See Natalie Rodriguez, *CFIUS Clears $1.95B Waldorf Sale to Chinese Insurance Co.*, Law360 (Feb. 2, 2015), https://www.law360.com/articles/617431; Expert Analysis, *Waldorf Astoria Deal is Likely Headed for CFIUS Review*, Law 360 (Nov. 3, 2014), https://www.law360.com/articles/592611/waldorf-astoria-deal-is-likely-headed-for-cfius-review.

FIRRMA 进一步扩大了 CFIUS 的管辖范围，包括任何类型的不动产交易，即开发和未开发的不动产。FIRRMA 规定，CFIUS 管辖权包括私人或公共不动产的购买、租赁或特许权，其中这些不动产位于航空或海运港口内，或将作为其一部分发挥作用；或紧邻美国军事设施或美国政府因国家安全而敏感的其他设施或财产。[①] 根据旧法规，收购一栋可能出租给政府机构的建筑已经属于 CFIUS 审查的范围，这是一个持续关注的问题。然而，根据先前的法律和法规，一块未开发土地被明确排除在 CFIUS 管辖范围之外。[②]

FIRRMA 改变了这一点。它不仅规范了 CFIUS 最近在不动产业务方面的做法，还扩大了其管辖范围，甚至允许 CFIUS 阻止购买与美国军事设施或美国政府因国家安全而敏感的其他设施或财产非常接近的未开发土地。[③] 这是一个重大变化，该法案首次将 CFIUS 的审查插入对空置土地的纯绿地投资中。这一变化使 CFIUS 能够推测土地的潜在用途或开发。

其次，对于涉及关键基础设施、关键技术或敏感个人数据的交易，FIRRMA 强调其中的非控制权益标准。关于"关键基础设施"，该法案对此定义为所有"对美国至关重要的物理或虚拟的系统和资产，此类系统或资产的失效或破坏将对国家安全产生不利影响"。[④] 该描述可能会包含几乎所有内容（取决于其解释），反映了 FINSA 和国土安全部用来描述美国经济的 16 个关键基础设施领域的语言。[⑤] 因此，根据 FIRRMA 接受 CFIUS 审查的大部分内容可能与 FINSA 时代的内容保持不变。

关于"关键技术"，FIRRMA 的定义是，《国际武器贸易条例》第 22 篇Ⅰ章 M 节列出的《美国弹药清单》中规定的国防物品或国防服务；根据《联邦法规》第 15 篇 C 节列入《出口管理条例》第 774 部分补编 1 的《商业控制清单》中受管制的项目，包括遵循与国家安全、化学和生物武器扩散、核不扩散或导弹技术有关的多边体制；《联邦法规》第 10 篇第 810 节所列的

---

① See FIRRMA §1703(a)(4)(B).

② See CFIUS Regulations at 31 C. F. R. §800. 301(d), Example 2; 800. 302(c), Example 1.

③ FIRRMA 允许排除某些单户住宅和城市区域。See FIRRMA §1703(a)(4)(C)(i).

④ See Foreign Investment Risk Review Modernization Act of 2018 § 1703(a)(5), 132 Stat. at 2181.

⑤ 这 16 个领域包括：化学领域；商业设施部门；通讯部门；关键制造业；水坝部门；国防工业基础部门；紧急服务部门；能源部门；金融服务业；粮食和农业部门；政府设施部门；医疗保健和公共卫生部门；信息技术部门；核反应堆，材料和废物部门；运输系统部门；水和废水系统部门。

专门设计和制造的核设备、零件和组件、材料、软件和技术;《联邦法规》第10篇第110节涉及的核设施、设备和材料(与核设备和材料的进出口有关);《联邦法规》第7篇第331节、第9篇第121节或第42篇第73节所涵盖的某些药剂和毒素;以及受《2018年出口管制改革法》(Export Control Reform Act of 2018,ECRA)第1758条控制的新兴和基础技术。[①] 此处的关键变化是在最后一款中包含根据ECRA第1758条控制的新兴和基础技术,ECRA授权商务部对新兴和基础技术的出口、再出口或转让建立适当的控制措施。除了确定这些"新兴和基础技术",ECRA还要求审议过程应考虑国外新兴和基础技术的发展,出口管制可能会对美国此类技术的发展产生影响,以及出口管制在限制外国新兴和基础技术扩散方面的有效性。[②] 为确切地理解"关键技术"一词的含义,2018年11月19日,美国工业和安全局在联邦公报中发布了拟议规则规定的可被CFIUS列为"关键"的"代表性技术类别"的拟议清单,[③]使"关键技术"类别经历了从曾经模糊和理论的概念转变到由几个最前沿的科学投资组成的全面定义的清单,虽然此举有助于相关管理机构识别和评估新兴技术和更新出口管制清单而不会损害国家安全,但是该清单也给外国投资带来了潜在的"寒蝉效应"。而且,CFIUS的运作和审查仍然是秘密进行的,没有为潜在外国投资者提供基准的判例法或公开听证程序。在FIRRMA后,CFIUS审查的最值得注意的交易是博通公司试图以1170亿美元收购高通公司的案件。

至于"敏感个人数据",其是FIRRMA新规则中规定的最含糊的词语之一。[④] 该术语是在众议院要求将其纳入立法之后的立法过程中添加的,因此,其中没有规定"敏感个人数据"的正式定义。但是,该规定导致

---

① See Foreign Investment Risk Review Modernization Act of 2018 § 1703(a)(6)(A),132 Stat. at 2181 - 2182.

② See Richard Burke et al., *Department of Commerce Review of Export Controls on Emerging Technologies*, White & Case News (Nov. 28,2018), https://www.whitecase.com/publications/alert/department-commerce-review-export-controls-emerging-technologies.

③ 这些类别包括:生物技术;人工智能和机器学习技术;定位,导航和计时技术;微处理器技术;先进计算技术;数据分析技术;量子信息和传感技术;物流技术;增材制造(如3D打印);机器人;脑机接口;高超音速技术;先进材料。See Review of Controls for Certain Emerging Technologies,83 Fed. Reg. 58,201,58,202 (Nov. 19,2018) (to be codified at 15 C.F.R. pt. 744).

④ See Foreign Investment Risk Review Modernization Act of 2018, Pub. L. No. 115 - 232, § 1703 (a)(4)(B)(iii)(Ⅲ),132 Stat. 1636,2177 - 2178.

CFIUS 可能会审查与维护或收集美国公民的敏感个人数据的美国企业有关的交易,前提条件是这些交易可能以威胁国家安全的方式被利用。虽然没有“敏感个人数据”的定义,但是根据美国财政部的情况说明书,“敏感个人数据”包括美国企业维护或收集的几类数据,这些数据是针对特定人群包括美国军事人员和参与国家安全的联邦机构的雇员等定制的产品或服务,其收集或维护至少一百万个人的此类数据,或具有维护或收集超过一百万个人的此类数据的明确业务目标,并且此类数据是美国企业主要产品或服务的组成部分。虽然有关“敏感个人数据”的含义要与“关键基础设施”和“关键技术”保持一致,但是 FIRRMA 对“敏感个人数据”的规定确实偏离了更标准的术语“个人身份信息”,这似乎是有意的举动,进一步扩大了 CFIUS 的审查范围。虽然两者可能有些重叠,但是划清两者之间的界限对外国投资者而言似乎更具有挑战性。“敏感个人数据”可能包括“个人身份信息”,也可能涵盖传统上与“个人身份信息”不相关的信息,例如一个人的生物识别信息或互联网历史和社交媒体数据。① 关键是,除了美国财政部的说明,没有任何补充材料可以为 CFIUS 如何解释或执行 FIRRMA 的这一部分提供依据。因此,外国投资者有两种选择:要么等待进一步的指示,以明确 FIRRMA 可能标记哪些类型的交易,要么继续进行下去,冒着其投资可能被 CFIUS 终止的风险。

与先前制度的另一个主要区别是,CFIUS 可以根据非控制权益(non-controlling interests)阻止收购与关键基础设施、关键技术或敏感个人数据相关的交易。自 CFIUS 成立以来,人们一直认为外国收购必然导致外国控制,这可能对美国国家安全构成威胁,现在事实却非如此。根据 FIRRMA,CFIUS 的管辖范围现在还包括对美国关键基础设施或关键技术的任何其他投资,或者维护或收集美国公民敏感个人数据的美国企业。② 取消控制标准将大大增加已审查和可审查交易的数量,特别是在高科技初创企业领域,并可能用于保护美国新技术免受平行出口管制制度下他国收购的威胁。同样,CFIUS 也没有回避审查、阻止交易、要求重组涉及获取美

① See David R. Hanke, *CFIUS 2.0: "Sensitive Personal Data" in the National Security Context*, Arentfox (Sept. 3, 2019), https://www.arentfox.com/perspectives/alerts/cfius-20-sensitive-personal-data-national-security-context.

② See FIRRMA §1703(a)(4)(B)(iii).

国消费者数据的某些拟议收购，具体情况因是否享有控制权而异。[①] 其中最为典型的案例就是因为担心美国公民数据的安全性，CFIUS 拒绝了中国支付宝收购速汇金的协议。[②] 此类交易的一个共同点是，它们涉及外国投资者获取美国实体控制权的问题。现在，根据 FIRRMA，CFIUS 还可以达成涉及任何外国非被动投资的交易。[③] 此类非控制权益包括少数股东权益，以及无董事会参与，也无与业务重大决策相关的特定权利。本质上，FIRRMA 将焦点从控制转移到影响。

此外，FIRRMA 中比较典型的规定还包括如下内容：延长了 CFIUS 审查和调查的时间，初始审查期限从 30 日延长至 45 日，并且 CFIUS 在某些情况下被授权将调查期限从 45 日延长至 60 日；[④]除创建强制性备案外，FIRRMA 还授权 CFIUS 创建备案收费制度；[⑤]增加向国会报告缓解的合规和救济问题，并指示 CFIUS 集聚财政部的某些职能，以使其能够对缓解协议进行更有效的监督。结果是，CFIUS 于 2020 年 2 月正式根据 FIRRMA 扩大了其职权范围。

---

① 例如，2016 年，美国追踪消费者数据并为应用公司提供定向广告的 AppLovin 公司提议以约 14 亿美元的价格向总部位于上海的东方宏泰资本和东方证券有限公司出售多数股权，双方向 CFIUS 提交申请后放弃了该交易，原因是 CFIUS 担心“公司数据在外国所有人手中的安全性”。2017 年 1 月，东方宏泰资本以 1.4 亿美元收购 AppLovin 公司 9.98% 的股权。各方将新交易通知了 CFIUS，但其并未对重组后的交易进行审查，因为东方宏泰资本对该公司没有控股权。See Palo Alto, *Orient Hontai Capital Takes a Majority Stake in AppLovin*, Businesswire News (Sept. 26, 2016), https://www.businesswire.com/news/home/20160926005978/en; Liana B. Baker, *Exclusive: AppLovin Tweaks Chinese Takeover Deal after U. S. Pushback*, Reuters (Nov. 21, 2017), https://apex-partners.com/applovin-tweaks-chinese-takeover-deal-after-u-s-pushback-reuters/.

② 2017 年 1 月 26 日，总部位于得克萨斯州的汇款服务提供商速汇金（MoneyGram）签订了一项协议，根据该协议，速汇金将成为支付宝的全资子公司，支付宝是总部位于英国的公司，也是中国金融服务提供商蚂蚁金服的子公司。CFIUS 的批准是一项强制性的停业条件。在 CFIUS 拒绝其缓解建议后，这些公司终止了交易，速汇金首席执行官表示，“尽管我们尽了最大努力与美国政府合作，但现在很明显，CFIUS 不会批准这项合并”。CFIUS 担心可用于识别美国公民的数据的安全性，因为，如果交易完成，蚂蚁金服将可以访问美国境内的大量金融数据记录。See Reuters, *U. S. Blocks Money Gram Sale to China's Ant Financial on National Security Concerns*, Reuters (Jan. 2, 2018), https://www.reuters.com/article/us-moneygram-intl-m-a-ant-financial/u-s-blocks-moneygram-sale-to-chinas-ant-financial-on-national-security-concerns-idUSKBN1ER1R7.

③ See FIRRMA §1703(a)(4)(B)(iii)(Ⅲ).

④ See FIRRMA (2018), 50 U. S. C. A. § 4565 (2018), § 1709, 50 U. S. C. § 4565(b).

⑤ Id., § 1723(3)(B), 50 U. S. C. § 4565(p).

二、CFIUS 安全审查的基本问题

CFIUS 的发展贯穿美国外资审查的重点，其中安全审查的加强也凸显了不同时期的不同侧重点。尤其是近数年，针对中国投资以及高科技产业的外资安全审查已经成为 CFIUS 工作的重点，其中有一些需要了解的关键焦点问题。

（一）安全审查的申请

首先，CFIUS 的审查程序在很大程度上仍然是自愿的，大多数提交 CFIUS 审查的交易都是自我报告的。① 当事人可以选择提交通知，而通知要求没有发生太大的变化。尽管在某些情况下 CFIUS 审查是强制性的，但大多数审查是由交易各方自愿寻求，也就导致美国政府在交易完成后无法解除或更改交易。当然，在当事人不自愿寻求 CFIUS 审查的情况下，CFIUS 有权直接启动审查。

其次，了解安全审查的时间流程。如果交易各方向 CFIUS 提交申报，审查过程的长度很大程度上取决于申报的类型，即是简式声明还是长式通知，具体类型的申请审查过程时间由法规确定。自 2020 年 2 月以来，CFIUS 已接受涵盖控制交易和涵盖投资的简式声明。此类声明使各方有机会绕过更长的自愿通知审查程序而直接提交有关交易的基本信息。CFIUS 有 30 日的时间来评估作为申报对象的涵盖交易。随着关于申报实践的数据和证据的发展，使用简式声明申报程序的普遍性和申报的积极成果的数量都呈上升趋势。

对于某些涵盖交易，必须提交交易声明。具体来说，除从继承试点计划（pilot program）的“生产、设计、测试、制作、制造或开发一项或多项关键技术的美国企业”中选择外国投资所需的强制性声明之外，根据新规定，在出现外国人将在美国企业中拥有“重大利益”，或外国政府持有该外国人的“重大利益”，或作为交易标的的美国企业是技术、基础设施和数据行业时，②CFIUS 要求提交交易申报。

至于时间问题，对于完整通知，初始审查期为 45 日；对于申报，初步审查期为 30 日。在审查期间，CFIUS 通常会就交易引发的关键国家安全问

---

① See Philip Land, Katie Busbee & Ashley Long, *FDI Oversight: Dawn of a New Era?*, 10 National Security Law Journal 1（2023）.

② 技术、基础设施和数据企业被定义为，生产、设计、测试、制作、制造或开发任何关键技术；以某些特定方式参与关键基础设施建设；或者维护或收集敏感的个人数据的任何美国企业。See 31 CFR 800.401.

题向各方提出 2～3 轮问题。对于通知，在 45 日期限结束时，CFIUS 可以批准交易或启动称为国家安全调查的二次审查。① 对于申报，在 30 日期限结束时，CFIUS 可以结束审查并清除交易，指导各方进入完整的通知程序，或在不采取行动的情况下结束审查，不授予安全港，但如果需要，让当事人自行提交完整的通知文件。② 另外，对于完整的通知审查，国家安全调查是 45 日，可以添加 45 日，整个审查期为 90 日，在某些情况下，CFIUS 可能会延长 15 日。这种额外的审查经常被用来给 CFIUS 更多时间进行尽职调查。在此期间，CFIUS 可能会提出更多问题，或就潜在的缓解措施展开讨论。通常，15 日的延期仅在非常情况下使用，通常保留用于缓解措施的最终谈判。

最后，关于审查结果，CFIUS 审查的潜在结果数量有限。如果 CFIUS 没有发现任何国家安全问题，它将"批准"交易并发出正式信函，通知各方审查已经结束并且没有发现任何国家安全问题。否则，CFIUS 可能会寻求缓解谈判措施以减轻这些担忧。这些缓解谈判如果成功，将导致各方和 CFIUS 签订缓解协议。譬如，2020 年年底，韩国实体现代汽车集团与日本投资公司软银集团签订协议，以 11 亿美元收购马萨诸塞州的商业机器人公司波士顿动力公司的控制权。交易完成后，现代汽车集团和软银集团分别持有波士顿动力公司约 80% 和约 20% 的股份。③ 值得注意的是，CFIUS 的批准是双方交易的完成条件。在极少数情况下，特别是在未达成缓解协议或 CFIUS 确定的国家安全问题无法通过缓解措施解决的情况下，CFIUS 可能会建议总统阻止或解除交易。

（二）CFIUS 的管辖权问题

CFIUS 法规载于《联邦法规》第 31 篇第 800 节（有关外国人在美国的某些投资的法规）和第 802 节（有关外国人在美国进行的某些涉及不动产交易的法规）。根据这些规则，CFIUS 有权审查非美国个人或实体直接或间接获得美国企业或不动产所有权或控制权的交易。需要注意的是，鉴于大多数 CFIUS 安全审查申请都是自愿的，CFIUS 的管辖并不一定意味着需要或强制进行通知。具体而言，CFIUS 有权审查涵盖控制交易、涵盖投资交易和涵盖不动产交易。

---

① See 31 CFR 800. 503.

② See 31 CFR 800. 405.

③ See Boston Dynamics, *Hyundai Motor Group Completes Acquisition of Boston Dynamics from SoftBank*, BostonDynamics News (Jun. 21, 2021), https://www. bostondynamics. com/hyundai-motor-group-completes-acquisition.

涵盖控制交易适用于非美国实体进行的任何收购,这些收购可能导致外国实体直接或间接地“控制”任何美国工商业。“控制”的定义很广泛,不仅涉及多数股权,还包括任何“通过拥有实体中未行使的全部投票权益的多数或占支配地位的少数、董事会代表、代理投票、特殊股份、合同安排、正式或非正式的一致行动安排或以其他方式确定、指导或决定影响实体的重要事项的直接或间接的权力,无论是否行使”。① 在这里,美国工商业是指在美国从事州际贸易的实体;而“外国实体”②可以是外国国民、外国政府或外国实体,包括合伙企业、公司、信托或在国外组织的其他实体。

涵盖投资交易是非美国实体直接或间接对技术、基础设施和数据行业的美国企业的非控制性投资进行的任何收购,前提是该投资可为非美国投资者提供访问此类美国业务所拥有的任何重要的非公开技术信息,此类美国业务的董事会或同等管理机构的成员资格、观察员或提名权,或任何参与此类美国业务中有关关键技术、关键基础设施或敏感个人数据的实质性决策。③ 技术、基础设施和数据行业的美国企业是CFIUS处理国家安全问题的主要领域,其在2018年FIRRMA中有明确的规定。

至于涵盖不动产交易,CFIUS的管辖范围扩大到所有涉及“涵盖不动产”的购买、租赁(包括转租)或特许权,其中外国人(除例外投资者)获得下述四项财产权中的任何三项,即物理访问权,将他人排除在物理访问之外的权利,改善或开发财产的权利,以及将结构或物体附在财产上的权利,即属于涵盖不动产交易的范围。涵盖不动产包括位于涵盖港口内或将作为其一部分职能的房地产,以及位于军事设施或其他出于敏感国家安全原因的政府设施一定距离内的房地产。④

(三)CFIUS通知的强制性与自愿性

CFIUS申报是强制性的还是自愿性的,取决于特定交易的具体情况和性质,包括其与某些国家安全问题领域的关系。如果非美国实体因为投资于生产、设计、测试、制造或开发某些敏感技术而控制涉及关键技术的美国企业,或者,外国政府实体直接或间接进行的少数投资导致外国政府在美国业务中获得重大利益,则需要遵守强制性申报要求。也就是说,因为外国实体的投资而导致外国投资者或者外国政府控制涉及关键技术的美国企业,或者获得重大利益,则需要强制申报。

---

① See 31 CFR 800. 208.
② See 31 CFR 800. 224.
③ See 31 CFR 800. 211.
④ See 31 CFR 802. 211.

具体来讲,“控制”表现为两个方面,第一,如果交易中涉及的非美国实体需要获得美国监管授权(例如《国际武器贸易条例》或《出口管理条例》下的许可),才能获得关键技术;第二,非美国个人将获得某些权利、权力或进入涉及关键技术的美国业务。这些不仅包括控制美国业务的能力,还包括董事会成员资格、获得非公开的技术信息,或与关键技术相关的决策。至于对“重大利益”的理解,其中49%或更多的股权由非美国政府拥有,导致投资实体在涉及关键技术的美国业务中获得25%或更多的权益。对于作为合伙企业或类似实体组织的非美国实体,49%的分析适用于该非美国实体的普通合伙人、管理成员或同等人员。①

未能提交符合强制性备案标准的交易可能会面临250,000美元或与交易价值相当的民事罚款,以较高者为准。② 这也可能导致CFIUS对交易发起交割后审查,提高解除交易或对各方造成重大财务中断和声誉损害的风险。

在强制与自愿申报的管辖方面,只有涉及关键技术的美国企业的交易才需要遵守CFIUS的强制申报要求。投资或收购非关键技术的美国企业和涵盖不动产交易不受强制申报要求的约束,因此,如果没有CFIUS的申报指令,只能自愿通知。但是,即使不需要强制申报,根据交易的性质和潜在的国家安全问题,在某些情况下自愿申报也是可取的和适当的。决定是否提交CFIUS自愿申报从根本上说是一种成本博弈,以评估通过审查过程获得CFIUS许可的负担、成本和潜在破坏性,来应对潜在的CFIUS干预后的商业风险。在自愿申报的情况下,选择不通知CFIUS不会受到法定处罚,但是可能导致CFIUS对非通知交易(non-notified transactions)进行审查,促使各方提交CFIUS通知、就缓解措施进行谈判,或者在极端情况下,在交易完成后阻止或解除交易。

此处所谈的缓解措施是在CFIUS发现国家安全问题后与各方协商以解决安全问题的措施。例如,以非美国投资者构成的“威胁”为重点的缓解协议通常借鉴国防反情报和安全局的框架,以减轻外国所有权的控制或影响,并以国家工业安全计划操作手册为指导。③ CFIUS可以在该框架下采取多种措施,包括仅限美国公民访问某些设施,限制美国公民对某些合同或业务单位的监督或管理以及访问控制、用户控制和凭证管理。缓解协议由CFIUS通知的所有各方以及美国政府协商和执行,协议期限取决于

① See 31 CFR 800.401,800.211.

② See 31 CFR 800.901.

③ See 32 CFR 117.

所确定的具体国家安全问题,但大多数协议至少存在数年。

尽管如此,FIRRMA 规定大大增加了 CFIUS 识别非通知交易的资源。具体而言,成立了财政部投资安全监督和执法办公室,该办公室负责识别未通知 CFIUS 但可能构成国家安全问题的交易。该办公室使用各种手段来识别交易,包括来自公众的提示、机构间转介、媒体报道、商业数据库和国会通知。譬如,2020 年 CFIUS 年度报告指出,仅在 2020 年就有 117 笔非通知交易。其中,有 17 笔交易的当事方被要求提交交割后备案,因此,CFIUS 似乎有可能继续积极追查非通知交易。年度报告还指出,改进识别未通知和未申报交易的潜在方法包括增加对 CFIUS 成员机构的工作人员的培训,以加强协调和提高公众对 CFIUS"提示"邮箱的认识。① 而在 2022 年,CFIUS 调查到的非通知交易下降到 84 笔,并且可能还会继续下降,主要原因是 CFIUS 审查工作多涉及 FIRRMA 发布之前的一些交易。虽然至 2023 年 CFIUS 的主要工作是监督晚近由外国投资实施的非通知交易,但一旦 CFIUS 获得了新的信息,其也将会继续对 FIRRMA 之前的一些交易进行评估。②

三、当前 CFIUS 安全审查的焦点问题

结合近年相关法案和总统行政命令可以得出,CFIUS 审查中出现的以下焦点问题。

(一)例外国家或例外投资者带来的不公正待遇

虽然 CFIUS 尚未正式确定哪些特定国家构成较高风险投资来源国,但 CFIUS 程序为来自美国盟友的投资者的确提供了一些便利,特别是来自"例外国家"的"例外投资者",这赋予美国新的杠杆作用,以迫使或者激励其他志同道合的国家采用可以接受的投资审查制度。来自例外国家名单上的国家的投资被排除在涵盖投资的定义之外,即相关交易应该不会导致外国人士控制美国企业但 CFIUS 仍可对其交易行使管辖权。自 2020 年 2 月 13 日起,美国财政部将澳大利亚、英国、加拿大和新西兰指定为例外国家,来自这四个国家的投资者可能会受益于 CFIUS 管辖范围内的有限豁免。然而,CFIUS 并未授予永久豁免。从 2022 年开始,例外国家必须满足 CFIUS 的认定条件,即该国"正在利用健全的程序来评估外国投资的国

---

① See US Department of the Treasury, *CFIUS* 2020 *Annual Report*, US Department of the Treasury (Jul. 2021), https://home.treasury.gov/system/files/206/CFIUS-Public-Annual-Report-CY-2020.pdf.

② Id., p. 52.

家安全风险，并促进与美国在投资安全相关事宜上的协调”。①

例外国家的例外投资者不受CFIUS对涉及关键技术的美国业务的非控制性涵盖投资和涵盖不动产交易的“扩大”管辖权的约束，而仅受上述CFIUS基于“控制”的管辖权的约束。② 要成为“例外投资者”，个人首先必须证明与一个或多个“例外国家”有实质性联系。例外国家的例外投资者标准要求投资者的合法组织和主要营业地在美国或例外国家，其中例外国家是为投资者的董事会席位和由美国国民或实体持有的所有权权益设定门槛或例外的外国。③

在“例外投资者”交易的情况下，外国行为者必须在交易后三年内保持例外投资者身份，才能使其不受CFIUS管辖。但是，如果一个外国不再是例外外国，仅这一变化将不会使特定投资成为受涵盖投资并恢复CFIUS管辖。例外外国的指定可能会使来自指定国家的投资者享有特权，他们面临的监管负担较轻，且交易被CFIUS干预的可能性较小。然而，CFIUS在作出例外国家决定时拥有充分的自由裁量权，这可能会让其他国家暂停例外国家地位。

（二）重新定义“控制权”和“重大利益”

根据FIRRMA规定，给予外国公司“控制权”的交易不再是CFIUS审查的唯一交易。对涉及关键技术、关键基础设施或美国公民私人数据的外国投资，相关资本转移的非控制性并不是唯一的标准，也要考虑相关交易对美国安全的“重大利益”问题。属于这些类别的交易需要备案，而且曾经通过审查的交易也可能会因调查而推迟。因此，CFIUS有将“控制权”交易扩大化的趋势，借以加强CFIUS的长臂管辖权。

另外，FIRRMA将“主要营业地”定义为“实体管理层指导、控制或协调实体活动的主要地点，或者在投资基金的情况下，基金的活动和投资主要由代表普通合伙人、管理成员或同等人员进行指导、控制或协调”。如果实体被确定在美国，并且在其最近向美国或外国政府提交的文件中表示，其主要营业地点、主要办事处和营业地点、主要执行办公室的地址、总部或同等机构位于美国境外，则该地点被视为该实体的主要营业地点，除非它能够证明该地点自提交申请以来发生了变化。这些新规定将影响许多纯粹的私人跨境交易，尤其是在关键基础设施、敏感个人数据和房地产领域。

① See 31 CFR 800.1001, 800.218.

② See 31 CFR 800.219.

③ Id.

（三）对"非通知交易"给予越来越多的关注

2018 年 FIRRMA 扩大了 CFIUS 审查交易的类型，其对"非通知交易"的规定同时扩大了 CFIUS 的权力，而非通知交易数量的激增凸显了美国全面试图限制外国投资者获取美国个人数据和知识产权的机会。鉴于新的扩大的权力，CFIUS 正在寻求监管"非通知交易"的机会，其对非通知交易的检查只会越来越多，而这一增长更多的是由美国面临的战略竞争对手所推动的。CFIUS 调查非通知交易的部分动力是投资者没有像监管机构希望的那样经常提交安全审查申请。另外，CFIUS 不断增加负责"非通知交易"的团队，通过商业数据库、新闻文章、破产申请甚至设立专门邮箱接收公众提示等来源寻找尚未提交 CFIUS 审查的交易。譬如，CFIUS 在 2022 年使用了各种方法来确定未通知和未申报的交易，包括机构间推荐、来自公众的提示、媒体报道、商业数据库和国会通知等。①

2021 年 3 月，中国私募股权公司智路资本（Wise Road Capital）同意以 14 亿美元间接收购韩国的半导体公司美格纳（Magnachip），该公司在特拉华州注册成立并在纽约证券交易所上市。虽然其在特拉华州也有一家子公司，但美格纳在美国几乎没有真正的存在。② 可能考虑到美格纳与美国的有限联系以及认为 CFIUS 缺乏管辖权，智路资本和美格纳并未将交易通知 CFIUS。但从美国国家安全的角度来看，基于 CFIUS 对以往交易（尤其是涉及中国投资的交易）的兴趣以及将半导体行业视为敏感行业的公认事实，CFIUS 要求双方提交备案，并于 6 月 15 日发布临时命令，禁止双方在 CFIUS 完成审查之前交易。大约两个月后，美格纳披露 CFIUS 裁定拟议交易对美国的国家安全构成风险，没有充分减轻已识别的风险的缓解措施，并且在调查期间没有出现改变 CFIUS 对国家安全风险评估的新信息，预计会将此事提交总统作出决定。③ 当面临此类情况时，当事方通常决定放弃拟议的交易，以避免公开的总统令阻止交易。该案表明 CFIUS 愿意扩大其管辖范围，尤其是在涉及敏感行业的交易时。美格纳与美国的联系非常有限，考虑到这一点，为了对拟议交易主张管辖权，CFIUS 大概依赖于

---

① See US Department of the Treasury, *CFIUS* 2022 *Annual Report*, US Department of the Treasury (Jul. 2023), https://home. treasury. gov/system/files/206/CFIUS% 20-% 20Annual% 20Report% 20to% 20Congress% 20CY% 202022_0. pdf, p. 52.

② 事实上，美格纳的所有制造和研发活动都在韩国进行；公司的销售活动主要发生在韩国；公司在美国没有任何员工、有形资产或 IT 系统；美格纳的所有知识产权均归其运营公司或其他非美国子公司所有。参见张晨静：《美方再次插手中韩半导体领域关键收购案》，载观察者网 2021 年 9 月 1 日，https://www. guancha. cn/internation/2021_08_31_605249. shtml。

③ See Magnachip Semiconductor Corp., *Current Report* (*Form* 8 – *K*) (Aug. 27, 2021).

美格纳是一家在特拉华州注册成立并拥有一家特拉华州子公司的美国上市公司这一事实来宣称对拟议的交易享有管辖权。[①] 同时,CFIUS 的安全审查管辖权似乎扩展到了与"美国企业"没有实际联系或者没有实际获得美国企业控制权的交易。CFIUS 最初对外国人取得美国企业控制权的交易(除其他交易外)拥有管辖权,而且"美国企业"一词在历史上被定义为在美国从事州际贸易活动的任何实体,无论控制它的人的国籍如何。但在 FIRRMA 中,CFIUS 从"美国企业"的定义中取消了"从事州际贸易活动",[②]由此带来的担忧是,任何与美国有联系的企业(可能包括在美国没有实体存在的企业)所从事的相关交易都有可能被视为在 CFIUS 的管辖范围内。结合美格纳案可以看出,即使有关的跨境投资交易不直接涉及美国而只是涉及与美国有有限联系的非美国公司,但在涉及半导体或敏感行业的情况下,也应当应仔细考虑 CFIUS 是否可能对此类交易引起的潜在国家安全威胁感兴趣,同时也要注意,CFIUS 很有可能会继续积极地识别和撤销其认为可能引发国家安全问题的非通知交易。

CFIUS 内有一个非通知团队负责搜索未向 CFIUS 提交的交易。如果非通知团队发现可能有危害国家安全后果的交易,它可以要求交易方备案。交易方越来越难以避开非通知团队的关注。但 CFIUS 不再是秘密,很多公司和投资者都知道 CFIUS 及其运作方式。因此,外国买家在选择放弃 CFIUS 申报之前应仔细考虑风险。如果外国买家没有从 CFIUS 获得安全港信函,买家可能会面临竞争对手或敌对股东团体在数年后试图利用 CFIUS 程序破坏投资的可能性。

(四)加强对不动产投资的安全审查

根据 CFIUS 的规定,CFIUS 对涉及外国人在美国购买、租赁或让与某些房地产的某些交易具有管辖权。《联邦法规》第 31 篇第 802 节附录 A 确定了邻近某些美国军事设施和其他美国政府场所的不动产交易,如果满足某些其他标准,这些设施和其他美国政府场所可能会触发 CFIUS 的管辖权。这些设施和地点由美国国防部根据国家安全考虑确定;建立第 802 节的 FIRRMA 最终规则的序言指出,国防部将根据国家安全考虑持续不断地评估附录 A 中列出的设施和地点,这也就意味着其可以不断增加

① See Chase D. Kaniecki & William S. Dawley, *CFIUS Threatens to Block Magnachip Deal; Shows Willingness to Interpret Its Jurisdiction Broadly*, Cleartradewatch News (Sept. 10, 2021), https://www.clearytradewatch.com/2021/09/cfius-threatens-to-block-magnachip-deal-shows-willingness-to-interpret-its-jurisdiction-broadly/#more-2585.

② See 31 C. F. R. § 800.252.

CFIUS 对有关不动产尤其是美国军事设施交易的管辖权。譬如,2023 年 5 月 5 日,作为 CFIUS 的主席,美国财政部在联邦公报上发布了一项拟议规则,该规则将《联邦法规》第 31 篇第 802 节附录 A 中列出的美国军事地点扩大至 8 个,同时对第 802. 227 节中“军事设施”(military installation)的定义作出相应修订。其背后的原因之一是,美国人担心外国投资者收购或租赁美国军事设施附近的美国房地产可能带来不利后果。拟议规则反映了这种持续评估,可能至少部分是由于公众和美国政府对外国在美国军事基地附近购买某些土地的担忧。因此,如果拟议规则生效,除非适用例外情况,CFIUS 将对涉及这些额外美国军事设施 100 英里以内的外国人购买、租赁或出让的交易具有管辖权。

此外,根据拟议规则,其将对《联邦法规》第 31 篇第 802. 227 节中“军事设施”的定义进行合规性修改,将亚利桑那州、加利福尼亚州、艾奥瓦州、北达科他州、南达科他州和得克萨斯州(8 个额外设施和站点所在的州)添加到当前设施和站点所在的现有州列表中。美国媒体报道指出,拟议规则反映了最近围绕中国公司购买某些土地的争议。例如,一位中国退役军人的公司试图在得克萨斯州瓦尔福德县购买的土地上建造太阳能和风力发电厂,但得克萨斯州立法机关通过一项禁止得克萨斯州企业与某些国家公民拥有或控制的实体签订合同的法律阻挠了他的计划,这些国家其中就包括中国。瓦尔福德县的土地靠近劳克林空军基地,该基地是拟议规则将添加到附录 A 的军事设施之一。要批准这笔交易,CFIUS 必须得出结论,该发电厂要么对美国国家安全不构成风险,要么构成可接受的风险。① 又如,CFIUS 于 2022 年 12 月裁定,它对中国的阜丰公司购买距离得克萨斯州格兰德福克斯空军基地约 12 英里的湿玉米碾磨厂的土地缺乏管辖权,因为相关投资属于绿地投资,而且该基地未被确定在附录 A 中。② 但现在拟议规则将格兰德福克斯空军基地添加到附录 A,也就避免了以后发生类似的不动产交易进行安全审查的可能性。

尽管 CFIUS 不动产规则不包括任何强制申报,但拟议规则强调了评估 CFIUS 对涉及外国人的所有美国房地产交易的管辖权并考虑提交自愿

---

① See King & Wood Mallesons, 60 – *Second CFIUS*: *CFIUS Clears Chinese Wind Farm Deal*, King & Wood Mallesons Insight (29 Jun. 2020), https://www.kwm.com/us/en/insights/latest-thinking/cfius-clears-chinese-wind-farm-deal.html.

② See Jing Zhang et al., *CFIUS Determines it has no Jurisdiction over Fufeng Group's North Dakota Corn Mill Project*, Mayer Brown (Jan. 26, 2023), https://www.mayerbrown.com/en/perspectives-events/publications/2023/01/cfius-determines-it-has-no-jurisdiction-over-fufeng-groups-north-dakota-corn-mill-project.

CFIUS 申报的重要性。各方应特别注意涉及中国或俄罗斯买家或承租人的房地产交易,因为此类交易继续受到 CFIUS 的严格审查。

(五)不断扩大自己的管辖权

关于管辖权问题,CFIUS 有时会扩大自己的管辖权。譬如 2016 年,时任总统奥巴马阻止了中国福建的一家投资公司并购德国半导体公司爱思强(Aixtron)的交易。尽管这两家公司都不是美国公司,但是美国阻碍兼并行为的主要原因是中国的芯片投资者可能会拥有爱思强在美国加利福尼亚州的资产。虽然当时奥巴马总统没有援引国家安全阻碍该交易,但是当时美国财政部发表的声明指出,“除其他外,该交易导致的国家安全风险,与爱思强整体技术知识和经验的军事应用有关,而爱思强是半导体制造设备和技术的生产商和创新者”。①

随着 2018 年 CFIUS 流程中增加了强制性申报要求,以及可能对交易金额处以最高罚款的威慑,交易各方将注意力集中在当前法规下交易是否需要通知 CFIUS(强制性申报)上,这是可以理解的。然而,正如美格纳案交易所证明的那样,是否自愿提交 CFIUS 申请的权衡并不是那么简单,这在很大程度上是因为 CFIUS 对非通知交易的直接调查具有广泛的管辖权。

另外,前述美格纳案表明,虽然该公司的员工、有形资产或销售活动都不在美国,但这笔交易确实涉及一家美国商业实体,而且该公司在纽约证券交易所上市,这为 CFIUS 提供了有效阻止该笔交易所需的司法管辖权根据。该案带来的教训是,投资者不应该忽略 CFIUS 管辖权的范围以及美国外国直接投资审查机制中尽职调查的深度。值得注意的是,对于该交易,尽管各方可能合理地得出结论认为该公司在美国的存在有限并且不涉及强制提交文件,但 CFIUS 仍然声称对该交易具有管辖权,在这种情况下,这是一项“涵盖控制交易”(非美国实体的任何收购,可能导致非美国人直接或间接“控制”任何“美国企业”)。② 该案还表明,CFIUS 越来越意识到非通知交易的感知风险,并认为必要时要对非通知交易进行直接调查,以进行干预。因此,在 CFIUS 管辖范围内的交易各方,如果选择放弃自愿通

① See U. S. Department of the Treasury, *Statement on the President's Decision Regarding the U. S. Business of Aixtron SE*, U. S. Department of the Treasury (Dec. 2, 2016), https://home.treasury.gov/news/press-releases/jl0679.

② See Damely Perez & Kimberly Shi, *Back to the Future: The Committee on Foreign Investment in the United States (CFIUS) Scuppers Another Semiconductor Transaction*, CliffordChance Antitrust/FDI Insights (11 Jan. 2022), https://www.cliffordchance.com/insights/resources/blogs/antitrust-fdi-insights/2022/01/cfius-scuppers-another-semiconductor-transaction.html.

知，应仔细评估接受 CFIUS 直接调查的潜在风险，并为此做好相应准备。

而在美国外国直接投资审查中的尽责方面，需要明确的是，CFIUS 可以选择对非美国公司的活动采取行动，但是在美国上市的公司不属于此类情形。在美格纳案中，由于交易涉及转让美国控股公司的权益，CFIUS 拥有可以在美国执行的有效补救措施。根据 CFIUS 法规，CFIUS 可以审查任何旨在或意图逃避或规避 CFIUS 管辖权的交易、转让、协议或安排。因此，即使交易目标在交易时没有美国资产，如果 CFIUS 有理由相信资产（如设备、合同、人员等）在交易前被转移到外国附属公司，以试图逃避 CFIUS 的管辖，CFIUS 也可以主张管辖权。

最新的发展是，2023 年 8 月 9 日，拜登总统发布名为《关于美国在受关注国家开展涉及国家安全技术和产品领域投资的规定》的第 14105 号行政命令，限制在国家安全技术和产品方面的美国对外投资活动。该命令指示财政部禁止美国投资者投资于那些“受关注国家”的与“半导体和微电子、量子计算和人工智能行业有关并且是对于军事、情报、监视或网络能力至关重要的敏感技术和产品”。[①] 虽然该行政命令是泛指，但其附录却只指出了一个受关注国家，即中国。[②] 该行政命令在美国国内行政部门和国会经历了长时间的讨论，并且也是很多利益团体游说的目标。其关注的仅仅是对外投资引起的潜在国家安全问题，而不涉及人权或供应链韧性等问题。该行政命令能否对美国投资者到中国投资达到预期的“寒蝉效应”还有待观察。

四、美国外资安全审查的典型案例分析

本部分内容主要以中国投资者因为涉及关键基础设施、敏感个人信息以及关键技术领域的国家安全问题而被审查的相关案例为分析对象，并进行相应的探讨。FIRRMA 于 2018 年 8 月作为《国防授权法》的一部分通过，其在国会的主要倡议者出于对中国投资的担忧，强调扩大 CFIUS 的管辖范围，将某些非控制性投资和不动产交易包括在内。[③] 因此，FIRRMA 的制定本身也有抑制和审查中国投资的意图。

（一）关键基础设施：罗尔斯案

罗尔斯是一家由两位中国人拥有的美国公司，2012 年其购买了位于

---

① See Exec. Order 14,105, Secs. 1(a), 9(c), 88 Fed. Reg. 54,867 (Aug. 9, 2023).

② Id.

③ See Patrick McDonnell, *Treasury Proposes New Rules on CFIUS's Jurisdiction: Opening the Black Box*, Lawfare Blog (Oct. 8, 2019), https://www.lawfareblog.com/treasury-proposes-new-rules-cfiuss-jurisdiction-opening-black-box.

美国俄勒冈州的、由美国海军维护的轰炸区限制范围内的一座发电厂。罗尔斯将收购的情况主动通知了 CFIUS 并就相关问题进行了回答，但是从来没有被告知 CFIUS 询问的重要性。在随后的几个月，CFIUS 告知罗尔斯暂停风电项目开发并进行了调查，其后裁定“罗尔斯公司可能采取了损害美国国家安全的行动”，总统发布了一项罗尔斯出售其风力发电厂的撤资行政令。罗尔斯认为，根据《美国宪法第五修正案》正当程序条款，其有权知道 CFIUS 作出决定的原因根据并且应当得到向 CFIUS 提出自己申辩的机会。[①] 哥伦比亚特区联邦巡回上诉法院的三名法官裁定，虽然因为国家安全问题罗尔斯未对总统的决定质疑，但其可以根据《美国宪法第五修正案》的正当程序条款提出违反自己相关权益的挑战。如果政府没有充分通知其行动、获取非机密证据或反驳该证据的机会，政府可能会剥夺其正当程序权利，本案中罗尔斯没有得到政府否决该交易的任何信息等。[②]

罗尔斯案提供了一种有用的方式来理解与投资筛选相关的正当程序可能出现的问题。罗尔斯虽然是一家美国公司，但归中国公民所有，其收购了位于美国海军维护的受限空域和轰炸区内的有限责任公司，原则上属于 CFIUS 审查的范围。CFIUS 审查了这些交易并发布了一项命令，实施了某些临时缓解措施，但没有披露交易构成的国家安全威胁的性质或发布命令所依赖的证据。因此，罗尔斯根据《美国宪法第五修正案》的正当程序要求对该决定质疑。

(二)敏感个人资料:北京石基案、基达案和碳云智能案

北京石基信息技术股份有限公司(以下简称北京石基)是一家主要向酒店业、餐饮业、零售业和娱乐业提供信息源服务、网络技术服务的公司，其目标公司 StayNTouch 是一家设立于特拉华州的主要提供各酒店、度假中心、赌场等信息服务的公司。北京石基自 2016 年起对 StayNTouch 进行了首轮投资，并于 2018 年 9 月完成对 StayNTouch 的 100% 收购。2019 年，美国总统否决了北京石基收购 StayNTouch 的交易并要求强制出售。在收购完成 18 个月之后，美国总统于 2020 年 3 月发出总统令，以国家安全为由禁止北京石基收购 StayNTouch，并要求北京石基完全转让 StayNTouch 的股份。该总统令并未就国家安全理由进行详述，只是提到有足够的可信证据显示该收购将危害美国的国家安全。2020 年 8 月底，北京石基宣布将 StayNTouch 出售给美国第五大酒店所有者经营者 MCR，其购买价格为

① See *Ralls Corporation v. Committee on Foreign Investment in the United States*, 758 F. 3d 296 (D. C. Cir. 2014), paras. 304 – 306.

② Id., at pp. 319 – 320.

4600 万美元,包括潜在的收入。① StayNTouch 为酒店提供的管理系统可以帮助记录客房库存和跟踪预订情况,这意味着该公司可能会处理大量与旅行相关的敏感个人信息以及位置信息,对该交易的国家安全顾虑很可能基于对包括美国公民的身份、位置数据、行程安排、联系方式等敏感个人数据的掌握。

中国的游戏公司北京昆仑科技有限公司(以下简称昆仑)于 2016 年收购了全球最大的同性交友网站基达公司(以下简称基达)的多数股权,并于 2018 年收购了其剩余股权,而未将交易通知 CFIUS。② 昆仑对基达的控股很快引来美国政府的关注,2018 年参议院即致信要求基达陈述其如何在中国股东的控制下保护用户隐私。2019 年 3 月,CFIUS 通知昆仑,并对其通过基达获取美国公民的敏感个人数据表示担忧,因其收购基达的交易"构成国家安全风险",要求昆仑出售基达。基达应用程序是最大的社交网络应用程序之一,收集各种可能最终带来隐私和安全风险的敏感个人数据,包括私人聊天、照片、有关性取向的信息、艾滋病毒状况和用户移动设备的地理位置。③ CFIUS 担忧此类个人身份数据可能被用来剥削美国公民,特别是那些处于敏感国家安全职位的人。最终,2019 年 5 月 9 日,昆仑、基达与 CFIUS 签署了《国家安全协议》,该协议要求昆仑应在 2020 年 6 月 30 日之前,向一个或多个主体出售其持有的基达的 100% 股权。最终 2020 年 3 月,昆仑发布公告,拟将其所持有的基达 98. 59% 的股权转让给由美国企业家控股的新公司,昆仑从基达剥离。更广泛地说,收集数据的公司应该对敏感个人数据的不断变化的定义、与之相关的威胁以及它如何影响外国直接投资保持警惕。基达案还提醒企业,已完成的交易并非 CFIUS 的审查禁区。

碳云智能(iCarbonX)是一家中国新锐生命健康独角兽公司,于 2017 年 1 月以 1 亿美元股权融资获得美国病患社交平台病人如我(PatientsLikeMe)公司的绝大多数股权,前者的两名高管进入了董事会。病人如我公司创立于 2004 年,是一家位于美国的患者网络和实时研究平台,通过收集并汇总患者健康数据,分享、研究病例数据,为世界各地的患

① 参见童黎:《特朗普政府对 TikTok 的套路,还用在了另一家中企身上》,载观察者网,https://www. guancha. cn/internation/2020_08_31_563527. shtml。

② See Carl O'Donnell et al. ,*Exclusive*: *Told U. S. Security at Risk*, *Chinese Firm Seeks to Sell Grindr Dating App*, Reuters (27 Mar. 2019), https://www. reuters. com/article/us-grindr-m-a-exclusive/exclusive-told-u-s-security-at-risk-chinese-firm-seeks-to-sell-grindr-dating-app-idUSKCN1R809L.

③ See Robert Kim, *Analysis*: *CFIUS Scrutiny Forces Chinese Sale of Grindr*, Bloomberg (16 Apr. 2019), https://news. bloomberglaw. com/bloomberg-law-analysis/analysis-cfius-scrutiny-forces-chinese-sale-of-grindr.

者提供相似病例搜索和相关治疗的服务。此外,病人如我公司汇聚了大量的患者报告信息,通过向制药公司等售卖经过去隐私处理的聚合数据获利。病人如我公司的合作对象不仅包括渤健(Biogen)等大型制药公司,还包括非营利性健康组织国际双相基金会,因此病人如我公司可能收集并掌握其用户的个人敏感健康数据。双方在 2017 年交易时并没有提交自愿审查。然而,2018 年 10 月 10 日,美国财政部下属的投资安全办公室出其不意地发布了一项行政决定,即从当年 11 月 10 日起,将通过 CFIUS 对 27 个美国行业的外商股权投资实施更严格审查。当时,外界即已普遍推测这项新政是针对中国的。2018 年年底 CFIUS 接触病人如我公司,要求碳云智能剥离所持有的病人如我公司的资产。2019 年 4 月,具有腾讯背景的碳云智能被迫转售该互联网医疗公司的股份。① 这一动向表明,CFIUS 扩大了外商投资审查范围,超出了涉及关键基础设施的大额投资,正在不断进入医疗健康数据等新行业领域。这一举动也对其他有中方投资的类似领域的美国企业发出了警告。

(三)国家安全与敏感信息相结合的 TikTok 案

字节跳动于 2017 年年末收购美国音乐在线(Musical. ly)后改名为 TikTok,在收购时国家安全并不是一个焦点问题,因而 CFIUS 没有对该交易进行审查。随着 TikTok 声誉渐长,2019 年 5 月特朗普总统发布第 13873 号行政命令,该命令宣布《国际紧急经济权力法》(International Emergency Economic Powers Act,IEEPA)下的国家紧急状态,并指示商务部制定监管规则,以解决美国“信息和通信技术和服务供应链”中的漏洞。② 2019 年 11 月,根据追溯审查的权利规定,CFIUS 宣布将对该收购进行调查,并认为 TikTok 获取、存储美国用户个人信息数据,可能使中国政府有渠道也获取该数据,进而可能危害美国国家安全。③

2020 年 8 月,特朗普总统基于 CFIUS 的建议,颁布了第 13942 号行政命令,要求字节跳动剥离 TikTok 以及从 TikTok 应用程序或美国音乐在线中获得或衍生的任何数据,以解决中国公司特别是 TikTok 开发和拥有的

---

① See Christina Farr & Ari Levy, *The Trump Administration is Forcing This Health Start-up that Took Chinese Money into a Fire Sale*, CNBC News (Apr. 4, 2019), https://www.cnbc.com/2019/04/04/cfius-forces-patientslikeme-into-fire-sale-booting-chinese-investor.html.

② See Exec. Order No. 13873 (May 15, 2019), *Securing the Information and Communications Technology and Services Supply Chain*, 84 Fed. Reg. 22689 (May 17, 2019).

③ See Robert Chesney, *TikTok and the Law: A Primer (In Case You Need to Explain Things to Your Teenager)*, Lawfare Blog (Aug. 2, 2020), https://www.lawfareblog.com/tiktok-and-law-primer-case-you-need-explain-things-your-teenager.

移动应用程序的问题，同时命令要求在必要时，在商务部确定的范围内，禁止涉及 TikTok 所有者字节跳动的"任何交易"以应对据称由 TikTok 构成的国家安全威胁。① 美国政府裁定的理由主要是 TikTok 为中国利益而收集数据的行为威胁了美国的国家安全，同时认为可以因外国公司控制的技术威胁而宣布国家紧急状态。

这里先解释一下 IEEPA 的国家紧急状态授权问题。IEEPA 广泛授权总统监管涉及美国管辖范围内的外国或外国国民的交易。② 要援引这一权力，总统必须首先要宣布国家紧急状态，即声称"其全部或大部分来源在美国以外的交易对美国的国家安全、外交政策或经济构成不寻常和特殊的威胁"，③IEEPA 是美国总统可用于应对国家安全威胁的最强大工具之一，并已在各种情况下被援引，尤其是当执行许多美国经济制裁计划和维持商务部的出口管制条例之时。特朗普总统曾经援引 IEEPA 转移资金以建造边界墙，并因移民问题而威胁对从墨西哥进口的商品征收关税。④

2020 年 9 月，美国商务部确定了涉及 TikTok 母公司或其子公司的某些类型的禁止交易。⑤ 原告在美国几个地方法院提起诉讼，以禁止商务部实施这些禁令，并声称其违反了 IEEPA、《美国宪法第一修正案》、行政程序法等。2020 年 10 月，美国地方法官温迪·贝特尔斯通（Wendy Beetlestone）作出禁止特朗普政府在美国境内有效禁止中国移动应用程序 TikTok 的尝试，其认为政府对 TikTok 的拟议限制将侵犯"IEEPA 自由区"（IEEPA-free Zone），该区保护"个人通信"和"信息材料"贸易免受美国制裁和其他贸易限制。⑥ 法院在发布这项阻止总统使用国家安全紧急权力

---

① See Exec. Order No. 13942 (Aug. 6, 2020), *Addressing the Threat Posed by TikTok, and Taking Additional Steps to Address the National Emergency with Respect to the Information and Communications Technology and Services Supply Chain*, 85 Fed. Reg. 48637 (Aug. 11, 2020). 当时，字节跳动还受到特朗普总统发布的一项无关命令的约束，在 CFIUS 的监督下，剥离其在某些 TikTok 资产/业务/数据中的所有权。See Order of August 14, 2020, Regarding the Acquisition of Musical. ly by ByteDance Ltd., 85 Fed. Reg. 51297 (Aug. 19, 2020).

② See 50 U. S. C. § 1702(a).

③ Id., § 1701.

④ See generally, *Trump Administration Tariff Actions: Frequently Asked Questions*, *Congressional Research Service*, CRS Report (Dec. 15, 2020), https://crsreports. congress. gov/product/pdf/R/R45529.

⑤ See Identification of Prohibited Transactions to Implement Executive Order 13942 and Address the Threat Posed by TikTok and the National Emergency with Respect to the Information and Communications Technology and Services Supply Chain, 85 Fed. Reg. 60061 (Sept. 24, 2020).

⑥ See *Marland v. Trump*, No. CV 20 – 4597, 2020 WL 6381397 at * 12 (E. D. Pa. Oct. 30, 2020).

的特别禁令时不认同政府的观点，即“不应仅仅因为外国对手的利用而使总统无法减轻国家安全威胁媒体公司的漏洞”。① 法官裁定这种尝试性的监管计划可能会被证明是越权或超越政府权限而无效，因为它“至少在信息材料方面构成了一种违反 IEEPA 的间接监管贸易”。② 由于该法官的禁令，美国商务部于同年 11 月 17 日确认，其确定的 TikTok 禁令“不会生效，有待进一步的法律发展”。③

2020 年 9 月，华盛顿特区的美国地方法官卡尔·J. 尼科尔斯（Carl J. Nichols）也禁止商务部对 TikTok 进行限制，认为政府的“预期目标包括停止向中国出口数据（政府自己定义为‘文本、图像、视频和音频’）以及停止向美国输入宣传”，这些都属于 IEEPA 的信息材料豁免。④ 法院在 12 月 7 日的一个类似判决中维持了该禁令，明确指出 TikTok 的数据传输不构成涉及任何有价值的个人信息，并且 TikTok 的内容构成受到保护的“信息资料”。⑤ 美国联邦法院针对 TikTok 所作出的拒绝接受特朗普以国家安全紧急情况为由采取特别行动的裁决表明，对国家安全的直接威胁现在已经成为数百万普通美国人生活的一部分，而法官们之所以能够这样做，是因为国会已经明确地从总统的紧急经济权力中剥离出了监管跨境信息交换的权力。⑥

TikTok 诉讼可以说是美国多年来以国家安全的名义监管全球技术的重要的法律发展，其在相互竞争的利益（一方面是言论自由和思想自由贸易，另一方面是国家安全）可能会受到美国法律阻碍方面提供了很好的例证。另外，TikTok 诉讼是美国政府以美国国家安全的名义利用 IEEPA 实施经济限制所面临的最重大挫折之一。该案表明，尽管宪法赋予了行政部门的国家安全执法机制（如 IEEPA 和 CFIUS）以压倒性的权力，但事实证明，这些框架在合理监管外国大量数据收集（包括一些高度敏感的个人数

---

① See *Defendants' Memorandum in Opposition to Plaintiffs' Second Motion for a Preliminary Injunction* at 19, *Marland v. Trump*, No. CV 20 - 4597 (E. D. Pa. Oct. 20, 2020).

② See *Marland v. Trump*, No. CV 20 - 4597, 2020 WL 6381397 at *12 (E. D. Pa. Oct. 30, 2020).

③ See Identification of Prohibited Transactions to Implement Executive Order 13942 and Address the Threat Posed by TikTok and the National Emergency with Respect to the Information and Communications Technology and Services Supply Chain; Preliminary Injunction Order by a Federal District Court, 85 Fed. Reg. 73191 (Nov. 17, 2020).

④ See *TikTok Inc. v. Trump*, 490 F. Supp. 3d 73 (D. D. C. 2020).

⑤ See *TikTok Inc. v. Trump*, 507 F. Supp. 3d 92 (D. D. C. 2020).

⑥ See Anupam Chander, *Trump v. Tiktok*, 55 (5) Vanderbilt Journal of Transnational Law 1145 (2022).

据)方面的适用性尚不清楚。在无限制数据交易方面,可能需要额外的新立法来平衡安全问题与私营部门利益之间的关系。① 拜登就任后,2021 年 2 月 10 日,拜登政府要求法院暂停审理有关 TikTok 的案件。2021 年 6 月 9 日,拜登签署了一项行政命令,撤销并替换了前总统特朗普在任期间签署的针对 TikTok 和微信等应用的行政命令(具体编号为 E. O. s 13942、13943 和 13971),但同时指示美国商务部对外国运营的相关应用程序进行评估,并根据需要采取行动。拜登政府认为,这些被审查的应用程序可能对美国数据隐私及国家安全构成风险。②

(四)关键技术:博通—高通并购案

这是一个虽然当事人不涉及中国但是因为相关关键技术的竞争对手是中国公司而引发的国家安全审查案。2017 年 11 月,在博通首席执行官宣布博通计划将其法律总部迁出新加坡并移交给美国以进行税收目的几天后,博通提出以 1050 亿美元收购另一家主要芯片制造商高通,这是当时技术行业历史上最大的一笔收购。位于加利福尼亚州的高通公司是一家制造数字无线通信设备的技术巨人,在很大程度上依靠微芯片销售和专利许可的结合来获取利润。更具体地说,高通是“所谓的 5G 技术开发和标准制定的领先公司”,与中国的华为技术有限公司竞争激烈。作为美国 5G 通信研究的领导者,被博通收购的公告立即引起了 CFIUS 的警觉和调查,同时美国军方对博通与“第三方外国实体”关系的担忧促进了该调查。③

2018 年 3 月中旬,特朗普以国家安全为由,否决了位于新加坡的芯片生产商博通对于其美国竞争对手高通的并购,即两家公司都被命令即刻放弃这一拟议中的交易,同时禁止博通提议的高通董事会候选人参选,理由是博通提名的所有 15 名董事会候选人都不符合高通董事会候选人的资格。通过在国家安全的基础上介入并阻止博通的竞标,CFIUS 维护了高通

---

① See Bernard Horowitz & Terence Check, *TikTok v. Trump and the Uncertain Future of National Security-based Restrictions on Data Trade*, 13(1) Journal of National Security Law & Policy 61 (2022).

② See Jason Silverstein, *President Biden Revokes Trump's Attempted Ban of TikTok*, CBS News (Jun. 9, 2021), https://www.cbsnews.com/news/president-biden-revokes-trumps-attempted-tiktok-ban/.

③ 美国军方认为,如果博通成功收购高通,“在 10 年内,从本质上讲,所有这些技术都将占据主导地位,这就是华为,那么美国运营商别无选择。他们只能购买华为(设备)”。See Peter Henderson, *President Trump Halts Broadcom Takeover of Qualcomm*, Reuters (Mar. 12, 2018), https://www.reuters.com/article/us-qualcomm-m-a-broadcom-merger/president-trump-halts-broadcom-takeover-of-qualcomm-idUSKCN1GO1Q.

在5G全球市场中的可观市场份额，并保留了高通对其必不可少的5G专利的控制权，以在5G领域与中国华为进行更好地竞争。① 在考虑到所有这些因素之后，特朗普总统决定阻止博通竞购高通，这也得到了两党人士的支持。②

虽然博通—高通并购案中不涉及中国投资，但是拒绝并购以与中国高新技术竞争的事实表明，任何中国或与中国紧密联系国家的重大投资都可能使美国军方认为构成对国家安全的潜在威胁，从而引起CFIUS的注意，并且很可能会受到阻挠。关键是，在平衡鼓励对美国技术经济投资和拒绝有国家安全风险的某些问题投资之间的关系时，CFIUS将如何定义和解释“关键技术”。

并非所有涉及中国的交易都可能会受到阻止。譬如，Icon是一家于2006年创立的小型娱乐飞机制造商，其制造具有可折叠机翼并且能够在陆地和水上起飞和降落的碳纤维飞机。2015年，中国上海浦东科技投资公司对Icon进行了小额投资，并在接下来的几年里将投资增长到47%。Icon的美国股东担心中国投资者计划关闭Icon在美国的业务并将其技术转移到中国，因此通知了CFIUS，理由是该公司的飞机可以改装成军用无人机。Icon的回应是该类型飞机是由商用的现成产品制成的，完全不适合军事应用，并且中国的投资使公司免于倒闭。CFIUS于2021年11月开始审查该交易，2022年3月1日认定中国的投资不会引起国家安全风险，并在未采取缓解措施的情况下批准了交易。该交易的启示是，CFIUS不会阻止所有中国交易。从表面上看，Icon交易似乎正是CFIUS旨在阻止的投资类型，即一家中国政府支持的投资公司收购了一家飞机初创公司的少量股份，然后慢慢增持股份直至占据主导地位，之后将技术转让给中国。但CFIUS不会仅仅因为交易引发危险信号或符合某种模式而阻止交易。CFIUS会逐案审查每笔交易，并根据每笔交易的事实和情况决定是否阻止或减轻交易。在这里，CFIUS可能审查了Icon用于制造其休闲飞机的技术、材料和制造工艺，并得出结论，Icon没有任何敏感技术或专有技术超过中国当前可用的技术。虽然由于当前的地缘政治气候，很容易相信任何中

① See Eric Auchard & Sijia Jiang, *China's Huawei Set to Lead Global Charge to 5G Networks*, Reuters (Feb. 22, 2018), https://www.reuters.com/article/us-telecoms-5g-china/chinas-huawei-set-to-lead-global-charge-to-5g-networks-idUSKCN1G70MV.

② See Shravanth Vijayakumar et al., *Timeline: Broadcom-Qualcom Saga Comes to an Abrupt End*, Reuters (Mar. 14, 2018), https://www.reuters.com/article/us-qualcomm-m-a-broadcom-timeline/timeline-broadcom-qualcomm-saga-comes-to-an-abrupt-end-idUSKCN1GQ22N.

国公司都不能在没有被 CFIUS 阻止的情况下在美国投资。但是,该裁定表明,并非所有中国交易都被阻止。①

五、小结

自 1975 年 CFIUS 最初制定以来,CFIUS 的所有修正案不断扩大其审查范围,加强以国家安全为由的外资审查。CFIUS 发生了重大变化,以保持其在保护美国在外国投资领域的国家安全利益方面的作用。CFIUS 已从最初专注于涉及国防相关公司的交易的机制发展到涵盖机器人技术、社交媒体和电信基础设施等的交易的机制。此外,CFIUS 的管辖权已显著扩大,以跟上外国投资工具结构和复杂性的变化。尤其是近几年,CFIUS 一直在尽最大努力处理可能对美国国家安全利益构成威胁的任何事情,但是相关案例表明其做法似乎太过。譬如为制止中国对美国新兴技术的不断增长的投资,FIRRMA 可能被视为保护此类投资的盾牌,尤其是,"关键技术""敏感信息"领域以及有"国资背景"或可能存在关联关系的企业成为对中国投资审查的重点区域,并且对已经完成的投资并购行为也有追溯审查的权力。② 这无疑会抵制潜在的中国投资,并随之影响包括中国投资者在内的外国投资者进入美国市场的意愿。即使将有关安全审查的争端提交至美国法院,外国投资者在美国国内法院质疑 CFIUS 的国家安全决定的实际效果也通常有限。③ 此外,美国政府扩大国家安全概念还可能会推动更多的和不同的与国家安全有关的诉讼挑战,尤其是那些认为自己与国家安全无关或根本不涉及国家安全的公司越来越有可能受到国家安全审查的影响,而且与从事传统国家安全敏感业务的国防承包商和其他公司不同,这些公司可能更愿意对针对它们的行政行为提出挑战。④ 此类情形从另一个角度促使美国 CFIUS 的管辖权不断扩大。事实上,CFIUS 审查权限的扩大已经达到几乎任何外国投资者个人或者实体都可能受到其监管约束的程度,但其审查程序的透明度似乎仍然有限,缺乏可预见性,因此也

---

① See J. Tyler McGaughey, *Worldwide: CFIUS Approves Chinese Investment in U. S. Plane Maker*, Mondag News (7 Mar. 2022), https://www. mondaq. com/unitedstates/international-trade-investment/1169018/cfius-approves-chinese-%20investment-in-us-plane-maker.

② 参见张俊芳等:《美国对华投资安全审查的最新进展、影响及建议》,载《国际贸易》2023 年第 5 期。

③ 参见杜明:《国家安全的国际经济法回应——以华为诉瑞典仲裁案为例》,载《国际法研究》2023 年第 5 期。

④ See Kristen E. Eichensehr & Cathy Hwang, *National Security Creep in Corporate Transactions*, 123(2) Columbia Law Review 549(2023).

导致交易各方和学者一直在批评这一不足。① 尤其是,在决定如何准确定义"关键基础设施"、"关键技术"和"敏感个人数据"等方面,对此类用语的解释将决定 CFIUS 今后的管辖范围。

虽然 FIRRMA 扩大了 CFIUS 的范围并增加了受其安全审查的交易数量,但提交给 CFIUS 的大部分投资仍继续获得批准。而且自《埃克森 - 弗洛里奥修正案》设立 CFIUS 审查程序以来到 2022 年年初的 30 多年中,只有 7 起案件导致总统发布阻止或撤资令,其中 4 起案件发生在特朗普总统执政期间,2 起发生在奥巴马总统执政期间。而且所有这些都涉及中国投资者,或者担心投资者与中国的关系。② 因此,更多的安全审查案件在到达总统那里之前就已经被 CFIUS 阻止,或交易完成后撤资。换句话说,从技术上讲,CFIUS 不能独立直接地阻止交易,因为 CFIUS 的职能是确定国家安全问题,并将此事提交给总统,后者可以阻止交易。然而,CFIUS 的减缓授权可以通过导致投资者退出投资间接阻止交易。因此,撤销投资可等同于一项被阻止的交易,其中的缓解谈判已导致投资者放弃该交易。③

前述 CFIUS 的立法历史,尤其是当前 CFIUS 能否真正实现 FIRRMA 加强保护美国国家安全利益的立法目标还有待观察。如果 CFIUS 具有审查所有交易所需的权限,其因为国家安全而拒绝某些合并和收购的裁定可能会立马产生某些好处,前述博通—高通并购案表明,一般而言,并不需要多年的国家安全经验就可以理解该并购可能对美国国家安全带来的潜在影响,而且这种规模的交易后果是显而易见的。然而,如果 CFIUS 对 FIRRMA 中的"关键基础设施"、"关键技术"尤其是"敏感个人数据"等采纳广义的定义,此类泛安全化会导致越来越多的外国投资因为国家安全被拒,投资者只会将投资转移到其他地方。

第三节　欧盟外国直接投资的国家安全审查制度

欧盟是世界上最开放的投资目的地之一,也是世界上外国直接投资的主要目的地。但是近年来,为了应对不断变化的地缘政治、日益增多的投

---

① See Ioannis Kokkoris, *Assessment of National Security Concerns in the Acquisition of U. S. and U. K. Assets*, 12(2) Journal of National Security Law & Policy 349(2022).

② See Pinsent Masons Out-Law Guide, *Foreign Direct Investment in the US*, PinsentMasons (1 Mar. 2022), https://www.pinsentmasons.com/out-law/guides/foreign-direct-investment-us.

③ See Philip Land, Katie Busbee & Ashley Long, *FDI Oversight: Dawn of a New Era?*, 10 National Security Law Journal 1(2023).

资者来源和投资模式等问题，以及不断扩大的经济安全，其对外国投资审查的态度发生了转变。在全球范围内，一些国家尤其是发达国家已经意识到它们需要引入新的安全审查制度，或加强其现有的外国直接投资审查机制。在欧盟，此类安全审查已被转化为建立各成员国投资筛选机制的需求。COVID－19 大流行促进了这一转变，并且已经被用作阻止外国投资者收购目标公司的杠杆工具。为了应对这些特殊情况，欧盟许多国家开始制定或重新审视其外国直接投资筛选机制，包括以安全或公共秩序为由限制战略资产中的外国直接投资，以解决对入境投资的担忧。对外国投资者尤其是可能带来国家安全风险的第三国家的国有企业投资的担忧导致对外国投资进行更为严格的安全审查，其主要表现就是 2019 年 3 月 19 日欧盟委员会建议通过的第 2019/452 号《欧盟 FDI 审查条例》。① 欧盟委员会于 2020 年 3 月 25 日发布了指导方针，鼓励已经建立外国直接投资筛选机制的成员国充分利用欧盟和国家法律规定的可用工具，以防止可能破坏欧洲安全或公共秩序的非欧盟国家的资本流动。同时，敦促尚未建立此类机制的成员国根据欧盟法律和国际义务考虑所有选择，以解决外国投资者收购或控制特定企业、基础设施或技术将对欧盟的安全或公共秩序造成的潜在风险。②

一、欧盟外资安全审查的政策发展

作为有 27 个成员国参与的欧盟，其自身并没有在欧盟范围内对外国直接投资进行安全审查的法律框架，而是各个成员国采用自己的外国直接投资安全审查制度，③无须任何欧盟范围的超国家机制来促进成员国之间的协调或促进共同标准。欧盟内部缺乏统一的外国直接投资安全审查机制引发了对安全和公共秩序风险的有效评估和控制的担忧，因为相关投资可能对多个成员国产生不利影响。欧盟内不断增加的外国新技术投资，尤其是 2015～2016 年中国投资激增引起了欧盟及其成员国的关注，譬如中

---

① See Regulation (EU) 2019/452 of the European Parliament and of the Council of 19 March 2019 Establishing a Framework for the Screening of Foreign Direct Investments into the Union, PE/72/2018/REV/1, OJ L 79I, 21.3.2019, pp. 1－14.

② See EU Commission, Guidance to the Member States Concerning Foreign Direct Investment and Free Movement of Capital from Third Countries, and the Protection of Europe's Strategic Assets, ahead of the Application of Regulation (EU) 2019/452 (FDI Screening Regulation), C(2020) 1981 final (25 Mar. 2020).

③ See Treaty on European Union (2007), Article 4(2); Treaty on the Functioning of the European Union (1957), arts. 52(1) and 65(1b).

国资本尝试收购德国领先的机器人公司之一库卡(Kuka),以及用于半导体生产的德国爱思强公司,导致欧盟委员会于2017年提出了一项关于外国投资“筛选机制”的提议,①这与欧盟对外国投资普遍开放的做法背道而驰。另外,2017年5月欧盟委员会发表了《关于驾驭全球化的反思》论文,②确认对外国投资的开放仍然是欧盟的关键原则和主要增长来源,强调其致力于建立一个开放、可持续、公平和基于规则的全球贸易体系,引发了一场关于欧盟和成员国如何以一种有利于所有人的方式塑造全球化的辩论。在此背景下,欧盟委员会认识到外商直接投资对欧盟经济增长、创造就业和创新的重要性。然而,欧盟也认识到存在一些对外国投资者(尤其是国有企业)出于战略原因接管拥有关键技术的欧洲公司的担忧,包括对某些关键基础设施项目(譬如海港和航空港)投资以及某些战略性产业(譬如制造、能源或交通产业)投资带来的风险担忧等,而欧盟投资者通常没有在投资来源国进行投资的相同权利。

同时,欧盟也就有了越来越积极地筛选、控制甚至最终阻止外国直接投资流入欧洲的政治意愿。2017年9月13日,欧盟委员会发布了《关于在保护基本利益的同时欢迎外国直接投资的通报》,其中欧盟委员会再次承认外国直接投资带来的巨大经济和更广泛的社会效益,并且首次提出了欧盟范围内建立外国直接投资审查机制的建议,包括重申外国投资者(尤其是那些国有或受控制的投资者)在关键技术、基础设施、输入或敏感信息等领域寻求控制或影响其活动时要获得许可等。③ 由于认识到成员国之间更密切的合作和更好的协调对于确保对外国直接投资的有效安全审查至关重要,根据《欧盟运作条约》(TFEU)第207条的规定,欧盟委员会提议制定一个欧盟范围内的框架,用于以安全或公共秩序为由筛选进入欧盟的外国直接投资。④

---

① See Proposal for a Regulation of the European Parliament and of the Council Establishing a Framework for Screening of Foreign Direct Investments into the European Union, COM/2017/0487 final-2017/0224 (COD).

② See European Commission, *Reflection Paper on Harnessing Globalization*, European Commission (May 10, 2017), https://commission. europa. eu/system/files/2020-07/reflection-paper-globalisation_en. pdf.

③ See Communication from the Commission to the European Parliament, the European Council, the Council, the European Economic and Social Committee and the Committee of the Regions on Welcoming Foreign Direct Investment while Protecting Essential Interests, COM/2017/0494 final, 13 Sept. 2017.

④ See Proposal for a Regulation of the European Parliament and of the Council Establishing a Framework for Screening of Foreign Direct Investments into the European Union, COM (2017) 487 final, 13 Sept. 2017.

其结果是,2019 年 4 月 10 日,《欧盟 FDI 审查条例》正式生效并于 2020 年 10 月 11 日全面实施。① 其主要目的是为欧盟成员国和欧盟委员会建立一个全欧盟范围的外资审查的合作机制,同时确立可能会给欧盟安全或公共秩序带来威胁的与某些战略资产的外资并购或控制有关的风险识别标准。

实际上,欧盟委员会对于外资的监管义务与各成员对于外资安全审查的实际执行权力之间并没有明确的界限,欧盟委员会可以对各成员国不遵守《欧盟 FDI 审查条例》的情形提起侵权诉求。而且根据《欧盟运作条约》,欧盟对于外国直接投资监管具有专属的管辖权。② 然而,为保护国家安全利益而对外国直接投资进行监管并不属于欧盟的权力范围,其仍然属于各成员国国内的管辖范围。③ 正如 2023 年 3 月欧盟法院的检察长发表的《〈欧盟 FDI 审查条例〉适用范围的意见》指出的那样,原则上欧盟法律并不排除国家立法,各国立法允许对第三国来源的外国直接投资进行筛选,即使是通过总部位于欧盟的公司间接实施的。④ 尽管如此,国家筛选机制仍须遵守欧盟的四项基本自由,特别是赋予了第三国企业权利的资本自由流动,以及相称原则。

二、欧盟外商投资安全审查的主要规定

这里分两个阶段,一是对 2019 年生效的《欧盟 FDI 审查条例》的相关介绍,二是对该审查条例生效后欧盟相关的外资安全审查立法和条例的规定进行分析。

(一)欧盟外商直接投资审查条例的主要规定

2019 年 3 月,在德国、法国和意大利的倡议下,欧盟批准了一项关于建立筛选进入欧盟的外国直接投资框架的法规即《欧盟 FDI 审查条例》。该审查条例于 2019 年 4 月 10 日生效,并于 2020 年 10 月 11 日全面实施。《欧盟 FDI 审查条例》的主要目标是在欧盟委员会和成员国之间提供一个欧盟范围内的合作框架,并建立共同标准来识别与外国投资者收购或控制有关的可能威胁欧盟安全或公共秩序的战略资产的风险。时任欧盟常务

---

① See Regulation (EU) 2019/452 of the European Parliament and of the Council of 19 March 2019 Establishing a Framework for the Screening of Foreign Direct Investments into the Union, PE/72/2018/REV/1, OJ L 79I, 21. 3. 2019, p. 1 – 14.

② See Treaty on the Functioning of the European Union (1957), Article 288.

③ See Treaty on the European Union (2007), Article 4(2).

④ See Court of Justice of the European Union, *Press Release No. 57/23: Advocate General's Opinion in Case C – 106/22*, Court of Justice of the European Union (30 Mar. 2023), https://curia.europa.eu/jcms/upload/docs/application/pdf/2023-03/cp230057en.pdf.

副主席瓦尔迪斯·唐布罗夫斯基斯(Valdis Dombrovskis)表示,“欧盟现在将继续对外国投资开放,但是这种开放不是无条件的。为了应对当今的经济挑战,保护重要的欧洲资产并保护集体安全,欧盟成员国和欧盟委员会需要紧密合作。如果我们想实现开放的战略自主权,那么在整个欧盟范围内进行有效的投资筛选合作至关重要。我们现在已经为此做好了准备”。[①] 因此,制定《欧盟 FDI 审查条例》的时机已经成熟。

该审查条例仅涉及欧盟外投资者对欧盟成员国的直接投资,不适用于欧盟内部投资以及欧盟投资者进入第三国市场的投资。不过,《欧盟 FDI 审查条例》并未建立一个欧盟层面的审查外商直接投资的系统,审查外国直接投资的主要责任仍由成员国承担,成员国将继续适用国家法律,同时尊重《欧盟 FDI 审查条例》的规定,因此欧盟委员会的权力仍然有限。而且,《欧盟 FDI 审查条例》也没有强制成员国采用该条例规定的安全审查机制,或实现整个欧盟现有外国直接投资筛选机制的全面协调。相反,它规定了欧盟成员国与欧盟委员会之间的信息共享与合作,即强制向欧盟委员会和其他成员国通报国家层面审查的任何外国直接投资,包括提供某些特定信息,以及审查标准符合最低要求等,同时还鼓励那些没有外国直接投资制度的成员国采用相关规则。

1.《欧盟 FDI 审查条例》的范围

《欧盟 FDI 审查条例》涵盖来自第三国的任何外国直接投资,它适用于所有经济部门,且不受任何货币门槛的限制。根据该条例第 2.1 条的规定,“外国直接投资”的定义为“外国投资者进行的任何类型的投资,旨在建立或维持外国投资者与获得资金的企业家或企业之间的持久和直接联系,以便在成员国开展经济活动,包括能够有效参与对开展经济活动的公司的管理或控制的投资”。而根据该条例第 2.2 条的规定,“外国投资者”的定义为“打算或已经进行外国直接投资的第三国自然人或第三国企业”。

因为欧盟法院将“间接投资”定义为“仅出于进行金融投资的目的而在资本市场上收购股份,而无意影响管理层和对企业的控制”,[②]通常在安全或公共秩序方面比外国直接投资构成风险的可能性更小,因此《欧盟 FDI 审查条例》不适用于间接投资。但是,如果间接投资体现的是国有

① See European Commission Press release, *EU Foreign Investment Screening Mechanism Becomes Fully Operational*, European Commission (9 Oct. 2020), https://ec.europa.eu/commission/presscorner/detail/en/ip_20_1867.

② See Joined cases C - 282/04 and C - 283/04, *Commission v. Kingdom of the Netherlands*, 28 September 2006, CLI: EU: C: 2006: 608, para. 19.

公司对股东或关联股东某些权利的股权收购，则其可能与安全或公共秩序有关。① 不过，2023 年 3 月底欧盟法院检察长就 Xella 案发表的初步意见表明，②《欧盟 FDI 审查条例》可以在某种程度上延伸至间接投资，即投资术语包括外国投资者获得对某欧盟实体的有效参与或控制的任何形式的投资，对于投资的结构或过程没有任何限制。因此，在适用《欧盟 FDI 审查条例》时，重要的是确定谁是最终控制相关的欧盟实体。

2. 筛选审查标准

《欧盟 FDI 审查条例》仅适用于可能引起与安全和公共秩序有关的担忧的外国直接投资。"安全"和"公共秩序"的概念在《欧盟 FDI 审查条例》中没有明确定义，其第 3.1 条规定，"欧盟成员国可以以安全或公共秩序为由而维持、修改或制定审查外国直接投资的机制"，因此，这里似乎不允许将安全审查的范围超出安全和公共秩序。事实上，该范围的含义依然很宽泛，欧盟成员国仍然有权就具体的安全审查事项作出决定。此外，《欧盟 FDI 审查条例》第 4.1 条提供了以下非详尽清单，列出了在确定外国直接投资是否可能影响安全或公共秩序时欧盟成员国和欧盟委员会可能关注的敏感行业和其他相关因素：物理或虚拟的关键基础设施（包括能源、交通、水、健康、通信、信息、媒体、数据处理或存储、航空航天、国防、选举或金融基础设施、敏感设施，以及对使用这些基础设施至关重要的土地和房地产）；理事会条例第 428/2009 号③第 2.1 条定义的关键技术和两用物品（包括人工智能、机器人、半导体、网络安全、航空航天、国防、能源存储、量子和核技术，以及纳米技术和生物技术）；关键投入的供应（包括能源或原材料，以及粮食安全）；访问敏感信息（包括个人数据，或控制该信息的能力）；或者媒体的自由和多元化。另外，《欧盟 FDI 审查条例》第 4.2 条进一步规定，在确定外国直接投资是否可能影响安全或公共秩序时，欧盟成员国和欧盟委员会还可以考虑外国投资者是否直接或间接受外国政府或第三国控制，包括通过大量国家支持的资金而不是直接所有权。

---

① See Communication from the Commission Guidance to the Member States Concerning Foreign Direct Investment and Free Movement of Capital from Third Countries, and the Protection of Europe's Strategic Assets, ahead of the Application of Regulation (EU) 2019/452 (FDI Screening Regulation), 2020/C 99 I/01 C/2020/1981, of 26 March 2020.

② See Opinion AG T. Ćapeta 30 March 2023, *C-106/22*, *ECLI: EU: C: 2023: 267* (*Xella*), Court of Justice of the European Union (Mar. 30, 2023), https://curia.europa.eu/jcms/upload/docs/application/pdf/2023-03/cp230057en.pdf.

③ See Council Regulation (EC) No. 428/2009 of 5 May 2009 Setting up a Community Regime for the Control of Exports, Transfer, Brokering and Transit of Dual-use Items, OJ L 134.

3. 成员国的投资筛选机制和合作信息共享义务

前文已述及,《欧盟 FDI 审查条例》并不强制成员国采用欧盟的外国直接投资筛选机制或完全协调整个欧盟现有的外国直接投资筛选机制,成员国可以以安全或公共秩序为由而维持、修改或采用筛选其境内的外国直接投资的机制,并且有义务向委员会通报其现有的筛选机制(及其任何修订)。根据该条例,成员国对外国直接投资将触发安全审查的情况以及在这种情况下适用的程序保持透明,包括在程序方面,成员国有义务设定足够长的时间框架,以允许其他成员国发表评论或委员会发表意见,并考虑这些评论和意见。同时,成员国的外国直接投资审查制度不得歧视第三国,并允许外国投资者对不利于他们的审查决定提出上诉。① 此外,成员国还需要遵守有关其外国直接投资审查制度应用的年度报告义务,包括有关在其领土内发生的外国直接投资的汇总信息,譬如筛选交易的详细信息、施加的禁令和条件、筛选投资的价值及其来源,以便委员会在汇总这些信息的基础上制作一份公开的年度报告。②

合作、协作和信息共享是《欧盟 FDI 审查条例》的核心主题。该条例规定在每个成员国和委员会内部建立正式的联络办公室和安全的渠道,成员国和委员会可以对发生在另一个成员国的外国直接投资发表评论,无论接受外国直接投资的成员国是否选择筛选外国直接投资,而且接受《欧盟 FDI 审查条例》的成员国必须"适当考虑"其他成员国的评论和委员会的意见,但该成员国仍保留作为最终决策者的权力。③ 对于与欧盟利益有关的项目或计划(如地平线 2020、跨欧洲能源网络、欧洲国防工业发展和伽利略项目),④因为此类项目是作为一个整体为欧盟服务并且极大地促进了欧盟经济增长、就业和竞争力,在此类情况下,成员国对相关投资的审查必须"最大程度地考虑"委员会的意见,并在委员会意见不被采纳的情况下向委员会作出解释。⑤

4. 负责当局

外国直接投资的安全审查或实施与特定外国直接投资有关的任何措施的决定仍然是成员国的唯一责任。因此,在国家层面处理特定外国直接

---

① See EU FDI Regulation, Article 3.

② Id., Article 5.

③ Id., Article 6(9).

④ Id., Article 8(3). 该条将联盟感兴趣的项目或计划定义为"涉及大量或大部分联盟资金的项目和计划,或受联盟法律涵盖的关于对安全或公共秩序至关重要的关键基础设施、关键技术或关键投入的项目和计划"。欧盟感兴趣的项目或计划清单列于该条例的附件中。

⑤ Id., Article 8(2)(c).

投资审查案件的主管当局由相关成员国根据其自己的内部程序指定，每个成员国和委员会应就与该条例实施有关的所有事项指定一个相关联络机构。① 在欧盟层面，所有与实施《欧盟 FDI 审查条例》有关的事务均由贸易总局（Directorate-General for Trade）处理，更具体地说，由 TRADE-F-4 部门处理。除其他外，该部门负责筛选个别外国直接投资案件，接收和分析成员国发出的通知，与委员会其他部门和欧盟成员国协调并起草意见。从长远来看，《欧盟 FDI 审查条例》规定的主管部门之间加强合作和信息共享可能会通过鼓励成员国之间更加一致，从而为外国投资者带来一些好处，产生更确定和可预测的结果，尽管有时候政治考虑可能在这方面发挥更突出的作用。

《欧盟 FDI 审查条例》第 12 条还规定，2017 年成立的外国直接投资欧盟外资筛选专家组②将继续就《欧盟 FDI 审查条例》的实施向委员会和成员国提供建议。该专家组由委员会主持，由成员国代表组成，不就个别外国直接投资筛选案例提供建议，而是分享最佳做法和经验教训，并就外国直接投资的趋势和共同关心的问题交换意见。

5. 审核流程

《欧盟 FDI 审查条例》第 6.1 条规定，成员国必须尽快提供条例第 9.2 条中提到的信息，通知委员会和其他任何其安全或公共秩序被认为可能受到外国直接投资影响的成员国名单，以及有关投资者的所有权结构、外国直接投资的价值、投资者和目标公司（包括其经营所在的成员国）的业务运营、投资资金（和资金来源）以及完成日期等信息。

成员国根据《欧盟 FDI 审查条例》第 6 条提交的申请会触发第一阶段审查期，该审查期最长持续 15 日。③ 在此期间，其他认为通报的外国直接投资可能影响其安全或公共秩序的成员国，或可与进行审查的成员国共享相关信息的其他成员国，可以保留发表评论和提问的权利。委员会必须通知审查成员国提供了评论。④ 如果委员会认为通报的外国直接投资可能会影响多个成员国的安全或公共秩序，或者影响欧盟利益的项目或计划，或者当委员会有相关信息要分享时，委员会可以发表意见，并须在不迟于

---

① See EU FDI Regulation, Article 11(1).

② See Commission Decision of 29 November 2017 setting up the group of experts on the screening of foreign direct investments into the European Union, C (2017)7866.

③ See EU FDI Regulation, Article 6(6).

④ Id., Article 6(2).

15 日结束之前将其打算发表意见的意向通知接受审查的成员国。①

在这 15 日内,其他成员国和委员会也可以要求进行审查的成员国提供额外信息,这将开启第二阶段。任何额外信息的请求都必须有正当理由,仅限于提供与请求目的相称的意见(主体是成员国的情况下)或发表意见(主体是委员会的情况下),并且不会造成过度的负担。信息请求和成员国提供的答复必须同时发送给委员会。②

无论任何成员国是否提供评论,委员会都可以就发表意见的情况通知其他成员国。而且,委员会必须在合理期限内向进行筛选的成员国发送任何意见,无论如何不得迟于收到通知后 35 日。③ 但是,如果要求提供更多信息,委员会必须在收到附加信息后的 20 日内发送意见,这实际上意味着任何信息请求都有效地停止了审查的时间。

如果成员国选择不筛选外国直接投资,委员会或其他成员国仍可要求其提供此信息。然而,合作机制应仅用于保护安全或公共秩序的目的,请求信息的一方应基于这些理由适当地证明请求的正当性。④《欧盟 FDI 审查条例》没有规定选择不筛选外国直接投资的成员国应如何考虑其他成员国的评论或委员会的意见。

正如《欧盟 FDI 审查条例》第 6. 9 条所述,评论和意见对维持关于在国家层面接受审查的外商直接投资的最终决定的成员国不具有约束力。但是,如上所述,成员国必须适当考虑其他成员国的意见和委员会的意见。如果成员国不遵循委员会的意见,它必须提供理由。

(二)欧盟外资安全审查的其他规定

虽然《欧盟 FDI 审查条例》并不要求成员国制定自己的国内筛选机制,⑤但欧盟委员会仍然继续鼓励各成员国从政治和经济的角度去起草、通过和实施国内的外资筛选机制。2020 年 3 月 26 日,委员会向成员国发布了关于外国直接投资的指南,⑥并警告试图获得重要的医疗保健能力

① See EU FDI Regulation, Article 6(3).

② Id., Article 6(6).

③ Id., Article 6(7).

④ Id., Article 7.

⑤ 然而,《欧盟 FDI 审查条例》第 3 条规定,欧盟成员国有义务制定国内的外国直接投资筛选机制以确保此类机制有一个明确的时间框架;透明和非歧视;允许考虑其他成员国的任何评论和委员会的意见;允许相关方对外国直接投资审查机构的不利决定寻求追索权;以及维持防止规避外国直接投资审查机制和相关决定的措施。See EU FDI Regulation, Article 3.

⑥ See Communication from the Commission Guidance to the Member States Concerning Foreign Direct Investment and Free Movement of Capital from Third Countries, and the Protection of Europe's Strategic Assets, ahead of the Application of Regulation (EU) 2019/452 (FDI Screening Regulation), 2020/C 99 Ⅰ/01, 26 Mar. 2020.

(例如,用于生产医疗或防护设备)或相关行业的关键基础设施、业务或资产(例如,用于开发疫苗)的外国投资者。在这种情况下,委员会敦促成员国保持警惕并严格应用外国直接投资筛选机制。委员会还呼吁那些没有外国直接投资筛选机制或筛选机制未涵盖所有相关交易的成员国建立一个完善的筛选机制,同时使用所有其他可用的选项来解决在这种情况下,收购或控制特定业务、基础设施或技术会对欧盟的安全和公共秩序造成的潜在风险,包括对关键卫生基础设施和关键投入供应的风险。

2020 年 6 月 17 日,欧盟委员会发布了《关于在外国补贴方面公平竞争的白皮书》,其认为存在现有法律工具无法解决的监管漏洞。例如,欧盟国家补贴规则适用于成员国提供的公共补贴,但不包括非欧盟当局提供的补贴。同样,欧盟竞争规则不涵盖因外国补贴而扭曲内部市场竞争的行为。委员会还认为,《欧盟 FDI 审查条例》的范围不够,因为它只涵盖了外国直接投资对安全和公共秩序的可能影响,但并未具体解决外国补贴造成的扭曲问题。为解决这些问题,欧盟委员会于 2021 年 5 月 5 日发布了《关于外国补贴扭曲欧盟市场的拟议条例》。① 该拟议条例将产生变革性影响,并显著提高在欧盟经营或投资的外国公司的监管风险和负担。

根据该拟议条例的规定,接受"外国补贴"的公司(定义非常广泛)可能会受到影响其经营方式的广泛调查行动,而在并购活动方面,有一个进一步的监管审查过程,需要与现有的合并控制制度和外国直接投资筛选过程并行进行。同时,该拟议条例规定了三种不同的制度来解决外国补贴问题:委员会调查涉嫌扭曲外国补贴的一般当然工具;与可能获得补贴的并购相关的基于通知的工具(具有暂停效力);以及一个与可能获得补贴的公共采购投标相关的基于通知的工具(具有暂停效力)。而且,尽管这三个工具中的每一个都有不同的应用领域,但委员会将审查的实质性组成部分是相同的,即"外国补贴"的存在,补贴是否会导致"扭曲"欧盟市场,欧盟市场的负面影响是否可以通过补贴的任何积极影响平衡,以及解决扭曲所需的措施或承诺。该拟议条例可能会增加在欧盟经营或投资的外国公司的监管风险和负担。委员会的提案将提交给欧盟立法机构、欧盟理事会和欧盟议会,如果要通过拟议的条例,它们必须就联合文本达成一致。最终,在欧盟议会于 2022 年 11 月 10 日以及欧盟理事会于 2022 年 11 月 28

① See Proposal for a Regulation of the European Parliament and of the Council on Foreign Subsidies Distorting the Internal Market, COM (2021) 223 final, 5 May 2021.

日分别通过最终版本的条例之后,2023 年 1 月,《欧盟外国补贴条例》正式生效。① 需要明白的是,与《欧盟 FDI 审查条例》中规定的成员国拥有审查权并在必要的时候享有阻碍战略或敏感产业的外国投资的权力不同,《欧盟外国补贴条例》的目的是创设一个对外来投资进行额外控制的机制,涵盖所有行业的经济活动,并且通过在某些特定和广泛类别的外国投资方面赋予欧盟委员会新的集中权力而使欧盟发挥了相当大的作用。②

2021 年 9 月 29 日,欧盟委员会通过了第 2021/2126 号委员会授权法规,③它扩大了"欧盟利益"的项目和方案清单,除其他外,包括空间方案、数字欧洲方案和欧洲防务基金以及欧洲卫生方案。根据《欧盟 FDI 审查条例》第 8 条的规定,如果欧盟委员会认为上述投资可能影响欧盟利益的项目或计划,并且上述投资对不止一个成员国或整个欧盟的安全和公共秩序构成威胁,则委员会可以对经审查的投资发表意见。

此外,地缘政治因素在欧盟范围的外资审查中也占有非常重要的地位。针对 2022 年俄乌冲突以及西方国家普遍实施的对俄罗斯和白俄罗斯的经济制裁,欧盟发布了有关源于俄罗斯和白俄罗斯的外国直接投资的政策指南,并对其实施了一些限制性措施。在该指南中,委员会承认审查外国直接投资和制裁是两种不同的法律文书,各有不同的目的。然而,鉴于俄罗斯与乌克兰的军事冲突,欧盟委员会呼吁对俄罗斯和白俄罗斯进入欧盟的外国直接投资提高警惕。这不仅适用于在欧盟受到制裁的个人或实体,也适用于与俄罗斯或白俄罗斯政府有关联、受其控制或受其影响的个人或实体直接或间接投资于欧盟关键资产、可能对成员国的安全或公共秩序构成威胁的任何投资。④

(三)非法和犯罪活动分子的投资筛选逐渐成为安全审查焦点

根据《欧盟 FDI 审查条例》第 4.2(c)条规定,在裁定某一项外国直接

---

① See Regulation (EU) 2022/2560 of the European Parliament and of the Council of 14 December 2022 on foreign subsidies distorting the internal market, PE/46/2022/REV/1, OJ L 330, 23.12.2022, pp. 1 – 45.

② See Mavluda Sattorova, EU Investment Law at a Crossroads: Open Strategic Autonomy in Times of Heightened Security Concerns, 60(3) Common Market Law Review 701(2023).

③ See Commission Delegated Regulation (EU) 2021/2126 of 29 September 2021 Amending the Annex to Regulation (EU) 2019/452 of the European Parliament and of the Council Establishing a Framework for the Screening of Foreign Direct Investments into the Union, C/2021/6924, OJ L 432, 3.12.2021, pp. 1 – 6.

④ See Communication from the Commission, Guidance to the Member States concerning Foreign Direct Investment from Russia and Belarus in View of the Military Aggression against Ukraine and the Restrictive Measures Laid down in Recent Council Regulations on Sanctions, OJEU C 151 I, 6.4.2022, pp. 1 – 12.

投资是否影响某一成员国的安全或公共秩序时,成员国和欧盟委员会可以考虑的因素包括“是否存在外国投资者从事非法或犯罪活动的严重风险”。这一简短描述涵盖了广泛的含义,可以从该审查条例的立法历史中找到某些根据。

该审查条例的早期草案包含更广泛的文本,其中给出了此类活动的示例,即“外国投资者是否存在严重且非法的风险,如洗钱、挪用资金、腐败、资助恐怖主义、有组织犯罪或侵犯知识产权或违反国际法等非法或犯罪活动人权文书和国际劳工组织核心劳工标准”。这一规定显然受到了前述2017年欧盟委员会《关于驾驭全球化的反思》的启发,该文提到“犯罪分子和恐怖分子将寻求利用欧盟经济的开放性并利用新技术进行非法贸易或传播仇恨”。[①] 此外,《关于驾驭全球化的反思》还特别提到了腐败、逃税、资源开采、非法资金流动、有害的政府补贴或社会倾销等其他有害行为。这些非法活动中的大多数可以广义地描述为经济犯罪,而打击外国投资者在欧盟犯下的经济犯罪的问题远非理论,问题是,欧盟长期以来没有任何强有力的协调机制来防止腐败活动,《欧盟 FDI 审查条例》是朝着这个方向迈出的第一个重要步骤。

另外,在欧洲大陆筛选此类投资犯罪活动是有充分理由的。长期以来,欧盟成员国让腐败的外国官员很容易通过设在各个离岸司法管辖区的空壳公司转移赃钱。在这种情况下,外国直接投资筛选可能会发挥某些重要作用。关键是,此类丑闻和洗钱活动不仅对法治和金融体系产生腐蚀作用,而且还可能导致外国势力干涉成员国国内政治并助长法治薄弱国家的活动。因此,欧盟正在认真对待外国投资安全审查,这无疑是一个积极的发展,将涵盖从事洗钱和其他犯罪活动的投资者。

(四)《欧盟 FDI 审查条例》的协调融合作用

《欧盟 FDI 审查条例》虽然没有详细规定欧盟成员国外国直接投资审查机制的形式和内容,但它确实规定了任何国家外国直接投资审查机制应反映的某些关键要素。特别是,该审查条例第 3 条规定,任何拥有外国直接投资审查机制的欧盟成员国都有义务确保这些机制有明确的时间框架;透明和非歧视;允许考虑其他成员国的任何评论和欧洲委员会的意见;允许相关方对外国直接投资审查机构的不利决定寻求追索权;以及保持防止规避外国直接投资审查机制和相关决定的措施。这就意味着,《欧盟 FDI

① See European Commission, European Commission (May 10, 2017), https://commission.europa.eu/system/files/2020-07/reflection-paper-globalisation_en.pdf.

审查条例》主要是协调整个欧盟成员国不同的审查机制的一种手段,其没有授予欧盟任何否决权或执行权,这意味着成员国仍在外国直接投资控制方面处于主导地位,而且各国外国直接投资主管部门在实施《欧盟 FDI 审查条例》时可以采取不同的方法。该审查条例确保每个受影响的成员国以及整个欧盟都了解正在进行的外国直接投资审查,并可以参与其中。特别是,该审查条例引入了一种协调机制,"不进行审查"的会员国可向"进行审查"的会员国提出意见,同时欧盟委员会可以就在成员国进行的外国直接投资审查发表不具约束力的意见。如果交易发生在没有外国直接投资制度的成员国,或者交易不符合政府外国直接投资审查标准的成员国,或者审查成员国决定放弃对特定投资的审查,则成员国和欧盟委员会也可以对不受审查的交易提供评论。在后一种情况下,与外国直接投资有关的成员国必须在保密的基础上向其他有关成员国和欧盟委员会提供最低限度的资料,不得无故拖延。

欧盟委员会最近在其关于贸易政策审查的通报中呼吁所有成员国建立国家审查机制,根据《欧盟 FDI 审查条例》,在安全领域,呼吁所有成员国建立和执行全面的外国直接投资审查机制,以处理收购或控制特定业务、基础设施或技术将对欧盟的安全或公共秩序造成风险的情况。欧盟委员会将继续执行与成员国当局的合作机制,以保护安全和公共秩序免受危险的外国直接投资的影响,并考虑加强《欧盟 FDI 审查条例》所建立的合作机制。①

虽然对任何正在进行审查的外国直接投资或任何相关措施拥有最终决定权的仍然是根据其本国外国直接投资审查程序进行审查的会员国,然而,不能忽视的是,成员国在审查相关投资时可能会发现自己面临相当大的压力,必须遵守欧盟委员会或其他成员国发表的意见或评论。譬如根据欧盟委员会的 2021 年的第一个年度报告,自 2020 年 10 月 11 日至 2021 年 6 月 30 日,11 个成员国根据《欧盟 FDI 审查条例》第 6 条共提交了 265 份通知,其中奥地利、法国、德国、意大利和西班牙 5 个成员国的通知占比超过 90%,并且通知的投资交易在目标投资行业、最终投资者来源以及交易价值等方面相差很大。② 而 2022 年的第二个年度报告显示,13 个成员国根据《欧盟 FDI 审查条例》第 6 条提交了 414 份通知,其中奥地利、法国、德

① See European Commission, Trade Policy Review-An Open, Sustainable and Assertive Trade Policy, COM (2021) 66 final-18 February 2021.

② See European Commission, First Annual Report on the Screening of Foreign Direct Investments into the Union (23 Nov. 2021), COM (2021) 714 final final, pp. 11 – 12.

国、意大利和西班牙5个成员国的通知占比超过85%。①

三、欧盟典型成员国的外资安全审查制度:以德国为例

在《欧盟FDI审查条例》生效后,欧盟大多数成员已经通过或修改了其外国直接投资审查机制,或正在制定此类机制的过程中。比较典型的欧盟成员,譬如德国、荷兰和法国都有自己的外国投资审查法律规范,本部分以德国安全审查为例进行简单分析。

德国《对外贸易和支付法》(AWG)及其实施条例《对外贸易和支付条例》(AWV)②是德国国家安全审查最重要的法律法规,其中,AWG在2017年7月和2018年12月短短18个月内分别进行了第九次和第十次修订,进一步强化了对非欧盟国家企业并购的安全审查,扩大了审查权限、延长了审查时限。此外,2019年4月《欧盟FDI审查条例》要求各国制定国内外资审查机制,从而开启了欧盟成员国制定或修改外资审查制度的新趋势。

根据AWG的规定,针对欧盟以外的外国直接投资,德国国家安全审查的审查方式是把其视为跨行业收购。根据AWG第55A条规定,经济能源部在评估对公共秩序或安全的可能影响时还可以考虑,收购者是否直接或间接受政府控制,包括第三国的其他国家机构或武装部队;收购者是否已经参与了对德国或欧盟其他成员国的公共秩序或安全产生不良影响的活动;收购者或代表其行事的人是否已经或正在参与在德国根据国家立法构成某种犯罪或行政违法的活动的重大风险。

AWG第55条还规定了跨行业审查的适用范围。2018年修订的AWG扩大了关键基础设施的定义,即除能源、水务、信息技术和电信、金融和保险服务、公共健康、交通和营养业之外,活跃在传媒、电信传媒、广播和平面媒体行业的公司现今也被视为关键基础设施的运营者。至于收购门槛,针对AWG第55条第1款第2句中所述的关系德国国家公共秩序或安全的关键基础设施领域,若住所地在欧盟境外的投资者拟收购以德国为住所地的企业10%或以上的表决权股份时,则经济能源部可对交易予以审查;除关键基础设施收购之外的交易,则继续适用原有的25%表决权

① See European Commission, Second Annual Report on the Screening of Foreign Direct Investments into the Union, COM (2022) 433 final, p. 14.

② See Foreign Trade and Payments Ordinance (Außenwirtschaftsverordnung-AWV), Das Bundesministerium der Justiz und das Bundesamt für Justiz (25 Apr. 2022), https://www.gesetze-im-internet.de/englisch_awv/englisch_awv.pdf.

门槛。

与绝大多数案件都适用的跨行业审查不同,特定行业审查涉及的被审查对象包括任何非德国投资者,而特定行业主要是指可能对德国重大国家安全利益造成潜在威胁收购的行业。来自德国地区之外的投资者如展开对特定行业的收购,则必须主动申报。AWG 第 60 条规定外国投资者收购特定行业公司 10% 或以上表决权的投资者必须主动提交经济能源部审查,被审查的行业范围在 AWG 第 60 条第 1 款中得到了细化。审查门槛是,针对 AWG 第 60 条第 1 款中所述的可能威胁德国重大国家安全利益的行业,AWG 规定,投资者在收购该些行业公司 10% 或以上表决权时,必须主动提交经济能源部审查。

具体到为保障国家安全而进行的投资筛选的方法,对超过既定门槛的德国企业的拟议收购,以及对被德国政府视为敏感或战略的任何上市行业的收购,都必须进行强制备案。如果收购不会引起对公共秩序或国家安全的担忧,则主管部门批准收购。外国投资者可以申请审批证明(无异议证明),以获得收购是否需要审查和/或是否可能被禁止的法律确定性;在收购发生 5 年后,如果当局知道该收购,则可以主动(依职权)发起审查。①

关于审查标准,2018 年修订的 AWG 并未细化国家安全审查的实质性标准。德国经济能源部在开展相关审查时,作出决定的依据也较为模糊。根据典型案例,国家安全审查的实质性标准主要在于交易是否会危害德国的公共秩序、公共安全和社会根本利益。以中国烟台台海集团收购莱菲尔德股权收购案为例,该案中,莱菲尔德金属旋压机制造公司是一家生产特殊机床的德国公司,其研发的高强度部件主要运用于汽车生产、航天航空乃至核工业领域。2017 年,中国烟台台海集团下属的一家法国乡间别墅集团宣布拟收购莱菲尔德公司,中国烟台台海集团事先向德国经济能源部申报了该交易。历经 2017 年年中至 2018 年 8 月一年多的国家安全审查程序,2018 年 8 月 1 日,德国内阁就中国烟台台海集团收购德国莱菲尔德公司一案举行了内阁会议。会议通过了一项授权,允许德国经济能源部(在必要情况下)出于“政治安全的理由”否决该项并购申请,交易双方宣布终止交易。原因在于德国经济能源部进行了国家安全审查后,认为莱菲尔德公司的技术属于德国“关键基础设施领域”,这家公司的产品除用在

① See UNCTAD, *The Evolution of FDI screening mechanisms: Key Trends and Features*, UNCTAD (21 Feb. 2023), https://unctad.org/system/files/official-document/diaepcbinf2023d2_en.pdf.

机械制造和化工领域之外,还能应用于航天航空领域。① 这将导致德国“关键技术外流”,并长期损害德国国家安全。

为了与最近的欧盟政策更新保持一致,德国于 2020 年 10 月迅速扩大了其外国直接投资监管制度,同时正在考虑一项新的修正案,以扩大涵盖行业的数量。德国将所有外国直接投资筛选分为两类,即特定行业和跨行业。涉及国防或 IT 安全的交易需要特定行业的备案,而涉及关键基础设施(包括健康、能源、信息技术、电信、交通、健康、水和食品供应、金融和保险)公司的交易则需要跨行业的备案。

在任何一种情况下,触发强制通知的门槛是非欧盟外国投资者同意购买相关公司 10% 或更多的股份,此时投资者必须通知德国经济能源部。通知发出后,经济能源部有 2 个月的时间启动调查,如果没有触发调查,则认为该交易已清算。在此之后,经济能源部无法干预或阻止交易。如果触发调查,经济能源部有 4 个月的时间来判断相关交易是否“可能影响”德国或其他欧盟成员国的公共秩序或安全。

新的修正案将进一步扩大需要接受审查的投资数量。最值得注意的是,该修正案将扩大“关键基础设施”所包含的范围,将 16 项敏感活动添加到当前需要跨部门审查的 11 项活动中。这 16 项额外活动的重点是吸引致力于开发人工智能、量子、自动驾驶汽车、半导体和航空航天等关键技术的公司。此外,该修正案将扩大与国防相关的特定行业审查范围,将包括对“开发、制造或拥有出口清单中包含或属于机密知识产权范围的商品的公司”的投资。②

必须明确指出的是,《欧盟 FDI 审查条例》与德国和法国等国家法规相抵触,没有对外国直接投资的筛选施加任何最低门槛,无论是在总金额上还是与公司股权是否关联。欧盟机构,包括欧盟委员会和欧洲议会,在制度上倾向于狭隘地定义“国家安全”,加强自己在该领域的作用。此外,欧盟成员国在不让欧盟机构插手其国家安全事务方面有着制度性利益。但与此同时,各成员国无法避免欧洲在安全事务上日益相互依存,因此欧盟与各成员国的斗争将继续下去。③

---

① 参见吴将:《德政府叫停两起中资并购案,中方呼吁德国要客观看待中国投资》,载第一财经网 2018 年 8 月 2 日,https://www.yicai.com/news/100005448.html。

② See Sarah Erickson, *Recent Developments in EU Foreign Investment Screening*, CSIS Blog (Apr. 19, 2021), https://www.csis.org/blogs/strategic-technologies-blog/recent-developments-eu-foreign-investment-screening.

③ See Monika Zalnieriute, *A Struggle for Competence: National Security, Surveillance and the Scope of EU Law at the Court of Justice of European Union*, 85(1) Modern Law Review 198 (2022).

四、欧盟外资安全审查的典型案例

(一)德国世创案

在德国,尽管德国联邦经济事务和气候行动部(BMWK)在实践中对非正式磋商持开放态度,但它没有义务公布其任何决定。譬如2020年9月,两家晶片供应商环球晶圆(GlobalWafers)和世创(Siltronic)签订了一项业务合并协议,环球晶圆宣布有意通过自愿要约收购世创的所有已发行普通股。2020年12月,环球晶圆就相关交易申请BMWK签发无异议证书。收购要约在交易达到2022年1月31日的最后期限后失效,因为双方在该日期之前没有收到BMWK的任何决定。在适用德国立法的过程中,BMWK能够在其灵活的审查期间拖延时间不作出相关的决定,这允许BMWK将审查延长到远远超过6个月的标准审查期,以处理更复杂的案件。在本案中,延长和中断的审查期在交易的长期停止日期之后结束,因此BMWK无法就案情作出任何决定。另外,环球晶圆在2022年1月的最后两周试图要求柏林主管行政法院在临时救济程序中批准该交易,但这被证明是不成功的。法院在两起案件中驳回了该请求,称该交易引发了难以解决的合法外国直接投资问题,法院无法在临时救济程序中解决这些问题。此外,法院驳回了该交易因BMWK不作为而被视为批准的论点,因为除其他外,它在长期停止日期前几天发出了另一项信息请求。对于德国的这项决议,主要背景是,2021年年初发生的全球车厂的缺芯事件让很多国家开始正视半导体制造与地缘政治、科技主权以及国家安全之间的密切关系,德国政府的前述决定似乎也有其合理之处。

(二)意大利阿尔卑航空公司案

2021年9月,意大利警方突袭了一家名为阿尔卑(Alpi)的航空公司的办公室,该公司为该国军方提供无人机。阿尔卑公司被指控违反了意大利法律"黄金权力",①该权力旨在防止不受监管的外国收购国防公司。据称除了向中国发送标有"模型飞机"的军用无人机,阿尔卑还没有将其2018年出售给与中国铁路车辆有关联的中国企业的情况通知政府。阿尔卑案例所显示的是,通知并不总是发生,允许忽视少量但可能存在问题的收购。2018年,负责审查投资的意大利机构不知道阿尔卑的出售,因为该公司没

① "黄金权力"是2012年意大利政府引入的为保护战略性经济行业而干涉公司经营的权力,并分别在2019年和2020年进行了修改。See Giuliana Lampo, *Italy's Exercise of Foreign Investment Screening Power against Chinese Takeover: An Assessment under International Law*, 1 (2) Italian Review of International & Comparative Law 433(2021).

有报告。尽管意大利已经拥有监管入境投资的筛选机制，但该国实际上并没有尽力规划。在对可能违反伊朗制裁的调查期间，此次收购偶然浮出水面，表明在筛选机构没有意识到的情况下可能发生了许多其他收购。当然，尽管该案件披露的信息不是太多，但是在裁定是否准许外资准入的问题上，意大利政府通过外国直接投资审查立法赋予政府很大的自由裁量权，政府通过行使"黄金权力"保护国内公司经营的行为似乎完全符合全球范围内的保护主义趋势，而且过去数年行使"黄金权力"的行业种类也迅速扩展，这符合包括欧盟在内的所有主要经济体的利益需求。①

（三）匈牙利维也纳保险集团/荷兰全球人寿案

最近的一个欧盟案例引发了关于欧盟并购控制与欧盟成员国国家外国投资审查规则之间相互作用的问题。在匈牙利维也纳保险集团/荷兰全球人寿（VIG/Aegon）案中，欧盟委员会裁定，匈牙利在其国家外国投资审查制度下否决维也纳保险集团收购荷兰全球人寿集团匈牙利子公司的决定违反了《欧盟并购条例》第 21 条，该条例授予欧盟委员会评估属于欧盟并购控制规则管辖内的并购问题的独家权限。除这一专属权限外，欧盟成员国还可以采取措施保护其在公共安全、媒体多元化和《欧盟 FDI 审查条例》第 21 条规定的审慎规则方面的合法利益。这意味着，如果存在压倒一切的国家合法利益，欧盟成员国不需要完全服从欧盟委员会根据《欧盟并购条例》审查交易反垄断方面的权限。欧盟委员会于 2021 年 8 月根据《欧盟 FDI 审查条例》批准了此次收购，但在此之前，匈牙利根据 COVID－19 大流行背景下引入的外国直接投资紧急立法阻止了该交易。匈牙利当局辩称，此次收购威胁到了匈牙利的合法利益。欧盟委员会随后展开调查，并得出结论认为，匈牙利的否决权违反了《欧盟并购条例》，因为它限制了维也纳保险集团从事跨境交易的权利，匈牙利当局未能证明该措施是合理、合适和相称的。欧盟委员会也怀疑否决是否真的是为了保护匈牙利的合法利益。特别是，它表示，鉴于维也纳保险集团和荷兰全球人寿集团都是在匈牙利有业务的老牌欧盟保险公司，尚不清楚此次收购将如何对社会的根本利益构成威胁。欧盟委员会认为，匈牙利当局应该在实施之前将其否决意向告知欧盟委员会，匈牙利没有这样做，违反了《欧盟并购条例》第 21 条。匈牙利随后根据其外国投资规定撤回了否决权，匈牙利政府随后收购了维也纳保险集团和荷

① "黄金权力"是 2012 年意大利政府引入的为保护战略性经济行业而干涉公司经营的权力，并分别在 2019 年和 2020 年进行了修改。See Giuliana Lampo, *Italy's Exercise of Foreign Investment Screening Power against Chinese Takeover: An Assessment under International Law*, 1 (2) Italian Review of International & Comparative Law 433 (2021).

兰全球人寿集团匈牙利子公司合并后业务45%的股权。

匈牙利维也纳保险集团/荷兰全球人寿案确认了欧盟法律高于欧盟成员国国内法的地位,并向成员国发出了一个信号,即成员国在根据本国外国投资审查规则作出决定之前,应首先考虑相关的欧盟法律。欧盟并购控制与各国外国投资规则之间的这种相互作用,也是欧洲对交易监管审查加强的一个例子。对于非欧盟投资者来说,重要的是要意识到,欧盟的交易将受到系统的审查,不仅涉及欧盟的并购控制,还包括从外国直接投资的角度,特别是如果这些交易有可能引发国家安全和公共秩序方面的担忧。最迫在眉睫的影响是对交易时间表的影响,因为国家外国投资审查程序在国内程序规则中迎合了欧盟的审查机制。①

五、欧盟外资审查的评价

截至 2024 年 2 月,27 个成员国中有 22 个建立了外国直接投资筛选机制,②其余成员国中有些正在通过相关的外国直接投资规则。可以看出,《欧盟 FDI 审查条例》的通过以及围绕其通过的辩论导致现有外国直接投资筛选机制的普遍加强,并鼓励各成员国采用新的外国直接投资国内制度。在整个欧盟,成员国正在采取措施对外国直接投资进行更严格的审查和限制。但是,欧盟具有筛选机制的成员并不总是针对相同的部门或有专门的投资筛选机构,欧盟外国直接投资审查的整体一致性始终是海市蜃楼,而且这种程度的不一致性将欧洲安全置于不必要的风险之下。外国企业可以通过没有筛选机制或形式非常宽松的欧洲国家进入单一市场,然后组成一个所有权网络,这将使其难以识别为外国企业。同时,通过扩大归类为"关键基础设施"的行业清单并提高筛选过程的长度和严格程度的最低标准,欧盟正在集体向国际社会其他国家发出其新的多方面安全标准。尽管其监管态势仍远低于 CFIUS 下的美国,但德国和荷兰等坚定的自由市场国家已经选择接受欧盟的这一倡议,这一点令人瞩目。这无疑标志着外国直接投资进入了一个新时代,因为欧盟继续将产业政策视为推进欧盟集体利益的一种手段。

欧盟委员会正在鼓励所有成员国积极建立外国直接投资安全审查机制,促进各国国内立法进程的进展和协调,并且协助成员国进行技术和政

① See Samantha Mobley & Farin Harrison, *Navigating Foreign Investment Restrictions: Spotlight on the EU and UK*, 24 (1) Business Law International 21(2023).

② See EU Investment Screening, *List of Screening Mechanisms Notified by Member States*, CIRABC (28 Feb. 2024), https://circabc.europa.eu/rest/download/7e72cdb4-65d4-4eb1-910b-bed119c45d47.

策指导、技术会议和信息交流，包括交流最佳做法。然而，尽管这种定期合作和国家审查机制之间有一些重要相似之处，但各成员国在什么是对外国直接投资的正式审查、适用的时间表、部门范围、通知要求和其他因素方面继续表现出很大程度的差异。因此，欧盟委员会将继续致力于支持成员国审查机制的统一，并期望所有欧盟成员国快速建立起国家外国直接投资审查机制，以免联盟受到来自第三国的潜在风险外国投资的影响，从而确保所有成员国和联盟的集体安全，以及单一市场的安全和它所允许的非常高水平的经济一体化。问题是，《欧盟 FDI 审查条例》中外国直接投资的定义仍然含混不清，譬如，在什么情况下拥有 10% 或更多的股份所有权就可能导致影响某一公司的管理或控制并因此被视为该审查条例下的外国直接投资仍然是完全不清楚的，根据个案事实和欧盟成员国的国内法的规范，此类情形应当具体分析。①

《欧盟 FDI 审查条例》没有授予欧盟任何否决权或执行权，也没有强制欧盟成员国引入国家外国直接投资审查程序，这意味着成员国仍处于外国直接投资安全审查的主导地位。欧盟外国直接投资安全审查主要是以一种协调和调整整个欧盟成员国层面存在的广泛不同审查机制的手段，特别是，该审查条例引入了一种协调机制，欧盟委员会和“非审查”成员国可据此对在审查成员国进行的外国直接投资审查发表不具约束力的意见，还可以对某些成员国未审查的交易提供评论，譬如有关交易发生在没有外国直接投资制度的成员国，交易不符合政府外国直接投资审查标准的成员国，或审查成员国决定放弃对特定投资的筛选。实际上，《欧盟 FDI 审查条例》在所有成员国之间建立了一个关于外国直接投资安全审查的通知交易的自动信息交换系统。但是，对任何外国直接投资进行筛选或任何相关措施的最终决定权仍由根据其国内外国直接投资筛选程序进行审查的成员国全权负责。② 故，《欧盟 FDI 审查条例》在很大程度上是一种“软法”性质的工具，仅仅列出了成员国的筛选机制应该共有的基本要求，其最直接的影响主要是程序性的，但它确实为在成员国层面进行的安全审查增加了相当大的复杂性和不确定性。

前已述及，《欧盟 FDI 审查条例》的影响主要是程序性的。特别是，欧盟委员会和其他成员国的新角色增加了参与国家投资筛选审查过程的利

---

① See European Commission, Second Annual Report on the Screening of Foreign Direct Investments into the Union, COM (2022) 433 final, p. 7.

② 但是，不能排除（特别是）较小的欧盟成员国可能会发现自己承受着相当大的压力，需要遵守欧盟或其他成员国发表的意见或评论。

益攸关方的数量,这对审查期间产生了影响,尽管审查成员国拥有最终决定权。而且,虽然《欧盟 FDI 审查条例》并未要求成员国引入国家外国直接投资审查程序,但国内纳入外资审查的趋势是确定的。在其 2022 年年度报告中,欧盟委员会称,全球性大流行病以及供应链产业链的安全问题促使很多欧盟成员国开始制定新的国家审查机制,或更新或扩展原有的审查体系。仅在 2021 年,就有 3 个成员国制定了新的审查机制,6 个成员国修改了现有的筛选机制,同时还有 7 个成员国已经启动了建设国内筛选机制的咨询或立法程序。到 2021 年年底,欧盟 2/3 的成员已经设立了生效的外国直接投资筛选立法,外国直接投资筛选机制正在成为欧盟成员国的加速选项。①

《欧盟 FDI 审查条例》的实施可能会推动成员国审查政策更好地与欧盟筛选条例保持一致,这种一致性可能会促使成员国考虑修改或建立一个新的符合《欧盟 FDI 审查条例》的国家安全审查制度。特别是,《欧盟 FDI 审查条例》规定了外国直接投资审查应仅围绕"安全和公共秩序"的基本实质性标准展开,重点要对关键基础设施、关键技术和两用物品、关键电子供应、敏感信息、媒体活动以及包括国家机构或武装部队的外国政府直接或间接控制收购方时的投资审查。② 尽管如此,截至 2023 年,成员国正在采取不同的方法,例如,德国只通知将面临深入审查的交易,而其他成员国则通知所有投资的交易。无论如何,《欧盟 FDI 审查条例》为委员会从安全和公共秩序的角度筛选可能影响联盟利益的项目或计划的外国直接投资引入了可能性,③毫无疑问其将会对外国直接投资在欧盟的实质和程序方面产生非常实际的影响。

《欧盟 FDI 审查条例》旨在在成员国与欧洲委员会之间建立一种"合作机制",以相互通报可能威胁"安全"或"公共秩序"的外国直接投资。这种合作机制使其他成员国和委员会能够对设想的投资提出关切,并要求有关成员国适当考虑到这些关切。换句话说,这种"合作机制"是变相的"干预机制",它赋予成员国和委员会一种工具来审查和干预其他成员国的计

---

① See European Commission, Second Annual Report on the Screening of Foreign Direct Investments into the Union, COM (2022) 433 final, p. 8.

② See Regulation (EU) 2019/452 of 19 March 2019 Establishing a Framework for the Screening of Foreign Direct Investments into the Union (OJ L79, 21. 3. 2019), Article 4. 1.

③ See Philipp Stompfe, *Practical Implications of the New Legal Framework for Foreign Direct Investment in the European Union*, EFILA Blog (20 Oct. 2020), https://efilablog.org/2020/10/22/practical-implications-of-the-new-legal-framework-for-foreign-direct-investment-in-the-european-union/.

划外投资。[①] 从另外一种角度来讲,相互“合作”或者“干涉”的机制使欧盟和其他成员国具有广泛的权力直接干预特定成员国对外国直接投资的筛选过程,因此不能排除主要的成员国将迫使较小的成员国阻碍某些外国直接投资,特别是在敏感部门。

无论如何,虽然《欧盟 FDI 审查条例》大体上是一种“软法律”的工具,但它确实增加了成员国进行安全审查的复杂性和不确定性。从本质上讲,虽然欧盟委员会一直在强化该机制运作的有效性和必要性,但《欧盟 FDI 审查条例》给成员国施加了额外的压力,要求它们考虑更广泛的安全利益,这可能会促进其他对交易感兴趣的利益相关者进行游说的努力。

本章小结

自 2018 年以来,美国和其他若干发达国家已经修改或设立了与国家安全相关的外国直接投资筛查机制。作为规范外国投资进入的主权权利的一部分,各国可以出于国家安全目的对跨国并购实行严格的审查,设置政治障碍,[②]阻止外国投资进入,或对外国投资的进入附加某些条件。这些不同的投资审查机制的立法变化主要集中在扩大审查范围、扩大外国投资者在审查程序中的披露义务或延长审查程序长度的法定时间表。当前,外资安全审查范围扩大到对国内战略产业和关键基础设施的外国投资,如能源生产和供应、供水、运输、电信、矿产资源或媒体,并且越来越多地扩展到外国企业收购国内技术和专有知识,如人工智能、机器人、5G、量子技术、半导体、云计算、计算硬件、生物技术、纳米技术或卫星和航空航天,甚至在某些国家已经延伸到外国投资者获取国内公民的敏感数据有关的筛选程序。国家安全审查机制的扩散使东道国几乎可以无限制地酌情考虑禁止拟议的投资或要求外国投资者作出繁重的承诺,以减轻东道国可能存在的任何监管方面的担忧。[③] 但是,这些审查制度仍存在显著的国别差异,涉及投资审查机制的类型、审查标准和门槛、制度设置、审查过程中国有企业的待遇以及审查后的投资授权类型。

---

① See Nikos Lavranos, *The EU's Foreign Investment Screening Proposal: Towards More Protectionism in the EU*, EFILA Blog (9 Jan. 2018), https://efilablog.org/2018/01/09/the-eus-foreign-investment-screening-proposal-towards-more-protectionism-in-the-eu/.

② 参见郭卫军、黄繁华:《东道国外商投资壁垒与中国对外直接投资》,载《世界经济研究》2020 年第 5 期。

③ See Frédéric Wehrlé & Joachim Pohl, *Investment Policies Related to National Security: A Survey of Country Practices*, OECD, 2016, p. 25.

作为其规范外国投资准入的主权权利的一部分,各国以国家安全为由拒绝或暂停外国投资的情况日益突出。需要明确的是,对外国投资日益严格的审查是一种全球现象,它不一定是由保护主义驱动的,而主要是出于对国家安全的担忧,并且人们越来越意识到,在不断变化的地缘政治格局中,外资所有权可能会带来安全风险。① 此外,除了关于外国投资进入的一般监管框架,许多国家还引入了专门针对国家安全相关投资审查的新的或强化的机制和程序,反映出该领域日益得到政治上的关注。对国家安全进行更严格的投资审查可能会创建新的投资障碍,而加强政府间的对话和合作可以加强国家安全的善治,从而提高现有审查机制的透明度和可预测性。

尽管美国的 CFIUS 审查程序通常仍然是最困难的障碍,但拥有类似制度的司法管辖区越来越多,这意味着投资者和并购各方当事人必须仔细计划审查程序。在美国和欧盟的鼓励下,许多审查机构现在经常共享信息。另外,整个欧洲的外国投资交易采用统一的筛选机制,欧盟委员会似乎正在尝试为其自身建立类似于美国 CFIUS 行使权力的机关。在增加投资审查目标合作的共同目标下,欧盟和美国的措施在政策和程序上仍存在关键差异,这可能会导致美国与其欧盟合作伙伴之间在外国直接投资交易方面的未来分歧。

CFIUS 和欧盟委员会机制均具有单方面权力,可以在交易的任何阶段(包括在交易完成之后)发起审查。两种机制都具有强制性的备案和报告规定。欧盟框架还赋予各成员国采取防止规避审查机制和决定的必要措施的权力,而 FIRRMA 明确授权 CFIUS 有权审查旨在规避审查的交易。② 但是,《欧盟 FDI 审查条例》没有赋予委员会中止或阻止投资的权力,欧盟委员会可以发表不具约束力的意见,成员国可以对此发表评论。此外,根据《欧盟 FDI 审查条例》进行交易的各方也有机会针对筛选决定寻求司法补救,这是《欧盟 FDI 审查条例》与美国赋予当事方权利之间的主要区别。美国总统的最终决定不仅具有约束力,而且不受司法审查。③ CFIUS 对投资处置的最终裁定有待司法审查,但即便如此,也极为有限。准投资者可以提出宪法上的正当程序索赔,法院将评估准投资者是否被告知有关收购的担忧性质或作出决定时考虑的证据。然后法院将确定准投资者是否有机会反驳证据,如果满足这些条件,则是终局裁定,前述罗尔斯案就是一个

① See Samantha Mobley & Farin Harrison, Navigating Foreign Investment Restrictions: Spotlight on the EU and UK, 24 (1) Bus. L. Int'l 21(2023).

② See FIRRMA (2018), 50 U. S. C. A. § 4565 (2018), § 1703, 50 U. S. C. § 4565(a).

③ See 50 U. S. C. app § 2170(e).

典型例证。① 至于欧洲，尽管《欧盟FDI审查条例》授予欧洲委员会对外国投资进行审查的权力，但中止或撤销大宗投资的权利仍由成员国承担。因此，尽管欧盟框架可以鼓励委员会审查美国感兴趣的外国直接投资交易，但委员会基本上无权阻止它们，这意味着如果发生以下情况，并且美国希望干预，其将不得不对发生此类交易的成员国施加直接压力。

美国拥有健全的投资筛选机制，现已发展成为经济战的武器。与此同时，欧盟仍然是相互冲突的国家法规（或根本不存在）拼凑而成的，这些法规被相对无权的投资审查框架所覆盖。② FIRRMA和欧盟用于筛选外国直接投资的框架都表明了这样一个事实，即打击潜在有违国家安全的外国投资，同时确保美国和欧盟市场仍然对外国直接投资开放。除了外国投资进入的一般管理框架，许多国家还采用了新的或加强了专门用于与国家安全有关的投资审查的现有机制和程序，反映了这一领域日益增加的政治关切。当然，政府间对话可以解决人们的担忧，即出于国家安全目的而加强投资审查可能会造成新的投资壁垒。它还可以确定国际上的良好做法，从而提高现有审查机制的透明度和可预测性。

由上所述可知，跨境投资者顺利通过外国直接投资安全审查的关键是：第一，尽早评估对敏感行业投资进行外国直接投资安全审查的必要性，尤其是在国防和安全部门、关键基础设施、原材料、关键技术、大众媒体和敏感的个人数据行业的跨境投资最有可能引发外国直接投资审查；第二，投资者的尽职调查至关重要，熟悉拟投资行业的相关要求，包括相关交易的申报和披露义务，以及是否具有某些豁免等；第三，要为外国直接投资审查留出更多时间，因为随着越来越多的司法管辖区需要备案，各方需要计划更长的审查时间，即使是有时间限制和加速审查机制的司法管辖区可能

---

① See *Ralls Corp. v. Comm. on Foreign Inv.*, 411 U. S. App. D. C. 105 (2014). 依据上述判决，美国政府向中国三一集团在美关联公司罗尔斯提供了CFIUS或美国总统作出相关决定所依赖的非保密信息，罗尔斯也对该信息提出了反对意见。美国政府随后与罗尔斯及其律师团队展开协商，并最终达成和解。根据和解协议条款，三一集团在美关联公司罗尔斯，可以将四个风电项目转让给罗尔斯选定的第三方买家。和解协议还明确指出，CFIUS已认定罗尔斯在美进行的其他风电项目收购交易不涉及国家安全问题，欢迎罗尔斯和三一集团就未来更多的在美交易和投资项目向其提出申报。罗尔斯据此撤销了对奥巴马总统和CFIUS的诉讼，美国政府也相应撤销了对罗尔斯强制执行总统令的诉讼，三一集团诉美国总统奥巴马一案由此画上句号。参见赵晓明：《双方妥协 三一集团起诉奥巴马案达成全面和解》，载观察者网，https://www.guancha.cn/economy/2015_11_05_340147.shtml。

② See Jason Jacobs, *Tiptoeing the Line between National Security and Protectionism: A Comparative Approach to Foreign Direct Investment Screening in the United States and European Union*, 47(2) International Journal of Legal Information 105 (2019).

也会由于外国直接投资工作量的增加而无法按时完成审查;第四,很多审查所指出的国家安全问题可能只是一个幌子,其中隐藏了审查的真正政治偏好或目标;第五,投资者要明确,与外国直接投资监管机构的合作至关重要,各方必须做好准备,就外资安全审查机构的管辖权、强制申报要求、申报门槛和时间安排等方面提前与监管机构进行积极接触。

一个不容忽略的事实是,无论是美国的外资安全审查,还是欧盟的外资筛选政策,这些发达国家和地区组织,尤其是美国及其同盟以国家安全为由实施的审查政策,其最初的焦点或者重心都是针对中国投资,至少就那些与中国有双边或多边投资条约的国家来讲,前述政策与相关的国际投资条约的规定是不一致的。① 可以说,在美国的各种威逼利诱下,西方主要国家基本上都对来自中国的投资进行了更为严格的安全审查,从而使中国在海外获取投资的渠道越来越窄。② 因此,中国投资者可以根据相关国际投资条约规定的争端解决方式提起救济诉求,当然也要针对相关投资条约中存在的安全条款提出抗辩,或者在不存在此类安全条款的情况下,要明白如何根据习惯国际法的相关原则维护自己的权益。

① See Phillip McCalman, Laura Puzzello, Tania Voon & Andrew Walter, *Inward Foreign Investment Screening Targets China*: *Interdisciplinary Perspectives*, 12(1) Cambridge International Law Journal 82(2023).

② 参见龙春生、袁征:《大国竞争时代美国对华科技战略探析》,载《美国研究》2023 年第 4 期。

第四章　国际投资条约中的国家安全例外条款

当前,国家安全问题似乎已经超越了国家之间的商业关系,并且在外国直接投资领域中占据越来越重要的地位,同时也促使国际投资条约进入了一个新的各国日益强化国家监管权的新阶段,导致外国投资和国际投资法的某些特征已经受到怀疑或审查,①进而需要对国际投资法进行重新评估,其中基本问题之一是,各国都在努力恢复其在国际投资法治中的某些权力,无论是发展中的国家还是新兴经济体,都试图重新调整迄今为止国际投资法所依据的某些原则,但其中的重点是不应再将投资者视为外国直接投资的唯一主角和受益者,而是要平等对待所有利害攸关方的权益,毕竟投资是经济和社会发展的重要驱动力。这就意味着,国际投资法需要重新平衡投资者的合法权利和期望与国家保留维护某些基本经济领域和社会正常运转的必要权力之间的关系。② 然而,只要各国对国家安全持有不同的理解,就有可能采取不同的方法,就有可能会影响国际投资条约缔约方的义务。为此,一种比较合理且可预防的方法就是在国际投资条约中纳入专门规定国家安全问题的某些条款,承认国家可以制定某些符合公共利益的措施的权利和需要,以适当平衡国际投资条约下的私人利益和公共利益之间的关系。

国际投资条约中的安全条款通常意味着,在国际紧急情况或武装冲突时期,各国享有影响深远的自由裁量权。根据这些,有可能抵消投资条约中的所有保护措施的非排除性(non-precluded)措施条款规定,国家可以利用基本安全利益作为辩护理由为被禁止的行动辩护。③ 另外,国际社会中,越来越多的当事人将国家安全作为一种最终的辩护手段。在国际经济法领域中出现了许多例子,譬如阿根廷和印度在国际投资仲裁中的国家安

① See Muthucumaraswamy Sornarajah, *Resistance and Change in the International Law of Foreign Investment*, Cambridge University Press, 2015, p. 45 – 48.

② See Peter Muchlinski, *Trends in International Investment Agreements Balancing Investor Rights and the Right to Regulate: The Issue of National Security*, in Karl P. Sauvant ed., Yearbook on International Investment Law and Policy (2008 – 2009), Oxford University Press, 2009, p. 39.

③ See Rudolf Dolzer, Ursula Kriebaum & Christoph Schreuer, *Principles of International Investment Law*, 3rd ed., Oxford University Press, 2022, p. 309.

全抗辩,WTO 专家组就乌克兰与俄罗斯之间的过境运输作出的裁决,以及中国等国家针对美国征收铝钢关税提起的争端作出的裁决等都涉及国家安全例外的辩护和自我裁判问题。在国际条约的谈判中,缔约国热衷于采取并接受旨在保护自己国家安全的措施。作为将国家安全用作“安全阀”的必然结果,①国际投资条约中安全例外条款的解释和适用通常涉及确保条约义务的有效性,一方面要确保各国在国家安全问题上的酌处权,另一方面要确保其自主权。②

安全条款始于 1947 年 GATT 第 21 条,该条允许一国采取“其认为对保护其基本安全利益必要的措施”。③ 该安全条款是第二次世界大战后不久缔结的经济条约中的最重要的一项条款,其措辞也成为国际贸易和投资领域中相关规定的参考范式。自那时以来,条约的制定一直围绕在是使用 1947 年 GATT 的语言还是偏离其的问题上。第二次世界大战后一些国家签订的类似 FCN 均借鉴了 GATT 的规定,可以使人们对安全性措施进行更高程度的审查,但是这没有起到太大的作用,并很快被国际投资条约中的安全条款所取代,其目的是确保国家在国家安全事务上拥有最大的酌处权。除此之外,各国正在试验新的安全例外条款的范式和机制,或者在投资条约中用明确的语言将安全例外排除仲裁管辖权,或者扩展援引安全例外抗辩的情形。这些事态发展反映了国际社会对自由国际经济体系的怀疑,同时也与民族主义、保护主义以及地缘政治危机有很强的联系。

从国际经贸规则的角度来讲,安全例外对条约解释提出了两个基本的问题。第一,安全例外是否具有自我裁判的特征,以及如果具有,各国能否是援引该例外情况适用性的最终裁判者?第二,国际裁决机构是否会对这种决定进行审查,以及允许的审查范围和对主权国家的尊重程度为何?对这两个问题的回答不可能是唯一的。国际投资条约中的安全例外规范千差万别,因此对此类条款的解释可能没有规范化的审查标准,不但相关结论要取决于使用的语言,还要考虑个案案情以及裁判者的解释。

---

① See Michael J. Hahn, *Vital Interests and the Law of GATT: An Analysis of GATT's Security Exception*, 12 Michigan Journal of International Law 558 (1991).

② See Wesley A. Cann, *Creating Standards and Accountability for the Use of the WTO Security Exception: Reducing the Role of Power-Based Relations and Establishing a New Balance between Sovereignty and Multilateralism*, 26(2) Yale Journal of International Law 413(2001).

③ See GATT(1947), Article 21(b).

第一节 国际投资条约中纳入国家安全条款的必要性

始于20世纪70年代末的投资自由化最初是作为一种政策和观念出现的，到80年代，越来越多的发展中国家开始纳入该政策以吸引外资和引进外国先进技术，其主要的特点在于规定外资准入方面的自由化、禁止履行业绩要求、规定最低国内待遇以及投资争端解决方式的国际化等。在经过20世纪90年代到21世纪初近二十年的投资自由化政策蓬勃发展之后，投资自由化带来的风险和负面效应越来越明显，许多国家开始重新评估和调整此类政策，主要的改变就是一些国家开始行使监管外国投资的权利，以追求合理的国内政策或者公共政策目标。其中，对外国投资采取更严格限制措施的领域主要是与各国战略产业、关键基础设施和敏感个人信息的保护有关，其不仅体现在各国颁布的相关国内立法中，也在国家之间缔结的投资协定中有所体现。与外国投资有关的国家安全问题并不是近些年才出现的新鲜事，而且可以确定的是，即便在一个所谓投资比较自由的国家，也可能会越来越频繁地以国家安全为由拒绝或限制其他国家的投资。尤其是在与战略产业、关键基础设施和敏感个人信息有关产业的拟定投资中，东道国往往提到安全审查问题，并在近些年有愈演愈烈之势。从国际投资条约谈判和缔结的角度来看，国家安全问题的范围远远超出了最初设计国家安全例外的相关国防和军事活动。

一、从传统安全到非传统安全的国家安全含义的扩展

国际投资条约中国家安全例外条款主要以1947年GATT第21条为范本，或者在此基础上进行了相关文字上的修改，国家安全条款设计的主要目的是保护各缔约国国防方面的主权，原则上各国可以以国家之间发生战争或武装冲突而需要实施相关国防政策或行动为由豁免该国本应履行的国际经贸条约包括投资条约的义务。但是，国际关系尤其是各国对国家安全含义的理解已经超越了传统的国家安全含义，而扩展到一些非传统意义上的国家安全问题，譬如从经济安全、环境安全、健康安全、数据安全以及生物安全等，拓展到海洋、外空和网络安全，甚至延伸到诸如严重的自然灾害、内乱、经济危机或对国内重要工商业的控制，并且也意味着未来可能会出现今天未知的对国家安全的新威胁。国家安全含义的扩展导致对相关投资条约条款的设计和谈判也需要及时革新，其中的

原因主要如下。

(一)传统战争或武力冲突的继续存在

当前,国家间战争或武装冲突的发展导致各国对国家安全的实际认识和感知到的威胁变得越来越多。虽然冷战已经结束,但现在还有更多的局部战争或区域性武装冲突,以及看似随意而不断出现的恐怖袭击,加上有些国家内部出现的地区性武装冲突,所有这些都大大增强了各国对国家安全威胁的认知,导致对国家安全的理解超出了传统的战争或国防行动。各国投资政策也不能忽视这些发展,因为在很多情况下,基于投资者主体身份的特殊性或者从事行业的敏感性等原因,投资者可能来自被视为实际的竞争对手或潜在的敌对国家,或者投资者本身被视为潜在的安全威胁。因此,国家安全条款可以作为一种应对措施而加以实施。

(二)经济危机

近年来的国际实践已经明确指出,经济危机可以作为一种新形式的国家安全抗辩。尤其是在21世纪初阿根廷经济危机期间,为应对危机,阿根廷政府采取了一些限制外国投资者经营的措施,影响了外国投资者的权益。阿根廷辩称,面对国内动荡和持续的社会紧张局势,需要采取这些措施来保护其内部安全利益。经济危机问题绝不仅限于阿根廷一个国家,而可能会发生在任何国家,尤其是发展中国家。2022年俄乌冲突导致的欧洲能源危机以及潜在的全球性粮食危机有可能会演变成一场全球性安全问题,①未来可能会有更多国家因为此类安全而被迫采取紧急措施,包括限制外国投资。

从东道国的角度来看,此类因为经济危机而采取的紧急措施很重要,但其可能会对外国投资者造成相当大的损害,包括对投资环境产生的负面影响,严重者还会导致东道国发展急需的外国资本逃离该国或者新的资金暂停流入,反过来可能会在短期内进一步加剧经济危机。因此,在经济危机时期以国家安全为由而实施的紧急措施可能是“喜忧参半”,而避免政府方面的过度反应可能至关重要,②尽管各国政府的抗辩理由很难被仲裁庭采纳。譬如阿根廷经济危机后援引安全抗辩而产生的相关案例,问题的关键是经济危机能否成为阿根廷违反其缔结的相关国际投资条约义务的

① 参见联合国新闻:《乌克兰战争可能造成大范围的粮食不安全》,载联合国网2022年3月29日,https://news.un.org/zh/story/2022/03/1101202。

② See UNCTAD, The Protection of National Security in IIAs, United Nations, 2009, p. 1.

合理抗辩理由。[①] 其中,所有仲裁庭都同意《美国 – 阿根廷 BIT》第 11 条不仅涉及军事和政治威胁,而且涵盖经济紧急情况。例如,*CMS* 案的仲裁庭表示,根据习惯国际法或条约的目的和宗旨,没有任何东西可以单独将重大经济危机排除在第 11 条的适用范围之外;如果基本安全利益的概念仅限于直接的政治和国家安全关切,特别是具有国际性质的利益,而排除其他利益,例如重大经济紧急情况,很可能会不平衡地理解第 11 条。[②] *LG &E* 案的仲裁庭驳回了第 11 条仅适用于军事行动和战争情况的观点,并认为严重的经济危机不能构成国家安全问题的结论将"减少经济可能对全体人民的生活和政府领导能力造成的破坏"。[③] 而在 *Continental Casualty* 案中,仲裁庭指出国际法不能忽视这样一个要求,即"国家应该能够为了本国人民的利益免受内部和外部的对其安全的威胁以及维持和平的国内秩序而行使其主权。"[④]因此,尽管使用不同的解释方法,仲裁庭都得出了相同的结论,即"基本安全利益"一词原则上也涵盖严重的经济危机。换句话说,当一个国家的经济基础受到威胁时,其影响的严重程度可能与任何军事入侵的影响程度相当,包括威胁国家安全。但东道国的安全抗辩能否为仲裁庭所采纳,还需要具体案件具体分析。[⑤] 其中的推理可以说是,如果国际投资条约中包含国家安全例外条款,在存在经济危机的情况下,缔约方可以相对确定该条款原则上是适用的,但可能不太确定危机必须达到什么严重程度才能使国家安全例外抗辩具有相关性和合理性。如上所述,这些较早的裁决已经对未来国际投资条约中国家安全例外条款

---

① See *CMS Gas Transmission Company v. Argentine Republic*, ICSID case No. ARB/01/08, award of 12 May 2005; *LG &E Energy Corp., LG &E Capital Corp., and LG &E International, Inc. v. Argentine Republic*, ICSID case No. ARB/02/1, award of 3 October 2006; *Enron Corporation Ponderosa Assets L. P. v. Argentine Republic*, ICSID case No. ARB/01/03, award of 22 May 2007; *Sempra Energy International v. Argentine Republic*, ICSID case No. ARB/02/16, award of 28 September 2007; *Continental Casualty Company v. Argentine Republic*, ICSID case No. ARB/03/9A, award of 5 September 2008.

② See *CMS Gas Transmission Company v. Argentine Republic*, ICSID case No. ARB/01/08, award of 12 May 2005, paras. 359 – 360.

③ See *LG &E Energy Corp., LG &E Capital Corp., and LG &E International, Inc. v. Argentine Republic*, ICSID case No. ARB/02/1, award of 3 October 2006, para. 238.

④ *Continental Casualty Company v. Argentine Republic*, ICSID case No. ARB/03/9A, award of 5 September 2008, para. 175.

⑤ 譬如,*CMS* 案的仲裁庭裁定阿根廷危机虽然很严重,但并未导致经济和社会全面崩溃;LG &E 案的仲裁庭则认为,阿根廷于危机时期采取的相关措施是维护公共秩序和保护其基本安全利益所必需的。See *CMS Gas Transmission Company v. Argentine Republic*, ICSID case No. ARB/01/08, 12 May 2005, para. 355; *LG &E Energy Corp., LG &E Capital Corp., and LG &E International Inc. v. Argentine Republic*, ICSID case No. ARB/02/1, 3 October 2006, para. 226.

的起草产生了影响。

(三)战略产业、关键基础设施和敏感信息的保护

各国可能认为对战略产业的所有权或控制会对一国竞争力很重要,因为经济竞争力的削弱可能导致严重的金融和社会危机,因此与外国投资的国家安全问题有关,越来越多的国家不愿甚至反对允许外国投资者收购被认为具有战略意义、与关键基础设施或敏感个人信息有关的公司。① 另外,过去数十年的私有化浪潮导致许多国家重要的战略性产业(如能源、电信、交通或水)落入外国投资者之手并产生了意想不到的结果,进而被认为可能对国家安全产生影响,这导致许多国家比过去更容易面临安全风险。只要这些战略产业属于国家所有,并保持对国内战略产业或关键基础设施的控制,政府就不必担心它们会受到外国的影响。随着许多国家战略性行业中相当一部分的私有化,外国投资收购的选择已成为现实。从东道国的角度来看,在外国投资者试图收购其战略产业、关键基础设施或有关敏感个人信息的高科技企业时,以国家安全进行抗辩的最终目的是阻止或限制外国投资者投资一些被认为对社会发展至关重要的产业部门。即使是已经达成的战略性行业的外资收购或私有化交易,东道国也可能会认为其对外国投资者过于有利,从而在国家安全或实现公平的名义下要求重新谈判。

以近些年比较广泛的战略产业投资为例,战略性产业通常涉及国家安全问题这些问题与外国投资者欲通过投资控制或拥有的、东道国认为具有战略重要性的国内部门或行业有关。当前,因试图投资具有重要意义的战略性产业而被东道国拒绝或受到其他限制的情况要比因狭义的国家安全被拒绝的情况频繁得多。在大多数情况下,此类战略性行业涉及石油、天然气、信息和通信技术以及其他基础设施服务等,相关措施包括对外国投资所有权的限制、对石油或其他关键矿业部门的国有化、与外国投资者重新谈判特许权合同,以及引入新的限制外商直接投资部门清单等,这些都导致外国投资者的经营更加困难。譬如,较早引起广泛关注的案例之一是,中国海洋石油总公司于2005年宣布收购美国第九大石油公司优尼科,该收购引发了美国对有关国家安全、涉嫌不正当竞争和技术泄露风险的担忧。在美国国会干预后,中国海洋石油总公司撤回了投标,优尼科最终与总部位于美国的雪佛龙公司合并。②

---

① 从广义的角度来讲,关键基础设施和与敏感个人信息相关的高科技产业也属于战略性产业的范畴。

② 参见刘俊海:《中国企业赴美并购的法律风险及其防范对策》,载《法学论坛》2012年第2期。

（四）保护国家对自然资源的永久主权

联合国大会 1962 年 12 月 14 日通过的《天然资源之永久主权》承认各国对其天然资源拥有永久主权，包括拥有权、使用权和处置权。① 跨境投资的发展曾经导致一些国家把某些重要的自然资源的勘探和开发的特许权转移给外国投资者，而近年来各国尤其是一些发展中国家开始恢复和加强对本国自然资源的控制，譬如要求本国政府或公司占据多数股份，对外国投资者实施了新的限制，或者要求重新谈判现有的投资合同等，往往会把国家安全作为抗辩的理由。通常，国家安全考虑在这些政策中发挥了重要作用。

无论如何，监管外国投资是东道国的主权权利，包括出于国家安全目的施加限制的选择权。东道国也可以决定如何定义"国家安全"，以及在什么情况下认为这种利益处于危险之中，也即各国有很大的自由裁量权来决定特定的外国投资是否威胁到他们的国家安全，以及如何应对。但是，各国基于模糊的国家安全概念制定的外商投资政策可能会与外国投资者寻求的明确稳定的投资法律政策相矛盾。因此，东道国的国家安全防御政策可能会对外国投资者产生消极影响，无论其是否实际适用于个别情况。

（五）外国国有企业包括主权财富基金投资的潜在威胁

国有企业和主权财富基金的发展和更积极的作用进一步加剧了与外国投资有关的国家安全问题。有关的担忧主要是，此类投资者强大的财力可能会使他们基于政治原因破坏公平竞争的投资市场和收购他们喜欢的任何行业，而不用考虑相关的经济效益。此外，鉴于这些公司和基金的国家所有权，他们追求的目标通常是双重的，即不仅有经济目标，还可能包括政治目标。因此，对于外国国有企业和主权财富基金的投资带来的潜在国家安全担忧也就成为一些国家制定相关外商投资政策时需要考虑并对其进行严格控制的重点之一。②

毫无疑问，管理外国投资是东道国的主权权利，这包括出于国家安全目的施加限制的选择权。东道国也可以决定如何定义"国家安全"，以及认定此类利益处于危险之中的具体情形。这给了他们很大的自由裁

---

① 参见联合国：《天然资源之永久主权》［1962 年 12 月 14 日联合国大会第 1803（XVII）号决议通过］，载联合国网，https://www.un.org/zh/documents/treaty/A-RES-1803(XVII)。

② See Mark McLaughlin, *State-Owned Enterprises and Threats to National Security under Investment Treaties*, 19(2) Chinese Journal of International Law 283 (2020); Charles Ho Wang MAK & Sau Wai LAW, *Sovereign Wealth Funds and National Security-Three Purposes of Regulations and Beyond*, 12(1) King's Student Law Review 58(2022).

量权来决定特定的外国投资是否威胁到他们的国家安全,以及如何应对。此外,在国外进行投资的外国公司通常会寻求有关东道国投资条件的法律保证和明确性,而东道国基于模糊的国家安全概念制定的外商投资政策可能会对外国投资者产生消极影响,无论其是否实际适用于个别情况。

二、国际投资条约中纳入国家安全例外条款的必要性

各国越来越多的国家安全考量以及国家安全含义的扩展导致国际投资条约可能会限制外来投资。通过为缔约方确立给予外国投资者待遇以及争端诉至仲裁等的义务,国际投资条约对缔约国监管外国投资的主权权利施加了某些限制,包括其在国家安全领域的法规制定和实施方面的限制。因此,国际投资条约规定的投资保护的目标与解决缔约国内部的国家安全问题之间存在潜在的冲突。鉴于国家安全对于国家主权尤其是传统意义上的领土完整和政治经济独立所具有的重要性,在外国投资可能对东道国国家安全构成威胁的情况下,许多国际投资条约明确规定可以免除缔约方全部或部分的条约义务。因此,各国政府面临的一个挑战是,在确保缔约国充分保护国家安全利益与吸引外来投资之间找到一种适当的平衡。

随着近年来旨在保护战略产业、关键基础设施以及敏感个人信息等的政策的推动,平衡外国投资者利益与东道国的权利和义务之间的挑战变得更加紧迫。越来越多的国家通过援引国家安全抗辩保护相关产业或公司。同样,类似全球经济危机的全球性环境、气候变化、恐怖主义、数据、健康、能源、粮食等危机已经在不同程度上打击了许多发达国家和发展中国家,不能排除在将来会有越来越多的危机升级为紧急情况乃至国家安全威胁的可能性。最重要的是,即使缔约方免除其在国际投资条约下的所有义务,安全例外条款仍然可能会产生巨大的影响。

可以说,国际投资条约中的国家安全例外条款不仅是合理的,而且是必要的,对于国际投资政策的发展将具有重要意义。首先,早期缔结的一些国际投资条约可能不包括国家安全例外条款。在面临越来越多的并且是越来越模糊的国家安全威胁的情况下,各个国家会觉得有必要纳入一条安全例外条款,以保障其在战略产业、关键基础设施、敏感个人信息领域或面对经济危机时的监管自由。

其次,即使相关国际投资条约规定了国家安全例外条款,缔约国也可能会对其适用的范围产生分歧。譬如,国家安全例外条款的规定是否足够

广泛到可以涵盖为保护战略产业、关键基础设施或应对经济危机而对外国投资的限制。对于投资者来说，外国投资者及其本国可能对安全例外条款的限制性作用产生担忧，即他们可能会认为国家安全例外的范围是否应当仅限于传统上的与国防相关的事项，还是其可以扩展到更广的和意想不到的其他例外情况。另外，国际投资条约为缔约方在其境内监管外国投资设定了某些安全例外，可能会限制一个国家出于国家安全目的限制外国投资的权利，这样一来，国际投资条约对政府施加的限制可能不再适用。因此，政策制定者和外国投资者都需要了解国家安全政策、国际投资条约的缔结以及投资条约中的国家安全例外之间的各种相互作用。

最后，更多的国际投资条约并没有对国家安全例外条款适用于武力之外的情况作出规定，此类新发展是否需要在国际投资条约中作出明确规定或者列出可以援引的具体条件还缺乏统一的认识。如果涉及军事威胁或其他紧急情况，缔约方可能在对国家安全威胁作出反应时保留更多的自由裁量权，这似乎是合理的，也是有必要的。但是与保护战略产业、关键基础设施或敏感信息相关的国家安全威胁相比，是否保留各国政府的自由裁量权还没有定论，各国之间对此仍然存在很大的分歧。

可以讲，国际投资条约促进和保护外国投资的总体目标与东道国维护国家安全利益的正当愿望之间总是存在潜在的冲突。各国对战略产业、关键基础设施和敏感信息的保护以及在经济危机时期采取的紧急措施的发展为国家安全抗辩增添了新内容，但更重要的是，国际投资条约如何平衡这些潜在不同目标之间的关系，能否以及在什么程度上可以以牺牲投资保护为代价而将平衡转移到更多有利于国家安全和主权的方向。

第二节　国际投资条约安全例外条款的缘起：GATT 第 21 条

当前国际投资条约中的安全例外条款源于国际贸易条约尤其是 1947 年 GATT 第 21 条的规定，其是第二次世界大战后国际经贸条约中第一代安全例外的核心。此类安全例外范式肇始于第二次世界大战后出现的多边贸易体系的早期，并一直持续到 21 世纪。在早期多边贸易体系中，国家安全措施不受任何形式的司法监督，而是主要通过外交谈判和相互制约进行管理，其结果就是在国际贸易体系中规定“安全例外条款”，并用于维持战后多边贸易体系中“贸易”与“安全”关系之间的界限。

一、1947 年 GATT 第 21 条

1947 年,在哈瓦那召开的联合国贸易会议上通过了旨在成立一个多边贸易组织的《哈瓦那宪章》,但其因为各方面原因而未生效。① 在此期间,各国为实施和保护关税减让进行了谈判,将《哈瓦那宪章》中的贸易政策章加以改编,并加了某些条件,而成为 1947 年 GATT。② 鉴于当时美苏之间的特殊关系,美国坚持纳入《哈瓦那宪章》中的安全例外条款,③即对安全事项作出保留,以应对未来可能与苏联发生的重大冲突。因此,尽管《哈瓦那宪章》从未生效,但 1947 年 GATT 包含了它的安全例外条款,而且几乎没有作任何改动。GATT 随后成为了 20 世纪剩余时间中规范绝大多数国际商品贸易的唯一多边文书。

1947 年 GATT 在安全方面的例外规定如下:

> 第 21 条:安全例外
>
> 本协定的任何规定不得被解释为下列任一项:
>
> (a)要求任何缔约方提供其认为如披露则会违背其基本安全利益的任何信息;或
>
> (b)阻止任何缔约方采取下列其认为对保护其基本安全利益所必需的任何行动:
>
> (i)与裂变材料或提炼裂变材料的原料有关的行动;
>
> (ii)与武器、弹药和作战物资的贸易有关的行动,以及与直接或间接为军事机构供应其他货物或物资有关的行动;
>
> (iii)在战时或国际关系中的其他紧急情况下采取的行动;或
>
> (c)阻止任何缔约方为履行其在《联合国宪章》之下的维护国际和平与安全的义务而采取的任何行动。④

---

① 1947 年 11 月国际贸易组织夭折,因为当时美国共和党在 1946 年国会选举中获胜,美国国会对其态度冷淡,不过,GATT 还是成功延续了下来。参见[美]威廉·伯恩斯坦:《伟大的贸易:贸易如何塑造世界》,郝楠译,中信出版集团 2020 年版,第 423 页。

② 为使 1947 年 GATT 迅速生效,制定了《临时适用议定书》。因此,1947 年 GATT 诞生了。1994 年 GATT 通过乌拉圭回合谈判纳入了。

③ See United Nations Conference on Trade and Employment, *Havana Charter for the International Trade Organization* (1947), WTO (May 2, 2024), https://www.wto.org/english/docs_e/legal_e/havana_e.pdf, Article 86 (Relations with the United Nations) and Article 99.1 (General exceptions).

④ GATT 1947, Article 21.

关于该条基本安全利益的含义，判例法并未提供相关的实际解释，[①]但学者们青睐对其含义进行广泛但并非始终一致的理解。[②] 国际法院还明确承认该术语是广义的，不仅包括军事威胁，还包括其他种类的威胁，例如经济和安全。根据对尼加拉瓜诉美国军事和准军事行动案的判决：

> 基本安全利益的概念当然超出了武装攻击的概念，并且在过去得到非常广泛的解释。[③]

尽管判例法没有提供"基本安全"的定义，但该条款所体现的"必需"概念已经由 GATT 和 WTO 下的若干专家组针对 GATT 第 20 条进行了解释。[④] 如泰国限制香烟进口税和国内税专家组的理解：

> 没有任何(国家)可以合理地预期采用一种替代措施，并且该措施与 GATT 的其他规定不矛盾。同样，在没有合理地使用与 GATT 其他条款相符的措施的情况下，缔约方有义务在合理可行的措施中使用与 GATT 其他条款相抵触程度最小的措施。[⑤]

GATT 第 21 条"无所不包"(all-embracing)[⑥]的国家安全例外被视为对 GATT 第 20 条规定的一般例外的补充。在 GATT 谈判的第一阶段，所有的国家安全例外均被纳入 GATT 第 21 条，但在以后阶段又将它们分开，以期扩大其范围和基本原理。[⑦]

---

① See Jürgen Kurtz, *Adjudging the Exceptional at International Investment Law, Security, Public Order and Financial Crisis*, 59(2) International & Comparative Law Quarterly 325 (2010).

② See William W. Burke-White & Andreas von Staden, *Investment Protection in Extraordinary Times: The Interpretation and Application of Non-Precluded Measures Provisions in Bilateral Investment Treaties*, 48 Virginia Journal of International Law 307 (2008).

③ Military and Paramilitary Activities in and against Nicaragua (Nicaragua v. United States of America), Judgment on the Merits, International Court of Justice Reports 14 (1986), para. 224.

④ See Jürgen Kurtz, *The WTO and International Investment Law: Converging Systems*, Cambridge University Press, 2016, pp. 200 – 202.

⑤ *Thailand-Restrictions on Importation of and Internal Taxes on Cigarettes*, DS10/R – 37S/2009, Report of the Panel, 7 November 1990, para. 74; *United States-Section* 337 *of the Tariff Act of* 1930, L/6439 – 36S/345, Report of the Panel, 7 November 1989, para. 5. 26.

⑥ See Raj Bhala, *National Security and International Trade Law: What the GATT Says, and What the United States Does*, 19(2) University of Pennsylvania Journal of International Law 263 (1998).

⑦ See Ji Yeong Yoo & Dukgeun Ahn, *Security Exceptions in the WTO System: Bridge or Bottle-Neck for Trade and Security?*, 19(2) Journal of International Economic Law 417 (2016).

起草者希望有一个更加含糊的国家安全例外草案,这种模棱两可的需要使各国有能力在不破坏贸易自由化进展的情况下对合法的安全关切作出回应,从而导致产生了 GATT 第 21 条,这是一个故意含糊的灵活规定,但同时第 21 条又通过列举的方式限定了其使用范围,可以防止各国以安全为名采取真正具有商业目的的措施。然后,与第 20 条遵循纯粹的客观标准不同,在每个具体情况下,由缔约国决定第 21 条的内容和理由。

自从 1947 年颁布以来,GATT 第 21 条一直保持不变。即使在 WTO 系统的谈判期间,也没有尝试过任何改革。此外,GATT 第 21 条含糊的条款未作任何改变地被纳入 WTO 的许多其他文书中,包括《服务贸易总协定》(General Agreement on Trade in Service,GATS)第 14 条之二,《与贸易有关的知识产权协定》(Agreement on Trade-Related Aspects of Intellectual Property Rights,TRIPS)第 73 条,以及《技术性贸易壁垒协定》第 2 条第 2 项等。

所有这些条款都为合法的非经济政策目标纳入了安全例外,其共同的基本思想是有意利用 GATT 第 21 条的争议和模棱两可的措辞,维护各国在国防和安全领域内的行动自由。因此,缔约方在决定其认为必要的保护自己的基本安全利益免受实际和潜在威胁的影响时,享有非常广泛的自由裁量权,相关条约规定的贸易自由化和妥协并没有完全超过各国捍卫和维护自己的生存和基本安全利益的主权。

实践中,GATT 第 21 条中的关键语言是"其认为"一词,其通常被认为使第 21(a)条和第 21(b)条具有"自我裁判"性质的含义,这意味着 GATT 的国家安全例外条款赋予成员国酌处权,采取"其认为对保护其基本安全利益所必需的"贸易限制性安全措施,援引安全例外的成员国(而不是其他国家或国际法庭)必须自己决定是否适用该例外。然而,这种解释长期以来一直存在争议,即该规定是否完全排除了争端解决。关键是,《哈瓦那宪章》的公开谈判记录也表明,缔约国各方认识到,在安全例外的适用方面,起主导作用的是政治而非法律。① 因此,GATT 第 21 条中的"其认为"一词表明,在安全事项上缔约国保留有广泛的自由裁量权。

无论各国在《哈瓦那宪章》或 GATT 中规定国家安全例外的初衷是什么,国家安全例外主义确确实实在 WTO 体系中盛行了几十年,GATT 第 21 条也经过了几次缔约方的援引和解释。在 1947 年 GATT 通过后不久,捷克斯洛伐克针对美国的关税投诉首次表明,各国都将是需要采取哪些措

① See J. Benton Heath, *The New National Security Challenge to the Economic Order*, 129(4) Yale Law Journal 1020 (2020).

施保护其基本安全利益的唯一裁判者。1949 年,捷克斯洛伐克针对美国提起了诉求,理由是美国对东欧国家实施的选择性出口管制违反了非歧视性贸易规则。美国以国家安全为由为自己的政策辩护,认为 GATT 第 21 条可以作为全权委托例外而单方面加以援引适用。专家组报告拒绝了捷克斯洛伐克要求对美国措施进行调查的请求,承认在与 GATT 第 21 条密切相关的问题上,美国的行为似乎是合理的,因为每个国家都必须是其自身安全的最终裁判者,缔约方不得采取任何可能破坏 GATT 的步骤。① 该案承认,必须通过外交方式而不是 GATT 项下的任何机制处理国家安全争端。

随后,GATT 第 21 条被多次在国际贸易争端中援引,分别是加纳援引用以对抗葡萄牙的贸易,美国援引用以对抗古巴的贸易,欧洲共同体在英国与阿根廷马尔维纳斯群岛战争中援引用来对抗阿根廷的贸易,德国援引用以对抗冰岛的贸易,瑞典援引用以抗辩某些鞋类产品进口的问题,美国援引用以对抗尼加拉瓜的贸易,以及南斯拉夫援引用以针对欧共体制裁的诉求等。②

此类根据 GATT 第 21 条国家安全例外提出的抗辩彰显了数十年的国际贸易与安全例外辩论的主要特点。一方面,此类争端反映了"传统"国家安全的典型案例,大多涉及军事冲突或军事应用的项目,发生在美苏对抗或新独立国家与前宗主国领土有关的争端基础之上,随后将采取与贸易有关的禁运措施,或采用与造成混乱的"军民两用物项"有关的措施,但通常仍与军事活动或领土冲突有联系。另一方面,GATT 内处理安全例外的争端方法相对平稳,而与安全相关的经济措施通常完全在 GATT 之外处理。③ 即使在国际贸易体系内讨论了此类措施,这些措施也主要是通过外交谈判而不是正式的争端解决处理,在数十年的时间内援引安全例外抗辩的案例还是个位数就足以为证。有些争端的诉求甚至有明显滥用 GATT 安全例外条款的嫌疑,譬如瑞典对靴子和其他鞋类产品的进口限制,当时

① See Mitsuo Matsushita et al. , *The World Trade Organization*: *Law*, *Practice*, *and Policy*, 3rd ed. , Oxford University Press, 2015, p. 549.

② See GATT Council, Summary Record of the Twelfth Session, GATT Doc. SR. 19/12, Dec. 21, 1961; US-Invocation of Art 21 to boycott trade with Cuba, GATT Doc. Com. Ind/G Add. 4, 12 Dec. 1968; Germany Invocation of Art 21 against Iceland, GATT Doc. C/B/103, 18 Feb. 1975; Sweden-Import Restrictions on Certain Footwear, GATT Doc. L/4250 (1975), 19 Nov. 1975; US-Trade Measures Affecting Nicaragua, GATT Doc. L/5847 (1985), 15 Jul. 1985; GATT Council, Minutes of Meeting Held in the Centre William Rappard on 18 Mar. 1992, GATT Doc. C/M/255, Apr. 10, 1992, pp. 14 - 18.

③ See Roger P. Alford, *The Self-Judging WTO Security Exception*, 3 (3) Utah Law Review 697 (2011).

并未触发正式的要求 GATT 进行调查或解决争端的诉求,随后被瑞典政府废除。

GATT 规定的安全例外强调通过外交争端解决有关的贸易冲突的方式在 20 世纪 80 年代首次受到了严格检验。当时,世界范围内的非殖民化和政权更替进程已在 GATT 内促进了更大程度的政治多样性。① 1982 年 4 月,英国与阿根廷为争夺马尔维纳斯群岛(福克兰群岛)而引发的战争冲突导致欧共体对阿根廷实施了相关的贸易制裁,欧共体援引安全例外指出其是一般例外,不需要通知,也不需要获得许可,而拉丁美洲、非洲和中东国家的意见则是必须对安全例外进行监督,即安全例外必须受到某些客观且可辩解的约束限制。② 但是,该案没有设立争端解决专家组。

之后的美国尼加拉瓜禁运案争端中,虽然成立了专家组,美国还就尼加拉瓜的一项主张援引了 GATT 第 21 条,即里根总统颁布的禁止与尼加拉瓜进行所有贸易的行政命令属于 GATT 第 21(b)(iii)条的涵盖范围。③ 但受职权范围的限制,专家组把美国援引 GATT 第 21 条安全例外的问题排除其审查范围,导致未能就美国是否违反 GATT 第 21(b)(iii)条的有效性进行裁定。④ 但是,专家组提出的问题是,"如果人们接受对第 21 条的解释完全保留给援引该条款的缔约方的观点,那么缔约双方又如何确保对 GATT 规定的所有义务的一般性例外规定进行的援引不过分,或者这项规定用于 GATT 规定目的以外的其他目的?如果缔约方让专家组负责审查涉及援引第 21 条的案件而没有授权该专家组审查其援引理由,那么他们是否限制了受到不利影响的缔约方根据第 21(b)(iii)条对申诉进行调查的权利?"⑤

二、以 1994 年 GATT 为主的 WTO 协定中的安全例外

1947 年 GATT 只是临时适用而没有达到 GATT 规定的生效条件,因为作为国际协定的 GATT 从未正式生效。不过,虽然 1947 年 GATT 不是一个国际组织,但它却以一种渐进而实用的方式将自身"转换"成了一个

---

① See J. Benton Heath, *The New National Security Challenge to the Economic Order*, 129(4) Yale Law Journal 1020 (2020).

② See *e. g.*, GATT Council, *Minutes of Meeting Held in the Centre William Rappard on 7 May 1982*, GATT Doc. C/M/157, May 7, 1982, pp. 5 – 10.

③ See *United States-Trade Measures Affecting Nicaragua*, GATT L/6053 (13/10/1986), Report of the Panel, para. 1. 2.

④ Id., paras. 5. 1 – 5. 18.

⑤ Id., para. 5. 17.

事实上的国际组织,并逐渐形成了一些相当详细的工作程序。① 但其还是有些"先天不足"的缺陷,譬如临时协议性质,仅限于货物贸易以及争端解决机制的有限作用,②国际社会开始寻求设立另外一个组织即 WTO 来取代 GATT。经过多方谈判,1994 年 4 月,各方在马拉喀什签署了 WTO 协定,该协定于 1995 年 1 月 1 日生效,WTO 得以成立。

在贸易方面,WTO 协定把 1994 年 GATT 作为附件纳入 WTO 框架,明确其应当包括 1947 年 GATT 的各项条款,也即各方选择将 GATT 的各项条款以援引的方式纳入 1994 年 GATT,包括 GATT 第 21 条规定含有"其认为"用词的"安全例外"条款。1996 年,当欧共体向 WTO 质疑美国因古巴持续禁运而采取的某些措施的合法性时,欧共体向美国提出了成立专家组的要求,检验了该例外的界限。③ 美国断言采取这些措施是为了保障其基本安全利益,并警告欧洲的行动可能破坏和损害这个刚刚起步的组织。④ 尽管已经成立了争端解决专家组,但当事方在裁决之前已通过外交将问题解决,美国也未采取任何措施。另外,尽管涉及安全例外争端的根本管辖权问题从未得到解决,但是成员国之间成功的外交解决也树立了一个模式,导致其后二十多年来没有任何涉及安全措施的裁定。⑤ 不时提出的安全措施也仅限制在 WTO 的政治机构之内。⑥

GATT 第 21 条在 WTO 成立后历经二十多年未得到检验,直到 2016 年 9 月,乌克兰就俄罗斯限制乌克兰商品过境运输问题向 WTO 提出与俄罗斯磋商请求,60 天内没有结果后成立了专家组,就俄罗斯根据 GATT 第 21 条提起的国家安全抗辩进行审查。2019 年 4 月 5 日,WTO 就乌克兰诉俄罗斯运输限制措施案(DS512)发布专家组报告,该报告是就 GATT 第

---

① 参见[比]彼得·范德博思、单文华:《世界贸易组织法原理》(上册),尚宽、贺艳译,法律出版社 2020 年版,第 92 页。

② 1947 年 GATT 要求所有缔约方"完全协商一致"作出决定,即只要有一个缔约方不同意争端解决专家组的仲裁结果,该专家组报告就不能通过。

③ See *United States-The Cuban Liberty and Democratic Solidarity Act*, WT/DS38/2, Request for the Establishment of a Panel by the European Communities, 8 October 1996.

④ See *e. g.*, Dispute Settlement Body, *Minutes of Meeting Held in the Centre William Rappard on* 16 *October* 1996, WT/DSB/M/24, 26 November 1996, p. 7; *WTO-Dispute Settlement Body: Hearing before the Subcomm. on Int'l Econ. Policy and Trade of the H. Comm. on Int'l Relations*, 105th Cong. 15 (1998) (statement of Susan G. Esserman, General Counsel, U. S. Trade Rep.).

⑤ 2000 年,哥伦比亚试图针对尼加拉瓜实施的与海上边界争端有关的贸易制裁提起争端诉求,但从来没有成立专家组。See Dispute Settlement Body, *Minutes of Meeting Held in the Centre William Rappard on* 7 *April* 2000, WTO Doc. WT/DSB/M/78, 12 May 2000, paras. 48 – 62.

⑥ See Roger P. Alford, *The Self-Judging WTO Security Exception*, 3 (3) Utah Law Review 697 (2011).

21 条安全例外条款适用问题作出的首个裁决。报告裁定,WTO 成员总体上有权自行判断其“基本安全利益”以及相关措施是否是保护该利益“所必需的”,但行使该自我裁判权应基于“善意原则”(good faith),专家组有权对其进行客观审查。报告还裁定,俄罗斯与乌克兰间的紧张关系构成“国际关系中的紧急情况”,俄罗斯在此期间采取的涉案措施符合 GATT 第 21(b)(iii)条的规定,并未违反相关 WTO 规则及俄罗斯入世承诺。①

因此,GATT 第 21 条规定的国家安全例外的适用仍然不能接受缔约方以外的第三方对此进行裁判,只有援引该例外条款的缔约国自己才有权决定哪些措施应当享有国家安全例外。但是,虽然该条给予成员以非常宽泛的酌处权,允许成员采取“其认为”属于保护“基本安全利益”所“必需的”国家安全措施,然而,保有一定程度的“司法审查”也属势在必行,否则该规定容易被滥用而得不到纠正。② 这就需要专家组审查有关成员提供的解释是否合理或者有关措施是否明显被滥用。

GATS 第 14 条之二题名为“安全例外”,允许各成员国为保护国家或国际安全而采取和执行与 GATS 义务不相符的措施。该条款措辞与 GATT 第 21 条的用语完全相同。尽管该条规定还没有在争端解决程序中得到检验,但其重要性仍然不可低估,尤其是在 WTO 成员采取的服务贸易措施可能对其他成员带来负面影响并以此作为保证国家或国际安全的手段时,可以援引该条作为此类措施正当性的抗辩。此外,TRIPS 第 73 条也规定了和 GATT 第 21 条相同的内容,并经历了沙特阿拉伯 - 知识产权保护案的检验。③ 同样,WTO《技术性贸易壁垒协定》第 2 条第 2 项④以及《政府采购协议》第 3 条⑤也规定了相关的安全例外条款。而且,一些近年

① See *Russia-Measures Concerning Traffic in Transit*, WT/DS512/7, Report of the Panel, 29 April 2019.

② 参见[比]彼得·范德博思、单文华:《世界贸易组织法原理》(下册),尚宽、贺艳译,法律出版社 2019 年版,第 680 页。

③ See Saudi Arabia-Measures concerning the Protection of Intellectual Property Rights, WT/DS567/R, Report of the Panel, 6 June 2020.

④ WTO《技术性贸易壁垒协定》(1995)第 2 条第 2 项规定:“成员方应保证技术法规的制定、采用或实施在目的或效果上均不对国际贸易造成不必要的障碍。为此目的,技术法规对贸易的限制不得超过为实现合法目标所必须的限度,同时考虑合法目标未能实现可能造成的风险。此类合法目标特别包括:国家安全需要;防止欺诈行为;保护人类健康或安全、保护动植物生命或健康及保护环境。”

⑤ WTO《政府采购协议》(2012)第 3 条规定了有关国家安全例外:“本协议不得解释为阻止任何参加方,在涉及武器、弹药或战争物资采购,或者涉及为国家安全或国防目的所需的采购方面,在其认为保护基本安全利益的必要情形下,采取任何行动或者不披露任何信息。同时,协议规定了安全例外适用的情形,包括为保护公共道德、秩序或安全所必须的措施、为保护人类、动植物生命或健康所必须的措施、为保护知识产权所必须的措施。”

签订的区域性贸易协定也规定了相关的国家安全例外条款，多是在GATT一般例外和“国家安全例外”条款基础上的修订补充或升级，[①]譬如CPTPP[②]和USMCA[③]具有一定代表性。

WTO中的国家安全例外是本着国家安全优先准则确立的，其实质体现的是对WTO成员自我保护权利的国家主权的尊重，允许成员“假借”维护国家安全的名义实施某些与WTO义务不一致的行为。但WTO规则体系对关键性概念的解释较为宽泛，缺乏适用规则的具体约束，导致缔约方在援引时具有一定的随意性，这也给争端解决机构的专家组和上诉机构带来了解释和适用方面的难题。

第三节 国际投资条约中国家安全条款的文本分析

前述外国直接投资的安全审查机制是一个国家可以创建的国家工具，其以采取政府措施的形式，通过限制或禁止某些外国直接投资进入其境内以保护国家安全。这种机制在过去十年中不断发展，并在近几年COVID－19大流行的背景下愈演愈烈。然而，由于对投资者权利的潜在负面影响，国家采取措施维护国家安全利益的权力在国际层面要受到国际投资条约和习惯国际法的限制，尤其是国际投资条约对国家安全问题的规范往往对缔约国国家主权的行使有一定的限制作用。国家安全例外以及其不同适用范围的规定往往需要仲裁庭根据善意原则和习惯国际法的理论进行分析，以最大程度地尊重和确保作为国际法基本原则之一的国家主权的行使，同时又能实现国际投资条约最主要的保护投资者或投资权益的目的，这就需要国际投资条约的谈判者尽可能合理地设计国家安全条款，从而为更好地平衡主权国家与投资者权利之间的关系铺平道路。

首先需要明确的是，并不是所有的国际投资条约都对“国家安全”问题作了规定。根据2009年UNCTAD的一项研究，只有少数BIT包含国家安全利益的例外。[④] 多数BIT中没有任何关于“国家安全利益”的规定限制国家采取安全相关措施的权利。因此，出于公共利益原因而采取的国家措施的影响将由仲裁庭根据应当适用的BIT中的投资者保护条款进行评

① 参见张丽娟、郭若楠：《国际贸易规则中的“国家安全例外”条款探析》，载《国际论坛》2020年第3期。

② See CPTPP (2018), Article 29.2.

③ See USMCA (2018), Article 32.2.

④ See UNCTAD, The Protection of National Security in IIAs, United Nations, 2009, p. 72.

估，同时也应当参考习惯国际法限制一国采取与安全相关的措施的规定。换言之，如果国际投资条约中没有关于“安全利益”的条款，或许可以更好地保护投资者免受与基本安全利益相关的国家行动的影响。

具体到国际投资条约中对国家安全问题或国家安全威胁的各种表述，以下内容仅就国际投资条约中规范的与国家安全利益相关的条款进行分析，涉及国家安全利益的表述、条款规定的语言、是否纳入条约例外以及国家安全条款的泛化等内容。

一、国际投资条约中“国家安全”含义的各种表述

国际投资条约以多种方式提及对东道国国家安全利益的威胁，使用措辞包括“国家安全”、“基本安全利益”或者“公共秩序”等，而“紧急情况”的措辞似乎也应当被包括在内。

（一）“国家安全”或“基本安全利益”

大多数包含安全例外的国际投资条约使用术语“基本安全利益”或“国家安全”来描述可以援引例外的情况。一些国际投资条约，例如《俄罗斯－匈牙利 BIT》使用“国家安全”一词，即“本协定不排除缔约任何一方采取为维护国防、国家安全和公共秩序、保护环境、道德和公众健康所必需的措施”①。

其他国际投资条约，例如《印度－新加坡 ECA》使用的词语是“基本安全利益”，即“本章中的任何内容均不得解释为(a)要求一方提供任何其认为披露违反其基本安全利益的信息；或(b)阻止一方采取其认为为保护其基本安全利益所必需的任何行动……”②

比较典型的是《美国 BIT 范本》第 18 条“基本安全”给出的一个例子，其中指出，“本条约中的任何内容均不得解释为：1. 要求一方提供或允许访问任何其认为披露违反其基本安全利益的信息；或者 2. 阻止一方采取其认为必要的措施，以履行其在维护或恢复国际和平或安全方面的义务，或保护其自身的基本安全利益。”③

“基本安全利益”和“国家安全”这两个词通常针对的是同一种情况，它们之间并没有实质性的区别，如果说确实有些区别的话，也要由最终对相关争端进行裁判的仲裁庭或者缔约方进行确认。也可以这么认为，通过包括“基本”这一前缀形容的表述方法，“基本安全利益”表述方法比更笼

① Russia-Hungary BIT (1995), Article 2.3.

② Indian-Singapore Economic Cooperation Agreement (2005), Article 6.12(1).

③ US Model BIT (2012), Article 18.

统的术语“国家安全”包含的内容更窄。然而，某些国家更愿意选择“基本安全利益”而不是“国家安全”，主要是想通过选择而对这两个术语加以区别，而至于何为基本安全利益要留给仲裁庭进行进一步澄清。

（二）公共秩序

在投资条约中规定公共秩序的情况分为两种，一种是在使用“国家安全”或“基本安全利益”时并列使用“公共秩序”术语，①以阐明对国家安全的威胁问题。譬如，2009 年《德国 BIT 范本》也使用了这一措辞，即规定“出于公共安全和秩序的原因必须采取的措施，不应被视为本条含义内的不利待遇”。② 美国与爱沙尼亚、拉脱维亚和波兰签订的 BIT 采取类似的方法，即条约规定不排除任何一方为维护公共秩序、履行其在维护或恢复国际和平或安全方面的义务或保护其自己的基本安全利益而采取相关的行动。③ 采取类似方法的其他 BIT 还有《罗马尼亚 – 埃及 BIT》以及《俄罗斯 – 匈牙利 BIT》等国际投资条约。④

另一种是将“公共秩序”称为援引安全例外的条件。《比利时 – 卢森堡 – 危地马拉 BIT》就是一个很好的例子，该条约规定：“缔约一方投资者在缔约另一方领土上进行的所有投资，无论是直接的还是间接的，均应享受公平和公正的待遇。除维护公共秩序所需的措施外，此类投资应享有持续的保护和安全，即排除任何在法律上或实践中可能阻碍其管理、维护、使用、占有或清算的不正当或歧视性措施。”⑤

问题是，“公共秩序”概念的含义如何解释，以及“公共秩序”如何与“国家安全”相关联，即公共秩序例外是否涵盖对国家安全的任何威胁，或者它是否更直接地针对内部法律秩序的扰乱。

《日本 – 韩国 BIT》更详细地阐明了“公共秩序”的含义。该条约规定，只有在对社会的基本利益之一构成真正和足够严重的威胁时，才能援引该例外。具体来说，“尽管本条约有任何其他规定，每一缔约方可以采取其认为必要的任何措施来保护其基本安全利益，包括在战时、武装冲突或其他国际关系中紧急情况时采取的；与执行有关不扩散武器的国家政策或国际协定有关；……以及采取任何必要措施维持公共秩序。只有在对社会

① See OECD, Security-Related Terms in International Investment Law and in National Security Strategies, OECD, 2009, pp. 8 – 10.

② See German Model BIT (2009), Article 3.

③ See USA-Estonia BIT (1994), Article Ⅸ (1); USA-Latvia BIT (1995), Article Ⅸ; USA-Poland BIT (1994), Article Ⅸ.

④ See Romania-Egypt BIT, Article Ⅻ; Russia-Hungary BIT (1995), Article 2; etc.

⑤ BLEU (Belgium-Luxembourg Economic Union)-Guatemala BIT (2005), Article 3.1.

的基本利益之一构成真正和足够严重的威胁时，才可以援引公共秩序例外。”①该条款对其自我判断性质作出了重要区分，即在保护基本安全利益方面，每一缔约方均有权自行决定其认为为应对威胁所必需的措施，但对于公共秩序，只有在“对社会的基本利益之一构成真正和足够严重的威胁”时才允许采取客观需要的此类行动来维持公共秩序。② 因此，该条约明确区分了缔约方的基本安全利益受到威胁的情况和公共秩序受到威胁的情况，意味着缔约方不会将“基本安全利益”和“公共秩序”这两个词语视为同义词。

不过，国际投资条约中更常见的一种情况是把“公共秩序”作为一般例外加以规范，而且通常都是和诸如“公共安全”“公共道德”等词语结合使用。③ 鉴于研究对象限制，本书在此不展开研究。

(三)紧急情况

与 GATT 第 21 条类似，很多国际投资条约将“紧急情况”作为援引安全例外的额外理由之一。印度缔结的大多数双边投资条约都采用“极端紧急情况”的措辞，一个典型的例子是《印度－埃塞俄比亚 BIT》第 12 条法律适用中第 2 款的规定，即“本协定并不妨碍东道缔约方根据其在非歧视性基础上正常合理适用的法律，采取行动保护其基本安全利益或在极端紧急情况下采取行动”。④ 以该条约为例，两个词语之间“或”的使用表明两者是可以互换的，换句话说，此类紧急情况可能包括非常严重的危及国家安全的金融、经济危机、政治危机、自然灾害或大流行病等，也可能涉及对国家安全威胁相对较弱的公民游行示威、骚乱和类似事件。存在的问题是，如何将这一“紧急情况”的概念与涉及缔约方“基本安全利益”的情况区分开来。结合前述条约，各国在此类情况下采取的相关行动是否是保护其基本安全利益所必需的措施，仍然需要具体问题具体分析。

---

① Japan-Korea BIT (2002), Article 16.1 (d).

② 如果发生严重的经济危机，导致内乱或类似动乱，一个国家的“公共秩序”可能会受到影响。另外，缔约方保护其战略产业的措施是否同样可以通过公共秩序例外证明是合理的。至少，援引公共秩序例外的门槛很高，因为有关国家必须证明外国收购国内战略产业将对社会的基本利益之一构成真正和足够严重的威胁。

③ See Mauritius-India CECPA (2021), Article 20.1 (a); EU-United Kingdom Trade and Cooperation Agreement (2020), Article EXC. 1.2(a); etc.

④ See Ethiopia-India BIT (2007), Article 12.2. See also the BITs concluded by India with Australia (1999), Croatia (2001), the Czech Republic (1996), Hungary (2003), Indonesia (1999), Kazakhstan (1996), Oman (1997), Sri Lanka (1997), Sweden (2000), Switzerland (1997), Thailand (2000), Turkey (1998), and the United Kingdom (1994).

(四)公共道德

在一些国际投资条约中,缔约国把“国家安全”与“公共道德”结合在一起进行规定,这大大拓宽了安全条款的范围。《埃及 - 美国 BIT》包含这样一条规定,即“本条约不排除任何一方或其任何分支机构适用任何和所有的合理措施以维护公共秩序和道德、履行其现有国际义务、保护其自身安全利益,或此类措施是为履行未来的国际义务所必需的”。①

公共道德的定义在很大程度上取决于各地区不同的文化传统和宗教习俗,这可能因国家和地区而异。因此,国际投资条约缔约方在评估是否存在对公共道德的威胁时可能会有不同的意见。例如,该例外可能适用于传媒等个别部门,以禁止色情材料或其他“不道德”出版物。但是需要注意的是,除了某些国家的特殊规定,公共道德的内容通常不会危及国家安全,因此该词语更多的是规定在国际投资条约的一般例外中,②在大多数情况下是应当由仲裁庭加以裁判的。

(五)国际和平与/或安全

一些国际投资条约将国际和平与安全方面的义务列为援引安全例外的单独理由,允许缔约方在发生国际冲突时援引国家安全例外,毕竟各国政府有义务维护或恢复安全,即使冲突并未直接威胁当事方的国家安全。因此,国际和平与安全的使用扩大了安全例外的范围。在这方面,现行国际投资条约采取了两种办法,即“和平或安全”以及“和平与安全”。《美国 - 乌拉圭 BIT》是第一种方法的例证,即“本条约的任何内容均不得解释为……阻止一缔约方采取其认为为履行其维护或恢复国际和平或安全,或保护其自身的基本安全利益所必需的措施。”③而《欧盟 - 墨西哥 FTA》例外条款规定的是第二种方法,即“本协定的任何条款均不得解释为……阻止任何缔约方为履行其在《联合国宪章》下维护国际和平与安全的义务而采取的任何行动”④。

问题是,文本选项“或”和“与”之间是否存在实质性差异,前一种方法(国际和平或安全)似乎比后一种方法(国际和平与安全)更广。根据前一种方法,如果国际和平或安全之一受到威胁,都可以援引例外,而在后者必

① See Egypt-United States of America BIT (1986), Article Ⅹ.1.

② See Bahrain-Japan BIT (2022), Article 18.1(b); Hungary-United Arab Emirates BIT (2022), Article 22.7(a).

③ United States of America-Uruguay BIT (2005), Article 18.2. ; Albania-United States of America BIT (1995), Article ⅩⅣ; Poland-United States of America BIT (1990), Article Ⅻ.3.

④ EFTA-Mexico FTA (2000), Article 18(c).

须同时受到威胁，似乎援引安全例外的情势更少见。但在实践中，很难区分相关情况。另外，“国际和平与安全”的术语经常和“遵守《联合国宪章》”的要求连接在一起，后者通常是无条件执行的，是各国作为联合国会员国必须履行的义务。换句话说，如果联合国安理会根据《联合国宪章》第七章（对于和平之威胁、和平之破坏及侵略行为之应对办法）通过的决议要求缔约方实施有利于国际和平与安全的措施，该缔约方的行为不能被认为违反了相关的国际投资条约，即使相关的国际投资条约不包含任何国家安全例外。而且，根据《联合国宪章》第103条规定，①联合国安理会根据第七章通过的决议对所有国家都有约束力，该宪章规定的义务高于条约义务。

（六）与武器和其他国防材料的生产、贸易和发展有关的措施

一些国际投资条约除了列出安全问题，还规定了与武器和其他国防材料的生产、贸易和发展有关的特定例外，此类规定也明显与GATT第21条的规定类似，带有很明显的战争后维护国际和平的意图。譬如，《埃及－欧盟联合协定》规定，“本协定的任何规定均不妨碍一方采取任何……与武器、弹药或战争材料的生产或贸易有关，或者与国防目的所必需的研究、开发或生产有关的措施，前提是此类措施不会损害那些非专门用于军事目的的产品的竞争条件”。② 这种方法常见于欧盟与第三方签订的协议中。鉴于在武器的生产和贸易等方面可以采取与客观威胁相关的任何措施，缔约方可自由主观评估其认为哪些措施是应对严重的国内动乱和国际冲突所必要的。但是，缔约方的自由裁量权是有限的，因为该类条款详尽地列出了可能对国内秩序或国际和平构成威胁的情况。同时，清单的范围相对较窄，例如，其中不包括缔约方寻求保护其战略产业免受外国收购的情况。

一些发展中国家之间的投资条约对该问题的规定似乎更前进了一步，将各国为遵守不扩散武器的国际协定而采取的国家安全措施列为豁免范围。譬如，《阿根廷－卡塔尔BIT》第13条保障措施规定，“本条约的任何规定不得解释为……阻止缔约一方实施其认为为保护其基本安全利益所必要的措施，包括……实施不扩散武器的国内政策或遵守国际协定义务”。③ 西太平洋沿岸国家签署的《区域全面经济伙伴关系协定》（Regional Comprehensive Economic Partnership，RCEP）也规定，“本协定的

① 《联合国宪章》第103条规定：“联合国会员国在本宪章下之义务与其依任何其他国际协定所负之义务有冲突时，其在本宪章下之义务应居优先。”

② See EC-Egypt Association Agreement (2001), Article 83(b).

③ See Argentina-Qatar BIT (2016), Article 13(b).

任何规定不得解释为阻止任何缔约方采取其认为对保护其基本安全利益所必需的任何行动……包括与裂变和聚变物质或衍生此类物质的物质有关的行动”。①

（七）与关键公共基础设施有关的措施

一些发展中国家签订的投资条约包含了为保护关键公共或私有基础设施而行使安全例外抗辩的规范，譬如前述的 RCEP 同时还规定，协定的任何规定不得解释为阻止任何缔约方采取其认为对保护其基本安全利益所必需的任何行动，涵盖为保护包括通信、电力和水利基础设施在内的关键公共基础设施而采取的行动。② 印度、韩国等国家签订的一些投资条约也包含了此类条款，规定相关条约的任何规定不得阻碍一方采取与保护关键公共基础设施有关的维护基本安全利益所必要的措施，无论有关基础设施是公共还是私有，包括通信、电力和水利基础设施。③

关于前述每个与国家安全相关的术语，国际投资条约的缔约方在设计相关的安全例外条款时，必须决定是否要保留该术语以及如何定义相关术语，对此不同投资条约有不同的方法，不同投资条约之间的规定也有区别。总体而言，在不同术语的含义或范围方面并没有太多的具体规定，因此在构成援引国家安全例外的合理条件方面，留给了缔约方更多的自由裁量权和解释空间。

二、国际投资条约规定国家安全例外条款的文本范式

国际投资条约中的国家安全或安全例外条款的规定，随着时间的推移，在不同体制的国家之间是不同的，甚至在某一国家内部，在经受重大的国际关系实践尤其是亲身经历相关的国际投资争端挫折后，也会在条款的设计方面产生新的方法。虽然当前很多国际投资条约在“一般例外条款”或“安全例外条款”中规定国家对国家安全或重大公共政策方面的监管权并且排除投资争端解决机制的适用，但安全问题有时也出现在条约其他条款中。尽管如此，绝大多数国际投资条约中存在的不同类型的安全例外条款都是以 GATT 第 21 条安全例外条款的格式和措辞作为最普遍的范式并

---

① 参见 RCEP 第 17 章第 13.2.1 条。

② 参见 RCEP 第 17 章第 13.2.3 条。

③ See Australia-India ECTA (2022), Article 11.2.1(b)(v); Cambodia-Republic of Korea FTA (2021), Mauritius-India CECPA (2021), Article 6.21.1(b)(iv); Article 11.2.1(b)(v); Brazil-India BIT (2020), Article 24.1(b)(iv); India-Japan EPA (2011), Article 11.3, Chapter 1; etc.

在其基础上直接或间接起草的。这意味着,尽管有许多不同的类型和许多不同的措辞,甚至在某些情况下只是简单地复制了 GATT 第 21 条,但是在近些年随着国家安全含义的扩展以及国际关系的新变化,国家安全条款还是有很大的发展和演变。

(一)没有规定国家安全例外问题

缔约方可以选择将国家安全例外完全排除在条约之外。在这种情况下,仍然可以援引国家安全例外,但只能通过习惯国际法进行抗辩。

(二)条款措辞的多样化

前已述及,国际投资条约中涉及安全问题的条约用词,最基本的是"国家安全"和"基本安全利益",同时基于各国政治体制和文化风俗等的不同,也出现了诸如"公共秩序"、"公共道德"、"紧急情况"以及"国际和平与/或安全"等用语,更多的是将前述几种列举的情况与国家安全一起进行规定。譬如,多次引起争议的《美国 - 阿根廷 BIT》第 11 条规定:"本条约不排除任何一方为维持公共秩序,履行其关于维持或恢复国际和平与安全的义务或保护其基本安全利益而采取的必要措施。"①

(三)规定安全措施适用的限制范围

这种选择是一种狭义的方法,即当事方列出可以援引国家安全例外的条件。通过这种方式,当事人可以避免使用自我判断的语言进一步缩小条款的适用范围。

这里涉及三个方面的问题。首先,是"基本安全利益"规定的限制性措辞,譬如将基本安全例外限制在与武器贩运、战争、核不扩散或类似领域相关的行动。当以限制性方式起草与安全相关的例外时,一国采取安全措施的权利也受到限制,例如《加拿大 BIT 范本》限制了可能构成安全利益的武器贩运、军需品和战争物资,以及不扩散核武器。②《中国 - 加拿大 BIT》中规定了这样一项限制条款,即该 BIT 第 33.5 条(一般例外),其起首语是"本协议中的任何内容均不得解释为"的典型措辞,其后分三个小项规定了与维护缔约方基本安全利益相关的信息披露、实施措施或维持国际和平与安全行动等具体的援引"基本安全"例外抗辩的措施示例。③ 通过规定这些示例,《中国 - 加拿大 BIT》对可能构成"基本安全利益"措施

---

① Argentina-United States of America BIT (1991), Article 11.

② See Canadian Model BIT (2014), Article 18(4)(b). See also Canada-Colombia FTA (2008), Article 2202; Canada-China BIT (2012), Article 33.5; Canada-Moldova BIT (2018), Article 17.4; etc.

③ 参见《中国 - 加拿大 BIT》(2012)第 33.5 条。

的措施类型提供了一些指导和限制。[①] 如果当事方向仲裁庭提出相关索赔，仲裁庭将根据条款的措辞评估国家措施。任何超出"基本安全利益"规定范围的与安全相关的国家措施，将按照国际投资条约的保护标准进行评估，并可能导致国家责任。此类方式通常是在一般例外中规定相关的安全问题。

其次，是"基本安全利益"在具体规定中的有限适用。一国采取安全相关措施的权力最终受到条约例外的范围限制。如果国家在国际投资条约中承诺将其采取与安全有关的措施的权力限制在特定条款，例如与征收有关的条款，则它不能就采取超出特定条款范围的措施而不承担责任。早期的很多投资条约规定例外范围仅涵盖"征收、国有化或类似措施"，就会出现这种情况。[②] 例如，根据《中国－菲律宾 BIT》规定：缔约一方可基于国家安全和公共利益，对缔约另一方投资者的投资进行征收、国有化或采取类似措施，但应符合遵守国内程序；不歧视以及支付公平合理的补偿的条件。[③]

最后，就是通知的要求。一些投资条约要求采取必要安全措施的国家要将其正在采取必要的安全措施通知其条约伙伴，并向条约伙伴提供有关这些措施的某些信息。或者，其他投资条约通过对可能构成基本安全利益的内容设定某些标的物管辖权来限制基本安全条款。譬如，日本的一些条约通过包含通知要求限制其基本安全条款。《日本－秘鲁 BIT》第 19.2 条要求采取基本安全措施的国家在措施生效之前或之后要将有关措施的下列内容通知另一缔约方，包括有关措施涉及的行业部门或分支部门、遵守相关措施的义务、该措施的法律渊源，以及该措施的法定权力来源、简短描述和目的等信息。[④] 类似的规定还出现在《日本－韩国 BIT》第 16.3 条等。[⑤] 此外，《中国－新西兰 FTA》先规定和 GATT 第 21 条同样的条款，同时规定了缔约国实施披露基本信息之外的其他保护基本安全利益措施的通知要求，即采取"基本安全利益"措施的一方必须"尽可能"将此类措施及其终止通知该协议设立的联合委员会。[⑥]

此类限制性规定要求缔约国实施的保护其基本安全利益的措施必须

---

① 参见《加拿大－秘鲁 BIT》，上述日本条约以及 GATS 中都包含类似规定。

② See Article 4 of the Belgian-Luxembourg Economic Union (BLEU)-China BIT (2005).

③ 参见《中国－菲律宾 BIT》(1992)第 4 条。

④ See Japan-Peru BIT (2008), Article 19.2.

⑤ See Japan-Korea BIT (2002), Article 16.3.

⑥ 参见《中国－新西兰 FTA》(2008)第 201.2 条。

满足一定的条件,否则投资者可以就相关争端提起仲裁诉求。

(四)以GATT第21条为范本进行专门规定并作某些改变

很多国际投资条约尤其是早期的条约明确规定纳入GATT第21条国家安全例外条款,或者在GATT第21条的基础上作出某些变革。这是在当前的国际投资条约与含有投资章的自由贸易协定中最为普遍的安全例外条款。譬如,《日本-印度CEPA》第11.1条指出:"就本协定而言,除第6章和第9章外,GATT第20条和第21条已比照纳入本协定并构成本协定的一部分。"①类似,《加拿大BIT范本》也列举了和GATT第21条类似的内容,即"本协议不得阻止一方采取其认为必要的保护其基本安全利益的任何行动",包括与武器、弹药和战争工具的贩运有关,以及为向军事或其他安全机构提供物资而直接或间接进行的其他货物、材料、服务和技术的贩运和交易;在战时或国际关系中的其他紧急情况下实施的行动,或与执行有关不扩散核武器或其他核爆炸装置的国家政策或国际协定有关的措施。② 加拿大的规定范围有限,因为它确定了国家可以采取措施保护其基本安全利益的相关领域(武器贩运、战时或核不扩散)。该规定具有自我判断的性质,因为国家将在重点区域中确定"其认为必要"的内容。

在某些情况下,安全例外条款的范围要比GATT第21条规定得更广,并增加了新的领域或依据。譬如,前述《日本-印度CEPA》第11.3条指出:"本协议的任何内容均不得解释为阻止一方采取其认为为保护其基本安全利益所必要的任何行动,以保护包括通信、电力和水利基础设施在内的关键公共基础设施免遭蓄意破坏或降低此类基础设施的企图。"③同样,2019年《印度-吉尔吉斯斯坦BIT》第33条规定了涉及国家安全概念所涵盖的某些特殊因素,譬如保护关键的公共基础设施,包括通信、电力和水利基础设施,以免故意破坏或破坏此类基础设施。④

也有条约把GATT第21条作为解释指南。譬如,《加勒比共同体-哥斯达黎加FTA》第16.2条在开头就规定了"根据GATT第21条"的用语,然后重述了该安全利益条款的内容。⑤

此类直接或间接以GATT第21条安全例外为模板的国际投资条约中的安全例外条款,通常以非详尽性的列举清单的方式对有关措施进行规

① Japan-India CEPA (2011), Article 11.1.
② See Canada Model FIPA (2014), Article 18(4)(b).
③ Japan-India CEPA (2011), Article 11.3.
④ See India-Kyrgyzstan BIT (2019), Article 33.1 (ii)(d).
⑤ See CARICOM-Costa Rica Agreement (2004), Article XVI.02.

定,并没有阐明它们所涵盖的所有情况,并且其构造和解释并不总是清晰明确的,基本上都保留了 GATT 第 21 条的"其认为"一词,在一定程度上具有自我裁判的性质,从而在构成国家安全威胁的问题上给予缔约方最大限度的裁判权和解释权。从本质上讲,这意味着支持国家可以在没有任何司法控制的情况下判断其自身安全需求和目标的权利。

但"其认为"的纳入也容易造成误解,尤其是国家安全含义的扩展似乎给予了缔约方更大程度的自裁权,即使对外国投资者带来不利的负面影响也可以豁免责任。同时,由于国际投资条约的主要特点是保护外国投资或投资者,"其认为"的纳入会严重影响外国投资者的权益保护,所以有些国家一度在国际投资条约中删除了"其认为"词语,从而更好地平衡投资者与东道国的权益。但是,近年来对国际投资仲裁争端解决机制的"批评"或"抨击"导致国际投资仲裁产生了"寒蝉效应",各国纷纷发出了改革国际投资争端解决机制的呼声,并开始了一系列的实际行动,①其结果是,一些国家开始重新考虑在安全例外条款中纳入"其认为"用词以维护自己对安全问题享有更大程度的裁量权。譬如,1998 年《加拿大 - 以色列 FTA》第 10.2 条(国家安全)删除了"其认为"以消除该条款的自我裁判性质的潜在争论,但在 2018 年的修订版本中又加上了"其认为"的词语,②可能主要的原因是担心缺乏"其认为"词语可能会给仲裁庭太多的审理国家主权和安全问题的管辖权,从而损害国家自身对于重大安全事项的监管权。

近些年,一些国家签订的区域性投资条约也规定了类似 GATT 第 21 条的安全例外条款。譬如,根据 CPTPP 第 29.2 条规定:本协定中的任何内容均不得解释为……要求一方提供或允许访问其认为披露则违反其基本安全利益的任何信息;阻止一方采取其认为必要的措施,以履行其在维护或恢复国际和平或安全方面的义务,或保护其自身的基本安全利益。③该条款也用了"其认为"的词语,这与已经在投资仲裁案件④中讨论的前述

① 欧盟近年与其他国家签订的投资条约中规定的投资仲裁常设和上诉机制规定就是典型的例证。

② See Canada-Israel FTA(1998), Article 10.2; Canada-Israel FTA(2018), Article 20.2.

③ See CPTPP(2018), Article 29.2.

④ See *e.g.*, *LG & E Capital Corp., and LG & E International, Inc. v. Argentine Republic, ICSID Case No. ARB/02/1*, Award, 25 July 2007; *CC/Devas (Mauritius) Ltd., Devas Employees Mauritius Private Ltd. and Telecom Devas Mauritius Ltd. v. India*, PCA Case No. 2013 - 09, Award on Jurisdiction and Merits, 25 July 2016; *Deutsche Telekom v. India*, PCA Case No. 2014 - 10, Interim Award, 13 December 2017.

《美国－阿根廷 BIT》(第 11 条)、《毛里求斯－印度 BIT》[第 11(3)条)]以及《德国－印度 BIT》(第 12 条)①中的必要性例外条款的"非自我裁判"措辞形成鲜明对比。

无论相关条款是否含有"其认为"的词语,缔约方仍然可能希望通过选择"其认为"的自我判断条款并避免列出可以援引例外的条件,为自己留下更大的灵活性和自由裁量权。这可能也是近些年此类条款不断增加的原因之一。

(五)将安全条款排除争议解决范围

近几年,各国开始尝试新形式的安全例外,除纳入自我裁判安全条款,不容许任何抗辩的余地之外,类似规定的独特之处在于明确阐明国家安全措施不受国际争端解决的管辖,国家在安全问题上拥有最后的话语权。譬如印度,近些年签订的投资条约都在附件中规定国家安全争端不得诉诸仲裁庭,印度与巴西、吉尔吉斯斯坦、白俄罗斯、东南亚国家联盟以及韩国签订的国际投资条约中几乎都规定了与如下用词基本相同的附件,即"如果缔约方把被指控违反本条约义务的行为作为保护第 33 条规范的基本安全利益的抗辩理由,该缔约方就此类安全考虑作出的任何决定及其援引第 33 条的决定在任何时候均是不得提起诉求的,无论是在仲裁程序开始之前还是之后。任何根据本条约第四章或第五章组成的仲裁庭不得审查任何此类决定,即使仲裁程序涉及对任何损害赔偿和/或赔偿要求的评估,或对任何其他问题的裁决提交仲裁庭"②。

此类将安全措施排除在争端解决条款范围的范式通常和前述广义的列举清单的限制方式相结合使用。譬如,《奥地利－墨西哥 BIT》第 19 条"除外条款"规定:"本部分的争端解决规定不适用于缔约一方根据各自的立法,出于国家安全原因,禁止或限制缔约另一方投资者在其领土内取得由其国民拥有或控制的投资的决议。"③该条款非常明确地规定,国家为了国家利益而采取的与具体政策决定相关的措施不属于争端解决条款的范围。因此,该条款剥夺了仲裁庭在所列情况下的管辖权。无论如何,以国家安全为由而采取的排除仲裁庭管辖权的非常措施应当使用明确措辞予

---

① See US-Argentina BIT (1991), Article Ⅺ; Mauritius-India BIT (1998), Article 11 (3); Germany-India BIT (1995), Article 12.

② Brazil-India BIT (2020), Annex 1(b); India-Kyrgyzstan BIT (2019), Annex 1(ii); Belarus-India BIT (2018), Annex; ASEAN-India Investment Agreement (2014), Annex 2 (Non-Justiciability of Security Exceptions); India-Korea, Republic of CEPA (2009), Annex 10. C. 而在较早的投资条约中,印度基本上没有规定安全例外条款的不可裁判问题。

③ Austria-Mexico BIT (1998), Article 19.

以考虑。①

三、国际投资条约中规范国家安全的政策分析

由前文所述可以看出，各国在国际投资条约中规范的国家安全问题有不同的范式，可以概括为不对国家安全问题作出规定、仅在限制范围内进行规定、规定在一般例外以及特殊例外中等形式，同时还有投资条约对国家安全争端的不可诉求性进行了明确规定。可以看出，条约文本中的语言差异很大，其中也包含一些内在的或者外部的不同原因。

（一）国际地缘政治和国家安全含义的泛化

虽然一些协议包括广泛的国家安全例外，旨在让国家在解释什么构成国家安全威胁以及面对这种威胁应采取的措施时有最大的自由裁量权，但还有一些协议采用了更窄的方法，列出了据此可以援引国家安全条款的条件。例如，这些条件涉及必须采取措施的非歧视性方式，或者它们只允许在特定部门（如军队的经济活动或武器和弹药的贩运）中援引例外。在一些国际投资条约中，无论是使用"国家安全""基本安全利益"，还是其他表达国家安全含义的术语，都允许在战争、自然灾害、金融危机、恐怖主义行为或流行病等严重危机中偏离条约义务。每个单独的国家安全例外的制定反映了缔约方在面临安全威胁时希望为自己保留的自由裁量权的程度。

（二）国际投资仲裁裁决对国家安全条款转型的促进

当基本安全利益条款规定国家可以采取"其认为"的必要措施时，宽泛的方法赋予国家自由裁量权来确定与其国家利益相关的事项，并且该例外被视为具有自我判断的性质。譬如在 *CMS* 案中，仲裁庭认为采取有关措施的国家是该规则的范围和适用，或者援引紧急情况或其他基本安全利益是否受到某种形式的司法审查的唯一仲裁者。② 自我判断的"国家利益"条款的宽泛措辞引发了一个问题，即国家是否有完全的自由裁量权来解释它？这个问题一直是判例法和法学界争论的主题。③ 通常，仲裁庭会根据相称性标准（有关措施在其实施背景下的合理性）对国家安全措施进

---

① See *CMS Gas Transmission Co. v. Argentina*, ICSID Case No. ARB/01/8, Award, 12 May 2005, para. 370.

② Id., para. 366.

③ See C. Titi, *The Right to Regulate in International Investment Law*, Nomos and Hart Publishing, 2014, p. 190 et seq.; S. Schill & R. Briese, "*If the State Considers*": *Self-judging Clauses in International Dispute Settlement*, 13(1) Max Planck Yearbook of United Nations Law 61(2009).

行审查,[1]并将继续接受有限的善意审查。[2]

这方面最为典型的例证是印度和阿根廷。印度近年来签订的投资条约也有类似的趋势。近几年印度签订的投资条约,譬如与吉尔吉斯斯坦、白俄罗斯以及巴西签订的 BIT 中都因为纳入了“其认为”用语而规定了缔约国在国家安全问题上的自我裁判权,[3]而较早时候由于印度的国家安全抗辩而被适用的印度与塞浦路斯和德国 BIT 却因为缺乏“其认为”用语而被认为没有规定缔约国的自我裁判权,[4]仲裁庭对相关争端作出的不同裁决也导致印度政府重新对其签订的投资条约进行审查,并终止了一批双边投资条约。

阿根廷也是典型的对国家安全条款进行重大修改的国家之一。在经历 20 世纪 90 年代的私有化改革和 21 世纪初的经济危机之后,阿根廷被美国投资者诉至仲裁庭,其提出的国家安全抗辩基本上没有得到仲裁庭的认可。[5] 关于美国投资者的索赔,虽然阿根廷能够求助于《美国 - 阿根廷 BIT》中非排除措施条款,但是该条款没有说明在需要采取此类措施时援引方是否可以自行判断。历届仲裁庭认定该条款不是一个自我判断的条款,因此应由仲裁员判断何时可以援引该条款,尽管也有允许阿根廷在某些措施和时间段内成功援引该条款的案例。在此背景下,在经历了近 16 年的暂停条约谈判后,自 2016 年开始阿根廷分别与卡塔尔、阿联酋和日本签订的 BIT 都纳入了具有自我裁判性质的“其认为”用语。[6] 譬如,《阿根廷 - 卡塔尔 BIT》第 13 条似乎是一个自我判断条款,规定“该条约的任何规定不得解释为排除一国采取其认为必要的措施以保护其基本安全利益”,包括在战争时期、武装冲突或“发生在缔约国国内的或国际关系方面的其他类型的紧急情况”。[7] 虽然“国际关系方面”的含义模糊不清,但“缔约国国内的其他类型的紧急情况”条款说明,安全抗辩可以延伸到影响国

---

① See C. Titi, id. p. 196 et seq.; S. Schill and R. Briese, id. p. 109.

② See *LG & E Energy Corp.*, *LG & E Capital Corp.*, *and LG & E International*, *Inc. v. Argentina*, ICSID Case No. ARB/02/1, Decision on Liability, 3 October 2006, para. 214; *Continental Casualty Company v. Argentina*, ICSID Case No. ARB/03/9, Award, 5 Sept. 2008, para. 182; *Enron Corporation and Ponderosa Assets*, *LP v. Argentina*, ICSID Case No. ARB/01/3, Award, 22 May 2007, para. 339.

③ See India-Kyrgyzstan BIT (2019), Article 33; Belarus-India BIT (2018), Article 33.

④ See Germany-India BIT (1995), Article 12; Cyprus-India BIT (2002), Article 12.2.

⑤ 仲裁庭拒绝解释《美国 - 阿根廷 BIT》中的条款是自我裁判的。

⑥ See Argentina-Qatar BIT (2016), Article 13; Argentina-United Arab Emirates BIT (2018), Article 18; Argentina-Japan BIT (2018), Article 16.

⑦ See Argentina-Qatar BIT (2016), Article 13.

家基本安全的经济危机。

（三）强化国家对国家安全问题的监管

如果说早期的国际投资条约多数沿袭 GATT 第 21 条的规定，将国家安全的例外限制在与武器贸易、核材料以及国际关系中的紧急情势等范围内，近些年国际投资条约的一些规定则直接是因为国家加强了对跨境投资领域的国家安全问题的监管，将国内紧急情势、公共道德以及公共基础设施等问题的安全监管也纳入了国家安全例外可以援引的情形之列，一方面扩大了国家可以援引的安全抗辩情形，另一方面也强化了对国家安全问题的监管。

随着科技以及地缘政治的发展，一些与安全问题密切相关的领域也会不断被纳入国际投资条约中的安全例外条款，譬如与高科技发展相关的关键原材料的贸易投资，以及有关国家对高科技产品出口管制引发的安全担忧等。譬如，前述 RCEP 以及印度政府签署的若干条约均规定了各国基础设施的安全例外抗辩。日本与美国于 2022 年 3 月专门签订了原材料供应链协定，其中的安全例外条款规定了和传统 BIT 安全例外类似的内容，① 但鉴于其是日本和美国关于原材料供应链协定中的特有条款，也意味着，关于国际投资条约中传统的安全例外条款适用的范围，已经扩展至对国家安全至关重要的原材料供应链争端。

（四）强化对国家主权的保护

前已述及，传统国际贸易和投资条约的惯常实践是将广泛使用的安全例外纳入投资和贸易协议，但是无论是否纳入“其认为”，都有可能会在安全例外条款的“自我裁判”性质或“可诉求性”等方面遇到一定的麻烦，其中的关键问题从表面上看是裁判机构能否尊重国家在保护其基本安全利益方面享有充分的酌处权，实质上是裁判机构能否尊重国家主权的问题。由于不愿将安全例外解释为自我裁判并将其交由第三方的裁判机构对其进行评价，一些国家甚至采用明确的措辞，将投资过程中发生的国家安全问题排除在争端解决条款的范围之外。

一是对现有争端解决机制的不信任。在过去若干年，世界各国对国际贸易和投资的承诺越来越持怀疑态度。传统国际经贸规则中规定的宽泛

① 该条规定，“本协定的任何内容不得被解释为：（a）要求缔约一方提供或允许其获得任何披露将会有违其基本安全利益的信息；或，（b）阻碍缔约一方实施其认为对其履行维持或恢复国际和平或安全或保护其自身的基本安全利益所必要的任何措施”。See Agreement between the Government of Japan and the Government of the United States of America on Strengthening Critical Minerals Supply Chains (2023).

起草的灵活争端解决条款通常被认为是逐渐“侵蚀国家主权”，譬如一些国家逐渐意识到国际投资仲裁机制可能对制定自己国家的各项政策带来“监管寒蝉效应”，而中止或废除含有 ISDS 机制的投资条约即是典型例证。① 事实上，增强国家主权和反对国际裁判的呼吁已成为日常生活的一部分，譬如特朗普政府特别对包括 WTO 在内的现有多边贸易体系表示了持续的怀疑，②并且通过阻碍 WTO 现有上诉机构空缺名额的任命来破坏贸易稳定③等。类似现象导致的总体气氛折射出的是国际社会对现有国际经贸规则的不确定和怀疑，以对投资争端解决机制的不满为例，质疑者不仅包括以印度、南非和巴西为代表的发展中国家，④而且也有以美国和加拿大为代表的发达国家。⑤ 因此，在谈判和签订国际贸易和投资条约时，各国变得越来越谨慎，其中在投资争端的背景下，国家安全已成为避免审查过度投资限制措施的一种可能的手段，而各国不断加大的投资安全审查也将国家安全问题重新带到了国际经贸秩序的前沿讨论范围。在起草安全例外的趋势方面，不断加强的国家安全例外和其他例外条款减少了主权国家将有关争端提交国际审查的意愿，其中占据支配地位的是保证主权国家拥有较大的自由裁量权并减少审判审查的空间。

二是通过将安全条款排除在争议解决范围外而强化国家主权。近几年，各国开始尝试新形式的安全例外，引入了毫无疑义的自我裁判安全条款，不容许任何抗辩的余地，类似规定的独特之处在于明确阐释国家安全措施不受国际争端解决的管辖，国家在安全问题上拥有最后的话语权。譬如，2017 年《布宜诺斯艾利斯关于南方共同市场投资的议定书》第 12 条便是这种条约惯例转变的明显例子，即“本议定书规定的争端解决机制不适用于成员国根据本条第 1 款采取的措施，也不适用于根据国家安全或公共秩序法作出的随时可以禁止或限制另一缔约方投资者做出在其境内投资的决定”⑥。类似，2015 年《巴西 BIT 范本》以及 2019 年《巴西－阿联酋合

① See Kyla Tienhaara, *Regulatory Chill in a Warming World: The Threat to Climate Policy Posed by Investor-State Dispute Settlement*, 7(2) Transnational Environmental Law 229 (2018).

② See Harold Hongju Koh, *The Trump Administration and International Law*, Oxford University Press, 2019, pp. 54－61.

③ See Rachel Brewster, *Analyzing the Trump Administration's International Trade Strategy*, 42(5) Fordham International Law Journal 1419 (2019).

④ 参见黄世席：《可持续发展视角下国际投资争端解决机制的革新》，载《当代法学》2016 年第 2 期。

⑤ 美国和加拿大在 2018 年签订并于 2020 年 7 月 1 日生效的 USMCA 投资章没有规定美国和加拿大之间的 ISDS 机制。

⑥ Intra-MERCOSUR Cooperation and Facilitation Investment Protocol (2017), Article 12.2.

作与便利化协定》也将安全例外排除争端解决规定的范围。[①] 同样,2015年《印度BIT范本》不仅规定了详细的安全例外,[②]并且在附件1中出现了最有典型要素的安全条款,即明确声明安全例外为“非可诉请的”(non-justiciable)。[③] 2020年《巴西－印度BIT》走得更远,不仅没有规定投资者与国家之间的争端解决机制,而且规定缔约国根据其第24条就其违反条约义务所做的基本安全利益抗辩是不可以提起诉求的,并且不得接受任何仲裁机构的审查。[④] 此类将安全条款排除争端解决机制范围的范式,明确排除了针对安全例外措施的仲裁审查,从而确保国家在敏感政策选择方面不会受到任何形式的审查,从另一个角度强化了各国监管的主权空间。

本章小结

国际投资条约中的安全例外条款基本上都以GATT第21条和早期美国的FCN作为范本,其目的是将“国家安全例外”列为国家根据条约承担的实质性义务,只是在“基本安全利益”或“国家安全”等方面的措施解释可能有所不同。而且,较早的条约通常在“非排除措施”条款内规定国家安全例外问题,后来才有规定“国家安全例外”的专门条款。非排除措施的条款范围更广,还涵盖了诸如“公共秩序”、“公共卫生”、“公共道德”和“极端紧急情况”等目标。[⑤] 安全例外条款的解释有多种,不能因为带有“其认为”用语就认为其当然具有“自我裁判”性质,更重要的是要尊重缔约国维护自己国家安全利益的主权。虽然也有一些条约完全缺乏一般安全例外,[⑥]或者在例外条款中删除类似“其认为”这个短语的表述以使其更具合理性,[⑦]但是,总的来说,似乎各国越来越多地在投资条约和优惠贸易协定中使用自我裁判的安全例外条款。而且,新一代安全条款向自我判断

---

① See Brazilian Model BIT (2015), Article 13; Brazil-UAE Cooperation and Facilitation Agreement (2019), Article 25(3).

② See India Model BIT (2015), Article 33.

③ Id., Annex 1.

④ See Brazil-Indian BIT (2020), Annex 1, Article 1(b).

⑤ See William W. Burke-White & Andreas von Staden, *Investment Protection in Extraordinary Times: The Interpretation and Application of Non-Precluded Measures Provisions in Bilateral Investment Treaties*, 48 Virginia Journal of International Law 307 (2008).

⑥ See U. K. – Sri Lanka BIT (1980).

⑦ See William W. Burke-White & Andreas von Staden, *Investment Protection in Extraordinary Times: The Interpretation and Application of Non-Precluded Measures Provisions in Bilateral Investment Treaties*, 48 Virginia Journal of International Law 307 (2008).

性质的演变,甚至达到明确排除仲裁庭对这些条款的管辖权的程度,显示出一种排除新的国际经济协定的有效范围的方式。①

当然,在近十来年占据优势和起引领作用的仍是美国经贸条约中的国家安全条款范式,2004 年和 2012 年《美国 BIT 范本》的安全条款反映了这一趋势,作出类似规定的还有 2018 年 USMCA 的一般安全例外规定。② 同时,GATT 继续作为投资条约中的安全条款的典范,并被一些国家的投资条约范本所采纳。尽管如此,总体的一个趋势是将国家安全争端排除"投资者—国家"或"国家—国家"间的投资争端解决机制,而由各国自己确定什么是其认为的国家安全问题。譬如,2023 年英国加入 CPTPP 的议定书第 6 条指出,英国根据 2021 年《国家安全与投资法案》或根据 2002 年《企业法》第 3 部分基于公共利益理由就是否允许合并或收购作出的决定,不应受纳入 CPTPP 的《环太平洋伙伴关系协定》B 条(投资者—国家争端解决)或第 28 章(争端解决)项下的争端解决规定的约束。③

各国在起草国际投资条约中的国家安全例外条款时采用了多种方法。在所使用的术语(如国家安全、基本安全利益、国际和平与安全或公共秩序)、国家安全例外的设计、可以援引安全例外的条件、缔约方在评估时保留的自主程度以及是否存在对国家安全的威胁和如何应对等方面存在或多或少的差异。因此,在国际投资条约中考虑国家安全例外的国家面临许多关键的选择。尤其是,就该条款措辞、适用条件和是否应当自我判断方面,很难确定一个主要趋势或范式。这在很大程度上取决于缔约方在其国内法律秩序中对"国家安全"及相关术语的解释范围、针对国家安全的"典型"风险或广泛保护的理解,以及能否自我判断。重要的是,在国家层面强化的对战略性产业、关键基础设施或敏感信息等的保护政策尚未正式转化为国际投资条约的明确规定,可能主要的原因在于,此类问题主要是一个投资准入的问题,或者可以认为"正常"的国家安全条款足以涵盖此类保护措施等。相比之下,各种国际投资条约都明确提到保护公共秩序或严重的内乱,这似乎涵盖了严重经济危机的情况。至于国家安全例外是否应该

① See Saverio Di Benedetto, *The National Security Clauses in International Economic Agreements: A Loophole for States to Escape Their Obligations*?, in M. R. Mauro and F. Pernazza eds., *State and Enterprise*, Springer, 2023, p. 71.

② See US Model BIT (2004), Article 18; US Model BIT (2012), Article 18; United States-Mexico-Canada Agreement (2019), Article 32. 参见黄世席:《美国经贸条约中的国家安全例外条款:文本发展、评析与应对》,载《当代法学》2023 年第 4 期。

③ See Protocol on the accession of the United Kingdom of Great Britain and Northern Ireland to the CPTPP (2023), Article 6.

具有自我判断的性质，虽然各国之间的争议很大，但是相关争端实践表明，其主要取决于国际投资条约的相关规定，同时也要考虑投资争端仲裁庭的裁量余地。

尽管上述条约证明了安全例外在投资协议中的泛滥以及使用了更加具体和详细的语言，但它们并没有以明确的术语澄清这种例外是否具有自我裁判的性质，主要是一方面没有规定国家安全的定义和对“其认为”用词的模棱两可，另一方面也没有对国家的酌处权规定指导性的适用规则。而且，鉴于国际法院、WTO 和投资案件中的一贯拒绝将国家安全条款解释为自我裁判，在发生投资争端的情况下，任何此类安全条款似乎都不可能逃脱仲裁审查的命运。

因此，要合理平衡投资者和东道国权益保护二者间的关系，应该在现行的投资条约中设置必要的例外条款，从而使缔约方在保护投资者及其投资的同时也为维护国家安全和公共利益预留一定的空间。国际投资条约中设置的国家安全例外条款不能只限于传统的国防安全和国际和平与安全，还应包括国家的经济安全利益因素的考量。① 而且，不断扩大的国家安全因素会对一国的国家安全产生影响，国家安全概念的不断扩张可能使国际条约中的安全例外条款成为豁免缔约方违约义务的不确定因素，造成主权国家与其他国际社会成员之间的利益紧张关系。② 无论如何，国家安全例外反映了对国际社会由主权国家构成、安全是国家基本利益这一国际现实的认可。③ 国际投资条约中强调尊重国家主权的安全例外条款的发展似乎是一种必然。

① 参见余劲松：《国际投资条约仲裁中投资者与东道国权益保护平衡问题研究》，载《中国法学》2011 年第 2 期。

② 参见沈伟：《国际投资协定中的安全例外条款：全球趋势与中国实践》，载《比较法研究》2022 年第 6 期。

③ 参见韩立余：《构建国际经贸新规则的总思路》，载《经贸法律评论》2019 年第 4 期。

第五章　典型国家投资条约中国家安全条款发展的例证研究

国际投资条约中的很大一部分是由作为缔约方的发达国家和发展中国家签订的，而早期国际投资条约发展的历史也表明，其主要是为解决发达国家在发展中国家的投资所受到的不公正待遇和保护外资而由双方签订的，因此本部分选择较为典型的美国和印度，分别作为发达国家和发展中国家的代表，探究这两个国家签订的投资条约中安全例外条款的发展及其法律性质的观点，并从中了解投资条约中安全例外条款的发展。需要说明的是，与前述章节类似，本部分所援引的投资条约是一种广义上的投资条约，包括含有投资条款的自贸协定中的安全例外条款。

第一节　美国投资条约中的国家安全条款

作为世界上经济实力和军事实力均为最强的国家，①在第二次世界大战后半个多世纪的国际贸易扩张中，美国经常在其贸易和投资条约中坚持在国家安全问题上的自我裁判权，保留采取行动应对重大国家安全利益的权力。换句话说，国家为了国家安全而采取的与具体政治决定有关的措施是各国自主裁量的事情，不应归入经贸条约的争端解决条款的范围。因此，国家安全条款的自我裁判性原则上剥夺了普通法院和国际裁判机构在国家安全抗辩下的管辖权。事实上，美国投资条约中的国家安全条款最初还是以 1947 年 GATT 第 21 条规定为范本，并经历了不同历史时期 FCN 或 BIT 的改革，以及国际法院、国际投资仲裁庭等裁判机构对此类条款的分析和裁定。基于国家安全例外在国际经贸争端中不断被加以援引以及国家安全含义不断泛化的事实，需要结合条约背后的政治经济学分析相关案例，探讨美国投资条约中国家安全条款的发展路径，同时探讨中国应对潜在美国国家安全抗辩的策略。

---

① See Joel Slawotsky, *The Fusion of Ideology, Technology and Economic Power: Implications of the Emerging New United States National Security Conceptualization*, 20 (1) Chinese Journal of International Law 3 (2021).

一、美国早期 FCN 中的国家安全条款与国际法院的解释

美国通过早期缔结的一系列 FCN 为海外美国人的财产提供条约保护，直到 20 世纪 60 年代才停止其 FCN 计划，主要是因为 FCN 作为一种贸易政策工具的重要性大大下降，保护海外投资首次成为主要目标。① 关于“基本安全利益”条款，20 世纪 50 年代签订的美国 – 伊朗和美国 – 古巴等 FCN 中就已经对此有了规定，而且基本上都以 1947 年 GATT 第 21 条为范本，只是其措辞已经有了很大的发展，如缺少“其认为”的自我裁判语言，以防止滥用该语言。② 同时，相关争端都是由国际法院进行裁判，因此，这里首先需要明确的是美国对国际法院强制性管辖权的态度，以及国际法院的裁判观点。另外，需要介绍一下美国参与 GATT 的实践，以及选择两个根据美国早期投资条约中的国家安全条款裁定的相关案件进行实证分析。需要指出的是，虽然美国和伊朗之间发生了 4 起典型的涉及《美国 – 伊朗友好、经济关系和领事权条约》(《以下简称美国 – 伊朗 AEC》)的争端，③但是考虑案件的新颖性和代表性，本部分选择最新的且关联程度最密切的伊朗诉美国违反 1955 年《美国 – 伊朗 AEC》案进行分析。

(一)1947 年 GATT 前美国对国际法院强制性管辖权的保留

国家安全涉及美国在处理国际法与国家安全问题上的基本立场，以及美国对待国际法院处理国家安全问题的态度。包括美国在内的相当一部分国家认为，国际法院的强制性管辖权不应当包括那些“本质上属于各国国内管辖”的事项，即各国保留此类国内事项的自我裁判权。美国对于国际法院的强制性管辖权提出了“康纳利保留”(connally reservation)，也即“那些由美国处理的本质上应属于美国国内法管辖的争端”不得提交给国

---

① 参见[美]肯尼斯 · J. 范德威尔德：《美国国际投资协定》，蔡从燕等译，法律出版社 2017 年版，第 23 页。

② See U. S. – Germany FCN (1954), Article XXIV; U. S. – Italy FCN (1948), Article XXIV (1); U. S. – Japan FCN (1953), Article XXI (1).

③ See *Oil Platforms (Islamic Republic of Iran v. United States of America)*, Preliminary objections, Judgment, 12 December 1996, and Merits, Judgment, 6 November 2003; *United States Diplomatic and Consular Staff in Tehran (United States of America v. Iran)*, Judgment of 24 May 1980; *Certain Iranian Assets (Islamic Republic of Iran v. United States of America)*, Preliminary objections, Judgment, 13 February 2019; *Alleged Violations of the* 1955 *Treaty of Amity, Economic Relations, and Consular Rights (Islamic Republic of Iran v. United States of America)*, Preliminary objections, Judgment, 3 February 2021.

际法院,美国不接受国际法院的强制管辖权。① 换句话说,此类保留是自我裁判的,美国保留有自行决定对其内部事项是否行使管辖权并且因此排除国际法院管辖权的权力。国际法院法官对此类保留的态度不一。譬如法国诉挪威的挪威债券案中,争端双方国家都承认此类保留的有效性并得到了多数裁决意见的支持,但持异议的萨尔瓦多籍法官约瑟夫·古斯塔沃·杰罗(José Gustavo Geurror)认为,“此类保留必须被视为没有任何法律效力……如果每个国家都保留自己决定法律是什么的权力,就不可能建立一个法律体系”。② 在关于瑞典诉美国的国际鞋业案的初步反对意见中,英国籍的异议法官劳特派特(Lauterpacht)则指出,“该保留无效并且没有法律效力”。③ 因此,法官们对此类本质上属于国内法管辖的争端(包括与国家安全相关的自卫)能否诉至国际法院有不同的意见。

“康纳利保留”实际上阻碍了美国将相关案件提交国际法院,其作用是拒绝国际法院的管辖权,同样阻碍了美国向国际法院提起某些诉求,但其仍然坚持该观点,即允许某国自身根据国际规则就是否承担国际责任作出自我裁判具有潜在的危险。但是如果该原则被滥用,争端解决机制实际上可能就会陷入瘫痪。④ 尽管如此,美国一直坚持在其国际贸易和投资条约中纳入基本安全例外条款,并认为此类例外是自我裁判性的。

(二)美国参与缔结 1947 年 GATT 的实践

大约在美国有条件承认国际法院的强制性管辖权 1 年之后,1946 ~ 1947 年国际社会进行了 GATT 的谈判,确立了国际货物贸易的基本规则,而其诸多条款都引自 20 世纪 30 年代的美国互惠贸易协定。⑤ 1947 年 GATT 第 21 条分别涉及各国认为可能有违本国基本安全利益的信息披露、裂变材料、武器或军用设备的贸易、战时或国际关系紧急情况下的措施活动,以及根据《联合国宪章》采取的维持国际和平与安全的行动。该条内容基本上没有做任何改动地也被规定在随后的成立 WTO 的 1944 年

---

① 参见江国青、杨慧芳:《联合国改革背景下国际法院的管辖权问题》,载《外交评论(外交学院学报)》2012 年第 2 期。

② See *Certain Norwegian Loans* (*Fr. v. Nor.*), 1957 International Court of Justice 9, 69 (Jul. 6) (Geurro, J., dissenting).

③ See *Interhandel Case* (*Switz. v. U. S.*) (Preliminary Objections), 1959 International Court of Justice 6, 99 – 102 (Lauterpacht, J., dissenting).

④ See James Mendenhall, *The Evolution of the Essential Security Exception in U. S. Trade and Investment Agreements*, in Karl P. Sauvant, Lisa E. Sachs, and Wouter P. F. Schmit Jongbloed eds., Sovereign Investment: Concerns and Policy Reactions, Oxford, 2012, p. 314.

⑤ 参见[美]道格拉斯·欧文:《贸易的冲突:美国贸易政策 200 年》,余江等译,中信出版集团 2019 年版,第 477 页。

GATT 第 21 条、GATS 第 14 条之二以及 TRIPS 第 73 条。

GATT 第 21 条的起首段规定，缔约方可以采取“其认为”必要的措施以保护其基本安全利益。短语“其认为”是美国主张的文本关键，即整个条款是自我判断性质的。此外，其 b 款(i)至(iii)三个小项相对狭窄，表明清单并不只是说明性的，也非详尽无遗的典型表述。因此，根据严格的文本解释，如果一个国家试图根据第 21(b)条为贸易限制辩护，则需要根据三个小项之一来提出理由。由此引发的一个问题是，起首段部分的“其认为”是否消除了各项的限制，即 GATT 缔约方(或 WTO 成员)是否可以简单地裁定某安全例外措施属于其中的一项，以及专家组能否事后审查此类决定。从文本解释的角度来讲，“善意援引第 21(b)条的成员方必须真正地认为存在某些需要保护的安全利益威胁”。[①] 因此，原则上专家组不需要去审查有关决定的实体问题，而只是审查实施有关措施的国家的决定是否合理正确。

对于美国来说，尽管美国不断声称各国只有在善意情况下才能援用安全例外，但是对“善意”的审查却非常困难。譬如，美国贸易代表在 1982 年指出，“GATT 将其认为保护其安全利益所必需的事项留给每个缔约方进行判断……即使缔约方被赋予了这样的权力和专业知识来明智地行使此类权力，GATT 也没有任何能力对涉及禁运贸易的争端中的判决进行制裁”。[②] 而在 1998 年欧盟就美国制裁古巴的《赫尔姆斯 - 伯顿法案》向 WTO 提起申诉后，时任美国贸易代表的法律顾问指出，“WTO 解决这些问题是非常不合适的”。[③] 显然，根据美国的观点，GATT 第 21(b)条规定的条件纯粹是主观性的，唯一的证据也只能是援引缔约方自己的陈述。虽然相关解释可能会认为武断甚至荒谬，但决定相关措施的仍然是缔约方自己的考量。

(三)尼加拉瓜诉美国军事和准军事行动案以及伊朗诉美国违反 1955 年《美国 - 伊朗 AEC》案

国际争端裁判实践似乎支持在善意实施相关措施的情况下对国家安全问题的自我裁判权。譬如在尼加拉瓜诉美国军事和准军事行动案中，尼

---

① See Dapo Akande & Sope Williams, *International Adjudication on National Security Issues: What Role for the WTO?*, 43 Virginia Journal of International Law 365(2003).

② See GATT Council, *Minutes of Meeting Held on June* 29 - 30, 1982, C/M/159 (Aug. 10. 1982), p. 19.

③ See U. S. Committee on International Relations, *WTO-Dispute Settlement Body: Hearing before the H. S. Comm. on International Economic Policy and Trade*, 105th Cong. 5 (1998).

加拉瓜认为美国实施的贸易禁运和干涉政策违反了相关国际条约，于1984年根据《美国－尼加拉瓜FCN》向国际法院提起诉求。国际法院裁定《美国－尼加拉瓜FCN》第21条不含有“其认为”短语的国家安全条款不是自我裁判性的，其没有使用GATT第21条中已经存在的措辞。而持异议的法官认为尽管缺少“其认为”的语言，该条仍然是自我裁判性的，“条约未能在本案中为法院提供管辖权基础”。① 据此观点，条约中不排除保护基本安全利益所必要的措施的事实就足以排除国际法院的管辖权。

2018年7月，伊朗将美国诉至国际法院，指控美国特朗普政府退出伊朗核问题全面协议以及重启对伊朗制裁的举动违反了1955年《美国－伊朗AEC》。② 2021年2月3日，国际法院以15∶1的投票结果驳回了美国的反对意见[美国任命的查尔斯·布劳尔(Charles Brower)法官持有不同意见]，裁定对“该案具有管辖权；重申例外条款与管辖权无关，而只能是实体问题的一种抗辩”。在国家安全例外方面，美国根据《美国－伊朗AEC》第20条第1(b)款和第1(d)款提出反对意见，认为本案中所有的措施都与“核问题”或者与“伊朗核计划相关的美国国内制裁”措施相关，因此应该被涵盖在其第20条第1(b)款之内。同时，美国认为该条规定的基本安全利益的概念是宽泛的，有关措施并不需要与武装冲突或联合国安理会认为的对国际和平或安全构成威胁的事项有关。在确定安全利益是否处于危机之中以及相关措施是否必要时，必须授予援引第1(d)款例外的缔约国广泛的自由裁量权以及对其予以充分的尊重。具体到本案，美国认为鉴于“伊朗持续的暴力和破坏稳定行为的记录”，美国实施的相关措施是保护其基本安全利益所必要的。③ 归纳就是，美国相关措施涉及“裂变材料”并且是“保护美国基本安全利益所必要的”措施，因此属于《美国－伊朗AEC》第20条第1款的例外范围，国际法院对本案没有司法管辖权。④ 国际法院指

---

① See *Military and Paramilitary Activities in and against Nicaragua* (*Nicaragua v. United States of America*), Judgment on the Merits, International Court of Justice Reports 14 (1986), para. 105, p. 311.

② *See Treaty of Amity, Economic Relations, and Consular Rights between the United States of America and Iran* (1955), *Article* XX. 该条第1款规定：“本条约不得排除以下措施的适用：(a)监管黄金或白银的进出口；(b)与可裂变材料、其放射性副产品或其来源有关；(c)管制武器、弹药和战争工具的生产或贩运，或为供应军事机构而直接或间接进行的其他材料的贩运；和(d)为履行缔约国维护或恢复国际和平与安全的义务所必需，或为保护其基本安全利益所必需”。

③ See *Alleged Violations of the 1955 Treaty of Amity, Economic Relations, and Consular Rights* (*Iran v. U. S.*), Preliminary Objections, Judgment of 3 February 2021, paras. 97－103.

④ Id., paras. 111－113.

出，第20条例外条款并不影响法院对诉求的管辖权或可接受性问题；第20条第1(b)款规定的涉及可裂变材料或其来源的措施是否仅限于与可裂变材料进出口有关的措施可以作为实体争端的一部分进行审理；对第1(d)款规定的“保护基本安全利益所必要”的措施的分析需要考虑此类基本安全利益是否存在以及是否需要对其影响缔约国履行条约义务的合理性和必要性进行评估，而此类评估只能在案件实体审理阶段进行。① 基于此，法院同意驳回美国根据条约第20条第1(d)款提出的初步反对意见，争端将进入案件实体审理阶段。

(四)其他简单分析

美国早期通过FCN对海外财产实施保护以及确立与欧洲国家的航海和贸易关系后，19世纪后半叶通过缔结FCN实现了与远东和非洲地区的商业关系，及至20世纪二三十年代，美国通过缔结另一波FCN实现了对缔约另一方领土内美国国民的财产保护，但是前述条约都没有为美国国民财产提供有效的法律救济，②也基本上没有规定“国家安全”条款。可以认为，美国早期投资条约中的国家安全条款基本上以1947年GATT第21条的规定为范本，而后者是以美国为主的西方国家提出的维护自己国家安全利益的主要建议，其设立包括安全例外在内的例外条款的目的主要是维持国家制定某些特定政策的空间，也即条约规定不得阻止缔约国实施某些维护国家安全或其他监管权的权力。需要强调的是，虽然自裁条款在很大程度上限制了仲裁庭等裁判机构进行审查的权能，但其没有完全否定裁判机构的管辖权，只不过同时也为东道国政府保留了极大的政策空间。③ 此类规定是与当时的国际政治经济背景密不可分的。1947年GATT的谈判和签订是在第二次世界大战刚刚结束之后进行的，当时美国和苏联正在进行激烈的核竞赛，美国政府不想在拟定的贸易协定中设定阻碍其国家安全政策的条款，故设立了第21条的国家安全例外。早期谈判草案是统一规定“安全例外”和“一般例外”条款的，但在1947年7月初的日内瓦谈判中，美国提议单独列出“安全例外”条款并加入“其认为”的用语表述，并最后为1947年GATT所采纳。美国谈判代表对此的解释是，对于国家安全需要给予一定

---

① See *Alleged Violations of the* 1955 *Treaty of Amity*, *Economic Relations*, *and Consular Rights* (*Iran v. U. S.*), Preliminary Objections, Judgment of 3 February 2021, paras. 109 – 113.

② 参见[美]肯尼斯·J. 范德威尔德：《美国国际投资协定》，蔡从燕等译，法律出版社2017年版，第11页。

③ 参见韩秀丽：《双边投资协定中的自裁决条款研究——由“森普拉能源公司撤销案”引发的思考》，载《法商研究》2011年第2期。

的自由度,不能因为约束过紧而限制一国纯粹出于安全考虑的国家措施,同时也不能解释过宽防止一国以安全为借口实施商业目的的措施。①

美国是设计GATT的原型国际贸易组织内设立安全例外的主要设计师,其在设计和构建安全例外方面具有压倒性的优势,美国可以说是GATT第21条的主要设计者。② 美国谈判者并未试图为成员国寻求一种偏离贸易规则的开放式和不受约束的权力例外,其在起草安全例外条款时试图优先考虑的是美国的国家安全优于贸易政策。③ 因此,美国谈判人员在安全例外条款中纳入了选择性的、开放式的条款和短语,"其认为"和"必要性"的规定"似乎符合美国对未来安全政策的自由裁量权的所有要求",④而且GATT第21条有关"核裂变材料"、"军火贸易"、"战争或国际关系的其他紧急情势"以及"遵守《联合国宪章》"等词语的使用则直接和战争刚刚结束以及美苏对抗的大背景密切相关。同时,美国政府内部对于经济问题开始嵌入美国外交政策的态度有了不同意见,GATT第21条似乎也体现了当时美国政府试图平衡美国国家安全利益与建立全球经济机构利益关系之间的博弈结果。

同时需要指出的是,第二次世界大战后美国在国际经济和政治方面的强势仍然不可阻挡,其缔结的一系列的现代FCN一方面同意把任何涉及条约解释或适用的争端诉诸国际法院,即同意国际法院的强制性管辖权,以此提供迫使缔约对方把经贸争端提交给国际法院裁判的潜在依据;⑤另一方面又在国家安全问题上通过增加"其认为"而强调国家安全条款的自我裁判性质和缔约方的自我裁判权。与对待作为核大国的苏联的态度不同,美国在处理与此类中小国家的关系时似乎对于经济问题的关照多于国际政治,以经济带动政治是一个优先选择。不过,随着时间的推移,"冷战"的结束,尤其是随着经济问题开始逐步发挥其重要性,援引安全例外的情况的解释也会发生变化,譬如伊朗诉美国违反1955年《美国 - 伊朗AEC》案,其是在特朗普政府认为奥巴马政府与伊朗签订的核协议无法保证美国和以色列等国的安全而宣布废除该协议的情况下引起的争端,主要

① 参见彭德雷、周围欢、杨国华:《国际贸易中的"国家安全"审视——基于美国"232调查"的考察》,载《国际经贸探索》2018年第5期。

② See Mona Pinchis-Paulsen, *Trade Multilateralism and U. S. National Security: The Making of the GATT Security Exceptions*, 41 Michigan Journal of International Law 109(2020).

③ Id., p. 117.

④ Id., p. 192.

⑤ 参见[美]肯尼斯·J.范德威尔德:《美国国际投资协定》,蔡从燕等译,法律出版社2017年版,第13页。

是美国认为该协议并未对技术进步迅速且引起美国极大警惕的伊朗导弹项目有实质性的影响，同时特朗普政府希望通过废除该协议而向伊朗施压和威胁实施最严厉制裁以便重新签订协议。① 虽然美国以保护其基本安全利益所必需的行动提出抗辩，但是相关利益是否是保护其安全所必需的行动以及是否具备合理性还需要国际法院法官的评估。②

二、20 世纪后期美国投资条约中的安全条款

20 世纪 60 年代，欧洲国家已经与大量的发展中国家签署了众多的专门保护海外投资的 BIT，美国也开始停止其主要面向现代发达国家的 FCN/AEC 条约的计划，但直到 1982 年才开始与巴拿马签订第一个 BIT，此后与其他国家共签订了 47 个 BIT（截至 2024 年年初生效 41 个），③并不断修改和更新自己的 BIT 范本。

（一）1980～1990 年 BIT 中的安全条款

这些早期的 BIT 条款的基础多是 20 世纪 80 年代的美国 BIT 范本，此类范本的相关条款多规定，"本条约不应排除任何一方在其管辖范围内采取必要的措施以维持公共秩序，履行其在维护或恢复国际和平和安全，或保护其基本安全利益方面的义务"。④ 其结果是，美国早期的一些 BIT，都因为其中缺少"其认为"的用语而被视为没有明确说明此类条款的自我裁判性质。但是，尼加拉瓜诉美国军事和准军事行动案管辖权阶段的败诉导致里根政府开始重审 BIT 中相关安全例外条款的适当性，尤其是此类 BIT 中并没有包含自我裁判的国家安全例外，而里根政府决定不采取行动以支持美国政府在尼加拉瓜诉美国军事和准军事行动案中的解释，结果导致美国缔结的 BIT 仿效 FCN，其中被国际法院认为非自我裁判的根本安全利益表述并未发生变化。之后，美国国内才开始对 BIT 中的基本安全条款的含义和明确化进行了讨论，行政部门的理解是，基本安全利益将包括"在战时或国家紧急状态下采取的与安全相关的行动"以及

---

① 参见左希迎：《美国国家安全战略的转变》，中国社会科学出版社 2020 年版，第 173～174 页。

② 有学者认为，美国制裁的根本目的是通过制裁使伊朗的经济状况恶化，削弱伊朗政府的统治能力，从而实现伊朗的政权更迭。参见何韵、王海滨、朱琳：《美欧对伊朗的石油制裁及其影响》，载《世界经济与政治论坛》2019 年第 1 期。

③ See UNCTAD, *International Investment Agreements Navigator: United States of America*, UNCTAD Investment Policy Hub (2 May 2024), https://investmentpolicy.unctad.org/international-investment-agreements/countries/223/united-states-of-america.

④ 包括美国 1982 年、1983 年、1984 年和 1987 年在内的 BIT 范本第 10 条都规定了类似的"不排除措施"条款以维护国家基本安全利益的内容。参见［美］肯尼斯·J. 范德威尔德：《美国国际投资协定》，蔡从燕等译，法律出版社 2017 年版，"附录"，第 845、859、868、877 页。

“非战争状态或国家紧急状态引起的必须与当事方的基本安全利益有明确和直接的关系的行动”，至少这种理解已经传达给美国的条约谈判伙伴并得到了美国条约伙伴的共享。① 因此，此类基本安全的理解似乎支配着美国 BIT 中国家安全例外条款的设计，直到 1992 年《美国－俄罗斯 BIT》用附件规定了国家安全条款的“自我裁判性质”。②

20 世纪 90 年代美国 BIT 中的国家安全条款本身与 1984 年 BIT 范本规定相同，唯一的重大变化是省略了对“公共秩序”的引用，譬如 1995 年《美国－阿尔巴尼亚 BIT》以及 1998 年《美国－莫桑比克 BIT》的第 14(1)条都规定了类似条款。③ 另外，因为国际法院的有关裁决，美国似乎将这种语言视为一种自我裁判，尽管当时的安全条款自身没有出现“其认为”用语，如 1994 年和 1998 年《美国 BIT 范本》第 14 条。④

但是，1992 年美国国务院向参议院外交委员会提交的 BIT 范本的相关文件时指出，“一方的基本安全利益包括在战时或国家紧急状态下采取的行动，以及其他与缔约方的基本安全利益有明确和直接关系的行动。这些例外是否适用于特定情况由各方自行决定。我们谨慎地注意到，在每次谈判中，都要保护缔约一方基本安全利益的自我裁判性质”。⑤ 因此，美国国务院一方面声称 BIT 范本中的例外是自我裁判性的，但另一方面指出任何为保护基本安全利益而采取的措施必须与当事方的基本安全利益“有明确和直接的关系”。所以，安全例外规定并非旨在允许无限的活动范围，国家本身要确保其对安全例外的援用是适当的。该声明是在尼加拉瓜诉美国军事和准军事行动案之后由美国国务院首次提出，即根本安全利益例外条款是自我裁判性的，尽管该主张在案中被国际法院驳回。事实上，从 20 世纪 90 年代到 21 世纪初美国签署的若干 BIT 都删除了“自我裁判”的词

① See William W. Burke-White & Andreas von Staden, *Investment Protection in Extraordinary Times: The Interpretation and Application of Non-Precluded Measures Provisions in Bilateral Investment Treaties*, 48 Virginia Journal of International Law 307 (2008).

② See Russian Federation-United States of America BIT (1992), Article X. 其第 8 条指出，“双方确认相互理解，一方是否为保护其基本安全利益而采取的措施是自我判断的”。

③ See US-Albania (1995), Article XIV(1); US-Mozambique BIT (1998), Article XIV(1).

④ See United States Model BIT 1994 (replaced), Article XIV; United States Model BIT 1998 (replaced), Article XIV.

⑤ See Bilateral Investment Treaties with the Czech and Slovak Federal Republic, the Peoples' Republic of the Congo, the Russian Federation, Sri Lanka, and Tunisia, and Two Protocols to Treaties with Finland and Ireland: Hearing before the S. Comm. on Foreign Relations, 102d Cong. 795 (Aug. 5, 1992), at 65.

语,例如,美国与约旦、乌克兰、吉尔吉斯斯坦和阿尔巴尼亚等国家的BIT。① 无论如何,美国政府单方面宣布安全例外条款的自我裁判性质没有得到所有条约伙伴的完全认同。

此类美国政府的内部争论表面上看似得到了安全例外是自我裁判性质的一致结论,但其对条约谈判伙伴传达的却不是同一个意思,关键是即使根据《维也纳条约法公约》的文本解释,似乎也得不出该类条款具有自我裁判性质的结论。鉴于此,美国不在所有 BIT 中明确规定安全例外的自我裁判性质似乎又成为问题,毕竟仅有的一个明确通过议定书规定自我裁判性质的《美国 - 俄罗斯 BIT》一直没有生效。如果条约语言清楚地表明安全例外是自我裁判性的,可能给人带来的暗示就是,以前的不包括明确语言的美国 BIT 或 FCN 不是自我裁判性的。无论如何,20 世纪 90 年代末期,明确规定安全例外的自我裁判性质的呼声似乎又开始占据了上风,1998 年《美国 - 莫桑比克 BIT》和 1999 年《美国 - 巴林 BIT》中的安全例外都加入了"其认为"的措辞,②具有明确的自我裁判性质。

美国早期 BIT 缔结的实践体现了两党的政策,即把投资争端去政治化,以避免实质上的私人争端干扰外交政策的实施。而且,考虑美国有些法律可能会授权总统采取经济制裁以应对任何国家安全或外交政策等情况,BIT 中的安全例外可能会阻碍美国未来基于国家安全而采取相关的行动,从而导致投资政策与外交政策过度分离。对此,美国政府相关人士指出,BIT 并不能禁止美国采取为保护其安全利益所必要的外交政策措施,包括不能禁止美国总统基于战争或紧急状态声明等安全原因而实施经济制裁,即使相关措施对投资造成了影响,也涵盖在条约包含的根本安全利益例外内,未来解释安全例外的可能是由作为私人的仲裁员而不是国际法院。③ 不过,该声明并没有明确相关安全例外的自我裁判性。

(二)美国早期 BIT 中安全条款的性质争端:以《美国 - 阿根廷 BIT》为例

问题是,20 世纪 90 年代的美国 BIT 虽然没有明确规定其"自我裁判"的性质,但美国政府的诸多言论和文件中传达的精神给人的误解是国家安

---

① See US-Jordan BIT (1997), Article XIV; Kyrgyzstan-United States of America BIT (1993), Article X(1); Ukraine-United States of America BIT (1994), Article IX; Albania-United States of America BIT (1995), Article XIV(1); etc.

② See Mozambique-United States of America BIT (1998), Article XIV; Bahrain-United States of America BIT (1999), Article 14.

③ [美]肯尼斯·J. 范德威尔德:《美国国际投资协定》,蔡从燕等译,法律出版社 2017 年版,第 38~39 页。

全条款是“自我裁判”性质，因此在美国投资者提起的数起投资仲裁案件中引起了激烈的争论。以引起争议较多的1992年《美国－阿根廷BIT》第11条规定为例，其规定“本条约不排除任何一方为维护公共秩序、履行其在维护或恢复国际和平或安全方面的义务或保护其自身基本安全利益而采取必要措施”。

在*Continental Casualty*案中，仲裁庭认为如果缔约一方实施的相关措施对于维护其公共秩序或保护其基本安全利益是必要的，就不能认为该国违反了条约义务，另一缔约方的投资者也不能要求其承担赔偿责任。换句话说，只要满足有关援引基本安全例外的条件，第11条就会限制缔约方承担的实体义务，因此其是一项保障条款。① 另外，美国第二次世界大战以来的条约实践承认保护美国海外投资的利益可能会从属于某些其他的国家利益，主要就是保护国家安全和健康、人民的安全和福祉。因此，投资条约的条款允许美国在必要时拒绝保护在其领土内的外国投资以保护这些其他利益。美国以这些理由保留克减投资相关条约的权力所付出的代价是承认其条约伙伴的相应权利。② 关于该条款的自我裁判性质，仲裁庭指出美国所持的该条是“自我裁判”并且因此不能由仲裁庭加以审查的观点缺乏相关证据，第11条安全例外不是自我裁判的，这也和其他阿根廷被诉的ICSID仲裁裁决是一致的。③ 持有同样观点的还有2006年裁定的*LE & E*案和2007年裁定的*Enron v. Argentina*案（以下简称*Enron*案）。④

另外一个对美国立场进行分析的范例是2007年裁定的*Sempra Energy International v. Argentina*案（以下简称*Sempra*案）。仲裁庭指出，基本安全利益可以涵盖源于习惯法的传统军事威胁之外的情况，包括经济紧急情势，然而，得出该条自我裁判性质的结论肯定与所指出的目标和目的不一致。⑤ 仲裁庭认为，美国在国家安全利益问题上逐步支持自我裁判条款，并且某些（尽管不是全部）BIT反映了这种趋势，但就本条约而言，没有任何关于自我裁判性质的规定。⑥

---

① See *Continental Casualty Company v. Argentine Republic*, ICSID Case No. ARB/03/9, Award, September 5, 2008, para. 164.

② Id., para. 177.

③ See Id., para. 188.

④ See *LG & E Energy Corp. v. Argentine Republic*, ICSID Case No. ARB/02/1, Decision on Liability, paras. 212 – 214 (Oct. 3, 2006); *Enron Corporation and Ponderosa Assets, L. P. v. Argentine Republic*, ICSID Case No. ARB/01/3, Award, May 22, 2007, para. 339.

⑤ See *Sempra Energy International v. Argentine Republic*, ICSID Case No. ARB/02/16, Award, Sept. 28, 2007, para. 374.

⑥ See Id., paras. 379 – 380.

Sempra 案和 *Enron* 案最终因其他事实被撤销，前者撤销的部分原因是仲裁庭将 BIT 中基本安全例外中规定的标准与习惯国际法下的必要性原则混为一谈；后者中，撤销委员会没有就仲裁庭是否将基本安全例外与习惯国际法的必要性标准混为一谈表明立场。① 而且，没有一个撤销委员会对 BIT 中基本安全例外的自我裁判性质表示立场。

（三）安全例外条款背后的政策分析

前已述及，20 世纪 90 年代美国国家安全条款的一个例外规定是，在 1992 年美国与俄罗斯进行 BIT 议定书第 8 条的谈判时，俄罗斯要求在 BIT 议定书中纳入自我裁判性质的例外条款并得到了美国的认可，而且在 20 世纪 90 年代末的两个投资条约中也规定了安全例外的自我裁判性。随后，美国采纳了这一解释并最终修改了 2004 年 BIT 范本中的例外条款，纳入了明确的"其认为"的自我裁判语言。具体而言，如前文所述，"其认为"的语言首先出现在 GATT 中，并在文本上与基本安全目标的狭义清单相结合，因此当事方可能会试图通过这些狭隘目标的清单审查缔约一方的行为以评估其善意。② 但是，美国先前的 BIT 既不包含狭隘的目标清单，也不包含"其认为"的措辞，导致的问题是相关安全例外是否完全是自我裁判性质。即使在国际法院受理尼加拉瓜案期间，美国在当时正在谈判的多个 BIT 的进程中也没有试图通过修改条约表述或者在议定书中加入解释性说明而把这种理论明确化。③ 虽然美国与莫桑比克和巴林的 BIT 包括"其认为"的语言，但也没有包括狭窄的清单，这就规定了一个非常广泛的明确进行自我判断的"基本安全"标准，似乎是美国谈判者特意为自己留下了一个扩张解释安全例外适用清单和范围的空间。因此，任何对援引安全例外抗辩的审查，甚至是"善意"审查，都变得更加难以证明其合理性。其中背景可能和 20 世纪 80 年代至 90 年代美国凭借其强大的政治和军事实力获得了"一家独大"的国际主导地位有关，其在冷战后的国际政治经济秩序中体会到了极大的国家安全感，认同国际秩序进入了一个可以推广自由

---

① See *Sempra Energy Int'l v. Argentine Republic*, ICSID Case No. ARB/02/16, Annulment Proceeding, June 29, 2010; *Enron Creditors Recovery Corp. Ponderosa Assets, L. P. v. Argentine Republic*, ICSID Case No. ARB/01/3, Annulment Proceeding, July 30, 2010.

② James Mendenhall, *The Evolution of the Essential Security Exception in U. S. Trade and Investment Agreements*, in Karl P. Sauvant, Lisa E. Sachs, and Wouter P. F. Schmit Jongbloed eds., Sovereign Investment: Concerns and Policy Reactions, Oxford University Press, 2012, p. 329.

③ [美]肯尼斯·J. 范德威尔德：《美国国际投资协定》，蔡从燕等译，法律出版社 2017 年版，第 49 页。

国际秩序以及建立国际新秩序的时代。① 安全例外条款中缺乏"其认为"的用语并不妨碍其自我裁判性质也正是该背景下的结果之一。

除了《美国－俄罗斯 BIT》,美国在 1992 年参与谈判并签订的 NAFTA 第 2101 条也规定了含有"其认为"词语的安全例外。从该条款的谈判历史可以看出,美国提供的条款草案是当时美国 BIT 中常见的文本,即删除"其认为"的语言,但是纳入了一个被视为补充材料的"注释",即"该条是自我裁判的";加拿大提供的文本是以 GATT 第 21 条为基础的建议,纳入"其认为"措辞,在列举的清单中删除了"国际关系紧急情势",因此适用范围更窄;墨西哥则希望只要涉及国家安全就可以拒绝缔约另一方的投资者适用投资章。之后三方同意完全废除以往的所有建议,起草一个以 GATT 第 21 条为范本但有几个例外规定的草案,即将基本安全利益有关的措施扩展到"为向军事或其他安全机构提供物资而直接或间接进行的其他货物、材料、服务和技术的此类运输和交易",删除了该条是自我裁判的注释,但在条款正文中纳入了"其认为"的措辞,这也是 NAFTA 最终的安全例外条款。② 该条约的谈判历史表明,虽然美国、加拿大和墨西哥三方最初没有在安全例外是自我裁判的性质上达成一致,但是,美国在谈判过程中一直想表达的就是安全例外为"自我裁判"的立场,且没有得到其他两方的明确反对,并在后来最终为其他两方所接纳。而最终纳入以 GATT 为范本的安全例外条款又扩展了与缔约国实施基本安全利益措施有关的限制性清单,也是一种"与时俱进"的体现。不过,与同时代的没有规定列举式清单的美国 BIT 相比,NAFTA 的这种列举基本安全利益清单的方法的适用范围似乎更狭窄,当然解释的裁量余地也较小。

三、21 世纪初期美国经贸/投资条约中安全条款的发展

进入 21 世纪尤其是 2001 年"9·11"事件之后,美国的国家安全政策发生了迅速改变,无论是政府部门还是民间都非常关注美国面临的国家安全保护问题。时任总统布什制定了新的贸易规划,提倡公平贸易和战略性贸易,对外积极推动 WTO 框架下的多边贸易谈判,同时加大与贸易伙伴国进行双边与区域性自由贸易协定谈判的力度,力争将美国自己的技术标

---

① 参见孙昭:《在安全竞争背景中回归权力导向的国际贸易秩序——美国贸易政策转向对国际贸易规则的影响》,载《武大国际法评论》2020 年第 4 期。

② See James Mendenhall, *The Evolution of the Essential Security Exception in U. S. Trade and Investment Agreements*, in Karl P. Sauvant, Lisa E. Sachs, and Wouter P. F. Schmit Jongbloed eds., Sovereign Investment: Concerns and Policy Reactions, Oxford, 2012, p. 330 – 334.

准、环保标准和劳工标准等添加到新签订的贸易或投资协定中。同时,美国政府内部主张推出新的 BIT 范本,再次掀起了重新修改安全例外条款的浪潮。

(一)美国 BIT 范本中国家安全条款的修改

考虑到美国与其谈判伙伴没有在 BIT 中明确规定"其认为"用语而导致安全例外条款是否具有自我裁判性质已经引起了诸多争议(譬如前述根据《美国 - 阿根廷 BIT》提起的仲裁诉求),以及在与一些国家签订的 FTA 或 BIT 中纳入"其认为"措辞而带来的潜在利益,2004 年和 2012 年美国 BIT 范本用同样的语言都专门在第 18 条规定了"基本例外",即"本条约的任何内容均不得解释为:1. 要求缔约一方提供或允许获得其认为披露则违反其基本安全利益的任何信息;或 2. 排除缔约一方采取其认为必要的措施,以履行其在维持或恢复国际和平或安全或保护其基本安全利益方面的义务"。①

这两个较新的 BIT 范本与前述 BIT 范本在"根本安全例外"条款中的主要区别就是加入了"其认为"的措辞,允许一缔约方采取"其认为"保护其自身基本安全利益所必需的措施,加入这种自我裁判语言的目的是保留东道国在投资方面更大的监管酌处权,也即缔约国完全有权决定该国采取的措施是否属于安全例外,同时可以规避仲裁庭的裁量权,只要相关国家认为在其基本安全受到威胁的情况下采取了必要措施即可。可以说,近些年美国投资条约中的"根本安全条款"规定已发生了重大变化,即在有关条约和美国传达的信息中均已明确地被认为是"自我裁判"的性质。此类方式也规定在 2003 年《美国 - 智利 FTA》、2003 年《美国 - 新加坡 FTA》、2005 年《美国 - 乌拉圭 BIT》和 2008 年《美国 - 卢旺达 BIT》的基本安全例外条款中。② 而且,美国最初参与但最后放弃的《环太平洋伙伴关系协定》以及修改生效的 USMCA 中的国家安全例外条款也采用了相同的措辞。③

(二)国家安全条款争论的可诉求性

安全争端主要是国家安全条款的可诉求性,其典型案例是仍在进行的 *Seda* 案。④ 该案申请人为美国投资者,以其在哥伦比亚投资的土地被政府

---

① See United States Model BIT (2004), Article 18; United States Model BIT (2012), Article 18.

② See Singapore-US FTA (2003), Article 21.2; Chile-US FTA (2003), Article 21.2; United States of America-Uruguay BIT (2005), Article 18; Rwanda-United States of America BIT (2008), Article 18.

③ See Trans-Pacific Partnership Agreement (2016), Article 29.2; USMCA (2018), Article 32.2.

④ See *Angel Samuel Seda and others v. Republic of Colombia*, ICSID Case No. ARB/19/6, Pending.

征收为由,根据《美国-哥伦比亚 TPA》的相关规定,向 ICSID 提起投资仲裁诉求。申请人在相关申请仲裁的文件中并没有提出国家安全问题,但是哥伦比亚在其提交的被申请方的答辩意见中,以《美国-哥伦比亚 TPA》第 22.2 条①为根据提出"国家安全例外"的抗辩,并认为仲裁庭对此争议没有管辖权。换句话说,即使仲裁庭认为自己有管辖权,第 22.2 条基本安全例外也应当适用,而根据该条规定的国家安全例外条件,仲裁庭无权审查该争议是否符合援引安全例外的条件,应驳回本争议的管辖权问题。②哥伦比亚进一步指出,把条约作为一个整体以及根据第 22.2b 条的目的和宗旨进行的解释可能得出的结论是,缔约方没有授权仲裁庭就何时可以援引基本安全例外的争议进行裁定的管辖权。同时,第 22.2b 条并没有明确限制缔约国可以援引的国家安全例外情形,其对基于基本安全例外而采取的措施的不可诉求性是毫无疑问的。条约条款明确表明,缔约国打算保留单方面确定此类非常措施合法性的权力,因此不能接受司法裁决。尤其是,当条约规定"明确的文本或上下文指示"时,仲裁实践已接受承认基本安全例外的自我裁判性质,《美国-哥伦比亚 TPA》第 22.2b 条所用语言是"独特的和有目的性的",意味着该条规定明显具有"自我裁判"性质。③该案仲裁庭在第 9 号程序令中指出,被申请方在其答辩状中提出的新的基本安全辩护主要反对的是仲裁庭的管辖权,可以作为对案情实质的辩护;仲裁庭自己有义务随时确定自己的管辖权,拒绝新的延迟的基本安全抗辩是不合适的;承认新的基本安全抗辩不会不公平地损害申请人利益或剥夺他们就该问题提出书面意见的机会,申请人可以决定是否在听证会前后就新的基本安全抗辩提交任何额外的意见。④ 因此,关于该案中的基本安全利益条款的性质分析,需要等待实体审理的裁决作出后才能进行。

可以认为,长期以来,美国试图在其投资条约中纳入一条支持东道国采取相关措施以保护其"基本安全利益"的条款,此类基本安全利益条款的语言随着时间的推移在不断演变。虽然表面上是美国坚持纳入该自我

---

① See Colombia-United States Trade Promotion Agreement (2006), Article 22.2. 该条规定和美国 2004 年 BIT 范本中的"国家安全例外"规定完全相同,但在第 22.2b 条下有一个注释指出:"为更加确定,如果一方在根据第 10 章(投资)或第 21 章(争端解决)启动的仲裁程序中援引第 22.2 条,则审理此事的仲裁庭或专家组应认定该例外适用。"

② See *Angel Samuel Seda and Others v. Republic of Colombia*, ICSID Case No. ARB/19/6, Respondent's Rejoinder on Jurisdiction and Merits, 16 February 2022, paras. 24-29.

③ See Id., paras. 32-38.

④ See *Angel Samuel Seda and others v. Republic of Colombia*, ICSID Case No. ARB/19/6, Procedural Order No. 9, 28 Mar. 2022, paras. 6-12.

裁判性质的安全例外，但实际上美国的条约伙伴也在积极利用该安全例外条款维护自己的安全利益。

四、美国投资条约中国家安全条款的发展评价

经过半个多世纪的发展，从第二次世界大战后期的 GATT 第 21 条到签订 AEC/FCN 条约的谈判，再到后来的 BIT 以及 21 世纪越来越多地趋向签订含有投资章的 FTA 的过程可以看出，美国投资条约中国家安全条款的设计和发展演变可以简单总结如下。

（一）GATT 第 21 条一直是美国投资条约中安全例外条款设计的主要范本

无论是美国单独缔结的 BIT，还是含有投资章的 FTA，其中的国家安全例外条款几乎都是以 GATT 第 21 条安全例外条款为最主要的起草范本，并根据谈判缔约伙伴国的具体情况，在其基础上，或者逐字复制 GATT 第 21 条的安全例外，或者进行必要的语言扩展或收缩性修改。毕竟，“第 21 条的历史并没有准确地揭示其提供的安全阀应该有多大的范围”①，这也就为 WTO 争端裁判机构或以 GATT 第 21 条为范本的其他投资条约安全例外条款的起草留下了伸缩的空间。

不过随着时代的发展，国家安全概念已经超出 1947 年 GATT 谈判时代主要限制于军事安全和领土安全的范畴，而包括更广泛的国家安全概念，譬如经济安全、气候变化、生物安全、海洋安全、太空安全、信息安全、网络安全以及文化安全等新型的安全类型，②导致近数十年签订的投资条约中的安全例外条款不再采取 GATT 第 21 条那样列举 3 个具体的指示性示例的范式，也不再仅仅限于遵守《联合国宪章》规定的维持国际和平与安全的义务，而是采取更广泛的不限制的形式规定国家的基本安全利益。尤其是，类似条款中“其认为”的表述被认为是一个纯粹的自我裁判条件，由援引国进行自我评估；删除了 GATT 第 21(b) 条规定的具体情况与《联合国宪章》的联系，不再将维持国际和平与安全的义务规定限制在《联合国宪章》的义务内，而将概念扩大到缔约方自己认为为“履行或恢复国际和平与安全”义务所采取的必要行动，再一次把相关的裁判权力授予了缔约国，由援引国自己认定维持国际和平与安全的义务，从而为各国援引安全例外抗辩提供了更多的潜在机会。其结果只可能是，过分强调缔约国的监

---

① Michael J. Hahn, *Vital Interests and the Law of GATT: An Analysis of GATT's Security Exception*, 12 Michigan Journal of International Law 558 (1991).

② 参见李文良：《国家安全学基础理论框架构建研究》，载《国际安全研究》2022 年第 5 期。

管主权，可能会对外国行为体以及国际关系的正常发展带来一定程度的负面影响。

（二）强调安全例外条款中“其认为”及其“自我裁判”性质的重要性

前已述及，无论是早期美国参与谈判的含有“其认为”措辞的 GATT 第 21 条规定，还是虽然没有明确规定“其认为”措辞但通过各种方式譬如脚注①或者美国政府内部的传输文件等表达的意思，以及近些年投资条约恢复“其认为”措辞的安全例外条款，美国政府传达的几乎都是同一个意思，即不管相关安全例外条款中是否实际上规定“其认为”的措辞，安全例外援引国都有权自己裁定是否采取相关措施维护自己的基本安全利益，而且此类裁定是不可诉或被司法裁判的，只有安全例外援引国才有最后的裁定权。

除了前述美国自己作为国际法院相关争端的当事方提交的陈述意见中重申安全例外条款的自我裁判性质和不可司法裁判，美国作为第三方就相关国家安全争端提交给 WTO 的相关意见中也强调类似条款的自我裁判性质。譬如，在俄罗斯－过境运输案中，美国作为第三方提交的法庭之友意见书认为，从 1994 年 GATT 第 21 条的文本和谈判历史，以及其在更广泛的 WTO 框架中的地位来看，该条款是不具司法裁判性的。特别是，美国在该条款谈判过程中提出的某些提案表明，对第 21 条的修订反映了谈判者的意图，即抗辩是自我裁判的，而不是像 1994 年 GATT 第 20 条包含的一般例外一样受到相同的审查。② 因此，WTO 专家组对该案没有管辖权，相关争端的不可司法裁判性意味着专家组不能做出任何结论或提供任何建议。③ 作为争端当事方的俄罗斯也认为，根据 1994 年 GATT 第 21 (b)(iii) 条规定，该条应当是完全自我裁判的，并且专家组对各国在战争或国际关系紧急情况下实施的维护自己基本安全利益的必要措施没有管辖权，其是对国家安全问题的完全主权保留。④ 不过，专家组最后裁定，其有权审查争端当事人提出的争端案情是否符合第 21(b) 条规定的援引安全例外条件，而不是由援引成员方自己进行裁定，第 21(b)(iii) 条并不是

① See e. g. KORUS FTA (2012), Article 23. 2, fn. 2; US-Colombia FTA (2012), Article 22. 2, fn. 2; US-Peru TPA (2009), Article 22. 2, fn. 2.

② See *Russia-Measures Concerning Traffic in Transit*, WT/DS/512, U. S. Responses to the Panel's and Russia's Questions to Third Parties, 20 February 2018, paras. 2 – 3.

③ Id., para. 17.

④ See *Russia-Measures Concerning Traffic in Transit*, WT/DS/512, Report of the Panel, 5 April 2019, para. 7. 57.

俄罗斯和美国所声称的那样是完全“自我裁判的”。①

此外,美国在 WTO 专家组裁定的沙特阿拉伯 - 知识产权保护案的第三方意见中重申此类条款的自我裁判性质以及不具司法裁判性,认为本案适用的 TRIPS 第 73(b)条是用与 GATT 第 21(b)条同样的措辞规定的安全例外。② 在自己作为被诉方的美国 - 钢铝产品措施案中,美国也多次强调 GATT 第 21(b)条是自我裁判性的安全例外,包括谈判历史在内的补充解释方法以及 WTO 成员不断的重述也表明该条是自我裁判的,并认为俄罗斯 - 过境运输案专家组裁定自己有权审查被诉方援引第 21 条的结论是错误的。③

美国坚持将此类“基本安全例外”条款定性为自我裁判性质并认为其具有不可司法裁判性,虽然在一定程度上可能有助于维护东道国的监管自由,但是不太可能受到投资者的欢迎,甚至可能会对仲裁庭起到适得其反的作用,即对该条款进行狭义解释。同时,由于此类条款允许各国采取“其认为”必要的行动维护其基本安全利益,包括有可能允许国家援引国内利益来逃避国际义务,并将其国内利益置于国际利益之上,此类条款通常被视为对国际合作的威胁。④

(三)国家安全含义的扩大导致安全例外条款的设计也要与时俱进

美国投资条约中的安全例外条款最初以 GATT 第 21 条为范本,该条款规定了协议不得阻止的缔约方可以采取其认为必要的维持基本安全利益的若干情形。根据第二次世界大战后国际贸易和投资实践,与国家安全有关的争端主要涉及战时或国际关系中紧急情况的含义以及履行根据《联合国宪章》承担的维持国际和平与安全义务的情形。安全例外适用的情形之一是,缔约方认为其国家安全受到了“战争时期或国际关系的其他紧急情况”的威胁。鉴于 GATT 是在第二次世界大战后谈判和签订的,对于“战争”的理解原则上应限于传统的国家间的战争,是否包括国家内部的战争或国家间的武装冲突仍然有疑问。在俄罗斯 - 过境运输案中,WTO 专家组指出,第 21(b)(iii)条要求成员方实施的相关措施必须发

---

① See *Russia-Measures Concerning Traffic in Transit*, WT/DS/512, Report of the Panel, 5 April 2019, paras. 7. 102 - 103.

② See generally, *Saudi Arabia-Measures Concerning the Protection of Intellectual Property Rights*, WT/DS567/R, Third Party Submission of the United States of America, 5 June 2019.

③ See *United States-Certain Measures on Steel and Aluminium Products*, WT/DS544/R, First Written Submission of the United States of America, 12 June 2019.

④ See S. Schill and R. Briese, “*If the State Considers*”: *Self-Judging Clauses in International Dispute Settlement*, 13(1) Max Planck Yearbook of United Nations Law 61(2009).

生在战争期间或国际关系的其他紧急情形,需要客观地确定采取此类措施的时间顺序。同时,中间的连词"或者"以及"其他紧急情形"的表述也意味着战争既包括国家之间国际性的武装冲突,也包括非国际性的一国内部政府与私人武装力量的冲突,以及不同团体之间的武装冲突,其仅仅是范围更广的国际关系紧急情形中的一种情形。至于紧急情形,其要比成员方之间的政治或经济差异更严重,不同成员之间的政治或经济冲突,即使处于一种政治意义上的危机或严重情势,除非其导致国防或军事利益,或维护法律和公共秩序利益,否则也不能被视为安全利益意义上的国际关系中的紧急情形。因此,国际关系中的紧急情形似乎一般指的是武装冲突,或潜在的武装冲突,或高度紧张或危机,或国家内部的不稳定,等等。故,第21(b)(iii)条国际关系中的紧急情形的确定是一个客观事实,需要进行客观裁定。①

对于尊重《联合国宪章》规定的维持国际和平与安全的义务,GATT第21(c)条没有规定"其认为"的措辞,意味着该条义务是作为联合国会员国应当承担的义务,因此把维持国际和平与安全的义务限制在《联合国宪章》的范围内。美国签订的其他投资条约中的国家安全条款,已经在某种程度上忽略了缔约方遵守《联合国宪章》的义务,而把该条修改为"履行缔约方在维持或恢复国际和平或安全或保护其基本安全利益方面的义务",同时加上"其认为"的措辞,一方面承认缔约国的自我裁量权,另一方面强化缔约国自己对"维持国际和平与安全"的理解,而不是以《联合国宪章》为唯一的标准。此类规定扩大了国际和平与安全的含义,为美国等国家或利益集团为维护自己的国际和平与安全而采取的行动提供了借口,而且其中某些行动甚至没有获得联合国安理会的许可。② 因此,安全例外条款的此类更改,似乎可以为国家维护自己的安全利益而干涉别国内政找到更好的理由。

国家安全含义的扩大也与美国政府的相关认识密切相关。譬如,在美国,传统安全威胁主要集中在使用武力或军事威胁,第二次世界大战后直至冷战期间,核威慑一度成为主要的安全问题,到冷战后的20世纪90年代转为对资源安全的担忧,到21世纪尤其是2001年"9·11"事件之后转

① See *Russia-Measures Concerning Traffic in Transit*, WT/DS/512, Report of the Panel, 5 April 2019, paras. 7.70–7.78.

② 譬如,以美国为首的北约对前南斯拉夫的军事干涉,最初都没有获得联合国安理会的授权。参见任彦:《"北约几乎染指了所有的战争和冲突"》,载《人民日报》2022年5月25日,第16版。

为重新关注国际恐怖主义和国家建设。① 美国国家安全的重点也体现在其参与的若干国际经贸争端中，譬如前述与伊朗因核制裁引发的经贸冲突，与中国等国家的钢铝关税冲突等，而近几年美国把高科技竞争也看作是潜在的国家安全风险。② 其中，在特朗普政府提出增加钢铝关税而遭到其高级顾问的反对后，政府官员通过把特朗普政府的保护主义意图与国家安全措施的合法例外结合在一起而避免了前述僵局，其结果是导致时任商务部部长开始对钢铁进口是否威胁美国国家安全进行调查，并最终引起其他国家到 WTO 提起诉求的“232 措施”。该案表明，国家安全例外已经成为与传统国家安全担忧没有任何联系的关税征收的合法抗辩理由，而法律例外则为其他的非法保护主义措施的制定提供了合理理由。③ 尤其是，美国政府 2020 年启动了国家安全的全面重新概念化，将意识形态、技术融合在一起与经济利益形成密不可分的国家安全新概念，④这当然会对国际经济治理带来潜在的有害影响。

（四）国家安全例外已经成为美国 BIT/FTA 中的必备条款

美国在 21 世纪二十多年的时间内只签订了 2 个 BIT，而其签订的含有投资章的 FTA 为 62 个，国家安全例外的适用意味着基本安全利益不再仅限于国际投资或贸易中的某一个简单的领域，而是涉及广义的国家经济政策与国家安全之间的界限划分问题，并且似乎有一种越来越模糊的趋势。譬如，美国泛化国家安全概念，⑤在美国 – 钢铝产品措施案中，特朗普政府以国家安全为由对钢铝进行施加的关税先后被中国在内的数个国家提起 WTO 诉求，美国政府援引 1994 年 GATT 第 21 条抗辩证明自己的政策是合理的，并认为，“任何义务或让步都不得取代根据该条款采取行动的权利，因为第 21 条的文本确认‘本协定中的任何内容不得被解释为……阻止’成员‘采取其认为保护其基本安全利益所必需的任何行动’。因此，在根据（美国 1962 年《贸易扩展法》）第 232 条采取行动时，美国的行为与其

---

① See J. Benton Heath, *Making Sense of Security*, 116(2) American Journal of International Law 289 (2022).

② 参见唐健：《拜登执政以来美国对科技巨头的监管：动因、举措与挑战》，载《当代世界与社会主义》2022 年第 4 期。

③ See Timothy Meyer, *The Political Economy of WTO Exceptions*, 99(4) Washington University Law Review 1299(2022).

④ See Joel Slawotsky, *The Fusion of Ideology, Technology and Economic Power: Implications of the Emerging New United States National Security Conceptualization*, 20(1) Chinese Journal of International Law 3(2021).

⑤ 参见孙南翔：《美国经贸单边主义：形式、动因与法律应对》，载《环球法律评论》2019 年第 1 期。

在涵盖协议下的现有权利保持一致”。① 事实上,特朗普政府的“美国优先”以及“经济安全即是国家安全”政策已经大大扩大了传统的国家安全概念的范围,而拜登政府提出的强化“大政府”国家治理模式以及提高供应链产业链韧性等措施开启了以“兼顾国家安全和效率”为原则的供应链重组进程,同时鼓励关键材料生产和关键技术研发,以支持美国国家安全和经济安全。② 因此,相信美国政府将会继续坚持国家安全自我裁判的立场,以更好地服务于本国的利益。

五、小结

美国投资条约中的大多数安全例外条款都是以 1947 年 GATT 第 21 条的规定为范本。国家安全例外含义的逐步扩大以及近数年相关案例的不断出现似乎增加了各国寻求保护主义政策的空间,体现的也是不断扩展的国家安全,③但同时其广泛适用也削弱了 WTO 协定确立的一种约束性规范。④ 在实践中,每个国家都必须根据诚信要求和一般“合理性标准”来判断其自身的基本安全利益,⑤这意味着不同国家之间的基本安全利益诉求可能存在巨大差异。基本安全利益并不限于从军事或国防的角度捍卫国家主权,随着时代的发展,其包括更广的范围。譬如,在美国－钢铝产品措施案中对国家安全例外的援引可以被认为是对该条款的一种创新性使用。⑥ 但是,在判断某一紧急情势是否威胁各国的基本安全利益,以及各国能否自我裁判自己实施某些行动是否满足维护国家安全的要求时,除了要参照条约的相关条款规定,还要考虑善意要求以及交由争端当事人约定的第三方裁判机构进行公正审查。

美国历史不同发展时期对投资条约中“基本安全例外”的表述在是否

① See *United States-Certain Measures on Steel and Aluminium Products*, WT/DS544/R, U. S. Comments on Complainant's Responses to the Panel's Additional Questions, October 28, 2020, para. 22.

② 参见孙天昊:《美国贸易政策嬗变的政治经济学分析——基于经济阶层和党派利益的研究视角》,载《美国研究》2022 年第 4 期。

③ See J. Benton Heath, *The New National Security Challenge to the Economic Order*, 129 Yale Law Journal 1020 (2020).

④ See Timothy Meyer, *The Political Economy of WTO Exceptions*, 99 (4) Washington University Law Review 1299 (2022).

⑤ See Justin Hughes, *Fitting China-US Trade into WTO Trade Law-National Security and Non-Violation Mechanisms*, 22(2) Michigan Stste Law Review 319(2022).

⑥ See Timothy Meyer, *The Political Economy of WTO Exceptions*, 99(4) Washington University Law Review 1299 (2022).

纳入"其认为"的用语以及是否涵盖 GATT 第 21 条所列情形之外的安全情势方面尽管有所不同,但在有关争端发生后,无论是作为当事方还是第三方,美国在提交的相关文件中均认为国家安全问题是"自我裁判"性的,只有主权国家才有在此问题上的最终决定权。此类主张可能和美国一直是世界第一军事和经济大国的"优势"有关,但同时也表明美国外交政策越来越多地"插手"贸易政策,甚至故意模糊两者之间的界限,以期更多地利用贸易问题达到国家的政治和军事目的。我国需要警惕此类做法,更需要从法律上找出应对策略,尤其是在未来中美之间相关经贸条约的谈判过程中,可以把国家安全争端置于国家—国家争端解决机制之下。

第二节 印度投资条约中安全例外条款的发展

作为面积约 298 万平方公里、排名世界第 7 的南亚次大陆最大的国家,①同时也是世界上人口超过 14 亿的两个国家之一,印度近些年在经济上也实现了快速发展,成为世界上发展最快的国家之一。根据 UNCTAD 的统计,主要是因为信息和通信技术产业兼并,2020 年流入印度的外国直接投资从 2019 年的世界排名第 8 位升至第 5 位。② 虽然在 2021 年外资流入下降了 450 亿美元,③但是,印度仍然拥有流入发展中国家的研发投资的几乎一半的项目。④ 至于海外投资,同时期从印度流出的海外投资增加了 43%,达到 169 亿美元。⑤ 在投资者东道国的争端方面,截至 2024 年 5 月,印度被外国投资者诉至国际投资仲裁庭的案件有 28 件,而印度的海外投资者对东道国提起诉求的案件有 12 件。⑥

一、印度投资条约的发展

印度投资条约中国家安全条款的发展与印度投资条约的发展历史是一致的,但在具体内容上又有所不同。印度在 1994 年与英国签订了第一

---

① 不包括中印边境印占区和克什米尔印度实际控制区等。

② See UNCTAD, *World Investment Report* 2021: *Investiong in Sustainable Recovery*, United Nations, 2021, p. 5.

③ Id., p. 14.

④ Id., p. 45.

⑤ Id., p. 21.

⑥ See UNCTAD, *Investment Dispute Settlement Navigator*: *India*, UNCTAD (31 Dec. 2023), https://investmentpolicy.unctad.org/investment-dispute-settlement/country/96/india.

个BIT,同年还与俄罗斯签订了BIT。自此以后直到2011年,印度每年都签订了超过3个的BIT。2011年11月,常设仲裁院发布了第一个由澳大利亚投资者白色产业(White Industries)根据《印度－澳大利亚BIT》提起的投资仲裁裁决,裁定印度败诉。① 该案导致的后果主要是,一方面,印度政府开始终止与其他国家签订的仍然生效的BIT的活动,截至2017年3月,已经终止了约76个BIT;②另一方面,其他国家在印度的投资者开始不断针对印度政府的政策或法院的行动提起投资仲裁诉请,截至2024年已经达到28件。显然,印度已经意识到通过签订投资条约吸引外资的政策同样可能会损害本国的主权监管空间,需要依据本国需求而对投资条约的相关内容进行更新。印度政府于2015年颁布了《印度BIT范本》,并依据该范本着手与其他国家签订新范式的BIT,譬如印度与白俄罗斯、吉尔吉斯斯坦和巴西分别签订了BIT。③

《印度BIT范本》的主要目的是平衡政府监管和投资保护之间的关系,是对较早的老一代BIT的一种革新,但其在最惠国待遇、公平公正待遇以及投资者—国家争端解决机制方面仍然与传统BIT的规定相一致,因此很难说该范本的目的是保护外国投资者还是维持国家主权。似乎该范本也没有起到恰当推动印度BIT发展的进展,甚至在某种程度上还可能被视为一种障碍,因为其过度强化了以国家为中心的权力,并且没有对投资者提供充分的保护,不可能得到强调投资保护的主要资本输出经济体的认可。譬如,于2009年开始的印度与美国的BIT谈判在2015年《印度BIT范本》发布后很快中止,主要原因是双方对市场准入、投资定义、争端解决以及税收问题等有不同的立场,同时印度政府的外交部和议会对外事务委员会都不愿意承认该范本是谈判新的BIT的一个障碍。④ 即使印度与巴西在2020年签订了BIT,但似乎该条约依据的是《巴西BIT范本》,其主要规定的是国家—国家争端解决机制,放弃了传统的投资者—国家争端解决机制。故,2015年《印度BIT范本》似乎也不是印度政府缔结新条约的一

① See *White Industries Australia Limited v. The Republic of India*, UNCITRAL, Final Award, 30 Nov. 2011.

② 根据UNCTAD统计,没有被印度单方面废除的仍然继续生效的BIT包括与菲律宾、利比亚、孟加拉国、塞内加尔、哥伦比亚、立陶宛和阿联酋签订的BIT。See UNCTAD, *International Investment Agreements Navigator*: *India*, UNCTAD (May 2, 2024), https://investmentpolicy.unctad.org/international-investment-agreements/countries/96/india.

③ See Belarus-India BIT (2018); India-Kyrgyzstan BIT (2019); Brazil-India BIT (2020).

④ See Ashutosh Kumar and Anjali Anchayil, *Keeping a Distance*: *India's Approach towards Investment Treaties*, Kluwerarbitration Blog (Oct. 20, 2022), https://arbitrationblog.kluwerarbitration.com/2022/10/20/keeping-a-distance-indias-approach-towards-investment-treaties/.

个主要范本。

2016 年,印度向 58 个国家发出通知,宣布其打算终止(或不续签)各自的 BIT。到 2016 年,印度已经终结了 76 个 BIT。① 至于那些未能终止的 BIT,印度倾向于通过联合解释性声明(joint interpretative notes,JIN)表达对条约的部分修正意思。譬如,2017 年 7 月 12 日,印度政府宣布批准 2011 年《印度 - 孟加拉国 BIT》的 JIN,其中包含与《印度 BIT 范本》文本类似的明确意思,即严重削弱投资者的权利。正如新闻稿中所提供的,"JIN 将采用许多条款的解释性说明,包括投资者定义、投资定义、税收措施的排除、FET、NT、MFN、征用、基本安全利益和解决投资者与缔约方之间的争端"。据印度政府称,此类 JIN"将明确解释印度和孟加拉国之间促进和保护投资的现有协议"。印度政府还指出,"发布此类 JIN 可能在仲裁庭上具有很强的说服力"。② JIN 的批准是印度重塑其整个投资条约框架计划的一个步骤,也是印度想在其投资条约谈判和签订中增加话语权的一种表示,譬如,关于基本安全利益问题。

当前,《印度 BIT 范本》似乎并没有促进印度迅速与其他国家签订新范式的 BIT,而且印度政府好像也不大着急与其已经终止的 BIT 条约伙伴国家签订新的 BIT。虽然印度政府通过终止传统的 BIT 条约可以限制外国投资者以及避免传统投资条约机制带来的某些缺陷,但其并没有给印度政府带来太多的实体利益,反而是越来越多的外国投资者不断提起针对印度的投资仲裁诉求,其主要依据就是被终止的 BIT 中所规定的日落条款(sunset clauses),即投资条约生效期间在东道国进行投资的缔约另一方的投资者,可以在条约终止后的若干年(譬如 10 年到 15 年)内就东道国实施的某些可能违反 BIT 的行为申请仲裁或其他法律救济。③ 至少在相当长的一段时间内,只能通过缔结新的明确取代或终止较早 BIT 的日落条款的 BIT,才能解决这一由老一代 BIT 中的日落条款带来的问题。

---

① See Kavaljit Singh and Burghard Ilge, *India Overhauls its Investment Treaty Regime*, Financial Times (Jul. 16, 2016), https://www.ft.com/content/53bd355c-8203-34af-9c27-7bf990a447dc.

② See Government of India, *Cabinet approves Joint Interpretative Notes on the Agreement between India and Bangladesh for Promotion and Protection of Investments*, Government of India (12 Jul. 2017), https://pib.gov.in/PressReleasePage.aspx?PRID = 1495708.

③ 譬如,《中国 - 印度 BIT》(2006)第 16.2 条规定,即使根据本条第 1 款终止了本条约,对本条约终止之日前所作出或取得的投资,本条约应自条约终止之前起继续适用 15 年。因此,虽然印度政府于 2018 年 10 月 3 日终止了《中国 - 印度 BIT》,但中国投资者仍然可以根据该条约,就印度政府针对中国投资的不友好行为,在 15 年内提起相关诉求。

二、印度投资条约中的国家安全条款范式

经 UNCTAD 统计，在含有广义的基本安全例外的投资条约中，印度签订的含有安全例外条款的投资条约占据印度签订的投资条约的绝大多数。印度是继美国后最赞成将国家安全条款纳入投资条约的国家，自从其与英国签订第一个 BIT 之时起，其签订的大多数 BIT 都包括此类条款。① 也许最主要的原因是印度投资条约签订的时间始于 20 世纪 90 年代中期，当时国际经贸条约中规定有安全例外的条款已经成为一种标准范式。此外，印度自身在投资仲裁中也经历了一场国家安全例外抗辩的斗争，最终一场败诉以及其他投资仲裁失利的经历导致印度开始了终止和重新谈判投资条约的过程，转而更加注重国家的监管权，而在国家安全问题上也开始采取国家—国家争端解决机制。

（一）早期 BIT 中的安全例外条款

印度早期签订的 BIT，包括与英国、俄罗斯、德国、塔吉克斯坦、土库曼斯坦以及土耳其等国家签订的 BIT，在法律适用、投资促进与保护或者禁止与限制等条款中，规定“本条约的任何规定不得排除东道国缔约方为保护基本安全利益而实施相关或必要的措施”；“此类措施一般应当在非歧视性的基础上进行”；等等。② 其中，有关措施的必要性出现在印度与巴西、吉尔吉斯斯坦、哥伦比亚、韩国、新加坡、泰国等国家签订的投资协定或贸易协定中。③ 另外，早期投资条约规定的此类条款基本上不是专门规定基本安全利益问题，而是通常把基本安全利益与公共健康、紧急情势或动植物疾病、病虫害等联合在一起进行规范，此类情形也属于缔约方可以违反条约规定而实施相关措施的列举事项。

以后文将要阐述的相关案例适用的《德国 – 印度 BIT》为例，该条约第 12 条规定，“本协定的任何规定均不妨碍缔约任何一方在保护其基本安全利益或预防动植物的病虫害所必需的范围内实施禁止或限制”。再以

---

① See Saverio Di Benedetto, *The National Security Clauses in International Economic Agreements: A Loophole for States to Escape Their Obligations?*, in M. R. Mauro and F. Pernazza eds., State and Enterprise, Springer, 2023, p. 59.

② See Article 11, India-United Kingdom BIT (1994); Article 3, India-Russian Federation BIT (1994); Article 12, Germany-India BIT (1995); Article 12, India-Turkmenistan BIT (1995); Article 12, India-Tajikistan BIT (1995); Article 18, India-Turkey BIT (1998); etc.

③ See Article 24. 1(b), Brazil-India BIT (2020); Article 33. 1(ii), India-Kyrgyzstan BIT (2019); Article 13. 4, Colombia-India BIT (2009); Article 22. 1(b), ASEAN-India Investment Agreement (2014); Article 2. 9. 2, India-Korea, Republic of CEPA (2009); Article 2. 13. 2, India-Singapore CECA (2005); Article 9, India-Thailand Framework Agreement (2003); etc.

1998 年《印度－毛里求斯 BIT》为例，该条约第 11.3 条规定，"本协定的规定不应以任何方式限制缔约方任何一方为保护其基本安全利益或保护公众健康或预防害虫和动物的疾病而实施任何种类的禁止或限制或采取任何其他行动的权利"①。

这些印度早期的 BIT 通常是与一般例外联合在一起进行规范的，而且通常没有明确的"自我裁判性"的语言，同时东道国实施保护基本安全利益的行动也必须满足"必要性"的条件，并且一直持续到 21 世纪初期，譬如 2008 年《印度－塞内加尔 BIT》的安全例外也作了类似的规定。② 但是也有 BIT 没有明确规定安全例外条款，譬如 1995 年的《印度－丹麦 BIT》和《印度－马来西亚 BIT》。

（二）将关键公共基础设施等措施纳入基本安全利益保护范畴

2005 年《印度－新加坡 CECA》投资章规定，本章的任何规定均不得解释为阻碍缔约一方实施为保护其基本安全利益所必要的任何行动，包括"保护关键的公共基础设施，包括通信、电力和水利基础设施不受蓄意破坏或破坏这些基础设施的企图"。③ 作出类似规定的还有《澳大利亚－印度 ECTA》、《毛里求斯－印度 CECPA》、《巴西－印度 BIT》、《印度－吉尔吉斯斯坦 BIT》、《白俄罗斯－印度 BIT》、《东盟－印度投资协定》以及《印度－韩国 CEPA》等。④

（三）明确纳入 GATT 第 21 条并规定其"非裁判性"

WTO 成立后，国际社会开始有很多投资或经贸条约在安全例外问题上追随 GATT 等的相关条款，规定 GATT 第 21 条及其解释在做必要修改后纳入相关的投资条约。譬如，2005 年《印度－新加坡 CECA》规定，GATT 第 21 条及其解释在经过必要修改后纳入本协定，同时规定，如果缔约一方通过任何立法或法规中采取或维持其认为对保护其基本安全利益所必需的措施，本章的任何规定均不应被解释为侵犯或规避本协定的相关规定。同时，该协定在投资章专门规定，本条应根据双方换文中所述的关于安全例外的非裁判性的理解进行解释，该换文应构成本协定不可分割的

① See Article 11.3, India-Mauritius BIT (1998).

② See Article 3.2, India-Senegal BIT (2008).

③ See India-Singapore CECA (2005), Article 6.12.1(b)(iv).

④ See Australia-India ECTA (2022), Article 11.2.1(b)(v); Mauritius-India CECPA (2021), Article 6.12.1(b)(iv); Brazil-India BIT (2020), Article 24.1(b)(iv); India-Kyrgyzstan BIT (2019), Article 33.1(ii)(d); Belarus-India BIT (2018), Article 33.1(ii)(d); ASEAN-India Investment Agreement (2014), Article 22.1(b)(iv); India-Korea CEPA (2009), Arts. 6.15.1(b)(iv) and 10.18.1(b)(iv).

一部分。① 作出类似规定的还有印度与韩国和毛里求斯签订的贸易协定。②

(四)2015年《印度BIT范本》的安全例外规定

《印度BIT范本》第33条规定了安全例外。具体来说,首先,该范本规定,本条约的任何内容均不得解释为要求一方:(i)提供其认为披露该信息违背其基本安全利益的任何信息;(ii)阻止一方采取其认为保护其基本安全利益所必需的任何行动,包括但不限于与可裂变和可聚变材料或其衍生材料有关的行动,在战时或其他国内或国际关系紧急情况下采取的行动,与武器、弹药和战争工具的贩运有关的以及与直接或间接为供应军事设施而进行的其他货物和材料的贩运有关的行动,为保护包括通信、电力和水利基础设施在内的关键公共基础设施免遭蓄意破坏或降低此类基础设施的性能而采取的行动,以及任何政策、要求或措施,包括但不限于获得(或拒绝)任何公司、人员或设备的安全许可的要求;(iii)阻止一方为履行《联合国宪章》规定的维护国际和平与安全的义务而采取任何行动。其次,每一缔约方应尽最大可能通知另一缔约方根据第33.1条采取的措施及其终止。再次,缔约一方在其认为保护其基本安全利益所必需的任何立法或法规中采取或维持措施的情况下,对非缔约方或非缔约方的投资者而言,如果授予此类法人或其投资本章规定的利益被认为违反或规避本协定,则本章的任何规定均不得解释为要求将本条约的利益给予另一方的投资者。最后,该范本还规定了解释方法,即应根据双方对附件1中规定的安全例外情况的理解进行解释,附件1应构成本条约的组成部分。③ 根据题名为“安全例外”的附件1规定,缔约方在其立法或法律中实施的相关保护基本安全利益的措施或行动应当是非歧视性的,并且缔约方的此类抗辩是非可诉请的,根据本条约第四章或第五章组成的任何仲裁庭不得审查任何此类决定,即使仲裁程序涉及对任何损害赔偿和/或赔偿要求的评估,或对任何其他问题的裁决。④

---

① Arts. 2. 13. 2 and 6. 12. 1(b)(ⅳ), India-Singapore CECA (2005). 第6. 12 (4)条指出,“争端方基于此类安全考虑做出的任何决定均不可由仲裁庭审理,因为任何仲裁庭均不得审查任何此类决定的是非曲直,即使仲裁程序涉及评估任何损害赔偿要求和/或赔偿,或对提交仲裁庭的任何其他问题的裁决”。

② See India-Korea CEPA (2009), Article 2. 9, and Annex 10 – C (Non Justiciability Of Security Exceptions); Mauritius-India CECPA (2021), Article 2. 6; India-Singapore CECA (2005), Article 2. 13. 1; etc.

③ See India Model BIT (2015), Article 33.

④ See Annex 1(Security Exceptions), India Model BIT (2015).

2015 年《印度 BIT 范本》中基本安全例外条款的规定可以说是对以往印度缔结的投资条约经验的总结和教训，其中的一些规定基本上改变不大，譬如在列举的基础上实施保护基本安全利益的具体的非穷尽性行动、承认基本安全问题的非裁判性、缔约方对基本安全问题的最终裁定权以及遵循 GATT 第 21 条规定等方面，但在一些具体问题上仍然有所不同，尤其重要的是不承认与投资有关的基本安全利益的可诉请性，而代之以国家—国家争端解决机制。譬如在投资安全争端的不可诉请方面，该范本公布后的其他投资条约，包括《印度 - 巴西 BIT》、《印度 - 白俄罗斯 BIT》以及《印度 - 吉尔吉斯斯坦 BIT》，基本上遵循了 2015 年《印度 BIT 范本》的规定。①

总体上来讲，为了处理此类国家安全或基本安全利益问题，印度签订的大多数 BIT 或贸易协定都纳入了此类以“非排除”的用语加以规定的非排除性措施条款，排除东道国因在特殊情况下为保护国家基本安全利益而采取的行动产生的国家责任，其有效地将例外情况下国家行为的风险和相关成本从国际投资东道国转移给投资者。同时，近年印度投资条约开始纳入“其认为”、“非可诉请性”以及“必要性”等用语，给予缔约国更大程度地实施维护基本安全利益的自我裁定权。尤其是，2015 年《印度 BIT 范本》后缔结的投资条约基本上都按照该范本规定了安全例外条款，但其规定的仅仅是一些构成安全例外利益的指示性清单，也就意味着缔约国可以根据该条款作出对自己有利的广义解释，这种“自我裁判”的权力规范已经多次出现在当前的国际投资条约中。

三、印度投资条约仲裁中安全例外条款的解释与适用

在国际投资仲裁处理国家安全例外抗辩的问题上，印度是除阿根廷之外的另外一个在投资仲裁案件中援引国家安全例外抗辩的东道国。所涉相关的投资条约分别是印度与德国和塞浦路斯签订的 BIT 的安全例外条款，而且这两个条约中的规定几乎是相同的。但是根据不同条约组成的不同投资仲裁庭却对基于同一事实作出了完全相反的裁决，导致印度政府在不同国家提起了撤销诉求，同时投资者也开始在其他国家提起承认与执行诉求。

这两个案件的事实背景几乎是一样的，即 2007 年，德国电信

① See Annex 1 (Security Exceptions), Brazil-India BIT (2020); Annex 1 (ii) (Security Exceptions), India-Kyrgyzstan BIT (2019); Annex (Security Exceptions) (ii), Belarus-India BIT (2018).

(Deutsche Telekom)通过新加坡子公司间接收购了提婆(Devas)多媒体公司19.62%的股份。2008年,提婆多媒体公司与印度空间研究组织的商业部门克斯(Antrix)签订有《ISRO/ANTRIX S-波段航天器空间段容量租赁协议》(以下简称提婆协议),提婆多媒体公司租赁印度空间研究组织将开发和发射的两颗卫星上90%的转发器容量,以在印度各地提供宽带无线接入和视听服务。在确保克斯已获得所有必要的政府批准后,提婆协议于2006年2月生效。后印度政府因为保留S波段的电磁频谱作国家和军事以及部分社会用途等而废除了该协议。除了德国电信,提婆多媒体公司的股东还有毛里求斯的CC/提婆、DEMPL以及提婆电信等三家公司。在印度提婆公司所租用的频谱波段因为印度政府的征用而产生争议后,首先,毛里求斯的三家股东根据《印度-毛里求斯BIT》①和UNCITRAL仲裁规则于2012年7月3日向常设仲裁院提起仲裁诉求,印度政府援引了国家安全抗辩。仲裁院于2016年7月25日作出了管辖权和实体裁决,仲裁员辛格(Singh)和拉隆德(Lalonde)先生认定60%的有争议的措施受到BIT基本安全条款的保护,异议仲裁员黑格(Haigh)认为基本安全条款不适用。后仲裁院在2020年10月13日的赔偿数额裁决中裁定向各个申请人赔偿的具体数额,多数仲裁员适用DCF方法并裁决1.1亿美元加利息,辛格先生表示他只会裁定沉没成本。② 同样,德国电信也根据《德国-印度BIT》第12条③和UNCITRAL仲裁规则于2013年9月提起平行的仲裁诉求(*Deutsche Telekom*案),仲裁庭在2017年12月的临时仲裁裁决中驳回印度的安全例外抗辩,裁定印度违反了条约中的公平公正待遇,并于2020年5月的最终裁决中裁定印度政府赔偿德国电信9300多万美元加利息。④ 其间,印度试图在瑞士撤销该裁决,但没有成功。⑤ 这两个关联案件

---

① See India-Mauritius BIT (1998), Article 11(3). 该条规定,"本协定的规定不应以任何方式限制缔约方任何一方为保护其基本安全利益或保护公众健康或预防害虫和动物或植物的疾病而实施任何种类的禁止或限制或采取任何其他行动的权利"。

② See *CC/Devas (Mauritius) Ltd., Devas Employees Mauritius Private Limited and Telecom Devas Mauritius Limited v. India*, PCA Case No. 2013-09, Award on Jurisdiction and Merits, 25 Jul. 2016; Dissenting Opinion of Arbitrator David R. Haigh, 25 Jul. 2016; Award on Quantum, 13 Oct. 2020.

③ See Germany-India BIT (1995), Article 12 (Prohibitions and Restrictions). 该条规定,"本协定的任何规定均不妨碍缔约任何一方在保护其基本安全利益或预防动物或植物的病虫害所必需的范围内实施禁止或限制的权利"。

④ See *Deutsche Telekom v. India*, PCA Case No. 2014-10, Interim Award, 13 December 2017; Final Award, 27 May 2020.

⑤ See *Deutsche Telekom v. India*, PCA Case No. 2014-10, Judgment of the Swiss Federal Supreme Court (French), 11 Dec. 2018.

的三方当事人即德国电信、毛里求斯的CC/提婆等公司以及印度政府分别向多个国家的法院提起执行或撤销仲裁裁决的法院诉讼，截至2024年仍然在进行中。考虑到本书的主要内容是研究投资条约中的国家安全例外条款，故部分内容主要就这一条款的不同解释进行分析。

（一）“基本安全利益”的“自我裁判性”性质

在*CC/Devas*案中，作为投资者，申请人援引国际法院以及国际投资仲裁裁决指出，《毛里求斯－印度BIT》第11(3)条不能识别为自我裁判性的。该条规定缺乏“明确和特定的语言”，不存在推定为自我裁判的法律基础。① 相反，该案被诉的印度政府指出，关于基本安全利益的《毛里求斯－印度BIT》第11(3)条规定对于整个案件的事实具有至关重要的地位，因为其赋予印度政府为保护其基本安全利益而实施任何措施的权力，并不用承担违反投资条约中保护投资者的实体条款而引起的责任。印度政府同时指出，仲裁庭只能审查有关措施是否与国家安全问题有关，不能作为一个跨国的监管或政策制定机构来审查印度内阁安全委员会作出的决定，因为在确立什么是一个国家在任何特定情况下的基本安全利益以及应当采取什么样的措施以保护这些利益方面，国内相关权力机构具有独特的地位。同时，印度政府援引UNCTAD的研究，认为该条规定确立了援引安全例外的客观标准，其实际效果非常接近于一个自我裁判条款。② 该案仲裁庭援引相关国际法院以及国际投资仲裁裁决后指出，除非相关条约用明确特定的语言授权缔约方自己决定什么是保护其安全利益所必要的措施的自由裁量权，否则安全条款就不是自我裁判性的，而《毛里求斯－印度BIT》第11(3)条并不包括任何明确的语言规定导致仲裁庭认为各国享有被授的裁量权。③

在*Deutsche Telekom*案中，申请人认为印度政府撤销相关合同的原因并非安全问题，而是商业和政治需求。④ 印度政府指出，其指示克斯终止提婆协议的原因是与该国的基本安全利益联系在一起的，⑤作出最终决定

① See *Deutsche Telekom v. India*, PCA Case No. 2014－10, Judgment of the Swiss Federal Supreme Court (French), paras. 216－217.

② See *CC/Devas (Mauritius) Ltd.*, *Devas Employees Mauritius Private Limited and Telecom Devas Mauritius Limited v. India*, PCA Case No. 2013－09, Award on Jurisdiction and Merits, 25 Jul. 2016, paras. 213－215.

③ Id., para. 219.

④ See *Deutsche Telekom v. India*, PCA Case No. 2014－10, Interim Award, 13 December 2017, para. 97.

⑤ See *Deutsche Telekom v. India*, PCA Case No. 2014－10, Interim Award, 13 December 2017, para. 71.

的是在此类安全问题上有最高权力的内阁安全委员。[①] 其还指出，根据《德国 - 印度 BIT》第 12 条规定，BIT 中的待遇标准不适用于东道国的基本安全利益措施，印度为军事和其他战略用途而保留 S 波段频谱的决定是一种典型的政策决定，因此申请人不能根据 BIT 对该措施提出挑战。[②] 不管第 12 条是否为“自我裁判”性质，仲裁庭都应当对印度政府的国家安全决定尤其是其为军事和战略用途而保留 S 波段频谱的决定给予充分的尊重，而且保留 S 波段频谱用于军事和战略用途的决定是在与印度整个国家安全体系进行广泛磋商后作出的。[③] 该案仲裁庭裁定，《德国 - 印度 BIT》第 12 条是否具有自我裁判性质需要根据其文本自身的明确提示确定，该条缺乏此类提示，就文本自身的术语而言，某项措施是否是保护缔约一方的基本安全利益所必要的措施并不是一个纯粹的需要由该缔约方进行客观判断的问题，条约文本没有提到什么是该缔约方为此目的而“认为必要的”内容。[④]

（二）习惯国际法对国家必要性抗辩的限制

在 *CC/Devas* 案中，鉴于被申请方印度政府没有援引习惯国际法上的必要性抗辩，仲裁庭依据《毛里求斯 - 印度 BIT》第 11(3) 条的有关保护基本安全利益的规定分析印度是否违背了相关条约的问题，因而习惯国际法上的危急情况抗辩的条件不适用于本案，而且这也与国际投资仲裁的一些裁决是一致的。[⑤]

在 *Deutsche Telekom* 案中，印度政府认为《德国 - 印度 BIT》第 12 条规定的基本安全利益抗辩的适用并不需要有紧急性（urgency），申请人认为其与习惯国际法上的危急情况（emergency）诉求混同的观点是错误的，因此适用于危急情况状态的习惯规则的紧急性要求不能转用于 BIT 的基本安全利益条款，而且国防问题本质上属于国家安全问题，无论是从短期还是长期来看，内阁安全委员会保留 S 波段频谱用于国防和战略用途的决定都是一个国家安全问题，印度不需要证明存在紧迫性或迫在眉睫的威胁。[⑥] 至

---

① See *Deutsche Telekom v. India*, PCA Case No. 2014 - 10, Interim Award, 13 December 2017, para. 87.

② Id., para. 183.

③ Id., paras. 184 - 185.

④ Id., para. 231.

⑤ See *CC/Devas (Mauritius) Ltd., Devas Employees Mauritius Private Limited and Telecom Devas Mauritius Limited v. India*, PCA Case No. 2013 - 09, Award on Jurisdiction and Merits, 25 Jul. 2016, paras. 255 - 256.

⑥ See *Deutsche Telekom v. India*, PCA Case No. 2014 - 10, Interim Award, 13 December 2017, paras. 190 - 191.

于第 12 条规定的“必要的”术语，印度不同意申请人提出的其意味着有关措施必须是相称的或者是保护既定的国家安全利益迫切需求的观点。①

该案仲裁庭根据《维也纳条约法公约》第 31 条规定的解释规则指出，《德国 – 印度 BIT》第 12 条授权缔约方为维护基本安全利益而实施必要措施的权力并且不对因此而给投资者带来的伤害承担任何责任，首先，基本安全利益条款与传统国际法上的危急情况抗辩是有实质性区别的，它们有不同的需求和不同的运作方式和内容；其次，该第 12 条必须按照它自己的术语来解释，不包括习惯国际法的危急情况抗辩的要求，而且这些要求在条约案文中没有规定，也即习惯国际法的要求要比该第 12 条的规定更加严格。② 在援引欧洲人权法院的相关裁决进行分析后，仲裁庭认为，为适用该第 12 条，一项禁令或限制措施不应当仅仅与基本安全利益相关，而且应当确实是保护此类利益所必要的，而某项限制性措施是否达到该第 12 条所要求的危急情况程度要由仲裁庭加以审查，因为该条款不是自我裁判性的。毫无疑问，考虑到东道国对于相关情势、专业知识以及管辖能力的熟悉了解，仲裁庭承认要在一定程度上尊重东道国的危急情况决定，因此仲裁庭不会对东道国的决定进行重新审查，也不会适用危急情况标准以要求东道国证明相关措施是实现其既定目的的“唯一方式”。但是，对东道国权力的尊重也不是毫无限制的，否则不合理地援引该第 12 条将使条约所载的实质性保护完全无效。③

（三）仲裁裁决的不一致性

在 *CC/Devas* 案中，仲裁庭一致裁定，申请人的诉求与相关投资条约保护的“投资”有关联，克斯终止提婆协议的通知可以被认为是东道国政府的行为，东道国印度政府违反了条约规定的公平公正待遇。同时，仲裁庭多数成员认为，鉴于印度政府取消提婆协议的决定部分原因是保护东道国的国家安全利益，仲裁庭对申请人的诉求缺乏管辖权，同时印度决定撤销提婆协议的部分动机并非出于保护其基本安全利益的考虑，基本安全利益的保护理由占印度撤销提婆协议决定的 60%，因此，印度因征收申请人

① See *Deutsche Telekom v. India*, PCA Case No. 2014 – 10, Interim Award, 13 December 2017, para. 192.

② Id., paras. 226 – 229.

③ Id., para. 238.

的投资而欠后者的赔偿应限制在该投资价值的40%。①

然而,申请人指定的仲裁员黑格先生不同意多数人的立场,即仲裁庭不得就国家安全问题作出判决,在国家安全问题上对国家裁定的推定尊重不能凌驾于作为本案仲裁员就本案中的全部证据进行裁定的责任。同时,应当完全拒绝印度的国家安全抗辩,因为针对申请人采取的措施与印度的基本安全利益之间没有合理的联系。而且,黑格先生不同意多数人的裁定,即取消提婆协议的部分(60%)可以适用于基本安全例外,而其余部分将适用于征收条款,在这一点上多数仲裁员的裁定决定没有证据或法律依据,毕竟,占用S波段频谱只是一种征收。②

在*Deutsche Telekom*案中,仲裁庭认为印度政府没有能够证明其从提婆协议中收回S波段频谱以及反过来导致废除该协议的措施是保护其基本安全利益所必要的,因此条约规定的实体标准适用于申请人的投资。③ 仲裁庭最后裁定对申请人的诉求享有管辖权,印度违反了相关BIT规定的公平公正待遇,仲裁庭将会在以后的程序中对赔偿数额作出裁定。④

四、印度投资条约中安全例外条款的发展小结

相对于其他发达国家和一些发展中国家而言,印度签订投资条约的时间较晚,所以其能够及时纳入国际投资条约中比较常见的投资者待遇条款,譬如国民待遇、最惠国待遇、公平公正待遇以及征收补偿等,在投资者—国家争端解决机制方面也能规定当时比较流行的投资者—国家仲裁机制。但是,印度政府因为一些监管措施而屡屡被诉至投资仲裁庭,而在一些仲裁裁决中被裁定败诉赔偿的实践又促使印度政府重新考虑其以往对待投资条约的政策,其结果是印度政府终止了大多数当时有效的投资条约,并起草新的投资协定范本,同时在新范本的基础上开始与一些国家签订新范式的投资保护协定。

---

① See *CC/Devas (Mauritius) Ltd.*, *Devas Employees Mauritius Private Limited and Telecom Devas Mauritius Limited v. India*, PCA Case No. 2013 – 09, Award on Jurisdiction and Merits, 25 Jul. 2016, para. 301.

② See *CC/Devas (Mauritius) Ltd.*, *Devas Employees Mauritius Private Limited and Telecom Devas Mauritius Limited v. India*, PCA Case No. 2013 – 09, Dissenting Opinion of Arbitrator David R. Haigh, 25 Jul. 2016.

③ See *Deutsche Telekom v. India*, PCA Case No. 2014 – 10, Interim Award, 13 December 2017, para. 291.

④ Id., para. 424.

印度签订的绝大多数投资条约都规定了基本安全利益例外条款,因为签订时间的不同而在具体语言规范上也有所差别。印度政府一直认为,投资条约中的安全例外应当是自我裁判的,缔约方对此问题享有充分的监管主权,仲裁庭对此有关的争端没有管辖权,但是相关投资仲裁庭并没有完全接受印度政府的安全例外抗辩。类似事实也促使印度政府对安全例外条款有了新的认识,在签订的一些新的条约中规定国家—国家争端解决机制,以取代备受诟病的投资者—国家争端仲裁条款。

2016 年,印度邀请 25 个国家共同解释它们与印度政府之间缔结的 BIT。拟议的联合解释机制限制了涉及国家安全例外情况下的抗辩案件的仲裁审查。具体来说,使用与《印度 BIT 范本》类似的语言,该声明规定,仲裁庭不得"审查任何此类决定的是非曲直,即使仲裁程序涉及对任何损害赔偿和/或赔偿要求的评估,或对移交给仲裁庭的任何其他问题"。① 实践中,根据印度的声明,印度政府与孟加拉国政府于 2017 年签署了《关于孟加拉国与印度 BIT 的联合解释性说明》,其中包括"关于基本安全利益的说明—第 12 条","解释"了国家安全条款,以便排除可诉性。② 此外,印度也已经成功地把《印度 BIT 范本》中的安全例外范式条款和此解释精神纳入与白俄罗斯、吉尔吉斯斯坦和巴西签订的 BIT 中。③

无论如何,印度必须遵守其根据国际条约对其他国家作出的主权承诺,保护在其境内的外国投资者的合法权益,否则就有可能会被诉至投资仲裁庭。即使有些条约已经被印度单方面终止,但是根据大多数投资条约中都规定的日落条款,投资者仍然可以在一定期间内就印度政府潜在的违反条约行为提请仲裁诉求。

本章小结

美国和印度分别是国际投资条约发展进程中发达国家和发展中国家

---

① See Sarthak Malhotra, *India's Joint Interpretive Statement for BITs: An Attempt to Slay the Ghosts of the Past*, IISD Investment Treaty News (Dec. 12, 2016), https://www.iisd.org/itn/2016/12/12/indias-joint-interpretive-statement-for-bits-an-attempt-to-slay-the-ghosts-of-the-past-sarthak-malhotra/.

② See *Joint Interpretative Notes on the Agreement between the Government of the Republic of India and the Government of the People's Republic of Bangladesh for the Promotion and Protection of Investments*, Government of India (4 Oct. 2017), https://dea.gov.in/sites/default/files/SignedCopyofJIN.pdf, p. 6 – 7.

③ See Brazil-Indian BIT (2020), Annex 1, para. 1(b); India-Kyrgyzstan BIT (2019), Annex 1, para. (ii); Belarus-India BIT (2018), Annex, para. (ii).

对待国家安全例外条款的典型代表。美国在谈判和签订国际投资条约中的国家安全例外条款的历史较长,并在第二次世界大战后开始不断由国际性裁判机构尤其是国际法院和 WTO 对美国缔结的相关安全例外条款进行解释,但它们基本上都驳回了美国所认为的安全例外条款是"自我裁判"性质的主张。与美国相关,印度缔结含有安全例外条款的投资条约的历史相对较短,有关争端主要发生在投资仲裁过程中,相关仲裁庭并没有完全同意印度所主张的安全例外抗辩。国际性裁判机构似乎在安全例外条款的性质上取得了一致意见,即该条款并不是完全由各国自由援引的或者"自我裁判"性的,各国援引安全例外的抗辩除了要遵守善意,还要由相关的裁判机构进行审查。

第六章　国际投资仲裁实践中的国家安全条款性质分析

国家安全例外是国际经贸协定中通常加以讨论和规定的内容之一，其中的国家安全条款一直是激烈的学术争论的核心，争议焦点主要是安全例外是否具有自我裁判性质并因此是否在国际性裁判的管辖范围之内。只要得出安全例外不是自我裁判性质的结论，则国际裁判机构将面临如何确定适用审查标准的挑战。本章和第七章将通过对国际投资仲裁（包括国际法院判决）裁决和 WTO 专家组就有关安全条款的裁决的分析，探讨不同经贸协定中不同国家安全条款范式的自我裁判性质和可诉求性问题。之所以先分析国际投资条约中的安全条款，主要是因为，国际投资仲裁庭依据相关投资条约中的安全条款作出裁决的时间早于 2019 年 WTO 专家组作出相关报告的时间，尽管投资条约中安全条款的制定年份要晚于 GATT 中的安全例外。

除了国际投资仲裁庭对投资条约中的安全例外条款以及 WTO 对贸易条约中的相似条款作了解释，国际法院是较早的并且也是持续性对经贸条约中的安全例外条款进行解释的机构之一，因此本部分内容首先从国际法院的相关裁决进行分析。

第一节　国际法院对于国际投资条约中安全例外条款的支持

国际法院处理相关条约中的安全例外条款的案件有较早的尼加拉瓜诉美国军事和准军事行动案、伊朗诉美国石油平台案（*Oil Platforms* 案）、伊朗诉美国冻结某些伊朗资产案，以及伊朗诉美国涉嫌违反 1955 年《美国－伊朗 AEC》案。相关案件针对美国签订的通商航海条约中的安全例外条款作了相关解释，尽管有些条约的规定作了某些变更，譬如《美国－尼加拉瓜 FCN》第 21 条规定了国家保护其基本安全利益而采取“必要”措施的例外条款，但其缺乏“其认为”的措辞，并且以“基本安全利益”取代“国家安全”。[①] 另外，国际法院受理的吉布提诉法国关于刑事事项中的若干互助问题案涉及安全例外问题，[②]但法官没有对相关例外的自我裁判性质进行理论分析。

一、尼加拉瓜诉美国军事和准军事行动案

20 世纪 50 年代以来的美国早期 FCN 条约的安全例外条款已经成为数次国际争端的焦点。国际法院在对尼加拉瓜诉美国军事和准军事行动案的判决中处理了 1956 年《美国 – 尼加拉瓜 FCN》第 21(1)(d)条的解释。[③] 对于该条款的理解，尼加拉瓜在根据 1947 年 GATT 挑战美国禁运措施的同时，也提起了国际法院的诉讼，称美国的贸易和投资限制包括美国支持对尼加拉瓜政府进行敌对行动的准军事部队违反了《美国 – 尼加拉瓜 FCN》。美国认为，基本安全利益例外排除了《美国 – 尼加拉瓜 FCN》对该争端的适用性。

国际法院提出的第一个问题是安全例外是否构成了管辖权问题。[④]多数意见判决认为，法院对与安全例外有关的争端作出裁定享有管辖权，认为《美国 – 尼加拉瓜 FCN》第 24(2)条授予其对与协议“解释和适用”有关的争议的管辖权。而且，国际法院分析了《美国 – 尼加拉瓜 FCN》和 GATT 措辞之间的差异，以证实对安全条款的这种理解的合理性。法院认为该例外不是自我裁判性质，因此不能剥夺。[⑤] 法院认为：

---

① U. S. – Nicaragua Treaty of Friendship, Commerce and Navigation (1956), Article 21 (1).

② *Certain Questions of Mutual Assistance in Criminal Matters* (*Djibouti v. France*), Judgment, International Court of Justice Reports 2008.

③ U. S. – Nicaragua Treaty of Friendship, Commerce and Navigation (1956), Article 21 (c) and (d). 该条规定：本条约不排除采取……履行缔约方为维护或恢复国际和平与安全的义务所必需的，或为保护其基本安全利益所必需的措施。

④ 法官在这个问题上是有分歧的。See *Military and Paramilitary Activities in and against Nicaragua* (*Nicaragua v. United States of America*), Judgment on Jurisdiction-Dissenting Opinion of Judge Schwebel, International Court of Justice Reports 558 (1984), para. 128. See also *Military and Paramilitary Activities in and against Nicaragua* (*Nicaragua v. United States of America*), Judgment on the Merits-Dissenting Opinion of Judge Schwebel, International Court of Justice Reports 259 (1986), paras. 101 – 105; *Military and Paramilitary Activities in and against Nicaragua* (*Nicaragua v. United States of America*), Judgment on Jurisdiction-Separate Opinion of Judge Nagendrasingh, International Court of Justice Reports 444 (1984), paras. 446 – 448.

⑤ *Military and Paramilitary Activities in and against Nicaragua* (*Nicaragua v. United States of America*), Judgment on the Merits, International Court of Justice Reports 14 (1986), paras. 222 – 225.

> 本条并不能解释为排除法院对涉及《美国－尼加拉瓜 FCN》范围的争端的管辖权。作为《美国－尼加拉瓜 FCN》的一个条款，第 24 条关于《美国－尼加拉瓜 FCN》的"解释或适用"的任何争端都属于法院的管辖范围的规定已经涵盖该内容。第 21 条界定了《美国－尼加拉瓜 FCN》本身对其他条款的普遍性例外规定的情况，但它绝不是将该条的解释和适用从第 24 条所设想的法院管辖范围中排除。法院有权决定某一缔约方所采取的措施是否属于这种例外，这显然与《美国－尼加拉瓜 FCN》第 21 条的案文没有使用 GATT 第 21 条中已经可以找到的措辞这一事实相矛盾。GATT 的这一条款考虑到了其正常执行的例外情况，规定该协定不应被解释为阻止任何缔约方在诸如核裂变、军备等领域采取"其认为对保护其基本安全利益所必需"的任何行动。相反，《美国－尼加拉瓜 FCN》只谈到"必要"措施，而不是缔约方认为是必要的措施。①

因此，国际法院在定义基本安全利益时，认为需要评估这些"基本安全利益"承担的风险是否合理，以及为保护这些利益而实施的预定措施是否有用且应是"必需的"。②

尼加拉瓜面临的一项挑战措施涉及美国对尼加拉瓜实施贸易禁运，以回应尼加拉瓜支持其邻国的武装团体。美国坚持认为禁运不受《美国－尼加拉瓜 FCN》的基本安全利益条款保护，因此国际法院似乎强调了实施禁运时对美国基本安全利益威胁的投机性质。国际法院认为：

> 按照条约本身的条款，正如法院强调的那样……，是否有必要采取措施来保护当事方的基本安全利益，纯粹不是当事方的主观判断的问题；该案文并未提及什么是缔约方为此目的"考虑必要"的内容。根本没有证据表明尼加拉瓜的政策实际上是如何在 1985 年 5 月对"基本安全利益"构成威胁的，尤其是因为"这些政策本身是不一致的并且受到了美国连续 4 年的批评"。③

该裁定从逻辑上暗示国际法院拒绝将安全例外解释为自我裁判性质。

① *Military and Paramilitary Activities in and against Nicaragua* (*Nicaragua v. United States of America*), Judgment on the Merits, International Court of Justice Reports 14 (1986), para. 222.

② Id., para. 224.

③ Id., para. 282.

根据国际法院的观点,是否有必要采取措施保护当事人的基本安全利益并不完全是当事人的主观判断的问题,基本问题是审查的范围和形式。国际法院指出,安全条款最终会导致对条约义务的克减,因此,当"明显"认为一项措施会构成违反条约的行为时,这些条款便会适当发挥作用。① 为此,国际法院指出:

> [基本安全利益的概念]过去已经受到非常广泛的解释。因此,法院必须评估这些"基本安全利益"带来的风险是否合理,其次,为保护这些权益而设计的措施是否不仅有用,而且是"必要"的。②

最终,国际法院驳回了美国政府的安全辩护。特别是,国际法院认为,根据《美国 - 尼加拉瓜 FCN》第 21 条,里根总统对尼加拉瓜的贸易禁运是无正当理由的,因为它无法证明尼加拉瓜的政策在 1985 年已危及美国的基本安全利益。根据安全例外,对港口和石油基础设施的攻击也不能成立。③

国际法院裁判的这一案开创了另一种由国际裁判机构通过国际法而不是政治方法解决与跨境贸易和投资有关的安全争端的范式,即国际投资仲裁,并且在此后的数十年得到了迅速发展,当然前提也是国际投资条约的相关条款也规定了类似《美国 - 尼加拉瓜 FCN》那样的缺乏"其认为"措辞的安全例外条款。

一些国家对基本安全利益进行的解释同样明确了前述风险的危急情况。譬如,美国不断强调,基本安全利益包括"处于战争或国内紧急情况的情势的国家产生的行动",如果此类行动是"对有关缔约国的基本安全利益有明显的和直接的关系"。④

二、伊朗诉美国石油平台案

国际法院受理的另一个涉及基本安全利益的案件是 1996 年伊朗诉美国石油平台案。在该案中,伊朗根据 1955 年《美国 - 伊朗 AEC》提起诉求,指

---

① *Military and Paramilitary Activities in and against Nicaragua* (*Nicaragua v. United States of America*), Judgment on the Merits, International Court of Justice Reports 14 (1986), para. 225.

② Id., para. 224.

③ Id., paras. 281 - 282.

④ Kenneth J. Vandevelde, *U. S. International Investment Agreements*, Oxford University Press, 2009, p. 201.

控美国军舰对伊朗石油平台的袭击违反了该条约。该条约第20(1)条规定：

> 本条约不排除采取以下措施：
>
> ……
>
> (c)管制武器、弹药和战争工具的生产或贩运，或为供应军事机构而直接或间接携带的其他物资的贩运；和
>
> (d)为履行缔约方维持或恢复和平与安全的义务所必需的，或为保护其基本安全利益所必需的措施。①

美国辩称，对伊朗海上石油设施的军事攻击是保护其基本安全利益所必需的，并认为，"国家为保护其基本安全利益而善意采取的措施应当被认为是酌处措施"。伊朗承认美国所指的把美国军舰的安全和不干涉在波斯湾的海事商业流动识别为美国的安全利益可能是合理的，但拒绝承认美国袭击伊朗石油平台的行为是保护其安全利益所"必需的"。美国要求国际法院仅解决狭义的适用于自卫法律的审查标准问题，没有对审查基本安全利益条款是否豁免国家措施发表评论。由于国际法院已决定根据自卫法审查该问题，它选择对"适用于基本安全利益条款的审查标准"发表意见，指出"法院不必决定美国……在这一点上的解释是否正确"。②

在尼加拉瓜诉美国军事和准军事行动案中，可以更准确地找到国际法院对基本安全利益是否存在进行审查的方法，为此国际法院采用了合理的标准来评估基本安全利益所承担的风险。③ 正如科艾曼斯(Koojimans)法官在伊朗诉美国石油平台案中的独立意见中指出的那样，该措辞暗示了对遵从审查的支持：

> 对于由基本安全利益承担的风险评估，可以使用"合理性"一词；关于"已采取的措施"，法院指出将其视为"有用的"是不够的，但应当

---

① Treaty of Amity, Economic Relations and Consular Rights between the United States of America and Iran (1955), Article XX (1) (d).

② *Oil Platforms* (*Islamic Republic of Iran v. United States of America*), Judgment-Preliminary Objection, 12 December 1996, International Court of Justice Reports 803 (1996), para. 20; *Oil Platforms* (*Islamic Republic of Iran v. United States of America*), Judgment on Counter-Claims, 6 November 2003, International Court of Justice Reports 161 (2003), para. 73.

③ *Military and Paramilitary Activities in and against Nicaragua* (*Nicaragua v. United States of America*), Judgment on the Merits, International Court of Justice Reports 14 (1986), para. 224.

> 是必需的。这似乎表明,对于所采取的措施,必须使用比对基本安全利益风险评估更为严格的检验。在自由裁量权留给政府当局方面,似乎有充分的理由进行这种区分。对什么是基本安全利益以及它是否处于危险之中的评估首先是一个政治问题,而且很难用司法评估来代替。只有在政治评估显然不合理的情况下……司法禁令才是适当的。①

本案判决在推理方面与尼加拉瓜诉美国军事和准军事行动案相似,但在某些方面有所不同。法院在其1996年的管辖权判决中遵循了与尼加拉瓜诉美国军事和准军事行动案相同的论点,宣布基本安全条款为"可能存在实体辩护"而不是司法管辖权异议的裁定提供了依据。② 就其本身而言,实体判决书就基本安全条款的适用性作了规定。③ 本案进一步为法院提供了机会,以更详细地讨论适用于安全条款的审查标准。国际法院认为,与使用武力有关的案件需要根据一般国际法对自卫进行分析。法院解释,关于自卫的一般规则可依据《维也纳条约法公约》第31(3)(c)条下的"适用于当事方之间的相关国际法规则",其宗旨不可能是允许任何一方在国际上对另一缔约方非法使用武力,因此,"所采取的措施是否必需"与"作为自卫行为的有效性"的问题是重叠的。④ 这种方法直接影响了法院适用的审查标准,因为:

> 国际法上要求为此目的必须采取公开自卫的措施是必要的,这一要求是严格和客观的,没有留下任何"酌处权措施"的余地。⑤

最后,国际法院得出结论,美国的措施不能因为采取自卫行动而是合理的,因此其不符合安全例外的要求。⑥

可以认为,国际法院在伊朗诉美国石油平台案中重申的一项观点:缺乏具有自我裁判性质的"其认为"措辞的结果就是,安全例外原则上是可诉的。

---

① *Oil Platforms* (*Islamic Republic of Iran v. United States of America*), Judgment-Separate Opinion of Judge Koojimans, International Court of Justice Reports 246 (2003), para. 44.

② *Oil Platforms* (*Islamic Republic of Iran v. United States of America*), Judgment-Preliminary Objection, 12 December 1996, International Court of Justice Reports 803 (1996), para. 20.

③ *Oil Platforms* (*Islamic Republic of Iran v. United States of America*), Judgment, 6 November 2003, International Court of Justice Reports 161(2003), paras. 35 – 37.

④ Id., paras. 40 – 43.

⑤ Id., para. 73.

⑥ Id., paras. 57 – 76.

三、吉布提诉法国关于刑事事项中的若干互助问题案

这是一项严格意义上与国际投资或贸易无关的条约的解释问题，但是其中的争端也涉及安全问题是否可以自我裁判。相关案情是，2006 年 1 月 9 日，吉布提向国际法院递交诉求书，认为法国政府和司法当局拒绝执行将谋杀伯纳德·波雷尔（Bernard Borrel）案件的调查记录转交给吉布提司法当局的国际调查委托书的行为违反了两国在 1977 年签署的《友好合作条约》以及在 1986 年签署的《刑事事项互助公约》所承担的国际义务。吉布提在诉求书中进一步申明，在关于某人涉嫌谋杀波雷尔的教唆伪证刑事指控当中，法国传讯受到国际保护的某些吉布提公民（包括国家元首）的行为违反了保证享有此类保护的人在人身、自由和尊严方面免受攻击的义务。吉布提同时请求法院审查，法国当局拒绝传送相关案件文件的行为是否属于 1986 年《刑事事项互助公约》第 2（c）条规定的例外范畴。根据该条规定，“如果被请求国认为执行有关请求可能会损害主权、安全、公共秩序或其他基本利益，可以拒绝有关请求”。① 因此，吉布提政府请求国际法院就 1986 年《刑事事项互助公约》第 2（c）条的自我裁判性质进行审查。

国际法院裁决回顾了法国的克莱芒（Clément）法官在其 2005 年 2 月 8 日的来文。该来文中说明了决定拒绝相互协助请求的理由，并解释了为什么来文的传送被认为“违反法国的基本利益”，因为来文与另一起正在审理的案件有关的资料和证人陈述中载有解密的“国防机密”。② 尽管如此，法院仍然认为克莱芒法官给出的理由属于 1986 年《刑事事项互助公约》第 2（c）条调整的范围，③因此国际法院有权审查。法院认为，法国调查法官提出的拒绝相互协助请求的理由属于《刑事事项互助公约》第 2（c）条的范围，然而，法国在 2005 年 6 月 6 日通知吉布提拒绝执行吉布提于 2004 年 11 月 3 日提交的调查函中没有说明理由，因此法国未能履行其根据 1986 年《刑事事项互助公约》第 17 条承担的国际义务。④

不过，该案法官没有对相关条约中的安全例外规范进行太多的解释，仅仅以被诉的法国当局没有提供相关说明为由而认定其未能履行相关条

---

① Convention on Mutual Assistance in Criminal Matters between the Djiboutian Government and the French Government (1986).

② *Case Concerning Certain Questions on Mutual Assistance in Criminal Matters* (*Djibouti v. France*), *Judgment*, 4 June 2008, ICJ Reports 2008, para. 147.

③ Id., para. 148.

④ Id., para. 152.

约规定的义务。

四、伊朗诉美国冻结某些伊朗资产案

伊朗诉美国冻结某些伊朗资产案主要围绕1955年《美国－伊朗AEC》展开,是伊朗发起的针对美国冻结伊朗近20亿美元的财产的争端。伊朗于2016年提起诉讼,美国后来于2018年单方面退出了该条约。这一案件中,美国把从伊朗国家银行截留的资产用于赔偿1983年黎巴嫩贝鲁特海军陆战队基地自杀性爆炸事件的受害者。美国辩称其已经退出了该条约,因此伊朗的主张是无效的。同时,其根据《美国－伊朗AEC》第20(1)条对法院的管辖权提出异议,认为即使适用该条约,法院管辖权仅限于首先确定其中的排除条款是否适用于被质疑的措施,这样法院就对涉及此类措施的有关诉求没有管辖权,并援引伊朗诉美国石油平台案的裁判支持自己的意见。另外,美国认为,即使法院认为第20(1)条并不能排除对有关争端的管辖权,这也不会阻止法院把该条款下的任何其他异议作为初步事项,而无须考虑实体案情,因此美国辩称,法院应在对实体案情进行进一步诉讼之前作出一个初步裁决。①

(一)初步反对意见裁决

法院审查了该异议,并强调根据伊朗诉美国石油平台案等判决的精神,有关条约中并没有明确排除法院对某些问题享有管辖权的条款,即《美国－伊朗AEC》第22(1)(d)条基本安全条款并没有限制法院的管辖权,而只是限制缔约方可能对实体案情提出的抗辩。法院认为同样的解释可以适用于《美国－伊朗AEC》第22(1)(c)条,综合起来就是,有关条款并没有将法院的管辖权限制在缔约国对实体问题提出的抗辩,因此驳回了美国的管辖权异议抗辩。②

临时法官布劳尔(Brower)在其单独意见进一步阐述了对《美国－伊朗AEC》第20条的解释,认为:

> 法院可以摆脱以往裁判而独立作出同样的结论。并认为,除非《美国－伊朗AEC》第20条具有自我裁判性,否则只会引出实体问题。将条约范围限制在经济关系中的自我裁判条款要比《美国－伊朗AEC》早。1947年GATT第21(b)条规定的是经典条款……根据该

---

① *Certain Iranian Assets* (*Islamic Republic of Iran v. United States of America*), Preliminary Objections, Judgment, International Court of Justice Reports 2019, p. 24, paras. 40－41.

② Id., p. 25, paras. 45－47.

条规定，缔约方有权决定“其认为”是否是保护其基本安全利益的一个必要诉因……GATT 第 21 条规定明显与《美国－伊朗 AEC》第 20 条的规定方式有区别。①

布劳尔接着指出：

在缔结《美国－伊朗 AEC》大约十年之前的 1946 年，美国……在接受国际法院强制性管辖权时提出了保留，指出国际法院不能对“基本上属于美国确定的国内管辖范围之内的事项”行使强制性管辖权。1955 年，美国非常了解并且有能力起草自我裁判条款，这强烈表明，如果美国意图是使《美国－伊朗 AEC》第 21 条成为自我裁判条款，美国和伊朗将这样做。但是，根据法院在此程序中可获得的《美国－伊朗 AEC》的起草历史，美国在与伊朗进行谈判时，甚至没有表现出这种意图。②

布劳尔法官的分析考虑到了相关条约的谈判历史以及缔约方的意图，这与投资仲裁庭的做法大体一致。但是，需要指出的是，《美国－伊朗 AEC》中缺乏“其认为”的用语，这又与 GATT 第 21 条以及大多数投资条约的规定不一致。即使“其认为”一词不构成对安全例外的自我裁判，但可以肯定的是，它也规定了有限的审查标准。毕竟，如果缔约方打算排除或明显限制国际性裁判机构对安全措施的审查，那么它们本来也可以加上“其认为”的用语，至少在一定程度上可以强化安全例外的自我裁判性质。

（二）实体裁决

2023 年 3 月 30 日，国际法院就该案的实体争论发布裁决。关于国家安全的《美国－伊朗 AEC》第 201（c）条，国际法院指出，美国 2012 年颁布第 13599 号行政命令的目的是冻结伊朗政府和伊朗金融机构的所有资产，只要这些资产在美国领土内或“在任何美国人，包括任何外国分支机构的拥有或控制下”。法院认为，关于《美国－伊朗 AEC》第 201（c）条的术语，根据其一般意义和条约的对象和目的，除了那些目的在于监管缔约一方自己在武器生产或运输，或出口武器到另一缔约方或从另一缔约方进口武器，不

① *Certain Iranian Assets* （*Islamic Republic of Iran v. United States of America*），Preliminary Objections，Judgment-Separate opinion of Judge ad hoc Brower，International Court of Justice Reports 2019，p. 69，para. 9.

② Id.，pp. 69－70，para. 10.

能将任何措施纳入其范围。国际法院认为,这一规定不能作为缔约一方采取可能损害条约所赋予的权利的措施的理由,而且这些措施的目的仅仅是对另一缔约方或其领土上的武器生产和贩运产生间接影响。因此,国际法院认为美国行政命令的内容不符合前述标准,根据该款提出的辩护不能成立。①

至于《美国－伊朗 AEC》第 201(d)条,美国声称第 13599 号行政命令是该款意义上的保护其基本安全利益所必要的措施,其解决的是伊朗对武器贩卖、恐怖主义和发展弹道导弹的能力的支持,并认为后者毫无疑问构成其基本安全利益。伊朗则认为基本安全利益的概念是宽泛的,裁判机构要充分尊重援引安全例外的国家的决定,同时美国没有提供证据证明第 13599 号行政命令是保护其基本安全利益所必要的措施。国际法院援引使用类似条约条款语言的伊朗诉美国石油平台案和尼加拉瓜诉美国军事和准军事行动案的裁决指出,缔约方实施有关措施的目的是保护其基本安全利益,并且是必要的,这不是一个由缔约方进行客观判断的问题,而是应当由国际法院进行评估。② 考虑到前述问题,法院认为:

> 美国应证明第 13599 号行政命令是保护其基本安全利益的必要措施,但没有令人信服的证据可以证明该情况确实如此。即使承认被诉方享有一定的酌情权,法院也不认同其主张。法院还注意到,行政命令本身所列举的证明其颁布的具体措施合理正当的理由涉及伊朗银行的金融做法、伊朗反洗钱制度的缺陷以及随之而来的国际金融体系的风险,并没有提到安全注意事项。③

因此,国际法院最后认为不能接受美国根据该款提出的抗辩。

五、伊朗诉美国涉嫌违反 1955 年《美国－伊朗 AEC》案

该争端源于 2015 年至 2018 年美国撤销并重新实施对伊朗经济制裁的事件。2015 年 7 月,中美等与伊朗签署了《联合全面行动计划》(Joint Comprehensive Plan of Action,JCPOA),解除了联合国安理会、欧盟和美国对伊朗的制裁,作为交换,伊朗接受对其核计划的限制。2018 年 5 月,美

---

① *Certain Iranian Assets* (*Islamic Republic of Iran v. United States of America*), Judgment of 30 March 2023, paras. 100－103.

② Id., para. 104.

③ Id., para. 105.

国宣布退出 JCPOA,并指示重新实施制裁。2018 年 7 月,伊朗向国际法院提起诉讼,认为美国的制裁违反了 1955 年的《美国 - 伊朗 AEC》,包括禁止资金转移限制;违反两国领土之间"贸易和航行自由"的要求;给予另一方国民和公司公平和公平待遇的义务;以及在进出口方面对缔约国国民和第三国不歧视的义务。① 三个月后,即 2018 年 10 月,法院部分批准了伊朗的临时措施请求,命令美国取消对伊朗药品和医疗器械、食品和农产品以及民用航空设备自由出口的障碍。②

2021 年 2 月 3 日,国际法院裁定对伊朗起诉美国的涉及违反 1955 年《美国 - 伊朗 AEC》的诉求享有管辖权,并直接拒绝了美国的两项初步反对意见。首先,在国际法院的管辖权方面,美国辩称,这一被诉争端"属于美国作出的与终止参与 JCPOA 有关的决定",而不是与《美国 - 伊朗 AEC》有关的决定,后者不属于国际法院的属事管辖权。美国还辩称,JCPOA 是一项"多边政治安排",没有"产生具有法律约束力的义务",也没有赋予国际法院受理其参与国之间争端的管辖权。③ 尽管争端是由于美国退出 JCPOA 的决定而产生的,但其是伊朗主张的与《美国 - 伊朗 AEC》的解释和适用有关的争端,并与美国主张的与 JCPOA 有关的争端存在分歧,根据后者,该争端属于《美国 - 伊朗 AEC》中和解条款④的属事管辖范围,而这是由国际法院根据争端缔约方提交的文件并予以客观评估后确定的。伊朗主要寻求的是请求国际法院宣布美国 2018 年 5 月 8 日行政令实施的措施违反了其根据条约应承担的义务,并请求恢复终止以前的情势,因此该争端源于一个特定的政治背景,即美国退出 JCPOA 的决定。⑤ 然而,国际法院指出:

---

① See Alleged Violations of the 1955 Treaty of Amity, Economic Relations, and Consular Rights (Islamic Republic of Iran v. United States of America), Application instituting proceedings, 16 July 2018.

② See Alleged Violations of the 1955 Treaty of Amity, Economic Relations, and Consular Rights (Islamic Republic of Iran v. United States of America), Order of 3 October 2018, para. 102.

③ See Alleged Violations of the 1955 Treaty of Amity, Economic Relations, and Consular Rights (Islamic Republic of Iran v. United States of America), Preliminary objections, Judgment of 3 February 2021, paras. 42 - 44.

④ 1955 年《美国 - 伊朗 AEC》第 21 条第 2 款规定,"缔约国之间关于本条约的解释或适用的任何争端,如不能通过外交手段得到满意的解决,应提交国际法院,除非缔约国同意用其他和平方法解决"。

⑤ See Alleged Violations of the 1955 Treaty of Amity, Economic Relations, and Consular Rights (Islamic Republic of Iran v. United States of America), Preliminary objections, Judgment of 3 February 2021, paras. 51 - 55.

> 当事各方之间的争端是在美国决定退出 JCPOA 的背景下产生的，这一事实本身并不排除与条约的解释或适用有关的争端。某些行为可能属于一项以上文书所辖的范围，并且与这些行为有关的争端可能涉及一项以上条约或其他文书的"解释或适用"问题。如果美国在决定退出 JCPOA 后采取的措施可能违反条约规定的某些义务，则这些措施涉及对该条约的解释或适用。
>
> 即使如被申诉方所主张的那样，法院作出的支持伊朗根据条约提出的要求的判决也确实会导致恢复美国继续参加 JCPOA 时的情况，但这并不意味着伊朗向法院提出的争端涉及 JCPOA 而不是条约。①

国际法院最后指出，它无权从提起诉讼的政治背景中推断争端的主题；相反，法院自身必须根据申请人向它提出的要求进行裁判，因此不支持美国对管辖权提出的第一个初步反对意见。②

其次，美国辩称，大多数受到质疑的措施都是为了限制伊朗与第三国之间的贸易或交易，它们超出了《美国－伊朗 AEC》的范围（该条约规范了双边商业活动）。而伊朗辩称，美国的制裁"专门针对伊朗及其国民和公司"，而不是第三国。法院裁定，它只能通过详细审查被投诉的措施是否影响到美国在《美国－伊朗 AEC》下的义务确定这一问题。因为这是"正当的是非曲直问题"，法院驳回了该反对意见。随后，国际法院分别驳回了美国提出的第二个和第三个初步反对意见。

最后，与本书内容密切相关的是对第四个和第五个初步反对意见的分析。国际法院驳回了美国分别基于 1955 年《美国－伊朗 AEC》第 20.1 条（b）项和（d）项提出的第四个初步反对意见（一致）和第五个初步反对意见（15 票对 1 票）。这两个条款分别规定，该条约"不排除"适用"与裂变材料有关"或为保护一国"基本安全利益"所必需的措施。美国争辩说，这些特别的反对意见完全属于初步性质，因此可以由法院根据向其提交的事实予以解决，而不必决定案件的是非事实或对伊朗的申请作出任何预先判决。③ 法院不接受这一论点。相反，法院回顾其先前在伊朗诉美国石油平台案中的裁决，该裁决将《美国－伊朗 AEC》第 20.1 条（d）项描述为"仅限

① See Alleged Violations of the 1955 Treaty of Amity, Economic Relations, and Consular Rights (Islamic Republic of Iran v. United States of America), Preliminary objections, Judgment of 3 February 2021, paras. 56 – 57.

② Id., paras. 59 – 60.

③ Id., para. 98.

于向当事各方提供基于案情的辩护”，而在该争端中，“同样没有相关的理由对(b)项进行区分，(b)项可能也只是提供基于案情的辩护”。法院认为，“美国根据第20.1条(b)项和(d)项提出的两个反对意见不能视为初步的。关于这些事项的决定需要对法律和事实问题进行分析，这些问题应留给审查是非事实的阶段”①。

美国任命的临时法官布劳尔提出了反对意见，认为第20.1条(b)项应被视为“一项合法的初步反对意见，因为该条的措辞和当事双方一再追查的与所涉制裁的有限类别措辞相关的声明，这正是伊朗提起诉求的标的”。② 因此，法院认为伊朗的所有索赔均可受理并在其管辖范围内，该案进入实体审理阶段。

除吉布提诉法国关于刑事事项中的若干互助问题案外，前述另外4个案件都是与美国在20世纪中期签订的友好通商条约中规定的安全例外条款相关的国际法院裁决，美国提出的相关管辖权反对意见和援引安全例外的抗辩基本上都没有得到认可，从中也可以认为，各国根据经贸条约提出的安全例外抗辩能否被认为是“自我裁判性”的，原则上应由国际法院进行审查。当然，此类条约中缺乏自我裁判性的“其认为”的用语也是应当予以考虑的要素之一。

第二节　国际投资仲裁庭对国家安全条款自我裁判性质的解读

自BIT时代开始以来，投资协议通常都包含一些涉及国家安全的内容。③ 国际投资条约中的安全条款通常归类为更广泛的关于非排除措施的条款类别，这些条款作为投资条约义务的例外，允许缔约方采取可能与条约不符的措施。但是，迄今为止，在投资仲裁案例中应用安全条款的情景与国际法院或WTO专家组就俄罗斯－过境运输案的事实认定方面有显著差异。尤其是，在国际投资仲裁中的主要案例都涉及20世纪末和21世纪初的阿根

---

① See Alleged Violations of the 1955 Treaty of Amity, Economic Relations, and Consular Rights (Islamic Republic of Iran v. United States of America), Preliminary objections, Judgment of 3 February 2021, paras. 109 – 110.

② See Alleged Violations of the 1955 Treaty of Amity, Economic Relations, and Consular Rights (Islamic Republic of Iran v. United States of America), Separate, Partly Concurring and Partly Dissenting, Opinion of Judge Ad Hoc Brower, 3 February 2021, para. 16.

③ See Rudolf Dolzer & Christoph Schreuer, *Principles of International Investment Law*, 2nd ed., Oxford, UK: Oxford University Press, 2012, pp. 189 – 190.

廷经济危机的背景下,需要讨论的一个主题是在经济紧急情况下安全例外的可能应用。另外,安全例外条款的表现形式多样,其可能表现为投资条约中独立存在的安全条款,也可能以条约实体内容中的安全条款的形式存在。

一、涉安全例外条款的投资仲裁案件概览

尽管当前投资条约中的根本安全例外条款很普遍,但是其在国际投资条约中基本上仍然处于未加启动的休眠状态,只有少量仲裁裁决阐述了根本安全例外条款,主要涉及美国投资者针对阿根廷提起的5个投资争端诉求,以及德国和毛里求斯投资者提起的针对印度的2个争端诉求,本部分的主要内容也以对这7个案例的分析为主,并在最后分析2023年发布的*Michael Anthony Lee-Chin v. Dominican Republic*案(*Lee-Chin*案)的相关内容。在针对阿根廷的5个案例中,①投资者对该国为解决2001~2002年经济危机而采取的措施质疑。

本部分所讨论的涉及阿根廷的案例基于相同的事实。阿根廷共和国于1989年开始经济改革,其中包括重要工业和公用事业的私有化以及外国投资的参与。这5个争端案件的投资者获得了阿根廷在20世纪80年代末和20世纪90年代初私有化的公司的股权。私有化计划得到了担保的支持,其中包括阿根廷比索与美元挂钩,以及以美元计算关税。在20世纪90年代末,阿根廷开始出现严重的经济危机,并由此产生了深刻的政治影响。随着2001年经济危机的加深,阿根廷政府于2002年颁布了《紧急状态法》,对外汇制度进行了改革,包括强制比索贬值、不同交易采用不同的汇率、调整公用事业税费、终止美元计算的关税等。包括前述投资者在内的多位投资者声称此类措施违反了阿根廷的投资义务,破坏了外国投资者事前信赖的监管环境。美国投资者,在5个案例中,都依据了《美国-阿根廷BIT》。如果所采取的措施对于保护基本安全利益是"必需"的,则根据该BIT第11条可免除国家的投资义务。阿根廷援引该基本安全利益条款免除其义务,认为其采取必要措施来防范经济危机带来的社会、政治和经济挑战,但最终该观点并没有得到投资仲裁庭的完全认可。

---

① *CMS Gas Transmission Company v. Argentine Republic*, ICSID Case No. ARB/01/8, Award, 12 May 2005; *Enron Corp. and Ponderosa Assets L. P. v. Argentine Republic*, ICSID Case No. ARB/01/3, Award, 22 May 2007; *LG & E International, Inc. v. Argentine Republic*, ICSID Case No. ARB/02/1, Award, 25 Jul. 2007; *Sempra Energy International v. Argentine Republic*, ICSID Case No. ARB/02/16, Award, 28 Sept. 2007; and *Continental Casualty Company v. Argentine Republic*, ICSID Case No. ARB/03/9, Award, 5 September 2008.

投资筛选尚未在国际争端中得到检验，但是发生在印度的一个涉及卫星技术的仲裁程序说明了东道国扩大对安全敏感部门清单的难度。这实际上是不同投资者就同一个政府行为提起的两个案件，均涉及国防利益的识别问题。① 在这些情况下，由于同一起争端，两个投资者声称，印度出于国家安全理由而取消卫星电信频谱合同，违反了他们的条约权利。印度政府废除了该合同，称该频谱“是为了满足国家需求，包括国防需求、准军事部队、其他公共设施服务以及社会需求”。② 仲裁庭认为，在适当的卫星频谱适用于印度的军事或准军事用途的情况下，印度政府可以废除合同以作为保护其“基本安全利益”的一种措施。③ 但频谱的其他用途，如铁路、公共事业服务、应急通信、灾难预防、农作物培育、乡村通信、远程医疗、电信远程教育以及其他“社会需求”并不符合条件。④ 在解析印度基本安全利益时，每个仲裁庭都侧重于投资条约所服务的政策。投资条约的一项重要保护措施是，当国家为公共目的征收或国有化投资时，国家必须给予赔偿。因此，这些条约是专门为处理国家将重要产业国有化而未给予外国投资者赔偿的案件而设计的。如果安全例外允许各国出于诸如“公用事业”之类的目的将投资国有化，而不必支付补偿，那将恰恰破坏条约征收条款所提供的保护。⑤ 该结果虽然明智，却说明了国际投资法与新兴安全实践之间的紧张关系。仲裁庭的推理必须将几个领域排除在印度“基本安全利益”的范围之外，其中包括灾难响应、电信、公共事业和关键基础设施。与冷战期间考虑的军事或领土安全领域相比，这也许是新颖的，但它们却越来越被视为与安全有关，仲裁庭可能会以不同的方式划清界限。

安全条款的自我裁判或非自我裁判性质一直是许多投资仲裁程序的核心。尽管国际投资条约中的安全条款在文本上存在差异，但现有的投资仲裁裁决主要涉及缺乏“其认为”用语的安全条款。例如，美国投资者针对阿根廷提起诉求的一些案件都涉及 1991 年《美国 - 阿根廷 BIT》第 11 条，⑥譬如在 *CMS* 案、*Continental Casualty* 案、*El Paso v. Argentina* 案（*El*

---

① See *CC/Devas v. India*, PCA Case No. 2013 - 09, Award on Jurisdiction and Merits, 25 July 2016, paras. 211 - 374; *Deutsche Telekom AG v. India*, PCA Case No. 2014 - 10, Interim Award, 13 December 2017, paras. 183 - 291.

② CC/Devas v. India, id. para. 332; Deutsche Telekom AG v. India, id. para. 265.

③ CC/Devas v. India, id. paras. 354 - 356; Deutsche Telekom AG v. India, id. para. 281.

④ CC/Devas v. India, id. paras. 354 - 356; Deutsche Telekom AG v. India, id. para. 281.

⑤ See CC/Devas v. India, id. para. 355, 371; Deutsche Telekom AG v. India, id. para. 281.

⑥ United States of America-Argentina BIT (1991), Article XI. 该条规定：“本条约不得排除任何一方为维持公共秩序、履行其关于维持或恢复国际和平或安全的义务或保护其基本安全利益而采取的必要措施。”

*Paso*案)、*Enron* 案、*LG& E* 案、*Sempra* 案,以及 *Mobil v. Argentina* 案(*Mobil* 案)中,阿根廷都援引了该条款。① 同时,ICSID 撤销委员会在 *CMS* 案、*Continental Casualty* 案、*El Paso* 案、*Enron* 案、*Mobil* 案,以及 *Sempra* 案中也谈到了《美国 - 阿根廷 BIT》的第 11 条。② 另外还有 2 个涉及印度投资条约安全条款的重要案例,即 *CC/Devas* 案和 *Deutsche Telekom* 案,仲裁庭对《毛里求斯 - 印度 BIT》③和《德国 - 印度 BIT》的安全条款进行了详尽的分析。④ 此外,国家安全条款还是 *Patrick Mitchell v. Congo* 案(*Patrick Mitchell* 案)中仲裁庭和撤销委员会裁决时激烈讨论的焦点问题之一。⑤ 该案涉及 1984 年《美国 - 刚果 BIT》的安全条款,该条款与《美国 - 阿根廷 BIT》的第 11 条类似。⑥

---

① See *CMS Gas Transmission Company v. Argentine Republic*, ICSID Case No. ARB/01/8, Award, 12 May 2005; *Continental Casualty Company v. Argentine Republic*, ICSID Case No. ARB/03/9, Award, 5 September 2008; *El Paso Energy International Co. v. Argentine Republic*, ICSID Case No. ARB/03/5, Award, 31 October 2011; *Enron Corp. and Ponderosa Assets L. P. v. Argentine Republic*, ICSID Case No. ARB/01/3, Award, 22 May 2007; *LG & E Energy Corp. et al. v. Argentine Republic*, ICSID Case No. ARB/02/1, Decision on Liability, 3 October 2006; *Sempra Energy International v. Argentine Republic*, ICSID Case No. ARB/02/16, Award, 28 September 2007; *Mobil Exploration and Development Argentina Inc. Suc. Argentina and Mobil Argentina A. v. Argentine Republic*, ICSID Case No. ARB/04/16, Decision on Jurisdiction and Liability, 10 April 2013.

② *CMS Gas Transmission Company v. Argentine Republic*, ICSID Case No. ARB/01/8, Decision of the Ad Hoc Committee on the Application for Annulment of Argentine Republic, 25 September 2007; *Continental Casualty Company v. Argentine Republic*, ICSID Case No. ARB/03/9, Decision on the Application for Partial Annulment of Continental Casualty Company and the Application for Partial Annulment of Argentine Republic, 16 September 2011; *El Paso Energy International Co. v. Argentine Republic*, ICSID Case No. ARB/03/5, Decision of the Ad Hoc Committee on the Application for Annulment of Argentine Republic, 22 September 2014; *Enron Corp. and Ponderosa Assets L. P. v. Argentine Republic*, ICSID Case No. ARB/01/3, Decision on the Application for Annulment of Argentine Republic, 30 July 2010; *Mobil Exploration and Development Argentina Inc. Suc. Argentina and Mobil Argentinas. A. v. Argentine Republic*, ICSID Case No. ARB/04/16, Decisión sobre lasolicitud de anulación de la República Argentina, 8 May 2019; *Sempra Energy International v. Argentine Republic*, ICSID Case No. ARB/02/16, Decision on Argentine Republic's Application for Annulment of the Award, 20 June 2010.

③ Mauritius-India BIT (1998), Article 11(3). 该条规定:"本协议的规定不得以任何方式限制缔约任何一方采取任何形式的禁止或限制行动,或采取任何其他目的在于保护其基本安全利益或保护公众健康或预防害虫或动植物的疾病而采取的任何行动。"

④ *CC/Devas v. India*, PCA Case No. 2013 - 09, Award on Jurisdiction and Merits, 25 July 2016; *Deutsche Telekom AG v. India*, PCA Case No. 2014 - 10, Interim Award, 13 December 2017.

⑤ *Patrick Mitchell v. Congo*, ICSID Case No. ARB/99/7, Decision on the Application for Annulment of the Award, 1 November 2006.

⑥ U. S. - Zaire BIT (1984), Article Ⅹ(1). 该条规定"本条约不应排除任何一方在其领土上采取必要的措施,以维持公共秩序和道德,履行其在维持和恢复国际和平与安全方面的义务,或保护其自己的基本安全的国际义务"。

二、安全例外条款中“自我裁判”的用语必须明确

不同仲裁庭强调了适用条约安全例外条款中所用确切措辞的重要性，在条约中加入自我裁判的措辞规定必须明确。在没有明确的文本或上下文指示的情况下，允许当事方单方面逃避其条约的义务必须谨慎行事。[①]因此，只有在当事各方明确将自我裁判的性质授予安全条款时，安全条款才具有自我裁判性，故安全例外条款并不当然就是自我裁判的。

原则上，谈判各国应当知道如何制定自我裁判条款，并将在其认为合适时这样做，只是被诉国在向国际裁决机构提出对安全条款的此类解释时可能会遇到解释上的困难。譬如 *El Paso* 案，仲裁庭强调指出，美国谈判人员可能并没有意识到安全条款在过去引发的辩论，美国一直是自我裁判条款的拥护者之一，其在 1946 年接受国际法院强制性管辖权的声明中纳入国内管辖事务的保留，同时美国也是在国际法院对尼加拉瓜诉美国军事和准军事行动案判决作出几年后才与阿根廷缔结条约，因此其不大可能在如此短的时间内忘掉该案的教训，等同于仲裁庭指出，如果缔约一方想使某一条款具有自我裁判性质，其必须这样说并取得另一缔约方的同意。[②]

类似地，在 *Mobil* 案中，仲裁员指出，《美国 – 阿根廷 BIT》是在国际法院对尼加拉瓜诉美国军事和准军事行动案判决之后不久缔结的，这表明美国已经意识到有必要采用“适当的语言”以引入自我裁判的安全例外。要使条约语言具有自我裁判性质就必须予以明确规定相关意图，因此，其第 11 条不具有自我裁判性。[③]

在 BIT 安全条款的自我裁判性质达成明确协议的要求方面，仲裁庭通常以 GATT 语言作为反驳的例子。譬如 *CMS* 案，仲裁庭指出各国打算纳入通常以自我裁判形式表达的条约条款的意图必须用明确的语言加以具体，并且 GATT 第 21 条和一些美国 BIT 规定可以作为实例进行比较分析。[④] 在 *Enron* 案中，仲裁庭指出，鉴于 GATT 第 21 条的抗辩以及国际法

---

① *Continental Casualty Company v. Argentine Republic*, ICSID Case No. ARB/03/9, Award, 5 September 2008, para. 187.

② *El Paso Energy International Co. v. Argentine Republic*, ICSID Case No. ARB/03/5, Award, 31 October 2011, paras. 594 – 597.

③ *Mobil Exploration and Development Argentina Inc. Suc. Argentina and Mobil Argentinas. A. v. Argentine Republic*, ICSID Case No. ARB/04/16, Decision on Jurisdiction and Liability, 10 April 2013, paras. 1055 – 1056.

④ *CMS Gas Transmission Company v. Argentine Republic*, ICSID Case No. ARB/01/8, Award, 12 May 2005, para. 370.

院在伊朗诉美国石油平台案和尼加拉瓜诉美国军事和准军事行动案的判决，诸如自我裁判性质的真正例外和特别条款通常必须明确起草以达到此类效果。① *Sempra* 案的仲裁庭也有类似的强调理由。②

在2016年7月 *CC/Devas* 案的裁决中，东道国辩称有关BIT第11条第3款中的"基本安全利益"是一项自我裁判的规定，这一点遭到了申请人的严格反对。就其本身而言，仲裁庭指出：

> 国际法院的判决和投资仲裁裁决已充分确立，除非条约中包含明确的措辞，否则该国有权全权酌情决定什么是保护其安全利益所必要的情形，国家安全条款不是自我裁判的。至于条约第11(3)条，其没有为此目的而规定任何可以让仲裁庭认为是授予缔约国酌处权的具体措辞。③

该规定使仲裁庭裁定印度不应对违反条约的行为而承担责任。

三、安全例外条款的可诉求性

在根据同一个争端事实由不同投资者提起的 *CC/Devas* 案和 *Deutsche Telekom* 案中，仲裁庭对安全例外条款的可诉性作出了完全不同的裁决。在2016年的 *CC/Devas* 案中，仲裁员指出，安全条款不允许被诉方仅通过所采取的措施涉及国家安全抗辩，除非条约中包含明确的措辞充分授权缔约国决定什么是保护其基本安全利益所必需的措施的酌处权，否则国家安全条款并非自我裁判，因为自我裁判性质的"基本安全利益"规定在国际法中绝非默默无闻，GATT第21条和有关投资条约都使用了"其认为"或"其确定为"等类似语言。④ 仲裁庭指出《毛里求斯-印度BIT》第11条第3款不包含此类明示语言，因此该规定不能被视为自我裁判性质。⑤ 在该案败诉方提起撤销裁决诉求后，2018年11月，海牙地区法院判决特别指出，在没有明确排除BIT的争端解决条款中的国家安全例外的情况下，该

---

① *Enron Corp. and Ponderosa Assets L. P. v. Argentine Republic*, ICSID Case No. ARB/01/3, Award, 22 May 2007, paras. 335-336.

② *Sempra Energy International v. Argentine Republic*, ICSID Case No. ARB/02/16, Award, 28 September 2007, para. 379.

③ *CC/Devas v. India*, PCA Case No. 2013-09, Award on Jurisdiction and Merits, 25 July 2016, para. 219.

④ Id., paras. 218-219.

⑤ Id.

例外与仲裁员的管辖权无关，因此驳回了印度政府针对 *CC/Devas* 案中的裁决的质疑。①

仲裁庭常常会将所谓的含有"其认为"的早期安全例外条款与缺乏"其认为"的晚近安全例外条款进行比较，并认为缺乏"其认为"一词就意味着后者的可诉求性。在 2017 年 12 月底的 *Deutsche Telekom* 案中，仲裁庭强调 BIT 未使用"认为必要"这一事实，并认为"该条约的明确指示是必要的，以便推断一项规定是自我裁判"。② 该案裁判后，印度政府向仲裁地的瑞士联邦法院提起撤销之诉，2018 年 12 月法院判决拒绝了印度的撤销请求，同时对 BIT 中的"根本安全例外"条款作出了自己的解释。瑞士联邦法院在有关争端的可诉性和仲裁庭的管辖权问题上支持申请人，指出根据"诚实信用原则"及其判例，印度从来没有将第 12 条作为仲裁庭的管辖权问题进行抗辩。法院认为，印度如果把"基本安全利益"条款看作是自我裁判，则其范围可能会有更大的重要性。③

针对类似案情，*CC/Devas* 案仲裁庭和 *Deutsche Telekom* 案仲裁庭因为相关 BIT 中不同规定的基本安全利益词语的不同解释和应用而作出了不同的处理结果。*Deutsche Telekom* 案仲裁庭通过部分依靠《毛里求斯 – 印度 BIT》和《德国 – 印度 BIT》中不同的法律标准确定有关裁决与基本安全利益之间的联系。根据《毛里求斯 – 印度 BIT》，印度的决定需要"针对"(directed to)其基本安全利益的保护。相比之下，《德国 – 印度 BIT》仅涵盖了保护基本安全利益"必需"(necessary)的决定。两案仲裁庭得出不同的结果，并不必然就是认为"必需"标准要求有关措施和基本安全利益之间比"针对"标准有"更严格的联系"。

四、缔约方嗣后习惯对于安全条款自我裁判性质的支持

在投资仲裁程序中对基本安全条款的分析经常涉及对后续实践的相关性的辩论，以此表明此类条约条款是否具有自我裁判的性质，而其起点是 GATT 和 FCN 的安全例外对投资条约制定的影响。在这方面，美国投

① Rechtbank Den Haag, Docket No. C – 09 – 529140 – HA ZA 17 – 315, ECLI: NL: RBDHA: 2018:15532 (14 Nov. 2018), paras. 4.42 et seq.

② *Deutsche Telekom v. India*, PCA Case No. 2014 – 10, Interim Award, 13 Dec. 2017, para. 231.

③ *Deutsche Telekom v. India*, PCA Case No. 2014 – 10, Judgment of the Swiss Federal Supreme Court (French), 11 Dec. 2018.

资条约的实践尤其重要。1984 年《美国 BIT 范本》中的安全例外避免使用 GATT 中的“其认为”一词,因此与 FCN 中的安全条款极为相似,①并出现在 1994 年和 1998 年的《美国 BIT 范本》的安全条款中。② 但是,在 20 世纪 90 年代,美国条约起草者开始强调安全条款的自我裁判性质,③这种转变首先体现在 1992 年《美国 - 俄罗斯 BIT》,其规定“缔约国一方是否采取措施保护其基本安全利益是自我裁判的”。④ 有些条约还引入了 GATT 措辞,即“缔约一方认为对于……保护其自身的基本安全利益是必要的措施”。⑤ 美国国务院在就《美国 - 萨尔瓦多 BIT》提交的转递函中也多次强调,条约明确表明保护缔约方基本安全利益措施的隐含理解就是其自我裁判的性质,但是其同时警告,每一缔约国都希望对方诚信地适用该规定。⑥ 这种理念在 2004 年和 2012 年《美国 BIT 范本》⑦中得到了体现。

尽管如此,仍有许多美国条约继续使用“必要的措施”而不是“其认为必要的措施”(measures it considers necessary)。⑧ 几份美国政府部门之间的转递函表明,美国起草者认为,尽管缺乏“其认为”词语,但这些条约条款仍是自我裁判的。⑨ 这些文件对其他 BIT 条款的解释具有相当大的价值。譬如 *LG&E* 案,仲裁庭认为国际条约中所包含的规定应按照双方在签字时所给予并同意的解释进行理解,但是直到 1992 年《美国 - 俄罗斯 BIT》的签订,美国才开始考虑把基本安全措施的应用定性为自我裁判。因此,仲裁庭认为《美国 - 阿根廷 BIT》中的安全条款不具有自我裁判的

---

① US Model BIT (1984), Article X. 该条规定:“本条约不排除任何一方在其管辖范围内采取必要措施以维持公共秩序,履行其在维持或恢复国际和平或安全方面的义务或保护其基本安全利益的义务。”

② US Model BIT (1994), Article XIV(1). 该条规定:“本条约不应阻止一个缔约方采取必要措施,以履行其在维持或恢复国际和平与安全或保护其基本安全利益方面的义务。”1998 年《美国 BIT 范本》第XIV(1)条安全例外条款与 1994 年 BIT 相同。

③ See James Mendenhall, *The Evolution of the Essential Security Exception in U. S. Trade and Investment Agreements*, in Karl P. Sauvant, Lisa E. Sachs, and Wouter P. F. Schmit Jongbloed eds., Sovereign Investment: Concerns and Policy Reactions, Oxford, 2012, p. 324 et seq.

④ U. S. - Russian BIT (1992), Protocol, Article 8.

⑤ See U. S. - El Salvador BIT (1999, not in force), Article XIV.

⑥ US State Department, Letter of Submittal-El Salvador/US BIT (24 Apr. 2000) 13.

⑦ US Model BIT (2004), Article 18(2); US Model BIT (2012), Article 18(2).

⑧ U. S. - Georgia BIT (1994), Article XIV; U. S. - Bolivia BIT (1998), Article XIV; U. S. - Honduras BIT (1995), Article XIV.

⑨ US State Department, Letter of Submittal-Georgia/US BIT (22 Jun. 1995) 13; US State Department, Letter of Submittal-Bolivia-US BIT (24 Apr. 2000) 13; US State Department, Letter of Submittal-Honduras/ US BIT (1 May 2000) 13.

性质。[①]

在 *Sempra* 案中，仲裁庭强调，嗣后的美国条约无法确定嵌入在先前条约框架内的条款的含义，并且除时间因素外，仲裁员认为此类条约代表了美国而非阿根廷的惯例，并认为"一个国家的观点并不能形成国际法，当此类观点仅仅通过间接解释方法或者以相当遥远或笼统的方式确定这种观点时，甚至更弱"。[②] 而在 *El Paso* 案中，仲裁庭强调"一项条约条款的通常含义是在缔结该条约时赋予其的含义……嗣后的条约谈判与该条约的解释无关"。[③] *Mobil* 案的仲裁员同样认为，条约的"一般含义"是指条约通过的时候的含义，嗣后条约和协定范本与《美国 - 阿根廷 BIT》第 11 条的解释无关，[④]重要的是在 1991 年谈判结束签字时而不是嗣后发生的缔约方的共同意图。[⑤]

但是无论如何，缔约国对安全条款的嗣后理解可能发生的变化不应损害诸如投资者之类的第三方受益人的权利，[⑥]或者缔约国对条约的理解的改变不应影响投资者或其他方根据条约获得的权利，对此类权益的保护支持将日落条款纳入条约文本，该条款即使在终止的情况下也可以在有限的时间内保护投资人的权利。[⑦] 譬如 *El Paso* 案中，仲裁庭指出：

> BIT 事关外国国民投资的资金，而不是国家之间的直接关系。因此，自我裁判的例外，例如据称通过默许同意纳入《美国 - 阿根廷 BIT》第 11 条的例外，将会给投资项目所在的国家以极大的权力……提及诚信无济于事……使投资者面临巨大风险。[⑧]

---

① *LG&E Energy Corp. et al. v. Argentine Republic*, ICSID Case No. ARB/02/1, Decision on Liability, 3 October 2006, para. 213.

② *Sempra Energy International v. Argentine Republic*, ICSID Case No. ARB/02/16, Award, 28 September 2007, para. 385 et seq.

③ *El Paso Energy Int'l Corp. v. Argentine Republic*, ICSID Case No. ARB/03/15, Award, 31 August 2011, para. 591.

④ *Mobil Exploration and Development Argentina Inc. Suc. Argentina and Mobil Argentinas. A. v. Argentine Republic*, ICSID Case No. ARB/04/16, Decision on Jurisdiction and Liability, 10 April 2013, para. 1038.

⑤ Id., para. 1044.

⑥ *Enron Corp. and Ponderosa Assets L. P. v. Argentine Republic*, ICSID Case No. ARB/01/3, Award, 22 May 2007, para. 337.

⑦ *Sempra Energy International v. Argentine Republic*, ICSID Case No. ARB/02/16, Award, 28 September 2007, paras. 386 - 387.

⑧ *El Paso Energy International Company v. Argentine Republic*, ICSID Case No. ARB/03/5, Award, 31 October 2011, para. 604.

总之,在国家安全例外条款的解释问题上,缺乏"其认为"用语的安全例外通常被认为是具有非自我裁判的性质,并且通常是可诉求的,可以由中立的第三方裁定有关措施的合理性,但在裁决时可以考虑缔约国嗣后实践的作用。同时,对于东道国援引的安全例外情势也要在遵守比例原则的基础上进行分析,在对东道国出示的相关证据进行评判的基础上,对东道国相关国内情势的发展是否达到可以援引的安全例外的情形进行裁定,以此明确援引安全例外抗辩的审查标准。

第三节　安全例外条款的审查标准

对国际投资条约中安全例外条款的自我裁判特性的判断,还需要考察有关安全条款适用的审查标准的定义。实践中,国际投资仲裁庭通常适用两种方法,即"危急情况"方法和"自治标准"方法。

一、习惯国际法下的"危急情况"方法

安全条款是条约义务的例外,很容易将其与国际法上一般法律责任中排除国家国际不法行为的情况联系起来,包括免除国际不法行为责任的危急情况,因此,联合国国际法委员会于2001年通过的《国家对国际不法行为的责任条款草案》(以下简称《国家责任条款草案》)中有关习惯国际法下"危急情况"标准的概念对于国际投资仲裁庭的审查就具有特别重要的意义,①也导致依靠惯常的危急情况概念进行的投资仲裁决定一直是学术界激烈讨论的主题。但是国际法上危急情况的确定要符合一定的标准,尤其是,在把国家安全与危急情况联合起来的情况下,裁定者需要根据客观参数来评估安全性措施。

(一)"危急情况"标准的习惯国际法性质

关于危急情况的习惯国际法主要体现在2001年11月联合国国际法委员会第53届会议通过的《国家责任条款草案》中第25条的规定。该条(危急情况)规定如下:

> 1. 一国不得援引危急情况作为理由解除不遵守该国某项国际义务的行为的不法性,除非:

① International Law Commission, *Draft Articles on Responsibility of States for Internationally Wrongful Acts, with Commentaries*, United Nations (2001), https://legal.un.org/ilc/texts/instruments/english/commentaries/9_6_2001.pdf, p. 80 – 84.

(a)该行为是该国保护基本利益,对抗某项严重迫切危险的唯一办法;而且

(b)该行为并不严重损害作为所负义务对象的一国或数国或整个国际社会的基本利益。

2. 一国不得在以下情况下援引危急情况作为解除其行为不法性的理由:

(a)有关国际义务排除援引危急情况的可能性;或

(b)该国促成了该危急情况。

根据该条规定,危急情况的抗辩必须满足如下标准,即有关措施保护的是该国的基本利益,其对抗的是某项严重迫切的威胁,并且是唯一的方法,同时该行为不得损害保护其他国家或整个国际社会的基本利益的义务。当然,在有关国际条约有明确规定豁免援引危急情况,或该国促成该危急情况的情况下,可以解除有关国家危急情况的抗辩。

虽然某些学者仍然质疑《国家责任条款草案》第25条作为习惯国际法规则的性质和地位,但国际法院和绝大多数仲裁庭在实践中都倾向于将该规则视为没有争议的习惯国际法。① 例如,国际法院在匈牙利诉斯洛伐克加布奇科沃–大毛罗斯项目案中指出,"危急情况是习惯国际法承认的、排除不遵守某项国际义务的不法性的理由"。② 这种做法后来在《国家责任条款草案》通过之后的另一个案件中被国际法院沿袭。③

尽管如此,鉴于狭隘的适用范围和严格的适用条件,一个国家通过援引习惯法下的"危急情况"抗辩规避国际不法性,仍然是极其困难的。正如国际法院在匈牙利诉斯洛伐克加布奇科沃–大毛罗斯项目案中解释的那样,"危急情况"抗辩"只有在严格定义的特定条件必须已经全部满足的情况下才能援引;并且相关国家不是这些条件是否得到满足的唯一判断者"④。国际法院在该案中列举了这些必须全部得到满足的严苛条件,其中包括:

---

① See Robert D. Sloane, *On the Use and Abuse of Necessity in the Law of State Responsibility*, 106 (3) American Journal of International Law 447 (2012).

② See *Gabčíkovo-Nagymaros Project (Hungary/Slovakia)*, Judgment, International Court of Justice Reports (1997), para. 51.

③ See *Legal Consequences of the Construction of a Wall in the Occupied Palestinian Territory*, 2004 ICJ Rep 136, para. 140.

④ See *Gabčíkovo-Nagymaros Project (Hungary/Slovakia)*, Judgment, International Court of Justice Reports 1997, para. 51.

> [危急情况]一定是由行为实施国的“基本利益”引起的,该国是与一项国际义务相冲突的行为的实施者;该利益一定已经受到“严重迫切危险”的威胁;被质疑的行为必须是维护该利益的“唯一手段”;该行为不得“严重损害”作为所负义务对象的国家的某项基本利益;并且该行为的实施国不得“促成了危急情况的发生”。①

如果没有满足上述严格的“危急情况”的检验标准,东道国只有较低的成功概率去证明其违背条约义务的行为是正当的。

(二)援引危急情况抗辩的要求非常严格

需要明确的是,危急情况是习惯国际法上的一种排除与国际义务不符的国际不法行为责任的根据,其在不同环境下的适用条件虽然有所不同,但基本上都较为严格。譬如国际法院的尼加拉瓜诉美国军事和准军事行动案以及伊朗诉美国石油平台案中,危急情况问题的提出一方面是作为自卫的一种必要条件,另一方面是美国作为缔约国根据相关 BIT 的规定提出的。在这两个案件中,国际法院采纳危急情况的条件是“严格的和客观的”,没有给当事国留下任何实施自由裁量措施或进行主观评价的余地。②基于此,国际法院拒绝了美国援引危急情况对尼加拉瓜实施的强迫措施,即对尼加拉瓜的港口和货物实施禁运,③同样拒绝美国以危急情况为由而对伊朗石油设施采取的军事行动。④

排除不法行为的危急情况的条件是非常严格的,并且只有在累计满足相关条件的情况下才能援引,但是,有关国家并不是判断是否满足这些条件的唯一裁判者。⑤ 本着这种精神,*EDF v. Argentina* 案(*EDF* 案)仲裁庭指出:

> 危急情况的解释必须严格客观,其不是一个东道国希望规避难以

---

① See *Gabčíkovo-Nagymaros Project* (*Hungary/Slovakia*), Judgment, International Court of Justice Reports 1997, para. 52.

② Hitoshi Nasu, *The Concept of Security in International Law*, West Point Press, 2022, p. 136.

③ *Military and Paramilitary Activities in and against Nicaragua* (*Nicaragua v. United States of America*), Judgment on the Merits, International Court of Justice Reports 14 (1986), para. 237, p. 122, and para. 282. p. 141.

④ *Oil Platforms* (*Islamic Republic of Iran v. United States of America*), Judgment on Counter-Claims, 6 November 2003, International Court of Justice Reports 161 (2003), paras. 76 – 78, pp. 198 – 199.

⑤ *Gabčíkovo-Nagymaros Project* (*Hungary/Slovakia*), Judgment, International Court of Justice Reports (1997), p. 40, para. 51.

证明的条约义务的简易逃生出口。①

AMG 案对危急情况的解释比较详细。仲裁庭注意到,“阿根廷在 2001 ~ 2003 年陷入的危机无疑是其历史上最严重的危机之一”,②但同时指出,

> 危机的严重程度,无论程度如何,都不足以允许以危急情况为由请求免除一国的条约义务。第 25 条重申的习惯国际法……施加了额外的严格条件。原因当然是,鉴于大小国家不时面临危机和紧急情况的频繁性,允许它们逃避其条约义务将威胁到国际法的结构,甚至威胁到国际关系体系的稳定性。正是出于这个原因,国际法院、其他法庭和学者已经警告抗辩的例外性质以及围绕其适用的严格条件。③

注意到《国家责任条款草案》第 25 条规定的“四个条件”,仲裁庭表示:不相信阿根廷满足这一基本利益的唯一方法是采取随后会侵犯申请人享有公平和公正待遇的条约权利的措施;承认阿根廷的行动没有损害其他国家或国际社会的利益;承认适用的条约不排除危急情况抗辩;认为阿根廷造成危机的因素之一是公共支出过多、税收征管效率低下、对危机早期迹象的反应迟缓、开发出口市场的努力不足以及内部政治分歧和阻碍有效决策的问题等。④ 仲裁庭最后认为第 25 条下的危急情况抗辩尚未成立。

(三)危急情况与投资条约中的基本安全利益条款的关系

将国家安全条款与习惯法上的危急情况概念联系解释得比较清楚的一个例子是 *Enron* 案。仲裁庭认为,在 BIT 没有明确定义保护其基本安全利益所必需的措施的情况下,要保证裁判者应研究危急情况抗辩的习惯要求。从这个意义上说,就所涉危急情况的适用条件而言,条约与习惯标准密不可分。⑤ 同时,由于危急情况抗辩不是自我裁判,对安全例外的分析

---

① *EDF International S. A.*, *SAUR International S. A. and León Participaciones Argentinas S. A. v. Argentine Republic*, ICSID Case No. ARB/03/23, Award, 12 June 2012, para. 1171. 需要注意的是 *EDF* 案援引的《阿根廷 - 法国 BIT》,包括一条安全例外条款。阿根廷撤销 *EDF* 案裁决的要求部分集中在危急情况问题上,但没有成功。See *EDF International S. A.*, *SAUR International S. A. and León Participaciones Argentinas S. A. v. Argentine Republic*, ICSID Case No. ARB/03/23, Decision Annulment Proceeding, 5 February 2016, paras. 295 et seq.

② *AWG Group Ltd. v. Argentina*, UNCITRAL, Decision on Liability, 30 July 2010, para. 257.

③ Id., para. 258.

④ Id., paras. 260 - 264.

⑤ *Enron Corp. and Ponderosa Assets L. P. v. Argentine Republic*, ICSID Case No. ARB/01/3, Award, 22 May 2007, paras. 333 - 334.

也并不仅仅是主观的。① 仲裁庭驳回阿根廷援引危急情况的国家安全抗辩。*Sempra* 案仲裁庭遵循了完全类似的论点。②

但 *Enron* 案所采用的认定危急情况的方法没有得到 ICSID 特设委员会的认可。该裁决提起撤销程序后,ICSID 特设委员会废除了仲裁庭关于危急情况状态的认定方法,也废除了仲裁庭关于《美国 - 阿根廷 BIT》第 11 条安全条款的裁定。③ 类似地,*Sempra* 案特设委员会也认为仲裁庭的权力似乎过大:仲裁庭采用了《国家责任条款草案》第 25 条作为适用的主要法律,而不是《美国 - 阿根廷 BIT》第 11 条,这样做在确定和适用法律方面犯了根本错误。因此,委员会得出结论,认为仲裁庭未能根据《美国 - 阿根廷 BIT》第 11 条确立适用的法律规范进行审查,而这一失败构成了《ICSID 公约》所指的越权行为。④

因此,*Sempra* 案特设委员会认为投资仲裁庭没有理由使 BIT 的安全例外遵从习惯上的危急情况抗辩要求。

CMS 案对 *Enron* 案的适用方法也提出了批评。在评估了阿根廷未遵守实质性 BIT 标准后,仲裁庭转向根据习惯国际法和 BIT 中的例外条款,评估阿根廷的危急情况辩护是否可以免除已确立的违约行为。仲裁庭认为:

> 阿根廷危机虽然很严重,但并未导致经济和社会全面崩溃。将阿根廷危机与影响世界不同地区和国家的其他当代危机进行比较时,可能会注意到,此类其他危机并未导致国际合同或条约义务的减损。虽然进行了重新谈判、适应和推迟,但国际义务的实质保持不变。⑤

该案仲裁庭裁决,援引危急情况的国家并不是危急情况抗辩条件的唯一裁判者,并且《美国 - 阿根廷 BIT》第 11 条并不是自我裁判的性质。⑥

该案提起撤销申诉后,ICSID 特设委员会指出,仅在 BIT 中使用"必

---

① *Enron Corp. and Ponderosa Assets L. P. v. Argentine Republic*, ICSID Case No. ARB/01/3, Award, 22 May 2007, para. 336.

② *Sempra Energy International v. Argentine Republic*, ICSID Case No. ARB/02/16, Award, 28 September 2007, paras. 375 et seq.

③ *Enron Corp. and Ponderosa Assets L. P. v. Argentine Republic*, ICSID Case No. ARB/01/3, Decision on the Application for Annulment of Argentine Republic, 30 July 2010, paras. 405 – 408.

④ *Sempra Energy International v. Argentine Republic*, ICSID Case No. ARB/02/16, Decision on Argentine Republic's Application for Annulment of the Award, 29 June 2010, paras. 208 – 209.

⑤ *CMS Gas Transmission Company v. Argentine Republic*, ICSID Case No. ARB/01/8, Award, 12 May 2005, para. 355.

⑥ Id., paras. 372 – 373.

需"一词不足以证明援引《国家责任条款草案》第 25 条的危急情况来为安全条款抗辩可能就是合理的，第 25 条中规定的危急情况与《美国 - 阿根廷 BIT》第 11 条中的安全条款之间存在若干差异，而且基本安全条款并没有提到《国家责任条款草案》规定的任何种类的危急情况状态的条件。① 同时，特设委员会还考虑了安全例外与习惯危急情况抗辩之间相互作用的可能性，指出安全条款的适用不涉及习惯国际法所规定的危急情况条件的分析，即使在国际法的主要规则层面上考虑了危急情况抗辩，BIT 中的安全条款作为特别法的效力仍然优先于《国家责任条款草案》第 25 条。② 虽然 ICSID 特设委员会最终驳回了仲裁庭关于安全例外情况的裁定的主张，但它指出了其在推理方面的一些缺陷。③

该问题在 *Continental Casualty* 案中再次出现，仲裁庭指出了危急情况与《美国 - 阿根廷 BIT》安全条款之间的区别，并认为如果成功援引 BIT 的安全条款，则习惯法下的危急情况分析将是"多余的"。④ 仲裁庭还认为，与《国家责任条款草案》第 25 条下可能涉及广泛的国际义务的危急情况概念相比，安全条款的适用范围非常明确，如果说可以在任何情况下针对任何国际义务援引施加严格条件的危急情况抗辩，但是对于《美国 - 阿根廷 BIT》第 11 条安全例外，情况不一定如此。⑤ 同时，仲裁庭根据 GATT 第 20 条发展而来的"危急情况"概念分析了阿根廷采取措施的必要性，并指出"BIT 第 11 条的案文与美国 FCN 的条款相似，这些条约反过来是 1947 年 GATT 第 20 条范式的体现"。⑥

在 *Mobil* 案中，被申诉国提出了两项单独的抗辩，一项基于《美国 - 阿根廷 BIT》第 11 条，另一项基于习惯法中的危急情况抗辩。⑦ 每种抗辩均遵循不同的理由和要求，但两种规则之间存在联系，因为这两种规则都可

---

① *CMS Gas Transmission Company v. Argentine Republic*, ICSID Case No. ARB/01/8, Decision of the Ad Hoc Committee on the Application for Annulment of Argentine Republic, 25 September 2007, para. 129.

② Id., paras. 133 – 134.

③ Id., paras. 127 and 136.

④ *Continental Casualty Company v. Argentine Republic*, ICSID Case No. ARB/03/9, Award, 5 September 2008, para. 162.

⑤ Id., paras. 166 – 167.

⑥ Id., para. 192.

⑦ *Mobil Exploration and Development Argentina Inc. Suc. Argentina and Mobil Argentinas. A. v. Argentine Republic*, ICSID Case No. ARB/04/16, Decision on Jurisdiction and Liability, 10 April 2013, para. 1014.

以避免国家安全责任。[①] 仲裁庭认为,《国家责任条款草案》第 25 条规定的习惯危急情况概念的某些组成部分可能会有助于 BIT 的安全例外的适用,尽管后者规定有关措施的“必需”条件是要求国家至少没有在很大程度上促进此类情况的发生。[②] 根据《维也纳条约法公约》的第 31(3)(c)条,这种习惯危急情况抗辩的使用是合理的。[③] 在此背景下,仲裁庭对危急情况的习惯概念中的“非促进要求”(non-contribution requirement)的使用在随后的撤销诉讼中引起了激烈的争议。[④] ICSID 特设委员会于 2019 年宣布,仲裁庭的做法为《美国 – 阿根廷 BIT》中的安全条款增加了不合理的额外要求,因此忽略了经过仔细商谈的第 11 条的用语。[⑤] 但是,委员会仍然认为该错误未达到明显的废除有关裁决的最低门槛。[⑥]

同样,2017 年 *Deutsche Telekom* 案仲裁庭强调了《德国 – 印度 BIT》的安全条款(第 12 条)与习惯法规定的危急情况之间的区别,认为 BIT 的安全例外必须根据其自身的术语进行解释,不需要纳入习惯国际法危急情况抗辩状态的要求,这些要求在条约的案文中没有体现。其还认为,一个根据《德国 – 印度 BIT》第 12 条提出的成功抗辩条件低于习惯法上的危急情况要求。[⑦]

也有少数仲裁庭承认东道国提出的危急情况抗辩。[⑧] 譬如在 *Urbaser* 案中,适用的《阿根廷 – 西班牙 BIT》没有规定基本安全例外条款。因此,仲裁庭只能适用《国家责任条款草案》第 25 条作为一般国际法渊源来判断危急情况抗辩是否优先于条约保护义务。该案涉及的应急措施包括阿根廷于 2002 年采取的货币贬值、暂停偿债和资产负债“比索化”等措施。通

---

① *Mobil Exploration and Development Argentina Inc. Suc. Argentina and Mobil Argentinas. A. v. Argentine Republic*, ICSID Case No. ARB/04/16, Decision on Jurisdiction and Liability, 10 April 2013, paras. 1027 – 1028.

② *Mobil Exploration and Development Argentina Inc. Suc. Argentina and Mobil Argentinas. A. v. Argentine Republic*, ICSID Case No. ARB/04/16, Decision on Jurisdiction and Liability, 10 April 2013, para. 1060.

③ Id., paras. 1065 et seq.

④ *Mobil Exploration and Development Argentina Inc. Suc. Argentina and Mobil Argentinas. A. v. Argentine Republic*, ICSID Case No. ARB/04/16, Decision on Annulment (Spanish), 8 May 2019, paras. 74 – 104.

⑤ Id., paras. 96 – 97.

⑥ Id., para. 101.

⑦ *Deutsche Telekom AG v. India*, PCA Case No. 2014 – 10, Interim Award, 13 December 2017, paras. 228 – 229.

⑧ *Continental Casualty Company v. Argentine Republic*, ICSID Case No. ARB/03/9, Award, 5 September 2008, paras. 231 – 232; *LG &E Energy Corp., LG &E Capital Corp. and LG &E International Inc. v. Argentine Republic*, ICSID Case No. ARB/02/1, Decision on Liability, 3 October 2006, paras. 226 and 269.

过考量与《国家责任条款草案》第 25 条相关的若干因素，该案的 ICSID 仲裁庭基于以下两个主要原因认定这些应急措施的合理性在于存在足以免除国家责任的危急情况。① 首先，仲裁庭驳回了申请人有关阿根廷促成了危急情况的论点，理由是阿根廷的行为与该国经济危机之间缺乏明确的因果关系。② 其次，申请人没有指明当时阿根廷原本可以采取的其他措施，并且申请人关于阿根廷有“其他手段”可用的论点，完全着眼于自己的利益和保护，缺乏说服力。③

这些案例表明，仅使用“危急情况”一词并不涉及纳入习惯法上的危急情况的问题，并且其本身也不能排除基本安全条款的自我裁判性质。因此，被诉方有可能提出两种单独的自主辩护，一种是基于 BIT 的安全例外，另一种是基于习惯法上的危急情况抗辩。但是，习惯上的危急情况分析（以及《国家责任条款草案》第 25 条中的标准）不受任何与紧急状态相关的国内标准的影响，④而且如果东道国并未援引习惯法的危急情况，而是 BIT 中的一项基本安全利益条款，那么习惯法的危急状态抗辩所附加的条件原则上就不适用于当前争端。⑤

二、审查标准的自治方法与遵从要求

安全例外抗辩的审查标准原则上应当尊重作出相关决定的缔约方的主权意图，也即该标准是遵从性（deference）的。譬如 *CC/Devas* 案的仲裁庭对主权国家在安全条款的解释和适用抗辩作了详细分析。印度辩称，《毛里求斯 – 印度 BIT》的安全例外限制了仲裁庭对确定某项措施是否确实涉及国家安全的审查，国内主管部门在确定一个国家的安全利益方面处于更有利的位置，因此不能要求仲裁庭“作为一个超国家的监管或政策制定机构”采取行动。⑥ 而投资者则援引了国际法院和其他仲裁庭的裁决，

---

① *Urbaser S. A. and Consorcio de Aguas Bilbao Biskaia, Bilbao Biskaia Ur Partzuergoa v. Argentine Republic*, ICSID Case No. ARB/07/26, Award, 8 December 2016, para. 718.

② Id., paras. 710 – 715.

③ Id., paras. 716 – 718.

④ *Bernhard von Pezold and others v. Republic of Zimbabwe* (ICSID Case No. ARB/10/15), Award, 28 July 2015, para. 624.

⑤ *CC/Devas (Mauritius) Ltd., Devas Employees Mauritius Private Limited and Telecom Devas Mauritius Limited v. Republic of India*, PCA Case No. 2013 – 09, Award on Jurisdiction and Merits, 25 July 2016, para. 256.

⑥ Id., para. 214.

谴责印度的论点是没有根据的，并认为安全条款不能被视为“自我裁判”。① 仲裁员一致认为，该例外缺乏自我裁判性质。② 然而，与此同时，他们也承认国内当局的酌处权很大：

> 仲裁庭不得像解决投资者与国家之间发生的任何其他事实争端那样，就国家安全事务进行裁决。国家安全问题涉及国家的生存核心。希望在这方面挑战国家决定的投资者面临沉重的举证责任，例如恶意、缺乏授权或适用与基本安全利益无关的措施。③

该问题在仲裁员内部也是有分歧的，戴维·黑格（David Haigh）的反对意见对安全例外作了严格的解释，其认为高标准的遵从可能会损害仲裁员对当事方提交的证据进行适当评估后作出一个明智裁定的效果。④ 安全例外的标准应当是非常苛刻的，首先必须存在有“不可避免的”或“必不可少的”危急情况，⑤其次要有“大量证据”表明东道国采取的措施是绝对根本地针对国家安全的保护。⑥ 黑格认为印度的措施没有达到这样的要求，因为它们的目的是“不确定的”，可以广泛适用。⑦ 这两个条件的结合给国家援引安全例外施加了过度的和前所未有的负担。

在 *Deutsche Telekom* 案中，仲裁庭遵循的是一种折中的方法，即在一定程度上尊重国家的决定，同时也不排除审查。申请人的索赔诉求涉及废除其子公司与印度国有公司之间使用 S 波段电磁频谱合同的争议，印度援引《德国－印度 BIT》的安全条款（第 12 条），⑧认为有关措施是保留 S 波段频谱以用于印度军事和其他战略用途的“典型政策决定”的体现，各国在采取旨在保护其基本安全利益的措施时应得到高度的尊重。⑨ 尽管仲

---

① *CC/Devas（Mauritius）Ltd.，Devas Employees Mauritius Private Limited and Telecom Devas Mauritius Limited v. Republic of India*，PCA Case No. 2013－09，Award on Jurisdiction and Merits，25 July 2016，paras. 216－217.

② Id.，para. 219.

③ Id.，para. 245.

④ *CC/Devas v. India*，PCA Case No. 2013－09，Dissenting Opinion of David R Haigh QC，25 July 2016，para. 3.

⑤ Id.，para. 98.

⑥ Id.，para. 108.

⑦ Id.，paras. 98 and 110－112.

⑧ India-Germany BIT（1995，terminated 2017），Article 12. 该条规定：“本协议中的任何内容均不得在保护其基本安全利益或防止动植物病虫害的必要范围内阻止缔约方实施禁止或限制措施。”

⑨ *Deutsche Telekom AG v. India*，PCA Case No. 2014－10，Interim Award，13 December 2017，paras. 183－186.

裁庭同意该国应享有一定的酌处权，但它也认为 BIT 有关规定表明尊重是受到限制的，为例外的适用确立了明确的条件，即缔约方实施的目的在于保护国家基本安全利益的禁止或限制措施应达到必需的程度，为此裁判者在裁定基本安全利益时当然要给予国家一定的“遵从程度”，但他们还强调“遵从不能无限”。① 在这种情况下，仲裁庭解释：

> [第 12 条]构想的基本安全利益的限制不能超出其自然含义。对于仲裁庭而言，条约条款的自然含义要求存在与安全有关的利益（与其他公共利益或社会利益相对），这些利益是“基本”的，即进入国家安全的核心（本质）。从这个意义上讲，可以将成功援引第 12 条所需的“基本安全利益”与根据该条约第 5(1)条规定因为公共利益进行征收的要求区分开来。由于第 12 条排除了条约的所有义务，包括根据第 5 条为合法征收提供赔偿的义务，第 12 条必须保护比任何“公共利益”更高价值的东西……②

因此，缔约国为保护基本安全利益而采取的危急情况措施应受到仲裁庭的审查，然而，危急情况标准不允许对东道国的措施进行重新（*de novo*）审查，需要在一定程度上尊重东道国确定危急情况的程度。根据国家机关对“情势、专业知识和能力的掌握”，这种遵从是合理的，但如果要保持条约的效力，“对国家的遵从不能是无限的”。③ 然后，仲裁庭对评估危急情况需求提出了明确的标准：

> 为了评估维护国家基本安全利益的危急情况措施，仲裁庭将因此确定该措施是否主要是为了保护危急的基本安全利益，是否客观上需要采取措施以实现这一基本保护，同时考虑到国家是否有合理的可替代的、冲突更少或更符合国际义务的选择。④

此类尊重国家处理危急情况的安全措施的抗辩和对国家的遵从原则只是出现在针对印度的两起仲裁中的裁判法理，因此不能仓促地概括这些

① *Deutsche Telekom AG v. India*, PCA Case No. 2014 - 10, Interim Award, 13 December 2017, paras. 230 - 235.

② Id. , para. 236.

③ Id.

④ Id. , para. 239.

标准并将其引入不同的条约框架,但是它们确实为将来开发和应用客观的安全例外审查标准提供了有用的指导。在任何特定情况下使用的特定标准都将取决于所适用的 BIT。由于条约语言是多种多样的,审查标准也将多种多样。

国际法院对于危急情况的意见还是比较有说服力的。国际法院曾经指出:

> [危急情况]不是终止条约的理由。只能援引它来免除未能执行条约的国家的责任。即使认为有正当理由,它也不会终止条约;只要危急情况继续存在,条约就可能无效;它实际上可能处于休眠状态,但是,除非双方通过相互协议终止条约,否则它将继续存在。一旦危急情况不复存在,遵守条约的义务就会恢复。①

三、东道国援引“安全例外”抗辩最新实践发展:*Lee-Chin* 案

国际投资仲裁庭多次重申,东道国援引安全例外抗辩并不妨碍仲裁庭对相关争端的管辖权,或者说,相关条约中“国家安全利益”条款不妨碍仲裁庭进行审查,不用考虑有关条约中是否含有“其认为”或者类似描述的语言。譬如在 2023 年 10 月公布的 *Lee-Chin* 案中,被申请方多米尼加共和国援引了《加勒比共同体－多米尼加 FTA》附件 3 第 17(2)条进行抗辩,即“本协定不应阻止任何一方采取必要措施保护其自身的国家安全利益”。对该国来说,垃圾填埋场的恶化造成了环境和卫生状况恶化,多米尼加有理由根据这一规定进行接管并发出环境紧急情况声明。仲裁庭首先承认,作为跨国或国际裁判机构,其不能忽略对很多争端涉及的环境问题的关切,包括本案争端。仲裁庭认为:

> 面对近几十年来,特别是自工业革命以来得到证实的环境所遭受的退化,以及对我们星球所提供的所有资源的开发已经发展到更大的程度的事实,保护环境是目前所有人类活动中最重要的优先事项。特别是,在某些情况下,环境措施对于确保国家安全利益可能是必要的。……仲裁庭认为,所涉条约显然为仲裁庭在其认为适当时以

---

① See *Gabčíkovo-Nagymaros Project* (*Hungary/Slovakia*), Judgment, International Court of Justice Reports 1997, para. 101.

> 这种方式采取行动打开了大门，尽管这并不免除它核查确认所援引的规则的某些正式和实质条件是否得到了满足。①

仲裁庭在考察了被申请方采取的相关措施及其援引安全例外抗辩的相关背景后指出，申请人以被申请方通过其环境紧急情况声明所援引的"国家紧急状态"为依据，并认为此类声明没有达到自我裁判条款适用的标准，包括有关声明的目的并不涉及军事和国防行动或涉及基本安全利益的严重经济危机情况，本案中有关声明的目的是补救被申请方自己所制造的公共卫生危机；而且，即使有关声明达到紧急情况的条件，有关的环境和卫生紧急声明也不是保护该国利益所客观必需的。②

尽管如此，该案仲裁庭全体成员认为《加勒比共同体－多米尼加FTA》附件3第17(2)条并不是一项决定性要素，仲裁庭有权审查缔约国援引该条的情况。仲裁庭指出：

> 即使承认国家的这些特权，也不能指望一国在特定情况下采取的措施绝对不受裁判者随后的审查，尤其是，该国援引此类措施的目的是豁免其通过国际条约自愿承担的义务。换句话说，仲裁庭不应局限于分析东道国所采取的措施是否与保护国家的基本国家安全利益"有关"。③

争端适用的《加勒比共同体－多米尼加FTA》没有规定仲裁庭进行审查的方法，仲裁庭行使其自由裁量权进行裁量。首先，多米尼加坚持认为本争端涉及国家紧急状态，但其并不依据习惯国际法上的标准进行抗辩。对仲裁庭而言，这意味着仲裁庭不应排除考虑类似于习惯国际法适用的标准。换句话说，为了审查一个国家是否采取了促进保护其国家安全利益的行动，有关分析应集中在类似于确定危急情况是否存在的考虑因素上。④在这种情况下，被申请方应承担举证责任，以证明这种情况符合被申请方的国家安全利益。

仲裁庭多数成员最终认为，多米尼加未能尽到充分的举证责任，因此在本案中不能援引《加勒比共同体－多米尼加FTA》附件3第17(2)条进

① *Michael Anthony Lee-Chin v. Dominican Republic*, ICSID Case No. UNCT/18/3, Final Award, 6 October 2023, para. 238.

② Id., paras. 240–242.

③ Id., para. 245.

④ Id., para. 246.

行抗辩。仲裁庭认为,鉴于垃圾填埋场的健康情况在某一特定的时间可能会令人遗憾,以及考虑到其对健康和环境带来的风险,该问题是一个有关情形能否在特定的应当适用的法律框架内被认为是“紧急情况”以及该定性是否与影响“国家安全”的情景相连接的问题。在相关情形的范围方面,尽管有关情形涉及“严重的健康和环境危机”,但未经证实具有全国性范围或影响,与被申请人所声明的严重性似乎不一致。① 根据事实记录,这种紧急情况仅限于多米尼加领土的一小部分,而“国家紧急情况对一般人口的影响如此之大,以至于整个国家必须作出反应,分配资源,采取影响措施,或准备承受这种紧急情况的后果”。② 尤其值得注意的是,多数法官认为,多米尼加在环境紧急情况声明之外从未宣布过全国紧急状态,这表明,在仲裁员看来,“这一问题不被视为需要国家最高当局进行干预的涉及国家利益的特殊事项”。③

最终,仲裁庭多数成员相信,并不存在一种无论多么严重都与国家利益有关的情形。虽然仲裁庭承认,在确定和评估其利益方面,多米尼加处于比仲裁庭更加有利的地位,但其强调,多米尼加并没有证明垃圾填埋场的情况与任何国家利益之间存在任何联系。换句话说,多米尼加一方面,花费很多的时间和精力去试图证明环境紧急情况可能事关国家利益(仲裁员没有排除这种可能性),但另一方面,又没有能够在本案中证明垃圾填埋场的情况事关自身的国家利益和安全风险。因此,尽管从城市卫生的角度来看情况很严重,当局有必要并且可能已经意识到要对该问题采取行动,但仲裁庭还是不能认为多米尼加环境卫生部门发布的紧急状态声明是应对与国家安全有关的情势的。鉴于此,被申请人不能援引《加勒比共同体 - 多米尼加 FTA》附件 3 第 17(2)条的规定为自己抗辩。④

该案多数仲裁员关于安全例外援引的意见遭到了被申请方任命的仲裁员马塞洛·科恩(Marcelo Kohen)教授的反对。科恩教授指出:

> 尽管我同意国际法庭可以评估一国援引此类情况是否正确的想法,但法官或仲裁员不能取代那些必须对这些情况做出应对并自己成为政治决策者的人。任何此类评估的目的必须是防止统治者援引紧

① *Michael Anthony Lee-Chin v. Dominican Republic*, ICSID Case No. UNCT/18/3, Final Award, 6 October 2023, paras. 250 – 251.

② Id., para. 254.

③ Id., para. 260.

④ Id., paras. 261 – 265.

急状态或以国家安全为借口而自动免除任何义务情形的滥用。最终裁决还以误导的方式将法律或条约规定的国家紧急状态与危急情况状态等同或比较,后者的情形排除了不法行为,这是国际法中的一个不同的法律概念。①

科恩教授还对多数仲裁员解释"安全"与"国家"的范围的方法提出异议,其补充指出,包括人口健康和环境在内的国家安全已不在当前讨论的范围之列,回顾各国在COVID-19大流行期间就其境内人员的入境、流动、隔离和出境采取的措施就足够了;宣布国家紧急状态并不是各国面临其国家安全情势的唯一方式,而多数仲裁员的裁决则把其与国家安全联系在一起;多数仲裁员关于圣多明各的情势没有达到全国范围因此不能援引国家安全的说理本身也是不寻常的,因为多数仲裁员赋予自己笼统裁定影响国家安全的局势的范围的权利,却忽略了这样一个事实,即局势涉及多米尼加的首都,该国总人口的40%以上居住在那里,而迪克萨(Duquesa)是这一地区唯一的垃圾填埋场。② 此外,科恩教授对多数仲裁员的裁决分析方法提出了批评,认为其忽略了被申请方剥夺投资者投资的某些原因,譬如相关公司特许权的取得违反了有关法律,相关公司违反了合同义务,或者被申请方的环境和健康危机等。③

可以讲,国际投资仲裁庭对于国家安全审查的标准没有统一的做法,但是对于国家安全的理解基本上还是限于严格的军事或武装冲突或领土争端的范畴,非传统的安全含义基本上得不到认可,因此仲裁庭不会轻易做出承认国家安全抗辩的决定。

本章小结

截至2024年年初,包括国际法院在内的国际投资争端裁判机构处理的涉及国家安全例外的投资争端仍然非常有限,国际法院处理的争端主要涉及20世纪中期签订的美国FCN中的安全条款,因为有关条款缺乏"其认为"而被裁定为是可以诉求的,也即国际法院对此类安全问题享有管辖

① *Michael Anthony Lee-Chin v. Dominican Republic*, ICSID Case No. UNCT/18/3, Dissenting Opinion of Professor Marcelo G. Kohen, 6 October 2023, para. 4.

② Id., paras. 43-46.

③ Id., para. 49.

权,美国的安全例外抗辩不符合相关规定。国际投资仲裁庭受理的涉及阿根廷、印度以及多米尼加为被诉方的案件,仲裁庭则作出了不同的裁定,或者支持国家享有安全问题上的自我裁判权,或者不支持此种观点,ICSID撤销委员会对有关案件的处理也有不同的态度,但无论如何,有关条约中国家安全例外条款中"自我裁判"用语的规定必须明确,同时缔约国嗣后习惯也有助于仲裁庭对此问题的裁定。当然,国际投资法的主要目的是通过投资条约提供和保障稳定的法律框架以保护外国投资者,允许国际投资条约的缔约国援引自我裁判性质的国家安全例外条款将会破坏该法律机制,同时较之于非自我裁判条款,该自我裁判条款给予了缔约国较大程度的自由裁量权,尽管如此,其也不能排除国际裁判机构的司法审查。① 毕竟,仅仅援引基本安全问题作为可能影响一项投资的某一措施的理由,就足以使仲裁庭拒绝管辖权,并宣布基础投资要求不予受理。② 另外,在安全例外条款的审查标准方面,习惯国际法上的"危急情况"方法的适用并不是必然的,也不能排除国家安全条款的自我裁判性质,同时国际裁判机构在审查安全例外时,也应当在一定程度上尊重缔约国实施安全例外的决定权。

需要注意的是,满足安全例外援引的标准条件相对简单,③但是其审查非常严格。前述处理印度政府采取的相同措施的两个案件中,两个仲裁庭似乎没有太多阐述就断言认为,"基本安全"的概念必须限于军事和准军事职能。④ 而在多米尼加为被诉方的裁决中,仲裁庭多数成员似乎也对相关投资对东道国国内严重的健康和环境危机认识有限,没有对国家安全采取扩大性的解释,虽然从避免各国泛化国家安全的角度看是可以理解的,但是对于当前日益扩大的国家安全现实需求实属不利。前述有关裁决实际上将与应对自然灾害、保护关键基础设施相关的领域以及其他国家越来越多地将其视为对安全敏感的领域排除在了条约的安全例外范围之外,

---

① Mohammad-Ali Bahmaei and Habib Sabzevari, *Self-Judging Security Exception Clause as a Kind of Carte Blanche in Investment Treaties: Nature, Effect and Proper Standard of Review*, 13 (1) Asian Journal of International Law 97 (2022).

② José E. Alvarez, *Sovereign Concerns and the International Investment Regime*, in Karl P. Sauvant, Lisa E. Sachs and Wouter P. F. Schmit Jongbloed eds., Sovereign Investment: Concerns and Policy Reactions, Oxford University Press, 2012, p. 273.

③ Rudolf Dolzer, Ursula Kriebaum & Christoph Schreuer, *Principles of International Investment Law*, Oxford University Press, 2022, p. 309.

④ *CC/Devas v. India*, PCA Case No. 2013 - 09, Award on Jurisdiction and Merits, 25 July 2016, paras. 354 - 56; *Deutsche Telekom AG v. India*, PCA Case No. 2014 - 10, Interim Award, 13 December 2017, para. 281.

此类方法必然会限制各国在重新定义和广义解释其安全利益时的主动性，但同时也避免了将法律上的国家安全与地缘政治上的国家安全相混淆，似乎也是一种可取的做法。

有点矛盾的是，对基本安全例外自我裁判性质的绝对确认打开了一个危险的“潘多拉盒子”，可能确实会导致BIT的各方在援引例外时表现出高度的自我克制，进而在考虑不周的情况下援引安全理由，将会破坏相关投资协议的存在及其据以服务的法治基础，这将使投资者的处境变得更糟，有可能导致投资者的母国通过拒绝寻求司法诉求或违反习惯法诉求保护活跃在海外的投资者。① 无论如何，国际投资条约中的安全例外抗辩的援引必须慎之又慎，同时也要考虑到援引安全例外获得成功的可能性，因为满足该项要求的条件是非常严格的。

① Panagiotis Delimatsis & Olga Hrynkiv, *Sovereign Investors and National Security Exceptions in WTO and Investment Law*, in Panagiotis Delimatsis, Georgios Dimitropoulos and Anastasios Gourgourinis eds., State Capitalism and International Investment Law, Hart Publishing, 2023, p. 223.

第七章　国家安全条款性质的比较借鉴：基于 WTO 裁判的分析

在国际上，许多重要的贸易和投资协定均包含安全措施的一般例外，也反映了普通经济活动与安全之间的界限。其中许多例外，包括基础多边贸易协定中的例外，在是否属于“自我裁判”的问题上存在争议，即是否每个国家都有自行决定适用例外的酌处权。这种相对不受控制的自行裁判权与普通的贸易和投资裁决形成鲜明对比，因为包括国际法院，WTO 专家组和国际投资仲裁庭在内的国际裁判机构多年来不断声称其有权审查国内行政机构所作出的有约束力和可以强制执行的安全裁决。而且，从历史上看，这些例外允许各国政府逃避其贸易和投资承诺，尤其是安全例外也使国家安全和经济全球化成为战后自由秩序中两个独立的活动领域。但是，随着 WTO 成员对争端解决专家组关于贸易制度国家安全例外的首次决定作出回应，这两个领域正在发生冲突。①

GATT 第 21 条是当代国际经贸协定中国家安全例外的核心，其规定的范围和含义一直是学术界数十年来广泛讨论的主题之一。历史记录表明，自 GATT 以来，人们对这种安全例外的滥用一直感到担忧。譬如美国代表就曾经指出，“安全措施是一个平衡问题，需要某些例外，但是其不能太窄而不能禁止纯粹基于安全理由而必须采取的措施，也不能太宽泛，否则会有国家在安全的幌子下实施一些具有商业目的的措施”。② 这种担忧并没有随着时间的流逝而减少，只是近几十年来根据 GATT 第 21 条提起的安全措施抗辩一直是比较罕见的，直到乌克兰提起针对俄罗斯的过境运输措施诉求。③

另外，过去几年，各国对国际经贸中的国家安全问题的关注重新点燃了国家安全例外的适用问题的讨论。譬如，特朗普政府援引国家安全作为

① See *Russia-Measures Concerning Traffic in Transit*, WT/DS512/R, Report of the Panel, 5 Apr. 2019.

② See UN Economic and Social Council, Second Session of the Preparatory Committee of the United Nations Conference on Trade and Employment (Verbatim Report, Thirty-Third Meeting of Commission, E/PC/T/A/PV/33), WTO GATT Document (24 Jul. 1947), https://docs.wto.org/gattdocs/q/UN/EPCT/APV-33.PDF.

③ See *Russia-Measures Concerning Traffic in Transit*, WT/DS512/R, Report of the Panel, 5 Apr. 2019.

对钢铝进行征收关税,以及对墨西哥、日本和德国征收汽车进口税的依据;①俄罗斯依靠国家安全作为捍卫针对乌克兰采取的一些极具争议性经济措施的手段;②华为针对瑞典政府声称其 5G 构成国家安全的威胁而提起了投资仲裁诉求;③等等。在 WTO 中,这个高度政治性的问题引起了关于 GATT 第 21 条的解释和适用的法律争端。2019 年 4 月,俄罗斯 - 过境运输案专家组对第 21(2)条安全例外条款的辩护进行了首次详细评估,随后沙特阿拉伯 - 知识产权保护案以及美国 - 钢铝产品措施案等涉及国家安全例外条款的裁决也相继出现。④ 本部分内容将主要结合 WTO 专家组报告,探讨 GATT 安全例外的起源、结构和解释。

第一节　WTO 协定安全例外条款的文本解读

国际贸易法的主要目的是通过减少国际货物和服务贸易的壁垒消除贸易保护主义和追求国际贸易的自由化,并且大多数国家贸易协定都在试图平衡贸易自由化的总体目标与不相符的国家利益之间的关系。⑤ 国际条约的例外是实现这种平衡的主要工具,因为条约义务为缔约国提供了可以根据自己利益需要行使国家监管权的机会。

一、文本规定

在 WTO 框架中,GATT 第 21 条确立了一套总的规定,允许 WTO 成员为了国家安全利益而采取与该条约所规定的实质性义务相抵触的措施,但这些措施必须追求特定利益的保护(如公共道德或人类健康),并满足该条款起首部分规定的一般条件。除了第 20 条规定的一般例外,GATT 第 21 条(安全例外)授权成员采取旨在保护国家安全的措施:

---

① See Harold Hongju Koh, *The Trump Administration and International Law*, Oxford University Press, 2019, p. 57 et seq.

② See *Russia-Measures Concerning Traffic in Transit*, WT/DS512/R, Report of the Panel, 5 Apr. 2019.

③ See *Huawei Technologies Co., Ltd. v. Kingdom of Sweden*, ICSID Case No. ARB/22/2, pending.

④ See *Russia-Measures Concerning Traffic in Transit*, WT/DS512/R, Report of the Panel, 5 Apr. 2019; Saudi Arabia-Measures Concerning the Protection of Intellectual Property Rights, WT/DS567/R, Report of the Panel, 6 June 2020; *United States-Certain Measures on Steel and Aluminium Products*, WT/DS544/R, Report of the Panel, 9 December 2022; etc.

⑤ See Michael J. Hahn, *Vital Interests and the Law of GATT: An Analysis of GATT's Security Exception*, 12 Michigan Journal of International Law 558 (1991).

本协定不得解释为：

(a)要求任何缔约国提供其根据国家基本安全利益认为不能公布的信息；或

(b)阻止任何缔约国为保护国家基本安全利益对有关下列事项采取其认为必须采取的任何行动：

(i)与裂变材料或提炼裂变材料的原料有关的行动；

(ii)与武器、弹药和军火贸易或直接和间接供军事机构用的其他物品或原料贸易有关的行动；

(iii)在战时或国际关系中的其他紧急情况下采取的行动；或

(c)阻止任何缔约国根据《联合国宪章》为维持国际和平和安全而采取行动。①

该条的核心是(b)款，②但是为了理解作为整体的第21条，需要对(a)款和(c)款进行简短说明。第21(a)条保护成员拒绝披露可能影响其基本安全利益的信息的特权，其目的是防止缔约方政府承担公开机密或其他敏感数据的义务。③ 毕竟，在此类情况下，相关信息可能会揭示信息来源者的身份。该款赋予了缔约方一定的酌处权，可以根据"客观情况"的存在表明对基本安全利益的威胁，并在此基础上为拒绝披露相关信息提供抗辩。至于第21(c)条表达的基本思想，即《联合国宪章》第七章规定的义务优先于GATT规定的义务。该原则与《联合国宪章》第103条④相一致，因此促进了《联合国宪章》制度和法律安排的一致性。鉴于引发该条例外的义务的存在是一个法律问题，其不构成可诉性判断问题。⑤

二、文本涵盖情形

第21(b)条规定涵盖了三种不同的情况，即"核裂变材料"、"武器运输"以及"国际关系中的战争或其他紧急情况"。考虑到在过去几十年中

---

① GATT 1994, Article 21.

② See Raj Bhala, *National Security and International Trade Law: What the GATT Says, and What the United States Does*, 19(2) University of Pennsylvania Journal of International Law 263 (1998).

③ See Kenneth J. Vandevelde, *The First Bilateral Investment Treaties: U. S. Postwar Friendship, Commerce, and Navigation Treaties*, New York: Oxford University Press, 2017, p. 147.

④ 《联合国宪章》(1945)第103条规定："联合国会员国在本宪章下之义务与其依任何其他国际协定所负之义务有冲突时，其在本宪章下之义务应居优先。"

⑤ See Peter van den Bossche, *The Law and Policy of the World Trade Organization: Text, Cases and Materials*, Cambridge University Press, 2008, p. 669.

国际法意义上的"战争"的概念已发生了重大变化，其不仅涵盖了典型的国家间和非国际"武装冲突"，还进一步适应了新形式的战争（如网络战争），因此需要特别注意第三种情况。① 而且，"国际关系中的紧急状态"一词非常模糊，可能引起不同的解释。并非每一个紧张局势或冲突，无论是否具有国际性，也不管有多么严重，都符合"战争或国际关系中的其他紧急情况"条件。"或……其他"的表述意味着"战争"是"国际关系中的紧急状态"这一更广泛概念的子类别，属于国际关系紧急情况的一种。② 但是，"战争"的概念表明它指的仅是真正的例外情况。正如专家组在俄罗斯－过境运输案报告中所指出的那样，必须将"国际关系中的紧急情况"理解为"引起与第21（b）条之规定列举项中所述其他事项相同的利害关系"。③

第21（b）条涵盖的三种情况涉及不同的事项，但把其作为例外情况下提出的合理措施时，该措施应被认为是"保护国家基本安全利益所必需的"。根据该条上下文规定，第21（b）条应理解为主要指国家的外部安全，至少涵盖了影响缔约方的政治和军事事务的利益。这对应了 GATT 早期司法实践中的成员方政府的态度，譬如在1949年捷克斯洛伐克对美国的申诉中，捷克斯洛伐克代表指出：

> 第21条指为提供军事设施的目的而使用的交通武器，弹药和战争物资及其他物资，但美国政府如此广泛地使用和解释"战争物资"一词，以致没人知道其真正涵盖的内容。④

无论如何，通过安全措施保护的利益必须是成员方的"基本"利益。这意味着该例外并不涵盖所有的国家安全利益。通常，至少在事实情况涉及违反《联合国宪章》第2（4）条"威胁或使用武力威胁任何国家的领土完整或政治独立"的情况下，该要求才能得到满足。⑤ "基本安全利益"的概念肯定广泛，但在一般情况下，该词语将仅具有经济或商业性质的利益排

---

① See *Russia-Measures Concerning Traffic in Transit*, WT/DS512/R, Report of the Panel, 5 Apr. 2019, para. 7.72.

② Id., para. 7.72.

③ Id., para. 7.74.

④ GATT Contracting Parties, Third Session, Summary Record of the 22nd Meeting, WTO (8 June 1949, CP.3/SR22—Ⅱ/28), https://www.wto.org/english/tratop_e/dispu_e/gatt_e/49expres.pdf.

⑤ 参见《联合国宪章》（1945）第2（4）条。

除在外。[①] GATT 第21(b)(i)条至第21(b)(iii)条规定的列举与武装冲突的概念密切相关。[②] 但是,并非总是能够在纯粹的经济利益和非经济利益之间划清界限,2019 年俄罗斯－过境运输案发生的背景即是最典型的例证。在过去几十年中,国家安全概念的逐渐扩展可能对安全例外的解释和应用构成挑战,国家安全被认为不仅指对国家物理或军事完整性的威胁,也包括一种更广义的涵盖非军事威胁的含义,譬如经济紧急情况通常被描述为国家安全问题。[③] 此外,从传统意义上讲,国家安全还涉及影响国家安全的行业部门,例如,国防能力在某种程度上取决于钢铁行业的正常运转,又如瑞典于 1975 年以国家安全为由为保护本国制鞋业的措施而辩护,而在 2018 年,美国以国家安全例外为理由提起保护本国钢铁和铝的生产辩护。[④]

第二节　GATT 时代的安全例外实践

鉴于 GATT 于 1994 年进行了修改,本部分内容分为 1947 年 GATT 和 1994 年 GATT 两个阶段的案例分析。

一、1947 年 GATT 安全例外的解释

在 WTO 成立之前,根据 GATT 第 21 条,至少有 9 个涉及国防或国家安全方面的争议。[⑤] 但 GATT 始终不对安全例外的内容和范围进行详细评估。在某些情况下,例外情况被描述为接近于一种自我裁判的性质。[⑥] 譬如,在 1949 年捷克斯洛伐克对美国的申诉中,英国政府代表指出:

---

① See UN Economic and Social Council, Second Session of the Preparatory Committee of the United Nations Conference in Trade and Employment, Verbatim Report, Thirty-Third Meeting of Commission (24 Jul. 1947) E/PC/T/A/PV/33, 20 et seq.

② Cf. *Russia-Measures Concerning Traffic in Transit*, WT/DS512/R, Report of the Panel, 5 Apr. 2019, para. 7. 75.

③ Diane A. Desierto, *Necessity and National Emergency Clauses: Sovereignty in Modern Treaty Interpretation*, Brill Nijhoff, 2012, p. 146.

④ See *Sweden-Import Restrictions on Certain Footwear*, L/4250, Notification by the Swedish Delegation, 17 November 1975; and *United States-Certain Measures on Steel and Aluminium Products*, WT/DS544, DS547, DS548, DS550, DS551, DS552, DS554, DS556 and DS564.

⑤ See Alan S. Alexandroff and Rajeev Sharma, *The National Security Provision-GATT Article 21*, in Patrick F. J. Macrory, Arthur E. Appleton and Michael G. Plummer eds., The World Trade Organization: Legal, Economic and Political Analysis, Springer, 2005, p. 1574 et seq. 也有学者认为该时期有 10 起援引国家安全例外条款的案件。参见李晓玲:《WTO 安全例外条款:实践演进、路径选择与中国因应》,载《国际法研究》2023 年第 3 期。

⑥ See Roger P. Alford, *The Self-Judging WTO Security Exception*, 3 (3) Utah Law Review 697 (2011).

每个国家都必须在与其自身安全有关的问题上享有最终的裁判权。另外，缔约方应谨慎行事，不要采取任何可能损害 GATT 作用的措施。①

1961 年加纳针对葡萄牙商品禁运的诉求中，加纳政府指出：

根据该条规定，每个缔约方都是维护其基本安全利益的必要情形的唯一裁判者。因此不应对加纳以安全利益为由抵制有关商品的合理性有反对意见。②

与该例外有关的类似理解也出现在与 1982 年福克兰/马尔维纳斯冲突有关的中止阿根廷产品向澳大利亚、加拿大以及欧洲经济共同体进口的文件中。在对 GATT 第 21 条实施安全措施的合理性判断方面，欧洲经济共同体代表认为"有关程序表明每个缔约方都是实施这些权利的最终裁判者"；加拿大代表指出，GATT 不是解决该问题的合理地方，"GATT 对于发生的政治问题既没有管辖权也没有责任"；美国代表附和指出，"GATT 在军事危机中没有任何作用。GATT 授权每个缔约方可以就什么是保护其安全利益所必要的措施进行裁判，缔约方无权对该裁判质疑"。③

几年后，在美国又发生了关于 GATT 第 21 条的自我裁判性的新争端，即 1985 年美国－尼加拉瓜争端的贸易措施案。④ 此案涉及里根政府决定禁止从尼加拉瓜进口以及出口有关货物的禁令。尼加拉瓜政府向专家组提出申诉，但其诉求偏离了 GATT 第 21 条规定的紧急情况（如战争）抗辩。⑤ 该案确实建立了专家组，但其管辖范围排除了"美国援引第 21(b)(iii)条的有效性"的审查。⑥ 虽然专家组报告并未通过，但其明确指出，它没有对这个具体问题进行评估或作出任何裁定：

---

① GATT Contracting Parties, *Third Session*, *Summary Record of the 22nd Meeting* (8 June 1949, CP. 3/SR22 – Ⅱ/28), WTO (May 2, 2024), https://www.wto.org/english/tratop_e/dispu_e/gatt_e/49expres.pdf.

② WTO, *Article 21: Analytical Index of the GATT* (*pre – 1995*), WTO (May 2, 2024), https://www.wto.org/english/res_e/publications_e/ai17_e/gatt1994_art21_gatt47.pdf, p. 600.

③ Id., p. 600 – 601.

④ See *United States-Trade Measures affecting Nicaragua*, L/6053, Report of the Panel, 13 Oct. 1986 (unadopted).

⑤ See *United States-Trade Measures affecting Nicaragua*, L/5802, Communication from Nicaragua, 8 May 1985.

⑥ See GATT Council, Minutes of the Meeting of 12 March 1986, C/M/196, p. 7.

> 专家组没有考虑到第 21 条的条款是否使它无法审查美国援引该条的有效性的问题,因为这项审查受到其任务授权的限制。专家组认为其职权范围对其活动进行了严格限制,因为它们规定专家组不能审查或判断美国援引第 21(b)(iii)条的有效性或动机……专家组得出结论认为,由于无权审查美国援引 GATT 规定的义务的一般例外的合法性,它可能会认为美国既未遵守 GATT 规定的义务,也不能履行该协定规定的义务。①

针对这一背景,GATT 试图对安全例外所适用的审查标准进行淡化。只有在极少数情况下,该例外才被用来证明不涉及特定政治或军事危机的国家工业机构受到保护的合理性。例如,瑞典依据 GATT 第 21 条所规定的安全例外来证明 1975 年进口鞋类的正当理由。瑞典代表认为国内鞋类工业是满足其军队需求所必要的,暗示其对国家的基本安全利益也是必要的。② 但瑞典政府最终撤销了这一有争议的措施。③

与瑞典案相反,与 GATT 第 21 条密切相关的一些争端实际上是在复杂政治紧张局势的背景下采取的经济措施,譬如前述 1982 年的福克兰/马尔维纳斯冲突和 1985 年的美国 – 尼加拉瓜争端的贸易措施案可以作为这种情况的典型例子。鉴于危及政治和军事利益,各国通常不愿将与安全例外的解释有关的争端提交给 GATT 专家组进行裁定,因此问题是,专家组是否可以审查以及在多大程度上审查根据第 21 条实施的与国家安全有关的措施。在 1985 年的美国 – 尼加拉瓜争端的贸易措施案中,虽然设立了审查美国相关措施的专家组,但专家组不能审查美国援引第 21(b)(iii)条的有效性或动机,这清楚地说明了专家组在处理国家安全例外问题上的不情愿态度。④

在 GATT 时代,有一些情况是,根据这种例外情况采取措施的理由是合理的,但是从来没有相关主体对第 21 条的含义和范围进行过实际讨论。在某些情况下,GATT 是否真的可以被视为解决国家安全问题的适当场

---

① *United States-Trade Measures affecting Nicaragua*, L/6053, Report of the Panel, 13 Oct. 1986 (unadopted), paras. 5.3.

② See Cf., *Sweden-Import Restrictions on Certain Footwear*, L/4250, Notification by the Swedish Delegation, 17 Nov. 1975.

③ See Alan S. Alexandroff and Rajeev Sharma, *The National Security Provision-GATT Article* 21, in Patrick F. J. Macrory, Arthur E. Appleton and Michael G. Plummer eds., The World Trade Organization: Legal, Economic and Political Analysis, Springer, 2005, p. 1574.

④ See *United States-Trade Measures affecting Nicaragua*, L/6053, Report of the Panel, 13 Oct. 1986 (unadopted), paras. 5.3.

所？譬如,在 20 世纪 90 年代初欧洲经济共同体对南斯拉夫实行制裁的背景下便出现了这种疑惑。GATT 理事会在 1992 年 4 月 10 日的会议上讨论了南斯拉夫请求组成专家组的要求。虽然各成员同意南斯拉夫有权提出该请求,但对于此类程序是否适合用作解决争端是有分歧的,譬如美国代表认为缔约方有要求组建专家组的权利,但还是希望能够通过政治方法解决与南斯拉夫的有关争议。①

二、1994 年 GATT 后的安全例外复兴

1995 年 WTO 成立之际,人们对国际贸易自由化抱有广泛乐观的预期,对市场的自我调节能力抱有坚定的信念。在很长一段时间,很少有国家援引安全例外。其间,关联程度最大的一个案件是欧共体针对美国的古巴禁运政策而提起的一项诉求,内容涉及美国 1996 年通过《赫尔姆斯 - 伯顿法案》扩大美国对古巴禁运令的措施。② 美国依据 GATT 第 21 条为自己抗辩,随后又决定不参加专家组程序。③ 专家组虽然成立了,但因为欧共体最终要求中止诉讼程序而未发表报告。④ 学术界承认该例外对国家有一定的束缚,认为那种对潜在滥用第 21 条的担心在很大程度上是没有根据的。⑤

情况在 2016 年发生了变化,因为在涉及俄罗斯 - 过境运输案的争端中组建了专家组。⑥ 乌克兰政府称俄罗斯对运输途中的某些限制违反了 WTO 法律。⑦ 俄罗斯认为其是出于国家安全考虑而限制乌克兰向中亚国家出口商品,是对所谓的“欧洲广场抗议活动”的回应。⑧

应对乌克兰磋商的要求,俄罗斯政府提出了一项抗辩,即根据 GATT

---

① See GATT Council, Minutes of the Meeting Held in the Centre William Rappard on 18 March 1992, C/M/255, 10 Apr. 1992, paras. 14 – 18.

② See *United States-The Cuban Liberty and Democratic Solidarity Act*, WT/DS38/525, Communication from the Chairman of the Panel, Apr. 1997.

③ See Alan S. Alexandroff and Rajeev Sharma, *The National Security Provision-GATT Article* 21, in Patrick F. J. Macrory, Arthur E. Appleton and Michael G. Plummer eds., The World Trade Organization: Legal, Economic and Political Analysis, Springer, 2005, p. 1576.

④ See *United States-The Cuban Liberty and Democratic Solidarity Act*, WT/DS38/3, Constitution of the Panel Established at the Request of the European Communities, 20 Feb. 1997.

⑤ See Roger P. Alford, *The Self-Judging WTO Security Exception*, 3(3) Utah Law Review 697(2011).

⑥ See *Russia-Measures Concerning Traffic in Transit*, WT/DS512/1, G/L/1151, Request for Consultations by Ukraine, 21 Sept. 2016; *Russia-Measures Concerning Traffic in Transit of Ukrainian Products*, WT/DS512/4, Constitution of the Panel Established at the Request of Ukraine, 7 Jun. 2017.

⑦ See *Russia-Measures Concerning Traffic in Transit*, WT/DS512/R, Report of the Panel, 5 Apr. 2019, paras. 7.1 et seq.

⑧ Id., paras. 7.5 et seq.

第21(b)(iii)条国家安全例外规定,俄罗斯所采取的措施旨在应对其基本安全利益的威胁。[①] 据此,俄罗斯声称专家组没有管辖权来评估乌克兰所提出挑战的安全措施。[②] 乌克兰表示,GATT 第21(b)(iii)条无意给予援引成员方"全权酌情决定权",因此,专家组有权对安全条款的规定进行客观评估。[③] WTO 的17个成员作为第三方加入了诉讼程序。[④] 其中,美国在其第三方提交的文件中表示支持俄罗斯将安全条款定性为自我裁判的观点。[⑤] 其他第三方则持相反的观点,并支持乌克兰的论点。[⑥]

在2019年4月,俄罗斯-过境运输案专家组宣布其管辖范围扩大到安全例外,裁定 GATT 第21(b)(iii)条涵盖了俄罗斯采取的措施。[⑦] 该决定不仅由于其结果而具有重要意义,更重要的是确定国家安全例外的适用应由 WTO 裁判机构进行审查。[⑧]

俄罗斯-过境运输案只是近年一系列涉及 GATT 第21条安全例外的案件的开始。[⑨] 随后,美国对铝和钢征收的关税导致了9项 WTO 申诉的提出。[⑩] 很多第三方加入了申诉,将该争端转为一个真正具有普遍意义的争端。[⑪] 申诉成员辩称,美国的措施违反了 GATT 和《保障措施协定》的若

---

① See *Russia-Measures Concerning Traffic in Transit*, WT/DS512/R, Report of the Panel, 5 Apr. 2019, paras. 7.3 – 7.4.

② Id., para. 3.2.

③ Id., para. 7.33.

④ 包括:中国、澳大利亚、玻利维亚、巴西、加拿大、智利、欧盟、印度、日本、韩国、摩尔多瓦、挪威、巴拉圭、沙特阿拉伯、新加坡、土耳其和美国。

⑤ See *Russia-Measures Concerning Traffic in Transit*, WT/DS512/R, Report of the Panel, 5 Apr. 2019, paras. 7.51 et seq.

⑥ Id., paras. 7.35 et seq; see also *Russia-Measures Concerning Traffic in Transit of Ukrainian Products*, WT/DS512, Third Party Written Submission of the European Union, 8 Nov. 2017; Third Party Oral Statement by the European Union, 25 January 2018; and Third Party Oral Statement of Australia, 25 Jan. 2018.

⑦ See *Russia-Measures Concerning Traffic in Transit*, WT/DS512/R, Report of the Panel, 5 Apr. 2019, paras. 8.1 – 8.2.

⑧ Id., paras. 7.53 et seq.

⑨ 例如:Ukraine-Measures Relating to Trade in Goods and Services, WT/DS525; United Arab Emirates-Measures Relating to Trade in Goods and Services, and Trade Related Aspects of IP Rights, WT/DS526; United States-Certain Measures on Steel and Aluminium Products, WT/DS544, DS547, DS548, DS550, DS551, DS552, DS554, DS556 and DS564; Russia-Measures on the Importation of Live Pigs, Pork and Other Pig Products from the European Union, WT/DS475。

⑩ See *United States-Steel and Aluminium Products*, DS544 (China), DS547 (India); DS548 (European Union), DS550 (Canada), DS551 (Mexico), DS552 (Norway), DS554 (Russian Federation), DS556 (Switzerland) and DS564 (Turkey).

⑪ See *United States-Certain Measures on Steel and Aluminium Products*, WT/DS544, Key Facts: Third Parties (original proceedings), WTO (Jan. 30, 2023), https://www.wto.org/english/tratop_e/dispu_e/cases_e/ds544_e.htm.

干规定。① 美国政府在诉讼中声称关税是保护其基本安全利益所必需的措施。② 在中国政府提出的磋商要求中，美国提出了以下论点：

> 中国的要求涉及美国总统根据 1962 年《贸易扩展法》第 232 条对进口的钢铁和铝制品征收的关税。总统认为，关税是调整可能威胁到美国国家安全的钢铁和铝制品的进口所必要的。国家安全问题是不宜被 WTO 争端解决或处理的政治事务。根据 1994 年 GATT 第 21 条的规定，WTO 的每个成员均有权自行决定其认为对保护其基本安全利益所必需的事项。③

在这些情况下，中心问题是，WTO 争端解决机构是否可以审查成员对 GATT 第 21 条的援引？如果是，应如何判断被诉方是否遵守了国家安全例外的要求？其中，关于各国所采取措施是否出于商业目的的论点可能引发更多争议。但无论如何，国家安全例外的可诉求性，或者是否可以自我裁判是一个关键性的问题。

第三节　援引 WTO 安全例外条款抗辩的法律问题

WTO 体制内的安全例外条款，主要规定在 GATT 第 21 条、TRIPS 第 73 条以及 GATS 第 14 条之二，三者对该内容的规定几乎是一致的，根据 WTO 裁判时间，下文的分析主要结合 GATT 第 21 条和 TRIPS 第 73 条进行。需要指出的是，结合 WTO 实践，对 WTO 安全例外条款的解释必须至少解决三个主要问题，第一个也是引起争议最大的问题，即安全例外条款是否具有自我裁判性，其关键在于能否将安全例外划入 WTO 专家组或上诉机构的管辖权范围之列，即可诉求性问题。如果答案为“否”，才会出现第二个问题，即裁判机构对例外情况的审查范围。同时，引起较大争议的问题还有如何认定是否存在“国际关系中的紧急情况”以及“基本安全利益”。

---

① See *United States-Certain Measures on Steel and Aluminium Products*, Request for the Establishment of a Panel by China, WT/DS544/8, 19 Oct. 2018.

② See Cf., for example, *United States-Certain Measures on Steel and Aluminium Products*, Communication from the United States (13 Apr. 2018), WT/DS544/2.

③ Id.

一、安全例外的自我裁判性质

WTO 体系内安全例外的可诉性是当代贸易法中最具分歧的问题之一，而关于该问题的国家实践不是统一的，有关争论包括安全例外条款是实体待遇还是争端解决机制规定的例外。①

（一）WTO 争端解决机构对援引安全例外条款的管辖权

以 GATT 为例，如果安全例外条款将管辖权排除在外，则没有机会首先确定一项措施与 GATT 实质性规定是否一致。WTO 协定中没有任何内容表明安全例外被排除在 GATT 争端解决规定适用范围之外。② 在 GATT 的起草过程中，一位美国代表明确指出，GATT 争端解决条款适用于国家安全：

> 的确，一个成员根据第 94 条③所采取的行动不能受到质疑，就像不能声称该成员违反《联合国宪章》那样；但是如果该诉求即使不与第 94 条的术语相抵触，也应该影响其他成员，我认为该成员有权根据目前的第 35 条寻求某种补救。换句话说，对于本条或其他任何条文，第 35 条均无例外。④

实际上，GATT 第 22 条和第 23 条的案文表明，没有任何争端被排除在 GATT 的规定之外。GATT 第 22(a)条使成员有可能就“影响本协定执行的任何事项”进行磋商。GATT 第 23 条规定了一种特殊的可以在 WTO 成员之间进行调整的程序，其中“任何缔约方均应认为，根据本协定直接或间接产生的任何惠益被取消或减损，或者阻止了本应达到该协定的任何目标”⑤。

援引 GATT 第 21 条抗辩的有关措施是 WTO 成立之前的解决争端程

---

① See George Dian Balan, *On Fissionable Cows and the Limits to the WTO Security Exceptions*, 14 (1) Global Trade and Customs Journal 2(2019).

② See *Russia-Measures Concerning Traffic in Transit of Ukrainian Products*, WT/DS512, Third Party Written Submission of the European Union, 8 Nov. 2017, p. 4.

③ 草案第 94 条，也即 GATT 第 21 条。

④ UN, Verbatim Report: Second Session of the Preparatory Committee of the United Nations Conference on Trade and Employment, 33rd meeting of Commission A (E/PC/T/A/PV/33/E), UN Digital Library (24 Jul. 1947), https://digitallibrary.un.org/record/3943528, p. 26 – 27.

⑤ See Cf. GATT Article 23.

序的主题①的事实，意味着这一推定得到了相当广泛的接受。欧盟在其关于俄罗斯－过境运输案的第三方陈述中明确指出，"将 1994 年 GATT 第 21 条解释为非可诉求的条款将与专家组的职权范围相抵触"。为此，欧盟专门参照了《关于争端解决规则与程序的谅解》（The Understanding on Rules and Procedures Governing the Settlement of Disputes，DSU）第 7(1)条和第 7(2)条：

> 7. 专家组职权范围：
>
> (1)除非争端各方在成立专家组后的 20 天内另有协议，否则专家组应具有以下职权范围：
>
> "根据争端当事人援引的相关（涵盖协议的名称）中的规定，由相关文件（缔约方）移交给争端解决机构……并做出有助于 DSU 提供建议或协议中规定的裁决的调查结果。"
>
> (2)专家组应解决争端各方引用的任何涵盖协议或协议中的其他条款。②

俄罗斯－过境运输案专家组在其 2019 年 4 月 5 日中的报告中确认 DSU 下 WTO 审判机构的"固有管辖权"。③ 专家组进一步指出，

> DSU 中没有任何特别的或附加的适用于涉及 1994 年 GATT 第 21 条的争端的议事规则，俄罗斯援引第 21(b)(iii)条的条款在 DSU 的职责范围内。④

该结论与十多年前国际投资仲裁庭对 GATT 第 19 条的讨论是一致的，即"此类条款并没有被排除争端解决范围的事实也意味着其不具备自我裁判性质"。⑤

(二)WTO 专家组对安全例外自我裁判性质的认定

到 2023 年中期，WTO 专家组就涉及安全例外条款的适用问题作出了

---

① 例如，捷克斯洛伐克根据 GATT 第 23 条针对 1949 年美国的出口管制提起的投诉。

② *Russia-Measures Concerning Traffic in Transit of Ukrainian Products*, WT/DS512, Third Party Written Submission of the European Union, 8 Nov. 2017, paras. 15－16.

③ See *Russia-Measures Concerning Traffic in Transit*, WT/DS512/R, Report of the Panel, 5 Apr. 2019, para. 7.53.

④ Id., para. 7.56.

⑤ See *Sempra Energy International v. Argentine Republic*, ICSID Case No. ARB/02/16, Award, 28 Sept. 2007, para. 384.

6个裁决,分别是俄罗斯-过境运输案、沙特阿拉伯-知识产权保护案以及4个有关美国钢铝关税的裁判。

在最早于2019年4月5日作出的俄罗斯-过境运输案的专家组报告中,因为俄罗斯和乌克兰之间发生的克里米亚战争,俄罗斯禁止乌克兰的货物通过其国内过境运往其他国家,乌克兰提起诉求后,俄罗斯以国家安全为由提出抗辩。俄罗斯认为GATT第21(b)(iii)条完全是"自我裁判"的,专家组对此问题缺乏管辖权。① 成员援引第21(b)(iii)条就可以使该成员的行为免受WTO争端解决专家组的安全审查,具体来讲,如果某成员认为在战争或国际关系的其他紧急情势发生时实施了保护其基本安全利益所必要的措施,该条就排除了专家组对该争端的属事管辖权。② 该观点也得到了作为第三方当事人提交书面意见的美国的支持,即美国政府认为,只有在争端解决机构已经确定并且将乌克兰提起的申诉置于专家组的权限之内,专家组才对该争端享有管辖权,但是该争端是自我裁判性的,因为并不存在成员判断自己基本安全利益的一个法律标准。对于美国来讲,第21(b)(iii)条的自我裁判性质意味着WTO成员对该条的援引是"非可诉求的",因此不能由专家组作出裁定,排除了根据DSU第19.1条就该争端作出建议的可能性。③ 专家组首先认为GATT第21(b)(iii)条并不是像俄罗斯所讲的那样完全是"自我裁判"的,也不认同美国所讲的俄罗斯援引该条是"不可诉求"的观点,而认为自己对俄罗斯是否满足了该条规定的援引安全例外要求享有管辖权。④

在沙特阿拉伯-知识产权保护案的专家组报告中,专家组承认1994年GATT的第21(b)(iii)条与本案适用的TRIPS第73(b)(iii)条内容是一样的,而且争端当事人也同意,对TRIPS条款的解释可以参照俄罗斯-过境运输案专家组对GATT第21条的解释方法,并且要和其一致。⑤ 因此,可以认为,在安全例外条款的自我裁判方面,本案争议当事方即沙特和卡塔尔对其所内在的"自我裁判"以及专家组的审查并没有太大的异议,只是在什么是"国际关系中的紧急情况"以及基本安全利益的理解方面有所不同。

在美国-钢铝产品措施案中,美国指出,专家组应当限制自己对援引

---

① See *Russia-Measures Concerning Traffic in Transit*, WT/DS512/R, Report of the Panel, 5 Apr. 2019, para. 7.26.

② Id., para. 7.57.

③ Id., para. 7.52.

④ Id., paras. 7.102 - 7.104.

⑤ See *Saudi Arabia-Measures concerning the Protection of Intellectual Property Rights*, WT/DS567/R, Report of the Panel, 16 Jun. 2020, paras. 7.230 - 231.

GATT 第21(b)条抗辩相关争端的裁定，因为“该条文本、上下文以及其目的和宗旨表明该例外是自我裁判的”，并且这种自我裁判性质已经被该条所指向的成员保护其基本安全利益所“认为必要”的措施的规定加以证实。美国重申，成员援引第21条的唯一要求就是该成员认为其采取的保护基本安全利益的行动属于第21(b)条列举的任意情形，一旦该成员表示它已在争端解决方面作出这样的决定，即它“认为存在第21(b)条规定的一种或多种情况”，即满足了这一要求。美国把第21(b)条识别为“自我裁判”的一个前提是，根据该条的“文本和语法结构”，“其认为”这个短语限定了跟在“行动”后面的单个关系从句中的所有术语，即第21(b)条中的“单一关系条款”以“其认为必要的”开头，以每一分款结尾结束，并描述了该成员“认为”在采取这种“行动”时所存在的情况。从这一前提出发，美国辩称，由于描述行动的关系条款以“其认为”开头，该条款的其他要素应交由采取行动的成员判断。因此，美国提出根据第21(b)条的“总体语法结构”，专家组不得“自行确定某一安全利益对有关成员是否‘必要’，或某一分款所述情况是否存在”①。专家组指出，要根据 DSU 第3.2条以及国际公法的习惯解释规则阐述美国援引第21(b)条的问题，主要是依据1994年 GATT 第21(b)条的术语以及《维也纳条约法公约》第31(1)条规定的善意解释、一般意义解释以及目的和宗旨解释规则，该解释方法是 DSU 第3.2条规定的“国际公法的习惯解释规则”的一部分。② 因此，在对 GATT 第21(b)条规定有关术语及其语法结构等进行分析并解释后，③专家组总结指出：

> 作为一个整体的1994年 GATT 第21(b)条的含义和效力应维持一成员在第(i)款至第(iii)款所述条件和情况下采取其认为保护其基本安全利益所必需的行动的权利和自由裁量权。专家组不认为1994年 GATT 第21(b)条是美国所主张的“自我裁判”或“不可诉求”，也不认同该条款包含一个将各分款的条件和情况完全保留给援引成员进行判断的“单一关系条款”。④

---

① See *United States-Certain Measures on Steel and Aluminium Products*, WT/DS544/R, Report of the Panel, 9 Dec. 2022, paras. 7.107.

② Id., para. 7.108.

③ Id., paras. 7.109 – 127.

④ *United States-Certain Measures on Steel and Aluminium Products*, WT/DS544/R, Report of the Panel, 9 Dec. 2022, para. 7.128; *United States-Certain Measures on Steel and Aluminium Products*, WT/DS556/R, Report of the Panel, 9 Dec. 2022, para. 7.146.

因此,WTO 争端解决专家组对安全例外条款的解释基本上是一致的,即安全例外条款不是自我裁判性质的,要由专家组对成员援引安全例外抗辩的情形进行审查。

二、"国际关系中的紧急情况"的解释

在 WTO 体系内安全例外条款列举的可以援引的情形中,最后一小项涉及的是"战争或其他国际关系中的紧急情况"下成员可以援引安全例外而豁免国家责任的问题。关键是,如何理解"国际关系中的紧急情况"?

在俄罗斯－过境运输案中,俄罗斯首先指出,俄罗斯与乌克兰之间于 2014 年发生的国际关系中的紧急情形导致俄罗斯采取了不同的行动,包括实施限制乌克兰货物过境的措施;该事件构成国际关系中的紧急情况,这也是乌克兰所了解的,因为该争端涉及政治、国内安全以及国家和平与安全等问题。同时,俄罗斯指出其援引安全例外的原因之一就包括力求"将战争、暴动、骚乱、国际冲突等问题排除在 WTO 的范围之外,而 WTO 不是为解决这类危机和相关问题而设计的"。乌克兰则认为,俄罗斯没有提供充分的证据证明 2014 年的相关情形可以被识别为紧急情况。① 专家组重申,第 21(b)(iii)条意义上的"国际关系中的紧急情况"包括武装冲突,或潜在武装冲突,或紧张局势,或危机加剧,或笼罩、包围一个国家的普遍不稳定局势。② 专家组认为,决定哪一方对俄罗斯所指的紧急情况的存在承担国际责任是无关的,也没有必要根据国际法笼统地界定俄罗斯和乌克兰之间的局势。有充分的证据表明,至少自 2014 年 3 月到 2016 年年底,乌克兰和俄罗斯之间的关系已经被破坏到成为一个国际社会关注的焦点问题的程度。2016 年 12 月,俄罗斯和乌克兰之间的武装冲突情形得到了联合国大会的承认。此类局势严重的其他证据还有,自 2014 年起,许多国家都因为该情势而对俄罗斯实施了制裁。因此,专家组认为乌克兰和俄罗斯自 2014 年之后的情势构成 1994 年 GATT 第 21(b)(iii)条中的国际关系中的紧急情况。俄罗斯采取的相关过境运输的限制措施分别发生在 2014 年年底和 2016 年年初,是在第 21(b)(iii)条中的国际关系中的紧急情况发生期间实施的措施。③

在沙特阿拉伯－知识产权保护案中,因为当事两国关系的恶化,沙特

① See *Russia-Measures Concerning Traffic in Transit*, WT/DS512/R, Report of the Panel, 5 Apr. 2019, paras. 7. 112 – 7. 113.

② Id., para. 7. 111.

③ Id., paras. 7. 121 – 7. 126.

终止了在本国享有体育赛事转播权的卡塔尔公司的特许权，并准许本国设立的盗版公司盗播相关赛事的信号。沙特认为，其中断与卡塔尔之间的所有外交和经济联系表明存在一种 TRIPS 第 73(b)(iii) 条规定的“国际关系中的紧急情况”，并且这种紧急情况也已经被对卡塔尔实施类似措施的其他国家所认可。在卡塔尔否认海湾合作委员会成员之间缔结的《利雅得协定》以及可能对海湾国家的安全与稳定带来威胁的情况下，沙特于 2017 年 6 月 5 日切断了与卡塔尔的所有外交和领事关系，并认为其行动是在国际关系中的紧急情况下“及时”采取的。至于“基本安全利益”，沙特明确指出该词语通常保护其自身免受“恐怖主义和极端主义的威胁”，其主要的基本安全利益之一就是“消除导致该地区不稳定和冲突的极端主义和恐怖主义”，相关的基本安全利益就是“保护沙特公民、领土和政府免受恐怖主义和极端主义的侵害”。① 该案的专家组重申在俄罗斯 - 过境运输案报告中所采纳的客观评价方法，即是否存在国际关系中的紧急情况要进行客观评估。虽然从政治角度来看，政治或经济冲突可能被认为是危急或严重的，但是除非此类冲突导致国防和军事利益，或法律和公共秩序利益受损，否则其不能被认为是第(iii)项规定的“国际关系中的紧急情况”，该解释得到了本案争端双方的认同。至于基本安全利益，双方也同意俄罗斯 - 过境运输案专家组报告的意见，即根据具体情况进行分析。尤其是所涉措施必须满足关于所提供的基本安全利益的最低限度的合理性要求，并且必须确定这些措施是否与紧急情况相距甚远或无关，以致被申请方实施这些措施以保护其因紧急情况而产生的基本安全利益是不合理的。② 专家组最后认为，沙特实施的直接或间接导致卡塔尔公司无法通过沙特法院和法庭的民事执法程序获得沙特法律顾问以行使其知识产权的措施，以及沙特不对本国盗版公司适用刑事程序和处罚的措施，都是“国际关系中的紧急情况”下采取的，满足援引第 73 条安全例外的条件；但其不对本国盗版公司不适用刑事程序与处罚的措施不符合援引该条例外的条件。③

在美国 - 钢铝产品措施案中，美国指出，WTO 成员不但无须提供其根据 GATT 第 21 条援引安全例外条款的详细信息，而且无须说明其认为援

① See *Saudi Arabia-Measures concerning the Protection of Intellectual Property Rights*, WT/DS567/R, Report of the Panel, 16 Jun. 2020, paras. 7.232 – 233.

② Id., paras. 7.249 – 252.

③ Id., para. 8.1.

引例外时最相关的具体款项。① 美国认为：

“国际关系中的紧急情况”指的是“一种危险或冲突局势，涉及国家之间发生的意想不到的并且需要紧急关注的政治或经济联系”。特别是，美国认为，“有关钢铝报告中的广泛调查结果与美国认为有关措施是‘在战争或国际关系中的其他紧急情况下’采取的看法是一致的”。美国引用了《钢铝报告》中的各种调查结果，并辩称，“上述关于钢铁和铝进口可能损害国家安全的调查结果，以及这种进口发生时的全球危机情况，与美国认为存在‘国际关系中的紧急情况’——危险或冲突局势，涉及国家之间发生的意想不到的并且需要紧急关注的政治或经济联系——的看法是一致的”。②

美国还认为：

即使申请方认为第21(b)条不是自我裁判性的，美国向专家组提交的有关记录也认为其实施的有关措施是保护其基本安全利益所必要的并且是“在战争或国际关系中的其他紧急情况下”采取的。美国援引《钢铁报告》关于“是否存在与钢铁产能过剩有关的紧急情况”的调查结果，指出产能过剩危机是一个全球性问题，全球应对这些危机的努力似乎不够，钢铁生产国已承诺共同努力寻找可能的解决方案。美国商务部《钢铁报告》传达的信息是，“美国正处于一个关键时刻，如果不立即采取行动，钢铁行业可能遭受难以逆转的损害，并达到无法维持或增加产量以应对国家紧急情况的程度。”美国还认为，“一个面临‘生产革命’带来的‘根本性变化’的行业肯定会导致意想不到的发展，特别是当该行业正面临其历史上最高的全球产能过剩的‘严峻’局面时”。③

但是，美国将商务部《钢铝报告》中提到的全球产能过剩视为存在一种“国际关系中的紧急情况”的抗辩并没有得到专家组的支持。首先，在对“紧急情况”、“国际”、“关系”以及“国际关系”的含义进行分析后，专家组指出，

① See *United States-Certain Measures on Steel and Aluminium Products*, WT/DS544/R, Report of the Panel, 9 Dec. 2022, para. 7. 132.

② Id. , para. 7. 133.

③ Id. , para. 7. 134.

“国际关系”可以被视为各国家或政府之间的互相联系,第 21(b)(iii)条规定紧急情况的各款术语似乎与纯粹国内或内部关系中的紧急情况有区别,但紧急情况的“国际”性质不妨碍各成员根据第 21(b)条采取行动。其次,第 21(b)(iii)条中的“战争”位于“国际关系中的其他紧急情况”之前,而战争涉及使用武力的冲突状态。最后,“战争”的提法传递的信息是,某一成员可根据第 21(b)条采取行动以保护其基本安全利益的时间是“国际关系中的紧急情况”的一部分的含义,尤其是,第 21(b)(iii)条所指的“国际关系中的紧急情况”,即使不是同样严重,其严重性或严重程度至少要与“战争”对国际关系的影响相当。① 专家组指出:

> 正如美国在这一争端中提供的资料所反映的那样,关于全球产能过剩的讨论集中在具体部门,并证明这一问题已在各国处理国际关系的过程中成为国际关注的问题。尽管有这些国际参与的证据,但专家组回顾,第 21(b)(iii)条规定的“国际关系中的紧急情况”是指,就其对国际关系行为的影响而言,具有一定严重性或严重度的局势和国际紧张局势。②

在对美国提交的相关文件进行审查后,专家组并不能确认存在第 21(b)(iii)条规定意义上的严重影响国际关系情势的“国际关系中的紧急情况”,也不能认定美国实施的相关措施是该条意义上的“在战争或其他国际关系的紧急情况下”实施的,因此根据该条规定,美国实施的与 GATT 规定不一致的措施是不合理的。③

三、安全例外条款的必要标准

WTO 协定没有规定适用安全例外条款的具体程序规则,安全例外条款与其他规定之间存在的重要差异是,允许成员为维护其基本安全利益而背离某些实体义务。根据俄罗斯 - 过境运输案的专家组的裁定,GATT 安全例外不具有自我裁判性质,基本问题不再是国家安全条款是否具有自我裁判性质的问题,而是专家组(最终由上诉机构)在这种情况下适用什么样的审查标准进行裁定的问题。尤其是,对安全例外条款所允许的审查标

---

① See *United States-Certain Measures on Steel and Aluminium Products*, WT/DS544/R, Report of the Panel, 9 Dec. 2022, paras. 7.137 – 7.143.

② Id., para. 7.147.

③ Id., para. 7.148 – 7.149.

准的任何分析都不能偏离条约案文。

（一）“其认为”的解释

GATT 第 21(b)条的一个显著特征是，它规定不应阻止 WTO 成员采取“其认为保护其基本安全利益所必需的行动”。词语“认为”被理解为“认为某物具有特定的性质”，并且从这个角度来看，具有明显的主观缺陷。① 尤其是，“其认为”一语的功能需要认真考虑。首先，该短语并不符合国家安全例外的所有要素。它不会出现在 c 款(维护国际和平与安全的措施)中，而只会出现在 a 款(信息披露)和 b 款(基本安全利益)中，必须特别注意的是 b 款。以下就以第 21(b)条的结构为例进行分析。

第 21(b)条的结构要求分两步进行评估。首先，援引方的措施必须是“保护其基本安全利益所必需的”。其次，它必须适应第(i)项至第(iii)项所述的一种情况。问题是，“其认为”一语是仅在一项措施“对于保护其基本安全利益而言是必需的”的问题上给予成员酌处权，还是在根据第(i)项至第(iii)项确定的附加要求方面也给予成员酌处权？俄罗斯－过境运输案专家组对这一问题进行了详细分析。② 其结论是：

> 第 21(b)(iii)条的一般含义，就其上下文而言，根据 GATT 和 WTO 协定的目的和宗旨，指的是第 21(b)条的开头部分的“其认为”的形容词条款并不符合第(iii)项中确定情况的条件。相反，要使有关行动落入第 21(b)条的范围之内，必须客观地认定该行动符合该条列举的一项要求。③

按照这一解释，“其认为”一语修饰“行动”这个名词，因此仅与适用第 21(b)条的第一个条件有关。④ 专家组认为，成员在确定某项措施是否是保护其“基本安全利益”所必要时享有广泛的酌处权，受到了第(i)项至第(iii)项的反击，后者是“作为限制性条款运行的”。⑤ 第 21(b)条的起首部分与各

① See *Russia-Measures Concerning Traffic in Transit of Ukrainian Products*, WT/DS512, Third Party Executive Summary of the United States of America, 27 Feb. 2018, p. 1.

② See *Russia-Measures Concerning Traffic in Transit*, WT/DS512/R, Report of the Panel, 5 Apr. 2019, paras. 7.62 – 7.82.

③ Id., para. 7.82.

④ See George Dian Balan, *On Fissionable Cows and the Limits to the WTO Security Exceptions*, 14 (1) Global Trade and Customs Journal 2(2019).

⑤ See *Russia-Measures Concerning Traffic in Transit*, WT/DS512/R, Report of the Panel, 5 Apr. 2019, para. 7.65.

分项所列条件的分离意味着，对每个要素的评估都应遵循不同的审查标准。从这个意义上讲，专家组或上诉机构可以客观地确定缔约方安全措施是否是在战时或国际关系中发生其他紧急情况时采取的，从而判断其是否属于 GATT 第 21(b)(iii)条的范围。这项客观评估将包括确定存在条约规定所描述的情况（“战争”或“其他紧急情况”）以及“按时间顺序发生的事件”（“及时”）的分析。① 在俄罗斯 - 过境运输案中，专家组分析了第(iii)项，并解释：

> 国际关系中存在紧急状况是一种客观状况，根据第 21(b)(iii)条确定该行动是否是“及时”采取的“国际关系紧急状况”是一种客观事实，有待客观确定。②

对 GATT 第 21(b)条起首部分的分析，其特点是承认援引成员享有更大的酌处权。尽管有这种酌处权，审判机构仍必须能够审查一项措施是否“符合一国的非经济安全利益，并且此类权益显然不能通过限制性程度较低且同样有效的措施……而明显地被剥夺”。③

从语法的角度来看，GATT 第 21(b)条起首部分的“其认为”一语也可以理解为仅限定了该措施的必要性，而排除了确定是否存在“基本安全利益”的可能性。④ 专家组认识到，成员在确定自己的安全基本利益方面也享有相当广泛的酌处权：

> 被认为与保护国家免受此类外部或内部威胁直接相关的特定利益将取决于特定情况和对有关国家的看法，并且可以预期，随着环境的变化而变化。由于这些原因，一般来说，留给每个成员定义它认为是其基本安全利益的权利。⑤

（二）满足必要性的条件

WTO 安全例外条款中“其认为”的用语能否被解释为保护援引安全

---

① See *Russia-Measures Concerning Traffic in Transit*, WT/DS512/R, Report of the Panel, 5 Apr. 2019, paras 7.70 – 7.71.

② Id., para. 7.77.

③ See George Dian Balan, *On Fissionable Cows and the Limits to the WTO Security Exceptions*, 14 (1) Global Trade and Customs Journal 2 (2019).

④ See *Russia-Measures Concerning Traffic in Transit*, WT/DS512/R, Report of the Panel, 5 Apr. 2019, para. 7.63.

⑤ Id., para. 7.131.

例外成员实施相关措施或者裁定“基本安全利益”的“必要性”要件是有争议的。

在俄罗斯－过境运输案中，俄罗斯认为“其认为”的短语意味着成员有权裁定自己的基本安全利益以及决定采取行动保护这些利益的必要性，这完全是各国的自由裁量权，这也得到了一些第三方的支持。乌克兰则认为，虽然成员有权决定自己保护其基本安全利益的水准，但是这并不意味着成员可以最终决定自己的基本安全利益，应当由专家组而不是成员来根据国际公法上的习惯解释规则解释基本安全利益。① 专家组指出，很明显，“基本安全利益”是一个比“安全利益”更窄的概念，通常被认为是那些与国家基本职能有关的利益，也即保护其领土和认可免受外来威胁，以及维持法律和国内公共秩序。那些被认为与保护某国免受外来或内部威胁直接相关的特定利益将取决于有关国家所处的特定情形和认识，并且可以随着环境的变化而变化。因此，一般来讲，应由每个成员自己界定什么是其认为的基本安全利益，但这并不意味着成员可以自由提高其所担忧的基本安全利益标准，此类权利要受到善意解释和适用第21(b)(iii)条的义务的限制，也即要根据《维也纳条约法公约》第31(1)条(善意解释条约)和第26条(善意履行条约)所体现的一般国际法原则进行善意解释。②

(三)诚信原则的限制

尽管专家组承认酌处权的范围很广，但酌情应受到诚信原则的限制，这是一项告知条约解释和阻止国家滥用安全例外的原则，并不意味着成员可以将所有关切提升为基本安全利益。③ 此类自由裁量权仍需遵守《维也纳条约法公约》第26条规定的诚信原则，这已经在国际法院就法国和吉布提之间关于刑事案件司法协助的某些问题发布的裁决中得到了承认，也即在缔约他方提出的请求有损主权、安全、公共秩序或其他基本利益的情况下，缔约方根据两国条约可以有拒绝相关请求的酌处权，但这种酌处权在任何情况下均应遵守1969年《维也纳条约法公约》第26条规定的诚信原则，并且国际法院将对拒绝执行委托书的理由进行审查。④ 此外，该酌处权行使应当遵守的诚信原则也得到了一些国际投资仲裁庭的支持，譬如

① See *Russia-Measures Concerning Traffic in Transit*, WT/DS512/R, Report of the Panel, 5 Apr. 2019, para. 7. 129.

② Id., paras. 7. 130 – 7. 132.

③ Id., paras. 7. 132 – 7. 133.

④ See *Case Concerning Certain Questions on Mutual Assistance in Criminal Matters* (*Djibouti v. France*), Judgment, International Court of Justice Reports 2008, para. 145, p. 229.

LG &E 案仲裁庭就曾指出，即使是一个自我裁判的安全例外，也不能排除以诚意为手段对一项措施的审查。①

在实践中，根据 GATT 第 21 条规定对安全措施的审查必须专门集中于国家是否滥用了本国措施。② 因此，俄罗斯 - 过境运输案专家组裁定：

> 援引成员有义务明确说明由国际关系紧急状况引起的基本安全利益，并足以证明其真实性。达到足够水平的清晰度将取决于所讨论的国际关系中的紧急情况。特别是，专家组认为，该成员援引的“国际关系紧急情况”的特征较少，也就是说，它距离武装冲突，或法律和公共秩序崩溃的情况（无论在援引成员中还是其紧急情势中）越远，通常预期会出现的维护国防或军事利益，或维护法律和公共秩序利益的重要性越不那么明显。在这种情况下，与国际关系中发生紧急情况（如武装冲突）相比，成员需要更加明确地阐明其基本安全利益。③

总之，专家组对安全例外采取了平衡的方法。它将第 21(b)条起首部分的不同审查标准与对第(i)项至第(iii)项进行更严格的客观分析加以结合，进而达到合理维持成员对自身安全的主权决定权与保护世界贸易体系免于滥用安全例外之间的微妙平衡。绝对服从会导致各国为限制贸易的国家安全措施作出辩解或通知的不良后果，④这将损害透明度并危及世界贸易体系的目标。

专家组的做法不仅减少了滥用安全例外的风险，而且避免了剥夺国家主权以决定其国家安全利益的可能性。遵从很重要，毕竟，利益攸关“国家的基本职能”，⑤国家安全问题攸关国家存在的核心。但是，裁判机构缺乏对安全措施进行全面“重新评估”所需的资源以及信息，如果他们试图用一国的政策选择来代替自己的选择，通常会超出其职责范围。⑥

---

① *LG &E Energy Corp. et al. v. Argentina*, ICSID Case No. ARB/02/1, Decision on Liability, 3 Oct. 2006, para. 214.

② See S. Schill & R. Briese, “*If the State Considers*”: *Self-Judging Clauses in International Dispute Settlement*, 13(1) Max Planck Yearbook of United Nations Law 61(2009).

③ *Russia-Measures Concerning Traffic in Transit*, WT/DS512/R, Report of the Panel, 5 Apr. 2019, para. 7. 134 et seq.

④ See Raj Bhala, *National Security and International Trade Law*: *What the GATT Says*, *and What the United States Does*, 19(2) University of Pennsylvania Journal of International Law 263 (1998).

⑤ See *Russia-Measures Concerning Traffic in Transit*, WT/DS512/R, Report of the Panel, 5 Apr. 2019, para. 7. 130.

⑥ See *CC/Devas v. India*, PCA Case No. 2013 - 09, Award on Jurisdiction and Merits, 25 Jul. 2016, para. 245.

把 GATT 第 21 条理解为一项非自我裁判条款，要求有限的审查标准这一做法与安全例外的源起考察是一致的。① GATT 第 21 条与 1948 年《哈瓦那宪章》第 99 条极为相似，在某种程度上是冷战时期国际政治的一种表达。② 尽管如此，谈判记录仍然提供了对安全例外基本原理的见解。有关谈判记录表明，美国代表团内部对安全例外可能对世界贸易体系产生的破坏性影响深感关切。虽然美国代表承认安全例外的适用完全留待援引方掌握，即同意每一缔约方都在危急情况的措施方面享有酌处权，但美国政府其他部门的代表则倾向于采取更为谨慎的措辞。相比之下，对于安全条款的其他条件将不会给予这种酌处权。③ 列入国家安全条款是美国政府加入 WTO 的几种"不可谈判的"条件之一，只是后来《哈瓦那宪章》由于美国国会拒绝批准而从未生效。④

在 1947 年日内瓦谈判期间，一个美国政府代表指出，安全例外的范围不能像"允许任何东西"那样广泛而允许各国将商业措施隐藏在安全的掩盖之下。⑤ 但是，它也不能狭义到可以削弱一个国家为维护自己的安全利益而真正需要采取的措施。⑥

四、WTO 专家组报告小结

综合前述 WTO 专家组报告，可以认为，在俄罗斯－过境运输案中，专家组认为自 2014 年乌克兰和俄罗斯战争以来两国之间的局势构成了国际关系中的紧急情况，即武装冲突或潜在武装冲突，或紧张局势，或危机加剧，或笼罩、包围一个国家的普遍不稳定局势。俄罗斯提起安全例外抗辩的论点是合理的，即俄罗斯实施了限制乌克兰货物过境俄罗斯的措施，以保护其"基本安全利益"。

---

① 关于条约起草者的意图存在一些争议。因此，美国在俄罗斯－过境运输案的第三方提交文件（反对完全推崇审查标准的争论）在很大程度上依赖于对基本安全条款的历史理解和起草历史。See *Russia-Measures Concerning Traffic in Transit of Ukrainian Products*, WT/DS512, Third Party Executive Summary of the United States of America, 27 February 2018, p. 2 et seq.

② See Kenneth J. Vandevelde, *The First Bilateral Investment Treaties: U. S. Postwar Friendship, Commerce, and Navigation Treaties*, *Oxford University Press*, 2017, p. 145 et seq.

③ Id., pp. 509－510.

④ 关于美国国内对国际贸易组织的反对意见，参见［美］道格拉斯·欧文：《贸易的冲突：美国贸易政策 200 年》，余江等译，中信出版集团股份有限公司 2019 年版，第 496～503 页。

⑤ See A. Loewenfeld, *International Economic Law*, Oxford University Press, 2008, p. 917.

⑥ See Statement of the delegate of the United States, JM Leddy, UN Economic and Social Council, Second Session of the Preparatory Committee of the United Nations Conference on Trade and Employment, Verbatim Report, Thirty-Third Meeting of Commissio na (24 Jul. 1947) E/PC/T/A/PV/33, 21.

在沙特阿拉伯－知识产权保护案，专家组认为当沙特切断与卡塔尔的所有“外交、领事和经济关系”时，两国之间的国际关系开始出现紧急情况。专家组接受了沙特的论点，即它实施的阻止卡塔尔企业集团寻求律师在沙特执行其知识产权的行为是以保护其基本安全利益为目的的。

在美国－钢铝产品措施案中，专家组认为，根据 GATT 第 21(b)(iii)条，美国对衍生钢铁和铝产品征收额外进口关税是不合理的，因为其对钢铝产能过剩的担忧并没有上升到国际紧张局势的严重程度而构成国际关系中的紧急情况。

可以说，自 2019 年以来，WTO 专家组至少已经在八起案件中对 WTO 成员援引安全例外作出了裁决，并分别作出了承认或否定安全例外抗辩的裁定，但又都强调各成员对基本安全利益措施的事实并不是完全自我裁判的，WTO 专家组享有审查的管辖权。无论如何，这些报告打破了 WTO 成立以来对于 WTO 争端解决体系中安全例外含义的沉默，其裁定在保留 WTO 管辖权并认为各成员不享有完全自我裁判权的同时，又在解释和适用安全例外时给予 WTO 成员一定的尊重，并要求对被诉成员援引这些安全例外是否合理进行客观分析。类似美国在钢铝关税案中那样仅指出对产能过剩的普遍担忧是不够的。虽然 WTO 专家组的此种做法可以防止国家安全例外演变为不受监控和被滥用，但对各成员做出更加遵从和不那么严格解释的决定也可能会严重损害渐进式贸易自由化带来的好处。

本章小结

在 WTO 审判机构没有明确的裁定之前，安全例外条款通常被定性为自我裁判性条款。① 这种理解与对成员在政治和法律上采取审慎态度的期望相结合。② 在不损害 WTO 协定有效性的前提下，自我裁判安全例外的想法是不切实际的幻想，一旦某成员的安全措施影响了另一个成员的经济利益，这种幻想就结束了，也就会引起相关的经贸争端。尤其是，前述 GATT 时期和 WTO 体系下的相关案件表明，安全例外条款面临的挑战，主要不是《哈瓦那宪章》谈判时所担忧的安全例外可能被滥用于贸易保护，

① See Roger P. Alford, *The Self-Judging WTO Security Exception*, 3 (3) Utah Law Review 697(2011).

② See Raj Bhala, *National Security and International Trade Law: What the GATT Says, and What the United States Does*, 19(2) University of Pennsylvania Journal of International Law 263 (1998).

而是国家安全泛化使其成为出口管制或单边经济制裁的合法化理由。①因此,俄罗斯-过境运输案等专家组采取的谨慎态度是较受欢迎的,其一方面承认成员在援引安全例外条款时有一定的酌处权,另一方面也认为这种酌处权并非不受束缚。这种方法与投资仲裁中的普遍观点一致,也得到了其后的WTO专家组的认可。

WTO专家组对安全例外条款的适用都要求有客观的审查标准。专家组在客观评估缔约方实施的措施是否确实涉及基本安全利益时,还必须对案件是否适合GATT第21条安全例外条款第(i)项至第(iii)项所述情况进行客观分析。相反,各国在选择和设计其认为对于保护这些利益"必需"的措施时享有广泛的酌处权,并且该权利不得排除任何形式的审查。②但是这些裁决表明,安全例外为WTO成员定义自己的基本安全利益以及保护这些利益所需的措施提供了一定的范围空间。在对国际关系中是否存在紧急情况以及在这种紧急情况下被质疑的措施与安全利益之间所声称的联系有效性进行"客观评估"方面,各专家组一直是无所畏惧的。③专家组寻求的是一种适当的平衡,以防止滥用安全例外,否则可能使成员规避其义务。即便如此,有关措施的起草和实施也必须进行严格的审查,以确保有关国家的行为遵守诚信原则。无论如何,WTO专家组希望放弃针对国家安全利益的保护措施的深度评估,至少对GATT第21条安全例外的目的和宗旨以及起草历史的分析表明,这种缔约方享有的国家安全的酌处权决不会无止境地适用。④

但是同时,专家组在相关裁决中拒绝接受美国的立场,即"国家安全问题是政治问题,不属于WTO争端的范围",这可能会增加美国对上诉机构任命谈判的阻力。此外,专家组裁定WTO协定安全例外并非完全"自我裁判"并应受到司法审查的结果可能会促成贸易条约下的进一步争议,也会在某种程度上鼓励私人投资者在投资者-国家仲裁程序中继续挑战与国家安全相关的措施。

---

① 参见李晓玲:《WTO安全例外条款:实践演进、路径选择与中国因应》,载《国际法研究》2023年第3期。

② See Cf., *Russia-Measures Concerning Traffic in Transit of Ukrainian Products*, WT/DS512, Third Party Written Submission of the European Union, 8 Nov. 2017.

③ See Tania Voon, *Testing the Limits of WTO Security Exceptions*, Hinrich Foundation (Aug. 8, 2023), https://www.hinrichfoundation.com/research/article/wto/testing-the-limits-of-wto-security-exceptions/.

④ See Sebastián Mantilla Blanco and Alexander Pehl, *National Security Exceptions in International Trade and Investment Agreements: Justiciability and Standards of Review*, Springer Nature Switzerland AG, 2020, p. 5.

无论如何，在通过澄清国家安全例外的含义解决悬而未决的争端时，WTO 专家组当然必须承认，WTO 成员通常拥有主权权利，可以自行决定什么对其国家安全最有利。然而，它们这样做的方式是必须承认并肯定此类国家安全的决定是条约义务的例外。这些行为绝不能成为常态。如果发生这种情况，多边贸易体制的基础将受到破坏，国际贸易将陷入一个黑洞，即例外将成为规则。① 例外毕竟就是例外，其和规则之间有本质上的不同。而且，国际贸易裁判中处理安全例外的实践能否为国际投资仲裁所接受，仍然是个需要时间来回答的问题。

① See James Bacchus, *The Black Hole of National Security: Striking the Right Balance for the National Security Exception in International Trade*, CATO Policy Analysis (Nov. 9, 2022), https://www.cato.org/sites/cato.org/files/2022-11/policy-analysis-936.pdf.

第八章　潜在国家安全抗辩的典型例证分析

国际投资条约中的国家安全条款,包括含有投资条款的贸易协定中的安全例外条款的规定,除前述国际投资仲裁和 WTO 体系中的案例之外,安全例外抗辩在实践中亦有应用,只不过这种应用仍然非常有限,甚至在出现国际关系紧张时,各国仍不愿提起安全例外抗辩。不过在实践中,针对国际关系中出现的某些非常迫切或者需要紧急处理的事情,各国也有可能会提起某些潜在的国家安全抗辩。本章针对此类问题,以气候变化、跨境数据监管以及移动应用程序的监管为例进行分析。

第一节　气候友好型争端的解决与国家安全例外抗辩

自 20 世纪 80 年代以来,气候变化和温室气体效应已经深刻影响人类的生存和发展,使人类面临环境危机和严峻挑战。尤其近些年,气候变化的不利影响已经涉及几乎所有社会各阶层以及国内外各种经济活动,不断发生的极端天气情况也被认为是与气候变化有关的典型事例。当前,由气温上升引起的气候变化被认为是全球最为关注的问题之一,而减缓气温上升的主要途径就是减少对化石燃料的依赖和投资,向可再生能源和可持续性发展过渡,以有效缓解气候变化。在此背景下,国际社会先后签订了诸如 1992 年《联合国气候变化框架公约》(UNFCCC)、1997 年《京都议定书》以及 2016 年《巴黎协定》等应对气候变化的一系列国际协定。尤其是根据《巴黎协定》第 2 条的规定,缔约方有义务把全球平均气温升幅控制在工业化前水平以上低于 2°C 之内,并努力将气温升幅限制在工业化前水平以上 1. 5°C 之内,同时使资金流动符合温室气体低排放和气候适应型发展的路径。为履行国际气候协定的义务,各国对气候友好型投资往往有一系列的优惠措施,鼓励低碳领域投资,限制并取消高排放、高耗能或高污染的非气候友好型投资措施。

2021 年 11 月中旬,在格拉斯哥结束的 UNFCCC 第 26 次缔约方大会达成了一项历史性的《格拉斯哥气候公约》,其主要内容包括要求各国加速“逐步减少”煤炭使用，“从所有来源调动气候资金，以达到实现《巴黎协定》目标所需的水平”，同时，“近500家金融服务公司同意将其所管理的约占全球的40%的130万亿美元资产的投资方向与《巴黎协定》设定的目标原则保持一致，包括将全球变暖限制在1.5摄氏度以内”。[①] 这是联合国此类文件中首次明确提到逐步减少煤炭使用，同时也强调继续进行与《巴黎协定》原则相一致的投资目标，也即发展和加强气候友好型投资。另外，缔约方也承认，虽然气候变化减缓仍然将是未来UNFCCC缔约方谈判中继续进行磋商的主题之一，但是会议提到的逐步减少煤炭使用，结束化石燃料补贴以及兑现1000亿美元的气候融资承诺仍然没有完全实现。因此，在减缓气候变化的过程中，应该加强甚至重视国际投资的作用，毕竟很多基建和化石燃料的勘探和开采以及可再生能源的投资都涉及外国资本，跨境投资在全球气候变化减缓乃至气候安全的实施过程中将会发挥越来越重要的作用，因此需要从国际投资法的角度加强气候变化问题的研究，包括对相关气候友好型投资争端的实证分析，为未来相关政策的制定提供一定的借鉴作用。

一、国际投资条约与气候变化减缓的关系

很明显，各国履行减缓气候变化义务就需要加强温室气体减排和逐步淘汰对化石燃料使用设施的投资。同时，此类气候友好型投资措施的实施可能会损害投资者的利益而与各国承担的投资义务相冲突。

（一）履行减缓气候变化义务需要外国直接投资的支持

无论气候变化的主因是人类二氧化碳排放增加还是地球周期性变化，气候变化都已经日益深刻地影响到了人类的活动，资本配置应当考虑这一问题。这里实际上是说，制定应对气候变化的政策需要并促进其与投融资相结合，也即气候投融资，其实际上是为实现国家自主贡献目标和低碳发展目标的投资和融资，以引导和促进更多资金投向应对气候变化领域的投融资活动，包括调整产业结构，譬如由高污染向低污染转型；优化能源结构，大力发展可再生能源，逐步淘汰燃煤和石化能源；提高重点领域防灾减灾和救灾能力；控制工农和废弃物等非能源活动温室气体排放；加快促进可持续发展的基础设施建设等。不过，为了实现将全球变暖限制在1.5°C

① 《第26届气候变化大会最后一刻达成“妥协性”协议　联合国秘书长称其为“重要一步，但仍需继续努力”》，载联合国网2021年11月13日，https://news.un.org/zh/story/2021/11/1094442.

以内的气候目标，到2030年，年度气候融资必须增加至4.35万亿美元。① 因此，气候友好型投资仍然有很大的前景。

要实现净零排放，需要所有公私行为体将其资金与《巴黎协定》目标保持一致。因此，气候投资不能仅仅依靠政府的力量，还需要民间资本和外资进入气候投融资领域。尤其是，各国在减缓气候变化的过程中也需要鼓励和引导合格的境外投资者参与境内的气候投融资活动，同时也支持本国相关企业到境外进行气候投融资活动。因此，减缓气候变化的责任不能仅由政府机构承担，民间组织和境外资本也应当承担一定的责任。

事实往往并不如计划那么乐观。根据前述气候政策倡议组织的研究，在2010～2020年，高排放投资继续流入关键部门，这些部门正在遏制新融资对减缓和适应气候变化的影响。气候投资应达到数万亿美元，而化石燃料投资应该在这十年内几乎停止。② 因此，需要持续性和创新性的气候投融资方案来创造有利于气候的投资，包括通过支持低碳转型和逐步淘汰高污染产业的政策激励措施。但是，各国为遵守气候变化减缓义务而实施的监管政策可能会导致已经进行的相关投资形成搁浅资产（stranded assets），③这将引发投资者合理期望降低甚至落空，投资者会根据国际投资条约采取法律行动。同样，从鼓励绿色投资的角度来看，如果有关激励或补贴政策因为各种情况而暂缓或者搁置，国家的不作为也会产生相应的争端，同样投资者会根据相关投资协定提起仲裁诉求，因为放弃之前给予绿色能源投资的政府补贴可能会升级为国际投资仲裁庭审理的案件。譬如，在西班牙可再生能源政策改革后，投资者根据《能源宪章条约》（ECT）对西班牙提出了数十起索赔，而近年也出现了少数与各国决定逐步淘汰化石燃料（特别是煤炭）有关的索赔，譬如德国的RWE和Uniper针对荷兰气候变化政策提起的诉求。④ 可以预计，因国家实施气候友好型投资措施而产生的争端肯定会继续增加。

---

① See Barbara Buchner et al., *Preview: Global Landscape of Climate Finance* 2021, Climate Policy Initiative (Dec. 14, 2021), https://www.climatepolicyinitiative.org/publication/global-landscape-of-climate-finance-2021/.

② Id.

③ 孙明春：《碳中和背景下的转型风险》，载《第一财经》2021年10月25日，第A11版。

④ Sam Meredith, "*Either we kill it, or it will kill us*": *The fight to dismantle a shadow court system threatening climate goals*, CNBC News (Nov. 24, 2021), https://www.cnbc.com/2021/11/24/climate-the-fight-to-dismantle-the-little-known-energy-charter-treaty.html.

（二）国际投资条约与减缓气候变化义务的冲突

传统的肇始于20世纪五六十年代的国际投资条约的基本功能是保护对外投资和约束东道国的规制权，[①]其规定的主要内容是投资者享有的投资保障权，以及东道国由此而承担的保护和给予外国投资相关待遇的义务，几乎没有出现有关环境保护或可持续发展或气候变化相关的条款。然而，国际投资保护机制并没有在实质上或在解决争端方面考虑到减缓或应对气候变化可能带来的极端风险这一现实。[②] 即使存在有关环境或自然资源等有关的条款，也主要集中在例外条款中。1992年联合国里约环发大会达成新的可持续发展政治承诺之后，与可持续发展或者气候变化有关的内容才开始陆续被纳入投资条约中，但仍然以序言规定为主要形式。事实上，虽然气候变化有关的条款开始逐步出现在国际投资条约中，但是大多数投资条约仍然没有明确规定气候目标。即使有规定，也主要是被规范在条约序言等不具有法定约束力的条款中，而且多以“可持续发展”等词语的形式出现。直到近年，国际投资条约中才开始出现有约束力的气候变化条款。例如，2016年《摩洛哥－尼日利亚BIT》对投资者规定了多项与环境保护有关的义务，包括在评估投资的环境影响时适用“预防原则”的要求，虽然该条约没有明确规定缔约方可以对投资者执行这些义务，但此类义务可能为缔约方投资者评估、管理和减少其温室气体排放打开了大门。[③] 不过到本书完成为止（2023年年底），该条约仍然未能生效。

问题是，当前的国际投资条约缺乏对气候变化和温室气体减排等问题的充分规定，而根据国际投资条约组建的国际投资仲裁机制也因为要保护传统投资者的内在倾向而使缔约方减缓气候变化的努力受限，甚至会因为未来裁决赔偿可能带来的“寒蝉效应”而暂停或终止实施有利于气候变化的政策，[④]比较典型的案例就是欧盟有关国家因为不对可再生能源继续给予补贴（如西班牙）或者逐步终止燃煤电厂（如荷兰）等而遭到投资者提起的仲裁诉求，这导致各国减缓气候变化的任务变得更加复杂。事实上，新一代的国际投资条约对有利于气候变化减缓条款或气候友好型条款的规定也只是片面的，国际投资仲裁庭的态度也不是太明朗。当前，气候变化

---

① 张晓君、曹云松：《“一带一路”建设中双边投资协定的功能发掘与范式构建》，载《国际经济评论》2021年第4期。

② See Daniel Magraw et al., *Model Green Investment Treaty: International Investment and Climate Change*, 36(1) Journal of International Arbitration 95(2019).

③ Morocco-Nigeria BIT (2016), Article 14.

④ Kyla Tienhaara, *Regulatory Chill in a Warming World: The Threat to Climate Policy Posed by Investor-State Dispute Settlement*, 7(2) Transnational Environmental Law 229 (2018).

减缓和应对资金的问题依然是各国履行气候减缓义务的焦点,从国际投资法的角度来看,这也是一个不断增长的气候变化减缓规范和国际投资条约义务交叉和相互冲突的领域,如果按照当前国际投资条约相关气候友好型条款不断增加的趋势以及国际投资条约越来越多规定非经济利益的实践发展速度,在未来几年中,此类投资争端将会越来越多地涉及非投资事项,投资规则与气候变化规制的冲突仍将会继续存在。

国际投资条约的实体规定首先是国民待遇和最惠国待遇,前者指的是外国投资者和本国国民享有等同的待遇,是以内外国投资者之间享有的投资待遇为比较对象的。而最惠国待遇则指缔约国一方给予另一方投资者的待遇,不得低于在类似情况下,给予任何第三国投资者的待遇,其是以不同国籍的外国投资者的待遇作为规范内容的,否则就容易被认为是给予其他国家投资者的歧视待遇。因此,在气候友好型投资政策的问题上,譬如在可再生能源补贴以及分阶段淘汰化石能源方面,缔约国颁布的有关气候友好型投资政策就可能会被认为在类似情况下是歧视性的,从而违反了国民待遇或者最惠国待遇。另外,早期投资条约的最惠国待遇条款通常还授权缔约国投资者可以援引对自己更为有利的第三方投资条约的相关规定,从而适用对自己更加有利的第三方条约,这实质上也会对其他国家的投资者产生歧视待遇。[①] 尽管新一代投资条约大多对最惠国待遇条款作更加严格的规范,但是目前生效的大多数投资条约仍然是较早一代的规范,原则上投资者可以援引此类规定,但单个仲裁庭是否愿意采纳还具有不确定性。

国际投资条约中另外一个重要的条款是征收,既包括直接征收,即强行夺取或拿走外国投资者的投资或财产,也包括间接征收,即通过颁布法令或实施某些措施,间接剥夺投资者的财产或相关权益,以至于投资者实际上失去了其财产的全部或部分权益。两类征收都有可能引发气候诉求,譬如很多国家开始对外国投资者占有的矿物或化石能源等进行国有化或部分国有化,无论是出于国家安全目的还是减缓气候变化目的,原则上,根据传统投资条约的规定,都要满足征收的四个基本要件,即基于公共政策目的、遵守正当程序、以非歧视的方式进行并给予合理或公平补偿,否则投资者就有可能会提起征收补偿之诉。[②] 譬如前述德国投资者 RWE 就荷兰

① 参见黄世席:《国际投资仲裁中最惠国条款的适用和管辖权的新发展》,载《法律科学(西北政法大学学报)》2013 年第 2 期。

② 参见张光:《论东道国的环境措施与间接征收——基于若干国际投资仲裁案例的研究》,载《法学论坛》2016 年第 4 期。

政府的逐步淘汰燃煤电力政策提起十几亿美元的仲裁诉求，其理由就是自己的投资被间接征收而没有得到合理的补偿。①

一个经常被投资者援引来提起仲裁诉求的实体规则是公平公正待遇，主要原因在于该规则中的公平和公正词语的含义模糊，从而给投资者和仲裁员留下了很大的解释空间。② 不同仲裁庭对不同投资条约中的公平公正待遇的解释，甚至不同仲裁庭对同一投资条约中的同一条款的解释都有可能会产生冲突，从而给公平公正待遇的解释增加了更多的不确定性。另外，公平公正待遇的适用通常与投资者的合理期待有关，也即东道国实施的某些环保或气候监管政策可能会损害投资者的未来期待权益，投资者因此可以根据该条款提起赔偿诉求。

ISDS 机制也在一定程度上限制了各国制定和实施有利于减缓气候变化的投资政策。该机制的一个主要特点在于其由一个 3 人组成的民间中立仲裁庭裁定外国投资者和东道国之间的争端，民间中立仲裁庭享有很大的自由裁量权，不需要遵守先例，也没有上诉程序，裁决中适用主要的法律依据是投资规则而不是其他国际法规范。根据 UNCTAD 的统计，截至 2023 年年底，在提起 1332 件仲裁诉求的投资者中，与减缓气候变化有关的高污染高排放企业占据了很大一部分，包括采矿采石业（215 件）、制造业（185 件）、电力燃气和空调供应业（236 件）以及建筑工程业（163 件）等。③ 随着政府实施气候变化减缓措施，投资者可能会越来越依赖 ISDS，为被认为对其业务活动产生负面影响的监管行动寻求补偿，而投资者寻求赔偿的威胁或举动又会在一定程度上阻碍各国颁布和通过相关环境或气候变化立法，这就是“监管寒蝉效应”，④对于各国颁布气候友好型投资政策是不利的。

（三）国际社会呼吁在投资条约中纳入减缓气候变化等非经济要素

一方面，当前东道国败诉以及投资者提起诉求的威胁已经对东道国尤其是发展中国家的财政预算以及对诸如公共健康、环保、可持续发展以及

---

① See Bart-Jaap Verbeek, *Research undermines billion euro "compensation" claims by German energy companies for Dutch coal phase-out*, SOMO News (28 April 2021), https://www.somo.nl/research-undermines-billion-euro-compensation-claims-by-german-energy-companies-for-dutch-coal-phase-out/.

② 参见王彦志：《国际投资法上公平与公正待遇条款改革的列举式清单进路》，载《当代法学》2015 年第 6 期。

③ See UNCTAD, *Investment Dispute Settlement Navigator: Economic sector and subsector*, UNCTAD Investment Policy Hub (31 December 2023), https://investmentpolicy.unctad.org/investment-dispute-settlement/advanced-search.

④ Kyla Tienhaara, *Regulatory Chill in a Warming World: The Threat to Climate Policy Posed by Investor-State Dispute Settlement*, 7(2) Transnational Environmental Law 229 (2018).

气候变化等公共政策带来一定程度的负面影响。另一方面,有关研究指出,国际投资条约以及国际投资争端解决机制的存在能给那些亟须外国直接投资的发展中国家带来效果立显的量化投资或者快速促进了东道国的经济发展尚不明确,因为对投资条约经济影响的任何评估不仅取决于投资条约是否增加了外国投资总额,还取决于投资条约如何以及为何影响不同类型的投资。① 投资条约仅保护外国投资者以及不同国家投资者不同待遇的规定也遭到了反对和批评,改革国际投资条约保护机制的呼声越来越高,不仅仅是在国际组织中,更多的是民间社团等非政府组织以及有关国家的呼吁。

在国际组织中,UNCTAD 和 UNCITRAL 一直是改革国际投资法的积极倡导者。UNCTAD 不仅出版每年一卷的世界投资报告和国际投资政策文件,还起草了国际投资机制改革的一揽子框架草案,②其中建议的改革国际投资条约的方案之一是参照全球标准,促进国际投资条约机制与其他国际法领域的和谐共荣,包括 UNFCCC、《京都议定书》以及《巴黎协定》规定的气候变化规则。UNCITRAL 领导的第三工作组专门负责 ISDS 的改革工作,其不但牵头起草并由联合国通过了《投资人与国家间基于条约仲裁的透明度公约》,而且每年召开数次工作组会议,就 ISDS 机制的改革进行探讨,包括纳入国家反诉的可行性,探讨在可行的情况下允许东道国在投资人未能履行条约义务或者就任何违规行为对投资人提起反诉,此类根本关切源于投资条约对东道国规定了义务而没有给投资者规定任何义务或只是规定了非常有限的义务的这样一个事实。③ 因此,对于因为外国投资者的投资活动引发的不利于减缓气候变化的投资行为,东道国可以提起反诉。

以欧盟为首的 ECT 成员国也在积极进行 ECT 的改革和现代化工作,尤其是考虑到迫切需要采取气候行动,ECT 真正需要的是鼓励低碳、可持续的能源投资,阻止碳密集型、不可持续的投资,以推进《巴黎协定》下的气候目标和可持续发展目标。④ 其目的就是确保 ECT 更好地反映气候变

---

① Jonathan Bonnitcha, Lauge N. Skovgaard Poulsen & Michael Waibel, *The Political Economy of the Investment Treaty Regime*, Oxford University Press, 2017, p. 166.

② UNCTAD, *World Investment Report* 2018: *Investment and New Industrial Policies*, United Nations, 2018, p. 86.

③ UNCITRAL 第三工作组:《投资人与国家间争端阶级制度的可能改革:多重程序和反诉(秘书处的说明)》(A/CN. 9/WG. III/WP. 193),联合国 2020 年版,第 33 ~ 35 段。

④ Martin Dietrich Brauch, *Modernizing the Energy Charter Treaty*: *A Make-or-break Moment for Sustainable*, *Climate-friendly Energy Policy*, IISD Blog (13 November 2019), https://www.iisd.org/blog/modernizing-energycharter-treaty-make-or-break-moment-sustainable-climate-friendly-energy.

化和清洁能源转型目标，并促进向低碳、更加数字化和以消费者为中心的能源系统的过渡，从而为实现《巴黎协定》的目标和欧盟提出的脱碳目标作出贡献。① 另外，一些国家也纷纷发表改革国际投资条约的意见，包括在投资条约中纳入可持续发展、环境保护、国家监管权、保护人权以及改革 ISDS 机制的条款，或者宣布废除国际投资条约或者退出含有 ISDS 机制的《ICSID 公约》等。② 不过，尽管很多改革成果声称所谓的改革动力可能包括可持续发展或者气候驱动要素，但是几乎没有什么条约明确规定减缓气候变化或者实现《巴黎公约》的目标，更不用说具体到规定高排放或高污染行业的转型投资了。并且，国际投资条约中纳入减缓气候变化或气候驱动内容需要各主权国家之间的谈判，其间当然也需要一定的时间，因此指望短期内在投资条约中大范围地纳入气候投资有关的条款是不现实的。

一些民间组织也开始对国际投资条约的改革或纳入可持续发展内容提供自己的指导或建议。譬如，由斯德哥尔摩商会（SCC）赞助的斯德哥尔摩条约实验室牵头起草了《绿色投资条约》，其要求投资者要一年两次报告与气候变化有关的影响评估问题，有关投资活动要遵守当地法律且实质上符合世界银行环境和社会标准或者国际金融公司绩效标准，并规定在投资者违反此类规定的情况下东道国有提起反诉的权利等。③

二、国际投资仲裁实践处理气候友好型投资争端的两难

尽管当前国际投资条约很少专门规定与气候变化有关的条款，但是涉及气候友好型投资政策的争端却在近几十年来不断出现，尤其是在欧盟国家修改可再生能源的补贴政策以及其他国家颁布相关应对气候变化的政策立法后，一些化石燃料和矿业资源的外国投资者开始对相关东道国提起仲裁诉求，而每个具体案件临时组成的国际投资仲裁庭对相关政策的态度也是不一致的，因此在处理气候友好型投资政策的问题上也很难得出一个明确的结论。但是相关案例的增加至少表明全球气候友好型政策诉求的一个重要发展趋势：虽然这些案例并不总是明确提及气候变化，但它们都与为实现国家气候目标而明确制定的气候友好型政策相关。

---

① EU Commission, *Commission Presents EU Proposal for Modernising Energy Charter Treaty*, European Commission News (27 May 2020), https://trade.ec.europa.eu/doclib/press/index.cfm?id=2148.

② 参见黄世席：《投资者—国家争端解决机制的发展与应对》，法律出版社 2021 年版，第 43～58 页。

③ Daniel Magraw et al., *Model Green Investment Treaty: International Investment and Climate Change*, 36(1) Journal of International Arbitration 95(2019).

(一)积极实施气候友好型政策的争端

各国实施的减缓气候变化政策比较宽泛,并且考虑到《巴黎协定》签订的时间较为短暂,很少有投资条约明确规定与气候变化有关的条款,此类争端可能更多涉及各国的环保政策。由此引发的关键问题是,各国在实施气候友好型政策措施后造成现有投资价值搁浅而被要求赔偿。譬如在 *Al Tamimi v. Oman* 案(*Al Tamimi* 案)中,申请人声称其在阿曼开采石灰石的租赁协议由于政府涉嫌骚扰和干预而被迫终止,进而根据《美国 - 阿曼 FTA》提起间接征收和最低待遇标准的诉求。仲裁庭指出,相关 FTA 规定在不与公约投资章的明确规定相冲突的情况下,保护任一缔约方采取、维护或执行任何措施以确保以对环境问题敏感的方式进行投资的权利;同时,缔约方在适用和执行其各自环境法时保留有很大程度的裁量余地,因此仲裁庭的审查权并不是无限制的。① 该案裁决强调缔约国遵守和适用国内环境法的重要性,并对根据国际投资条约衡量东道国行为采取了较高的标准。同样在 *Muszynianka v. Slovakia* 案(*Muszynianka* 案)中,申请人因为东道国宪法修正案禁止跨境运输来自东道国瓶装矿泉水以外的水而提起诉求,仲裁庭多数意见认为宪法修正案与水源保护、公共健康和自然资源监管的合法公共政策目标有着合理的联系,同时又符合比例性原则,而且没有针对性的证据表明宪法修正案是由于气候变化对饮用水和地下水的担忧而引起的,修正宪法的主要目的是保护该国其他地区的保护区。② 因此,仲裁庭裁定不对申请人予以赔偿。

类似案件还在不断发生,譬如,在哥伦比亚宪法法院执行禁止在提供该国 70% 饮用水的敏感高海拔生态系统中采矿的法律之后,三个独立的加拿大矿业公司发起了 ISDS 案件,索赔金额达数亿美元。其结果是,其中的一个公司 *Eco Oro v. Colubia* 案(*Eco Oro* 案)仲裁庭已经于 2021 年 9 月作出有利于投资者的裁定,具体数额待定,申请人胜诉;③*Red Eagle v. Colombia* 案(*Red Eagle* 案)仲裁庭于 2024 年 2 月作出有利于东道国的裁定,即哥伦比亚政府禁止申请人在高海拔地区采矿并不违反相关的贸易协定;④而

---

① *Adel A Hamadi Al Tamimi v. Sultanate of Oman*, ICSID Case No. ARB/11/33, Award, 3 Nov. 2015, paras. 387 – 390.

② *Spoldzielnia Pracy "Muszynianka" v. Slovakia*, UNCITRAL, PCA Case No. 2017 – 08, Award, 7 Oct. 2021, paras. 515 – 544.

③ *Eco Oro Minerals Corp. v. Republic of Colombia*, ICSID Case No. ARB/16/41, Decision on Jurisdiction, Liability and Directions on Quantum, 9 Sept. 2021, para. 380.

④ *Red Eagle Exploration Limited v. Republic of Colombia*, ICSID Case No. ARB/18/12, Award, 28 Feb. 2024.

Galway Gold Inc. v. Colombia 案(*Galway Gold* 案)[①]还正在仲裁中。此类案例表明,环境问题包括减缓和应对气候变化的政策和法规可能在投资仲裁庭的决策中发挥更实质性的作用,也预示着未来仲裁庭在考虑和裁决气候友好型投资纠纷方面可能会发生某些变化。

在实施气候友好型政策时,东道国的环境许可往往会成为争议的焦点,而且很多投资争端都与东道国根据国内法实施的环境许可政策有关。譬如在 *Bilcon v. Canada* 案中,申请人拟议的开采玄武岩以及建设海运码头的投资项目位于沿海的生态敏感地区,其也是几种濒危物种的主要栖息地,地方政府因为环境影响评估而拒绝发布许可。在投资者提起仲裁后,仲裁庭作出有利于投资者的裁决,但同时指出,环境评估报告对相关问题的分析并未将经济或技术置于人类关切之上;缔约方的立法者可以根据自己的意愿设定严格和广泛的环境标准,并且可以授予各种行政机构想要的任何授权。[②] 该案的焦点是加拿大地方政府邀请相关专家进行的环境影响评估没有得到仲裁庭的尊重,因此裁定东道国违反了公平公正待遇。

在裁决支持东道国的 *Pac Rim Cayman v. El Salvador* 案(*Pac Rim Cayman* 案)中,由于东道国供水紧张和当地社区的反对,在对有关矿业造成的环境影响尤其是对该国稀缺的水资源的影响进行评估后,东道国政府决定终止加拿大投资者的跨洋开采许可证。仲裁庭根据国内投资法裁定申请人的诉求没有法律依据,因为根据国内矿业法的规定,申请人没有从东道国得到任何合法的权利,东道国也没有就争议项目许可终止后继续授予申请人开发许可的义务,因此申请人无权索要赔偿,东道国也无须支付赔偿。[③] 该案申请人在原来许可终止后再次申请许可时因为保护水资源而被禁止,仲裁庭适用的是东道国的国内法而不是投资条约和其他国际法规则。同样在适用国内法方面,*Cortec Mining v. Kenya* 案(*Cortec Mining* 案)仲裁庭认为投资者未能遵守肯尼亚法律对采矿项目施加的环境影响评估要求,并且未能获得环境影响评估许可证,因此不存在受保护的投资。申请人的诉求没有任何合法存在或法律效果的文件的支持,故不能产生相应的赔偿权利。因此,一项投资如果想在国际上受到保护,它必须实质上

---

① *Galway Gold Inc. v. Republic of Colombia*, ICSID Case No. ARB/18/13, Pending.

② *Bilcon of Delaware et al. v. Canada*, UNCITRAL, PCA Case No. 2009 – 04, Award on Jurisdiction and Liability, 17 Mar. 2015, paras. 735 – 738.

③ *Pac Rim Cayman LLC v. Republic of El Salvador*, ICSID Case No. ARB/09/12, Award, 14 Oct. 2016, paras. 10. 3 – 10. 4.

符合东道国的重要法律要求。[①] 该案申请人已经提起撤销诉求，截至2024年年初仍在进行中。

(二)暂停实施气候友好型措施的争端

很多国家在实施气候友好型投资措施而引进外来投资后，基于各种原因，又限制、暂停或终止了相关的政策，从而对外国投资者造成伤害。在这种情况下，外国投资者往往会根据相关国际投资条约提起仲裁诉求，比较典型的案例就是有关国家暂停实施可再生能源激励措施的争端。譬如在 *Mesa Power v. Canada* 案(*Mesa Power* 案)中，在加拿大安大略省投资 4 座风力发电厂的申请人声称，地方政府改革可再生能源电力购买合同的政策对申请人构成了歧视。该案争议焦点是安大略省气候变化倡议中的 2009 年《绿色能源法》规定的"固定上网电价"项目，据此安大略省电网管理部门要通过长期购买合同购买可再生能源投资者生产的电力。仲裁庭裁定加拿大政府的行为并没有违反相关 NAFTA 的规定，不能认为加拿大达到了违反国际义务的最低门槛。[②]

在此类政策下，关于能源市场气候友好型投资的权利和激励措施的争议正变得越来越普遍。欧盟成员为实现欧盟层面的气候目标纷纷推出了可再生能源补贴政策，以使可再生能源变得更具竞争力，主要原因是，虽然可再生能源有极大的环保优势，但也需要巨额的资本需求，其不能与利用化石燃料的传统电厂竞争，也即可再生能源的电力市场价格不足以支撑起安装和运营可再生能源电力设施的开支。因此，和其他国家类似，欧盟国家也开始对可再生能源发展进行国家补贴，其目的是允许此类技术随着时间发展降低相关的开支，同时使可再生能源技术更具竞争性。而且，根据 1992 年 UNFCCC 以及 1997 年《京都议定书》的规定，欧盟也通过了要求其成员承诺减少温室气体排放的规范，包括鼓励可再生和其他环境友好型技术的使用措施。[③] 但是，2008 年国际金融危机后，一些欧洲国家取消了可再生能源投资补贴，随后面临多起投资仲裁索赔。譬如，西班牙为应对气候变化和减少二氧化碳排放而于 1997 年颁布了与可再生能源电力设施相关的《电力法》以及其他多项法规，并且此后不断修改相关的可再生能

---

① *Cortec Mining Kenya Limited, Cortec (Pty) Limited and Stirling Capital Limited v. Republic of Kenya*, ICSID Case No. ARB/15/29, Award, 22 Oct. 2018, paras. 319 – 321.

② *Mesa Power Group, LLC v. Government of Canada*, UNCITRAL, PCA Case No. 2012 – 17, 24 Mar. 2016, para. 682.

③ *The PV Investors v. Spain*, PCA Case No. 2012 – 14, Final Award, 28 Feb. 2020, paras. 588 – 591.

源固定上网电价的政策，但在 2010 年和 2013 年因为经济状况恶化，西班牙又开始对相关的可再生能源激励措施进行修改。在此背景下，投资者根据 ECT 向西班牙提出了一些 ISDS 索赔，迄今为止，投资者已经提起了 40 多项投资仲裁诉求，并已在许多索赔中取得成功。①

仲裁庭对可再生能源政策改革的态度亦不明确。譬如，在 *Infracapital v. Spain* 案（*Infracapital* 案）中，仲裁庭指出，在东道国监管政策改变的情况下不能无限制地去猜测东道国的监管权，要允许其留有一定的裁量余地，尤其是国际裁判机构不应事后猜测或以自己的评判取而代之。监管者的经济和社会政策决定应当得到尊重，除非国际裁判机构认为其缺乏明显的合理根据。② 在此基础上，仲裁庭认为东道国相关监管政策的更改是真正的公共利益关切，因此驳回申请人的诉求。而在较新的 26 个在西班牙进行太阳能能源投资的外国投资者提起的 *The PV Investors v. Spain* 案（*PV Investors* 案）中，仲裁庭多数意见支持了投资者的诉求，但是裁定补偿金额为 9000 万欧元，理由是投资者只对赚取合理的回报率有合理的期望。③ 此类案例说明，如果东道国已作出国内法或国际法所载的环境承诺，其不遵守这些承诺可能会损害依赖这些承诺进行的投资，譬如退出化石燃料项目转而采用更清洁的能源。在这种情况下，投资者可能对国家提起诉求。

（三）东道国应对气候变化义务的反诉

国际投资仲裁庭最近似乎也越来越愿意接受各国针对投资者违反国内环境法规的反诉。在 *Perenco v. Ecuador* 案（*Perenco* 案）中，东道国对石油征收“暴利”费的行为颁布立法并最终控制了申请人单独经营的油田，而申请人在亚马逊热带雨林的石油开采活动中也对环境造成了负面影响。在申请人起诉后，厄瓜多尔提起反诉，仲裁庭裁定厄瓜多尔因为违反相关 BIT 而向申请人支付 4.49 亿美元的赔偿，同时在考虑反诉时，根据厄瓜多尔国内环境法，裁定申请人应向东道国政府支付 5400 万美元的赔偿，以恢复争端所涉两个亚马逊地区的油田的环境和基础设施。④ 厄瓜多尔

---

① 根据 UNCTAD 统计，在过去十年，投资者提请的有关可再生能源的争端总数为 119 件，其中西班牙作为被诉方的案件占到 45%，基本上都涉及同一类的立法和监管措施。See UNCTAD, *Trends in the Investment Treaty Regime and a Reform Toolbox for the Energy Transition*, United Nations Publication, 2023, p. 13.

② *Infracapital v. Spain*, ICSID Case No. ARB/16/18, Decision on Jurisdiction, Liability and Directions on Quantum, 13 Sept. 2021, para. 662.

③ *The PV Investors v. Spain*, PCA Case No. 2012 – 14, Final Award, 28 Feb. 2020.

④ *Perenco Ecuador Limited v. Republic of Ecuador*, ICSID Case No. ARB/08/6, Award, 27 Sept. 2019, para. 1023.

基于违反法定环境监管制度成功提出了反诉。

另一个东道国成功提起反诉的典型案例是 *David Aven v. Costa Rica* 案(*David Aven* 案),该案争端源于东道国禁止在湿地和森林中进行房地产开发的禁令。投资者提出索赔后,东道国就投资者违反环境保护法提出反诉。仲裁庭认为,环境保护法已经通过多种方法融入国际法中,包括《多米尼加 - 中美洲 FTA》,因此执行环境法主要是国家的义务,但不能因此就承认外国投资者可以不尊重该领域的国际法义务,尤其是《多米尼加 - 中美洲 FTA》的相关条款。根据国际投资法,投资者自身享有在东道国违反国际投资义务时直接起诉东道国的权利,但其也应当承担投资者义务,不能免受国际法的约束,尤其是在所有国家都关切的权利和义务方面,如环境保护问题。仲裁庭裁定根据《多米尼加 - 中美洲 FTA》第 10 条规定,外国投资者有义务遵守和尊重东道国实施的环境保护措施。① 此类案例至少表明,国际投资条约改革中增加缔约国的反诉规定可以促进缔约国的环境保护和增加投资者的环境义务,投资者应密切关注这一不断演变的国际投资法制格局。

三、国际投资条约可以成为应对气候变化的有效工具

传统国际投资条约的内容一般分为序言、实体条款和争端解决条款。国际投资条约的目的主要是保护外国直接投资,因此原则上并不区分有关投资对减缓气候变化是否有利。有些条约为避免解释方面的分歧,开始在条约序言中规定强化“可持续发展”或减缓“气候变化”等目标。截至 2024 年 6 月初,根据 UNCTAD 统计,在 2592 个国际投资条约序言中,规定包括气候变化在内的环境问题的投资条约有 153 个,②约占 5.9%,仍然只是很少的一部分。不过需要注意的是,根据一般国际法,条约序言原则上不具有法律约束力,仅可在解释相关条约时作为探讨缔约方缔结条约目的和宗旨的参考。因此,真正对缔约方产生约束力的是投资条约中的实体条款,以及争端发生后解决争议的程序条款。

(一)国际投资条约实体规则的改变

前文已述及,现有生效的国际投资条约中,几乎还见不到明确规定与

---

① *David R. Aven and Others v. Republic of Costa Rica*, ICSID Case No. UNCT/15/3, Award of the Tribunal, 18 Sept. 2018, paras. 737 - 739.

② See UNCTAD, *International Investment Agreements Navigator*: *Mapping of IIA Content*, *UNCTAD Mapping of IIA Content* (Jun. 2, 2024), https://investmentpolicy.unctad.org/international-investment-agreements/iia-mapping.

气候变化有关的实体条款,只有泛泛规定的与环境有关的一般例外条款,或者不降低环保标准条款。在向气候友好型投资转型的过程中,国际投资条约的相关实体条款尤其需要修改,具体来讲可以包括以下部分。

在定义部分,鉴于现有投资条约大多没有区分气候友好型投资和非气候友好型投资,可以在投资条约的定义中对气候友好型投资予以界定并加以激励措施,譬如可再生能源投资;或者在负面清单中规定政府不支持的非气候友好型投资行业,如石化燃料投资等。

在投资者待遇部分,可以规定限制新的非气候友好型投资的措施;或者授予缔约方对此类非气候友好型投资更大程度的监管权,通过与逐步淘汰非气候友好型投资的国内立法配合,共同应对气候危机。同时可以增加投资者社会责任条款,要求投资者对其投资活动可能造成的环境损害和侵权行为承担责任,包括不利于减缓气候变化的行为。譬如,《巴西 - 印度BIT》规定,投资者应努力通过采取高标准的社会责任实践,遵守东道国的法律规定等。该条约详细列举了投资者在履行企业社会责任方面的具体要求,表面上虽加重了投资者的责任,但该责任基于投资条约或缔约方国内法自愿原则予以实施,预计执行效果可能并不乐观,因为条约并没有规定投资者不履行相应责任的直接法律后果。① 此外,投资条约还可以规定缔约方不得减少其现有的应对气候变化政策措施以促进贸易或外国投资,也即不倒退条款。

对外国投资者施加直接国际法义务是应对气候变化投资的一种较好的方法。投资条约的目标主要是促进和保护外国投资,因此原则上并未对外国投资者施加具有约束力的环境义务,否则就可能会抑制资本和技术的流入。虽然投资条约并不排除东道国在特殊情况下对投资进行监管,但它们主要是试图保护投资免受东道国任意行使监管权力的影响。不过,最近投资条约中的创新条款表明,当涉及环境和气候变化时,各国越来越愿意对投资者施加义务。例如,2016 年《摩洛哥 - 尼日利亚 BIT》对投资者规定了多项与环境保护有关的义务,包括在环境影响评估中适用预防原则,暗示了投资者和东道国在保护环境方面的合作并可以采取任何必要的缓解或替代措施。② 事实上,对外国投资者施加约束性的投资者义务的条约还只是罕见的例外,绝大多数近期签订的投资条约并没有试图对投资者施加约束性义务,而是继续采用传统的监管方法,如一般例外条款、非排除措

---

① 陶立峰:《国际投资协定新动向及对中国的启示——以〈巴西—印度投资合作和便利化协定〉为样本》,载《国际经济评论》2021 年第 6 期。

② Morocco-Nigeria BIT (2016), arts. 13 – 14.

施、标准条款和自愿性企业社会责任条款等。这些规定允许东道国监管投资,但没有对外国投资施加任何直接和有约束力的义务。对于那些减排任务比较重的发展中国家以及对气候变化更加敏感的最不发达国家和小岛国家而言,此类例外条款可能是应对气候变化较佳的选择。譬如,2020 年 12 月生效的澳大利亚、新西兰和其他 9 个太平洋地区的小岛国家签署的《太平洋更紧密经济关系协定》第 9 章第 5 条规定了投资者遵守东道国法律和企业社会责任的义务,第 1 款要求缔约方承认其他缔约方的投资者和其投资应当遵守东道国的法律、法规和标准,第 2 款规定缔约方确认在其境内或辖区内经营的工商业自愿在其内部政策中纳入该缔约方支持的国际公认的企业社会责任的标准、指导和原则的重要性,[①]前者是义务性的,后者是自愿性的。

在法律适用部分,在相关规则发生冲突的情况下,可以规定适用国际法解释涉及气候变化政策的相关条约规范。这里的主要问题是,在气候变化的背景下,根据国际法进行解释可以在一定程度上限制投资者的权利和增加缔约国的监管权。尤其是,如果投资者的义务没有明确被纳入投资条约,仲裁庭不愿意将投资者义务解读为投资条约义务。此外,即使投资者的义务要根据国际法来解释,也必须有其他条约和规范规定了私人公司的约束性义务,而在气候变化的国际规制方面,此类义务多以软法的形式存在。另外,还需要强调《维也纳条约法公约》在解释减缓气候变化义务中的重要性。虽然有关条约[如《欧盟 – 英国贸易与合作协议》(TCA)]规定了与《巴黎公约》有关的条款,但是考虑到《巴黎公约》缔结的历史较短以及并未解决其条款与现有国际法文书之间的冲突的事实,加上很多国际投资条约都是在《巴黎公约》之前缔结的现状,就需要通过条约解释《巴黎公约》适用与投资条约适用之间的冲突。根据《维也纳条约法公约》第 30 条所载条约之间冲突的一般规则,当较早条约(如 BIT)的缔约方同时也是较晚条约(如《巴黎协定》)的缔约方时,较早条约仅适用于其规定与后来的条约。但是,该公约第 30 条仅涉及"关于同一事项先后所订条约之适用"的条约,国际投资条约内的投资条款看似与气候变化条约属于不同主题的条约,在某些问题上重叠时适用第 30 条似乎有些问题。因此,国家可能会以其履行在《巴黎协定》下的新义务为由而违反先前存在的投资条约义务,这对投资者来说是一种潜在的风险。

此外,国际投资条约的事态发展表明,投资条约也可以成为积极鼓励

① PACER Plus (2017), Chapter 9, Article 5.

能源转型和帮助应对气候变化的有效工具，即在新的或重新谈判的贸易和投资条约中纳入专门与气候变化和可持续发展有关的条款。最近的一个例子是规范英国脱欧后欧盟与英国之间的经济关系的《欧盟－英国贸易与合作协议》，其除了在序言强调缔约方应对气候变化承诺与保护和促进环境（包括气候变化）的重要性，还在实体部分多次要求缔约方尊重UNFCCC和《巴黎协定》，避免采取严重违背协定目标和宗旨的作为或不作为，并鼓励其他国家减少温室气体排放等。此外，该协议还专门规定了环境与气候原则（第393条）、贸易与气候变化（第401条）、促进可持续发展的贸易和投资（第405条）以及应对气候变化（第764条）的条款规范。①

（二）国际投资仲裁程序规则的转向

鉴于国际投资仲裁机制对气候友好型投资的态度依然不明朗，未来投资条约可以在争端解决程序中将非气候友好型投资争端排除出ISDS机制的管辖权范围，并将其纳入投资所在地的东道国国家法院或国家贸易与合作协议国家—国家争端解决机制，这可能会对减缓气候变化更加有利，毕竟在国家作为裁判者的情况下，其可能会更多地考虑自己承担的投资保护义务和减缓气候变化义务之间的协调问题。譬如澳大利亚在近几年签订的投资条约中把与烟草管制措施有关的争端排除出ISDS机制，②未来其他的投资条约可以借鉴，规定非气候友好型投资争端不能诉至ISDS机制。

另外，投资条约可以规定涉及气候变化投资的争端可以允许东道国提起反诉。譬如2016年非洲联盟起草的《泛非投资法典》（Pan-African Investment Code，PAIC）要求投资者遵守环境法，忽略FET标准，并规定当投资者或投资未能遵守其在PAIC或国内和国际法相关规则下的义务时，成员可以发起反诉。③ 不过PAIC毕竟还是示范条约，旨在保护投资与平衡促进国家可持续发展的能力。当然，很少有投资条约允许对违反国际法包括气候变化规则的行为提出反诉。同样，即使投资条约确实允许东道国对违反国内环境法的外国投资者提出反诉，反诉的结果也将取决于国内环境制度的严格程度。

四、东道国气候友好型政策与国家安全例外抗辩的合理性

鉴于气候变化可能给人类带来的前所未有的风险和威胁，气候变化安

① See EU-United Kingdom Trade and Cooperation Agreement (2020), arts. 393, 401, 405 and 764.

② See Australia-Hong Kong Investment Agreement (2019), Section C, footnote 14.

③ *See African Union, Draft Pan-African Investment Code*, African Union (Dec. 31, 2016), https://au.int/sites/default/files/documents/32844-doc-draft_pan-african_investment_code_december_2016_en.pdf.

全化问题在国际政策议程中的地位也得到显著提升。① 在东道国颁布气候友好型政策而遇到外国投资者阻力的情况下,尤其是在投资者可能提起政策诉求时,东道国能否根据相关投资条约中的国家安全条款为自己的政策辩护？至少从国际投资条约的文本分析,似乎可以接受东道国的国家安全抗辩。不过首先需要明确的一点是气候安全是国家安全的一种形式。气候变化被描述为国家安全风险中的“所有风险之母”,②并且气候变化作为具有重要国家安全影响的事件的威胁和风险现已得到承认。美国国家情报委员会于 2021 年 10 月评估指出,随着物理影响的增加和地缘政治紧张局势的加剧,气候变化风险对美国国家安全利益的影响将日益加剧。③因此,将气候变化上升为一种潜在的国家安全至少已经有了实践上的意义。

首先,国际投资条约中的国家安全条款十分有限。国际投资条约中的国家安全条款源于第二次世界大战后 GATT 中的国家安全条款,并且直到 21 世纪也一直没有得到太大的发展。传统的国际投资条约中的国家安全条款一般规定,国际投资条约的任何规定,不得被理解为要求缔约方提供或允许获得任何其认为披露后将违背其根本安全利益的信息;禁止缔约方采取其认为保护基本安全利益所必需的任何措施,包括与武器、弹药和战争贸易有关的措施,在战时或其他国际关系紧急情况时采取的措施,或者与知悉不扩散核武器或其他核爆炸装置有关的措施;阻止缔约方根据《联合国宪章》规定的维护国际和平与安全义务而采取行动。④ 因此,当前基本安全例外条款在国际投资条约中仍然只占少数,难以应对气候变化发展的需求。

其次,国际投资争端中基本安全例外的相关裁决非常有限。在 2001 年和 2002 年,阿根廷针对严重的金融危机采取了一系列经济紧急措施,投资者随后根据投资条约向仲裁庭提出了诉求。虽然阿根廷在某些案

---

① 周逸江:《安全化理论与国际组织角色分析——基于联合国安理会框架下的气候安全化进程》,载《国际关系研究》2021 年第 4 期。

② Jon Power, *Climate Change Is the "Mother of All Risks" to National Security*, Time (Nov. 16, 2015), https://time. com/4101903/climate-change-national-security/.

③ National Intelligence Council, *Climate Change and International Responses Increasing Challenges to US National Security Through* 2040 (*NIC – NIE* – 2021 – 10030 – *A*), The Director of National Intelligence Files (2 May 2024), https://reliefweb. int/sites/reliefweb. int/files/resources/NIE_Climate_Change_and_National_Security. pdf.

④ Argentina-Qatar BIT (2016), Article 13; ASEAN-Hong Kong, China SAR Investment Agreement (2017), Article 8;《中国 – 加拿大 BIT》(2012)第 33(5)条;《中国 – 澳大利亚 FTA》第 16.3 条;等等。

件中提出了"保护其基本安全利益所必需的"的条约例外措施抗辩,①但六个仲裁庭中只有两个接受了阿根廷的意见,而且几乎所有仲裁庭都同意,即使没有军事方面的威胁,经济危机也可能牵涉一个国家的"基本安全利益"。② 这些裁决通常使用宽泛的语言表明,除了与冲突或使用武力有关,经济、社会和政治威胁也可以构成安全措施的单独基础。无论如何,将基本安全范围扩大到军事威胁之外是一项重要的进展。③阿根廷在其投资仲裁的抗辩中曾经指出,国家"基本安全利益"不仅包括经济和政治利益,而且还有国家军事防卫利益,应当对其作广义的解释。④

最后,国际投资条约中纳入气候安全条款具备可行性。前述投资仲裁中裁定的尊重国家处理危急情况的国家安全抗辩和对国家的遵从原则只是出现在针对阿根廷和印度的投资仲裁中的裁判法理,因此不能仓促地概括这些标准并将其引入不同的条约框架,但是它们确实为将来开发和应用客观的安全例外审查标准提供了有用的指导。当前国际现状表明,未来国际社会应建立管控气候风险的长效机制,气候安全将成为非传统安全的重要组成部分。⑤ 在后疫情时代的经济复苏过程中,要把应对气候变化的措施放在核心位置,将经济恢复与低碳转型密切结合。因此,鼓励各国把气候安全作为国家安全一个重要的方案,从战略上进行研究和部署,其中包括在国际投资条约中,明确规定气候安全或遵守《巴黎协定》义务的例外,⑥将气候友好型投资的争端排除在整个投资条约的体制之外,包括争

① *El Paso Energy Int'l Corp. v. Argentine Republic*, ICSID Case No. ARB/03/15, Award, 31 Aug. 2011, paras. 563 – 73; *Continental Casualty Company v. Argentine Republic*, ICSID Case No. ARB/03/9, Award, 5 Sept. 2008, paras. 84 – 89; *Sempra Energy Int'l v. Argentine Republic*, ICSID Case No. ARB/02/16, Award, 28 Sept. 2007, para. 367; *Enron Corporation and Ponderosa Assets, L. P. v. Argentine Republic*, Award, 22 May 2007, paras. 324 – 26; *LG & E Energy Corp. v. Argentine Republic*, ICSID Case No. ARB/02/1, Decision on Liability, 3 Oct. 2006, paras. 217 – 219; *CMS Gas Transmission Company v. Argentine Republic*, ICSID Case No. ARB/01/8, Award, 12 May 2005, paras. 344 – 52.

② *El Paso Energy Int'l Corp. v. Argentine Republic*, ICSID Case No. ARB/03/15, Award, 31 Aug. 2011, para. 588.

③ See *e. g.*, *Continental Casualty Company v. Argentine Republic*, ICSID Case No. ARB/03/9, Award, 5 Sept. 2008, paras. 180 – 181.

④ *LG & E Energy Corp. et al. v. Argentine Republic*, ICSID Case No. ARB/02/1, Decision on Liability, 3 Oct. 2006, para. 217.

⑤ 张锐、寇静娜:《全球气候安全治理的演进逻辑——基于联合国与欧盟的实证分析》,载《国际论坛》2021 年第 3 期。

⑥ See Pieter Van Vaerenbergh & Angshuman Hazarika, *Climate Change as a Security Risk: Too Hot to Handle?*, 54(3) Journal of World Trade 436(2020).

端解决机制。此类例外措施将会在国际投资条约的适用范围中删除和减少与稳定温室气体排放的目的"相关"的措施,同时也应附有对其意欲涵盖的措施类型的非详尽清单或定义,并将其限于善意采取的措施。① 当然,比较简单实用的方法是在国家安全例外条款中,把气候安全与其他安全形态并列,以便援引国家安全抗辩时纳入气候安全考虑。

五、结语

国际投资条约的诸多条款,包括争端解决机制,已经越来越多地不适应人类减缓和应对气候变化以及制定相关政策的需求。传统的国际投资条约和建立在此类条约基础上的争端解决机制对于寻求保护的外国投资者基本上是有利的,包括那些在重污染和高排放行业的投资,而这对于各国履行《巴黎协定》下的减排义务是不利的。因此,现有的国际投资条约需要从实体上和程序上进行改革,增加有利于气候友好型投资的条款,尤其是可以考虑增加东道国监管权、纳入缔约国反诉和气候安全例外条款。一方面,气候安全例外可以增加东道国抗辩和胜诉的机会,鼓励东道国尊重国际气候相关的义务,从而更加有利于全球气候治理和气候安全;另一方面,投资者也应该设法了解其投资得到的潜在投资保护和争端解决机制可能会受到越来越多的环境监管和气候政策的影响。而投资者与国家选任的仲裁庭成员,也应在应对气候变化方面发挥重要作用,包括让投资者对违反环境立法和不利减缓气候变化的行为负责,防止他们就国家的合法政策变化提出索赔,并执行有利于可持续投资的保护措施。因此,从国际投资法的角度来看,气候变化减缓和应对问题需要各方面力量的支持,既要有国家层面的立法和行动,也要有投资仲裁领域相关人士的关注,更要有投资者自身的社会责任约束以及鼓励负责任的投资者行为的机制。有关事实也表明,传统的"单行道"的投资保护概念正在让位于更全面的方法,即承认外国投资不仅需要投资者权利,还需要衡量投资者责任,包括对环境和气候减缓的责任。

作为世界第二大经济体以及排名前列的资本输入国和输出国,中国理应在全球气候变化和减缓应对气候变化的过程中发挥应有的作用。而且,国际范围内,中国是具有剩余经济寿命和搁浅风险的燃煤电厂的最大投资者,仅仅在印度尼西亚,就要逐步淘汰 12 座受《中国 – ASEAN 投资条约》

① Joshua Paine & Elizabeth Sheargold, *A Climate Change Carve-out for Investment Treaties*, 26(2) Journal of International Economic Law 285(2023).

保护的电厂。[①] 中国政府已经意识到了这个问题。2021 年 9 月，习近平主席在第七十六届联合国大会一般性辩论上的讲话中已经明确提出，坚持人与自然和谐共生。完善全球环境治理，积极应对气候变化，构建人与自然生命共同体。中国将大力支持发展中国家能源绿色低碳发展，不再新建境外煤电项目。[②] 重要的是，中国需要在全球经济制度重构和全球经济治理体系优化的过程中，利用法律和制度参与国际政治和经济秩序的调整与变革。[③] 因此，无论是引入外资还是对外资本输出，中国政府都需要付诸行动，包括在国内法中制定鼓励气候友好型投资的措施，在国际投资条约中纳入气候友好型投资保护的实体条款或者气候安全例外，把国家制定的气候友好型措施排除出投资争端解决机制的适用范围。

可以说，气候变化当前已经被认为是历史上最大的挑战之一。[④] 国际投资条约和各国减缓与应对气候变化政策的结合可以在一定程度上减缓全球性的气候变化治理难题，但治理全球性气候变化仍然道路漫漫，亟须其他学科尤其是法学、环保和气候变化科学的合作以及民间投融资的支持。

第二节　移动应用程序的跨境监管：以印度禁止中国应用程序为例

中国移动应用程序在海外被禁一直是近些年与中国有关的高科技领域新闻关注的焦点之一。以印度为例，2022 年 2 月中旬，印度政府以“对印度人的隐私和安全构成威胁”为由又禁止 54 款手机应用程序的下载，其中许多是中国大型科技公司腾讯、阿里巴巴、网易公司的产品。相关报道指出，自 2020 年 6 月以来，印度进行了五轮打击中国应用程序的行动，共有超过 300 多款应用程序被禁，这是在中印两国因边境冲突而关系紧张的大背景下，印方采取的新措施。中国政府也多次表示，坚决反对印

① Kyla Tienhaara & Lorenzo Cotula, *Raising the Cost of Climate Action? Investor-state Dispute Settlement and Compensation for Stranded Fossil Fuel Assets*, IIED, 2020, p. 28 – 30.

② 习近平：《坚定信心　共克时艰　共建更加美好的世界——在第七十六届联合国大会一般性辩论上的讲话》，载中国政府网 2021 年 9 月 21 日，https://www.gov.cn/gongbao/content/2021/content_5641338.htm。

③ 沈伟：《中国投资协议实体保护标准的自由化和多边化演进》，载《法学研究》2015 年第 4 期。

④ Fiona Marshall, *Climate Change and International Investment Agreements: Obstacles or Opportunities?*, IISD Newes (Mar. 2010), https://www.iisd.org/pdf/2009/bali_2_copenhagen_iias.pdf.

方一再以“国家安全”为借口对拥有中国背景的应用程序采取禁用措施，有关做法违反 WTO 非歧视性原则以及市场经济公平竞争原则，严重损害中国企业合法权益。① 印度政府不断发出的此类禁令表明国家安全正在对各国贸易和投资政策产生重要的影响，同时高科技领域开始成为国家安全的一个突出且重要的目标。② 因此，除围绕该禁令的政治争议之外，从国际经贸规制的角度首先需要了解的是，国际贸易协议承诺，尤其是 WTO 承诺是否涵盖了对类似移动应用程序的规制。另外，印度禁止中国应用程序的跨境举动随着与国际贸易有关的自身复杂性，似乎专门针对中国开发商，并减少了中国开发商的市场准入。同时，此类行动导致中国在印度技术领域的投资受到限制，合同和经营业务受到干扰甚至中断，所有这些都可能对两国之间的经贸关系产生影响。此类措施可能与中印双方 2020 年发生的加勒万河谷边境冲突有关，因为在该事件发生后生效的印度外国直接投资政策明显主要对来自中国的外国直接投资施加了更高的限制。印度官员也指出，由于印度没有在 WTO 上对数字服务作出任何单独的承诺，中国可能会发现很难提出反对禁令的理由。印度在服务领域作出的任何有限承诺都包含在 GATS 减让表中。因此，如果有必要，印度可以根据 GATS 援引其安全例外条款抗辩，以证明对中国应用程序施加的禁令具有正当性。③ 同时，中国投资者也可以根据《中国－印度 BIT》中的日落条款，对印度政府提起投资仲裁诉求。鉴于此，本节内容从 WTO 和国际投资争端相关规制的角度，分析印度禁用中国应用程序的做法是否合理，以及潜在的援引国家安全例外抗辩的可行性。

一、WTO 法下应用程序禁令的安全抗辩

从 WTO 法的角度来看，首先要阐述跨境应用程序的贸易性质，并在此基础上结合 WTO 裁判的实践和相关规则进行分析。

（一）跨境应用程序的贸易性质

前已述及，针对印度政府颁布的禁用中国应用程序的措施，中国外交

---

① 参见王逸：《印度再禁 54 款中国 APP》，载《环球时报》2022 年 2 月 15 日，第 3 版。

② 林桂军、Tatiana Prazeres：《国家安全问题对国际贸易政策的影响及改革方向》，载《国际贸易问题》2021 年第 1 期。

③ Anish Jaipuriar & Sayantika Ganguly, *India: The "Essential Security Exceptions" Under GATT: Curbing the Subjectivity*, Mondag article (Dec. 11, 2020), https://www. mondaq. com/india/international-trade-investment/1015372/the-essential-security-exceptions39-under-gatt-curbing-the-subjectivity.

部和驻印使馆发言人都指出，印方相关措施违反了 WTO 规制，限制了跨境贸易服务。这引发的一个问题是，如果中国向 WTO 的争端解决机构提起诉求，其中的前提是，只有把应用程序识别为贸易或者与贸易有关的知识产权性质，才能适用 WTO 的相关规则并列入 WTO 争端解决机制的范围，这里主要指的是 GATS 适用的问题。

根据 GATS 第 1 条，其规范的主要是影响成员服务贸易的措施，涉及以跨境服务、境外消费、商业存在和自然人流动四种方式提供的服务贸易。该规定似乎意味着其涵盖任何行业的服务，毫无疑问也应当包括电子传输和数据交换等跨国贸易。问题是，尽管其定义似乎很宽泛，但是其仅适用于 GATS 分类清单下的服务贸易，即其仅适用于列表中提到的那些服务。公认的是，以电子方式提供服务属于 GATS 的范围，因为该协定适用于所有的服务，不用考虑其提供方式，这主要是因为基于因特网的服务和传统服务处于相同的地位。涉及电子服务的数据供应及其自身并不能否定 GATS 的适用，而且通过电子手段提供服务也已经得到美国 WTO 代表的赞成。① 换句话说，其并不区分是以数据还是实体的方式提供服务，强调的是服务的实际功能而非该服务之提供方式，并且成员承诺的服务部门可以解释为包括以数字化方式的服务也得到了相关专家组的认可。② 那种认为数字服务是不受 GATS 任何承诺约束的新服务的假设是错误的，并且 WTO 裁决也承认 GATS 应当与时俱进，适时纳入一些新出现的数字服务。譬如上诉机构在中国 - 出版物和视听产品案的判决中指出，专家组裁定评估中国加入 WTO 时中国国内和国际监管框架的缺乏并不能阻止中国在 GATS 减让表中作出电子传输录音的承诺。③

移动应用程序通常被理解为“新服务或数字服务”，其允许使用者通过存放在线上服务器的资讯数据库，以文字、图形、录音或影像等形式的电子传输进行互动，相关资料因此未明确包含在服务部门分类清单（W/120）中，《服务贸易减让指南》也没有对此类服务规定明确的识别方法。而在服务贸易争端中，对 WTO 成员具体服务承诺清单的正确解读的前提之一

---

① See WTO, *Work Programme on Electronic Commerce-Submission by the United States*, WT/GC/16, 12 Feb. 1999, p. 3.

② See *United States-Measures Affecting the Cross-Border Supply of Gambling and Betting Services*, WT/DS285/R, Appellate Body Report, 20 Apr. 2005, para. 164.

③ See *China-Measures Affecting Trading Rights and Distribution Services for Certain Publication and Audiovisual Entertainment Products*, WT/DS363/AB/R, Appellate Body Report, 21 Dec. 2009, paras. 407 - 410.

是将所涉服务进行分类，并结合承诺清单中的义务来判断成员措施的合法性。① 对于应用程序而言，基于该服务的最终用途，其并不能完全属于服务行业分类清单下的任一传统服务定义，但专家组仍可能会认为其包含计算机相关服务、在线信息和数据处理服务、在线信息和数据库的组成部分检索服务等。即便如此，其也存在性质识别方面的挑战。

WTO 具体承诺委员会已经意识到如何对这些新的数字服务进行分类识别的问题，包括如何从真正的新服务中区分新的交付或供应服务，没有规定在分类中的服务是否意味着该服务就是新服务，以及新服务对现有承诺的影响等。② 但是，由于缺乏对此类新服务该如何进行分类的共识，此类新服务的性质识别存在不确定性，GATS 是否适用于应用程序提供的跨境服务应当由 WTO 专家组根据具体承诺减让表进行解释，同时要参考以往专家组和上诉机构对相关新类型服务贸易争端的裁决，以评估这种新服务是否属于相关成员的承诺范围。印度的 GATS 具体承诺减让表包括对服务的承诺，如与计算机相关的服务、视听、分销、语音邮件、在线信息以及数据库检索和数据处理服务。③ 类似 TikTok 这样的应用程序允许用户通过在线服务器中存储的数据库，以文本、图像、视频或音频等电子传输方式进行交互，因此可能适合这些类别。

此外，考虑到技术的进步，也可以认为，GATS 具体承诺减让表无法设想通过移动应用程序以数字方式提供的服务，如 TikTok 等社交媒体服务。由于应用程序服务具有多种服务类型之特性，在对服务部门进行分类时，可以根据识别服务性质的功能性方法而非提供之手段作为分类依据，以确定将其识别为何种服务的范畴。功能性识别方法已经得到了 WTO 裁判机构承认，譬如，在美国－博彩案中，上诉机构重申，除非另有专门规定，对某项服务部门的承诺应适用于该行业内的所有服务，包括分部门。④ 在中国－出版物和视听产品案中，专家组承认，GATS 具体承诺减让表中有关服务部门的阐述并不必然要列举出该服务范围内纳入的所有活动，因为减让表中的服务部门或分部门不仅应当包括所有具体列入的服务活动，而且

---

① 《国际经济法学》编写组：《国际经济法学》（第 2 版），高等教育出版社 2019 年版，第 173 页。

② See Committee on Specific Commitments, Note by Secretariat: Report on Meeting Held on 18 Sept. 2014, WTO Doc. S/CSC/M/71(Oct. 15, 2014), paras. 1. 2.

③ WTO, *India: Schedule of Specific Commitments*, GATS/SC/42 (15 April 1994).

④ *United States-Measures Affecting the Cross-Border Supply of Gambling and Betting Services*, WT/DS285/AB/R, Appellate Body Report, 7 Apr. 2005, para. 180.

也应当包括减让表的部门或分部门定义范围内的任何服务活动。① 尤其是,中国 - 电子支付案专家组指出,即使有关服务没有被明确列入相关服务的分部门类别中,其也应当因为经营方式而必然纳入相关分部门的定义范围中,至于其没有具体列入相关分部门内的事实是无关紧要的。② 此外,鉴于科技发展日新月异,成员过去按照分类清单作出承诺时可能无法预见通过应用程序所提供的服务。③ 因此,按照 GATS 裁判实践,似乎可以将应用程序纳入 GATS 的服务范围。

(二)GATS 最惠国待遇的适用

下一个问题是,应用程序被禁的开发商,能否请求本国政府以被申诉方禁用措施违反 GATS 最惠国待遇条款为由而向 WTO 提起申诉。GATS 第 2(1)条规定了最惠国待遇,即每一成员应对于任何其他成员的服务和服务提供者立即和无条件地给予不低于其给予任何其他成员同类服务和服务提供者的待遇。根据该条规定,最惠国待遇也应当适用于那些通过电子方式提供的服务,包括应用程序。关于是否规范电子方式的问题,WTO 早在 1999 年就指出,"在各个部门和供应方式的限制范围内,应该可以同意,相似性不依赖于是否以电子方式或其他方式提供服务"④。而且,根据前述技术中立原则,协定中并没有任何内容可能因为不同的交付方式而导致内在的非相似性,服务和服务提供者相似性的裁定取决于其竞争关系。⑤ 因此,不能再保留在线和离线服务永远不具有相似性的观点,GATS 最惠国待遇可以适用于影响数字服务贸易的措施。

成员禁用中国应用程序的措施有可能会违反 GATS 第 2(1)条规定的最惠国待遇义务,为此,必须证明被申诉方的禁令措施是第 1(1)条意义上的"影响"成员服务贸易的措施,而不仅仅限于"管制"或"规范"服务贸易的措施。这种影响尤其对申诉方服务提供者的应用程序不利。从表面上

---

① *China-Measures Affecting Trading Rights and Distribution Services for Certin Publications and Audiovisual Entertainment Products*, WT/DS363/R, Report of the Panel, 12 Aug. 2009, para. 7.1014.

② *China-Certain Measures Affecting Electronic Payment Services*, WT/DS413/R, Report of the Panel, 31 Aug. 2012, para. 7.180.

③ WTO Economic Research and Statistics Division, *Covered or Not Covered: That Is the Question-Services Classification and Its Implication for Specific Commitment under the GATS*, WTO Staff Working Paper No. ERSD - 2015 - 11 (Dec. 7, 2015), p. 17 - 19.

④ WTO Council for Trade in Services, *Work Programme on Electronic Commerce-Progress Report to the General Council*, S/L/74, 27 Jul. 1999.

⑤ *Argentina-Measures Relating to Trade in Goods and Services*, WT/DS453/AB/R, Appellate Body Report, 9 May 2016, para. 6.24.

看,类似印度禁止中国应用程序的行为似乎违反了最惠国待遇的原则。即使印度未根据 GATS 对数字服务领域作出任何具体承诺,但从其承诺减让表也可以明显看出,其也有义务在给予待遇方面不得区分中国应用程序开发商与其他外国和本国开发商。因此,为证明被申诉方违反最惠国待遇义务,必须证明相关措施影响到 GATS 范围内的服务贸易。在欧共体-香蕉Ⅲ案中,上诉机构指出 GATS 第1(1)条规定的“影响服务贸易的措施”应当作广义解释,并同意专家组的观点,即 GATS 适用范围包括成员方发布的任何影响服务贸易的措施,不管此类措施是直接规范服务的提供还是规范其他问题,并且应当包括政府当局之外的任何行业的服务,只要影响服务贸易即可。① 任何措施都应在 GATS 的适用范围之列。在美国-博彩案中,美国全面禁止跨境提供远程赌博服务,专家组认为首要的问题就是 GATS 是否适用于相关的影响服务贸易的措施,因为相关禁令被认为正在影响美国的赌博贸易。② 同样,在当前情况下,需要证明的是,完全禁止中国应用程序提供服务会影响缔约方之间的服务贸易。

当一项措施对服务贸易的供应产生影响时,该措施即被视为“影响”服务贸易的措施,无论该措施是否直接支配服务的提供或是否规范了其他事项。由于印度的封锁令对位于印度的应用程式的运作形式和运作程序有重大影响,因此可能构成违反 GATS 规定的最惠国待遇义务。但是,在影响问题上,WTO 裁判机构需要进行一次独立审查,才能真正确定该应用禁令是否符合影响中国应用程序开发商的不公平待遇的范围。

需指出的是,最惠国待遇义务规定,除某些例外情况外,成员对另一成员投资者的待遇不得低于任何其他外国投资者。印度可以根据 GATS 第14 条之二规定,以国家安全例外进行抗辩。鉴于全球政治动荡以及中印边界问题,这种国家安全例外主张可能具有一定程度的合理性。但是,此根据也具有高度的政治性,其接受度将取决于未来专家组或上诉机构的审查。

除 GATS 之外,成员政府对应用程序的禁令可能会违反 TRIPS 规定的义务。申诉成员可能会辩称,禁止应用程序不仅是禁止应用程序提供的服务,而且还会影响应用程序的源代码,以及与应用程序有关的知识产权等

---

① See *European Communities-Regime for the Importation, Sale and Distribution of Bananas*, WT/DS27/AB/R, Appellate Body report, 9 Sept. 1997, para. 220.

② See *United States-Measures Affecting the Cross-Border Supply of Gambling and Betting Services*, WT/DS285/R, Report of the Panel, 10 Nov. 2004, para. 6.250 - 6.253.

问题。根据 TRIPS，软件源代码被视为《伯尔尼公约》下的文学作品。① 全面禁止应用程序将直接影响此类知识产权的使用，包括从中获得商业利益。结果是，印度政府的禁令可能会导致 TRIPS 下的权利无效或被剥夺。无论如何，像 TikTok 这样的应用程序主要以数字格式提供服务，原则上也可以援引 TRIPS 的相关规定。但是，鉴于 TRIPS 第 73 条也规定有和 1994 年 GATT 第 21 条以及 GATS 第 14 条之二类似的国家安全例外条款，以下仅以 GATT 和 GATS 裁判实践为例，分析国家安全例外在违反 WTO 义务时的抗辩可行性。

（三）WTO 安全例外抗辩的实证分析

截至 2024 年年初，中印两国之间的政治局势稍微缓和，但中国尚未就应用程序被禁问题正式要求与印度进行磋商或要求 WTO 成立专家组。不过，WTO 也在国际贸易法框架内为成员方的监管自主提供了范围，也即成员方可以援引安全例外为自己的监管措施进行抗辩。安全例外允许成员方出于国家安全的目的违反其承诺的 WTO 义务，其可以在各种 WTO 协定中找到，包括 1994 年 GATT 第 21 条和 GATS 第 14 条之二规定的条款。②

前已述及，截至 2023 年，专家组讨论安全例外的实例只有 2019 年的俄罗斯－过境运输案、2020 年的沙特阿拉伯－知识产权保护案以及 2022 年的美国－钢铝产品措施案，其专家组报告的主要内容基本是，1994 年 GATT 第 21(b)条规定并不完全是“自我裁判”，被诉方能否援引该条规定有待专家组审查。在成员无须承担权衡义务的前提下，很难保证安全例外条款不被滥用。根据相关裁决，可能出现的问题是，印度能否在必要的国家安全例外下为其禁令措施进行辩护，这就需要根据涉案措施进行分析。根据 1994 年 GATT 第 21 条规定，不得要求任何缔约方提供“其认为”与其“基本安全利益”相关的任何信息，并且不得阻止任何缔约方采取“其认为”对保护其基本国家安全利益所必需的任何行动，包括在战时或国际关系中的其他紧急情况下采取的行动。该条使用的某些特定术语，尤其是“其认为”、“必要”、“基本安全利益”和“国际关系中的紧急情况”等都存在内在的歧义。同时，根据专家组在俄罗斯－过境运输案裁决中的推定合理性标准，被申诉方首先需要证明相关措施符合保护其基本安全利益的目标，符合“诚实信用”义务，同时需要满足“国际

---

① 参见 TRIPS 第 10(1)条。该条规定：“计算机程序，无论是源代码还是目标代码，应作为《伯尔尼公约》(1971)项下的文字作品加以保护。”

② 1994 年 GATT 第 21 条，GATS 第 14 条之二，以及 TRIPS 第 73 条。

关系紧急状态"的要求。

纵观国际贸易规制的发展,在从贸易保护主义到自由化的演变过程中,虽然WTO的成员方普遍同意开放各自的贸易壁垒,但在涉及"基本安全利益"例外时,考虑到安全例外的敏感性,各成员不肯轻易对安全例外作出明确解读,而争议所涉成员则往往根据自身在具体案件中的利益作出选择,①导致成员确实有一些可以自由裁判的余地。无论是GATT第21条,GATS第14条之二还是TRIPS第73条都允许成员方采取任何行动,以保护"其认为"必要的基本安全利益。或者说,尽管成员在国家安全例外情况下对该术语的解释具有主观性,②但现在WTO专家组的相关报告已在很大程度上阐明了法律立场。成员方的此类行动必须与列举的安全利益有关,譬如"在战时或国际关系中发生其他紧急情况时",才可以采取相关措施以规避WTO下的相关义务。即便如此,最终也要受到专家组的审查。无论如何,国家安全本身是一个弹性极高的概念,各国都不愿意将是否属于"基本安全利益"的事项的认定交由第三方来审查,并且在实践中,国家安全范畴从传统安全扩展至非传统安全,使国家安全例外的外延更加模糊和不稳定,更容易导致适用中的失衡。③ 因此,在适用过程中,需要对国家安全例外进行一定程度的规制和约束。

具体到中国印度之间的关系能否被识别为国际关系中的紧急情况,前述专家组报告中并没有一个确定性的答复,毕竟专家组不是一个裁定是否存在国际政治或军事关系紧急状态的合理机构。譬如在俄罗斯-过境运输案中,专家组认为国际关系中的紧急情况一般是指武装冲突或潜在的武装冲突、紧张局势或危机加剧、或笼罩或吞并一个国家的普遍不稳定情况,此类情况引起了特别的后果,即涉及国家的国防或军事利益,或维护法律和公共秩序利益。④ 紧急情况的存在是一种客观的状况,但能被认为是安全例外条款意义上的"国际关系紧急情况"还有待客观确定。故在因禁用中国应用程序问题产生的争端可能提交WTO之前,笔者对相关的涉及国

① 刘瑛、张璐:《论GATT安全例外对美国232钢铝措施的适用》,载《国际经贸探索》2019年第12期。

② Anish Jaipuriar & Sayantika Ganguly, *India: The "Essential Security Exceptions" Under GATT: Curbing the Subjectivity*, Mondag article (Dec. 11, 2020), https://www.mondaq.com/india/international-trade-investment/1015372/the-essential-security-exceptions39-under-gatt-curbing-the-subjectivity.

③ 梁咏:《论国际贸易体制中的安全例外再平衡》,载《法学》2020年第2期。

④ See *Russia-Measures Concerning Traffic in Transit*, WT/DS512/7, Report of the Panel, 29 Apr. 2019, para. 7.75-7.77.

家安全例外的争端进行了分析，以导出下一部分内容，即从国家安全例外抗辩的角度分析禁用应用程序措施的合理性。

（四）WTO 下印度禁用中国移动应用程序的安全例外抗辩

前已述及，应用程序的跨境服务可以被视为 GATS 下的一项服务贸易。GATS 旨在为服务贸易提供规则，以期扩大此类贸易，同时确保透明度和逐步的自由化，以促进经济增长。尽管该协议希望实现更高水平的自由化，但它仍然承认成员有权对其领土内的服务供应进行监管和引入新的监管，以实现国家政策目标。GATS 对市场准入和国民待遇的保护符合成员在其承诺减让表中作出的特定承诺，各成员可以借此扩大或限制某些服务部门和每种供应方式的收益。譬如，印度对“通信服务”（如“语音邮件”“在线信息和数据库检索”等）采取了特定的市场准入和国民待遇承诺。① 根据此承诺，提供类似服务的应用程序不得受到这两项规定的限制。但是，对于数字服务的应用程序，尚未作出任何此类具体承诺。

1. GATS 安全例外条款的适用

GATS 第 14 条之二规定了安全例外，允许成员方在战时或国际关系的其他紧急情况下采取任何行动来维护其国家的主权和国家安全利益。印度禁用中国应用程序的主要理由就包括相关活动有损于印度的主权和完整性，并且对印度的国家安全和国防不利。② 至少从表面上看，在通信服务方面，印度禁止这些应用程序的行为违反了 GATS 市场准入待遇。即使印度未对数字服务领域做出任何具体承诺，其也有在给予待遇方面不得区分中国申请人与其他外国和本国申请人的义务。此外，前已述及，需要证明的是，印度政府的禁令措施必须影响到服务贸易。譬如在美国 - 博彩案中，美国认为赌博是一种特别的服务活动，可以将其归入减让表第 10. E 分部门的类别（没有产品分类的其他服务），对此分部门，美国没有承担任何市场准入义务。③ 但专家组认为，根据条约解释原则，美国 GATS 减让表（第 10. D 分部门）中含有对赌博和博彩服务的具体承诺，也即美国作出

① See WTO, *India: Schedule of Specific Commitments*, GATS/SC/42 (15 Apr. 1994).

② See Indian Ministry of Electronics & IT, *Stealing and Mining of App Data Can Lead Even to Unanticipated National Security Risks*, *Press Information Bureau*, Government of India (Jul. 4, 2020), https://pib.gov.in/FeaturesDeatils.aspx?NoteId=150653&ModuleId%20=%202.

③ *United States-Measures Affecting the Cross-Border Supply of Gambling and Betting Services*, WT/DS285/26, Report of the Panel, 10 Nov. 2004, para. 6.39.

了对博彩服务市场准入的特定承诺。[①] 因此,有关禁止在美国提供跨境赌博和博彩服务的涉案措施与 GATS 不一致,在这种情况下,涉案措施与美国的预定承诺及 GATS 的相关规定相抵触。[②] 但是,上诉机构对前述裁决作了一点修正,即裁定美国 GATS 减让表第 10. D 分部门含有对赌博和博彩服务的承诺。[③] 同样,在当前情况下,完全禁止这些应用程序提供服务会影响服务贸易。而且,该禁令的影响甚至已经开始显现,因为许多公司由于该禁令而蒙受了巨大损失,[④]这进一步证明了这项禁令影响了服务贸易的说法。

至于 GATS 第 14 条之二,根据该条规定,为了国家安全利益,成员方可以采取并执行任何措施,并不得阻止任何成员为保护其基本安全利益而有必要采取的行动。本质上,与前述 GATT 第 21 条类似,GATS 第 14 条之二赋予成员不受限制的自由裁量权,以发布与 GATS 相抵触的国家安全措施。这里可以根据《维也纳条约法公约》第 31 条规定的解释原则进行理解。[⑤] 首先,从通常意义的解释原则来讲,对 GATS 第 14 条之二案文的通读尤其是第 1 款第 1 部分"其认为"的使用,意味着"基本安全利益"应当由成员自由裁定,这些行为本质上是政治性的,[⑥]只有相关成员才能正确评估。其次,从第 14 条的上下文来看,包括解释的补充手段即准备工作资料,也可以认为 GATS 第 14 条之二中使用的"其认为"措辞也表明了其自我裁判的性质。在解释该条时,可以借鉴 GATT 第 21 条的准备工作,因为这两项规定在语言上几乎是相同的。GATT 的发展历史表明,成员有权采取保护其基本安全利益的措施,这在原则上属于成员自我裁判的事情。但是,WTO 俄罗斯 – 过境运输案专家组和沙特阿拉伯 – 保护知识产权专家组的裁决表明,成员在国家安全问题上的自我裁判要接受专家组的审查,也即应与相关成员面临的紧急情况有关。

---

① *United States-Measures Affecting the Cross-Border Supply of Gambling and Betting Services*, WT/DS285/26, Report of the Panel, 10 Nov. 2004, paras. 6. 110 – 6. 112.

② Id., para. 7. 4.

③ *United States-Measures Affecting the Cross-Border Supply of Gambling and Betting Services*, WT/DS285/AB/R, Appellate Body Report, 7 Apr. 2005, para. 213.

④ Nidhi Singal, *TikTok Influencers in a Fix Post Ban on the App*; *Expect Huge Cut in Earnings*, *Business Today News* (Sept. 21, 2020), https://www. businesstoday. in/latest/trends/tiktok-influencers-in-a-fix-post-ban-on-the-app-expect-huge-cut-in-earnings/story/408512. html.

⑤ 《维也纳条约法公约》第 31 条规定了通常意义解释、上下文解释以及善意解释等条约解释原则。

⑥ Roger P. Alford, *The Self-Judging WTO Security Exception*, 3(3) Utah Law Review 697(2011).

2. 潜在国家安全例外的抗辩

在中国应用程序被禁的背景下，印度政府的相关禁令措施可以解释为专门针对中国投资，并减少了中国投资者的市场准入。① 尽管中国声称禁止使用这些应用程序违反了 WTO 规则，但必须承认部分应用程序的设计本身确实存在一些问题，尤其是其给数据安全和隐私带来的风险也已经遭到了相关国家的抵制。譬如，2021 年 2 月 TikTok 支付 9200 万美元和解费解决了其在美国因为侵犯个人隐私数据而被起诉的案件；②美国国家安全审查部门自 2019 年 11 月以来对 TikTok 进行了国家安全审查；③等等。因此，无论最终审查的结果如何，以 TikTok 为代表的中国应用程序最终可能会被他国拿来作为国家安全威胁的借口，并因此而援引相关 WTO 条约的规定而为自己辩护，这是不言而喻的。考虑到中印边境在 2020 年 6 月发生的紧张冲突，印度政府滥用国家安全而禁用中国应用程序的可能性非常大。更何况，GATS 第 14 条之二提供的例外保护了印度的禁令，因为它给予成员完全的自由裁量权，以决定其面临的国家安全威胁，尽管若诉诸 WTO 还需要专家组根据具体案情进行审查。不过，在根据第 14 条之二提出安全例外的抗辩时，结合前述 WTO 相关裁判分析，还需要解决以下几个关键问题。

（1）自我裁判性质

根据 GATS 第 14 条之二第 1（b）（iii）款规定，可以设想，在成员方遇到“国际关系中的战争或其他紧急情况”时，可以采取任何必要的行动来保护“其认为”的“基本安全利益”。焦点是该条规定的此类要求“其认为”的“自我裁判”性质和客观评估之间的争论。前述围绕 1994 年 GATT 国家安全例外的相关裁判实践表明，一些国家，譬如，美国在钢铝关税案的陈述意见中指出，与钢铝案专家组意见相反，无论是从整体还是从上下文中，美国政府谈判者的内部文件表明大多数美国谈判代表认为 1994 年 GATT 第 21（b）条是自我裁判的性质，成员方不但可以自我裁判某些行为是否“必要”，而且可以自己裁定有关行为与该条款的其他要素之间是否有合

---

① Riddhi Joshi, *India's Ban on Chinese Apps: A Tryst with the Security Exception in GATS*, Opinion Juris Post (Oct. 30, 2020), http://opiniojuris.org/2020/10/30/indias-ban-on-chinese-apps-a-tryst-with-the-security-exception-in-gats/.

② Joel Rosenblatt, *TikTok to Pay $92 Million to Settle Privacy Lawsuits*, Fortune News (Feb. 26, 2021), https://fortune.com/2021/02/25/tiktok-settlement-privacy-lawsuits/.

③ *Congressional Research Service (CRS), Restricting TikTok (Part I): Legal History and Background*, CRS Report (Sept. 28, 2023), https://crsreports.congress.gov/product/pdf/LSB/LSB10940.

理的联系。① 同样,欧盟的前身欧共体早在 1982 年就指出,成员可以以安全例外是国家“固有的权利”为由而实施相关措施,为其暂停从阿根廷的进口进行辩护。② 而在 2020 年,欧盟指出,将国家安全例外条款解释为不可诉求的条款将使 WTO 成员而非专家组可以单方面裁定某一争端,进而导致专家组不能根据 DSU 第 11 条完成任务,这将会给以规则为基础的国际贸易带来问题,但是,最终决定某成员是否享有酌处权的管辖权在于争端解决机构。③ 可见,欧美两大贸易实体都承认国家安全例外具有自我裁判的性质,但欧盟又比美国前进了一步,承认其是可以提起诉求的。

(2)国际关系中的紧急情况

关于如何理解“国际关系中的紧急情况”的含义,至少从文本上讲,对“国际关系中的紧急情况”的理解是模糊的,在关于可能被视为“紧急情况”的识别问题上存在意见分歧。④ 一种思想流派是,前面的单词,即“战争”,限定了后面的短语。因此,“国际关系中的紧急情况”仅是涉及敌对的军事行为的程度,以致不能将其视为战争。反对意见是,“国际关系中的紧急情况”必须包括除战争或敌对军事行为之外的所有其他内容,因为条约用语在“战争”之后用“或者”把“战争或其他紧急情况”联系在一起。俄罗斯 - 过境运输案专家组恰当地平衡了前述两个相反的观点。专家组裁定,成员无权为紧急情况辩护,而是由专家组通过对事实进行独立、客观的调查得出结论。专家组认为,将安全例外的援引留给成员的做法会破坏国际贸易制度的可预测性和稳定性。因此,尽管承认紧急情况可能是“加剧紧张局势”的任何情况,包括政治或经济危机,但必须有军事或公共秩序利益的因素。按照这种观点,沙特阿拉伯 - 知识产权保护案专家组也同意沙特阿拉伯的观点,即一成员断绝与另一成员的所有外交和经济关系可以被认为“国际关系中存在紧急情况的最终国家表示”。⑤ 但是,该案申诉方和被申诉方以及大多数第三方都承认,是否存在“战争或国际关系中的其他

---

① *United States-Certain Measures on Steel and Aluminium Products*, WT/DS552/13, U. S. First Written Submission, 12 Jun. 2019, para. 88.

② See WTO, *Trade Restrictions Affecting Argentina Applied for Non-Economic Reasons* (*L*/5319/*Rev*. 1), WTO (18 May 1982), https://www.wto.org/gatt_docs/English/SULPDF/90990462.pdf.

③ See *Saudi Arabia-Measures Concerning the Protection of Intellectual Property Rights*, WT/DS567/R, Report of the Panel-Addendum, 16 Jun. 2020, Annex C-6, paras. 8-12.

④ Michael J. Hahn, *Vital Interests and the Law of GATT: An Analysis of GATT's Security Exception*, 12 Michigan Journal of International Law 558 (1991).

⑤ See *Saudi Arabia-Measures Concerning the Protection of Intellectual Property Rights*, WT/DS567/8, Report of the Panel, 16 Jun. 2020, paras. 7. 259.

紧急情况”应当由专家组“客观”决定。[①] 专家组最终承认，基于有关争端的事实，本案中存在“国际关系中的紧急情况”。[②]

关于什么是国际关系中的紧急情况，前已述及，俄罗斯－过境运输案专家组将“国际关系紧急情况”解释为“武装冲突，潜在的武装冲突，紧急情势或危机加剧，或是笼罩国家的普遍不稳定”等情况。[③] 沙特阿拉伯－知识产权保护案专家组同意前述观点，认为根据该专家组报告，沙特阿拉伯与卡塔尔的外交、领事和经济联系被切断是足够严重的，可以认为是紧急情况。因此，国际关系之紧急情况的抗辩必须满足 3 个条件，即存在有战时或其他国际关系之紧急情况、涉案措施是战时或处于国际关系紧急时所采取，以及涉案措施与被申诉方之基本安全利益有合理关联性。[④] 考虑到中印边境冲突的紧张情势，印度可能会很容易证明存在前两种情况，即存在国际关系紧急情况以及涉案措施是在此种紧急情况下所采取的。

在确定是否存在国际关系中的紧急情况以及确定是否有必要采取措施禁止某些中国应用程序以保护其基本安全利益方面，印度具有一定的灵活性。在确定是否存在国际关系中的“战争或其他紧急状态”问题上，需要审视印度对其“基本安全利益”的主观判断。事实上，中印边境地区动荡加剧，前述 2020 年 6 月的加勒万河谷冲突也被描述为两国之间数十年来最严重的冲突，这使情况可能会超越俄罗斯－过境运输案专家组所指的成员方之间的政治或经济冲突。虽然国际投资条约中的“安全例外”传统上被限定为国家的国防安全和国际和平与安全，其目的与经济并不直接相关，然而这种严格解释显然已经不能适应实际需要了。[⑤]

在必要性方面，涉案禁令对于保护印度的重大安全利益是否具有必要性，如依照沙特阿拉伯－知识产权保护案专家组报告的分析，成员必须证明涉案措施对于保护其主张之基本安全利益有必要性。[⑥] 而俄罗斯－过境运输案专家组则把基本安全利益解释为与国家最重要功能有关的利益，

---

① See *Saudi Arabia-Measures Concerning the Protection of Intellectual Property Rights*, WT/DS567/8, Report of the Panel, 16 Jun. 2020, para. 7. 267.

② Id., para. 7. 268.

③ *Russia-Measures Concerning Traffic in Transit*, WT/DS512/7, Report of the Panel, 29 Apr. 2019, para. 7. 76.

④ *Saudi Arabia-Measures Concerning the Protection of Intellectual Property Rights*, WT/DS567/8, Report of the Panel, 16 Jun. 2020, paras. 7. 229 – 230.

⑤ 余劲松：《国际投资条约仲裁中投资者与东道国权益保护平衡问题研究》，载《中国法学》2011 年第 2 期。

⑥ *Saudi Arabia-Measures Concerning the Protection of Intellectual Property Rights*, WT/DS567/8, Report of the Panel, 16 Jun. 2020, para. 7. 252.

即保护领土及人民免受外来威胁,以及维持国内的法律和公共秩序。① 因此,印度需要证明涉案措施有关的200多款应用程序与中印边境冲突并非毫不相干,而是与保护其领土和人民免受外在威胁之重大利益有必要性。

在遵守诚信原则方面,GATS第14条之二第1(b)款句首部分也承认,定义其"基本安全利益"属于成员方管辖范围。但是,这将为完全滥用自我裁判的需求留出余地。为此,俄罗斯-过境运输案专家组在确定其安全利益时对成员施加了诚信义务。专家组认为"诚信义务"不仅适用于被申诉方对其"基本安全利益"的描述,也扩大适用于涉案措施与基本安全利益之间的关系,因此专家组认为有关义务"明确要求所讨论的相关措施应符合与基本安全利益有关的推定合理的最低要求"。② 尤其是,专家组必须确定"这些措施是否与紧急情况相距甚远或无关,以至于被申诉方为保护其因紧急情况而产生的基本安全利益的措施实在令人难以置信"。③ 沙特阿拉伯-知识产权保护案专家组也认识到,沙特阿拉伯的"基本安全利益"明显与国家的基本职能有关,即需要保护自己的领土和人民免受外部的威胁,以及维持内部的法律和公共秩序,因此需要有援引安全例外的成员充分举证,以说明源于国际关系紧急情况的国家安全利益的真实性。④ 此类诚信的要求也得到了该案一些第三方的认可,譬如澳大利亚、巴西、欧盟、俄罗斯和乌克兰等,其都承认在适用第73(b)(iii)条时诚信应当发挥一定的作用。⑤

在相关措施的合法性方面,考虑到相关措施的透明度和正当程序要求,申诉方首先必须证明相关措施的合法性。印度采取相关措施的依据主要是印度电子和信息技术部的新闻稿,⑥其认为有必要彻底禁止这些应用程序构成的数据挖掘威胁以确保印度的主权和公共秩序。新闻稿指出制定相关措施的根据是《信息技术法》第69A条以及2009年《信息技术规

① See *Russia-Measures Concerning Traffic in Transit*, WT/DS512/R, Report of the Panel, 5 Apr. 2019, para. 7. 130.

② *Russia-Measures Concerning Traffic in Transit*, WT/DS512/7, Report of the Panel, 29 Apr. 2019, para. 7. 138.

③ Id., para. 7. 145.

④ See *Saudi Arabia-Measures Concerning the Protection of Intellectual Property Rights*, WT/DS567/8, Report of the Panel, 16 Jun. 2020, para. 7. 280.

⑤ Id., para. 7. 255.

⑥ See Ministry of Electronics & IT, *Government of India, Government Bans 59 Mobile Apps Which are Prejudicial to Sovereignty and Integrity of India, Defence of India, Security of State and Public Order*, Government of India Press Release (29 Jun. 2020), https://pib.gov.in/PressReleseDetailm.aspx?PRID=1635206.

则》的相关规定，但其措辞相当不透明，显然不符合法定要求。譬如，2009年《信息技术规则》规定在采取紧急措施时要考虑采取一些保障措施，例如由特别委员会进行审议以及以最终命令的形式记录原因。至少，已经披露的相关信息不能表明存在这两种情况，而未能遵守这些明确的条件可能会损害涉案措施本身的程序完整性。因为对成员涉案措施的法律强制执行的任何审查都需要评估其是否符合国内法与法定程序要求以及是否遵守 WTO 法律，尤其是透明度要求的通报义务。譬如，根据 GATS 第 3(3)条要求，成员在制定或修改对作出具体承诺的服务贸易行业有重大影响的法律、法规或行政规则时，应立即或至少每年向服务贸易理事会进行通知。通知义务是一种事前义务，也是善意原则的要求，更是多边条约下成员的透明度义务的要求，而且已经得到了 GATT 时代相关成员的认可。[①] 另外，WTO 词汇表将透明度解释为"贸易政策和惯例以及确立这些政策和惯例过程的开放和可预测性的程度"。[②] 故印度政府的相关措施没有遵守其国内法律的要求，也没有遵守 WTO 法律规定的成员方及时宣传并通知其贸易政策的任何变化的要求。

最后是正当程序问题。WTO 的相关裁决已经认识到正当程序在实施贸易措施中的重要性。譬如美国 – 虾产品案中，上诉机构指出，一般来讲，对于按照 WTO 义务实施的措施都有正当程序的要求，因此，成员方在实施和管理一项看似合理的措施时，只有在严格遵守正当程序的基本要求的情况下其才是合理的。[③] 因此，可以基于两个理由对实施禁止中国应用程序的措施进行起诉，即不遵守国内法定要求以及不遵守 WTO 法律本身。在没有证据表明遵守这些保障措施的情况下，前述印度政府新闻稿引起了人们对缺乏透明度和正当程序的严重关注。新闻稿本身的法律性质不明确损害了该措施本身的合法性，因为它限制了投资者和贸易伙伴权利。

（五）WTO 下中国政府的潜在对策

新技术的发展导致诸如应用程序之类的服务或贸易能否纳入现有 WTO 框架中的某一具体的协定之内仍然是未知数，现有的 WTO 都没有完全具备审查本书所讨论的高科技技术的能力。同时，尽管一个新的专

① 参见何华：《知识产权保护的安全例外研究：由〈TRIPs 协定〉第 73 条展开》，载《中外法学》2019 年第 3 期。

② See WTO, *Glossary of Terms: An Informal Guide to "WTO speak" Contents*, WTO (2 May 2024), https://www.wto.org/english/thewto_e/minist_e/min99_e/english/about_e/23glos_e.htm.

③ *United States-Import Prohibition of Certain Shrimp and Shrimp Products*, WT/DS58/23, Appellate Body Report, 12 Oct. 1998, para. 198.

家组可能会从俄罗斯－过境运输案或沙特阿拉伯－知识产权保护案的专家组报告中寻求某些指导，但考虑到这需要将“安全”的概念扩展到俄罗斯－过境运输案所设想的传统军事关切以及协议之外，因此可能很难直接对这个案件应用相同的法律推理。俄罗斯－过境运输案和沙特阿拉伯－知识产权保护案专家组的许多观点和解释为实施贸易的国家提供了广泛的限制国家安全的酌处权，但是这种权利仍然要受到专家组的审查。而且，无论是 GATS 还是 TRIPS、WTO 规范都没有提供立即、明确、有效的方法，以限制成员对中国应用程序实施禁令。现行规范在此议题上的适用结果，仍取决于未来争端解决个案中申诉方与被诉方的主张和意愿。

印度以禁用中国应用程序为由而对贸易义务的规避产生的一个令人担忧的趋势就是，各国可能通过经济手段谋取政治利益，即各国依赖安全例外作为无限逃避条款来证明其违反国际义务的理由。国家安全例外之所以能够成为流行的政策工具同地缘政治有着密切的关系，而不断高涨的反全球化、贸易保护主义和经济民族主义也起到了推波助澜的作用。① 虽然 WTO 前述裁决朝着正确方向迈出了一步，以规范对这种例外的依赖并保持贸易体制的平衡，但是 WTO 在国家安全例外抗辩方面仍然缺乏一套固定的法理实践，对成员来说可能是“一个硬币的两面”，既可能是好事，也可能是坏事。当援引国家安全例外条款有利可图时，一些成员总是极力将国家安全例外作为佐证其贸易措施合规性的工具。② 成员欲援引国家安全例外将其措施正当化和合理化，则必须证明这些措施是在国际关系紧急情况中所采取之行动，以及与保护其基本安全利益有合理之关联性。关键是，国家安全的范围已经扩展，影响国家安全的不仅包括传统的军事或恐怖威胁，还包括疾病传播、自然灾害、内乱、严重的经济危机以及重要产业受外国控制等，③后两种情况，即严重的经济危机以及重要产业受外国控制是近些年影响国家安全的两种重要情势。④ 因此，国家安全例外抗辩中的诚信要求非常重要。但是同时，诚信原则要求的轮廓含糊不清，这将使争端各方很难说服专家组赞成任何一种有利于自己的裁定。关键是，被

---

① 林桂军、Tatiana Prazeres：《国家安全问题对国际贸易政策的影响及改革方向》，载《国际贸易问题》2021 年第 1 期。

② 谭观福：《WTO 国家安全例外视角下的网络安全》，载《中国高校社会科学》2018 年第 2 期。

③ UNCTAD, *The Protection of National Security in IIAs*, United Nations, 2009, p. 7.

④ 余劲松：《国际投资条约仲裁中投资者与东道国权益保护平衡问题研究》，载《中国法学》2011 年第 2 期。

禁应用程序的范围非常广泛，印度若想抗辩成功，就需要提供事实上的证据以说明被禁用的应用程序何以对印度重大安全利益构成威胁。但是从另一个角度即中国来说，可以采取如下相关措施以应对印度潜在的国家安全例外抗辩。

首先，无论是把跨境应用程序识别为一种服务贸易还是知识产权，当前国际贸易法对各国政府禁止跨境移动应用程序在内的新科技都没有明显和有效的限制，而且现有贸易协定也不足以应对新数字经济带来的挑战。现有工具对这个问题的解决效果取决于具体的挑战以及倡导者的创造力和想象力，甚至可能需要考虑政治意愿。面对新一轮科技革命和数字经济变革带来的机遇和要求，WTO 也应以开放、透明、包容、务实、灵活的方式，建立回应时代发展和业界需求、充分考虑成员发展阶段和能力水平的国际贸易投资规则，①以应对高科技发展带来的挑战。因此，中国应以包容的姿态对待跨境应用程序被禁给国际贸易体制带来的挑战，强调类似争端应当属于 WTO 争端解决机制的管辖权范围。

其次，在国家安全例外的适用方面，根据 1994 年 GATT 第 21 条、GATS 第 14 条之二或者 TRIPS 第 74 条的国家安全例外条款规定，重申 2019 年 5 月中国向 WTO 提交的改革建议是非常重要的。当前为保护国内产业和实施出口管制而滥用国家安全例外的措施不恰当地扩大了其适用范围，并且其实施方式是不透明或不公正的，此类做法扰乱国际贸易和市场秩序，破坏 WTO 规则，为此，应秉承善意和克制原则援引安全例外条款，并应在 WTO 框架下对援引国家安全例外条款予以进一步澄清和规范。② 在未来的跨境应用程序争端中，中国应当支持专家组对相关案件事实包括国家安全例外条款的援引享有的管辖权和审查权。

再次，中国也可以利用“诚信”来抗辩印度潜在的安全例外诉求。虽然快速发展的技术可能会导致印度以援引国防安全、侵犯公民数据和隐私以及公共秩序的原则为由禁用中国应用程序，但是该威胁与应用程序执行的数据存储活动有关系，而数据存储活动在 GATS 第 14 条之二下绝对不能被称为“紧急情况”。并且，成员方在援引 GATT 第 21 条的国家安全例外时要遵守《维也纳条约法公约》规定的善意原则。可以认为，“基本安全利益”诉求并不源自“国际关系中的紧急状态”，而且印度在实施相关措施时并未给予受影响的中国应用程序开发商申诉的机会，这也从另一面证明

---

① 参见《中国关于世贸组织改革的建议文件》，载商务部网 2019 年 5 月 24 日，http://images.mofcom.gov.cn/sms/201905/20190524100740211.pdf。

② 同上注。

了印度发布相关措施时的恶意和缺乏正当程序。因此,即使考虑到中印2020年6月的边境冲突,鉴于其并没有达到国际关系中的战争或紧急情况,印方所称的对印度数据安全和主权的威胁也没有达到迫切要求立即禁止中国应用程序的程度,有关措施不是维持其基本安全利益所必要的。

最后归根结底,国家安全的含义解释不能过于随意和宽泛,否则任何关于经济的担忧都可能会被归入国家安全的范畴,结果将使成员方的国家安全利益考量凌驾于贸易规则之上,①可能会导致安全例外适用出现失衡和滥用现象,甚至背离GATT第21条理念和文本规定的要求,使本来对安全例外援引高度谦抑的成员方转而援引该条款进行对抗。② 因此,在国家安全例外的问题上,中国可建议WTO争端解决机构采用严格的解释方法,包括增强国家安全事项认定的客观性、纳入后果的严重性以及相关措施"必要性"的审查。③ 安全例外条款的存在事实上也在向成员方表明,对安全例外的援引和裁断均要审慎。④ 一句话,对国家安全例外的使用应当是有节制的,应进行更加有效的规制,而不是随意滥用。

二、国际投资法视角下的安全例外抗辩

前已述及,2020年7月印度对中国对外直接投资设定了更高的限制。从中印于2020年6月发生的加勒万河谷冲突事件来看,印度政府的封锁令显然是两国之间军事紧张局势的溢出效应。虽然前述WTO的讨论似乎在专家组之间达成了共识,即军事或外交紧张局势不应转化为经济或贸易冲突,后者可能严重阻碍全球经济增长和发展,但是印度政府对于中国投资尤其是应用程序的禁用措施似乎有违这一共识。

外国投资者遭受东道国的不公正待遇,譬如受不公平、任意或歧视的规范和法规的约束也是国际关系中常见的做法。通过签订双边或多边投资条约,各国向另一国的投资者保证其在本国领土上进行的任何投资都将受到最低限度的保护,如一方违反,个人投资者有权直接利用投资条约中规定的ISDS机制进行索赔。为此,中国应用程序的开发商或投资者也可以在国际贸易的救济途径之外,通过国际投资争端解决机制维护自己的权

---

① 林桂军、Tatiana Prazeres:《国家安全问题对国际贸易政策的影响及改革方向》,载《国际贸易问题》2021年第1期。

② 梁咏:《论国际贸易体制中的安全例外再平衡》,载《法学》2020年第2期。

③ 参见丁丽柏、陈喆:《论WTO对安全例外条款扩张适用的规制》,载《厦门大学学报(哲学社会科学版)》2020年第2期。

④ 何华:《知识产权保护的安全例外研究:由〈TRIPs协定〉第73条展开》,载《中外法学》2019年第3期。

益。这里需要解决的几个问题是,一是《中国－印度 BIT》的适用,二是中国应用程序的投资者是否为受该条约保护的投资者,三是印方援引国家安全例外抗辩的前景。

(一)《中国－印度 BIT》的适用

具体来讲,印度于 2018 年 10 月单方面终止有效期 10 年期满后的《中国－印度 BIT》,但该条约第 16(2)条同时规定,本条约终止之日前所作出或取得的投资,本条约应自本条约终止之日起继续适用 15 年,因此中国应用程序的投资者可以据此提起投资仲裁诉求。

2007 年生效的《中国－印度 BIT》被印度于 2018 年单方面终止,但其第 16 条"日落条款"规定,在条约终止之前进行的投资将继续受条约保护 15 年。大多数中国应用程序在 2018 年之前就已在印度运营。例如,TikTok 已于 2017 年在中国境外推出,截至 2019 年 6 月估计拥有 1.2 亿印度用户。①

(二)应用程序"投资"性质的识别

关于中国投资者的保护资格问题,《中国－印度 BIT》第 1(2)条对"投资"采纳的是一种广义的开放式定义,包括投资者根据缔约一方的国内法在其境内设立或取得的各种财产,因此根据国际投资仲裁实践,原则上中国投资者只要对印度的应用程序开发商有参股或知识产权或相关特许权等,都是有资格提起诉求的投资者。

利用该条约的一个重要先决条件是外国投资者必须拥有符合条约规定的"投资"资格的资产。因为谈判年代较早,《中国－印度 BIT》没有明确将网站或应用程序标记为"投资"。然而,该定义足够广泛,可以将中国应用程序包含在其中。

首先,根据《中国－印度 BIT》规定,收取金钱的合同权利或某些具有财务价值的履行权被明确视为"投资"。② 应用程序所有者可以通过允许在其应用程序中植入广告获得收入,这些允许广告以换取付款的合同权利可以被视为合同下的金钱权利。同样,应用程序所有者也可以通常与其最终用户签订协议条款,用户同意应用程序所有者能够使用或拥有与应用程序使用相关的数据,这也可以被视为具有财务价值的合同下的履约权。

其次,《中国－印度 BIT》明确将知识产权等无形财产视为"投资",③

① Mansoor Iqbal, *TikTok Revenue and Usage Statistics* (2024), Business of APP Data (Apr. 18, 2024), https://www.businessofapps.com/data/tik-tok-statistics/.

② 参见《中国－印度 BIT》(2006)第 1.2(3)条。

③ 参见《中国－印度 BIT》(2006)第 1.2(4)条。

即根据各缔约方相关法律取得的知识产权都可以作为投资。应用程序可以通过移动应用程序的源代码和用户界面获得知识产权，也可以通过网站域名构成商标等方式而获得知识产权。

因此，中国应用程序完全有资格被视为《中国－印度 BIT》下受到保护的"投资"。①

(三)中国应用程序禁令的潜在违约性

根据《中国－印度 BIT》的规定，外国投资者享有一系列保护，如自由汇回利润的权利、充分保护和安全的保证、最惠国待遇等。封锁令尤其对前述保护构成直接威胁。首先，《中国－印度 BIT》第 5 条规定了防止征收或国有化的保护规章。如果国家实行征收或国有化投资，则必须向投资者提供公平合理的补偿。缔约任何一方的投资者在缔约另一方境内的投资不得被国有化、征收或采取效用等同于国有化或征收的措施，除非是出于公共目的、依照法律在非歧视的基础上采取并给予公平和公正的补偿。②需要明确的是，"公共目的"是国际投资条约中合法征收的一个必要条件，缺少"公共目的"就是不合法的征收，要对投资者的直接损失和间接损失承担赔偿责任。③

一般来说，征收是指"直接"意义上的征用，即政府接管财产的所有权。然而，国际投资法还设想了"间接征收"，即投资在没有正式转让其所有权的情况下受到东道国相关措施的不利影响。同样，《中国－印度 BIT》第 5 条明确承认间接征收是导致投资实质上无生产力或无法产生回报的故意措施。很明显，印度政府实施的封锁令使中国应用程序基本上没有生产力，无法为其所有者带来任何回报，无论是通过基于广告的收入、会员资格还是其他方式。因此，封锁令可能构成间接征收。

然而，《中国－印度 BIT》第 5 条同时规定，如果一项措施是为了公共利益而以非歧视方式采取的监管措施，则该措施不会被视为征收。至于封锁令是否符合这些标准，需要明确以下几点：首先，监管性质，相关封锁令是否在行使监管权力时发出的；其次，公共利益，即封锁令是否为了印度方面的国家安全、公共秩序和保护数据隐私而制定的；最后，非歧视问题，即

---

① Anirudh Rastogi, *India*: *India's Ban On Chinese Apps*: *Recourse Under International Investment Law*, Mondag News (11 Nov. 2020), https://www.mondaq.com/india/international-trade-investment/1004048/india39s-ban-on-chinese-apps-recourse-under-international-investment-law.

② 参见《中国－印度 BIT》(2006)第 5(1)条。

③ 虽然国家根本安全之考虑也是出于"公共目的"，但在国际投资条约中，二者在定义、使用情况及可仲裁性与可补偿性等方面的确具有重大区别。参见韩秀丽：《论国际投资协定中的"根本安全利益"与"公共目的"》，载《现代法学》2010 年第 2 期。

在类似情况下的中国投资是否受到不同对待，以致会出现歧视。尽管该命令没有明说，但很明显，被屏蔽的应用程序都是中国投资者直接或间接参与投资的。中国应用程序的所有者可以通过来自其他国家/地区的应用程序没有被阻止而证明印度封锁令构成歧视。值得注意的是，中国政府已将封锁令标记为违反 WTO 的歧视性做法。①

封锁令威胁可能违反的第二项保护是《中国－印度 BIT》第 3 条规定的“公平和公正待遇”保证。公平和公正待遇被理解为包括向投资者提供正当程序的义务等，要求东道国必须提前向相关投资者发出不利行动通知，为他们提供表达意见的机会，并由公平、公正的裁决者对此事作出裁决。② 具体到该案，印度政府颁布相关封锁令时是否遵循了此类要求是一个值得关注的问题。虽然封锁令是根据 2009 年《信息技术规则》通过的，但其是否符合正当程序要求需要结合该规则的条款规定以及印度政府颁布封锁令的过程予以确定。很明显，在阻止中国应用程序时，印度政府相关部门没有遵循此类程序。

（四）安全例外抗辩的可行性

关键是，即使在投资仲裁过程中印度政府根据《中国－印度 BIT》第 14 条③提出保护其基本安全利益或极端紧急情况下的措施的国家安全抗辩，中国投资者也可以结合以往印度政府作为被诉方的相关案例进行辩护，④找出维护自己投资权益的最佳办法，包括根据以往的仲裁经验选择自己认为比较合适的仲裁员。

《中国－印度 BIT》第 14 条规定，其所提供的保护并不限制国家为保护其“基本安全利益”或在“极端紧急情况”下采取任何行动。印度政府可能会根据这一条款寻求自卫。然而，该规定不太可能适用，因为首先，“基本安全利益”一词的解释很狭隘，感知到的侵略威胁或孤立的冲突可能不足以援引该条款。更具体地说，印度必须证明应用程序收集了此类数据。当与中国政府共享时，后者可以利用这些信息来获得战略军事优势。其

---

① 参见新华社：《商务部回应印度宣布禁用 118 款中国 App：严重关切，坚决反对》，载中国政府网，https://www.gov.cn/xinwen/2020－09/03/content_5540151.htm。

② *ADC Affiliate Limited and AADC & AMC Management Ltd. v. The Republic of Hungary*, ICSID Case No. ARB/03/16, Award, Sept. 27, 2006, para. 435.

③ 该条规定：“本协定不妨碍东道国缔约方根据其正常、合理和非歧视地适用的法律，采取保护其基本安全利益的措施或极端紧急状况下的措施。”《中国－印度 BIT》（2006）第 14 条。

④ See *CC/Devas (Mauritius) Ltd., Devas Employees Mauritius Private Limited and Telecom Devas Mauritius Limited v. India*, PCA Case No. 2013－09, Award on Jurisdiction and Merits, 25 Jul. 2016; *Deutsche Telekom v. India*, PCA Case No. 2014－10, Interim Award, 13 Dec. 2017. 前一个裁决部分支持了印度政府提出的国家安全抗辩，后者驳回。

次，中印关系中不存在所谓的“极端紧急情况”。中国应用程序和相关数据法规已经实施相当长一段时间了。

此外，《中国－印度 BIT》第 14 条仅豁免根据国内法、合理适用和非歧视性基础上采取的行动。如前文所述，封锁令是否符合印度法律且是否具有非歧视性值得怀疑。此外，无论如何，此类措施都不符合国际法规定的必要性和相称性的门槛。因此，印度似乎没有多少辩护理由来证明其行为的正当性。

三、中国应用程序所有者的潜在救济

回顾前述案例，俄罗斯－过境运输案专家组报告没有被提起上诉，沙特阿拉伯－知识产权保护案的专家组报告虽被上诉但后被撤回，美国就钢铝关税案的裁决提起上诉但是上诉机制已经不存在，加上 WTO 报告的调查结果对未来的专家组也没有法律约束力的实践，在此情况下，即使中国与印度之间的应用程序争端提交 WTO，以及印度提出国家安全例外的抗辩，未来专家组也可能会依据国家安全例外的自我裁判性质以及可诉求性的支持，重新审查国家安全例外的抗辩。如果中国政府愿意，其有可能在 WTO 正式质疑印度的封锁令。但是至少到 2024 年 5 月为止，中国尚未提起投资仲裁或 WTO 争端解决。未来发展如何，仍然需考察成员的政治意愿和争端解决意向。

根据国际投资法寻求的最常见补救措施是赔偿，包括应用程序遭受的任何声誉损害、应用程序被阻止的任何时间段内的利润损失以及相关利息。如果中国应用程序所有者被迫完全结束在印度的业务，损失的利润可能是前瞻性的，包括未来的损失。在这种情况下，补救措施将是“全额补偿”，从而使该措施的效果完全消失。因此，中国投资者可能会直接通过《中国－印度 BIT》规定提请投资仲裁诉求，向印度政府提出索赔，不过当然要遵守规定的程序，包括事先进行 6 个月的协商，或者将争议提交仲裁。如果这些主张成功，印度可能不得不撤销封锁令或支付大笔赔偿金。同时，中国应用程序所有者也可能在印度国内寻求赔偿，即撤销封锁令并恢复印度应用程序，或寻求临时措施，如在仲裁期间暂停封锁令。

第三节　数据本地化的条约规制与安全例外抗辩

数据是国内外现代商业活动中不可或缺的一部分。无论是用于电子商务、银行、娱乐和其他服务，还是远程连接、跨境供应链以及大数据分析

等,数据传输都已成为人们日常生活和工作中的基本要素,对保护个人隐私、国家安全与监管合规都至关重要,因此要遵守相关国家的本地化措施。数据本地化主要表现为尽力将本辖区内服务器上的数据保存在其国界内,或将计算设施置于本国,为跨境数据转移设置政策性条件。主张数据主权的数据本地化措施不利于跨境数据流动,一些自由贸易协定采取的一种妥协方法就是,在禁止规定数据本地化的同时也会规定相关数据转移的例外,尤其是国家安全例外。因此,在数据安全与数据主权等核心议题下,数据本地化要求已经成为大国数字竞争中不可或缺的组成部分,而对跨境数据流动进行限制的数据保护主义的典型表现形式就是 CPTPP,以及 RCEP。尤其是,CPTPP 规定的高标准制度规范①对国际经贸规则的改革起到了强有力的助推作用,而中国的加入必将使中国的政治、经济和法治建设提升到一个新的高度。② 不过,从 CPTPP 各方的表态以及规则水准来看,中国加入 CPTPP 仍然存在不少困难和挑战。鉴于此,本部分内容以 CPTPP 和 RCEP 中的数据本地化规则为例,探讨数据本地化的潜在安全例外抗辩以及中国加入 CPTPP 的应对策略。

一、数据本地化规制

数据本地化已经成为近些年自由贸易协定电子商务专门章中的一项共同条款,主要是规定数据跨境流动以及计算设施本地化的规则。2018 年 3 月签署的 CPTPP 的电子商务章节规定了数字商品和服务贸易的规则和程序,包括数据流动和源代码保护的规则等。具体来讲,在个人信息有关的数据保护方面,CPTPP 要求缔约方在制定个人信息保护法律框架时要考虑到相关国际机构的原则和指南;在保护电子商务用户方面应努力采取非歧视做法;公布其为电子商务用户提供的关于个人数据保护的信息,包括如何寻求救济以及企业合规要求等。同时,为避免缔约方保护个人信息立法方面的分歧,CPTPP 第 14.8 条鼓励缔约方建立促进不同体制兼容性的机制并交流信息等。相关条款表明缔约方可以自主采取不同的保护个人信息的法律方法,以及享有在此问题上的自主监管权,包括制定数据本地化措施权等。

在通过电子方式传输信息以及计算设施本地化方面,根据 CPTPP 第 14.11 条和第 14.13 条规定,其承认缔约方对于通过电子方式传输信息以

① 章玉贵、臧文佼:《中国加入 CPTPP 的障碍在哪》,载《环球时报》2021 年 11 月 11 日,第 14 版。
② 周汉民:《从 WTO 到 CPTPP:中国对外开放的进程》,载《国际商务研究》2021 年第 6 期。

及计算设施的使用可设有各自的监管要求,允许缔约方境内开展业务的涵盖的人通过电子方式跨境传输信息,同时禁止对计算设施(或服务器)和数据处理的位置施加任何限制。而且,不得阻止缔约方为实现合法公共政策目标而采取或维持与通过电子方式跨境传输信息或计算设施本地化不一致的措施。此类规定禁止将数据本地化作为在该领土开展业务的条件,但其并没有对什么是“合法公共政策目标”进行界定,这为 CPTPP 签署方提供了更大的监管自主权。因此,CPTPP 通过严格禁止数据本地化要求而大力推动数据跨境自由流动,同时通过适用类似 WTO 规定的一般例外条款为政府干预设定一个相对较高的门槛,以实现公共政策目标。

就数据驱动型经济的规制而言,根据 2020 年的 RCEP 规定,在计算设施的使用和位置以及跨境传输电子信息方面,除了施加超出实现目标所必要的限制以及安全例外,RCEP 使用了和前述 CPTPP 几乎完全相同的语言规定,即承认缔约方采取相关措施的监管权,禁止数据本地化措施,以及规定必要情况下实现合法公共政策的例外。① 但不同之处是,在禁止数据本地化措施方面,缔约方对于什么是合法的公共政策问题有完全的自主权,并由此触发了自我裁判机制。这也意味着,RCEP 为缔约方提供了充足的政策空间,缔约方无须进一步说明即可控制本地的计算设施位置或数据流动,但其也可能会授权缔约方以完全主观的理由无视甚至违反涉及数据传输或数据本地化的义务。

在解决数据本地化障碍方面,CPTPP 和 RCEP 都承诺防止国家采取要求计算设施位于本国领土内的措施,以避免企业在寻求交易的每个国家建立数据存储中心或使用本地设施。此类措施可能会迫使企业在寻求交易的每个国家建立数据存储中心或使用本地设施,这会增加开展业务的成本和复杂性。但 RCEP 中的承诺将不包括金融服务部门,并将允许各方出于安全和公共政策原因援引例外情况。② 比较而言,CPTPP 强调的是数据自由流动和禁止数据本地化措施,更多地体现了发达国家的利益诉求;RCEP 没有对成员方施加过多强制性的义务,更多符合发展中国家的立场,更多体现的是跨境数据流动区域规制的包容性和共治性。③ 尤其是,RCEP 虽然原则上也坚持类似禁止数据本地化的立场,但是其中太多的脚注和专门

---

① RCEP (2020), arts. 12.14 – 12.15. 但 RCEP 没有纳入 CPTPP 规定的允许个人信息跨境传输的规定。

② RCEP 第 12.1.2 条“定义”中规定,“涵盖的人”不包括金融机构或金融服务提供者。

③ 谢卓君、杨署东:《全球治理中的跨境数据流动规制与中国参与——基于 WTO、CPTPP 和 RCEP 的比较分析》,载《国际观察》2021 年第 5 期。

规定的安全例外给予了缔约方更多的监管自主权，以及什么是合法公共政策问题的自我裁判权，强调的是一种优先保护缔约方主权的立场。

二、数据本地化条款的安全例外

和 WTO 协定类似，CPTPP 同样规定了国家安全例外。具体来讲，根据 CPTPP 第 29.2 条规定，协议中的任何内容均不得解释为要求一缔约方提供或允许获得其确认如披露则违背其基本安全利益的任何信息；或阻止一缔约方采取其认为对履行维护或恢复国际和平或安全或保护其自身的基本安全利益必要的措施。该条规定中的“其确认”和“其认为”给予了缔约方很大程度的自由裁判权，实践中若发生争端，在何为基本安全利益的问题上应当由成员方进行自我裁判，但是否需要由根据 CPTPP 争端解决条款组成的专家组进行审查还有待观察。

RCEP 也规定了允许缔约方为“基本安全利益”采取措施的例外条款，但是其遵循的主要是 WTO 相关文件的范式，并进行了相关修改，即缔约方可以保护“包括通讯、电力和水利基础设施在内的关键的公共基础设施”为由提起国家安全抗辩，“其他缔约方不能对此类措施提出异议”。这种权利是 RCEP 独有的。此外，RCEP 还在计算设施的位置和通过电子方式跨境传输信息方面，规定了和前述公共基础设施类似的内容①。这两条关于安全例外规定的独特之处是增加了“其他缔约方不得对此类措施提出异议”，而且任何关于此类措施的争端不得经过谈判解决。因此，条款内容过于宽泛和缺乏可操作性，几乎对成员方的自我裁判权没有任何限制，可能导致以“基本安全利益”为名而行保护商业活动之实的行为无法得到控制。毕竟，根据 RCEP 规定，缔约方可以在其他缔约方不得提出异议的情况下随意豁免数据本地化禁令，以保护其“基本安全利益”。

无论是 CPTPP 和 RCEP 规定的适用于包括电子商务在内的所有领域的含有“其认为”用语的安全例外条款，还是 RCEP 规定的专门适用于计算设施本地化和跨境信息传输的包括有“其认为”以及“其他缔约方不得对此类措施提出异议”语言的基本安全利益例外规范，都赋予了缔约方在国家安全问题上进行自我裁判的权利。RCEP 的规定似乎更进一步，基本上是排除了第三方当事人进行裁判的可能性，完全依靠缔约方自己确认什么是其认为的所谓“基本安全利益”，其主要原因之一是要同时兼顾和协调发达国家关注的数字贸易利益以及发展中国家关注的数据安全与产业发

---

① RCEP（2020）第 12.14.3.2 条和第 12.15.3.2 条。

展利益之间的关系，①但也存在为权衡缔约方利益而对数据自由流动例外规则中的“安全”内涵的界定比较模糊的问题。② 鉴于 CPTPP 和 WTO 规定的类似性，应当分析 WTO 中国家安全例外争端的专家组裁判意见以及相关国家对国家安全的态度，并在此基础上分析中国加入 CPTPP 时在国家安全例外条款问题上可能遇到的问题。

三、安全例外的传统解释在数据本地化中的适用

考虑到 CPTPP 和 RCEP 条款与 WTO 安全例外规定类似，可以在解决争端时考虑 WTO 专家组对于相关国家安全例外适用的裁判法理。现有国际经贸关系中的安全例外源于第二次世界大战后的国际经济治理机制，但随着国际关系和科技的发展，经济和国家安全似乎越来越交织在一起，各国以国家安全为由为贸易战开脱的事例正在不断出现。事实上，在考虑网络和数据本地化要求的同时，各国要明确安全问题的范围不再局限于传统战争或武力的范围，而更多与互联网、数据、恐怖主义、经济危机、大流行病甚至气候变化有关，因此不能仅仅要求在安全与传统军事化安全具有密切关系时才能将安全作为交易的例外情况。

（一）WTO/GATS 框架下数据本地化的规制

就数据本地化而言，相关规则不一定就能增强数据安全性，因为数据安全主要是由存储技术和方法而不是由存储地的地理位置决定的。③ 但是，无论是出于数据主权、国家安全、商业还是隐私原因，政府部门都需要考虑数据的存储方式和位置，同时明确访问数据的权限以及允许数据出境的条件。关键是数据本地化要求会影响各种国家安全利益，需要平衡数据本地化措施与国家经济和安全之间的关系。同时，数据本地化措施有可能会对外国公司施加歧视性或不合理的要求，从而可能违反国际贸易协定中的义务，如市场准入、非歧视和透明度等义务。数据本地化直接阻碍了跨境服务供应并扰乱了外国公司的全球数据获取能力，从而降低了其竞争力，甚至会增加其合规成本。而当数据本地化导致外国企业受到不合理待遇时，可能会违反 GATS 下的相关规定，因为数据服务已经被视为 GATS 下的第一种服务贸易，从而相关主体可以适用 GATS 的相关规定来审查相

① 冯洁菡、周濛：《跨境数据流动规制：核心议题、国际方案及中国因应》，载《深圳大学学报（人文社会科学版）》2021 年第 4 期。

② 阙天舒、王子玥：《数字经济时代的全球数据安全治理与中国策略》，载《国际安全研究》2022 年第 1 期。

③ 石静霞：《国际贸易投资规则的再构建及中国的因应》，载《中国社会科学》2015 年第 9 期。

关的数据本地化措施是否合理。

GATS 第 14 条之二规定了和 GATT 第 21 条几乎完全相同的安全例外,某项数据本地化措施是否经得住安全例外的挑战,要根据具体情况具体分析,还要结合 WTO 相关安全例外抗辩的裁判进行考察。重要的是,关于例外的 WTO 裁决维持了对冲突与领土完整的国家安全的传统理解。因此,国际经贸协定中的基本安全例外裁决表明,该例外原则上仅限于与战争时期或武装冲突有关的情况或其他紧急情况。

(二)WTO/GATS 框架下数据本地化的国家安全抗辩

WTO 俄罗斯 - 过境运输案的专家组在 GATT 下对安全例外进行了探讨。该案专家组指出,国际关系中的紧急情况可以理解为"武装冲突、潜在武装冲突、紧张局势或危机加剧、或笼罩或包围一国的普遍不稳定局势"。① "基本安全利益"虽然未在 WTO 协议中被定义,但其指的是与国家基本职能相关的利益,即"保护其领土和人口免受外部威胁,维护内部法律和公共利益"。② 每个成员界定有关的基本安全利益取决于该成员内部的特定情况,并且可以随着环境的变化而变化,但成员不能随意将任何关切问题上升为"基本安全利益",其要受到善意解释和 1994 年 GATT 第 21(b)(iii)条的义务的限制,并且该"善意义务"要求成员不得使用安全例外作为规避其 WTO 义务的手段。因此,请求援用安全例外的成员有责任充分阐明国际关系紧急情况引起的基本安全利益,以证明这些利益的真实性。专家组最后认为俄罗斯可以援引国家安全例外为自己抗辩,但要经过专家组的审查。同时,该裁决表明安全例外应与核心国家利益有关,即保护自然领土、保卫公民以及维护法律和秩序的相关政策可以被视为安全例外。在沙特阿拉伯 - 知识产权保护案中,沙特阿拉伯中断与卡塔尔的所有外交、领事和经济关系可以被视为一种在安全例外和严重危机情况下采取的行动,其针对卡塔尔公司实施的相关措施满足与所保护的基本安全利益相关的最低合理性要求。③

具体而言,一方面,WTO 框架下的安全例外条款体现的是战争后的国际贸易与安全关系、市场秩序与国家安全利益之间的协调,是由当时特定的地缘政治和经济现实决定的。同时,第二次世界大战后几十年其内容也

---

① *Russia-Measures Concerning Traffic in Transit*, WT/DS512/7, Report of the Panel, 26 Apr. 2019, para. 7. 111.

② Id. , para. 7. 130.

③ *Saudi Arabia-Measures Concerning the Protection of Intellectual Property Rights*, WT/DS567, Report of the Panel, 16 Jun. 2020, paras. 7. 293 – 294.

在不断地根据时代的变化进行一些微调。但国际金融危机打断了传统的财富和资源分配方案,尤其是网络等新技术发展带来的威胁越来越多,对传统的国际经贸规则提出了挑战。而且,数据监管使这些问题变得尖锐起来,跨国数据流动在个人隐私、竞争力、主权和国家安全等内容之间不断切换,伴随这些框架而来的是相互竞争甚至冲突的政策问题,如数据本地化的要求、跨境数据自由流动承诺等。譬如,欧洲的 *Schrems* Ⅱ裁决①以不同的方式突出了这些冲突,将欧洲对隐私的控制与美国对安全监视的要求和私人尝试就数据流动签订合同进行了对比,这些框架的极端不稳定性足以引起观察者的注意。② 此类因素促使各国就数据问题作出不同的规定,并将其纳入自己签订的贸易协定中,进而可能会将潜在的冲突诉至 WTO 或类似 CPTPP 规定的专家组。值得关注的是,未来专家组能否遵循 WTO 已经作出的相关裁决精神仍然是有疑问的。

另一方面,《联合国宪章》授权安全理事会应"断定任何和平之威胁、和平之破坏或侵略行为之是否存在",并建议采取武力以外之办法,包括局部或全部停止经济关系、交通关系、通讯关系等,以及断绝外交关系,或在前述办法为不足时采取必要之空海陆军行动,以维护或恢复国际和平与安全。③ 因此,在出现威胁国家安全的情形下,可能会存在不履行国际经济义务而提起安全例外抗辩的情形。GATT 第 21(c)条明确承认了这一规定的首要地位,即 GATT 的任何规定不得解释为"阻止任何成员为履行其在《联合国宪章》项下的维护国际和平与安全的义务而采取的任何行动"。虽然此类国家安全抗辩应用的场合非常有限,但在近几年国家间冲突不断发生以及外交和国际经贸关系随时可能中断的情况下,根据该条规定提起的安全抗辩可能是或早或晚发生的事情。因此,安全例外条款中相关用语的解释非常重要,包括"必要性"、"其认为"、"基本安全利益"、"国家紧急状态"以及"国际紧急情况"等,由此产生的问题是,当国家安全涉及国际政治外交中断或领土完整时,对安全例外条款进行解释的合理机构,到底是联合国内唯一有权裁定和实施国际维和与安全行动的联合国安全理事会,裁决国家间争端的国际法院,裁定国家间贸易争端的 WTO 争端解决机构,受理外国投资者与东道国争端的投资仲裁庭,还是根据自贸协定组成的专家组等裁判机构?或者,像前述 RCEP 所规定的,此类争端是否属

---

① Case C-311/18, Judgment of the Court (Grand Chamber), 16 Jul. 2020.

② 单文华、邓娜:《欧美跨境数据流动规制:冲突、协调与借鉴——基于欧盟法院"隐私盾"无效案的考察》,载《西安交通大学学报(社会科学版)》2021 年第 5 期。

③ 参见《联合国宪章》第 39~42 条。

于国家自由裁判的问题，而其他缔约方不得对此提出异议？总而言之，无论是国际性裁判机构还是国家自我裁判国家安全问题，都要在发生争端时善意解释相关规则，同时考虑相关措施与国家安全之间的相称性和关联性。具体到数据本地化方面，各国必须避免随意依赖安全例外作为实施数据本地化措施的基础，而应在遵守数据主权的基础上，通过参与有意义的外交谈判和监管合作机制来解决它们在国家安全治理问题上的分歧。

四、中国数据本地化政策与加入 CPTPP“安全例外”条款的应对

前已述及，CPTPP 促进成员之间的跨境数据自由流动，而中国的数据治理措施可能会与 CPTPP 规定尤其是其安全例外条款存在某些冲突，因为中国的数据治理模式有更强烈的主权意识。

（一）中国数据本地化政策的国内发展

近些年，中国政府不断在跨境电子商务或数字贸易方面加强数据本地化的规制，除了中国数字经济蓬勃发展以及数字经济与实体经济加速深度融合的原因，还有为了满足中国企业在跨境贸易中不断增加的监管合规需求。中国相关国内立法对数据本地化和跨境数据流动问题作了原则性规定。譬如，2017 年中国《网络安全法》把关键信息基础设施界定为公共通信和信息服务、能源、交通、水利、金融、公共服务、电子政务等重要行业和领域，以及其他一旦遭到破坏、丧失功能或者数据泄露，可能严重危害国家安全、国计民生、公共利益等领域的设施，①并要求关键信息基础设施运营商在中国境内存储关键信息基础设施运营产生的个人信息和重要数据，并且只有在经过安全评估后才允许跨境传输此类数据，②违反者可能会被处以金钱罚款以及吊销相关业务许可证等处罚。③ 如果安全评估确定个人信息的转移可能影响国家安全或公共利益，或者此类信息的安全无法得到保护，则此类信息不会出境。很明显，关键信息基础设施的含义较广，由此产生的相关数据也涵盖较广的范围。在此基础上，2021 年 9 月 1 日正式实施的《关键信息基础设施安全保护条例》第 2 条将“国防科技工业”领域的重要网络设施和信息系统纳入关键信息基础设施中，但对跨境数据或信息出入境没有进行规定。2022 年 2 月 15 日施行的《网络安全审查办法》将网络平台运营者开展数据处理活动纳入审查范围，且对赴国外上市提出了

---

① 参见《网络安全法》(2017)第 31 条。

② 参见《网络安全法》(2017)第 37 条。

③ 参见《网络安全法》(2017)第 66 条。

明确的申报网络安全审查要求。

2021年9月1日施行的《数据安全法》在跨境信息的规定方面主要包括：首先，重要数据出境的主体是关键信息基础设施的运营者和其他数据处理者，前者的出境安全管理适用《网络安全法》的规定，后者的出境安全管理办法由国家网信部门会同国务院有关部门制定。① 尤其是，关键信息基础设施运营中的重要数据原则上需要在境内存储，出境需要安全评估，且只有在符合业务需要的前提下才能出境，这一"额外保护"一方面是因为关键信息基础设施在国计民生中的重要地位，需要重点保护，另一方面是由于重要数据自身的重要性。② 其次，数据出境的对象是重要数据，即并非要求所有数据出境均应进行安全审查，而是针对相关实体在中华人民共和国境内运营中收集和产生的重要数据进行数据出境安全管理。《数据安全法》第21条在概念界定的基础之上提出了数据分类分级保护制度，其根据是相关数据在经济社会发展中的重要程度，以及一旦遭到篡改、破坏、泄露或者非法获取、非法利用等而对国家安全、公共利益或者个人、组织合法权益造成的危害程度。可以说，数据安全法扩展了以前的数据本地化和传输规则，并对违规行为施加更严厉的处罚。

2021年11月施行的《个人信息保护法》扩大了前述规范，要求包括"个人信息和重要数据"在内的各种形式的数据在中国境内存储，并在必要时在转移出境前接受政府安全审查。具体来讲，个人信息处理者因业务等需要，确需向中国境外提供个人信息的，应当依照本法规定通过安全评估；或者按照国家网信部门的规定经专业机构进行个人信息保护认证；或者按照国家网信部门制定的标准合同与境外接收方订立约定双方的权利和义务的合同；或者遵守其他条件。③ 同时，关键信息基础设施运营者和处理个人信息达到规定数量的个人信息处理者，应当将在中国境内收集和产生的个人信息存储在境内，确需向境外提供的应当进行安全评估；法律法规规定可以不进行安全评估的，从其规定。④ 出境管控措施与本地化存储要求二者之间并不必然存在联系，即出境受到限制的个人信息并不一定要求存储在境内，而要求在本地化存储的个人信息也并非不能向境

① 参见《数据安全法》(2021)第31条。
② 参见龙卫球主编：《中华人民共和国数据安全法释义》，中国法制出版社2021年版，第104～105页。
③ 参见《个人信息保护法》(2021)第38条。
④ 参见《个人信息保护法》(2021)第40条。

外提供。① 至于何为关键信息基础设施，则需要结合《网络安全法》第31条的规定进行解释。另外，《个人信息保护法》被认为是对拥有“大量”个人数据的公司的额外限制，此类公司在将任何数据转移到海外之前，必须完成中国网信办的强制性安全审查。②

国家互联网信息办公室公布的《数据出境安全评估办法》已经于2022年9月1日起正式施行。该办法旨在落实前述《网络安全法》《数据安全法》《个人信息保护法》的规定，规范中国境内的数据出境活动，维护国家安全和社会公共利益，促进数据跨境安全、自由流动，切实以安全保发展、以发展促安全。

此外，中国政府还不断颁布相关法律实施的补充规定，不断完善数据出境的监管问题。譬如，2020年9月，中国发起了《全球数据安全倡议》，提出积极维护全球信息技术产品和服务的供应链开放、安全和稳定，反对利用信息技术破坏他国关键基础设施或窃取重要数据，以及利用其危害他国国家安全和社会公共利益的行为，反对强制要求本国企业将境外产生或获取的数据存储在境内等。③ 这些倡议对推动国际数据治理规则构建具有积极意义。

另外，前述数据本地化和数据出境要求，以及其他有关互联网内容和访问的中国法规，对于那些在中国开展经营活动的外国当事人同样适用。譬如，在开曼注册、主要在中国运营的在线约车公司滴滴出行由于没有遵守国家许可而提前于2021年6月30日在美国上市，基于国家安全的担忧，中国相关部门对其进行了网络安全审查，包括要求下架“滴滴出行”应用程序。④ 可以认为，中国支持与贸易有关的跨境数据流动，同时强调对个人信息和重要数据给予特殊保护，倡导兼顾发达国家关注的数字贸易利益以及尊重发展中国家关注的数据安全和产业发展利益，并支持采取相应

① 龙卫球主编：《中华人民共和国个人信息保护法释义》，中国法制出版社2021年版，第178页。

② 2022年2月15日生效的《网络安全审查办法》第7条规定，掌握超过100万用户个人信息的网络平台运营者赴国外上市，必须向网络安全审查办公室申报网络安全审查。拟赴国外上市企业，在判断是否需要申报网络安全审查时，应同时判断是否掌握100万用户个人信息，以及是否掌握重要数据，两者同等重要。参见小贝：《审查制度正式实施，应全面准确把握赴外上市申报网络安全审查的条件》，载微信公众号“小贝说安全”2022年2月16日，https://mp.weixin.qq.com/s/XGL8ovDH8X6rOEyuQoU0Dw。

③ 参见新华社：《全球数据安全倡议（全文）》，载中国政府网，http://www.gov.cn/xinwen/2020-09/08/content_5541579.htm。

④ 《滴滴退市之后，美股的中国互联网公司更尴尬了》，载南方网2022年1月20日，https://news.southcn.com/node_cde6f9580c/d8cc3d5b53.shtml。

的数据本地化管制措施。① 同时需要指出的是，根据中国现行数据跨境流动政策，如果将数据出境的安全审查作为单一的合规机制，在现实中难以适应海量数据的跨境流动需要和数字经济发展的客观需要。无论如何，相关法律法规的颁布已经使中国成为拥有全面数据治理框架的主要经济体，这是需要与中国进行贸易的外国公司和进行谈判的外国政府需要首先了解的政策。

（二）中国数据本地化政策的国际立场和安全考量

中国国内数据本地化的要求和更加严格的数据出境法律规制意味着中国政府在数据问题上可能关注更多的是国家安全，这在中国参与缔结的RCEP中体现得最为明显。前已述及，RCEP原则上禁止数据本地化，但同时还规定了缔约方实现合法公共政策和国家安全的例外，尤其是国家安全争端不得提起诉求表明，包括中国在内的缔约方政府在跨境数据交流和本地化问题上对国家安全问题的关注要高于个人权利或者企业利益的维护。考虑到中国对数据监管纳入国际经贸协定采取了谨慎的态度，除了RCEP，中国政府签署的绝大多数自贸协定都没有包含此类数据本地化条款，尽管有些自贸协定包含了电子商务章。② 这与过去若干年中国电子商务市场的巨大成功以及跨境数字贸易的急速发展不一致。主要原因是，拟议中的一些贸易自由化条款譬如数据主权问题、数据控制与国家安全之间的联系以及对外国控制技术的某些限制等可能会引起异议。另外，中国在WTO主要成员主导的电子商务联合倡议的提案中坚持政府主导网络的要求，旨在保护监管空间以维持社会控制并对外国企业施加额外限制。③ 中国在提案中避免对跨境数据流动和数据本地化作出具有约束力和可执行性的承诺，并承认与贸易有关的数据流动对贸易发展具有重要意义，但更重要的是，数据流动应以安全为前提，这关系到每一位成员的核心利益，为

① 张琦、陈红娜、罗雨泽：《数字贸易国际规则：走向趋势与构建路径》，载《全球化》2022年第1期。

② 中国签署的包含电子商务独立章的自贸协定分别是与韩国、澳大利亚、毛里求斯和柬埔寨签署的自由贸易协定，升级的与智利和新加坡的自由贸易协定，以及2020年的RCEP。参见《中国－韩国FTA》（2015）第13章；《中国－澳大利亚FTA》（2015）第12章；《中国－毛里求斯FTA》（2019）第10章；《中国智利修改自由贸易协定和补充服务贸易协定议定书》（2017）第4章；《关于升级〈中华人民共和国政府和新加坡共和国政府自由贸易协定〉的议定书》（2018）第15章；《中国－柬埔寨FTA》（2020）第10章；RCEP（2020）第12章。

③ WTO, *Joint Statement on Electronic Commerce: Communication from China* (INF/ECOM/19), WTO (24 Apr. 2019), https://docs.wto.org/dol2fe/Pages/FE_Search/DDFDocuments/253560/q/INF/ECOM/19.pdf.

此，必须在遵守成员各自的法律法规的基础上进行数据的有序流动。①

中国关于数据本地化与援引安全例外的立场也可以在 RCEP 的条文中看到一点迹象。RCEP 虽然规定了禁止数据本地化，但同时规定了缔约方可以实施“保护其基本安全利益所必要的任何措施”作为例外，关键是强调“其他缔约方不得对此类措施提出异议”。该条规定强调缔约方数据传输和本地计算设施的义务受到完全自我判断和无可争议的国家安全例外的约束，一方可以采取其认为必要的任何措施来保护其“基本安全利益”，其他各方不得对此类措施提出异议。该条是电子商务章的数据本地化措施所独有的，也与 RCEP 第 17.13 条适用于一般贸易争端的安全例外情况不同，后者没有规定其他缔约方不得对此类措施提出异议。② 然而，这些条款中明确保护此类措施免受任何争议表明，一般安全条款中可能没有同等保护。关键是，RCEP 缔约方在他们认为保护“基本安全利益”所必要的措施方面保留了更大的回旋余地，此类措施完全不受其他各方的审查。而且，与 CPTPP 相比，RCEP 并未将国与国之间的争端解决用于数据治理承诺。相反，RCEP 鼓励各缔约方之间以及在 RCEP 联合委员会内进行善意协商。

可以说，RCEP 的电子商务章节包含具有约束力的数据治理条款，这标志着中国首次作出此类承诺，也是中国愿意接受何种数据治理条款的一个迹象。另外，RCEP 将对禁止数据本地化的主要承诺与非常广泛的例外相结合，将内部数据治理政策面临的外部挑战风险降至最低。特别是，广泛的合理公共政策和安全例外允许中国保留其限制性数据治理制度而无须外部审查。但一个潜在的后果是，如果缔约一方坚持本国可采取其认为对保护其基本安全利益所必要的任何措施而其他缔约方不得提出异议，那么安全例外条款可能会失去其实质性意义。因此，需要观察缔约方将如何管理这些特殊争端。

（三）中国可以接受 CPTPP 的数据“安全例外”条款

中国参加的 RCEP 对数据本地化规定了特殊的安全例外，即缔约方对其实施的数据本地化措施有完全的自我裁判权，其他国家不得对此提出异议，且此类争端不得提交国家间争端裁判机构进行审查。此类完全尊重缔

① WTO, *Joint Statement on Electronic Commerce: Communication from China* (INF/ECOM/19), WTO(24 Apr. 2019), https://docs.wto.org/dol2fe/Pages/FE_Search/DDFDocuments/253560/q/INF/ECOM/19.pdf.

② 参见 RCEP(2020)第 17.13 条。该条除了增加“为保护包括通讯、电力和水利基础设施在内的关键的公共基础设施而采取的行动”以及“国家紧急状态……下采取的行动”，其他规定基本上和 GATT 第 21 条规定一致。

约方国内数据本地化措施的规定一方面是数据主权的体现，即各国有权根据自己本国的发展情况和国内外需求制定自己的数据治理政策，其他国家不得干涉，另一方面也是西太平洋沿岸的缔约方维护亚太地区经贸利益以及地缘政治博弈的结果。事实上，CPTPP 也是环太平洋相关方缔结的贸易协定，并且有 7 个成员同时也是 RCEP 成员。[①] 但是，RCEP 对数据本地化规定了特殊的安全例外，即缔约方对其实施的数据本地化措施有完全的自我裁判权，这是缔约方维护亚太地区经贸利益以及地缘政治博弈的结果。尽管如此，中国需要按照 CPTPP 的规定完成加入程序，需要讨论的问题是，CPTPP 中的禁止数据本地化以及安全例外条款能否为中国所接受？或者说，如何协调 RCEP 中的有关缔约方实现保护基本安全利益所必要措施的自我裁判与 CPTPP 相关条款之间的关系？这里主要有几个问题需要明确。

第一，RCEP 规定了缔约方在实施数据本地化有关基本安全利益措施的自我裁判权，且其不受 RCEP 争端解决机制的管辖。[②] CPTPP 没有专门针对与数据本地化有关的基本安全利益措施的自我裁判规定，但是 CPTPP 第 29.2 条安全例外的两款分别含有“其确认”和“其认为”的用语，根据 WTO 前述类似条款的专家组裁定，可以认为缔约方在援引国家安全例外的问题上享有一定程度的自我裁判权。只不过根据 WTO 裁判法理，此类裁判权在 WTO 范围内要经过专家组或上诉机构的审查。尽管程度各异，但此类规定给予了缔约方对披露是否违背其基本安全利益的认定权，至少关于披露将会引发基本安全利益受损这一项，CPTPP 和 RCEP 几乎采取了相同的规定。[③] 但是抛开 WTO 架构，未来 CPTPP 缔约方的安全例外问题的自我裁判争端需要提交根据 CPTPP 争端裁判机构组成的专家组进行裁判，而 CPTPP 专家组能否完全承认缔约方在国家安全问题上的自我裁判权还需要时间的检验。

第二，CPTPP 缔约方能否在国家安全例外的援引上完全接受自我裁判的立场可以根据其向 WTO 递交的相关意见书进行考察。譬如澳大利亚指出，鉴于两次世界大战，安全例外案文反映了起草者对国家安全和主权在国际贸易领域的相互作用的共同关注；DSU 第 7 条赋予专家组对被申请方援引的安全例外情形的审查权；在是否满足援引的安全例外要求方面，专家组有审查的管辖权，但是应由每个成员自行定义其认为的“基本安全利益”

---

① 在 RCEP 的 15 个成员里，其中 7 个也是 CPTPP 成员，分别是文莱、新加坡、马来西亚、越南、日本、澳大利亚和新西兰。

② RCEP(2020)第 12.17 条。

③ 马光：《FTA 数据跨境流动规制的三种例外选择适用》，载《政法论坛》2021 年第 5 期。

以及实施保护基本安全利益的"必要性"。[①] 该观点也得到了加拿大、[②]新加坡[③]和日本的支持。[④] 与此相对,虽然墨西哥在这两个案件中没有提交相关意见,但其观点可以从与美国和加拿大缔结的相关协定推测出来,其基本上和美国一致,也即每个成员都有权力和责任认真就保护其国家和国民的安全问题以及伴随的政治后果作出决定;GATT 第 21 条和 TRIPS 第 73 条安全例外条款是自我裁判的性质;专家组对被申诉方援引基本安全例外的审查权也是错误的;基本安全条款涉及对主权国家最重要的问题,必须对那些代表主权国家的起草者予以尊重等。[⑤] 至少在明确提交第三方意见的 CPTPP 成员中,基本上都赞成 WTO 协议中的相关安全例外条款争端可以提交专家组,而专家组对成员做出的保护基本安全利益的措施可以行使审查权。鉴于 WTO 相关协议的安全例外条款起首用语和 CPTPP 安全例外条款的文本基本一致,尤其是都含有"其认为"或类似的"其确认"的词语,可以推定 CPTPP 缔约方对安全例外的理解和 WTO 类似,包括数据本地化措施在内的安全例外抗辩争端也可以提交未来的 CPTPP 专家组进行裁判。

第三,中国针对前述两个 WTO 安全例外争端提交的意见认为,专家组对涵盖协议中的安全条款有管辖权,并且专家组有权对争端事实以及提

---

① See *Russia-Measures Concerning Traffic in Transit*, Report of the Panel-Addendum, WT/DS512/R/Add. 1, Annex D – 1, Executive Summary of the Arguments of Australia, 5 Apr. 2019, paras. 3, 14 and 33; *Saudi Arabia-Measures Concerning the Protection of Intellectual Property Rights*, Report of the Panel-Addendum, WT/DS567/R/Add. 1, Annex C – 1, Integrated Executive Summary of the Arguments of Australia, paras. 3 and 8.

② See *Russia-Measures Concerning Traffic in Transit*, Report of the Panel-Addendum, WT/DS512/R/Add. 1, Annex D – 3, Executive Summary of the Arguments of Canada, 5 Apr. 2019, paras. 1 – 4.

③ See *Russia-Measures Concerning Traffic in Transit*, Report of the Panel-Addendum, WT/DS512/R/Add. 1, Annex D – 8, Executive Summary of the Arguments of Singapore, 5 Apr. 2019, paras. 23 – 24; *Saudi Arabia-Measures Concerning the Protection of Intellectual Property Rights*, Report of the Panel-Addendum, WT/DS567/R/Add. 1, Annex C – 10, Integrated Executive Summary of the Arguments of Singapore, para. 20.

④ See *Russia-Measures Concerning Traffic in Transit*, Report of the Panel-Addendum, WT/DS512/R/Add. 1, Annex D – 6, Executive Summary of the Arguments of Japan, 5 Apr. 2019, paras. 19 – 20; Report of the Panel, *Saudi Arabia-Measures Concerning the Protection of Intellectual Property Rights*, Report of the Panel-Addendum, WT/DS567/R/Add. 1, Annex C – 7, Integrated Executive Summary of the Arguments of Japan, para. 10.

⑤ See *Russia-Measures Concerning Traffic in Transit*, Report of the Panel-Addendum, WT/DS512/R/Add. 1, Annex D – 10, Executive Summary of the Arguments of the Unites States, 5 Apr. 2019, paras. 1 – 2; *Saudi Arabia-Measures Concerning the Protection of Intellectual Property Rights*, Report of the Panel-Addendum, WT/DS567/R/Add. 1, Annex C – 13, Integrated Executive Summary of the Arguments of the United States, paras. 1 – 5 and 22 – 28.

交其审查的争端进行客观审查。① 尽管如此,中国参与的 RCEP 对数据本地化措施的规定是,提出基本安全利益措施抗辩的成员有绝对的自我裁判权。结合前述规定,假如中国加入 CPTPP,就会在履行 RCEP 和 CPTPP 的安全例外条款的义务之间发生冲突。CPTPP 不允许成员提出保留意见,但根据 CPTPP《全面与进步跨太平洋伙伴关系协定委员会关于 CPTPP 加入程序的决定》第 5.1(a)条规定,"有意加入的经济体必须证明其将遵守 CPTPP 所含所有现行规则的方式",可以认为其是不允许有成员提出保留意见的。对此,结合前述中国对 WTO 相关案例中的国家安全例外作出的意见,比较恰当的理解是中国能够接受 CPTPP 的安全例外条款。

第四,完全接纳 CPTPP 的国家安全例外条款就意味着在数据本地化问题上,其他国家可以就中国提出的国家安全抗辩提出挑战,也意味着中国必须不断制定和完善有关数据本地化的国内法律法规,尤其是完成国内相关改革和法律修改,证明其将遵守 CPTPP 的现行规则。同时,国内法的安全评估制度除了要管理数据出口,还要为促进数据进口营造环境,鼓励国外数据向中国流动,力争在开放和安全之间取得平衡。② 另外,在某些情况下,中国可以依靠其内部的法律完善机制来满足 CPTPP 数据本地化的要求。譬如,中国已经在多个自贸试验区试点有条件的数据自由流动,支持在确保风险可控的范围内,率先实施对标 CPTPP 的相关措施,包括建设离岸数据中心和探索数字贸易发展新模式等。③ 无论如何,中国在参与全球数据治理的过程中,应在坚守维护国家安全的底线基础上兼顾数据保护和数据流动,合理平衡经济发展与国家安全和社会公共利益之间的关系。④

第五,需要注意的是,相较于 RCEP 的安全例外条款,CPTPP 的"基本安全利益"术语表面上看似扩大了安全利益的内涵,实际更有可能为滥用安全例外机制打开"方便之门"。当前国家安全的含义已经超越 WTO 框

---

① See *Russia-Measures Concerning Traffic in Transit*, Report of the Panel-Addendum, WT/DS512/R/Add. 1, Annex D – 4, Executive Summary of the Arguments of China, 5 Apr. 2019, paras. 1 – 6.

② 杨燕青、吴光豪:《参与全球数字经贸规则制定推动数字经济国际合作》,载《光明日报》2021 年 11 月 26 日,第 12 版。

③ 刘宝:《广州南沙:全国首个对标 RCEP CPTPP 双协定"17 条"发布》,载《中国经济导报》2022 年 1 月 20 日,第 3 版。

④ 阙天舒、王子玥:《数字经济时代的全球数据安全治理与中国策略》,载《国际安全研究》2022 年第 1 期。

架所设定的限于军事、战争、核武器等较窄的军事安全利益的要求，而涵盖与经济或外交等安全问题。中国提出的“总体国家安全观”涵盖与数据本地化措施密切相关的网络安全、政治安全、经济安全、科技安全以及信息安全等。因此，从发展的角度来看，接受 CPTPP 的安全例外条款也是时代所需。

五、几点启示

在经济问题和国家安全越来越多地卷入数字领域的时代，如何制定跨境数据监管的问题并不局限于若干大国，全球许多政府都在努力应对数字监管在内的互联网监管，既试图了解在线贸易与安全之间的关系，又经常在此过程中将数字贸易和国家安全问题混为一谈。无论如何，在数据安全与流动方面，一方面加强数据安全与隐私保护，另一方面强调在数据主权的前提下促进数据要素的全球流动和共享利用已经成为各国的共同诉求，只是在一些立场表述方面存在一定的差异。① 在数据本地化措施方面，美国、加拿大和欧盟等禁止限制数据存储设施以及希望跨境数据自由流动的国家与俄罗斯和中国等希望采取限制政策的国家之间产生的冲突在自由贸易协定的谈判过程中也得到了体现。以美国为代表的发达国家提倡数据自由流动的观点，即禁止一方要求在该方领土内使用或设置计算设施作为在该领土开展业务的条件，没有任何例外。② 然而，包括中国在内的一些拥有广泛的国内数据本地化法规的国家在这个问题上则持保留意见，即同意在自贸协定中加入禁止数据本地化的条款，但要规定类似 RCEP 的例外，即无可争议的基本安全例外。类似主导国家之间的利益诉求争议导致 WTO 在调整跨境数据转移方面的规范谈判一直没有取得明显进展，也就给各国通过双边和区域自由贸易协定解决数字本地化和数据治理问题留下了充足的空间。

CPTPP 最初被认为是“黄金标准”自由贸易协定，它渴望在新的贸易领域建立 WTO 无法胜任的规则和纪律。通过在电子商务包括禁止数据本地化等领域开辟新天地，CPTPP 成员希望将数字贸易治理带入新的时代。这一开创性的愿景与中国未来的发展需求是一致的。并且，CPTPP 似乎为数据本地化措施的抗辩留下了更广的余地，不仅缔约方可以根据电子

---

① 嵇叶楠、胡正坤、郭丰：《从〈全球数据安全倡议〉看中国在全球数据安全与治理领域的立场和举措》，载《中国信息安全》2021 年第 5 期。

② World Trade Organization, Joint Statement on Electronic Commerce, *Communication from the United States*, INF/ECOM/23, Apr. 26, 2019, p. 5.

商务章的一般例外条款规定以“合法的公共政策目的”为由进行抗辩，而且可以根据与 GATS 规定类似的第 29 章的安全例外条款进行抗辩。引起关注的是，涉及数据转移和数据安全的高度技术性的数据本地化措施，如果根据相关的 GATS 或 CPTPP 安全例外条款进行评估，其效力如何将取决于未来的 WTO 专家组，上诉机构或 CPTPP 专家组的能力。

总体来看，中国法律允许电子信息跨境传输，但也存在一些限制条件和例外，而这些条件和例外基本满足 RCEP 要求。[①] 同时，中国政府已经发出加入 CPTPP 的期许，但是 CPTPP 在若干待遇标准的问题上似乎和中国的观点相左，尤其是关于禁止数据本地存储和跨境自由流动以及缔约方援引安全例外抗辩的规定方面，中国现行的国内外政策需要作出某些修改，以满足 CPTPP 规则之需。中国采取的某些尝试性行动以及中国政府就 WTO 相关案例提交的意见表明，只要中国国内采取了相关法律和针对性措施，中国完全可以接受 CPTPP 的相关规则。同时，跨境数据流动也是构建人类命运共同体过程中需要处理和解决的一个重要问题，符合中国中长期利益。国家安全例外的自我判断使用是全球电子商务发展中最令人不安的趋势之一，将其纳入监管将是一项如何权衡数字技术发展和国家主权之间关系的问题。这不仅需要国内法律和政策的支持，也需要国家之间的合作。

本章小结

在经济安全与国际安全之间的边界越来越模糊，以及经济安全被越来越多地认为属于广义的国家安全的情况下，新出现的以维护国家安全为由而颁布相关经济政策从而带来潜在的损害国际经贸规则的情形也会与日俱增，此类国家安全抗辩的合理性需要接受国际经贸规则中相关安全例外条款的检验。气候变化、跨境应用程序的限制以及数据流动仅仅是其中的可能会引起安全例外抗辩的众多情形之中的三种情形，对其引起的问题的分析同样也可以用来分析其他的因为国家社会情形变迁而带来的安全例外抗辩，只是在具体问题的处理方面需要具体分析。

① 俞子荣等：《RCEP：协定解读与政策对接》，中国商务出版社 2021 年版，第 289 页。

第九章　国际投资条约中国家安全条款的重构

前已述及,国家安全政策经过了一系列的转变,譬如从恐怖主义、跨国犯罪、侵犯人权和腐败,到气候变化和公共卫生,再到网络空间等,创造了一个深层次的国家安全要求,而一些国家利用安全例外规避投资条约义务和责任的做法,导致国家安全问题与国际投资法的分开变得越来越困难。其中的关键问题是,各国能否通过政治谈判或司法解决机制规范安全与跨境投资之间的界限。

国家安全政策并不是近几十年来唯一不断扩大的政策,如国际投资法在实质上和制度上都有所增长。实质上,国际投资政策已经从重点保护投资者开始转向维护缔约方的公共利益和国家安全的决策权,更加强化投资者应当尊重的更高标准的健康、安全和环境保护等公共权益。另外,私人投资者开始依据投资条约中的仲裁条款提起诉求,以便针对东道国政府的征收或滥用投资赢得具有约束力和可执行的赔偿金。投资者—国家仲裁裁决的爆炸性增长扩大了一些条约条款的模糊性质,比如公平公正待遇等,招致了发达国家和发展中国家的共同反对,因此改革投资者—国家争端解决机制的呼声越来越高。

国家安全措施可能违反投资规则,譬如对关键基础设施、关键原材料或高新技术投资的限制,但当前的安全措施不但可以起到确保国家经济安全、防止敏感技术传播以及制止经济危机等作用,而且在推进人权和应对气候变化方面也可以发挥一定的作用,所有这些措施都可能导致发生潜在的冲突。当前,国际社会似乎越来越多地在投资条约和优惠贸易协定中使用自我裁判的安全例外,但日益增加的安全例外自我裁判条款并不一定适合管理范围不断扩大的安全政策。尤其是多年来,许多国家已采取重大步骤,以避免根据投资条约对与安全有关的争议进行任何裁决,或者在投资条约中完全避免启动司法程序,或者规定以外交方式解决安全争端。在某些条件下,这种相互自我克制和外交解决的做法可以把投资审查控制在可容忍的范围内,同时允许各国灵活地解决安全问题。

无论是国际投资仲裁庭的审查,还是国际法院或 WTO 专家组的裁判,也无论是强调安全条款的自我裁判性质,还是限制滥用安全例外和尊重国家决定权的裁定,都不具有判例法性质,因此不能阻止未来的裁判机构在国家安全问题上发表与前述参见不一致的意见,毕竟安全审查的适当范围和标准存在广泛的意见。仅以投资仲裁为例,不同仲裁庭对阿根廷紧急经济措施的审查被广泛认为是一种"令人沮丧"的经历,因为其中出现了一系列不一致和前后矛盾的裁决,①并给国际裁判机构的合法性带来负担,同时也不能为国家安全政策提供明确的指导。

第一节　国家安全含义的扩大解释和适用

前已述及,诸如"基本安全利益"、"国家安全"或"公共安全"等词语已经出现在广泛的投资和其他条约中,但众所周知,此类词语本身在绝大多数情况下仍未被明确定义。GATT 第 21(b)条是投资条约中基本安全利益条款的来源和典型例证,其将基本安全利益限制为针对特定军事或国防相关问题采取的行动,因此关于什么是基本安全利益的讨论通常仅限于仅涵盖军事威胁(如战争、武装袭击或恐怖主义),并不涵盖经济和其他非军事危机。② 在 WTO 的背景下,司法界和学术界越来越多地接受基本安全利益可以涵盖非军事危机,包括经济危机。③ 非军事环境下的国家安全争论焦点在于,一个危急情境必须达到什么样的强度才能成为基本安全利益的威胁。譬如,阿根廷仲裁的案件中,这种争论转化成为关于国家经济完全崩溃对证明基本安全利益的存在是否必要,还是崩溃威胁是否足够的分歧。而印度被诉的 *CC/Devas* 案和 *Deutsche Telekom* 案中的事实争端涉及获得有限的战略资源问题,仲裁庭面临的挑战是,是否可以进一步扩大基本安全利益的定义,使其不仅涵盖因军事或非军事威胁而出现的危机局势,还涵盖在不存在可预见危机的情况下保护战略资源的局势。因此需要解决的问题是,对战略资源的保护是否可以构成基本安全利益,有关资源的需求是否仅与军事目的有关,或者,为了触发基本安全利益,是否需要确

---

① See Sungjoon Cho & Jürgen Kurtz, *Convergence and Divergence in International Economic Law and Politics*, 29(1) European Journal of International Law 169(2018).

② See William W. Burke-White & Andreas von Staden, *Investment Protection in Extraordinary Times: The Interpretation and Application of Non-Precluded Measures Provisions in Bilateral Investment Treaties*, 48 Virginia Journal of International Law 307 (2008).

③ See *Military and Paramilitary Activities in and against Nicaragua* (*Nicaragua v. United States of America*), Judgment on the Merits, International Court of Justice Reports 14 (1986), para. 224; *CMS Gas Transmission Company v. Argentine Republic*, ICSD Case No. ARB/01/8, Award, 12 May 2005, para. 359; *Continental Casualty Company v. Argentine Republic*, ICSID Case No. ARB/03/9, Award, 5 Sept. 2008, para. 178.

定存在与战略资源有关的危机。另外，前述有关阿根廷和印度的投资仲裁裁决表明，基本安全利益条款和习惯国际法的危急情况可以实现不同的目标，并且互为作用。除非明确规定，否则基本安全利益条款不是自我裁判的。除此以外，由于国家安全含义的扩展，关于基本安全利益含义的仲裁实践仍然难以捉摸。

一、军需战略资源与国家安全

自从 GATT 中首先出现安全利益条款以来，谈判者们就一直在强调基本安全利益条款的特殊性质，重申基本安全利益条款是出于严重原因而使用的，并非旨在成为缔约方采取任意行动以破坏条约目的的借口，并且其目的不是要“为过度地背离条约的任何规定奠定基础”。“必需”等限定词是为了确保缔约方不会轻易援引基本安全利益条款，并强调只有“最重要的”、“严重的”或“重要的”安全利益才能受到该条款的保护。① 即使在战争期间采取的与军事有关的措施，也并非自动构成基本安全利益。譬如，在与美国进行 FCN 条约谈判期间，荷兰谈判人员质疑基本安全利益是否包括允许军事当局在战争期间没收财产以及战争结束后进行赔偿的问题，而其得到的美国谈判代表的回应是肯定的，尽管基本安全利益条款“不会被视为克减应及时付款的基本原则”②。

如果有关资源能够确保各国政府和军方有捍卫国家主权和领土完整免受内部和外部侵害的威胁，此类资源当然可以被识别为“国家安全利益”③。但是，此类资源是否构成国家安全利益应取决于该资源对于军方履行其国防职能是否具有战略意义，即是否是不可或缺的或必需的战略资源。如果不能将对于国防和战争不可或缺的资源与非不可或缺的资源加以区分，则缔约方可以基于基本安全利益证明其采取的任何军事供应措施都是合理的。如此宽泛的解释有可能会威胁到国家安全条款在维护投资条约的投资保护目标与确保国家保护安全问题的自由之间寻求达到的平衡。④ 譬如

---

① See Kenneth J. Vandevelde, *U. S. International Investment Agreements*, Oxford University Press, 2009, p. 198 – 199.

② Kenneth J. Vandevelde, *The First Bilateral Investment Treaties: U. S. Postwar Friendship*, Commerce, and Navigation Treaties, Oxford University Press, 2017, p. 525 – 526.

③ See David A. Baldwin, *The Concept of Security*, 23 Review of International Studies 5 (1997).

④ See *CMS Gas Transmission Company v. Argentine Republic*, ICSID Case No. ARB/01/8, Award, 12 May 2005, para. 360; William W. Burke-White & Andreas von Staden, *Investment Protection in Extraordinary Times: The Interpretation and Application of Non-Precluded Measures Provisions in Bilateral Investment Treaties*, 48 Virginia Journal of International Law 307 (2008).

1975年，瑞典对某些鞋类品种实行了进口配额，理由是国内鞋类生产的减少有可能使鞋的供应不足。① 在许多缔约方对GATT第21条是否涵盖其正当性提出疑问之前，瑞典就撤销了配额。确保鞋子的可用性不能成为国家安全利益，因为"鞋子不太可能成为战场上的关键因素"。② 同样，一种资源必须用于防御目的，才能符合"对安全性非常敏感"的资格。③

尚有争议的是，关于包括经济危机在内的危机状态的存在对于国家安全利益的确认是否必要。包括武装冲突在内的战争等会不可避免地引起危机，这一观念是毋庸置疑的。但在非军事威胁的情况下，尤其是需要提供足够的证据证明，普通危机与可能影响国家安全的危机是有区别的。譬如，在经济危机的情况下（如阿根廷），经济危机的存在和严重性成为证明影响基本安全利益的不可或缺的一部分，以确保可以将通过常规措施扭转的经济下滑排除在基本安全利益条款的范围之外。④ 如果可用的战略资源非常有限，与保护资源相关的威胁或风险应是切实存在的，而不是投机性的。譬如在尼加拉瓜诉美国军事和准军事行动案判决中，国际法在定义基本安全利益时，认为"基本安全利益"承担的风险必须是合理的。⑤ 尼加拉瓜面临的一项挑战措施涉及美国对尼加拉瓜实施贸易禁运，以回应尼加拉瓜支持其邻国的武装团体。国际法院坚持认为：

> 根本没有证据表明尼加拉瓜的政策实际上是如何在1985年5月对"基本安全利益"构成威胁的，尤其是因为这些政策本身是不一致的并且受到了美国连续4年的批评。⑥

因此，禁运不受《美国-尼加拉瓜FCN》的基本安全利益条款保护，这

---

① See *Sweden-Import Restrictions on Certain Footwear*, GATT Doc. L/4250, Notification by the Swedish Delegation, 17 Nov. 1975, para. 4.

② See Michael J. Hahn, *Vital Interests and the Law of GATT: An Analysis of GATT's Security Exception*, 12 Michigan Journal of International Law 558 (1991).

③ See Hanne L. Schloemann & Stefan Ohlhoff, "*Constitutionalization" and Dispute Settlement in the WTO: National Security as an Issue of Competence*, 93(2) American Journal of International Law 424 (1993).

④ See *Continental Casualty Company v. Argentine Republic*, ICSID Case No. ARB/03/9, Award, 5 Sept. 2008, para. 180; *Enron Corporation and Ponderosa Assets, L. P. v. Argentine Republic*, Award, 22 May 2007, para. 305.

⑤ See *Military and Paramilitary Activities in and against Nicaragua* (*Nicaragua v. United States of America*), Judgment on the Merits, International Court of Justice Reports 14 (1986), para. 224.

⑥ Id., para. 282.

似乎强调了实施禁运对美国基本安全利益威胁的投机性质。

一些国家对基本安全利益进行的解释同样明确了存在切实风险的危急情况。譬如美国，其不断强调基本安全利益包括"处于战争或国内紧急情况的情势的国家产生的行动"，而条件是此类行动是"与有关缔约方的基本安全利益有明显的和直接的关系"①。此类要求也得到了 *CC/Devas* 案裁决的支持，即通过评估军方是否对 S 波段有"真正的需求"来询问军方的需求是否切实具体。②

二、非军需战略资源与国家安全

为明确战略资源的非军事目的，一个更困难的问题是涉及基本安全利益的范围的解释问题。国家安全利益是否可以包括针对非军事需求的战略资源保护，这与"安全"是否是涵盖军事问题的有限概念有关。如前文所述，越来越多的安全概念认为安全是一个多方面且不断发展的范畴，涉及人类、政治、军事、社会经济、环境和能源安全等问题。因此，对国家安全的威胁也是多方面的，而且所涉及的事件往往远超出国家的控制范围，包括外部污染、恐怖袭击、气候变化以及全球公共卫生危机等风险。这些不断变化的风险需要一种新的"人类命运共同体"的安全范式，一国的国家安全与整个人类的命运共同体和国际社会的安全是密不可分的。③

各国也逐渐认识到"国家安全"有很广的影响范围。在这种更广阔的前景下，战略性或关键性行业和基础设施的保护日益构成国家安全的关键要素。各国政府对关键性行业、基础设施和高技术产业给予了不同定义，但实质上都包括对一个国家及其公民的经济和社会福祉至关重要的行业和基础设施，如能源、水、交通和通讯等公共事业几乎被普遍认为是重要的工业和基础设施。④ 而且实践中，各国早已基于国家安全而对外国投资进行了准入前的审查和限制。这种安全性的不断发展和动态表明，对国家安全利益的广泛解释可以涵盖旨在确保关键基础安全性的政策。基

---

① Kenneth J. Vandevelde, *The First Bilateral Investment Treaties: U. S. Postwar Friendship, Commerce, and Navigation Treaties*, Oxford University Press, 2017, p. 201.

② *CC/Devas v. India*, PCA Case No. 2013 – 09, Award on Jurisdiction and Merits, 25 Jul. 2016, para. 315.

③ 参见孟祥青：《全球疫情下人类命运共同体视角的国家安全》，载新浪网，https://news.sina.com.cn/gov/xlxw/2020-04-15/doc-iirczymi6454412.shtml。

④ OECD, *Protection of "Critical Infrastructure" and the Role of Investment Policies Relating to National Security*, OECD, 2008, p. 3 – 5.

础设施安全是对国家安全保护至关重要的资源，而近年来又扩展至对关键矿业和供应链等的安全保护，这是尤其需要引起关注的新的安全敏感领域。

以欧盟公共安全为例，欧盟一直认为公共安全概念涵盖了维护公共事业供应的目标。① 公共安全可以包括采取旨在保护公共事业的关键基础设施，但只有那些对于不间断的公用事业供应至关重要或“异常重要”的资源才可以构成公共安全，而且在面对危机的问题上，即将发生的危机并不是采取措施保护关键基础设施和资源的先决条件。欧洲法院一再认为，“公共安全”包括保护关键资源。譬如在 *Campus Oil v. Minister for Industry and Energy* 案中，欧洲法院需要裁定的是，爱尔兰的一项基于公共安全理由而要求石油产品进口商从国有炼油厂购买一部分需求的举措是否合理。欧洲法院认为：

> 因为其在现代经济中作为能源来源的极其重要性，石油产品对一个国家的生存至关重要，不仅是经济，而且最重要的是，所有机构，基本的公共服务甚至居民的生存都依赖于它们。因此，中断石油产品的供应，给该国的生存带来危险，可能会严重影响公共安全。②

正如该判决所表明的那样，采取措施保护资源或基础设施的意图一定不是纯粹出于经济目的。在确定保护资源或基础设施是否属于公共安全问题时，必须考虑到该资源或基础设施的不可及性是否将对该国的存在或“社会根本利益”造成影响的事实。③ 不过需要注意的是，当时的欧共体条约中的“公共安全”表述可能涵盖了比“国家安全”术语更广泛的场景。

不同的表述可能会对关键资源或关键基础结构的威胁危及基本安全利益的情况产生影响。前已述及，对关键基础或战略资源的保护可以构成基本安全利益，但哪些关键基础或战略资源面临的威胁才有资格作为国家安全利益则是个争论不断的话题。在这方面，一些南亚国家最近缔结的投资条约可提供指导。这些条约中的基本安全利益条款专门将对“关键的公共基础设施，包括通信、电力和水基础设施”的保护标识为基本安全利益，

---

① See Henrik Bjørnebye, *Investing in EU Energy Security: Exploring the Regulatory Approach to Tomorrow's Electricity Production*, Kluwer Law International, 2010, p. 92.

② *Campus Oil v. Minister for Industry and Energy*, 3 CMLR 544 (1984), para. 34.

③ Id., para. 35.

但将其范围限制为不受"故意破坏或蓄意降低此类基础设施的尝试"的保护。① 旨在防止未来威胁后果的措施(如欧洲法院的案例)或为开发关键基础设施而采取的措施可能被视为一项监管措施或一项战略措施,但在这些条约阐明的更严格标准下,其并不构成基本安全利益。② 无论怎样,当前国际社会已经承认,基本安全利益涵盖了非军事问题,而且与保护关键资源或关键基础设施有关的基本安全利益条款的适用范围应当予以明确规定,否则就有导致滥用之可能。

三、国家安全抗辩中的裁量余地与遵从标准

如前文所述,投资仲裁庭一致认为,在缺乏明确语言的情况下,国家安全例外原则上是合理的。基本安全利益的存在并不完全取决于一国的主观判断。除国家自由裁量权和不可诉求性问题外,还需解决的就是在对是否存在基本安全利益的问题进行司法复审过程中的遵从问题。

司法审查给予一国评估自身地位的"裁量余地"原则广泛遵从的问题被认为是欧洲人权法院的产物。③ 在评估基于国家安全或其他诸如公共紧急情势或健康或道德保护等采取的措施的合理性时,欧洲人权法院例行运用了裁量余地原则。譬如在是否存在这种紧急情况方面,国家当局原则上比国际法官处于更有利的地位来作出决定,因为其与该国当下的紧迫需求保持直接和持续的联系。④ 换言之,遵从此类推理的合理性,欧盟各国在界定什么是国家安全利益的问题上享有"很大的裁量余地"。⑤

早期的 *CMS* 案、*LG & E* 案、*Sempra* 案和 *Enron* 案的投资仲裁庭没有就适当的审查标准发表意见,而是对阿根廷的经济危机是否构成基本安全

---

① See ASEAN Comprehensive Investment Agreement (2014), Article 18(b)(iv); India-Singapore CECA (2005), art 6.12(b)(iv); ASEAN-India CECA Investment Agreement (2014), art 22(b)(iv); ASEAN-China CECA Investment Agreement (2010), art 17(b)(iv); Indian Model BIT (2016), art 33.1(ii)(d).

② See Mark Feldman, *International Investment Obligations and Industrial Policy: Evolution in Treaty Practice*, SSRN (31 Aug. 2018), https://papers.ssrn.com/sol3/papers.cfm?abstract_id=3256836, p.6.

③ See Pär Hallström, *Margin of Appreciation and National Security*, in Jonas Ebbeson and others eds., International Law and Changing Perceptions of Security: Liber Amicorum Said Mahmoudi, Brill, 2014, p.116; Andrew Legg, *Margin of Appreciation in International Human Rights Law: Deference and Proportionality*, Oxford University Press, 2012, p.3.

④ *Ireland v. UK* [1978] EHRR 25, para.207.

⑤ *CG and others v. Bulgaria*, App no 1365/07 (ECHR, 24 Apr. 2008), paras. 40 and 43.

利益进行了全面的"实质性"审查。① 但是2008年的 *Continental Casualty* 案仲裁庭从欧洲人权法院的判决中得到启示，宣称"关于什么是基本安全利益的客观评估必须包含该国家的重要裁量余地问题"。② *CC/Devas* 案和 *Deutsche Telekom* 案裁决进一步将裁量余地扩大到基本安全利益的投资条约仲裁中，认为应在基本安全利益的问题上对各国给予一定程度的尊重。③

在尊重各国对其基本安全利益进行裁定的问题上，国际投资仲裁庭迈出了正确的一步。从历史上看，美国与其条约伙伴之间进行的 FCN 的谈判表明，尽管国家安全利益条款是可以诉求的，但各方一致认为，仲裁庭会重视国家对安全事项的评估。值得注意的是，在德国与美国之间的谈判中，当德国谈判代表询问基本安全利益条款是否可诉时，美国作出回应，并明确这些条款实际上是可以被起诉的，但推测"国际法庭可能会非常重视政府援引保留的论点"④。至于国际司法实践，国际法院在解释基本安全利益时，也倾向于采用一种遵从方法。在伊朗诉美国石油平台案中，国际法院驳回了对自卫问题采取的一种遵从方法，并相反地认为，"在自卫方面公然采取的国际法上的措施必须是为此目的而必要的严格和客观的要求，没有任何自由裁量政策的空间"⑤。

在匈牙利诉斯洛伐克加布奇科沃－大毛罗斯项目案中，在评估匈牙利根据习惯国际法暂停该项目的工程的危急情况时，国际法院同样认为，其必须证明"客观上存在的危险"⑥。

实际上，遵从性审查也是避免进一步质疑国际投资法的合法性危机的一种合理方法。对于什么是构成基本安全利益的要素，各国达成共识，即要经受的挑战是司法裁判机构可能要对该问题进行全面审查。当然，这样

---

① See *Enron Corp. and Ponderosa Assets L. P. v. Argentine Republic*, ICSID Case No. ARB/01/3, Award, 22 May 2007, para. 332.

② *Continental Casualty Company v. Argentine Republic*, ICSID Case No. ARB/03/9, Award, 5 Sept. 2008, para. 181.

③ *CC/Devas v. India*, PCA Case No. 2013 – 09, Award on Jurisdiction and Merits, 25 July 2016, paras. 244 – 245; *Deutsche Telekom v. India*, PCA Case No. 2014 – 10, Judgment of the Swiss Federal Supreme Court (French), 11 Dec. 2018, para. 235.

④ Kenneth J. Vandevelde, *The First Bilateral Investment Treaties: U. S. Postwar Friendship, Commerce, and Navigation Treaties*, Oxford University Press, 2017, p. 511 – 514.

⑤ *Oil Platforms (Islamic Republic of Iran v. United States of America)*, Judgment, 6 Nov. 2003, International Court of Justice Reports International Court of Justice Reports 161 (2003), para. 73.

⑥ *Gabčíkovo-Nagymaros Project (Hungary/Slovakia)*, Judgment, International Court of Justice Reports 7 (1997), para. 54.

做有可能使投资仲裁庭被视为具有"超越主权国家的职能"以及可能使国家的政策决定面临被上诉的风险,这也是投资法合法性危机的核心。因此,遵从在司法审查和国家定义其安全关切的特权之间取得了适当的平衡。

四、诚信适用和控制滥用

评估自我裁判安全例外的许多建议都以打击安全例外的滥用和诚信适用为中心,而这两者实际上是一个问题的两个方面。诚信适用可以根据公认的条约法原则确保各国至少谨慎使用广泛的安全例外来违背或破坏贸易或投资条约义务,但这种做法可能给国际制度带来高昂的政治成本,因为它通常需要裁定一个国家的安全措施不仅是非法的,而且显然是滥用行为。① 尽管有这些政治成本,国际裁判机构还是可以进行诚信审查。当然,此类审查仍然给新的国家安全带来了概念上的问题,其不大适合于解决新颖且泛化的安全政策。

诚信审查的法律依据是条约。各国必须根据条约上下文和条约的宗旨所具有的通常含义真诚履行条约义务并解释条约条款。俄罗斯－过境运输案专家组认为,即使条约使用自我裁判的"其认为"的语言,这种首要的诚信义务仍然是可诉求的。② 即使在明确的自我裁判要素之外,诚信也可能发挥作用。诸如"基本安全"、"公共秩序"或"紧急状态"之类的广泛条约用语是如此开放,以至于它们必然会给援引方以很大的自由裁量权,而援引方只受诚信的约束。例如,仲裁庭可以裁定原则上应由援引方确定国际关系中的紧急情况,但援引方的酌处权受到可审查的诚信义务的限制。

安全例外的诚信适用不仅包括控制滥用的问题,还意味着限制国际仲裁庭对国家安全措施施加实质性审查,否则会大大增加国际裁判机构凌驾于各国不断发展的国家安全优先事项决策权之上的风险。譬如关于GATT 第 21(b)条,从文字上讲,如果其各个子要素(涉及裂变材料、武器贩运、军事物资、战争和国际紧急情况)不受自我裁判语言的约束,并且可以完全由专家组或上诉机构裁定,则可能会在没有统一的指导规则约束的情况下,不同裁判庭作出不一致的决定,进而导致国际经济裁判庭与新的

---

① See *Sempra Energy International v. Argentine Republic*, ICSID Case No. ARB/02/16 & ARB/03/02, Opinion of José E. Alvarez, 12 Sept. 2005, para. 78.

② WTO, *Russia-Measures Concerning Traffic in Transit*, WT/DS/512, Report of the Panel, 5 Apr. 2019, para. 7. 132.

国家安全直接陷入紧张状态。为避免对什么是构成国家安全的入门问题进行裁定，一些根据非自我裁判条款审查安全措施的投资仲裁庭审查了实际存在的国家安全措施的合法性，其中重点是有关措施是否确实对国家的基本要求"必需的"。[①] 此类根据自我裁判条款审查安全措施的方法可能会促使裁判机构调查该措施的客观合理性或相称性，同时强化国家善意履行条约的义务。

第二节　国家安全条款的体制安排重构

新的国家安全带来的挑战要求我们重新考虑国际投资法治的架构和设计。国家安全与投资法之间日益增长的交叉点给国际投资仲裁庭增加了负担，并以不同的方式给"相互竞争"的仲裁庭带来了挑战。鉴于不断扩大的国家安全审查的现实以及传统上对它们的尊重，更深入的审查范式难以实现对各国的主权充分尊重。因此，需要在传统的国家安全条款的基础上进行某些改革，重构国际投资法架构下的国家安全规范模式。

一、强化国内行政程序在安全治理中的作用

前已述及，绝大多数国家都通过国内立法规定了外国投资的安全审查，国内行政裁判机构可能是处理安全措施的最佳场所。当前，各国主要通过内部行政程序执行国家安全政策，但是这些程序提供透明和开放程序的程度差异很大。此类权力从广义上讲，即使它们不受制于全部行政法律程序，也属于行政性质。

尽管各国不可能为安全措施制定一套完全相同的程序，但为与安全相关的特定类型的行政程序制定更具体的标准可能是可行的。实际上，有些条约已经以不同的方式区分了不同类型的安全措施。例如，NAFTA 规定了对能源进出口限制的狭义安全例外，并在投资筛选机制方面建立了特别

---

① See *Oil Platforms* (*Islamic Republic of Iran v. United States of America*), Judgment, International Court of Justice Reports 161 (2003), paras. 183 – 199 (Nov. 6); *Military and Paramilitary Activities in and against Nicaragua* (*Nicaragua v. United States of America*), Judgment on the Merits, International Court of Justice Reports 14 (1986), paras. 140 – 142; *Continental Casualty Company v. Argentine Republic*, ICSID Case No. ARB/03/9, Award, 5 Sept. 2008, paras. 196 – 236; *Deutsche Telekom AG v. India*, PCA Case No. 2014 – 10, Interim Award, 13 Dec. 2017, paras. 284 – 291; *LG & E Energy Corp. v. Argentine Republic*, ICSID Case No. ARB/02/1, Decision on Liability, 3 Oct. 2006, paras. 226 – 261.

广泛的顺从尊重形式,而其他措施则适用 GATT 式的安全监管条款。① 相反,《能源宪章条约》是一项保护能源领域的外国投资的多边协议,它提供了广泛而可自我裁判的安全例外,并且明确规定,即使出于安全原因,国家也不能在没有赔偿的情况下征收投资。② 除了正式起草条约,各国和国际组织还创建了自愿性和非约束性的其他安全措施(如出口管制和投资筛选)标准,可以为设计某些类型的安全措施限制提供依据。

仲裁庭可以借鉴程序标准来审查安全措施,但前提是必须完成国内行政程序。各国可以通过国内行政程序,强化投资准入前后的国家安全审查。

二、利用国家—国家争端解决机制解决安全争端

当前国际投资法的一个典型特点就是普遍规定了投资者与国家间的争端解决,即在投资者认为东道国的某些行为或者措施可能违反其母国与东道国签订的或者共同参加的国际投资条约的某些条款时,可以根据相关投资条约规定的争端解决机制,在与对方进行协商、调解或者用尽东道国国内法院或行政救济后,将有关争端提交一个中立的第三方(如 ICSID 仲裁规则或者根据 UNCITRAL 仲裁规则或其他仲裁规则)进行仲裁,而对缔约方提起诉求的权利几乎没有任何规定。此类救济机制几乎将外国投资者等跨国公司处于与民族国家等同的地位,甚至在争端解决机制方面优于国家享有的救济权利,其中国际投资仲裁机制以及其带来的"寒蝉效应"对于东道国行使某些公共政策的监管权更是会带来某种程度的负面影响。因此在国际社会日益关注公共政策和人类命运共同体的同时,需要对投资者可以起诉东道国以及东道国不享有对等诉权的国际投资争端解决机制进行改革,其中的改革建议之一就是废除传统的 ISDS 机制,而以国家与国家之间的谈判解决彼此之间的投资争端,包括国家安全争端。近年一些投资条约规定了监督条约执行情况的机制,该机制提供定期交流的平台,并在争端解决之前防止纠纷。③ 一个显著的例子是巴西最近签署的投资条约,该条约避免了强制性的 ISDS 机制,完全支持政治解决的斡旋、协商和国与国之间的仲裁的解决方法。④ 这些方法故意回避了签订投资条约的

---

① NAFTA (1992), arts. 607, 1138 and 2102.

② Energy Charter Treaty (1994), arts. 13.

③ See *e. g.*, Morocco-Nigeria BIT (2016), arts. 4 and 26.

④ See Geraldo Vidigal & Beatriz Stevens, *Brazil's New Model of Dispute Settlement for Investment: Return to the Past or Alternative for the Future?*, 19 Journal of World Investment & Trade 475 (2018).

传统目的,以使投资争端"非政治化",从而为各国监管投资条约中的开放性条款提供了解释机会。

同时,诸如投资论坛等非正式的组织机构的兴起以及类似 UNCTAD 等联合国系统的组织不断进行的改革投资条约的倡议等工作表明,此类非政府或政府间的国际组织可以为国际投资法下安全争端的解决提供一些建议,为各国政府代表和非政府代表提供合作和对话的平台。在实践中,国家对投资进行安全监督的能力极为有限,而这些机构内达成共识的决策模式往往有利于改善现状,譬如,鼓励真诚谈判以及在可能的情况下以非司法方式解决安全问题。

三、国际投资法安全治理的集中化

前述在相关安全争端的治理中将政治和法律融合在一起的机制对国际投资法中争端解决的集中化具有一定影响。在高度制度化的环境、政治和司法机构下,国际投资仲裁庭可以随着时间的推移而有更多机会密切观察成员的政治信号,有效地将投资问题"抛还"给各国政府,并促进缔约方适时开展解决争端的谈判,不断增加的投资争端和解案件就是一个典型的例证。鉴于各个仲裁庭对相关安全问题的理解不一,以及对投资争端解决机制的批评和改革,建立一个常设的国际投资法院也被列入各方讨论的范围。

对当前投资仲裁机制的批评也从另外一个角度加强了对当前国际投资法中多边主义趋势的认可。在这一领域,越来越多的国家似乎认为,与当前的投资仲裁系统相比,统一的多边法院体系将对成员发挥更大的作用和反应力。① 与常设仲裁相比,常设法院的一个优势是,法院可以随着时间的推移对政治信号做出回应,并具备指导有关新颖和敏感问题的决策的能力。现有的关于多边投资法院的建议包括一些有关各方之间制度化对话以及和解等机制的规定,这些规定可以作为解决与安全有关的争端的政治选择依据。但是,鉴于这些建议仅为现有形式的投资者与国家之间的争端解决提供了一种多边程序,这些步骤必然是暂时性和局部性的。基本的实体法仍将源自个别的条约,主要是双边条约,而补救措施仍将基于对投资者的补偿性赔偿。因此,很难在 WTO 内或在欧盟等区域组织内进行这种多边对话。实际上,这种发展也是有争议的,它们不能回答对拟议国际

① See Anthea Roberts & Taylor St. John, *UNCITRAL and ISDS Reforms: The Divided West and the Battle by and for the Rest*, EJIL Talk (Apr. 30, 2019), https://www.ejiltalk.org/uncitral-and-isds-reforms-the-divided-west-and-the-battle-by-and-for-the-rest.

投资法院的最严厉批评。

四、积极参与国际投资规则谈判

现有的国际经贸包括投资规则的渊源主要是西方国家签订的对广大发展中国家和欠发达国家进行资本输出的一种法律规制形式，在很大程度上并没有体现发展中国家的利益，而更多地体现的是其保护外国投资者的义务。WTO 成立后，一些国际经贸规则（包括含有投资章的贸易协定）的主要内容也是基本上和 WTO 相关协定一致，即使某些超出 WTO 协定范畴的规范也主要是发达国家之间首先制定，并进一步扩展至与发展中国家签订的相关投资协定中。例如北美三国签订的 NAFTA 投资章的规范基本上奠定了现代国际投资法治的主要基础，而修改后的 USMCA 也引领着当前国际自由贸易协定发展的趋势，尤其是在投资仲裁争端解决机制的改革方面，美国和加拿大两国之间通过 USMCA 废除传统的 ISDS 机制而代之以国家—国家争端解决机制就是一个典型的改革 ISDS 机制的发展形式，并被印度、南非和中南美洲的一些发展中国家加以效仿。又如欧盟，其曾经是国际上 BIT 的最早发源地①，并且若干成员曾经是签订 BIT 数量最多的国家之一。② 欧盟近些年首先通过与加拿大签订的《欧盟－加拿大 CETA》对国际投资仲裁机制进行了改革，规定设立常设仲裁机制和上诉机制，并把此类机制扩展到与新加坡、越南等国家签订的含有投资章的贸易协定中。因此，参与国际投资条约的谈判和缔结本身就是发挥自己话语权和保护自己合法权益的一种有效途径。

本章小结

尽管国际投资条约中的安全条款存在了数十年，但少见的涉及安全例外条款的投资仲裁裁决以及国际贸易裁判表明，国家安全是一个不断泛化和模糊的词语，国际裁判机构对其进行的定性和裁判需要遵循严格的标准，如尊重缔约国在国家安全问题上的酌处权，适用善意标准对安全措施进行审查，避免滥用审查和对有关安全措施进行实体性审查等。但是，鉴于不断改变的国家安全含义以及不一致的国际裁判机构的裁决，国际投资

① 第一个现代意义上的 BIT 是德国与巴基斯坦于 1959 年签订的 BIT。

② 譬如，根据 UNCTAD 统计，德国曾经签订有世界上最多的国际投资条约（包括 155 个 BIT 以及 82 个含有投资条款的国际条约），荷兰也签订了 184 个国际投资条约（包括 108 个 BIT 以及 82 个含有投资条款的国际条约）。

法下的国家安全规制应当加强国内行政程序在安全审查中的作用,强化国家与国家之间通过直接对话解决安全争端,同时可以逐步改革国际投资仲裁机制,以常设性的国际投资法院取代临时性的仲裁庭,增加安全争端解决的前后一致性和可预测性。

中国虽然自20世纪80年代开始签订了数十个国际投资条约,但这些条约基本上是以发达国家签订的BIT为范本的,缺乏中国特色。不过在近些年进行的WTO《投资便利化协定》的谈判中,中国引领了《投资便利化协定》相关议题的谈判并最终完成文本谈判的过程表明,①中国已经越来越多地参与国际投资规范的制定和改革。为此,中国需要更多地参与国际投资规则的谈判和制定并争取话语权,尤其是在与发达国家、资源型国家以及供应链互补国家的投资规则谈判合作方面,在加大中国制定国际投资规则话语权的同时,也要更精心地准备、设计和谈判其中的国家安全条款,以更好地维护中国的国家安全利益。

---

① 参见张磊、卢毅聪:《结构性权力视域下中国引领议题的路径研究——以WTO投资便利化谈判为例》,载《国际经济评论》2023年第5期。

第十章　中国投资条约中的国家安全条款

相较于某些西方国家在 20 世纪 50 年代末开始签订国际投资条约的历史，中国签订投资条约的时间相对较晚，随着 20 世纪 80 年代改革开放以及大力引进外资，中国才开始商签第一代投资协定。目前，我国签订的大多数国际投资条约并没有规定安全或安全例外条款，这对于解决外资安全审查以及中国海外投资的安全风险尽职调查是不利的。故，需要了解外国投资条约的相关规定以及中国相关的政策方向，为解决相关的投资安全争端提供借鉴。本部分内容首先阐述中国与外国签订的投资条约的发展历史，并介绍其背后的政治经济原因，然后阐述中国投资条约中的安全例外条款的文本内容，并对其进行简单评析。

第一节　中国投资条约安全例外条款的发展

中国投资条约是在改革开放之后慢慢发展起来的，从最初的 1982 年《中国 - 瑞典 BIT》，到 2023 年 10 月签署的含有投资章的《中国 - 叙利亚 FTA》，已经生效的国际投资条约达到 130 个，但并不是所有的条约都含有安全例外或者类似条款。

一、中国投资条约的发展

中国对外签订投资条约最早始于 1982 年与瑞典签订的《中国 - 瑞典 BIT》，截至 2024 年上半年，中国签订的 BIT 数目是 145 个（包括未生效的 16 个 BIT 以及已经终止的 22 个 BIT），目前生效的 BIT 数目是 107 个。另外，根据 UNCTAD 统计，中国还签订了 25 个包括有投资章或投资条款的 FTA 或多边投资条约，其中与有些国家签订了一个以上的投资条约，如中国与韩国除签订有 2007 年《中国 - 韩国 BIT》外，还与韩国共同签订了 2000 年 RCEP、2015 年《中国 - 韩国 FTA》以及 2012 年《中华人民共和国政府、日本国政府及大韩民国政府关于促进、便利及保护投资的协定》（以下简称《中国 - 日本 - 韩国三边投资协定》）。具体争端适用的投资条约，要根据相关争端发生的时间、投资条约适用的时效条款、条约中的例外条款以及具体案情进行确定。

针对中国投资条约的发展历史,不同学者从不同角度进行了区分。譬如,基于改革开放和中国 BIT 范本的发展,可以将 20 世纪 80 年代至 21 世纪初期的中国投资条约分为几个阶段,即 20 世纪 80 年代的第一代 BIT,1989 年后至整个 20 世纪 90 年代的第二代 BIT,以及 1997 年之后至 21 世纪初期的第三代 BIT;①并且,在此基础上,自 2006 年开始形成第四代 BIT,即越来越多地缔结包含有投资章的 FTA。② 而从中国投资条约中含有的 ISDS 条款的发展,也可以将中国投资条约的发展分为 1982 年至 1984 年没有规定 ISDS 条款的投资条约、1984 年至 1997 年规定有限制的即只有征收补充款额争端能够提交仲裁的投资条约、1997 年全面接受 ISDS 条款的投资条约以及 2012 年开始的加大国家对公共利益和国家安全等监管权的投资条约等四个阶段。③ 无论采取哪一种划分,对于中国投资条约中安全条款的研究的区别意义都相近,因为除了近期经常在中国 FTA 中规定的安全例外条款,在中国签订的 BIT 中明确规定有安全例外条款的只是个位数,更多的 BIT 是在其序言、征收和国民待遇等条款中规定有安全例外措施,而这些措施能否成为安全例外仍然有待探讨。

二、中国投资条约中安全例外条款的发展

基于本书研究的目的,本部分内容的研究对象也包括中国签署的 FTA 中规定的国家安全条款。结合中国政府签订的投资条约以及含有投资章的 FTA 的规定(见附录),其中的安全例外条款的发展趋势大致如下。

(一)2005 年之前签订的投资条约基本上没有规定"安全例外"或类似语言

除了 2003 年《中国 – 德国 BIT 议定书》在序言中规定有"同意在不放松对健康、安全和缓解措施的普遍适用下实现这些目标"或类似语句,其余的投资条约均是在征收或待遇等条款中规定缔约方可以为了国家安全对外国投资实施征收或者给予歧视性待遇,此类行为不得被视为违反相关的

---

① See Norah Gallagher & Wenhua Shan, *Chinese Investment Treaties: Policies and Practice*, Oxford University Press, 2009, p. 4.

② See G. Matteo Vaccari-Incisa, *China's Treaty Policy and Practice in International Investment Law and Arbitration: A Comprehensive and Analytical Study*, Brill Nijhoff, 2021, p. 18.

③ 参见黄世席:《投资者—国家争端解决机制的发展与应对》,法律出版社 2021 年版,第 203 页。

投资条约条款。

（二）2005年开始在含有投资条款的FTA中规定GATT范式的安全例外

2005年《中国－智利FTA》在第112条规定"促进投资"的措施的提示，在第100条规定GATT范式的安全例外，此后，含有投资章的一些FTA中作了类似规定。① 一些专门的BIT也规定了类似GATT范式的安全例外条款，或者在此基础上进行了细微变更，但基本上都是减少可以实施安全例外抗辩的事项。②

此类条款大多以GATT第21条为"范式"进行设计，一方面是结合国际经贸条约的发展趋势探讨中国投资条约中的国家安全例外的发展，另一方面也借此分析中国投资条约中的安全例外条款的文本设计，并提出潜在的改进建议。

（三）2009年开始在GATT安全例外条款的基础上增加某些豁免事项

2009年《中国－东盟全面经济合作框架协议投资协议》第17条在GATT第21条规定的基础上，增加了一款安全例外抗辩的新事项，即协议的任何规定不得解释为阻止任何一方采取其认为对保护基本安全利益所必要的任何行动，包括但不限于"为保护关键的公共基础设施免受使其丧失或降低功能的故意袭击行动"。2020年的RCEP投资章规定了GATT范式的安全例外条款，同时在第17章第13条规定了安全例外，即"为保护包括通讯、电力和水利基础设施在内的关键的公共基础设施而采取的行动"，以及"在国家紧急状态下采取的行动"，一方面对关键公共基础设施的范围作了解释，另一方面将紧急状态豁免的范围扩大到了国家紧急状态，不用考虑是否涉及国际关系。此类规定有利于扩大缔约方对于重大公共基础设施和国家紧急状态的监管权，当然也增加了安全例外条款的适用事项。

---

① 譬如，《中国－新西兰FTA》（2008）第201条，《中国－秘鲁FTA》（2009）第194条，《中国－哥斯达黎加FTA》（2010）第160条，升级版《中国－智利FTA》（2012）第100条，《中国－澳大利亚FTA》（2015）第16章第3条，《中国－韩国FTA》（2015）第12.14条，《中国－毛里求斯FTA》（2019）第16章第2条，《中国－柬埔寨FTA》（2020）第15章第2条，RCEP（2020）第10章第15条和第17章第13条，以及《中国－厄瓜多尔FTA》（2023）第15章第2条等。

② 包括，《中国－印度BIT》（2006）第14条，《中国－哥伦比亚BIT》（2008）第12.1条，《中国－东盟全面经济合作框架协议投资协议》（2009）第17条，《中国－日本－韩国三边投资协定》（2012）第18条，《中国－加拿大BIT》（2012）第33.5条，《中国－土耳其BIT》（2015）第4.2条等。

第二节 中国投资条约中的安全例外条款文本

根据对前述BIT以及含有投资章或投资条款的FTA中的"国家安全"问题的规定,首先可以得出的是,中国在1980年至21世纪初签订的绝大多数BIT中没有规定安全例外或者与安全相关的除外措施。① 譬如中国与欧洲、美洲、亚洲和非洲国家签订的BIT中有半数以上都没有"安全"词语或者类似条款,②也不含有"充分保护和/与安全"或者"充分保护和/与保障"等术语。③ 这些投资条约中除了2006年签订并已经被印度单方面终止的《中国-印度BIT》,其余的不含有"安全"词语的BIT均签订于2000年之前。④

具体而言,在纳入"安全"或者"基本安全利益"术语有关的条款方面,有关文本可以作如下分类。

一、在序言中规定与安全或者国家安全有关的鼓励性目标

序言是规定缔约方在制定和实施投资条约中应当遵守的目标或者宗旨之类的内容,近些年也有一种趋势,就是在序言中规定安全或国家安全之类的缔约目标,不过含有此类规定的投资条约仍然是非常少的。譬如,

① 作者通过对中国商务部网站公布的投资条约条款的统计得出的初步结论。

② 譬如,中国与欧洲的瑞典、芬兰、挪威、意大利、丹麦、奥地利、英国、保加利亚、匈牙利、希腊、乌克兰、摩尔多瓦、阿尔巴尼亚、克罗地亚、爱沙尼亚、斯洛文尼亚、立陶宛、白俄罗斯、冰岛、罗马尼亚、南斯拉夫、马其顿、塞浦路斯、荷兰和俄罗斯签订的BIT,与美洲的玻利维亚、阿根廷、乌拉圭、厄瓜多尔、智利、秘鲁、牙买加、巴巴多斯和古巴签订的BIT,与亚洲的泰国、科威特、斯里兰卡、蒙古、吉尔吉斯斯坦、亚美尼亚、土库曼斯坦、哈萨克斯坦、越南、老挝、塔吉克斯坦、格鲁吉亚、阿联酋、阿塞拜疆、印度尼西亚、阿曼、以色列、沙特阿拉伯、黎巴嫩、叙利亚、孟加拉国、卡塔尔、巴林、伊朗和印度签订的BIT,与非洲的埃及、津巴布韦、阿尔及利亚、加蓬、苏丹、南非、喀麦隆、佛得角、埃塞俄比亚、博茨瓦纳、尼日利亚、科特迪瓦、吉布提、贝宁、突尼斯、赤道几内亚和马里签订的BIT,以及与澳大利亚和巴布亚新几内亚签订的BIT均没有规定有关"安全"的词语(投资条约中常见的"充分保障与安全"除外)。

③ 这两个术语在中国签订的不同投资条约中的规定是不一致的,其英文表述都是传统的"full protection and security"或对其进行的简单修改。譬如1993年《中国-阿联酋BIT》使用的是"充分保护和保障",1998年《中国-也门BIT》使用的是"完整的保护与安全",2001年《中国-缅甸BIT》使用的是"持续的保护和安全",2011年《中国-乌兹别克斯坦BIT》和2015年《中国-土耳其BIT》使用的术语是"充分保护与保障"等。但此类术语中的"安全"与本书所探讨的国家安全中的"安全"的含义是不一样的,前者通常都是对外国投资的一种待遇标准。

④ 2005年《中国-智利FTA》中规定有安全例外条款(第100条),但是该条约规定的投资促进措施仅仅有1条(第112条),至多是象征性的规定。

常见的规定是，缔约方“同意在不放松对健康、安全和环保措施的普遍适用情况下实现相关目标”；或者“同意上述目标的实现不影响普遍适用的健康、安全和环境措施”；或者“认识到在不降低对健康、安全和环境的普适措施下也可实现这些目标”；①等等。总体来说，在序言中规定“安全”词语的中国投资条约的数量仍然是罕见的。

二、规定不得放松或降低安全标准以鼓励外国投资

大多数投资条约都有在正文中规定缔约方不得放松国内环保、劳工或人权标准以吸引外资，但有些投资条约开始在其中纳入“安全”之类的词语，强调缔约方不得为吸引外资而放松国家安全标准。譬如，较早的1985年《中国－新加坡BIT》规定：

> 本协定的规定不应以任何方式约束缔约任何一方为保护其根本的安全利益，或为保障公共健康，或为预防动、植物的病虫害，而使用任何种类的禁止或限制的权利或采取其他任何行动的权利。②

换言之，投资条约规定不得以任何方式限制缔约一方为保护基本安全利益等而采取任何禁止或限制措施或采取其他行动的权利。③ 或者从积极角度出发，规定缔约方通过豁免、放松或其他违背安全或环保措施鼓励投资的做法是不合适的或者不恰当的。④

此类不放松待遇条款是国际投资条约中经常出现的条款，而传统的此类条款的规定通常限制在缔约方制定有关保护国内健康、公共秩序、环保以及动植物生命等方面的政策的权利，将其扩展至国家安全无疑会给缔约方更多的解释和扩大国家监管权的空间。

三、把“安全”作为征收合法性的条件

“基本安全利益”在具体规定中的适用是有限的，一国采取安全相关措施的权利最终受到条约例外的范围限制，比较常见的就是限制在与征收

---

① 《中国－特立尼达和多巴哥BIT》(2002)序言；《中国－圭亚那BIT》(2003)序言；《中国－日本－韩国三边投资协定》(2012)序言。

② 《中国－新加坡BIT》(1985)第11条。

③ 《中国－新西兰BIT》(1988)第11条；《中国－毛里求斯BIT》(1996)第11条。

④ 《中国－加拿大BIT》(2012)第18.3条；《中国－坦桑尼亚BIT》(2013)第10条。

有关的范围，其规定了并非严格意义上的“安全例外”，限制缔约方实施征收并给予补偿的合法性要求。例如，常见的规定是，缔约一方为了安全或公共利益，可对缔约另一方投资者在其领土内的投资采取征收、国有化或类似措施，该征收措施应是非歧视性的，并依照适当的国内法律程序采取措施和给予补偿。① 类似条约规定的安全例外范围仅涵盖“征收或国有化或类似措施”，只要满足该条款规定的其他条件，譬如旨在保护安全、公共健康或环境等正当公共福利的管制性措施，并依照国内法律程序进行补偿，就可以进行征收。

需要注意的是，一些 BIT 的征收条款中没有明确写明“安全”目的，而是指出出于“公共利益”、“社会公共利益”或者“公共目的”等目的，缔约方可以在满足特定条件的情况下实施征收措施。② 问题是，在发生相关征收争议的时候，东道国能否根据征收条款中的“公共利益”或“公共目的”等规定，提出基于安全的抗辩？表面上看，此类不含“安全”词语的征收条款赋予了缔约方在解释什么是“安全”、“公共利益”或“公共秩序”方面的自由裁量权，广义上讲，“安全”当然应当包括“公共安全”，维护国家安全也涉及“对公共秩序或公共利益等的违反和侵犯”等行为的处理。不过，具体安全行为的抗辩还需要仲裁庭根据具体安全进行具体分析，同时也涉及能否适当尊重缔约方国家监管权的问题。

四、规定与安全有关的例外以排除国家违反投资条约的责任

此类规定主要有以下情形，即在待遇标准方面可以因为实施安全措施而拒绝给予外国投资者相关待遇，以及通过一般例外或者安全例外而豁免缔约方的违约责任。投资条约中规定安全例外是最为常见的规范缔约方

---

① 《中国－波兰 BIT》(1988)第 4.1 条。作出类似规定的还有《中国－巴基斯坦 BIT》(1989)第 4.1 条；《中国－加纳 BIT》(1989)第 4.31 条；《中国－菲律宾 BIT》(1992)第 4.1 条；《中国－文莱 BIT 议定书》(未生效)；《中国－比利时卢森堡 BIT》(2005)第 4.2 条；《中国－乌兹别克斯坦 BIT》(2011)第 6.3 条；《中国－哥伦比亚 BIT》(2008)第 4.2(3)条；《中国－乍得 BIT》(2010，未生效)第 6.3 条；《中国－刚果 BIT》(2011)第 6.3 条；《中国－加拿大 BIT》(2012)第二部分第 10 条的附录；《中国－坦桑尼亚 BIT》(2013)第 6.3 条；《中国－土耳其 BIT》(2015)第 5.3 条；《中国－毛里求斯 FTA》(2019)第 8 章附件 2(征收)；RCEP(2020)第 10 章附件 2(征收)；等等。

② 《中国－瑞典 BIT》(1982)第 3.1 条；《中国－巴布亚新几内亚 BIT》(1991)第 5 条；《中国－蒙古 BIT》(1991)第 4 条；《中国－捷克 BIT》(1991)第 4 条；《中国－越南 BIT》(1992)第 4 条；《中国－印度尼西亚 BIT》(1994)第 6 条；《中国－以色列 BIT》(1995)第 5 条；《中国－塔吉克斯坦 BIT》(1993)第 4.1 条；《中国－老挝 BIT》(1993)第 4.1 条；等等。

保护其基本安全利益的方式，其形式或者规定在一般例外中，或者专门规定国家安全例外。无论采取哪一种方式，有关争端发生时的安全例外抗辩都需要仲裁庭进行审查。不过，在具体是否规定被认为具有自我裁判性质的"其认为"用语以及列举具体的可以援引例外的情形方面，有关条约规定还有不同。

（一）规定缔约方可以基于国家安全而实施与有关待遇标准不一致的措施

这方面的规定主要体现是，条约在规定"一方给予另一方投资者在其境内的投资及与投资有关活动的待遇，不应低于其给予任何第三国投资者的投资及与投资有关活动的待遇"的同时，还规定缔约方"因公共安全和秩序、公众健康或道德而采取的措施"，不应视为相关条款中的较低的待遇标准。[1] 譬如，《中国－日本 BIT 议定书》之三指出：

> 关于协定第三条第二款规定的不低于本国国民或公司待遇的规定，缔约任何一方可以为了公共秩序或国家安全等的正常发展，根据有关法律和法规而在实际需要时给予缔约另一方国民和公司差别待遇，此类情况不应被视为低于该缔约一方国民和公司所享受的待遇。[2]

同时，为应对投资者可能提起的诉求，也有投资条约在公平公正待遇的条款中规定，出于安全等原因采取的措施不应被视作投资者享有公平公正待遇的障碍。[3]

此类条款中的"国家安全"例外为缔约方维持现有的待遇标准和纳入新制定的歧视缔约另一方投资者的待遇规范提供了很大的政策空间，一旦发生争议，仲裁庭可能会认为类似条款是自我裁判性的，因此仲裁庭在评估东道国某一特定的歧视待遇标准时，能否尊重东道国维持国家安全或公共秩序的裁量权十分关键。尤其是，此类模糊的类似于国家安全含义的公共秩序或国民经济发展的规定与缔约方的国家主权密切相关，仲裁庭要对其进行评估必将面临很多未知的困难。不过严格意义上讲，此类规定不属

---

① 参见《中国－德国 BIT 议定书》(2003)第4(1)条；《中国－葡萄牙 BIT 议定书》(2005)第3(1)条；《中国－日本 BIT 议定书》(1988)三。

② 《中国－葡萄牙 BIT 议定书》(2005)第3(1)条；《中国－日本 BIT 议定书》(1988)三。

③ 《中国－马达加斯加 BIT》(2005)第3.2条。

于安全例外的范畴。

(二)缺乏“其认为”用语的安全例外

较早的规定安全例外的条约如2008年的《中国－哥伦比亚BIT》,其第12条(例外)第1款规定,条约规定不得阻碍缔约方实施包括保护国家重大安全利益的措施,同时又规定此类措施的实施必须满足非歧视性、相称性、必要性、透明度以及遵守国内法律等要求,并且特别指出,此类措施的实施和例外援引不妨碍仲裁庭对此类措施进行评价的权力。① 因此,该条尽管没有使用安全例外中常见的“其认为”的语言,但同时授权仲裁庭可以对缔约方援引安全例外的措施进行审查,这在很大程度上限制了缔约方援引安全例外的自由裁量权。

(三)以GATT第21条为范本并列举可以援引的安全例外情形

中国签订的包含有安全例外条款的投资条约大部分都以GATT第21条为范本,并在其基础上进行若干词语或者例外情形的修改。譬如,2012年5月签订的《中国－日本－韩国三边投资协定》虽然有模仿GATT第21条的感觉,但是最终条款一是缺乏“其认为”的用语,二是把缔约方采取的保护基本安全利益的豁免情形限制在与战争或其他国际关系紧急情况、不扩散核材料以及履行《联合国宪章》规定的义务等有关的三种情形,没有包括披露基本信息以及武器贸易等措施。②

中国投资条约中开始采纳国际上常见的GATT第21条的范式来规定国家安全例外问题的主要表现就是,将“其认为”与安全例外适用范围相结合。譬如,2005年《中国－智利FTA》在借鉴GATT第21条规定的安全例外主要内容的同时,增加了一部分内容,即本协定的任何规定不得解释为排除一缔约方为履行其在《联合国宪章》项下的维护或重建国际和平或安全的义务,或者为保护本国基本安全利益所采取的其认为必要的措施。③ 2010年《中国－秘鲁FTA》投资章的重大安全条款规定,本条约不

① 《中国－哥伦比亚BIT》(2008)第12.1条。该条规定,本协定的任何规定都不得被解释为阻止缔约方为维护公共秩序而采取或维持措施,其中包括保护国家重大安全利益的措施,该措施必须满足下列条件:(一)只有在社会的某一根本利益受到真正的和足够严重的威胁时才能够被实施;(二)不得以构成任意的歧视的方式实施;(三)不得构成对投资的变相限制;(四)与其所要达到的目的相称;(五)是必须的,并且仅在必须时采取和维持;且(六)通过透明的方式和根据相关的国内法律实施。为进一步明确,本条的任何规定不得被解释为限制仲裁庭在本例外被援引时对一事项进行评价的权力。

② 《中国－日本－韩国三边投资协定》(2012)第18条。

③ 《中国－智利FTA》(2005)第100条。

应解释为要求一缔约方提供或允许其认为披露有可能与其实质安全利益相违背的信息，或阻止一缔约方实施其认为是履行《联合国宪章》关于维持或恢复国际和平与安全的义务，或者保护其自身重大安全利益的必要的措施。而该 FTA 的例外章中的安全例外条款则完全借鉴了 GATT 第 21 条的规定。① 需要注意的是此类条约在安全例外条款的最后一句话，即不得阻止缔约方实施其认为保护其基本安全利益所必要的措施。这一概括性的规定可以解释为缔约方在维护国家安全利益方面享有较高程度的自主权，但有关措施必须是保护基本安全利益所必要的，至于如何满足"必要性"的要求，则是一个需要仲裁庭去衡量的问题。

比较典型的以 GATT 第 21 条为范本的安全例外条款是 2012 年《中国 - 加拿大 BIT》。该 BIT 第 33 条第 5 款规定了与 GATT 类似的"国家安全例外"，即纳入了"其认为"用词：

> 本协定中任何规定均不得被理解为：
>
> （一）要求缔约方提供或允许获得其认定披露后将违背其根本安全利益的信息；
>
> （二）阻止缔约方采取其认为保护其根本安全利益所必要的任何如下措施：
>
> 1. 此类措施与武器，弹药和战争工具的贸易有关，并与直接或间接为军事或其他安全设施之目的而进行的其他货物、材料、服务和技术的贸易和交易有关，
>
> 2. 在战时或其他国际关系紧急情况时采取的措施，或
>
> 3. 此类措施与执行关于不扩散核武器或其他核爆炸装置的国家政策或国际协定有关；或
>
> （三）阻止缔约方根据《联合国宪章》为履行维护国际和平与安全义务而采取行动。②

该条基本上复制了 GATT 中的安全例外条款的规定，一方面通过使用"其认为"或类似词语而承认缔约方在国家安全问题上的自由裁判权，另一方面又把此类缔约方的权利限制在所列举的清单类的相关措施，包括武

① 《中国 - 秘鲁 FTA》（2010）第 141 条、第 194 条。

② 《中国 - 加拿大 BIT》（2012）第 33.5 条；《中国 - 哥斯达黎加 FTA》（2010）第 160 条。

器或军事物品的贸易、战时或其他国际关系紧急情况下采取的措施、不扩散核武器所采取的行动以及履行《联合国宪章》而实施的维持国际和平与安全的行动的范围内。通常，这些条款以非详尽性的列举清单的方式对有关措施进行规定，并没有阐明它们所涵盖的所有情况，并且其结构和解释并不总是清晰或直接的，在一定程度上具有自我裁判的性质，留给东道国很大程度的解释权。从本质上讲，这意味着支持国家可以在没有任何司法控制的情况下判断其自身安全需求和目标。

还有一个趋势是，中国与东南亚相关国家签订的投资条约中，在涉及缔约方可以援引安全例外抗辩的情形时，规定了保护各国基础设施以及国内紧急状态的内容。譬如，2009 年的《中国 – 东盟全面经济合作框架协议投资协议》的安全例外条款在 GATT 第 21 条基础上增加了保护各国基础设施以及国内紧急状态的规定，即本协定的任何规定不得解释为阻止任何一方采取其认为对保护基本安全利益所必需的任何行动，包括但不限于"为保护关键的公共基础设施免受使其丧失或降低功能的故意袭击行动"，以及"战时或国内或国际关系中其他紧急情况下采取的行动"。① 同年签订的《中国 – 新加坡 FTA》例外条款规定几乎包含了 GATT 第 21 条的全部内容，同时增加了一款涉及关键基础设施的规定，即条约规定不得解释为阻止任何一方采取其认为对保护其基本国家安全利益所必需的任何行动，包括"为保护关键的公共基础设施，包括重要通信设施免受故意破坏，防止这些设施丧失或降低功能"。②

2020 年中国与包括东盟在内的成员签订的 RCEP 第 10 章第 15 条(安全例外)规定：

> 尽管有第十七章第十三条(安全例外)的规定，本章的任何规定不得解释为：
>
> (一)要求一缔约方提供或允许获得其确定披露会违背其基本安全利益的任何信息；或者
>
> (二)阻止一缔约方为下列目的适用其认为必要的措施：
>
> 1. 履行其维持或恢复国际和平或安全的义务；或者
>
> 2. 保护其自身根本安全利益。③

该投资章的国家安全例外条款基本上和 GATT 第 21 条的规定类似，实

① 《中国 – 东盟全面经济合作框架协议投资协议》(2009)第 17 条。

② 《中国 – 新加坡 FTA》(2008)第 106 条。

③ RCEP(2020)第 10 章第 15 条、第 17 章第 13 条。

际上是重复了第 17.13 条的两款规定，但后者规定增加了缔约方“为保护包括通讯、电力和水利基础设施在内的关键的公共基础设施而采取的行动”以及“在国家紧急状态”下采取的行动时实施国家安全措施的豁免问题。

2015 年《中国－土耳其 BIT》作了一个混合型的规定，在列举的三种可以援引国家安全例外的情形，即披露基本信息、非歧视待遇以及履行《联合国宪章》规定中，前两种加上了“其认为”的词语，后一种的豁免则要求以《联合国宪章》为依据。① 2019 年《中国－毛里求斯 FTA》投资章例外条款也将安全例外限制在缔约国认为的两种情形中，即为国家安全利益而禁止披露相关信息以及保护其自身根本安全利益所必要的措施；其第 16 章安全例外条款在此基础上加入了履行《联合国宪章》下的国际和平与安全的义务。②《中国－韩国 FTA》作了与此类似的规定。③

当然，一些中国签订的含有投资章的 FTA 也有规定纳入 GATT 和 GATS 的相关安全例外并授权缔约方可以进行改革的条款，这也许是规定基本安全例外的最简单的范式。譬如，很多含有投资条款的 FTA 规定：

> 《1994 年关税与贸易总协定》第 21 条，《服务贸易总协定》第 14 条之二经必要修正后纳入本协定，构成本协定的一部分。④

需要指出的是，在中国国际投资条约的安全例外中，通常提及的是“基本安全利益”概念，很少提及国家安全本身。而且，一些投资条约还使用了诸如“合法公共利益”、“基本安全利益”、“紧急情况”或者“国际和平与安全”等之类的术语，也包括一些类似词语的组合形式，如基本安全利益、公共秩序以及国内或国际紧急情况等。尽管相关术语因条约而异，但其含义应当是一致的，甚至从广义上也应当包括公共利益或公共秩序等。

五、规定实施投资的国家安全审查决定不受争端解决机构的管辖

《中国－澳大利亚 FTA》投资章规定，“一方采取的非歧视的和出于公

---

① 《中国－土耳其 BIT》(2015)第 4.2 条。
② 《中国－毛里求斯 FTA》(2019)第 8 章第 18 条、第 16 章第 2 条。
③ 《中国－韩国 FTA》(2015)第 12.14 条。
④ 《中国－新西兰 FTA》(2008)第 201 条；《中国－格鲁吉亚 FTA》(2016)第 16 章第 3 条；《中国－柬埔寨 FTA》(2020)第 15 章第 2 条(安全例外)；《中国－澳大利亚 FTA》(2015)第 16 章第 3 条；《中国－韩国 FTA》(2015)第 21.2 条；《中国－柬埔寨 FTA》(2020)第 15 章第 2 条；《中国－厄瓜多尔 FTA》(2023)第 15.2 条。

共健康、安全、环境、公共道德或公共秩序等合法公共利益目标的措施，不应作为本节项下诉求的对象”，①也即不得成为 ISDS 机制管辖的范围。《中国－加拿大 BIT》专门在第四部分第 34 条的附录（排除）中规定，缔约方作出的“关于是否准许投资的国家安全审查决定”，不适用条约第 15 条（缔约双方之间争端）和第三部分（ISDS 机制）规定的争端解决规定条款的约束，也即缔约方在国家安全审查的问题上有最后的裁定权，不得再将此类争端提请至解决缔约国之间或缔约国与投资者之间争端的外部的仲裁庭进行裁判。此类规定和近数十年国际投资法学界对 ISDS 机制的批评以及国际投资法制缺乏对国家权力的关照密切相关，也与当前国际社会强调加强缔约国在外国投资管制方面的国家监管权的呼吁是一致的。

中国投资条约中关于安全问题存在不同的规定，与投资者待遇有关的安全例外规定得较早，而以专门例外条款规定安全例外则直到 2005 年才开始出现，而且近年的安全例外条款越来越多地以 GATT 第 21 条作为范本，纳入“其认为”的用语并在适用安全例外的具体情形上根据不同谈判对象加以删减，譬如与东南亚各国的投资贸易协定基本上都包括“公共基础设施”有关的安全例外。但是在安全条款的具体设计上也因为谈判对象的不同而有不同规定，譬如中国与非洲国家签订的投资条约，超过一半的 BIT 都没有规定除“充分保护和保障”或“充分保护与安全”术语以外的与“安全”相关的条款，②其中谈判签约时是否考虑到非洲国家经常发生的军事或政治政变不得而知，但是非洲某些国家动荡的社会治安、不稳定的政治制度以及经常发生的军事政变或政府更迭③确实又在不得不考虑的范围之内。

---

① 《中国－澳大利亚 FTA》（2015）第 9 章第 11.4 条。

② 根据中国商务部官网公布的投资条约统计，中国与非洲的埃及、津巴布韦、阿尔及利亚、加蓬、苏丹、南非、喀麦隆、佛得角、埃塞俄比亚、博茨瓦纳、尼日利亚、科特迪瓦、吉布提、贝宁、突尼斯、赤道几内亚和马里签订的 BIT 中均没有规定“安全”有关的词语。而在与加纳和坦桑尼亚签订的 BIT 中规定了基于国家安全和公共利益进行征收的合法性，在与毛里求斯和坦桑尼亚签订的 BIT 中规定了不得限制缔约方基于安全利益而实施任何禁止或限制措施的权力，在与马达加斯加签订的 BIT 中规定缔约方基于安全而对外国投资者实施的不公正待遇不得视为公平公正待遇的障碍。

③ 参见魏翊：《外部冲击、族群地理与选举更替——当代非洲民主转型的政治经济学》，载《世界经济与政治》2023 年第 6 期；刘伟才：《非洲国家独立后的政变》，载《中国投资（中英文）》2023 年第 Z9 期。

第三节　中外投资争端援引安全例外条款的实证分析

和国际投资条约类似，虽然传统国际投资条约中规定的基于安全进行征收、不放松国内安全标准以及不在例外条款中进行规定的安全例外的范式在中国早期的投资条约中也有所体现，但中国投资条约直到近些年才开始在例外条款中规定专门的国家安全例外。基于安全进行征收和引进外资不放松安全不属于严格意义上的安全例外，其并不排除东道国本身因违反投资条约所应当承担的义务。本部分内容重点阐述安全例外相关的问题，只是在分析相关案例时需要结合征收或不放松标准条款进行阐述。

另外，根据商务部2021年中国对外投资统计公告发布的数据，2021年中国对外投资中，亚洲是中国对外直接投资主要目的地（直接投资流量达1281亿美元，同比增长14%），拉丁美洲是中国对外直接投资增速最快的区域（直接投资流量达261.6亿美元，同比增长57%），再次是欧洲（直接投资流量达108.7亿美元）和北美洲（直接投资流量达65.8亿美元），同比分别有所下降。虽然对非洲的直接投资流量最少（49.9亿美元），但同比增长仍然达到18%。[①] 可以看出，2021年我国对外直接投资的地区跨越亚洲、欧洲、美洲和非洲，由于投资目的地不同的政治形态、地缘政治以及受美欧等安全审查政策影响，中国投资目的地国家对待投资条约中的国家安全条款的态度也不一致。鉴于此，结合前述美国和印度投资条约中相关条款的分析，本部分选择近些年对待中国投资者不太友好的若干国家（主要是乌克兰和瑞典）与中国签订的投资条约，以及其与中国投资者之间的案例（主要是王靖等诉乌克兰案和华为诉瑞典案）进行实证分析。

另外，近些年，随着中国海外投资的迅猛增加以及地缘政治和东道国国内的动荡局势的影响，中国海外投资面临的不稳定情形在不断变化，中国投资者面临的海外投资的安全审查也逐渐增加，尤其是潜在投资以及进行中的投资在增资时可能会面临的安全审查问题不断增加。其中比较典型的就是因为乌克兰征收中国投资者投资的马达西奇（Motor Sich）公司而引发的王靖等诉乌克兰案，[②]以及因为瑞典对中国华为公司的投资进行安全审查而引发的华为诉瑞典案，还有中国在其他亚洲、非洲和拉丁美洲国家的投

① 参见商务部：《中国对外投资合作发展报告（2022）》，第8页。

② See *Wang Jing, Li Fengju, Ren Jinglin and others v. Republic of Ukraine*, UNCITRAL, PCA, Pending.

资因为目的地国家局势动荡而可能面临的安全风险等引发的潜在争端。

一、王靖等诉乌克兰案:国防产业的征收与国家安全抗辩

该争端发生的时间是2014年俄乌克里米亚冲突之后,乌克兰生产飞机发动机的马达西奇公司因经营困难而寻求外资合作,中国投资者介入,却因为国际关系中的某些力量的干涉而使乌克兰政府对中国投资产生疑问,进而宣布以国家安全为由冻结中国投资者的股份,最后宣布对马达西奇公司实施国有化。乌克兰政府认为这是在战争时期保护国防工业所必要的措施,同时实施赔偿。

(一)争端发生的背景

乌克兰马达西奇公司是世界上最大的飞机发动机制造商之一,在2014年俄乌冲突爆发前主要产品都出口到俄罗斯,但2014年后该公司面临严重的经营危机。中国投资者王靖等拥有的信威集团开始和乌克兰合作者联合购买相关股份,导致2016年信威集团对马达西奇形成实际控股。2017年4月,信威集团拟以发行股份方式购买王靖和杜涛拥有的北京天骄航空产业投资有限公司(以下简称北京天骄,注册地在维尔京群岛)的控股权或其旗下资产。由于信威集团的重大资产重组涉及乌克兰标的,按照乌克兰法律规定,被重组方即北京天骄及其相关子公司需向乌克兰标的资产所在地政府申请反垄断审查批准。2017年6月9日,北京天骄及其相关子公司首次向乌克兰国家反垄断委员会递交申请。

2018年4月27日,代表乌克兰的乌克兰国防工业国家康采恩与天骄飞机控股公司(北京天骄全资子公司)和信威集团签署合作协议,约定乌方全面支持、同意北京天骄及其子公司与信威集团的重组安排。2019年6月7日,在前期谈判工作和乌克兰政府的行政审查程序等工作完成的基础上,北京天骄与乌克兰国防工业国家康采恩作为联合申报主体,向乌克兰国家反垄断委员会提交了新的申请。信威集团作为中乌双方合作协议签约方之一,以及未来重组后马达西奇公司的控股股东,按法律要求同步接受反垄断审查。2019年7月9日,乌克兰国家反垄断委员会就北京天骄子公司与乌克兰国防工业国家康采恩联合申请反垄断审查事项予以公示,明确中方公司将持有马达西奇公司超过50%的股权,以及中方将与乌克兰国防工业国家康采恩对马达西奇公司实施联合控制。

2020年2月,由于国际形势变化,乌克兰政府叫停中国投资者对乌克兰马达西奇公司的收购。2020年8月4日,鉴于北京天骄及其子公司与乌

克兰国防工业国家康采恩的商业合作基础发生变化，北京天骄与新的合作伙伴乌克兰 DCH 集团①及其关联公司就马达西奇项目签署合作协议，约定中国投资者将通过控股公司拥有 50% 以上的股份，并希望通过合作伙伴的变更推进海外反垄断审批工作，于是，8 月 6 日，中国投资者向乌克兰国家反垄断委员会撤回之前与乌克兰国防工业国家康采恩共同提交的反垄断申请，并在同日与乌克兰 DCH 集团及其关联公司向乌克兰国家反垄断委员会共同提交了新的反垄断申请。但是，乌克兰国家反垄断委员会因技术和程序原因拒绝考虑 DCH 集团和中国投资者的合作，并且乌克兰检察部门扣押了中国投资者的股份，并将这种情况定性为“叛国罪”。8 月 31 日，乌克兰国家反垄断委员会正式拒绝了天骄公司投资马达西奇的申请。2020 年 9 月 4 日，中国投资者向乌克兰政府发出了一份争议通知，声称根据《中国－乌克兰 BIT》的规定，乌克兰政府的有关征收是非法的，②并要求获得 35 亿美元的赔偿。③ 2020 年 12 月 5 日，本案正式启动仲裁程序。

2021 年 1 月 29 日，乌克兰总统签署两项法令，对试图控制马达西奇公司的中国公司和个人投资者王靖（信威集团和北京天骄的主要股东）实施制裁措施，包括冻结资产，限制在乌克兰境内的贸易活动和流动，以及在 3 年内限制从乌克兰撤资。④ 该制裁影响到了申请人以及天骄公司。申请人认为该制裁措施进一步违反了有关 BIT，要求 46 亿美元的赔偿及利息。2021 年 3 月 11 日，乌克兰国家安全和国防委员会通过了一项从法律上对马达西奇公司所有权收归国有的决定，根据该决定，马达西奇公司的所有权将会以一种合法、合宪的方式转移到乌克兰政府，⑤投资该公司的人将会获得补偿。最终，2022 年年初俄乌冲突爆发之后，2022 年 11 月 7 日，乌克兰国家安全和国防委员会秘书长发布声明，指出根据最高统帅总部的决

① DCH 集团是乌克兰重要的工业金融集团之一，涉及冶金、采矿、机械制造、基础设施、金融等行业，拥有第聂伯钢厂、乌克兰采矿公司、哈尔科夫拖拉机厂、哈尔科夫国际机场等大型企业。

② 《中国－乌克兰 BIT》(1993)第 10.1 条规定：“缔约一方与缔约另一方投资者之间任何有关征收补偿数额的争议可提交仲裁庭。”

③ See Maxim Rubchenko, *The USA defeated China in Kiev: Motor Sich goes to the Americans*, Donbass Insider News, https://www.donbass-insider.com/2020/02/27/the-usa-defeated-china-in-kiev-motor-sich-goes-to-the-americans/.

④ 参见刘鹏：《乌克兰总统泽连斯基签署法令，对马达西奇的中国股东进行制裁》，载搜狐网 2021 年 1 月 30 日，https://www.sohu.com/a/447581025_100071728。

⑤ See Centre for Transport Strategies, *Motor Sich Will Be Nationalized - Natyional Security Council Decision*, CFTS News (Mar. 15, 2021), https://en.cfts.org.ua/news/motor_sich_will_be_nationalized_national_security_council_decision.

定以及出于军事危急情况需求，自 2022 年 11 月 6 日起包括马达西奇在内的 5 家国防公司被划归为军事财产，其管理权移交给乌克兰国防部。用他的话说，在戒严令结束后，这些资产可能会被归还给它们的所有者，或者根据其价值进行补偿。①

2023 年 2 月，该案仲裁庭已经组成，到 2024 年 6 月初，案件还正在审理之中。

（二）违反 BIT 条款的分析

根据 1992 年《中国 – 乌克兰 BIT》，乌克兰有义务为中国投资者提供充分保护。根据该 BIT，双方同意相互提供一定的权利和保护保障。在违反相关义务的情况下，外国投资者可以将争端提交国际投资仲裁机构，并要求东道国赔偿。在具体的违反 BIT 条款方面，主要如下。

首先，申请人即王靖等自然人是否属于《中国 – 乌克兰 BIT》中的合格投资者？根据《中国 – 乌克兰 BIT》第 1 条规定，投资者是指“根据缔约一方法律和法规为其公民的自然人”。因此，只有符合条约规定的条件并在乌克兰进行投资的中国投资者才是协议保护的对象。本案中，王靖等自然人拥有北京天骄和信威集团的控股股份，只能是间接拥有马达西奇的股份，因此，根据控股的公司结构，乌克兰可能会注意到并非所有马达西奇股份都是条约含义内的投资标的。另外，根据其第 1 条，“投资”一词系指依照接受投资缔约一方的法律和法规在其领土内所投入的各种资产，因此原则上只有根据乌克兰法律进行的投资才是保护对象。也就是说，如果有关投资是在违反乌克兰法律的情况下进行的，则其可能不会成为条约的保护对象。本案的关键是，中国投资者在购买马达西奇公司的股票时是否得到乌克兰监管机构尤其是乌克兰国家反垄断委员会的批准。事实上，经过重组后的投资没有获得乌克兰国家反垄断委员会的批准，中国投资者的投资的合法性也就成了问题，毕竟，乌克兰政府可能会以该投资违反了法律而不受条约保护进行抗辩。

其次，《中国 – 乌克兰 BIT》第 3 条规定了公平待遇和最惠国待遇，要求缔约一方应在其领土内保障缔约另一方投资者的投资，同时与该投资有关的活动受到公平的待遇和保护，包括应不低于给任何第三国投资者的投资和与投资有关的活动的待遇。该标准禁止东道国实施与所追求的目标

---

① See Ukrinform News, *Motor Sich*, *Ukrnafta*, *Three more Enterprises Transferred to Defense Ministry-Danilov*, Ukrinform, https://www.ukrinform.net/rubric-economy/3609429-motor-sich-ukrnafta-three-more-enterprises-transferred-to-defense-ministry-danilov.html.

不相称的、歧视性的、任意的和违反投资者合理预期的措施。中国投资者可能会争辩说，乌克兰政府长期冻结中国投资者对马达西奇的控制权是武断的，与其目标不相称，而且乌克兰政府的代表也曾同意分享马达西奇的股份和控制权，这一事实也有利于中国投资者。因此，中国投资者也许可以认为，乌克兰通过相关协议“鼓励”了中国投资者，后者对在乌克兰的投资有了合理预期，而乌克兰政府此后的行为违反了合理预期，因此可以提出赔偿诉求。

再次，《中国－乌克兰 BIT》第 4 条规定禁止征收外国投资（国有化、征用和其他具有类似效果的措施），该规则的唯一例外是征收符合公共利益、遵守法律规定的秩序、在非歧视的基础上进行并附有适当的补偿。也就是说，原则上可以出于国家安全目的进行国有化或征收，但需要赔偿。此外，如果乌克兰永久禁止中国投资者拥有马达西奇股份并且此类行为的后果等同于投资损失或部分损失，就属于间接征收，也应适用相同的条件。其中的关键是，“公共利益”能否解释为包括“国家安全利益”？

最后，《中国－乌克兰 BIT》第 10.1 条规定，“缔约一方与缔约另一方投资者之间任何有关征收补偿数额的争议可提交仲裁庭”，这意味着，中国投资者只能就乌克兰政府实施征收后就具体赔偿额发生的争议提交仲裁。鉴于前述乌克兰政府已经明确通过法令对中国投资者的投资实施了征收，而在赔偿数额方面还没有最终的谈判结果，因为中国投资者提起的诉求，仲裁庭原则上享有管辖权。至于法律适用，根据《中国－乌克兰 BIT》第 10.5 条规定，“仲裁庭应根据本协定的规定，在其领土内进行投资的缔约一方的法律和法规（包括其冲突规范）以及公认的国际法原则作出裁决”，因此仲裁庭将主要依据乌克兰有关征收赔偿的国内法律法规进行裁判，同时要遵守公认的国际法上有关征收赔偿的原则作出裁定。但还有一个问题是，有关投资是否属于乌克兰法律规范所允许的投资？也即其合法性是否有充分的法律根据？尤其是，作为注册在英属维尔京群岛的北京天骄的股东，王靖等根据《中国－乌克兰 BIT》提起仲裁，其是否属于适格的投资者？

（三）东道国潜在的国家安全抗辩与危急情况解释

前已述及，乌克兰可能会提及其国家机构对马达西奇股份的征收行为是基于国家安全因素的正当性，特别是在 2022 年俄乌冲突爆发后，乌克兰政府明令将马达西奇国有化，其相关解释包括出于军事危急情况，要将某些战略性企业或国防工业转移到国防部等。然而，因为乌克兰和中国之间的投资条约没有任何关于国家安全的保留。那么,这一抗辩可以根据习惯国际法上的“危急情况”及其国家免责的规则加以证明。

关于危急情况的习惯国际法主要体现在《国家责任条款草案》第25条。需要指出的是,《国家责任条款草案》不是条约,其旨在反映习惯国际法。但是,在实践中,根据第25条的规定,援引国要想以“危急情况”为由解除自己的违约责任,必须满足下列要素:有关措施维护的必须是国家的“基本利益”;其必须是维护这种利益的“唯一方式”;其必须解决“严重迫切的危险”;其并不严重损害作为所负义务对象的“一国或数国或整个国际社会的基本利益”。① 此外,如果国际义务排除了援引危急情况的可能性,或援引国家促成了危急情况,则该抗辩将不可适用。

关于“基本利益”,许多投资仲裁庭在危急情况辩护的背景下对什么构成国家的“基本利益”采取了极其狭隘的看法,认为只有在情况危及国家存在及其独立本身的情况下才涉及基本利益。② 这与对特定政府或政党的命运的威胁不同,后者不会涉及基本利益。③ 不过国际法院也有裁决对“基本利益”作宽泛的解释。譬如国际法院在匈牙利诉斯洛伐克加布奇科沃－大毛罗斯项目案中更充分地解决了该问题。该案源于匈牙利要求暂停在多瑙河上建设一个大型联合水电项目,原因是匈牙利担心与该项目相关的环境风险。国际法院援引国际法委员会的评论认为,对保护自然环境的关注可能构成“基本利益”,而不仅限于与国家“存在”有关的问题。④ 国际投资仲裁庭也有类似的裁定,譬如 *Impregilo* 案认为,“基本利益”一词不仅可以包括国家本身的存在和独立性,还可以包括其他附属但仍然“基本”的利益,如维护国家更广泛的社会利益和经济环境稳定等。⑤ 同样,在 *AWG* 案中,供水被认为对近1000万人的健康和福祉至关

---

① See International Law Commission, *Report of the International Law Commission on the Work of Its Fifty-third Session* (*23 April – 1 June and 2 July – 10 August* 2001), in International Law Commission, Ⅱ(2) Yearbook of International Law Commission 2001, United Nations, 2007, p. 80 – 84.

② *Enron Creditors Recovery Corporation* (*formerly Enron Corporation*) *and Ponderosa Assets, L. P. v. Argentine Republic*, ICSID Case No. ARB/01/3, Award, 22 May 2007, para. 306; *Sempra Energy International v. Argentine Republic*, ICSID Case No. ARB/02/16, Award, 29 Sept. 2007, para. 348.

③ *Bernhard von Pezold and others v. Republic of Zimbabwe*, ICSID Case No. ARB/10/15, Award, 28 Jul. 2015, para. 631.

④ *Gabčíkovo-Nagymaros Project* (*Hungary/Slovakia*), Judgment, 25 Sept. 1997, I. C. J. Reports 1997, para. 53.

⑤ *Impregilo S. p. A. v. Argentine Republic* (Ⅰ), ICSID Case No. ARB/07/17, Award, 21 Jun. 2011, para. 346.

重要,因此是阿根廷国家的基本利益。① 具体到本案,能否认为乌克兰冻结乃至征收马达西奇公司的中国投资者股份的行为是保护其基本利益的行为？马达西奇既不关涉乌克兰国家的生存或独立,也不涉及对乌克兰政府的威胁,其经营日趋困难的事实也表明不涉及广泛的国家和社会利益,因此,乌克兰实施有关征收的行为不能被认为是为了保护其基本利益。

关于“唯一方法”,根据国际法委员会草案规定,如果有其他合法手段可以维护国家根本利益,危急情况的抗辩就不能成功,这些手段是否比最终采取的措施更昂贵或更不方便并不重要。② 正如国际法院在在巴勒斯坦被占领土地修建隔离墙的法律后果案中明确指出的那样,《国家责任条款草案》第 25 条的这一要求即使在最严重的情况下也必须严格执行。虽然国际法院在该案中承认“以色列必须面对无数针对其平民的不分青红皂白和致命的暴力行为”,并有义务做出回应以保护其公民的生命,但其“采取的措施仍须符合适用的国际法”,法院“不相信修建隔离墙”是维护以色列利益的唯一手段。③

在投资仲裁中,*CMS* 案仲裁庭认为,阿根廷采取的应对经济危机措施并不是“唯一”可用的步骤。④ 就 *Enron* 案和 *Sempra* 案仲裁庭而言,其认为“总是有许多方法可以解决和纠正此类关键的经济事件”,并且很难确定在阿根廷案中没有一种方法可用。两个仲裁庭进一步认为,其任务不是确定一种方法是否会比另一种更好,而只是“确定所做出的选择是否是唯一可用的方法”⑤。即便是 *LG & E* 案裁决接受阿根廷在一段时期内的危急情况抗辩,也表明《国家责任条款草案》第 25 条第 1 款(a)项中的“唯一途径”要求意味着“国家不可能通过任何其他方式避免……在被迫采取行

---

① *AWG Group Ltd. v. Argentine Republic*, Decision on Liability, 30 Jul. 2010, Para. 260.

② See International Law Commission, *Draft Articles on Responsibility of States for Internationally Wrongful Acts, with Commentaries*, United Nations (2001), https://legal.un.org/ilc/texts/instruments/english/commentaries/9_6_2001.pdf, p. 83.

③ *Legal Consequences of the Construction of a Wall in the Occupied Palestinian Territory*, Advisory Opinion of 9 Jul. 2004 ICJ Rep. 2004, paras. 140 - 141.

④ *CMS Gas Transmission Company v. Argentine Republic*, ICSID Case No. ARB/01/8, Award, 12 May 2005, para. 324.

⑤ *Enron Creditors Recovery Corporation (formerly Enron Corporation) and Ponderosa Assets, L. P. v. Argentine Republic*, ICSID Case No. ARB/01/3, Award, 22 May 2007, paras. 308 - 309; *Sempra Energy International v. Argentine Republic*, ICSID Case No. ARB/02/16, Award, 29 Sept. 2007, paras. 350 - 351.

动之前,国家必须用尽所有可能的法律手段"。① 具体到本案,似乎乌克兰采取的有关措施并不是维护其基本利益所必要的唯一方法,毕竟马达西奇公司在2014年俄乌克里米亚冲突以后的经营状况就已经日益恶化,很难说国有化是保护其基本利益所必要的唯一方法。

至于"严重迫切的危险",国际法委员会草案对其没有定义。国际法院在匈牙利诉斯洛伐克加布奇科沃-大毛罗斯项目案的裁决中指出:

> 如果没有在相关时间点适当确定的"危险",就不可能存在危急状态;在这方面,仅仅担心可能的"危险"是不够的。此外,当构成危急状态的"危险"同时是"严重的"和"迫切的"时,它几乎不可能是另外一种情况。"迫切"是"即时性"或"接近性"的同义词,远远超出了"可能性"的概念……"极其严重和迫切"的危险一定"在当时对利益构成了威胁"……这并不排除,一旦在相关时间点确定,长期出现的"危险"可能被认定为"迫切",该危险的实现,无论它可能多么遥远,都不会因此而变得更加确定和不可避免。②

根据该案的事实,在相关措施实施时不存在"严重迫切的危险",环境破坏的危险性仍不确定。但是,该决定对于认识到有关风险可能仍然"迫切"很重要,即使它可能在一段时间内不会发生,只要风险足够确定也是可以的。在投资仲裁中,这一要求通常被忽略了,譬如 *Sempra* 案和 *Enron* 案,仲裁庭认为该要求未得到满足,因为"没有令人信服的证据表明事件已经失控"③。在本部分所讨论的王靖等诉乌克兰案中,似乎也没有令人信服的证据表明乌克兰采取对有关投资的征收措施时正在面临"严重迫切的危险",有关风险仍然在乌克兰政府可控的范围之内。

关于"非伤害义务",即有关措施不得损害承担义务的一个或多个国家或整个国际社会的基本利益。关键是,保护投资者的利益是否是缔约国的"基本利益",东道国实施的损害投资者利益的措施能否被界定为损害该国的基本利益的行为。在 *CMS* 案中,仲裁庭认为,虽然保护投资者是缔

① *LG & E Energy Corp.*, *LG & E Capital Corp. and LG & E International Inc. v. Argentine Republic*, ICSID Case No. ARB/02/1, Decision on Liability, 3 Oct. 2006, para. 250.

② *Gabčíkovo-Nagymaros Project* (Hungary/Slovakia), Judgment, 25 Sept. 1997, Reports, para. 54.

③ *Enron Creditors Recovery Corporation* (*formerly Enron Corporation*) *and Ponderosa Assets, L. P. v. Argentine Republic*, ICSID Case No. ARB/01/3, Award, 22 May 2007, para. 307.

约方的“重要”利益，但它并未上升到“基本利益”的水平，从而排除了危急情况抗辩。① 如果拿该观点来分析本案，可以明确的是，中国投资者的利益并没有上升为乌克兰国家的基本利益，乌克兰对中国投资者实施的措施没有严重损害乌克兰国家的基本利益。

关于“危急情况抗辩的排除”的问题，根据《国家责任条款草案》第25条第2款的规定，如果“有关国际义务排除援引危急情况的可能性”，或者“该国促成了该危急情况”，则不得援引危急情况抗辩。国际条约可以明示或默示规定危急情况的排除问题，②但一般而言，BIT对危急情况抗辩保持沉默，这意味着关于是否排除该抗辩的论点没有直接的文本依据。但是，如果相关措施违反了国家的一般国际义务之一，即使没有明确的措辞，也可以排除抗辩。例如，在*Border Timbers*案中，仲裁庭认为，即使没有明确的条约语言处理紧急情况，津巴布韦也违反了其普遍的国际法律义务——从事种族歧视，这意味着它未能满足援引紧急情况的要求。③ 至于该款第2项规定的“促成”情形，如果国家促成了危急情况，那么它就不能依赖危急辩护。所谓“促成”，就是“对紧急情况的促成必须足够大，而不仅仅是偶然的或次要的”④。正如*Mobil*案仲裁庭所讲，仲裁庭多数成员愿意认定阿根廷通过其经济政策促成了其金融危机。⑤ 而*CMS*案仲裁庭认为，即使危机也有重大的外因，仍然可以找到如此巨大的促成要素。⑥评估东道国的促成是否足够大可能会使仲裁庭进入政治和经济评估的困难领域，好比本案所讲，乌克兰是否足够大地促成了其国内的危急情况是一个很难评估的问题。

---

① *CMS Gas Transmission Company v. Argentine Republic*, ICSID Case No. ARB/01/8, Award, 12 May 2005, para. 358.

② 比较典型的例子是条约专门设计用于在危急情况下适用（例如，关于武装冲突的人道主义规则的条约），在这种情况下，条约的性质将排除危急辩护。

③ *Border Timbers Limited, Timber Products International (Private) Limited, and Hangani Development Co. (Private) Limited v. Republic of Zimbabwe*, ICSID Case No. ARB/10/25, Award, 28 Jul. 2015, para. 657.

④ International Law Commission, *Draft Articles on Responsibility of States for Internationally Wrongful Acts, with Commentaries*, United Nations (2001), https://legal.un.org/ilc/texts/instruments/english/commentaries/9_6_2001.pdf, p. 84.

⑤ *Mobil Exploration and Development Inc. Suc. Argentina and Mobil Argentina S. A. v. Argentine Republic*, ICSID Case No. ARB/04/16, Decision on Jurisdiction and Liability, 10 Apr. 2013, para. 1124.

⑥ *CMS Gas Transmission Company v. Argentine Republic*, ICSID Case No. ARB/01/8, Award, 12 May 2005, para. 329.

因此，寻求援引危急情况辩护的国家面临巨大的障碍，尤其是在举证责任方面。

二、华为诉瑞典案：网络基础设施的投资重组与国家安全审查

2020年4月，瑞典电信机构邀请网络运营商参与5G网络拍卖。招标文件要求投标人不得使用中国电信巨头华为提供的设备，将华为设备排除在其5G网络之外。瑞典加入了一长串其他已部分或全部禁止使用华为设备的国家的行列，其中包括澳大利亚、法国、德国、新西兰、英国和美国等。在每种情况下，禁令的陈述理由几乎都是相同的，即允许中国公司建立国家通信网络将会危及国家安全。2022年1月7日，华为根据《中国－瑞典BIT》发出仲裁请求，指控瑞典政策"公然歧视"，违反了该条约的公平公正待遇标准，以及对华为投资的征收待遇。①

（一）争端发生的背景

自2000年以来，华为通过其在瑞典的子公司华为瑞典在瑞典进行巨额投资，专注于电信基础设施业务。2020年1月1日，瑞典修订了《电子通信法》，以确保瑞典邮电局在授予每个电信运营牌照前后充分评估国家安全风险，尤其是必须与瑞典安全局和瑞典武装部队协商讨论。

2020年4月17日，瑞典邮电局邀请所有大型移动网络运营商参加瑞典首次举行的在瑞典运营5G电信特许经营权拍卖会，并公开表示没有理由将特定供应商排除在5G部署之外。直到2020年9月3日，瑞典还没有考虑将华为视为"不合适的供应商"。咨询机构于2020年9月30日在提交给瑞典邮电局的报告中建议全面排除华为提供的5G服务。2020年10月20日，瑞典邮电局发布5G频谱竞拍条件，要求参与拍卖的移动网络运营商不得在新网络中安装华为或中兴的电信设备；如果现有网络中含有华为或中兴的5G设备，必须在2025年1月1日前移除。瑞典邮电局称，该决定是与瑞典武装部队和安全局协商后，基于国家安全的理由作出的决定。②

2020年11月5日，华为瑞典公司根据瑞典行政法和欧盟法的规定对前述瑞典邮电局的行政决定提起诉讼，并请求斯德哥尔摩行政法院发布临时禁令。11月9日，斯德哥尔摩行政法院出台临时禁令，暂停适用瑞典邮

---

① See *Huawei Technologies Co., Ltd. v. Kingdom of Sweden*, ICSID Case No. ARB/22/2, Request for Arbitration, 7 Jan. 2022, paras. 94－97.

② Id., paras. 34－48.

电局5G频谱拍卖决定中有关华为的部分，致使原计划的5G频谱拍卖推迟。12月16日该法院裁决支持了瑞典邮电局对停止拍卖裁决提出的上诉。[①] 2022年6月22日，斯德哥尔摩上诉法院驳回华为的实体诉求，维持禁止华为在瑞典销售5G设备的禁令。华为随后提起上诉，但以败诉告终。

在瑞典法院的诉讼进行期间，2020年12月31日，华为向瑞典政府发出“争议通知”，认为瑞典政府禁止华为参与瑞典5G网络铺设的决定，违反了1982年《中国－瑞典BIT》规定的公平公正待遇条款、最惠国待遇条款以及征收条款。华为要求与瑞典的国家代表进行谈判，并表示如果谈判失败，可能会根据《中国－瑞典BIT》诉诸仲裁。[②] 在谈判无果的情况下，2022年1月21日，华为正式根据《中国－瑞典BIT》对瑞典5G禁令提起ICSID仲裁程序。华为认为瑞典邮电局决定是武断的、不合理的、无根据的且不透明。[③] 它不仅没有明确指出华为会对瑞典的国家安全构成何种具体威胁，也没有具体说明安全威胁的性质或者量化安全威胁的严重程度。华为进一步否认任何有关华为的网络系统比竞争对手或同行更容易受到网络攻击的说法，并声称这些指控只不过是偏见和地缘政治考虑的产物。[④] 华为主张，瑞典采取的措施违反国民待遇标准和公平公正待遇标准，构成《中国－瑞典BIT》下应予以赔偿的征收。

（二）法律适用分析

该案涉及的主要问题有两个，一是关于瑞典政府禁止华为参与5G设备投标的行为是否构成《中国－瑞典BIT》意义上的征收？二是投资仲裁庭对该争端是否享有管辖权？

首先，瑞典政府根据其国内《电子通信法》的相关规定，经由国家安全部门提供建议，最后发布不允许华为参与瑞典5G建设以及拆除已有华为设备的决定。结合1982年《中国－瑞典BIT》规定，可以认为，如果说瑞典政府禁用华为5G设备的行为可能构成歧视性待遇并因此有违该条约中第2条规定的国民待遇和最惠国待遇，那么要求相关运营商拆除华为现有

---

① See *Huawei Technologies Co., Ltd. v. Kingdom of Sweden*, ICSID Case No. ARB/22/2, Request for Arbitration, 7 Jan. 2022, paras. 64 – 67.

② See *Huawei Technologies Co., Ltd. v. Kingdom of Sweden*, ICSID Case No. ARB/22/2, Notification of Dispute, 31 Dec. 2020.

③ See *Huawei Technologies Co., Ltd. v. Kingdom of Sweden*, ICSID Case No. ARB/22/2, Request for Arbitration, 7 Jan. 2022, paras. 94 – 98.

④ Id., para. 33.

设备的禁令则可能构成该条约第3款规定的征收。尤其是，该条约第3.1条规定，“缔约任何一方对缔约另一方投资者在其境内的投资，只有为了公共利益，按照适当的法律程序，并给予补偿，方可实行征收或国有化，或采取任何类似的其他措施。……征收或国有化不应是歧视性的……”①。瑞典政府实际上实施了类似征收或者具有等同效果的国有化的行为，而征收行为不但在不同国家的投资者之间是歧视性的，而且在补偿方面标准不一，因此华为可以根据2004年《中国－瑞典BIT议定书》新第6条的规定提起相关的仲裁诉求。尤其是，华为已经用尽了瑞典国内行政诉讼的法院救济而没有得到理想的结果，符合该议定书规定的提起仲裁的条件。

其次，关于仲裁庭对该争端的管辖权问题，前述议定书新第6条规定，缔约一方投资者和另一缔约方间任何有关投资的争端未能在投资者以书面通知形式提起争端之日起3个月内友好解决的，投资者可以选择将争端提交仲裁，此条没有明确将投资者诉至投资所在地国内法院作为提请仲裁的前置条件。因此，虽然华为在瑞典国内法院提起了行政诉讼，但在瑞典最高法院裁决之前已经提起了投资仲裁诉求，而且时间已经远远超过了3个月，可以视为放弃了国内法院的救济途径，因此仲裁庭对该争端应享有管辖权。另外，该议定书新第6条似乎比中国1980年至1990年缔结的一系列其他条约中的争端解决条款更为宽泛，因为其他条款通常仅限于在征用发生后计算所欠金额的争议，该条则对此没有限制。

(三)“危急情况”的国家安全抗辩

虽然还没有见到公开报道的瑞典就本案的实体问题提出的任何答辩意见，但可以合理预见，瑞典政府在瑞典邮电局决定中所声称的国家安全利益可能是对这个仲裁案件的结果起决定性作用的因素之一。瑞典可以通过提出国家安全例外抗辩而使其任何违反条约义务的行为合理化(如有)。在华为诉瑞典案中，《中国－瑞典BIT》对国家安全问题没有作出任何规定。因此，瑞典援引国家安全例外的正当理由仅源于习惯国际法。与明确的条约法例外相比，在不存在迫切需要解决的经济危机的情况下，在像瑞典这样的发达东道国保护电信行业等战略性产业时，习惯国际法能否使其行为正当化是有疑问的。如果瑞典想成功援引国家安全例外，和王靖等诉乌克兰案一样，同样必须满足前述联合国国际法委员会于2001年通过的《国家责任条款草案》中有关习惯国际法下“危急情况”标准的严格条

① 《中国－瑞典BIT》(1982)第3.1条。

件，即东道国的行为保护的是国家基本利益，必须存在某项严重迫切的危险，有关行为是保护此类利益的唯一途径，而且该行为不得严重损害承担义务的有关国家或整个国际社会的基本利益，但如果有关国家促成了该危急情况，或者有关国际义务排除援引危急情况的可能性，则该国不得援引危急情况作为解除其行为不法性的理由，也即在一国面临某种严重迫切危险的情况下可以暂不履行某些条约义务以维护其基本利益。①

在华为诉瑞典案中，双方很可能都会援引《国家责任条款草案》第25条规定的“危急情况”标准为自己抗辩。但是鉴于“危急情况”狭隘的适用范围和严格的适用条件，一个国家通过援引“危急情况”抗辩规避其国际不法性仍然是极其困难的，也即只有在特定条件必须已经全部满足并且相关国家不是这些条件是否得到满足的唯一判断者的情况下才可以援引。如果没有满足上述严格的“危急情况”标准，东道国违背条约义务行为的正当性抗辩获得成功的可能性是非常低的。在国际投资仲裁中，只有少数仲裁庭依据条约法或习惯国际法支持东道国政府提出的危急情况抗辩。② 瑞典可能会相当依赖这些案件，从而提出旨在排除不法性的危急情况抗辩。

如果瑞典必须依据习惯国际法来论证对华为公司作出的5G禁令是正当的，那么仲裁庭可能会对危急情况抗辩采用“唯一途径”的检验方法，而那时瑞典就必须得想办法证明瑞典邮电局决定是保护其国家安全利益的“唯一途径”，也即其不可能采取其他监管措施来实现善意保护国家安全的预期政策。作为被申请方当事人，瑞典需要承担举证责任，证明其援引危急情况抗辩的前提条件已经全部满足，这是因为危急情况抗辩受到了严格限制，以防止潜在的滥用。③ 而从华为的角度考虑，如果仲裁庭在履行举证责任方面采用 *Urbaser* 案仲裁庭的做法，那么华为可能需要尽最大努力，至少严肃地阐明当时瑞典政府在作出瑞典邮电局决定并进行5G拍卖时可以采取的其他措施的性质。④

---

① See *Gabčíkovo-Nagymaros Project* (*Hungary/Slovakia*), Judgment, International Court of Justice Reports 1997, paras. 51 – 52.

② See *Continental Casualty Company v. Argentine Republic*, ICSID Case No. ARB/03/9, Award, 5 Sept. 2008, paras. 231 – 232; *LG & E Energy Corp.*, *LG & E Capital Corp. and LG & E International Inc. v. Argentine Republic*, ICSID Case No. ARB/02/1, Decision on Liability, 3 Oct. 2006, paras. 226 and 269.

③ See Robert D. Sloane, *On the Use and Abuse of Necessity in the Law of State Responsibility*, 106(3) American Journal of International Law 447 (2012).

④ See *Urbaser S. A. and Consorcio de Aguas Bilbao Bizkaia*, *Bilbao Biskaia Ur Partzuergoa v. Argentine Republic*, ICSID Case No. ARB/07/26, Award, 8 Dec. 2016, para. 717.

除了通过“唯一途径”进行检验，评估并判断《国家责任条款草案》第25条所体现的习惯国际法下的其他严苛要求是否已经全部满足，也是华为诉瑞典案中双方当事人的必争之地。并且，即使瑞典在华为诉瑞典案中成功援引危急情况抗辩，也可能仅具有暂时中止履行瑞典在《中国－瑞典BIT》中应承担的国际义务的法律效果。同时需要明确，危急情况抗辩可以解除行为的不法性，但不排除对不得不做出牺牲的权利所有人进行补偿的义务。① 因此，具体到华为诉瑞典案，这并不会妨碍华为要求瑞典在危急情况下对其进行赔偿。一旦危急情况停止或消失，瑞典可能仍然需要遵守条约义务，或者选择对华为因瑞典邮电局决定和5G拍卖遭受的损失进行赔偿。《国家责任条款草案》第27条也明确承认了这一点，②并且国际法院在匈牙利诉斯洛伐克加布奇科沃－大毛罗斯项目案中也发表了类似的观点。③

（四）案件最新进展

截至2023年7月底，华为诉瑞典案的仲裁程序正在进行中，其中仲裁庭发布了4个程序令。2022年7月的第1号程序令中，仲裁庭对仲裁程序进行中的一些基本问题进行了阐述，包括适用的仲裁规则、仲裁庭组成、仲裁裁决、仲裁时间、秘书、助理任命、当事人代理人、费用以及第三方资助、仲裁地点（美国华盛顿哥伦比亚特区）、文件出示和证人等。④

仲裁庭于2022年9月底发布的第2号程序令专门以附件形式规定了本仲裁的透明和保密规则，即听证会不会向公众开放，除非双方最迟在听证前视频会议上另有约定；听证笔录和录音笔录不得公开，除非双方当事人在不迟于更正笔录期限后15日内另有约定；根据《ICSID公约》和仲裁规则，裁决在简单修改后可以公开；等等。⑤

本案的第3号程序令于2023年4月底发布，主要内容是驳回瑞典提出的仲裁分步进行的要求。瑞典的分步仲裁请求涉及两项初步反对意见，

---

① See *CMS Gas Transmission Company v. Argentine Republic*, ICSID Case No. ARB/01/8, Award, 12 May 2005, para. 388.

② See International Law Commission, *Draft Articles on Responsibility of States for Internationally Wrongful Acts, with Commentaries*, United Nations (2001), https://legal.un.org/ilc/texts/instruments/english/commentaries/9_6_2001.pdf, p. 85 – 86.

③ See *Gabčíkovo-Nagymaros Project (Hungary/Slovakia)*, Judgment, International Court of Justice Reports 1997, para. 101.

④ See *Huawei v. Sweden*, ICSID Case No. ARB/22/2, Procedural Order No. 1, 27 Jun. 2022.

⑤ See *Huawei v. Sweden*, ICSID Case No. ARB/22/2, Procedural Order No. 2, 26 Sept. 2022.

即不存在受保护的投资，以及不存在支持华为仲裁请求的权利基础。结合《中国 - 瑞典 BIT》、《ICSID 公约》及 ICSID 仲裁规则中的相关规定，仲裁庭认为，上述反对意见均不符合分步仲裁的条件，应当与实体事项合并审理以提高仲裁效率。①

具体来讲，首先，《中国 - 瑞典 BIT》未对初步反对意见作出规定，根据《ICSID 公约》第 41(2)条和 ICSID 仲裁规则第 41(4)条，仲裁庭既可以单独审理初步反对意见，也可以将其与实体事项合并审理。此类规定赋予仲裁庭充分的自由裁量权，以决定是否将初步反对意见与实体事项分开审理，尤其是，这些规则并没有具体说明仲裁庭应该如何作出抉择。双方承认，仲裁庭在行使自由裁量权时应当考虑程序公平与效率，先前的仲裁实践在考虑分步仲裁的程序公平和效率时，主要基于对以下三方面问题的审查：一是从表面上看，反对意见是重要且实质性的，存在成立的可能性，或起码不是轻率或无理取闹的；二是反对意见可以在不考虑争议的实体问题的情况下进行审理；三是如果反对意见成立，将结束仲裁程序，或至少在实质上缩小争议的范围。仲裁庭认为，上述后两个问题似乎确实有助于评估分步仲裁是否有利于提高仲裁效率。至于第一个问题，以往的仲裁实践在两种方法之间似乎摇摆不定。对于仲裁庭而言，第一种方法存在的困难是，在仲裁的早期阶段，仲裁庭无法评估反对意见成立的可能性。尤其是在本案中，瑞典的反对意见只在分步仲裁请求中概述，而没有全面陈述。第二种方法可能会对提出反对意见的一方造成诽谤，暗示提出反对意见是出于不正当的目的。因此，仲裁庭认为，根据当前的情况，更中立的检验方法似乎是审查反对意见是否引发了一个重要的问题，而这需要在单独的程序中就目前提出的事实依据与法律依据的效力进行审议。尤其是，分步程序的目的仅仅是作出了一个最有效管理仲裁的程序性决定，而不涉及反对意见的实体问题。②

其次，该程序令同时驳回了瑞典政府提出的两项初步反对意见。瑞典的第一项初步反对意见是，华为未能证明在其所称的侵害发生时，拥有任何在瑞典受保护的投资。《中国 - 瑞典 BIT》第 1(1)(b)条把"投资"定义为缔约一方投资者在缔约另一方境内、依照其法律和规章用于投资的各种形式的资产，包括公司的股份或其他形式的权益。毫无疑问，申请人是一

① See *Huawei v. Sweden*, ICSID Case No. ARB/22/2, Procedural Order No. 3, 28 Apr. 2023.

② Id., paras. 31 - 34.

家中国实体公司,并全资拥有华为荷兰公司,而后者又全资拥有华为瑞典公司。瑞典并没有对华为的间接持股性质或者在案涉争议发生时对投资的控制提出异议,其异议涉及的问题是,相关的《中国 – 瑞典 BIT》是否保护中国投资者通过在第三国(如荷兰)注册的公司而间接拥有的投资。仲裁庭指出,条约的文本似乎并未将其适用范围局限于特定的投资形式。诚然,申请人所援引的《中国 – 瑞典 BIT》第 2(1)条、第 2(2)条和第 3(1)条中的实质性义务仅适用于"投资者的投资"。然而,从确立管辖权的目的来看,这些条款并未对持有投资的方式作出规定,无论是直接投资还是间接投资。仲裁庭认为,虽然可以在不研究实体问题的情况下审理这一反对意见,且该反对意见的成立将结束仲裁程序,但它并没有引发一个足以让仲裁庭基于当前材料作出初步裁决的重要问题。基于此,仲裁庭驳回了瑞典关于第一项反对意见的分步仲裁请求。①

瑞典提出的第二项反对意见是,华为并未基于瑞典 5G 网络确立任何权利,而这正是华为提起仲裁请求的基础。仲裁庭认为,申请人的主张主要以华为和一些为瑞典电信部门提供设备和服务的瑞典境内移动网络运营商之间签订的合同为前提。华为的诉求所涉内容比 5G 网络要广泛得多,还包括瑞典的措施对其 4G、6G 和 7G 网络投资所产生的影响。因此,将该反对意见分步仲裁可以在多大程度上有效简化争端解决程序是不清楚的。此外,瑞典还提出,华为未能按照《中国 – 瑞典 BIT》第 1(2)条的要求获得中国政府的批准进行投资,该条款明确要求受保护的中国投资者应获得中国政府的投资授权。的确,《中国 – 瑞典 BIT》中的措辞并没有要求争议中的投资需与特定目的挂钩,中国政府是否特别授权华为投资瑞典的 5G 网络对于本案而言可能是决定性的,也可能不是。仲裁庭进一步查明,2004 年,深圳市对外贸易经济合作局授权华为在瑞典成立公司,并在 3G 通信和无线技术领域进行广泛投资。仲裁庭认为,该授权似乎涵盖了华为在瑞典进行的与 5G 网络相关的投资。仲裁庭指出,第二项反对意见很可能要求仲裁庭处理争议的实体事项,需要分析瑞典电信部门的监管框架,华为瑞典公司与瑞典境内移动网络运营商签订的合同所确立的权利范围、性质和意义,以及瑞典被诉违反《中国 – 瑞典 BIT》的措施。此外,即使该反对意见成立,也仅仅是审理了部分争议,仍然未能完全解决本案。由此

---

① See *Huawei v. Sweden*, ICSID Case No. ARB/22/2, Procedural Order No. 3, 28 Apr. 2023, paras. 37 – 42.

可见,对第二项反对意见的分步仲裁似乎并不高效。① 鉴于上述,仲裁庭驳回了瑞典关于分步仲裁的全部请求。

在2023年7月21日第4号程序令中,仲裁庭认为,由于华为在本案中依据相关合同来支持其关于管辖权、责任及损害赔偿的主张,这些合同应当以未经编辑的形式(编辑个人信息除外)在第一轮书状阶段一并提交。具体来说,仲裁庭认定,就瑞典检验华为基于相关合同所持的主张而言,提供这些文件的必要性已初步成立,因此,华为被要求提供相关合同的所有修正案、附件、附录(附表),包括与Telia公司签订的主协议的附录1~8,但不要求华为提供采购订单,因为华为已经充分说明了其没有依据采购订单来计算损害赔偿,而是依据对相关合同的价值评估。此外,仲裁庭指出,相关合同及组成文件副本应当以未经编辑的形式提供,如果法律、合同条款要求,或者有令人信服的理由,仲裁庭可能会保留编辑或者采取保密措施,并将根据《国际律师协会规则》第9条关于在国际仲裁中取证的规定作为指导,依据《国际律师协会规则》框架对相关合同和其他理由进行审查。而且,仲裁庭指出,由于存在例外条款,可以通过保密协议规避披露合同引发的泄密风险,保密条款不妨碍披露未经编辑的文件,同时披露信息所产生的风险不足以保留华为对相关合同的编辑。②

三、依据中国投资条约条款的潜在国家安全抗辩

虽然在5G网络建设问题上,华为公司与多国政府存在类似的争议,但是该案是华为首次将其提起投资仲裁的意图付诸实施。事实上,瑞典不是第一个被华为告知可能对其提起投资仲裁的国家。早在2018年,华为就曾告知捷克政府,捷克国家网络和信息安全局在毫无证据证明华为的技术和设备构成安全威胁的情况下,针对华为的产品发布“安全警示”,导致捷克政府一度停用华为手机,严重损害了华为在捷克乃至其他市场的业务和声誉,华为表示对此可能提起投资仲裁。此外,罗马尼亚、澳大利亚、加拿大和新西兰等国家也都关闭了华为参与建设国家5G网络的大门,由于这些国家与中国之间存在生效的投资条约保护,可能面临与瑞典相似的投

---

① See *Huawei v. Sweden*, ICSID Case No. ARB/22/2, Procedural Order No. 3, 28 Apr. 2023, paras. 43 – 49.

② See *Huawei v. Sweden*, ICSID Case No. ARB/22/2, Procedural Order No. 4, 21 Jul. 2023.

资仲裁。① 下文将简单分析华为等高科技公司在其他国家遭到的国家安全审查以及根据相关 BIT 提起潜在抗辩的路径。

(一)捷克

2019 年 2 月初,华为捷克子公司高管就捷克国家网络和信息安全局在 2018 年 12 月发布的一份报告提起仲裁威胁,原因是该报告仅仅基于其原产国以及该公司技术可能被中国政府利用的问题就认为这家中国公司构成安全威胁。华为还称,捷克国家网络和信息安全局没有引用任何威胁的其他证据,也没有考虑华为为防止国家干预和利用其技术和设备而采取的步骤。该报告要求敏感行业的捷克公司权衡风险,已经损害了该华为在捷克市场的业务和声誉。特别是,捷克国家网络和信息安全局的行为损害了华为在其他司法管辖区的前景。②

当前版本的《中国 - 捷克 BIT》没有规定安全例外,因此取消了可能为捷克提供一些针对某些投资者索赔的额外抗辩的问题。《中国 - 捷克 BIT 议定书》于 2006 年生效,其中没有出现替代 1992 年《中国 - 捷克 BIT》的类似条款,根据联合国数据,该条约仍然有效。虽然华为到现在为止还没有提起安全诉求,但一旦出现安全问题,捷克只能根据习惯国际法的规定提起安全抗辩。

(二)澳大利亚

2012 年,出于安全考虑,华为被禁止向澳大利亚价值 490 亿澳大利亚元的国家宽带网络供应设备,引发了两国之间的外交争端。2018 年 8 月 23 日,澳大利亚宣布基于安全原因将禁止中国华为和中兴为移动电话运营商提供 5G 设备。当时华为已经占据澳大利亚 4G 市场 55% 的份额,已经为澳大利亚的无线技术安全服务了 15 年,同时这一决定让爱立信、诺基亚和其他几家全球供应商有机会在澳大利亚赢得价值数十亿美元的合同。澳大利亚是世界上第一个禁止华为向移动电话运营商提供 5G 设备的国家,这是一个具有全球影响的决定,理由主要是,由于 5G 技术在 21 世纪经济中的关键作用,政府无法减轻在 5G 中使用中国公司设备的安全风险。

---

① See Jarrod Hepburn & Luke Eric Peterson, *Analysis: As Huawei Invokes Investment Treaty Protections in Relation to 5G Network Security Controversy, What Scope Is There for Claims Under Chinese Treaties with Czech Republic, Canada, Australia and New Zealand*?, IAReporter News (Feb. 11, 2019), https://www.iareporter.com/articles/analysis-as-huawei-invokes-investment-treaty-protections-in-relation-to-5g-network-security-controversy-what-scope-is-there-for-claims-under-chinese-treaties-with-czech-republic-canada-australia-a/.

② Id.

同时,5G 技术给移动电话运营商带来了新的安全挑战,因为它提供了一种通过利用网络边缘设备绕过传统安全控制的方法,这可能会危及客户数据的机密性。①

针对澳大利亚政府对华为等中国公司给予的不公正待遇,投资者当然可以根据有关澳大利亚与中国签订的相关条约(包括《中国 - 澳大利亚 FTA》和《中国 - 澳大利亚 BIT》)规定的救济机制提起救济诉求。首先,在适用《中国 - 澳大利亚 FTA》时,有几个需要解决的问题:一是中国投资者的投资是否为该 FTA 投资章规定的涵盖投资?澳大利亚要求拆除中国公司设备的行为看似属于国家采购,但投资定义列举的清单中的"合同权利"和"金钱请求权"等款项②似乎可以涵盖类似华为等进行的设备投资。不过需要注意的是,中国投资者可能会遇到另一个障碍,因为《中国 - 澳大利亚 FTA》中的投资义务不适用于采购或 FTA 服务贸易章节所涵盖的措施。③ 如果华为的预期活动构成澳大利亚的采购,或者澳大利亚的措施可能与 5G 设备的安装、设置和维护服务有关,而不是纯粹提供设备,那么投资者与国家之间的索赔将面临进一步的困难。二是在提请仲裁的前置程序磋商阶段,该 FTA 投资章(第 9 章)第 11.4 条已经明确规定,"一方采取的非歧视的和出于公共健康、安全、环境、公共道德或公共秩序等合法公共利益目标的措施,不应作为本节项下诉请的对象"。能否基于此规定而认为,澳大利亚政府对中国投资者实施的措施涉及安全问题而不得提起仲裁诉求?

其次,《中国 - 澳大利亚 FTA》第 16 章第 3 条安全例外条款规定,"《1994 年关税与贸易总协定》第 21 条和《服务贸易总协定》第 14 条之二经必要修正后纳入本协定,构成本协定的一部分"。也即,该例外仅限于战争情况或"国际关系中的其他紧急情况"、核技术、军事设施或根据《联合国宪章》维护国际和平与安全的行动。澳大利亚在提出国家安全抗辩方面负有很重的举证责任,很难证明澳大利亚方面的国家安全抗辩符合前述的

---

① See Jamie Smyth, *Australia Bans China Huawei's 5G Rollout over Security Fears in Sydney*, Financial Times News (Aug. 23, 2018), https://www.ft.com/content/c5f24650-a66b-11e8-8ecf-a7ae1beff35b.

② 参见《中国 - 澳大利亚 FTA》(2015)第 9 章第 1.4 条。其第 4 项规定,"合同权利,包括交钥匙、建设、管理、生产或者收益分享合同";第 5 项指出,"合同项下的任何与投资相关且具有经济价值的金钱请求权和履行请求权";以及第 7 项规定,"依据法律、法规或合同授予的权力,如商业特许经营权、许可、授权及许可证"。

③ 参见《中国 - 澳大利亚 FTA》(2015)第 9 章第 2 条。

一种或多种情况，并且根据 WTO 仲裁裁决实践，即使澳大利亚提出国家安全抗辩，也要经过 WTO 专家组的审查，并要满足善意等需求。

另外，中国投资者也可以选择依据 1988 年《中国 – 澳大利亚 BIT》提起仲裁诉求，但该 BIT 似乎将投资者与国家之间的索赔限制在与征收补偿金额有关的争议上。① 在临时仲裁中审理，这可能对中国投资者不利。然而，该条约包含一个单独的条款，规定双方同意 ICSID 仲裁，但没有明确规定哪些争议可以提交给 ICSID，似乎可以因此认为该条约允许投资者在 ICSID 就条约的所有实质性义务提出索赔，其中包括最惠国待遇、税收优惠和不合理或歧视性措施。此外，该条约不包含任何安全例外，因此华为最有可能根据《中国 – 澳大利亚 BIT》向澳大利亚提出违反最惠国待遇或公平公正待遇的索赔。

(三) 加拿大

2018 年 9 月，加拿大首次宣布将审查采用华为设备可能对国家安全构成的威胁。同年 12 月，华为首席财务官孟晚舟在加拿大被美国拘捕，最终于 2021 年 9 月获释。2019 年 2 月，加拿大考虑是否在加拿大限制华为 5G 蜂窝网络设备的供应问题，同年 11 月美国国家安全人员敦促加拿大不要使用华为的技术，认为这将会危及与美国的情报共享。

2020 年 9 月，加拿大政府暗示，如果联邦政府禁止华为制造的设备用于 5G 网络，它可能不会向主要电信运营商提供补偿，这可能会引发一场高达 10 亿加拿大元的赔偿之争。加拿大总理贾斯廷 · 特鲁多 (Justin Trudeau) 在 9 月底表示，加拿大可能会在“未来几周”内决定是否像“五眼联盟”情报共享网络的其他成员一样，禁止华为 5G 设备。其结果是，加拿大最大的两家运营商贝尔及其竞争对手 Telus Corp 在 5G 项目上放弃了华为，尽管它们也曾使用华为的 4G 设备。2021 年 5 月，加拿大正式加入禁止华为 5G 网络的联盟。

2022 年 5 月 19 日，加拿大官员表示，“为保护国家安全”，计划禁止使用中国华为和中兴的 5G 设备，并且打算将华为和中兴排除在 5G 网络之外，已经安装了这些设备的供应商将被要求在 2024 年 6 月前移除 5G 设备，且不会得到补偿，使用上述两家公司 4G 设备的公司也必须在 2027 年

① 参见《中国 – 澳大利亚 BIT》(1998) 第 12. 2. 2 条规定：“如争议在争议一方书面通知另一方争议事宜之日起三个月内未能解决，任何一方可采用下列方式：……双方同意的或第八条下的有关补偿额的争议，可提交依本协定附件一组成的仲裁庭解决。”

年底前拆除设备，这是其履行所谓“五眼联盟”情报合作责任的一部分。此外，加拿大公共安全部部长还表示，加拿大将起草新的立法，以“保证关键的金融、电信、能源和交通基础设施免受网络威胁”①。对此，中国驻加使馆发言人于20日回应时表示严重关切和强烈不满，强调加方上述错误做法必将损害加方国际形象和自身利益，中方将全面严肃评估这一事件，并采取一切必要手段维护中国企业的合法权益。华为相关人士表示，公司仍在等待关于“他们认为华为会构成什么样的国家安全威胁”的答复。中国政府表示，加方在没有任何确凿证据的情况下以所谓国家安全为由，决定将有关中国企业排除在加市场之外，这严重泛化国家安全概念，违反市场经济原则和自由贸易规则，损害中国企业的合法权益。②

虽然华为可能已经让加拿大官员意识到它会寻求BIT仲裁，但其尚不清楚华为是否会根据2014年生效的《中国－加拿大BIT》对加拿大提出索赔威胁。该条约规定，投资者必须提交意向通知作为寻求仲裁的初步步骤，不过该条约同时规定了和GATT第21条几乎完全相同的安全例外条款，③加拿大政府可以根据本条规定提起安全例外抗辩，但是同样要经受仲裁庭的审查。同时，《加拿大投资法》于2009年引入国家安全审查，2022年进行了改革，主要理由是世界在不断变化，为应对可能危及加拿大国家安全和繁荣的挑战需要新的工具，不仅要保护加拿大的利益和资产，还要保证加拿大的安全。《加拿大投资法》的拟议修正案包括部长有权延长对投资的国家安全审查、在国家安全审查期间施加条件、接受降低国家安全风险承诺以及加强与国际同行的信息共享等。该修正案将进一步提高《加拿大投资法》国家安全审查过程的透明度，同时确保政府能够在需要时迅速采取行动，继续尽其所能，在不损害国家安全和利益的前提下，促进经济增长和创造更多就业机会。因此，如果加拿大未来将华为排除在其5G计划之外，投资者提起BIT索赔，仲裁庭进行审查的根据可能会因导致关键决定的根据不同而有很大差异。如果审查是根据《加拿大投资法》进行的，鉴于《中国－加拿大BIT》将基于《加拿大投资法》作出是否允许以国

① Zee Media Bureau, *Canada to Ban China's Huawei/ZTE 5G Equipment to Protect National Security*, CNBC News, https://www.cnbc.com/2022/05/20/canada-to-ban-huawei-zte-5g-equipment-joining-five-eyes-allies.html.

② 参见周远方：《加拿大给华为中兴下禁令，中方警告》，载澎湃网2022年5月20日，https://www.thepaper.cn/newsDetail_forward_18183438。

③ 参见《中国－加拿大BIT》（2012）第21（2）条、第33（5）条。

家安全为由进行投资的决定，审查排除于ISDS机制以外，①仲裁庭对此问题没有进行审查的权限。因此，如果目前在加拿大进行的审查不符合《加拿大投资法》，根据《中国－加拿大BIT》的相关规定，则可能存在广泛的BIT索赔范围。但是，该条约并不包含某些条约中所见的宽泛的"安全"例外，因此加拿大似乎缺少明确的进行"基本安全利益"抗辩的法律根据。

（四）新西兰

2018年11月底，新西兰政府通信安全局以威胁国家安全为由拒绝本国电信运营商Spark在其网络中使用华为5G设备的提议。华为新西兰公司的负责人表示，新西兰政府没有向华为提供任何证据，能够证明华为存在其所说的问题，因此华为不接受新西兰政府所谓的存在重大国家安全风险的指控。

1988年《中国－新西兰BIT》第13.3条规定，只有因为征收补偿款额引发的争议才可以提交仲裁。因此，在新西兰政府拒不承认其所采取措施是征收的情况下，中国投资者不能直接起诉新西兰。该BIT限制了投资者与国家对征用金额争议的索赔，因此，如果禁止华为未来参与5G并不影响其在新西兰的现有业务，只是降低华为的期待利益。同时，该BIT第11条规定，"本协定的规定不应以任何方式约束缔约任何一方为保护其基本安全利益……而采取任何禁止或限制措施或作出任何其他行为的权利"。据此，新西兰政府可以针对中国投资者的诉求提前进行国家安全抗辩，具体抗辩的合理性要由投资仲裁庭进行审查。

但是，2008年《中国－新西兰BIT》规定了范围广泛的投资定义，基本上可以涵盖中国投资者拥有或控制的所有投资，并允许投资者对所有典型义务提出索赔，但和前述《中国－澳大利亚FTA》规定一样，其也不适用于采购和影响服务贸易的措施，同时也规定通过商业存在，在新西兰提供的服务受公平公正待遇、征收和不合理或歧视性措施义务的约束，此类规定为歧视索赔留下了窗口，其中，华为的5G活动以服务为特征。2008年《中国－新西兰BIT》第201条的国家安全例外条款主要内容和GATT第21条的规定类似，这就意味着，新西兰政府的国家安全抗辩仍然需要经受专家组的检验。②

---

① 参见《中国－加拿大BIT》(2012)第四部分第34条的附录。根据该附录第1(2)项规定，加拿大根据关于在加拿大投资的法律即《加拿大投资法》作出的关于是否初始批准受审查的投资的决定或关于是否准许投资的国家安全审查决定的审查决定，不适用本协定第15条（缔约双方之间争端解决）和第三部分（投资者－国家争端解决）的争端解决规定。

② 参见《中国－新西兰FTA》(2008)第135条。

（五）英国

2020 年 7 月中旬，英国政府网站发布信息，经由首相主持的国家安全委员会会议作出决定，宣布自 2020 年 12 月 31 日之后禁止购买新的华为 5G 设备，并要求到 2027 年年底，所有华为设备从 5G 网络中移除。在网络的敏感和关键部分，英国对华为的限制仍然存在。虽然英国的行动受到了美国制裁华为的影响，但英国政府也指出需要避免宽带运营商依赖单一供应商即华为提供设备的情况，故建议全光纤运营商不再购买新的华为设备。对此，英国数字大臣奥利弗·道登（Oliver Dowden）指出，5G 将为英国带来变革，但前提是要对其所依赖的基础设施的安全性和弹性有信心；到 2027 年年底，英国的 5G 网络将清除华为设备，直至在法律上实施将华为设备从英国 5G 网络中完全移除的行动。为此，英国政府将寻求尽早立法，制定新的电信安全法案，赋予必要的政府国家安全权力，以实施这一严格的新电信安全框架，对高风险供应商实施这些新的控制措施，并为网络运营商设定广泛的安全责任以提高标准。①

2021 年 11 月生效的英国《电信（安全）法案》赋予政府新的权力，即在国家安全需要的情况下，控制英国公共电信网络中高风险供应商的存在，以提高英国移动和宽带网络的安全标准，包括控制电话基站和处理互联网流量与电话呼叫的电话交换机的电子设备和软件。根据该法规定，英国政府与华为和其他电信公司就拟议的禁令进行了有针对性的磋商。2022 年 10 月 12 日，英国数字部部长签署指定供应商指南的文件，指示 35 家英国的电信网络经营者执行先前将华为设备从英国 5G 网络清除的要求，并且列出了对运营商使用华为的控制措施。② 这些决定是在英国国家网络安全中心进行技术安全分析后作出的，其中到 2027 年拆除英国 5G 网络中所有华为设备的关键期限保持不变，其他 8 个指导运营商满足 2027 年最后的临时期限的要求也保持不变。英国政府预计大多数供应商将会按时取消华为设备。事实上，英国的电信供应商负责在其网络中制定自己的安全

---

① See UK Gov. Press Release, *Huawei to be Removed from UK 5G Networks by* 2027, UK Government (14 Jul. 2020), https://www.gov.uk/government/news/huawei-to-be-removed-from-uk-5g-networks-by-2027.

② 此类措施包括：立即禁止在 5G 网络中安装新的华为设备；要求在 2027 年年底之前将华为设备从 5G 网络中移除；要求在 2023 年 12 月 31 日前将华为设备从核心网络中移除；要求在 2023 年 10 月 31 日之前将华为在整个光纤接入网中的份额限制在 35%；要求在 2023 年 1 月 28 日之前将华为设备从对国家安全具有重要意义的地点移除；要求在全光纤网络中不得安装任何受到美国制裁影响的华为设备。See UK Gov. Press Release, *Huawei Legal Notices Issued*, UK Government (Oct. 13, 2022), https://www.gov.uk/government/news/huawei-legal-notices-issued.

标准,但政府的电信供应链审查认为供应商往往没有采取最佳安全措施的动力,为此,前述指示性文件为英国公共电信供应商履行《电信(安全)法案》规定的法律义务制定了具体行动,将通过在供应商的长期投资决策以及网络和服务的日常运行中嵌入良好的安全实践提高英国的网络弹性。①华为被禁止向英国网络的敏感部分提供设备,并且只被允许提供最多1/3的设备来实现电信网络的这一核心功能,同时其设备也被排除在军事基地和核设施附近的区域之外。

2022年10月12日,华为根据1986年《中国－英国BIT》,向英国政府发出争议通知,不过截至2023年9月底,华为还没有针对英国政府正式提起仲裁诉求。② 根据该条约第7(1)条规定,当事人只有在经过6个月的冷静期之后,才能将"涉及补偿款额"的争议提交ISDS机制,也即UNCITRAL仲裁或其他当事人之间特别协定安排的临时仲裁。同时,该条约并没有规定安全例外问题,英国政府可能会根据习惯国际法进行国家安全方面的抗辩,但却需要承担很重的举证责任才能豁免自己的赔偿义务。

四、中国投资者应对潜在国家安全抗辩的法律选择

前已述及,虽然捷克的威胁是华为援引投资条约进行保护的第一个具体证据,但包括加拿大、澳大利亚、新西兰和英国在内的与中国签订有BIT的国家已经关闭或逐渐关闭了华为等中国企业参与建设本国5G网络的大门。前述相关国家针对中国投资者实施的违规措施而引起的投资纠纷,如果提起仲裁诉求,需要确定该措施与特定投资之间具有法律上的重大联系。但所讨论的有关国家的措施并不一定专门针对特定的中国投资,只需对其产生影响即可。国际投资仲裁实践表明,影响投资的一般措施也可以构成索赔的基础。不过,前述有些案例的讨论是推测性的,因为华为尚未对捷克、加拿大、澳大利亚、新西兰和英国等国家采取行动。综观相关国家的措施,实施的法律根据可能是其国内立法(如瑞典、乌克兰和加拿大),也可能纯粹是实施某些与高科技有关的禁止性措施(如瑞典等)。无论采

① See UK Gov. Press Release, *Tough New Rules Confirmed to Protect UK Telecoms Networks against Cyber Attacks* (Aug. 30, 2022), https://www.gov.uk/government/news/tough-new-rules-confirmed-to-protect-uk-telecoms-networks-against-cyber-attacks.

② See Lisa Bohmer, *Uncovered: Huawei Puts the United Kingdom on Notice of Treaty Dispute*, IAReporter News (Jun. 7, 2023), https://www.iareporter.com/articles/uncovered-huawei-puts-the-united-kingdom-on-notice-of-treaty-dispute/.

取哪种方式，都与华为根据相关投资条约规定作为受保护投资者的地位相联系，因此华为可以根据条约规定提起投资仲裁诉请，只是在适用法律方面可能会有所不同。

（一）能否以国家安全为歧视性政策辩解

国家安全考虑将导致对外国投资者的歧视，并且在大多数情况下会与BIT或多边文书中提供最惠国待遇和国民待遇的承诺发生冲突，这些承诺专门旨在防止东道国对其他缔约方的投资者采取歧视性措施。许多国际投资协议明确包括国家安全例外，承认国家可以合理地警惕任何可能危及其国家安全的投资。然而，适用此类例外的挑战在于各国如何在国家安全与国民待遇和最惠国义务之间取得平衡。

由于安全考虑和投资者保护之间存在明显的冲突，大多数BIT都谨慎地规定了一般性例外，①但对其中有关的术语多作了模糊性规定，如有关公共利益的词语能否包括国家安全问题是很容易产生争议的。同时，即使缺乏国家安全例外的明确规定，东道国也可以基于习惯国际法的危急情况抗辩为自己辩护。危急情况抗辩可以包含两种不同的辩护，一种源自一些BIT中的非排除措施条款，②此类条款的抗辩已经有多个案例；另一种源自国际法委员会起草的《国家责任条款草案》。根据具体情况，条约标准带有一些有限的减损选项。基于WTO/GATT体系规定的一系列例外情况为许多BIT缔约方因生命、健康和资源保护及国家安全的利益而偏离正常投资规则提供了基础。这些偏差被扩大到允许基于安全理由的最惠国待遇和国民待遇例外，但在实践中很少被援引。

国际协议中的传统“基本安全利益”例外赋予国家基于捍卫其基本安全利益而豁免某些国际义务的权利。事实上，这一辩护已经在习惯国际法中得到了承认，譬如国际法院匈牙利诉斯洛伐克加布奇科沃－大毛罗斯项目案判决对《国家责任条款草案》中的危急情况抗辩作了很好的阐述。③根据习惯国际法，对国家利益的威胁必须是极其严重的迫切的危险，并且有关行动必须是各国捍卫所确定的基本安全利益的唯一途径。然而，国家措施的范围非常有限，至关重要的是，在投资仲裁中，仲裁庭不会接受由东

① 其中，有的投资条约在一般例外条款中同时规定有安全例外，譬如《中国－加拿大BIT》（2012）。

② 比较典型的引起争议较多的《美国－阿根廷BIT》中的非排除措施条款规定，“本条约不排除任何一方为维持公共秩序、履行其维持或恢复国际和平或安全的义务或保护其自身的基本安全利益而采取必要措施”。

③ See *Gabčíkovo-Nagymaros Project* (*Hungary/Slovakia*), Judgment, International Court of Justice Reports 1997, paras. 49 – 58.

道国自行决定构成基本安全利益的是什么。①

因此,任何以国家安全或公共政策为基础而减损投资条约义务标准的行为措施仍然是一个模糊和不确定的基础,在此基础上类似禁令将被视为违约行为。以前述华为诉瑞典案为例,基于华为与中国政府的“联系”而在5G基础设备方面以国家安全为由禁用甚至拆除已有的华为设备,类似禁令是否属于公共安全和秩序抗辩的范围,仍然需要未来的投资仲裁庭进行审查。

(二)尊重国家监管权与保护投资者权益之间的平衡

根据国家主权原则,各国当然享有制定和监管在本国境内的外国投资的权力。假设中国海外投资目的地国家认为中国的投资是一种危险,并引用国家安全抗辩,如果中国投资者成功地使用ISDS来应对基于国家安全的禁令,如同很多投资仲裁裁决所认为的国家需要对其行使监管权而对外国投资者造成的损害承担赔偿责任,这是否证明投资仲裁可能会对东道国的监管权以及国民福祉带来“寒蝉效应”?关键在于各国行使自由裁量权的政策是否要受到一定的约束,也即是否需要经受国际投资仲裁庭的审查?当前国际投资条约的趋势之一就是强化各国对外来投资的监管,通过投资仲裁削减这种自由裁量权似乎是一个不寻常的目标,但事实是一些国家已经越来越多地把某些传统安全领域之外的新领域视作国家安全范畴,譬如5G技术、关键基础设施、关键原材料以及供应链等,导致的结果是,当国家安全的抗辩不可预测或被视为政治风险时,就需要平衡各国制定政策的监管权与保护外资企业的权益之间的关系。ISDS机制并没有使国家监管变得无关紧要,相反,它所做的是为各国行使自由裁量权时贴上潜在的价格标签,使各国可能要为其监管权的行使付出一定的金钱代价。

(三)提起投资仲裁应当是最后的而不是唯一的选择

审查外国投资者收购战略企业对国家利益和国家安全的影响是国际上的通行做法。此类审查通常根据特殊立法执行,并且在某些情况下(如对国家安全存在重大风险)可能会阻止外国投资者进入某些行业,尤其是高科技行业或者战略性行业。此类国内法律规定似乎合乎逻辑,因为外国资本在战略领域的大量集中可能会导致基本的安全风险,进而对外国投资实施安全审查也是合理的。但在投资者认为自己的权益可能受到侵害的情况下,应当尽力根据东道国国内立法或投资条约的规定寻求调解、和解、国内法院诉讼或其他政治解决方法。原则上只有在用尽这些方法仍不能

---

① See *Deutsche Telekom v. India*, PCA Case No. 2014 - 10, Interim Award, 13 Dec. 2017, paras. 288 - 291.

维护自己的权益后，才可以寻求国际仲裁，毕竟国际仲裁导致的结果在很大程度上使外国投资者与东道国之间的关系不大可能再恢复到争端发生之前的状态，因为外国投资者对东道国吸引外国投资的营商环境产生了不信任。

以华为诉瑞典案为例，在全球5G市场竞争日益激烈的时代背景下，国家安全利益在东道国政府监管外国投资方面发挥着至关重要的作用。然而，东道国援引国家安全例外的权力并不是没有边界的。无论本案的最终结果如何，华为诉瑞典案无疑会为在涉华国际投资仲裁中如何援引、适用国家安全抗辩提供参考。对于其他因国家安全威胁而面临潜在的监管挑战的中国企业而言，前述案例也颇具启发性，也会鼓励我国的其他海外投资者在必要时考虑启用ISDS条款，适用安全例外和习惯国际法例外来检验外国政府采取的措施是否属于变相保护主义。事实上，中国海外投资者应该为此做好充分准备，以便在时机成熟时维护自己的权益。

第四节　中国BIT范本中安全例外条款的设计

对于中国BIT范本中安全例外条款的设计，首先需要了解中国政府对待国际经贸条约中安全例外条款的态度，并结合中国在缔结含有安全例外条款的经贸条约的过程，以及中国在投资条约中对安全例外条款的语言描述，阐述中国可能在安全例外条款方面的设计建议，并为此提供未来潜在的可行方案。

一、中国对待投资条约中国家安全例外的态度

前已述及，从中国经贸条约中的国家安全条款的存在及其相对较短的发展历史可以得知，中国投资条约中很少出现载有国家安全或者基本安全例外的条款，①更多的投资条约把安全与征收或者待遇标准条款或者非排除措施条款相联系，因此不是严格意义上的国家安全条款。中国与其他国家签订的FTA中规定了较多的安全例外条款，而且很多把贸易与投资等

① 规定有国家安全例外条款的中国投资条约主要有以下条约：《中国－哥伦比亚BIT》(2008)第12条；《中国－日本－韩国三边投资协定》(2012)第18条；《中国－加拿大BIT》(2012)第33.1.5条；《中国－土耳其BIT》(2015)第4.2条等。较早签订的《中国－新加坡BIT》(1985)第11条和《中国－新西兰BIT》(1988)第11条中的“禁止和限制”条款也属于安全例外的范畴。

的安全例外适用单独进行规定。① 总体上看,中国经贸条约中的国家安全例外条款中带有自我裁判性质的“其认为”词语的条款非常少见,而 FTA 中几乎都有“其认为”或者类似短语的规定。虽然中国政府没有发布专门的经贸条约中安全例外条款适用的相关文件,但中国政府在 WTO 作为第三方就俄罗斯 - 过境运输案提交的意见中明确表达了自己的意见。即,首先,根据争端解决机构相关规则、1949 年 GATT 成立时的准备工作以及 1982 年成员方会议决定等,专家组有权就俄罗斯援引 1994 年 GATT 第 21 条安全例外条款的行为进行审查;其次,专家组评估俄罗斯援引第 21(b)(iii)条的情况时应极为谨慎,以在防止滥用第 21 条和逃避 WTO 义务与不损害成员保护其基本安全利益包括对其自身安全利益的“唯一酌处权”的权利之间保持微妙的平衡;最后,主张参照《维也纳条约法公约》第 26 条的诚信原则,以及援引第 21(b)条抗辩的成员应遵守诚信原则。②

另外,尽管当前还没有公开中国就美国钢铝关税措施提起诉求的相关文件,但从美国发布的相关陈述意见中可以看到前述类似的中国立场。也即,中国认为,WTO 专家组有权根据相关规定对援引第 21 条标准的问题进行评估。③ 具体来说,第 21(b)(iii)条对于具体特定情形的适用是由专家组进行客观评判的问题,不是自我裁判性的;国际关系中的紧急情况必须被理解为涉及与第 21(b)条所列举的其他事项相同类型的利益,即“涉及保护其领土和人民免受外部威胁的国防和军事利益,以及维护法律和公共秩序的利益”等。④

---

① 包括:RCEP(2020)第 10 章第 15 条、第 17 章第 13 条;《中国 - 柬埔寨 FTA》(2020)第 2 章第 11 条、第 15 章第 2 条;《中国 - 毛里求斯 FTA》(2019)第 8 章第 18 条、第 16 章第 2 条;《中国 - 格鲁吉亚 FTA》(2017)第 16 章第 3 条;《中国 - 韩国 FTA》(2015)第 12.14 条、第 21.2 条;《中国 - 澳大利亚 FTA》(2015)第 9 章第 11 条、第 16 章第 3 条;《中国 - 瑞士 FTA》(2013)第 2.7 条、第 8.16 条;《中国 - 冰岛 FTA》(2013)第 12 条、第 82 条;《中国 - 哥斯达黎加 FTA》(2010)第 160 条;《中国 - 秘鲁 FTA》(2009)第 141 条、第 194 条;《中国 - 新加坡 FTA》(2008)第 106 条;《中国 - 智利 FTA》(2005)第 100 条;《中国 - 东盟全面经济合作框架协议》(2002)第 10 条;等等。

② See *Russia-Measures Concerning Traffic in Transit*, WT/DS512/R, Report of the Panel, 5 Apr. 2019, para. 7.41; WT/DS512/R/Add. 1, Report of the Panel-Addendum, Annex D - 4 (Executive summary of the arguments of China), paras. 2 - 10.

③ See *United States-Certain Measures on Steel and Aluminium Products*, WT/DS544, U. S. First Written Submission, Jun. 12, 2019, para. 8.

④ See *United States-Certain Measures on Steel and Aluminium Products*, WT/DS544, U. S. Second Written Submission, Apr. 17, 2020, paras. 25 - 34; *United States-Certain Measures on Steel and Aluminium Products*, WT/DS544, U. S. Comments on Complainant's Responses to the Panel's Additional Questions, 28 Oct. 2020, paras. 35 - 40.

鉴于此,结合中国在近些年经贸条约中较多的规定含有“其认为”的用词,可以认为,在管辖权方面,中国已经在某种程度上承认国际投资争端裁决机构对于缔约方援引国家安全条款抗辩的管辖权。引起争议较大的就是国际争端裁决机构的管辖范围,即援引国家安全例外的情形是否仅限于相关经贸条约所列举的与可裂变材料、军事供应有关的行动以及紧急状态下所采取的措施。这可以从中国近些年所坚持的总体国家安全观的立场中看到一点启示。2014 年 4 月,习近平总书记在中央国家安全委员会第一次全体会议上指出,“必须坚持总体国家安全观,以人民安全为宗旨,以政治安全为根本,以经济安全为基础,以军事、文化、社会安全为保障,以促进国际安全为依托,走出一条中国特色国家安全道路。”“构建集政治安全、国土安全、军事安全、经济安全、文化安全、社会安全、科技安全、信息安全、生态安全、资源安全、核安全等于一体的国家安全体系”。①

2022 年 10 月,党的二十大报告进一步强化国家安全问题,重申总体国家安全观的基本内容,指出“坚持以人民安全为宗旨、以政治安全为根本、以经济安全为基础、以军事科技文化社会安全为保障、以促进国际安全为依托,统筹外部安全和内部安全、国土安全和国民安全、传统安全和非传统安全、自身安全和共同安全,统筹维护和塑造国家安全,夯实国家安全和社会稳定基层基础,完善参与全球安全治理机制,建设更高水平的平安中国,以新安全格局保障新发展格局”。② 由此可见,我国的总体国家安全观实际上超越了传统国际法上的领土安全和军事安全,是涵盖经济安全、网络安全、能源安全以及供应链产业链安全等新的安全形态在内的一种安全观。特别是,需要解决中国国家安全领域出现的诸多新问题、新形态,包括在经济安全、金融安全、科技安全等领域尤为突出的国家安全问题。③

中国参与并于 2020 年缔结的 RCEP 第 17 章第 13 条除了全部纳入 GATT 第 21 条安全例外条款的规定,还明确各方可以援引国家安全例外抗辩的情形包括“保护包括通讯、电力和水利基础设施在内的关键的公共基础设施而采取的行动”,这无疑将国家安全例外扩大到了关键基础

---

① 《习近平主持召开中央国家安全委员会第一次会议强调　坚持总体国家安全观　走中国特色国家安全道路　李克强张德江出席》,载《人民日报》2014 年 4 月 16 日,第 1 版。

② 习近平:《高举中国特色社会主义伟大旗帜　为全面建设社会主义现代化国家而团结奋斗——在中国共产党第二十次全国代表大会上的报告》,载《人民日报》2022 年 10 月 26 日,第 1 版。

③ 参见刘敬东:《加强涉外领域立法的理论思考与建议》,载《国际法研究》2023 年第 2 期。

设施领域。同时,中国一直在积极争取加入的 CPTPP 是以美国主导的 TPP 条款为主要内容的文本,其中的国家安全条款也在一定程度上体现了美国的主张,①即赋予缔约方更大程度的确定维护自身基本安全利益的自我裁判权,同时对保护基本安全利益所必需的措施没有作任何限制性的规定。

未来在国家安全例外的条款设计上,中国主张的援引国家安全例外的情形似乎有扩大化的趋势,同时认为可以使用"其认为"以及类似具有"自我裁判"性质的其他词语,只是在相关裁判机构所具有的管辖权范围问题上可能和美国主张有冲突。中国强调在争端解决程序中对 GATT 第 21(b)条中不含"其认为"一词的条款进行客观审查,对将 GATT 第 21(b)条定性为"自我裁判"提出异议,并主张专家组根据收到的论据和证据进行审查。中国与其他国家可以在未来经贸条约中规定国家—国家争端解决机制,②以国家间谈判或协商取代传统的提交第三方或类似 WTO 专家组之类的裁判机构裁判,进而在国家安全例外条款的涉及上达成一致。

二、中国投资条约中"国家安全例外"条款的范本设计建议

基于前述,考虑到中国在 WTO 相关案例中对安全例外条款及其适用的陈述,本书建议中国范本的 BIT 条款设计如下。

(一)沿袭传统国家安全利益的保护范围

在这方面,首先需要指出的是,传统经贸条约,尤其是 1994 年 GATT 第 21 条、TRIPS 第 74 条以及 GATS 第 14 条之二规定的安全例外条款,可以作为中国投资条约中安全例外条款的基本范本,而且如前文所述,实际上中国和其他国家签订的一些经贸条约也已经明确纳入 GATT 第 21 条或者规定了和其内容几乎完全一致的条款。因此,中国投资条约中安全例外条款的基本内容应该包括如下规定:

本协议的任何规定不得解释为:

---

① 参见 CPTPP 第 29.2 条(安全例外)规定:"本协定中任何条款不得解释为:(a)要求一缔约方提供或允许获得其确定如披露则违背其基本安全利益的任何信息;或(b)阻止一缔约方采取其认为对履行维护或恢复国际和平或安全义务或保护其自身基本安全利益所必需的措施。"

② 一些国家在投资条约中删除 ISDS 机制,而代之以国家—国家争端解决方式也是此类的典型范例。参见黄世席:《可持续发展视角下国际投资争端解决机制的革新》,载《当代法学》2016 年第 2 期。

1. 要求任何一方提供其认为如披露则会违背其基本安全利益的任何信息；

2. 阻止任何一方采取其认为对保护其基本国家安全利益所必需的任何行动：

(1) 与裂变和聚变材料或衍生此类物质的物质有关的行动；

(2) 与武器、弹药和作战物质的交易有关的行动，以及与此类交易所运输的直接或间接供应或给养军事机关的其他物品和物资或提供的服务有关的行动；或

(3) 在战时或国际关系中的其他紧急情况下采取的行动。

3. 阻止任何一方履行其根据《联合国宪章》规定的维护国际和平与安全的义务而采取的任何行动。

此类沿袭 GATT 第 21 条的范式已经被规定在很多国际经贸条约中，并根据缔约方之间的具体谈判情形而进行语言或术语上的修改。

(二) 起首语中纳入"其认为"用语

当前国际经贸条约中，安全例外条款的起首语中使用"其认为"用语的条约占据很大一部分，也有相当数量的国际经贸条约放弃了该用语。尽管如此，在国际法院裁决、WTO 专家组报告以及一些国际投资仲裁裁决中，针对有关国家援引的安全例外抗辩，相关裁决机构基本上都对安全例外条款采取了广义解释，即不管相关安全例外条款是否含有"其认为"用语，裁决机构都对援引安全例外抗辩的缔约国的主张享有审查权，以避免各国对可以援引的安全例外情形及其含义进行扩大解释。为了以后解决争端的方便，尤其是为维护各国对其基本安全利益的监管主权，原则上中国也应当在相关安全例外条款中纳入"其认为"或者含有类似用语的词汇，一方面是与国际法律规定相一致，另一方面也可以借此扩大中国政府对缔结的投资条约中安全例外条款进行解释的权力，以维护自己所认为的保护中国基本安全利益的权利。

(三) 加入"关键基础设施"投资的安全例外

中国在与东南亚等国签订的投资条约中基本上都规定了"关键基础设施"的安全例外，①即缔约方认为为保护国家安全，可以对关键基础设施的投资实施自己认为必要的措施，包括重要通信设施免受故意破坏，防止这

---

① 参见《中国－东盟全面经济合作框架协议投资协议》(2009) 第 17.2.3 条；《中国－新加坡 FTA》(2008) 第 106.2.4 条；RCEP(2020) 第 10 章第 15 条和第 17 章第 13.2.3 条。

些关键基础设施丧失或降低功能等,这是近些年发展中国家签订投资条约的一种新趋势,毕竟包括供水、供电、交通设备、通讯设备以及其他能源供应在内的关键基础设施对于发展中国家的发展至关重要,对此类基础设施的保护完全可以放在与国家安全等同的地位。在中国“一带一路”倡议以及对外大力发展基础设施投资的情况下,在中国签订的投资条约中规定“关键基础设施例外”不仅可以很好地维护东道国的监管主权,也可以借此彰显中国作为一个大国所承担的国际责任,更好体现全人类命运共同体的理念。

(四)纳入“国内/国家紧急情况”的安全例外

一些国际裁判机构对于传统安全例外中的“国际关系中的紧急情况”所作的狭义解释,以及各国不断扩大国家安全含义所导致国家安全的含义泛化而可能产生的混乱,尤其是阿根廷经济危机所引起的一些投资争端仲裁庭对于国内紧急情况的不认可态度,以上这些都可能给东道国经济发展带来伤害。中国近些年的一些投资条约开始纳入“国内/国家紧急情况”时的安全例外规定,①允许缔约方在出现国内紧急情况时可以援引安全例外豁免,但是具体的是否存在“国内紧急情况”的判断仍然需要由根据有关投资条约组成的仲裁庭进行裁定。

其实,国内紧急情况与国家安全相联系也并不是中国、东盟等单独提出的主张。美国特朗普政府于 2018 年 3 月实施钢铝关税时提出的抗辩就是,全球范围的钢铝产能过剩导致美国“在国家紧急情况下满足国家安全生产要求的能力下降”,②但最后该抗辩没有为 WTO 专家组所采纳。③ 此外,2020 年 8 月,为应对中国抖音和微信构成的潜在威胁,并采取额外措施应对信息通信技术和服务供应链方面的国家紧急情况,特朗普政府再次以国家安全为由发布命令,禁止中国电信公司微信和抖音的商业活动,以

① 参见《中国－东盟全面经济合作框架协议投资协议》(2009)第 17. 2. 4 条;RCEP(2020)第 17 章第 13. 2. 4 条。

② See Executive Office of the President, *Adjusting Imports of Steel Into the United States* (*Proclamation* 9705 *of March* 8,2018), US Federal Register, https://www.federalregister.gov/documents/2018/03/15/2018－05478/adjusting-imports-of-steel-into-the-united-states; Executive Office of the President, *Adjusting Imports of Aluminum Into the United States* (*Proclamation* 9704 *of March* 8,2018), US Federal Register, https://www.federalregister.gov/documents/2018/03/15/2018－05477/adjusting-imports-of-aluminum-into-the-united-states.

③ See *United States-Certain Measures on Steel and Aluminium Products* (WT/DS544/R), Report of the Panel, 9 Dec. 2022, paras. 7. 137－7. 141.

阻止中国政府获取“美国人的个人和专有信息”。① 不过拜登政府上任后取消了该命令。②

鉴于此，为了更好地应对一些东道国潜在的国内紧急情况的抗辩，把此类紧急情况纳入安全例外似乎有其合理性的一面，但同时我们也要注意到其对外国投资者造成的潜在不利影响。

（五）增加“关键技术、关键原材料”等安全例外

针对中国海外投资不断被阻的问题，尤其是近年来若干国家对来自中国从事关键矿业、关键技术和原材料生产的投资者进行安全审查，或者强行要求中国某些关键矿业的投资者撤资等，③能否在未来的投资条约谈判时纳入此类关键行业的安全例外是一个亟须加强探讨的问题。虽然近年来的很多实例都是从国内法角度对相关的外资进行安全审查以达到维护本国安全利益的目的，但是若干国家之间签订的保障关键矿业或供应链安全的经贸协定为中国将来在进行投资协定谈判时将其纳入安全例外提供了思路。④ 譬如，2023 年《日本－美国加强关键矿物供应链协定》把钴、石墨、锂、锰和镍纳入关键矿物，要求缔约方不对关键矿物的出口实施禁令或限制；就其境内由外国实体投资关键矿业的做法进行审查和协商，以协助对方确定外国在关键矿产领域的投资对本国国家安全的影响；认识到关键矿产供应链的透明度和可追溯性的重要性，以确保两国以负责任的方式购

---

① See Executive Office of the President, *Addressing the Threat Posed by TikTok, and Taking Additional Steps to Address the National Emergency with Respect to the Information and Communications Technology and Services Supply Chain*, US Federal Register, https://www.federalregister.gov/documents/2020/08/11/2020-17699/addressing-the-threat-posed-by-tiktok-and-taking-additional-steps-to-address-the-national-emergency; Executive Office of the President, *Addressing the Threat Posed by WeChat, and Taking Additional Steps to Address the National Emergency with Respect to the Information and Communications Technology and Services Supply Chain*, US Federal Register, https://www.federalregister.gov/documents/2020/08/11/2020-17700/addressing-the-threat-posed-by-wechat-and-taking-additional-steps-to-address-the-national-emergency.

② See The White House, *Executive Order on Protecting Americans' Sensitive Data from Foreign Adversaries*, The White House, https://www.whitehouse.gov/briefing-room/presidential-actions/2021/06/09/executive-order-on-protecting-americans-sensitive-data-from-foreign-adversaries/.

③ See Government of Canada, *Government of Canada Orders the Divestiture of Investments by Foreign Companies in Canadian Critical Minerals Companies*, Government of Canada (Nov. 2, 2022), https://www.canada.ca/en/innovation-science-economic-development/news/2022/10/government-of-canada-orders-the-divestiture-of-investments-by-foreign-companies-in-canadian-critical-mineral-companies.html.

④《中国－柬埔寨 FTA》(2020)第 2 章第 10 条。该条规定，“在认识到保障供应链安全和可靠性……的基础上，缔约双方应当加强双边贸易合作，对各自域内减少贫困、促进社会经济发展提供支持和帮助”。

买关键矿产;本协定的规定不得阻碍缔约方为维护基本安全利益而实施必要的行动和措施;等等。①

另外,针对西方国家对中国的某些高科技技术的封锁和安全审查,以及对诸如源自中国的某些关键原材料供应链的阻碍,中国也开始将某些关键矿业开发技术的出口纳入安全审查的范畴,以维护重要的某些原材料和其供应链。譬如,2023 年 7 月 3 日,中国商务部连同其他政府部门发布了《关于对镓、锗相关物项实施出口管制的公告》,指出根据《出口管制法》、《对外贸易法》以及《海关法》等有关规定,为维护国家安全和利益,经国务院批准,决定对镓、锗相关物项实施出口管制。② 中国是镓、锗两种元素的最大生产国,在这两种战略性领域中拥有强大的竞争优势和话语权,而在现代科技领域中,镓和锗扮演着重要的角色,都在高科技、光通信、新能源以及军工等领域发挥着重要的作用,尤其是对半导体行业起到了关键性作用。根据我国的资源禀赋现状和产业发展情况而对镓、锗作出管制出口的决定,至少能够确保国内半导体产业的稳定发展,减少对外部供应的依赖,也会大大减轻国内相关行业的压力。③ 商务部还强调,中国政府依法对镓、锗相关物项实施出口管制的目的是维护国家安全,更好履行国际义务,以确保其用于合法用途。更重要的是,出口管制不是禁止出口,出口符合相关规定的,将予以许可。④

基于此,在未来中国的投资条约谈判中,可以在安全例外条款中纳入“关键技术、关键矿业、原材料和供应链安全”等的例外规定,明确相关投资条约的规定不得妨碍缔约方为基本国家安全利益而实施对关键技术、关键矿业、原材料和供应链安全等有关的措施。

(六)基于人类命运共同体理念,可以把“气候变化”作为安全例外的抗辩情形

近些年人类社会最为关注的一个焦点问题就是气候变化,国际投资条约的设计也可以为气候变化的减缓作出某些贡献。譬如,在安全例外条款

---

① See Agreement between the Government of the United States of America and the Government of Japan on Strengthening Critical Minerals Supply Chains (2023).

② 参见商务部、海关总署:《商务部 海关总署公告 2023 年第 23 号:关于对镓、锗相关物项实施出口管制的公告》,载商务部网,https://m.mofcom.gov.cn/article/zwgk/gkzcfb/202307/20230703419666.shtml。

③ 参见澎湃新闻:《中国限制出口镓、锗,在世界掀起巨浪,背后原因揭秘》,载澎湃网 2023 年 7 月 18 日,https://m.thepaper.cn/baijiahao_23890804。

④ 参见新华社:《商务部回应对镓、锗相关物项实施出口管制》,载中国政府网 2023 年 7 月 6 日,https://www.gov.cn/lianbo/bumen/202307/content_6890326.htm。

的问题上，一些国际投资条约已经把环境保护或气候变化或可持续发展等作为豁免东道国义务的一般例外抗辩，或者规定不得减损保护环境和气候变化义务等来满足投资者条件等。① 但这对于减缓整个地球的气候变化以及各国履行的减排义务来说是远远不够的。作为负责任的大国以及二氧化碳排放较多的国家之一，中国应当承担起相关的大国责任，尤其是，在气候变化与国际投资条约的设计方面，可以考虑将气候变化列为缔约方可以援引的安全例外抗辩的情形之一。

三、中国投资条约中"国家安全例外"条款的范本设计

基于上文所述，未来中国投资条约的谈判者，可以把"安全例外"条款作如下设计：

> 本协议的任何规定不得解释为：
>
> 1. 要求任何一方提供其认为如披露则会违背其基本安全利益的任何信息；
>
> 2. 阻止任何一方采取其认为对保护其基本国家安全利益所必需的任何行动：
>
> (1) 与裂变和聚变材料或衍生此类物质的物质有关的行动；
>
> (2) 与武器、弹药和作战物质的交易有关的行动，以及与此类交易所运输的直接或间接供应或给养军事机关的其他物品和物资或提供的服务有关的行动；
>
> (3) 与保护包括通讯、电力和水利基础设施在内的关键的公共基础设施有关的行动；
>
> (4) 与保护关键技术、关键原材料、关键矿业和关键供应链有关的行动；
>
> (5) 与履行减缓或适应气候变化的义务有关的行动；
>
> (6) 在国内紧急情况，或战时，或国际关系中的其他紧急情况下实施的行动。
>
> 3. 阻止任何一方履行其根据《联合国宪章》规定的维护国际和平与安全的义务而采取的任何行动。

---

① See Burkina Faso-Türkiye BIT (2019), Article 5; Japan-United Kingdom CEPA (2020), Article 18. 1. 2(e); Belarus-Hungary BIT (2019), Article 2(7); Rwanda-United Arab Emirates BIT (2017), Article 9 etc.

或者,直接在国家安全问题中排除 ISDS 机制,而代之以国家—国家争端解决方式。

一句话,为解决该问题,未来投资条约可以规定国家—国家争端解决机制,以国家间谈判或协商取代传统的提交第三方或类似 WTO 专家组之类的裁判机构裁判,进而在国家安全例外条款的涉及上达成一致。

本章小结

由于历史上尤其是近代某些外国对中国国家主权的侵犯,以及近些年基于地缘政治和安全泛化而引起的新一代国家安全含义的扩展等,中国签订的专门投资协定中规定有安全例外条款的投资条约数量仍然较少,更多的安全例外条款被规定在含有投资章的自由贸易协定中。但是基于国际社会地缘政治局势的不断紧张、国家安全定义的泛化、日益加快的高科技发展以及维持气候变化减缓义务的需要等诸多原因,中国投资条约中的安全例外条款的内容,在以 GATT 第 21 条内容为基础的范式上,增加了一些新的安全例外抗辩的情形,如关键基础设施、国内紧急情况以及关键矿物等的增加,这无疑是合理合法的。此类"自我裁判 + 核心事项列举"的复合型规定模式,先将涉及关键数据、关键技术、关键基础设施等国际社会认同度较高的事项直接进行列举,再以国家安全特征兜底回应非传统安全持续严谨的内在需求。① 这一方面是应对国际关系发展的需要,另一方面也是针对某些国家出现的疑似专门针对中国投资的不公正安全审查的一种应对措施。尤其是作为双向投资大国的中国,投资条约中的此类安全例外条款规定,不仅可以合理平衡投资者和东道国在国家安全问题上的权益分歧,而且还可以促使国际投资条约的进一步公正,使国际投资保护机制更加趋于公平。

以华为公司为代表的中国高科技企业在海外投资时的种种"遭遇",尤其是某些国家对中国公司的信息技术产品和服务的歧视和禁令,可能违反国际经贸协定中不得区别对待不同国家"相同"产品的最惠国待遇,以及不得区别对待中国和其国内信息技术产品和服务的国民待遇和不歧视待遇等。② 此类措施当然也违反了相关投资条约中的最惠国待遇或国民待遇条款。但是,在投资者所在的东道国依照中外投资条约中的相关条款

① 参见梁咏:《安全视域下投资条约根本安全利益条款的中国范式》,载《环球法律评论》2023 年第 2 期。

② See Shin-yi Peng, *Digital Economy and National Security: Contextualizing Cybersecurity-Related Exceptions*, 117 AJIL Unbound 122, 124 (2023).

尤其是安全例外或者习惯国际法上的“危急情况”进行抗辩时，仲裁庭能否作出对中国投资者有利的裁决仍然是不确定的，毕竟国家安全例外原则上仍然属于国家主权的范畴，即使仲裁庭作出了对投资者有利的裁决，其执行也可能会遥遥无期，因为其仍然会面临投资仲裁裁决执行时的国家豁免问题。这又是一个分歧严重且难以定性的问题。

结　语

国家安全条款是国际贸易和投资协议的共同要素。除 WTO 法律外，安全条款在国际经济法的其他领域尤其是国际投资法中也逐渐凸显其重要性。本质上，国家安全条款为各国提供了即使在违反条约义务的情况下也能保护其最根本的安全利益的手段。“抗辩比自由贸易更重要”①，从这个意义上讲，国家安全条款在国家安全利益的保护与投资条约承诺的总体保护效力之间取得了平衡。

国家安全条款源于第二次世界大战后的 GATT，是通过成员方可以制定“其认为保护其基本安全利益必需”的措施的事实加以表达的，其所用语言实际上是授权成员方享有制定限制贸易的安全措施的酌处权。但是直到 2019 年俄罗斯 – 过境运输案的 WTO 专家组就 GATT 第 21 条的安全条款作出新的解释以前，各国并没有触发国际贸易领域的国家安全条款。虽然 WTO 不同的专家组已经就涉及安全例外抗辩的问题发表了相关意见，但仍然未能摆脱两大经济集团的安全担忧，即国家安全需要纳入经济安全的观点可能会模糊保护（安全思维）和保护主义（经济思维）的界限。②而尽管国际投资领域在此之前已经有若干个针对阿根廷和印度的案件涉及相关条约中的国家安全条款，但是相关条约中国家安全条款的不同规定，以及仲裁员的不同专业背景，导致不同仲裁庭对同一个《美国 – 阿根廷 BIT》中的安全例外条款作出了不同裁决，同时也导致对印度分别与德国和毛里求斯签订的 BIT 中的类似安全例外条款进行了不同的解释。而这种对国家安全条款解释的分歧无疑会进一步加剧国际投资条约谈判时如何设计和是否纳入安全条款的问题。此前国际投资条约以及投资仲裁庭对安全问题的审查范围，在一定程度上将学术讨论的重点从自我裁判性质转移到不同审查和抗辩标准的选择上。另外，国家安全条款在实践中适用的“政治化”现象比较严重，容易成为国际经贸保护主义的工具，因此尽管是否应当启动“国家安全例外”往往存在争议，但也要警惕部分经济大国借“国家安全”之名，行“投资保护”之实。

---

① Roger P. Alford, *The Self-Judging WTO Security Exception*, 3(3) Utah Law Review 697 (2011).

② See Anthea Roberts et al., *Toward a Geoeconomic Order in International Trade and Investment*, 22 Journal of International Economic Law 655 (2019).

近些年基于地缘政治的转变,国家安全条款有范围逐步扩大并转变为自我裁判的趋势。这一变化重点在于可能会排除不友好国家的投资者,为基于国家安全的管辖权异议奠定了基础,但对安全措施异议的国际诉讼普遍表示沉默。这种条款的泛滥与最近对自由主义和国际组织的强烈反对是同时发生的。① 因此,无论如何定义,"安全"都可能在投资制度的核心中发挥更突出的作用,并可能重新校准其与经济之间的关系,因为各国越来越依赖于通过提出国家安全的主张以避免投资义务的规制约束,并限制或取消司法审查。② 实际上,国家安全例外的存在可能有被滥用以捍卫各种投资限制政策和破坏条约效力的风险,而国家安全抗辩也将在各国国内和国际投资争端解决程序中变得越来越普遍。国际仲裁机构应确保安全例外不会剥夺任何有实质意义内容的条约义务。同时,国际仲裁机构也希望能够尊重缔约方的意图,使它们在保护其国家安全利益方面享有合理的选择权。因此,平衡投资者和缔约国权益,同时从非传统安全的角度兼顾第三方当事人利益的做法不仅是可取的,而且也是必要的。

无论如何,国家安全与经济秩序之间的冲突是一个令人困扰和棘手的问题。最明显的是,不断扩大的国家安全概念和国家安全状态引起了多方关注,国家安全利益的内涵和外延已经发生了重要变化,即从传统的军事和国土安全扩展到了非传统安全领域,如公共卫生安全、网络安全、生态安全等。同时,"安全"标签又给那些本来无法解决或未得到充分解决的问题带来了过多的政治关注。未来真正的挑战在于,没有一个国家可以单独应对非传统安全议题给国际经济贸易带来的挑战,只能通过国际合作以构建有效的国际治理体系来实现健康有序的国际经济贸易。③ 因此,国际投资条约的安全例外条款设计需要各国的合作,尤其需要在投资条约的起草、谈判和缔结阶段,加强在国际安全问题上的交流和合作,达成协商一致的安全条款。

另外,围绕涉及 WTO 范式的国家安全例外争端的讨论已经从质疑国际性司法机构的管辖权和国家安全事项的可诉性转向适用的审查标准,这种转变并不意味着在国家安全问题上客观决定战胜了各国的主观判断。相反,此类转向表明,引用安全例外本身不应排除裁判机构的管辖权,并且

① See M. Herdegen, *Principles of International Economic Law*, Oxford University Press, 2016, p. 11 et seq.

② See Anne van Aaken, *Investment Law in the Twenty-First Century: Things Will Have to Change in Order to Remain the Same*, 26(1) Journal of International Economic Law 166(2023).

③ 参见张丽娟、郭若楠:《国际贸易规则中的"国家安全例外"条款探析》,载《国际论坛》2020 年第 3 期。

对例外条款的解释,无论是否存在“其认为”的语言,都已成为审查标准的问题。即使有关投资条约明确将基于国家安全利益而采取的措施归入排除任何司法审查的例外情况,但现有的做法表明,在任何情况下,当事方限制任何司法审查的力度或全面排除国际经济协定下的这种审查的意图都不能事先假定,而应根据每一具体条款所使用的语言加以确定。①

国际投资法律制度正在经历重新定位的阶段。随着国家安全自我裁判条款的增加以及国际投资条约数量的增加,可以预见的是,将来在国际投资条约中的基本安全条款的设计方面仍将存在一些争议。如何在国际投资法律制度中平衡国家基本权益(包括国家安全利益)和外国投资者权益之间的关系尚未得到全面解决,而且,不能再把改革重点放在国家安全争端是否应在国际法庭上进行审理,或应适用何种尊重原则的问题上,应当探求一种新的公平公正的国际投资安全争端的解决范式。在某种程度上,某些国家提出某项措施是出于国家安全目的的抗辩可被视为一项声明,换句话说,即使面对潜在的对其不利的国际裁决,其也不会改变该措施,因此国家安全例外的诉讼效力可能会受到限制。② 总之,在面对基于国家安全而产生的国际经贸争端时,较之于仲裁,国家之间的谈判也许是一个更加合理的选择。

---

① See Panagiotis Delimatsis and Olga Hrynkiv, *Sovereign Investors and National Security Exceptions in WTO and Investment Law*, in Panagiotis Delimatsis, Georgios Dimitropoulos & Anastasios Gourgourinis eds., State Capitalism and International Investment Law, Hart Publishing, 2023, p. 223 – 224.

② See James Bacchus, *The Black Hole of National Security: Striking the Right Balance for the National Security Exception in International Trade*, CATO Policy Analysis (Nov. 9, 2022), https://www.cato.org/sites/cato.org/files/2022-11/policy-analysis-936.pdf.

附录　中国签订投资条约中的安全例外条款

序号	条约名称	签订时间	所处位置	条款内容
1	中国－奥地利BIT	1985	议定书 第2(2)款	协定第三条第四款所述的“歧视措施”不包括下列情况： 1. 缔约一方为维护公共安全和秩序或国民卫生和道德而采取的措施
2	中国－新加坡BIT	1985	正文 第11条	本协定的规定不应以任何方式约束缔约任何一方为保护其根本的安全利益，或为保障公共健康，或为预防动、植物的病虫害，而使用任何种类的禁止或限制的权利或采取其他任何行动的权利
3	中国－斯里兰卡BIT	1986	正文 第11条	本协定的规定不应以任何方式约束缔约任何一方为保护其国家利益，或为保障公共健康，或为预防动、植物的病虫害，而使用任何种类的禁止或限制的权利或采取其他任何行动的权利
4	中国－日本BIT	1988	议定书 第3条	缔约任何一方，根据有关法律和法规，为了公共秩序、国家安全或国民经济的正常发展，在实际需要时，给予缔约另一方国民和公司的差别待遇，不应视为低于该缔约一方国民和公司所享受的待遇
5	中国－新西兰BIT	1988	正文 第11条	本协定的规定不应以任何方式约束缔约任何一方为保护其基本安全利益、保障公共健康或为预防动、植物的病虫害而采取任何禁止或限制措施或作出任何其他行为的权利
6	中国－波兰BIT	1988	第4.1条	缔约一方为了安全或公共利益，可对缔约另一方投资者在其领土内的投资采取征收、国有化或类似措施（以下称“征收措施”）。该征收措施应是非歧视性的，依照适当的国内法律程序采取，并给予补偿
7	中国－巴基斯坦BIT	1989	第4.1条	缔约一方为了安全和公共利益，可对缔约另一方投资者在其领土内的投资财产采取征收、国有化或其他类似措施（以下称“征收措施”），但应符合下列条件：（一）依照采取征收措施缔约一方的国内法律程序；（二）所采取的措施是非歧视性的；（三）给予补偿
8	中国－加纳BIT	1989	第4.1条	缔约国任何一方为了国家安全和公共利益，可对缔约国另一方投资者在其领土内的投资采取征收、国有化或其他类似措施（以下称“征收”），但应符合下列条件：（一）依照国内法律程序；（二）所采取的措施是非歧视性的；（三）给予补偿

续表

序号	条约名称	签订时间	所处位置	条款内容
9	中国－捷克和斯洛伐克 BIT	1991	议定书第 1 条	缔约任何一方,根据有关法律和法规,为了公共秩序、国家安全或国民经济正常发展的优先顺序,在实际需要时,给予缔约另一方投资者的差别待遇,不应视为低于该缔约一方投资者所享受的待遇
10	中国－菲律宾 BIT	1992	第 1.2 条	"投资者"一词,系指……基于维持公共秩序,保护基本的安全利益或承担与国际和平和安全有关的义务的需要,缔约双方可通过相互的协议把任何特别的公司从上述定义中排除
			第 4.1 条	为了国家安全和公共利益,缔约任何一方可对缔约另一方投资者在其领土内的投资采取征收、国有化或其他类似措施(以下称"征收"),但应符合下列条件:(一)依照国内法律程序;(二)非歧视性的;(三)给予公平合理的补偿
11	中国－毛里求斯 BIT	1996	第 11 条	本协定的规定不得以任何方式限制缔约一方为保护基本安全利益或公共卫生或防止动植物病虫害或保护环境而采取任何禁止或限制措施或采取其他行动的权力
12	中国－特立尼达和多巴哥 BIT	2002	序言	同意在不放松对健康、安全和环保措施的普遍适用情况下实现这些目标
13	中国－圭亚那 BIT	2003	序言	同意上述目标的实现不影响普遍适用的健康、安全和环境措施
14	中国－德国 BIT	2003	议定书第 4(1)条	"待遇低于"尤其指:限制购买原材料或辅料、能源或燃料、生产设备或操作工具的不平等待遇及其他具有类似效果的措施。因公共安全和秩序、公众健康或道德而采取的措施,不应视为第三条中的"待遇低于"
15	中国－芬兰 BIT	2004	第 3.5 条	本协定不得解释为阻止缔约一方在战争、武装冲突或其他在国际关系紧急情况下为保护本国基本安全利益所采取的任何必要行动
			第 3.6 条	只要缔约一方采取的上述措施的适用不构成一种武断或不公正的歧视措施,或一种变相的投资限制。本协定不得解释为阻止缔约方为维持公共秩序所采取的任何必要措施
16	中国－马达加斯加 BIT	2005	第 3.2 条	公正和公平待遇在法律或事实上的障碍主要系指,但不限于:各种对生产和经营手段进行限制的不平等待遇,各种对产品在国内外销售进行限制的不平等待遇,以及其他具有类似效果的措施。而出于安全、公共秩序、卫生、道德和环境保护等原因采取的措施不应被视作障碍

续表

序号	条约名称	签订时间	所处位置	条款内容
17	中国－比利时与卢森堡 BIT	2005	正文 第 4.2 条	如果由于公共目的、安全或国家利益的原因需要违反第一款的规定，应符合下列条件： （一）应根据国内法律程序采取措施； （二）措施不应具有歧视性； （三）措施同时应有给予补偿的规定
18	中国－葡萄牙 BIT	2005	议定书 第 3.1 条	“待遇低于”尤其指但不限于：限制购买原材料或辅料、能源或燃料、生产设备或操作工具的不平等待遇及其他具有类似效果的措施。因公共安全和秩序、公众健康或道德而采取的措施，不应视为第三条中的“待遇低于”
19	中国－智利 FTA	2005	第 100 条	本协定的任何规定不得解释为： （一）要求一缔约方提供和允许接触其认为如披露则会违背其基本安全利益的任何信息； （二）阻止任一缔约方采取其认为对保护国家基本安全利益所必需的任何行动，包括 1. 与裂变和聚变物质或衍生这些物质的物质有关的行动； 2. 与武器、弹药和作战物资的贸易有关的行动，及此类贸易所运输的直接或间接供应军事机关的其他货物和物资有关的行动； 3. 在战时或国际关系中其他紧急情况下采取的行动；或 （三）排除一缔约方为履行其在《联合国宪章》项下的维护或重建国际和平或安全的义务，或者为保护本国基本安全利益所采取的其认为必要的措施
20	中国－印度 BIT	2006	第 14 条	本协定不妨碍东道国缔约方根据其正常、合理和非歧视地适用的法律，采取保护其基本安全利益的措施或极端紧急状况下的措施
21	中国－哥伦比亚 BIT	2008	第 4.3 条	缔约一方为公共目的或社会利益或为保护公共健康、安全和环境采取的非歧视措施不构成间接征收。但在特别情形下除外，例如以其目的来衡量该措施或一系列措施非常严重，以致不能合理地被认为是善意采取和适用的
			第 12.1 条	本协定的任何规定都不得被解释为阻止缔约方为维护公共秩序而采取或维持措施，其中包括保护国家重大安全利益的措施，该措施必须满足下列条件： （一）只有在社会的某一根本利益受到真正的和足够严重的威胁时才能够被实施； （二）不得以构成任意的歧视的方式实施； （三）不得构成对投资的变相限制； （四）与其所要达到的目的相称； （五）是必须的，并且仅在必须时采取和维持；且 （六）通过透明的方式和根据相关的国内法律实施

续表

序号	条约名称	签订时间	所处位置	条款内容
22	中国－新西兰 FTA	2008	第 201 条	一、本协定的任何规定不得解释为： (一)要求一方提供或允许接触其认为如披露则会违背其基本安全利益的任何信息； (二)阻止一方采取其认为对保护国家基本安全利益所必需的任何行动： 1. 与武器、弹药和作战物资的贸易有关的行动，及与此类贸易所运输的直接或间接供应军事机关的其他货物和物资有关的行动； 2. 在战时或国际关系中其他紧急情况下采取的行动； 3. 与裂变和聚变物质或衍生这些物质的物质有关的行动；或者 (三)阻止一方为履行其在《联合国宪章》项下的维护国际和平与安全的义务而采取的任何行动。 二、在第一款第(二)项及第一款第(三)项下采取的措施及其终止应当在可能的程度内通知自贸区联合委员会
23	中国－东盟全面经济合作框架协议投资协议	2009	第 17 条	本协议的任何规定不得解释为： (一)要求任何一方提供其认为如披露会违背其基本安全利益的任何信息；或 (二)阻止任何一方采取其认为对保护基本安全利益所必需的任何行动，包括但不限于： 1. 与裂变和聚变物质或衍生这些物质的物质有关的行动； 2. 与武器、弹药和作战物资的贸易有关的行动，及与此类贸易所运输的直接或间接供应军事机关的其他货物和物资有关的行动； 3. 为保护关键的公共基础设施免受使其丧失或降低功能的故意袭击行动； 4. 战时或国内或国际关系中其他紧急情况下采取的行动；或者 (三)阻止一方为履行其在《联合国宪章》项下的维护国际和平与安全的义务而采取的任何行动
24	中国－秘鲁 FTA	2009	第 10 章 第 141 条	本条约不应解释为： (一)要求一缔约方提供或允许获得信息，该缔约方认为该信息的披露有可能与其实质安全利益相违背的；或 (二)阻止一缔约方实施其认为是履行《联合国宪章》关于维持或恢复国际和平与安全的义务，或者保护其自身重大安全利益的必要的措施

续表

序号	条约名称	签订时间	所处位置	条款内容
			第16章 第194条	本协定的任何规定不得解释为： 一、要求一缔约方提供或者允许接触其认为如披露则会违背其基本安全利益的任何信息；或 二、阻止任何缔约方采取其认为对保护其基本安全利益所必需的任何行动； （一）与裂变和聚变物质或衍生这些物质的物质有关的行动； （二）与直接为军事机关提供给养的服务有关的行动； （三）与武器、弹药和作战物资的贸易有关的行动，及与此类贸易所运输的直接或间接供应军事机关的其他货物或物质有关的行动； （四）在战时或国际关系中的其他紧急情况下采取的行动；或 三、阻止任一缔约方为履行其在《联合国宪章》项下的维护国际和平与安全的义务而采取的任何行动
25	中国－哥斯达黎加FTA	2010	第160条	本协定的任何规定不得解释为： （一）要求一缔约方提供或允许接触其认为如披露则会违背其基本安全利益的任何信息；或者 （二）阻止任一缔约方采取其认为对保护其基本安全利益所必需的任何行动： 1. 与裂变和聚变物质或衍生这些物质的物质有关的行动； 2. 与直接为军事机关提供给养的服务有关的行动； 3. 与武器、弹药和作战物资的贸易有关的行动，及与此类贸易所运输的直接或间接供应军事机关的其他货物或物资有关的行动； 4. 在战时或国际关系中的其他紧急情况下采取的行动；或 （三）阻止任一缔约方为履行其在《联合国宪章》项下的维护国际和平与安全的义务而采取的任何行动
26	中国－乌兹别克斯坦BIT	2011	第6.3条	除非在例外情形下，例如所采取的措施严重超过维护相应正当公共福利的必要时，缔约一方采取的旨在保护公共健康、安全及环境等在内的正当公共福利的非歧视的管制措施，不构成间接征收
27	中国－刚果BIT	2011	第6.3条	除非在个别情况下，例如所采取的措施严重超过维护相应正当公共福利的必要，缔约一方采取的旨在保护公共健康、安全及环境等在内的正当公共福利的非歧视的管制措施，不构成间接征收

续表

序号	条约名称	签订时间	所处位置	条款内容
28	中国－日本－韩国三边投资协定	2012	序言	认识到在不降低对健康、安全和环境的普适措施下也可实现这些目标
			正文 第18条	一、尽管有本协定除第十二条外的其他条款规定，各缔约方均可采取以下任何措施： (一)被认为是保护该缔约方的实质安全利益的； 1.在该缔约方或国际关系出现战争、武装冲突或其他紧急情况时采取；或2.涉及落实关于不扩散武器的国家政策或国际协定； (二)履行其在《联合国宪章》项下的维护国际和平与安全的义务。 二、若缔约一方依照本条第一款采取与本协定条款(本协定第十二条除外)规定义务不符的任何措施，该缔约方不应使用该措施作为规避其义务的手段
29	中国－加拿大BIT	2012	正文 第18.3条	缔约双方承认，通过豁免、宽松或其他违背国内健康、安全或环保措施以鼓励投资是不合适的
			正文 第33.5条	本协定中任何规定均不得被理解为： (一)要求缔约方提供或允许获得其认定披露后将违背其根本安全利益的信息。 (二)阻止缔约方采取其认为保护其根本安全利益所必要的任何如下措施： 1.此类措施与武器，弹药和战争工具的贸易有关，并与直接或间接为军事或其他安全设施之目的而进行的其他货物、材料、服务和技术的贸易和交易有关； 2.在战时或其他国际关系紧急情况时采取的措施，或 3.此类措施与执行关于不扩散核武器或其他核爆炸装置的国家政策或国际协定有关；或 (三)阻止缔约方根据《联合国宪章》为履行维护国际和平与安全义务而采取行动
30	中国－坦桑尼亚BIT	2013	第6.3条	缔约一方采取的旨在保护公共健康、安全及环境等在内的正当公共福利的非歧视的管制措施，不构成间接征收，但在个别情况下，例如所采取的措施严重超过维护相应正当公共福利的必要时除外
			第10.1条	缔约双方认识到放宽国内健康、安全或环境措施来鼓励投资的做法是不恰当的。因此，缔约一方不得放弃或贬损有关措施或承诺放弃或贬损有关措施，以鼓励投资者在其领土内设立、并购、扩大或保留投资

续表

序号	条约名称	签订时间	所处位置	条款内容
31	中国－土耳其 BIT	2015	第 4.2 条	本协定不应解释为： （一）要求缔约一方提供或允许接触任何其认为披露将与其基本安全利益相悖的信息； （二）禁止缔约一方根据国内法在非歧视的基础上采取其认为为保护基本安全利益所必需的措施； （三）禁止东道国采取任何履行《联合国宪章》规定的维护国际和平与安全义务的行动
			第 5.3 条	除非在个别情况下，例如所采取的措施严重超过维护相应合理公共福利的必要，缔约一方采取的旨在保护公共健康、安全及环境等合法公共福利的非歧视的法律措施，不构成间接征收
32	中国－澳大利亚 FTA	2015	第 9 章 第 11.4 条	一方采取的非歧视的和出于公共健康、安全、环境、公共道德或公共秩序等合法公共利益目标的措施，不应作为本节项下诉请的对象
			第 9 章 第 17.4 条	本节任何规定均未要求被诉方披露受保护信息，或提供或允许查阅其依据第十六章（一般条款与例外）第一条（信息披露与保密）或第三条（安全例外）所拒绝提供的信息
			第 16 章 第 3 条	《1994 年关税与贸易总协定》第 21 条和《服务贸易总协定》第 14 条之二经必要修正后纳入本协定，构成本协定的一部分
33	中国－韩国 FTA	2015	第 12 章 第 12.14 条	一、尽管有本章除第 12.5 条第四款之外的其他条款规定，各缔约方均可采取以下任何措施： （一）被认为是保护该缔约方的实质安全利益的； 1. 在该缔约方或国际关系出现战争、武装冲突或其他紧急情况时采取；或 2. 涉及落实关于不扩散武器的国家政策或国际协定； （二）履行其在《联合国宪章》项下的维护国际和平与安全的义务。 二、若一缔约方依照本条第一款采取与本章条款（第 12.5 条第四款除外）规定义务不符的任何措施，该缔约方不应使用该措施作为规避其义务的手段
			第 21 章 第 21.2 条	就本协定而言，《1994 年关税与贸易总协定》第二十一条及《服务贸易总协定》第十四条之二经必要修订后纳入本协定并构成本协定的一部分

续表

序号	条约名称	签订时间	所处位置	条款内容
34	中国－毛里求斯FTA	2019	第8章 第18条	本章的任何规定不得解释为： (一)要求一方提供或允许接触其认为如披露则会违背其根本安全利益的任何信息；或 (二)阻止一方实施其认为是履行有关维持或恢复国际和平与安全的义务，或者保护其自身根本安全利益所必需的措施。对于另一方的投资者和受此类措施影响的涵盖投资，各方应给予非歧视性待遇，无论其是政府还是私人所有
			第16章 第2条	本协定不应当被解释为： (一)要求任何一方提供或允许获得其认定为披露将违反其基本安全利益的任何信息；或者 (二)阻止任何一方为其履行《联合国宪章》下关于维持或恢复国际和平或安全的义务或保护其自身基本安全利益而善意采取其认为必要的措施
35	中国－柬埔寨FTA	2020	第15章 第2条	《1994年关税与贸易总协定》第21条，《服务贸易总协定》第14条之二经必要修正后纳入本协定，构成本协定的一部分
36	RCEP	2020	第10章 第15条	尽管有第十七章第十三条(安全例外)的规定，本章的任何规定不得解释为： (一)要求一缔约方提供或允许获得其确定披露会违背其基本安全利益的任何信息；或者 (二)阻止一缔约方为下列目的适用其认为必要的措施： 1. 履行其维持或恢复国际和平或安全的义务；或者 2. 保护其自身根本安全利益
			第10章附件二(征收)第4款	一缔约方采取的为实现合法的公共福利目标，如保护公共健康、安全、公共道德、环境以及稳定房地产价格等，而设计和实施的非歧视监管行为，不构成第二款第(二)项所指的征收

续表

序号	条约名称	签订时间	所处位置	条款内容
			第17章 第13条	本协定的任何规定不得解释为： （一）要求任何缔约方提供其认为如披露则违背其基本安全利益的任何信息； （二）阻止任何缔约方采取其认为对保护其基本安全利益所必需的任何行动：1. 与裂变和聚变物质或衍生此类物质的物质有关的行动；2. 与武器、弹药和作战物资的交易有关的行动，以及与直接或间接供应或给养军事机关的此类交易运输的其他货物和物资或提供的服务有关的行动；3. 为保护包括通讯、电力和水利基础设施在内的关键的公共基础设施而采取的行动；4. 在国家紧急状态，或战时，或国际关系中的其他紧急情况下采取的行动；或者 （三）阻止任何缔约方为履行其在《联合国宪章》项下维护国际和平与安全的义务而采取的任何行动
37	中国－厄瓜多尔FTA	2023	第15章 第2条	就本协定而言，《1994年关税与贸易总协定》第二十一条及其解释性注释应在做必要的细节修订后纳入本协定，并作为本协定的一部分

后　　记

本书是本人主持的国家社科后期资助重点项目“国际投资条约中的国家安全条款”(项目编号20FFXA006)的最终结项成果。

感谢初审阶段各位评审专家对本申请的肯定和合理建议,使得本人获得国家社科基金后期重点项目的资助并得以继续进行研究!

感谢本项目结项阶段各位评审专家同意结项的认可,使本成果得以顺利结项和出版!

感谢在本项目进行研究期间,对本项目的阶段性成果给予支持并发表相关论文的《法学》、《当代法学》、《国际贸易》、《甘肃政法大学学报》以及《法治现代化研究》等杂志的编辑老师。谢谢你们给予的支持和鼓励!

感谢法律出版社各位编辑老师不辞辛苦的编辑和校对工作,使本书能够得以顺利和及时出版!

当然,文责自负,本人对书中可能产生的一切问题承担全部责任。

黄世席

2024年5月31日于济南